上海文化发展基金会图书出版专项基金资助项目

马相伯年谱长编

李天纲 编撰

复旦大学出版社

本书编撰得到了如下机构的资助

上海市徐汇区文化和旅游局

上海市徐汇区徐家汇街道办事处

特此鸣谢

作者简介

李天纲，毕业于复旦大学历史学系中国思想文化史专业，现任复旦大学哲学学院宗教学系教授，博士生导师。主要研究中国宗教、中西文化交流和上海文化历史。著有《年代记忆：中国近代意识的形塑》（2023）、《金泽：江南民间祭祀探源》（2017）、《中国礼仪之争：历史、文献和意义》（1998，2019）、《人文上海》（2004）等；共同主编《徐光启全集》（2011），编辑《中国近代思想家文库·马相伯卷》（2014）、编校《马相伯集》（1996）等。

马相伯先生

震旦学院1912年毕业生留影

五月八日復旦同學慶祝丹徒夫子九六大壽聚餐名單

應功九	洪吉人	郭稚良	殷以文	邵詩舟	冷雪樵	鄭初年	余善山	汪裴張	季企伯	張英揚	凌豪	董伯麟	張玉書	奚雲觀	郭仲淵	曹聘丞	陳仲丹	周通尹	金青崖	李承蔭	陳發來	吳百年	劉思方	王

|宋錫權|蘇莘坨|周越然|顧天放|朱步蘭|陳仲達|謝仁米|張秉三|金敬淵|薛鏡人|錢新之|袁履登|李登輝|馬相伯|夏敬觀|于右任|李叔隆|孫和吉|張菊人|葉藻庭|葉秉孚|彭清儁|胡復|曹則慶|張民|金侶琴|馬師西璧|毛馬師秘書|馬師秘書|

1935年5月8日复旦同学庆祝丹徒夫子九六大寿聚餐摄影

1937年8月3日马相伯先生与沈钧儒等"七君子"合影

马相伯的老师晁德莅神父(Angelo Zottoli, 1826—1902)与他的中国助手合影

目 录

前 言 ……………………………………………………………………… 1

凡 例 ……………………………………………………………………… 1

谱前之年 …………………………………………………………………… 1

 1801 年(嘉庆六年,辛酉),谱前二十九年 …………………………… 1

 1814 年(嘉庆十九年,甲戌),谱前二十六年 ………………………… 3

 1828 年(道光八年,戊子),谱前十二年 ……………………………… 4

 1831 年(道光十一年,辛卯),谱前九年 ……………………………… 5

 1832 年(道光十二年,壬辰),谱前八年 ……………………………… 5

 1833 年(道光十三年,癸巳),谱前七年 ……………………………… 6

 1835 年(道光十三年,乙未),谱前五年 ……………………………… 6

 1837 年(道光十七年,丁酉),谱前三年 ……………………………… 6

 1839 年(道光十九年,己亥),谱前一年 ……………………………… 7

1840 年(道光二十年,庚子),一岁 ………………………………………… 9

1841 年(道光二十一年,辛丑),二岁 ……………………………………… 15

1842 年(道光二十二年,壬寅),三岁 ……………………………………… 16

1843 年(道光二十三年,癸卯),四岁 ……………………………………… 18

1844 年(道光二十四年,甲辰),五岁 ……………………………………… 19

1845 年(道光二十五年,乙巳),六岁 ……………………………………… 21

1846 年(道光二十六年,丙午),七岁 ……………………………………… 23

1847 年(道光二十七年,丁未),八岁 ……………………………………… 25

1848 年(道光二十八年,戊申),九岁 ……………………………………… 29

1849年(道光二十九年,己酉),十岁 …… 31
1850年(道光三十年,庚戌),十一岁 …… 34
1851年(咸丰元年,辛亥),十二岁 …… 38
1852年(咸丰二年,壬子),十三岁 …… 41
1853年(咸丰三年,癸丑),十四岁 …… 42
1854年(咸丰四年,甲寅),十五岁 …… 48
1855年(咸丰五年,乙卯),十六岁 …… 51
1856年(咸丰六年,丙辰),十七岁 …… 52
1857年(咸丰七年,丁巳),十八岁 …… 53
1858年(咸丰八年,戊午),十九岁 …… 55
1859年(咸丰九年,己未),二十岁 …… 57
1860年(咸丰十年,庚申),二十一岁 …… 59
1861年(咸丰十一年,辛酉),二十二岁 …… 63
1862年(同治元年,壬戌),二十三岁 …… 67
1863年(同治二年,癸亥),二十四岁 …… 72
1864年(同治三年,甲子),二十五岁 …… 75
1865年(同治四年,乙丑),二十六岁 …… 78
1866年(同治五年,丙寅),二十七岁 …… 79
1867年(同治六年,丁卯),二十八岁 …… 80
1868年(同治七年,戊辰),二十九岁 …… 83
1869年(同治八年,己巳),三十岁 …… 85
1870年(同治九年,庚午),三十一岁 …… 86
1871年(同治十年,辛未),三十二岁 …… 89
1872年(同治十一年,壬申),三十三岁 …… 91
1873年(同治十二年,癸酉),三十四岁 …… 93
1874年(同治十三年,甲戌),三十五岁 …… 95
1875年(光绪元年,乙亥),三十六岁 …… 101
1876年(光绪二年,丙子),三十七岁 …… 106
1877年(光绪三年,丁丑),三十八岁 …… 112
1878年(光绪四年,戊寅),三十九岁 …… 119
1879年(光绪五年,己卯),四十岁 …… 126
1880年(光绪六年,庚辰),四十一岁 …… 131

1881 年(光绪七年,辛巳),四十二岁 …………………… 136
1882 年(光绪八年,壬午),四十三岁 …………………… 141
1883 年(光绪九年,癸未),四十四岁 …………………… 153
1884 年(光绪十年,甲申),四十五岁 …………………… 160
1885 年(光绪十一年,乙酉),四十六岁 ………………… 169
1886 年(光绪十二年,丙戌),四十七岁 ………………… 177
1887 年(光绪十三年,丁亥),四十八岁 ………………… 183
1888 年(光绪十四年,戊子),四十九岁 ………………… 195
1889 年(光绪十五年,己丑),五十岁 …………………… 198
1890 年(光绪十六年,庚寅),五十一岁 ………………… 202
1891 年(光绪十七年,辛卯),五十二岁 ………………… 203
1892 年(光绪十八年,壬辰),五十三岁 ………………… 205
1893 年(光绪十九年,癸巳),五十四岁 ………………… 207
1894 年(光绪二十年,甲午),五十五岁 ………………… 208
1895 年(光绪二十一年,乙未),五十六岁 ……………… 210
1896 年(光绪二十二年,丙申),五十七岁 ……………… 212
1897 年(光绪二十三年,丁酉),五十八岁 ……………… 222
1898 年(光绪二十四年,戊戌),五十九岁 ……………… 225
1899 年(光绪二十五年,己亥),六十岁 ………………… 232
1900 年(光绪二十六年,庚子),六十一岁 ……………… 234
1901 年(光绪二十七年,辛丑),六十二岁 ……………… 239
1902 年(光绪二十八年,壬寅),六十三岁 ……………… 243
1903 年(光绪二十九年,癸卯),六十四岁 ……………… 250
1904 年(光绪三十年,甲辰),六十五岁 ………………… 267
1905 年(光绪三十一年,乙巳),六十六岁 ……………… 273
1906 年(光绪三十二年,丙午),六十七岁 ……………… 293
1907 年(光绪三十三年,丁未),六十八岁 ……………… 304
1908 年(光绪三十四年,戊申),六十九岁 ……………… 317
1909 年(宣统元年,己酉),七十岁 ……………………… 326
1910 年(宣统二年,庚戌),七十一岁 …………………… 332
1911 年(宣统三年,辛亥),七十二岁 …………………… 338
1912 年(民国元年,壬子),七十三岁 …………………… 360

1913年(民国二年,癸丑),七十四岁 …………………………………… 391

1914年(民国三年,甲寅),七十五岁 …………………………………… 405

1915年(民国四年,乙卯),七十六岁 …………………………………… 417

1916年(民国五年,丙辰),七十七岁 …………………………………… 424

1917年(民国六年,丁巳),七十八岁 …………………………………… 432

1918年(民国七年,戊午),七十九岁 …………………………………… 440

1919年(民国八年,己未),八十岁 ……………………………………… 451

1920年(民国九年,庚申),八十一岁 …………………………………… 458

1921年(民国十年,辛酉),八十二岁 …………………………………… 466

1922年(民国十一年,壬戌),八十三岁 ………………………………… 473

1923年(民国十二年,癸亥),八十四岁 ………………………………… 481

1924年(民国十三年,甲子),八十五岁 ………………………………… 486

1925年(民国十四年,乙丑),八十六岁 ………………………………… 491

1926年(民国十五年,丙寅),八十七岁 ………………………………… 495

1927年(民国十六年,丁卯),八十八岁 ………………………………… 500

1928年(民国十七年,戊辰),八十九岁 ………………………………… 503

1929年(民国十八年,己巳),九十岁 …………………………………… 510

1930年(民国十九年,庚午),九十一岁 ………………………………… 514

1931年(民国二十年,辛未),九十二岁 ………………………………… 524

1932年(民国二十一年,壬申),九十三岁 ……………………………… 535

1933年(民国二十二年,癸酉),九十四岁 ……………………………… 552

1934年(民国二十三年,甲戌),九十五岁 ……………………………… 566

1935年(民国二十四年,乙亥),九十六岁 ……………………………… 570

1936年(民国二十五年,丙子),九十七岁 ……………………………… 585

1937年(民国二十六年,丁丑),九十八岁 ……………………………… 603

1938年(民国二十七年,戊寅),九十九岁 ……………………………… 623

1939年(民国二十八年,己卯),一百岁 ………………………………… 628

谱后之年 ……………………………………………………………………… 647

    1940年,谱后一年 …………………………………………………… 647

    1941年,谱后二年 …………………………………………………… 649

    1942年,谱后三年 …………………………………………………… 650

1944年,谱后五年	650
1946年,谱后七年	651
1947年,谱后八年	651
1948年,谱后九年	655
1949年,谱后十年	658
1952年,谱后十三年	659
1964年,谱后二十五年	659
1972年,谱后三十三年	659
1984年,谱后四十五年	660
1989年,谱后五十年	661
1990年,谱后五十一年	661

参考文献 …… 663

后　记 …… 667

前　　言

马相伯是复旦大学的创始人、首任校长,近代中国一位重要的学者和思想家。二十多年中,马相伯从一个少有人知的"教育家",被追认为"大师的大师"。确实,梁启超、蔡元培、于右任、邵力子、胡敦复、胡仁源、黄炎培、穆湘玥、项骧、李叔同等大师级人物,都推崇马相伯,认其作老师;戊戌变法时,自命"素王"的康有为来上海,曾暗中请教过前辈马相伯;辛亥革命后,"革命文豪"章太炎和马相伯老人为伍,两人的学问路径虽有不同,却能相互赞赏,力推共和主张;还有,抗战高潮中的爱国会"七君子"(沈钧儒、邹韬奋、李公朴、章乃器、王造时、史良、沙千里),为宣传抗日,公开表示"唯公马首是瞻"。经过几次文集编辑,多次会议研讨,马相伯作为近代中国最重要的学者之一,回到思想研究界的视野中,获得应有的地位。

马相伯(1840—1939),原籍江苏丹阳,生于丹徒一个天主教家庭。1851年冬,从家乡到上海,进入徐汇公学学习。1862年春,从徐汇公学毕业后,升入耶稣会修院;1864年夏,加入耶稣会;1871年,从神学院毕业后晋铎为神父,负责徐汇公学教务;1876年秋,因与教会龃龉,断然离开徐家汇。马相伯在36岁之前,接受了完整的神职训练,掌握了神学、哲学和科学等领域的全面知识,这在19世纪江南,甚至整个中国,可称是绝无仅有。徐家汇是一个国际天主教社区,神父来自法国、意大利、西班牙、德国、英国和美国,自幼浸染其中的马相伯未曾出国,就学会了七门外语。加之他在家乡私塾开蒙,公学中又请他兼作儒家"经学"教习,故而中西文学在同光年间均为一流。

马相伯离开了徐家汇后,投身上海的洋务运动,协助其弟马建忠(1845—1900),在李鸿章幕府中办事。他们借助大哥马建勋(1835—1882)在上海商界建立的关系,与其昌、怡和等洋行有交往,帮助李鸿章开办、改组和整顿轮船招商局,参与谋划和管理一系列洋务新局。马氏三兄弟在"洋务运动"中的作用,仅有马建忠作为"早期改良派"被提及。马相伯(建常)的早年事迹几被淹没,因他晚年创建震旦学院、复旦公学,并在1930年代发起抗战宣传活动而为人铭记。至于马建勋作为驻沪淮军的粮台,我们连像杭州胡雪岩那样的民间传说都没有,至今也就挖出不多的几条记载,不足以描述他完整的人生。

1876年底,马相伯离开上海,入山东布政司余紫籓幕府,任职于潍县滦口机械局;1879年,马相伯离开山东,协助留学回国的马建忠处理洋务和外交;1882年,马相伯与黎庶昌等人出使日本,担任驻神户领事;1883年,马建忠成功处理朝鲜"壬午兵变"后,不暇常驻,由马相伯代替,担任朝鲜国王改革顾问;1884年,马建忠担任轮船招商局总办,马相伯回到上海帮助其清理账目,整顿局务;同年,中法开战,为防法军攻击招商局海轮,马氏兄弟将局产过户到美商其昌洋行名下。此举引发轩然大波,被全国舆论指为"汉奸",一年后则不攻自破;1887年,马相伯代表李鸿章赴美借款,筹建华美银行,因受总理衙门阻挠,无功而返;此后,马相伯回到上海,生活情况不明,直到1894年甲午中日战争爆发,马氏兄弟重新出现在重大外交场合,参与《马关条约》谈判,又一次代李鸿章受过被污。

1896年以后,马相伯在上海露面的场合越来越多。作为洋务老前辈,马氏兄弟受年轻一辈的维新人士推崇。梁启超来上海办《时务报》,听了严复的劝告,向马氏学拉丁文。戊戌变法时,康有为、梁启超等人有意请马相伯出山主持中央翻译局。此后,就是在1902年南洋公学学潮后创办震旦,再办复旦,参与筹建江苏学务总会。1911年,辛亥革命爆发后,马相伯积极参与,甚而参与组织江浙联军,投身镇、宁前线。南京光复后,他担任府尹,组织仪仗,迎临时大总统孙文入城;1912年,他被袁世凯相中,以旅朝旧师、民国功勋的身份,出任总统府高等政治顾问;袁世凯担任大总统期间,他以参议员身份,主持中华民国宪法的制定,筹建最高学术机构"函夏考文苑",惜以失败告终。滞留北京多年,马相伯于1919年"八十诞辰"之际退休回上海,再次息影徐家汇。1920年代,本应颐养天年的马相伯回归教会,翻译《圣经》,整理文稿,口授和撰写回忆录,从事天主教会本土化建设,却仍然受蔡元培、黄炎培、于右任等旧学生们的邀请,从事众多文化、教育和政治活动。

1931年"九一八"事件发生后,马相伯与章太炎等沪上名人联名呼吁全民抗战;1932年"一·二八"淞沪抗战爆发后,马相伯发表演讲、组织抗战自治团体,被誉为"爱国老人"。1936年12月,国民政府由冯玉祥、于右任出面,联络了南京主教于斌,邀请马相伯移居南京大方巷,协助政府动员抗战。1937年"八一三"淞沪抗战后,马相伯被迫再次迁居,先被护送到大后方桂林,再转移到越南谅山。1939年4月7日,马相伯百龄庆典之日,中共中央发表贺电,誉之为"国家之光,人类之瑞";另有中共中央机关报《新华日报》

的评论,言称:"从这一百年来马相伯先生的奋斗中,可以看出中华民族儿女的优秀的特质,可以看出中华民族光明灿烂的前途。"本年11月4日,马相伯在谅山去世,完成了他百年奋斗的一生。

作为中国近代思想家的马相伯,他有同代人,甚至比他年轻一、二代的思想家都难以比拟的重要特征,即他是最早完成"西学"启蒙的学者。当然,我们一直讨论"西学"在明末已经由利玛窦等耶稣会输入,有徐光启等儒家天主教徒"会通"吸收,形成启蒙。但是,明末"西学"在清中叶遭遇挫折,"启蒙"因此而中辍。清末新教传教士重新译介"西学",大部分华人学者对之完全陌生。同治、光绪年间的"变法",堪以此学相称的学者,严复已是先驱,而康、梁、孙、章,都在戊戌时期"恶补"。晚至"新文化运动"倡导"西学",号召"启蒙"的领袖人物蔡元培、陈独秀、胡适等,都未达到马相伯那样的西学造诣。当时学者论"西学","严、马、辜、伍"并称。以欧洲古典哲学、基督教神学和近代科学造诣论,马氏兄弟的"西学"在严复之上,而辜鸿铭、伍廷芳仅在文学、法学上擅长。查证表明,当梁启超表示要恶补"西学"时,严复向他推荐了马氏兄弟,建议他们从拉丁文学起,打好古典哲学基础,全面理解西方文明。

马相伯作为一位教育家,其成就卓著确凿无疑。1903年创办震旦学院,1905年再办复旦公学,都是自任校长,亲自授课,两所学校或平顺,或艰难,都成为办学质量很高的现代大学。1912年,民国初建,北京大学改革惟艰,校长任命难产。马相伯在上海办学有成,被推荐代理校长数月,曾想有一番作为,遇学潮而退。1924年,马相伯和英敛之一起,上书教宗要求帮助在北京创办一所天主教大学,获得批准,此即北京辅仁大学。马相伯在这四所著名大学的校史上留下了不可抹灭的痕迹,都表明他在晚年开始从事的高等教育事业是非常成功的。他为震旦、复旦提出的"崇尚科学,注重文艺,不谈教理"的办学理念,还有他在学潮期间要求学生"读书不忘爱国,爱国不忘读书"的良苦教诲,都是给后人留下的精神遗产。此外,马相伯与张謇的江苏教育会、黄炎培的中华职业教育社,以及蔡元培支持、任鸿隽主持的中国科学社都有密切关系,或任董事监理,或以演说为鼓励。他的一些中肯意见,在中国近代科学初期建立时也留下了印记。

马相伯离开教会期间,一直从事"洋务",关心并参与国家大事。如果我们因此称之为政治家的话,那他显然是很不成功的一位。他自己深知这一点,故在生命的最后一年,悲凉地说道:"我是一条狗,叫了一百年,还没有把中国叫醒。"1908年,马相伯受梁启超邀请,担任立宪团体政闻社总务员(社长),兴冲冲地提了"神我宪政论"政体主张,还建议了"忠实、忍耐、博爱"的民族道德。然而,他收到的却是清廷的查封,立宪派的利用和推诿,革命派的误解和攻击。以马相伯不与人争的性格,他很快就回到了自己的生活轨道,做一些个人力所能及的事情,不问政事多年。此后,他这种游离于出世修行和入世从政之间的摇摆态度,让他在古稀之年参加了辛亥革命,折冲权贵;随后又去了北京,在总统府担任要职,试图扭转乾坤。他亟愿为中华民国制定一部可用的"约法",却在虚耗了多年努力之后,一夜之间回到了帝制。于是,一无所获地回到徐家汇,继续其译读《圣经》的书斋生涯。

马相伯还有一个殊为重要的身份向度,就是有始有终、伴随他一生的天主教徒身份。丹阳马家是明清时期入教的"老教友",马相伯出生时便有洗名"若瑟"。他12岁来上海入学的徐汇公学是一所同时培养朝廷科举和本地传教人才的学校,沿袭徐光启时代"会通"中西文化的实践,既学习法文、拉丁文,又练习"四书"和八股文。1876年,马相伯脱离教会,投身洋务运动,他的才干就是徐汇公学赋予的中西会通的活动能力。1896年,在事业上经历了一连串挫折之后,马相伯决定回到教会。他的做法就是在一段"避静"(retreat)之后,搬离市区,回到徐家汇土山湾独居。马相伯在这期间的心路历程到底怎样,有哪些个人和家庭的因素促成这个转变,目前只有家族和教会间的一些传说,还没有查到关键的资料能加以完整说明。马相伯和教会的复杂关系,也有待巴黎、梵蒂冈的档案资料解密,才能完全说明。

编写《马相伯年谱》,是研究马相伯的基础工作,而目前为止还没有一部详尽可靠的年谱可以援引。1938年,马相伯将届百龄,已称人瑞,身边"小友"张若谷编了一部《马相伯先生年谱》,交由商务印书馆出版。此前,很多记者、作家和学者都来采访马相伯,志愿记录"爱国老人"不平凡的生平,积有钱智修《马相伯先生九十八岁年谱》(《中央日报》,1938年5月16日)、徐景贤《马相伯先生国难言论集》(1933年4月)、王瑞霖《一日一谈》(新城书局,1936年2月26日)、陈乐素《相老人八十年之经过谈》(《人文月刊》,1930年、1931年)、刘成禺《相老人九十八年闻见口授录》(《逸经》,1937年6月、7月)、凌其翰《九三老人马相伯语录》(《申报》,1932年5月、6月)、凌其翰《六十年来之上海》(《申报》,1932年4月30日)等。这些简单的年谱和传记,是在马相伯生前制作的,大部分都经过传主的核实,非常珍贵,令笔者获益良多。

不知什么原因,马相伯没有完成自己文集的编辑和出版,也没有像康、梁、孙、章那样自订年谱。如上提及的这些年谱传记资料,是我们当年研究马相伯生平的主要参考。深度追究马相伯与中国近代社会的密切关系,我们发现《一日一谈》中的晚年回忆都是真实的。老人以幽默、诙谐口吻讲述的故事相当关键,且都有事实依据。谈话中对李鸿章、康有为、孙中山、袁世凯等人的评价,非常中肯,很是传神,极具价值。但是,这些口述都是在马相伯九旬之后做的,毕竟常有记忆偏差,有时候会差上一两年。因此,为马相伯编订一本详尽而可靠的年谱,是不得不做的基础工作。海峡对岸,方豪先生对年谱编订最为执着。方豪最早致力于马相伯研究,马老刚去世,方豪就综合各家所述,编制了《马相伯先生在教事迹年表》(《益世报》,1939 年 11 月 12 日)。1948 年,方豪根据他在南京获得的一些手稿,书籍首尾的序跋,还有报章、杂志上的刊文,以及亲友、家属收藏的书信,编辑出版了《马相伯先生文集》(北平:上智编译馆)。方豪到台湾后,限于收藏条件没有更多收获,但他基于长期的积累,完成了《马相伯先生年谱新编》(李东华编:《方豪晚年论文辑》,台北:辅仁大学出版社,2010 年)

1986 年 12 月,朱维铮老师受香港三联书店邀请执行主编《中国近代学术名著丛书》,名誉主编钱锺书先生提议新编《马氏兄弟文集》。朱老师对钱先生的建议深以为然,复旦大学中国思想文化史研究室的团队就开始研究马相伯。朱老师发起研究马相伯,还有另外一个契机,就是 1987 年开始的与多伦多大学高等教育研究所许美德教授的合作项目"马相伯与震旦大学研究"。在这两个项目中,笔者负责收集马氏兄弟资料,研究马相伯与上海天主教的关系,并因此申请到亨利·鲁斯基金会的资助,1991 年到 1992 年到美国旧金山大学利玛窦中西文化历史研究所担任访问学者一年。三联书店的学术名著丛书首批十种因故迁延,十年后方才出版。原定列入丛书计划第二批的《马相伯集》(朱维铮主编,李天纲、陆永玲、廖梅编辑,复旦大学出版社,1996 年)遂单独出版,其篇幅已经大大超过了方豪先生的收集。此后的十多年里,朱老师在很多课题领域开拓,却一直关注马相伯研究,他为《马相伯传略》(复旦大学出版社,2005 年)撰写的《近代中国的历史见证:百岁政治家马相伯》,理清了马相伯与近代政治风云的关系。朱老师嘱咐我们继续研究马相伯,进一步考证清楚马相伯的生平事迹,做一部详尽的《马相伯年谱长编》,之后还要努力下去,设法编成一部《马相伯全集》。

2005 年,上海电视台纪实频道成立《大师》剧组,遴选近代中国一百位"大师"级的学者进行拍摄。经我们提议,编导王韧和他的团队将《马相伯》作为第一集作品投拍,由朱老师顾问辅导,笔者拟定了脚本初稿。《马相伯》一经播出,马相伯的政治、教育和信仰经历遂为愈多的观众了解。不少事件得以正本清源,各界反响热烈,以致后来有了马相伯乃"大师的大师"的说法流传。如今,朱老师去世已经多年,《马相伯年谱长编》才刚刚做完,虽有这份初步的成果,但内心却存有不少遗憾。

凡 例

一、本谱按年月日收入谱主生平中有关政治、教育和宗教活动的内容；

一、本谱按年月日系，日期不明系于月（或四季），月份不明系于"本年"；

一、因谱主学兼中西，本谱对其"西学"及其与西人之关系尽力考订；

一、本谱对谱主思想主张和学说要义只做适当解释和提示，不做阐发；

一、与谱主相关的人物、事件作为背景介绍，以明谱主与时代之关系；

一、因马氏兄弟活动轨迹相近，本谱适当收入马建忠事迹，共同参订；

一、本谱对谱主活动记载做适当考订，查明事实，以备后来研究之用；

一、本谱参考前人所作各谱，并借助档案、日记、报刊资料加以参订；

一、谱主生平事实核定，以报章杂志报道为优先，访谈、回忆录次之；

一、有些文献不易查找，又颇具参考价值，本谱适当抄录，以飨读者；

一、本谱引用文献如出原文，则置于括号内，用楷体标示，以便区别；

一、引用文献标明出处，以作者、书名、出版社、出版年和页码为序。

谱 前 之 年

1801年(嘉庆六年,辛酉),谱前二十九年

马相伯父亲马松岩(松岩公,1801—1875)生于江苏省丹阳县东北乡大贡马家村(今丹阳市经济开发区胡桥)。

据马相伯回忆,马家村马氏家族在明代末年皈依天主教。按耶稣会在华传教记录,明末清初在江南地区建立的天主教会,以徐光启的故乡松江府上海县为中心,是中国天主教徒最为集中的区域。江苏省的苏州、常州、江宁、扬州各府,明末都已经开教,不少教徒在司铎辅助下建立会口,并通过婚姻、商业、渔业、航运、迁徙等原因结为群体,相互之间的关系非常密切。"十七世纪在江南的传教士,大部分是属于耶稣会中国临时副省的,副省的省会长驻在北京。1663年,根据中国教务巡阅使德加马神父的手抄记录,江南省那时有十二座大教堂和许多会口。共计五万五千一百名教友,由六名耶稣会神父分担这些教务的重任。上海就有两座教堂,六十六所小堂,共有四万名教友。教友的主要集中点,是在上海附近,以及运河两岸,例如淮安、扬州、南京、苏州、常熟、嘉定、松江。"(史式徽著:《江南传教史(一)》,上海:上海译文出版社,1983年,第8—9页)

天主教在明代末年由耶稣会士传入丹阳,并在清代中叶以后传播到四乡,教徒众多。城中天主教堂"在县治东东河路,明万历间教徒康治泰创建,清咸丰庚申毁。同治初复建,并分设公所七:曰花家渡,曰缺口村,曰老杭家村,曰祈谢巷村,曰张巷村,曰段上村,曰瓜渚村。教徒约千余户,光绪十七年毁,越年复建"(《丹阳县续志·寺观教堂》)。太平天国运动之后,同治年间重建的天主教,没有在马家村设立堂口。比较靠近的教堂在瓜渚村、张巷村。

据方豪在1946年在南京天主堂所见马相伯自订本《马氏宗谱》

(《云阳虞寺巷马氏重修宗谱》，咸丰戊午年刻木活字本，有相伯为续谱所作注释），并其抄录（参见氏著：《马相伯先生生日考及其他》，《方豪六十自定稿》，台北：学生书局，1969年，第2013页），整理马相伯三代家族世系如下：

曾祖父：马从美（从美公）。

祖父：马士章（1762—1831），一名士元，字行乾，丹阳人，居邑东乡虞巷里，娶郭氏。

祖母：郭氏（1761—1833），为士章生一子尊仙，即相伯之父松岩公。郭氏与士章合葬于丹阳北门外贡家庄后。

父亲：马松岩（1801—1875），一名尊仙，字岳梦，号锦华。"议叙监生，加州□衔□，生嘉庆辛酉九月二十四日戌时，娶沈氏。"（《云阳虞寺巷马氏重修宗谱》，咸丰戊午年刻木活字本）习儒多年，为馆师。举业未成，转而习医、经商，迁丹徒城内营生。咸丰年间避太平军战祸，率领全家迁居上海，逝于松江泗泾镇寓所。

母亲：沈氏（1807—1895），丹阳人，天主教徒，"生嘉庆丁卯十月初一日未时，生三子志新（建勋）、志德（建常）、志民（建忠），一女。"（《云阳虞寺巷马氏重修宗谱》，咸丰戊午年刻木活字本）相夫教子多年，逝于松江泗泾镇寓所。

长兄：马明学（？—1830），早逝。松岩公"生子，长，明学，故道光十年"（《云阳虞寺巷马氏重修宗谱》，咸丰戊午年刻木活字本），事迹未详。

大姐：马建淑（1833—1925），"次女，道光十三年五月廿五日亥时生，蛇，适朱"（《云阳虞寺巷马氏重修宗谱》，咸丰戊午年刻木活字本）。嫁入青浦天主教船户朱朴斋，育有四子：志尧（开甲）、云佐、季琳（开第）、季球（开敏）。朱家迁居上海城南董家渡，为天主教大族。

二兄：马建勋（1835—1882），名志新，字钦荣，又字绍良（少良）。"生道光十五年十月初六。娶吕城卢氏，生道光十九年。"（《云阳虞寺巷马氏重修宗谱》，咸丰戊午年刻木活字本）因明学早逝，建勋继为长子，承家业。因战乱，随父亲和全家迁居上海经商，入李鸿章幕府，捐纳为湖北候补知府，任粮台。娶吕城卢氏（1839—1875），生长女锡珍，适殷氏；又立丁氏（1845—1882），无子，以建忠子锡俊为嗣。

三兄：马钦福，生卒年不详，早逝。

幼弟：马建忠（1845—1900），名志民，字钦良，又字眉叔，又字斯才。1896年娶南昌黄氏，得长女欧桂（1877—？）、长子多宝（1881—？，字锡俊)、次女莲宝(1883—?)、次男祥宝(1885—?)、幼女蓉宝(1887—?)、末女梅贞(1888—?)。

马松岩和妻子沈氏,均出身天主教家庭,故以天主教义训导子女。"我们家庭奉天主教由来很久,大约在利玛窦到中国来以后,我们的祖先便成为教徒。我的外公、外婆也是奉天主教的。"、"我对于当时士大夫所视为神圣不可侵犯的天子,看得也很平常,我因为宗教的启迪,又知道天子也和我们一样,同为造物所造,同是有生有死,在上帝之前,同是平等,并没有什么神奇。至于黄金、玉带,我更是看得平常。"(《一日一谈·我的孩童时代与宇宙观与家教》,朱维铮主编:《马相伯集》,上海:复旦大学出版社,1996年,第1135页)

利玛窦及耶稣会士在中国内地建立天主教之后,清中叶因"中国礼仪之争"和耶稣会被解散而遭遇挫折。但是,天主教会仍然在延续,据估计:1800年,除澳门之外,中国内地的天主教徒大约有202 000人。(Louis-Eugene Louvet, *Les Missions Catholique au XIX Siècle*, Lyon,《十九世纪公教传教史》)江南地区的天主教徒集中在上海、松江、青浦、嘉定、常熟、杭州等地,常州府丹阳、镇江府丹徒也有信徒。"教会强调,信徒不可以与非信徒结婚,而这个规定肯定帮助了基督徒团体保持自己的特殊性和确保孩子的信仰。"(赖德烈著,雷立柏等译:《基督教在华传教史》,香港:汉语基督教文化研究所,2009年,第164页)马相伯把他幼年形成的世界观、宇宙观归因为天主教信仰。

1814年(嘉庆十九年,甲戌),谱前二十六年

8月7日,自1773年7月天主教罗马教廷解散耶稣会之后,教宗庇护第七(Pius Ⅶ,1800—1823在位)颁布通谕,恢复组建耶稣会。中国天主教徒听闻耶稣会重建工作完成后,不断上书请愿,要求派遣会士来中国,并在江南和北京动员官宦士大夫向朝廷建议开放入境,为清朝各项事业服务。(参见史式徽著:《江南传教史(一)》,上海:上海译文出版社,1983年,第381—388页)

天主教江南教区辖区素以江南行省(1667年划分为江苏、安徽二省)为界,为清朝最为富庶,天主教徒人数最多的地区之一。据夏之时(Louis Richard,1868—?)法文《中华帝国地舆》所核清朝嘉庆十九年(1814)人口统计,"江苏三十七兆(一百万)八十四万人;安徽三十四兆十六万八千人。"(史式徽著,渔人译:《江南教务近代史》,《圣教杂志》

第 10 卷第 3 期,1921 年 3 月)在江南传教区,上海天主教徒人数最多,按史式徽《江南传教史》统计,1663 年,上海有教堂 2 座,祈祷所 62 座,天主教人数达到四万左右,"在教务最盛的十八世纪初期,江苏已有十万名教友,其中八万名就在上海附近"(史式徽著:《江南传教史(一)》,上海:上海译文出版社,1983 年,第 9 页)。松江府在江南和全国教区中人数最为众多。

1828 年(道光八年,戊子),谱前十二年

本年,朱朴斋出生于江苏青浦县诸巷镇,马建淑适之,是为马相伯的姐夫。

朱家与马家在上海市区同为天主教大族,两家联姻后,更是子女众多,人才辈出。朱朴斋(1828—1890),据传祖先在明代初年从安徽迁到青浦,曾有仕进,唯在明末天主教来华之初就加入天主教会,以船运、经商为业。据《百年忠贞:纪念朱西满开敏主教》(2013)摘录《江苏青浦朱氏金家庄支宗谱》(1927):"溯我祖之卜宅也,邮居青邑潭西之丝网棣。或曰由淮北迁此,时值明太祖定鼎金陵之始。或曰则否,一时难以稽考。然吾祖先曾登仕版,而以起家,则毫无异议。"朱氏家族在诸巷时以渔为业,迁到上海董家渡,贸易经商,发扬光大,此为后事。

《江苏青浦朱氏金家庄支宗谱》:"朴斋公,道光八年即 1828 年 6 月生,光绪十六年即 1890 年 11 月亡。"青浦诸巷,"属松江淀山湖西畔一小村,大抵清康熙时青浦有朱、陆、周、潘、秦、姚、沈七姓,得奉圣教,为免教难而避居于此,曰诸巷会。初治渔业,由湖而海,业日张。咸丰十年,即 1860 年,为避发匪,复纷纷迁上海董家渡,以其有大堂故也"。位于青浦西部,今商榻镇东北,濒临淀山湖,为渔业村。人民公社时期编为东风大队,今名为淀西村。"诸巷镇上原有许多富裕教友家庭拥有出海的大沙船,这些海船是去北方海口和辽东半岛运货经商的。"、"1861 年的复活节,有 27 条渔船结队来到上海。"这一支迁往上海的教民船队遭遇太平军,损失惨重。(史式徽著:《江南传教史(二)》,上海:上海译文出版社,1983 年,第 104 页)

史式徽著《江南传教史(一)》(上海:上海译文出版社,1983 年,第 20 页):江南地区的天主教徒,"各阶层的人都有,而大部分是种稻田的农民,以及以船为家的渔民。但在上海、松江、苏州、南京等处却有不

少富有的教友人家。由于罗马对于'祀祖祭孔'的中国礼仪之争做出了最后决定,这些富家教友子弟就不再去应科举走仕宦的道路,而去经商或经营重要的企业了。在那恐怖的叛乱战争(指太平天国)之前,在松江府或苏州府,教友们的财产远比今天为多。由于教友们的勤劳正直,许多贫农教友也因勤俭持家而致富的。当时路过或接触过江南的传教士,都异口同声一致赞扬。"

1831年(道光十一年,辛卯),谱前九年

7月29日,马相伯大姊马建淑生于江苏丹徒县。马建淑(1831—1925),圣名玛尔大。适青浦诸巷朱朴斋,得子志尧(开甲)、云佐(开第)、季球(开敏)、季琳,称"朱门四杰",除朱开敏出任海门代牧区主教之外,另有女儿朱爱加入拯亡会。朱氏兄弟随家庭、家族一起信仰天主教,同时也接受儒学教育,参加科举考试,朱开甲、朱开第还通过县试,获得了本县生员名额。

据朱氏家族后人编《百年忠贞:纪念西满朱开敏主教》(香港:九八编辑,2013年),马氏夫人马建淑1918年7月29日为"八十六岁寿辰",有当天摄影的照片为证,则马建淑应该是出生于1831年。另据马相伯《致英华》(1913),马相伯在北京得家姊信,颇思念,已为"八旬有一"高龄,亦证马建淑生年为1831年。张若谷编著《马相伯先生年谱》(上海:商务印书馆,1939年,第5页)转朱志尧的说法"先生有姊一,长先生约四五岁,归朱氏,即为予之先母",是错误记录。建淑比相伯年长八九岁。

1832年(道光十二年,壬辰),谱前八年

4月25日,中国天主教徒"老教友"在北京上书罗马教廷,请求耶稣会总会长罗当(Roothaan)派遣耶稣会士回到中国传教。上书回顾了利玛窦以来耶稣会士在中国科学、文化和教会建设方面的贡献,感叹自耶稣会解散之后,耶稣会士断绝东来,乃至教会衰败,信徒失教。上书请求罗马教廷多派像利玛窦那样的数学家、天文学家、工程师、设计师、建筑师来中国,"这样的一批神父,才是中国人民,特别是皇上及其周围的大臣们所希望的"(《教区上罗马耶稣会总会长和法国参赞神父的信件》第2卷第1章,第4页;转见自史式徽著:《江南传教史(一)》,上海:上海译文出版社,1983年,第31页)。

1833年(道光十三年,癸巳),谱前七年

8月24日,湖北、湖南、北京、陕西、山西天主教教友联名向耶稣会总会长罗当、教宗额我略第十六(Gregoire XVI, 1831—1846在位)请愿,要求派遣耶稣会士返回中国,重新传教。"他们肯定,皇帝左右的六部九卿,以及朝廷上的大臣都曾叩请皇上恩准耶稣会中精于机械、天文以及其他类似学问的神父,重来帝国。"(《教区上罗马耶稣会总会长和法国参赞神父的信件》第2卷第1章,第7页;转见自史式徽著:《江南传教史(一)》,上海:上海译文出版社,1983年,第82页)

1835年(道光十三年,乙未),谱前五年

7月12日(五月二十五日),马建勋出生。"建勋,道光十五年十月初六寅初生,羊。"(《马氏宗谱》,转见自方豪:《马相伯先生生日考及其他》,《方豪六十自定稿》,台北:学生书局,1969年,第2013页)

1837年(道光十七年,丁酉),谱前三年

10月1日,上海教区本地司铎王若望、张西满等,联络上海和江南地区98名教友,联名上书教宗额我略第十六,请求派遣耶稣会士回江南管理教务。本日,上书得到批准,北京毕学源主教任命罗伯济主教返回江南,署理江南教区副主教。文献记载表明,鸦片战争前天主教会仍在维持且外籍传教士已返回江南,而非待中法《黄埔条约》签订后,借助条约的规定逼迫清廷向他们开放传教。

上海教友联名上书教宗额我略第十六,请愿派遣耶稣会士回到江南传教。请愿书在松江佘山南麓张朴桥教堂起草,用白绢誊写,亟称:"'江南没有牧羊人,教会事务极度混乱。'从利玛窦以来连续三个世纪所获得的辉煌成就,由于后继乏人,来者又无才能,以致这些旧业都荒废了。开始是米朗达神父,之后是赵神父和昂里凯神父,由毕学源主教委任为南京教区的代权主教。他们只是偶尔到一下教区,而昂里凯神父

又回澳门去了,听任教友和司铎们歧路彷徨,茫无领导。"(《教区上罗马耶稣会总会长和法国参赞神父的信件》第2卷第1章,第9页;转见自史式徽著:《江南传教史(一)》,上海:上海译文出版社,1983年,第33页)

史式徽运用教会档案,对于欧洲天主教士重返上海和江南教区传教的缘由有详细记载:"一千八百三十七年,江南教友有杜姓者,圣名保禄,前在澳门修院读书。出院后,充堂中事,每年至澳门代取传教士之常年经费(盖澳门各修会置有田房产业,取其常年生息提作各省传教经费),闻罗公伯济由罗马来华等事,误认为必耶稣会修士。回到江南后,随处遍告教友。江南教友对于耶稣会甘棠遗泽,犹在目前,莫不额手相庆,屡上奏折,恳求教皇遣使耶稣会修士来华,复摄江南教务。时毕(学源)主教所派之江南副牧恩利该大司铎,系葡国味增爵会会士,因病退居澳门,势难管理江南教务。于是江南教友由王若望、张西满司铎等领衔,膳呈请愿书于北京毕主教,恳派罗公伯济为江南副牧,代理江南教务。毕公喜甚,立刻批准,颁委任状与罗公,时一千八百三十八年阳历十月一日也。"(史式徽著,渔人译:《江南教务近代史》,《圣教杂志》第10卷第3期,1921年3月)

罗伯济主教到达之前,上海已经是中国天主教的重镇,实因1603年徐光启入教,1607年他邀请耶稣会士来沪开教。"徐光启,圣名保禄,上海人,受洗后邀耶稣会士至上海开教。于是上海始有天主教。上海第一开教功臣,非徐公光启而何?十七世纪之江南传教士,悉为耶稣会士。时中国耶稣会省长驻在北京,一千六百六十三年巡查中国教务贾玛司铎(Louis de Gama S. J.)遗有笔记,谓当时江南有大圣堂十二座,小圣堂甚多。教友有五万五千一百人,耶稣会司铎六人,统理一切教务。上海一县,有大圣堂二座,私所小圣堂六十六处,教友四万人。徐光启之孙女嫁于许姓,圣名甘第大,时人称为许太夫人,热心出众,竭力捐资,建筑圣堂,圣教从此到处广传。同时,天主教传至崇明,外是松江、嘉定、苏州、无锡、常州、扬州、淮安等处,皆有圣堂及教民矣。安徽省首先入教者,乃居芜湖之绅士,大约许太夫人之侄做官于此,得数百人有志奉教,爰请卫方济(比国人)司铎至芜湖举行付洗礼,圣教从此开基矣。"(史式徽著,渔人译:《江南教务近代史》,《圣教杂志》第10卷第3期,1921年3月)

1839年(道光十九年,己亥),谱前一年

春,罗伯济副主教离开澳门,赴江南上海教区履职。到达湖北后,湖广

地方官员严查天主教,同时江南教区原副主教葡籍味增爵会会士恩里格未必欢迎他到任,且已经将江南教区副主教的权位让给了法国味增爵会会士费卫耳。因此,罗伯济到江南以后,即不得不退回湖广乡间,上书罗马传信部,请求解决教区划分问题,不然不能上任。

9月,教宗额我略第十六将山东传教区从北京教区划出,独立为直属于罗马传信部的代牧主教区,任命罗伯济担任主教,兼管江南主教区。

史式徽:"罗公仍回湖广,致书罗马传教部,详陈困难情形,以待罗马部谕解决焉。一千八百三十八年阳历十一月,毕主教寿终于北京,传教部知时机已至,于是将南京主教区域之名义取消。一千八百三十九年九月,教皇额我略十六颁谕将山东省划开,不属北京主教权下。立山东为教皇代权传教区域。一千八百四十年四月阳历一月,教皇特授权罗公伯济为山东教皇代权主教,监管江南主教教务。"(史式徽著,渔人译:《江南教务近代史》,《圣教杂志》第10卷第3期,1921年3月)

1840年（道光二十年，庚子），一岁

1月13日，罗马传信部部长与耶稣会总会会长罗当商议，批准罗伯济主教的申请，决定派遣三、四名耶稣会士前往江南。此即南格禄、李秀芳、艾方济来上海之缘由。唯因中英鸦片战争爆发，广东水面已经封锁，三位会士只得乘坐英船马斯登号（Masden）北上舟山，转道上海。（史式徽著：《江南传教史（一）》，上海：上海译文出版社，1983年，第46页）

1月，教宗额我略第十六任命罗伯济担任山东教区主教，兼管江南教区教务。罗伯济主教到任的消息传开之后，上海教友纷纷上书，催促他尽快来上海主持教务。（见史式徽著：《江南传教史（一）》，上海：上海译文出版社，1983年，第15页）3月24日，罗伯济完成履职典礼之后，旋即来到上海。

4月7日，即道光二十年（清宣宗庚子）三月六日，马相伯生于江苏省丹徒县城中。马相伯，原名志德，又名钦善、建常、绍良，改名良，字斯臧，又字相伯、湘伯、芗伯，圣名若瑟，后半生以相伯字行，别署求在我者，晚号华封老人。"生于道光二十年三月初六日戌初。"此生日记载根据《马氏宗谱》（《云阳虞氏巷马氏宗谱》，咸丰戊午年刻本活字本，方豪所见，并氏著：《马相伯先生生日考及其他》，《方豪六十自定稿》，台北：学生书局，1969年，第2015页），且曾经马相伯手订并加注，殊属可靠。关于马相伯的生日，后来流传不同说法。天津《益世报》1929年4月15日发表《祝贺华封老人九旬大寿》社论，披露"清道光庚子三月初六日，华封生于江苏之丹徒县"。按"庚子三月初六日"为1840年4月7日，为正确记载。抗战爆发后，国民政府以本日为马相伯诞辰纪念日，南京、重庆政府均在本日举行庆典活动。

据现存《马氏宗谱》，即咸丰戊午（1858）年修刻之《云阳虞寺巷马氏重修宗谱》木活字本，四卷四册，共印八套，马相伯家藏第八套。该宗谱上有"三畏堂马珍藏"、"相伯之印"印章，并用夹纸上书写补充的松岩公以下之马氏世系，显然是马松岩、建勋、相伯连续保存的自用本。该本自方豪在南京石鼓路天主堂图书室寓目、抄录以后，被家属携回上海家中。1966年被查抄，"文革"结束后拟发还马家，惟马家并未收到

这一批家产。2016年江苏省丹阳市成立马相伯研究会,该会学者吉育斌、卢政查访到由苏州某藏家藏《马氏宗谱》,作了部分影印。丹阳马相伯研究会发现其附有上海文管会发还通知,可见当初"落实政策"并未到家,以致中途散失民间。方豪曾将抄录内容,录入《马相伯先生生日考及其他》《马相伯先生事略》(见《方豪六十自定稿》,台北:学生书局,1969年)等著作。丹阳市马相伯史迹馆摄录了部分内容,据以制成该馆的展览内容。马相伯的实际生日,当以此家谱记载为准。

张若谷央请徐允希查看《耶稣会士名录》,马相伯早年的会籍登记信息为:"马若瑟,乾,相伯,1840年4月17日生,1862年5月29日入会,1876年12月出会。"(张若谷:《马相伯先生生日考》,《马相伯先生年谱》附录,上海:商务印书馆,1939年,第290页)今查保存在上海图书馆徐家汇藏书楼的《耶稣会士名录》(Catalogus),马相伯入会时确实由自己登记为"1840年4月17日出生,1876年12月退出耶稣会"。按法国耶稣会规定,登记日期用西历。据《马相伯先生在教事迹年表》:"道光二十年四月十七日,先生生,领天主教洗礼,圣名若瑟。"则上海天主教方面都是以"4月17日"为马相伯生日,并且得到马相伯自己的认可。1919年,马相伯从北京回沪,在徐园举行八十诞辰纪念,日期即为公历4月17日。又据《黄炎培日记》,1935年3月19日记,当天在土山湾为马相伯庆祝九十六岁诞辰日。黄炎培在同一天的日记中说:"相老生日阳历四月十七日。"实际上,公历4月17日为马相伯受洗日,按教会习惯取为"生日",并不是马相伯的实际生日。

按:马相伯生日还有一些不同说法,钱智修《马相伯先生九十八岁年谱》(《中央日报》,1938年5月16日)记:"民国前七十二年(清道光二十年)庚子先生生。先生名良,字相伯,江苏丹阳人,父松岩公,娶同县沈太夫人,以本年(旧历)三月十九日生先生与丹徒城中。"按此新旧历换算,马相伯生于公历1840年4月20日。1940年上海英文《天下杂志》(Tien Hsia Moothly)第十卷第五期刊登刘豁轩《马相伯生平传记》,称马相伯生于"1840年3月19日(道光二十年二月六日)"。这里显然是把"三月十九日"当做了公历,然后又把它换算成旧历"二月六日"。《大公报》1939年11月26日黄炎培《我所见一百一龄马相伯先生之生平》说:"先生系生于道光十九年,先生生日,我所知道为阴历四月八日。"按此说法,马相伯应当是生于1839年5月20日,这个说法和黄炎培在自己日记中记载的其他日期又不相同。另外,《申报》1939年11月6日载《马相伯先生之一生》,亦称马相伯生于1839年。这些说法均没有找到依据,应属于晚年的讹传。

关于马相伯的出生地,他本人和世间一直持"丹徒说"。马相伯祖籍丹阳县北乡胡桥大贡马家村,出生于父亲经商的镇江府城丹徒县城中。按相伯自陈:"我的祖籍原来是丹阳,而我自己却生在镇江。兄弟五人,夭者二而存者三,余居次。"并称丹徒是"可爱的第二故乡"(《一日一谈·我的幼年》,朱维铮主编:《马相伯集》,上海:复旦大学出版社,1996年,第1083页)。马氏兄弟认丹阳为祖籍,把丹徒作为籍贯,这在清末民初已经确定。邵力子在《相伯先生寿言》称"吾师丹徒马相伯先生";于右任《祭相伯先生文》中称"丹徒国师";《清史稿·马建忠传》称马氏为"丹徒人"。钱智修《马相伯先生九十八岁年谱》(《中央日报》,1938年5月16日):"本年(1840)三月十九日,先生生于丹徒城中。"有一个不同的说法,称马相伯晚年曾回忆说自己生在丹阳,似乎否定了以前的说法。按丹阳人韩景琦的记录,马相伯说:"邵力子是在丹阳珥陵生的,那我来讲,也是生在丹阳而迁居丹徒的。"(韩景琦:《回忆在"乐善堂"的日子里:缅怀马相伯世丈》,丹阳市政协文史资料研究委员会编:《爱国老人马相伯(1840—1939)》,丹阳,1990年)。方豪《马相伯先生年谱新编(上)》称马相伯"生于江苏丹徒马家村"(李东华编:《方豪晚年论文辑》,台北:辅仁大学出版社,2010年,第155页),应属于误置,因马家村在丹阳,不在丹徒。马相伯出生地的"丹阳说"属于后出,是旁人记述,也缺乏旁证。难以想象众多家族成员健在的时候马相伯会记错自己的出生地,故此不取后出的"丹阳说"。

4月17日,马相伯出生后第十日受洗,取圣名若瑟。"道光二十年四月十七日,先生生,领天主教洗礼,圣名若瑟。"(《马相伯先生在教生平事迹年表》)天主教每年的圣若瑟瞻礼日(Feast of Sant Joseph)为公历3月19日,是最靠近马相伯生日的重要圣徒纪念日,因以命名。马相伯在加入耶稣会时把4月17日的受洗日,作为自己的生日填写,出于这个信仰上的原因。1920年代以后,马相伯和社会各界用4月17日之受洗日,作为他的生辰纪念日。

陈乐素《相老人八十年之经过谈》:"吾是镇江人,吾生于道光二十年。"(《人文月刊》,1930年;氏著《求是集》附录,广州:广东人民出版社,1986年)马相伯居上海和徐家汇近九十年,说松江方言,惟因幼年经历和家族传统的原因,一生未放弃镇江话。先生孙女马玉章曾告知笔者,她儿时曾嬉笑爷爷说的丹徒乡音是"江北话"。

传马相伯以上二十世祖为《文献通考》作者马端临。泽村幸夫《马良先生印象记》:"我国治华夏之学者,无不知有《文献通考》一书,贯穿古今,该博过于杜佑之《通典》,著者马端临,先生二十世祖也。"(朱维铮主编:《马相伯集》,上海:复旦大学出版社,1996年,第1060页)张若谷《我所见闻的马相伯先生》:"在马家先祖中,出过几个知名的学问家,做《文献通考》的马端临,是相老的二十世祖。"(张若谷编著:《马相伯先生年谱》附录,上海:商务印书馆,1939年)马端临(1254—1323),江西饶州乐平人,字贵与,号竹洲。父亲为南宋右丞相马廷鸾,幼承家学,习儒业,曾任慈湖、柯山书院山长,台州儒学教习,终于家乡。经刻苦著述,马端临成为著名学者,为后人赞誉。著有《文献通考》,记载古代的典章制度,与唐代杜佑的《通典》、南宋郑樵《通志》并称"三通"。

马家在明末时入天主教,母沈氏亦世为教徒。马家村在丹阳县,父亲迁丹徒经商、行医。相伯兄弟五人、姊一人,家人均有镇江口音,认丹徒为"第二故乡"。长兄、幼弟早夭,姐姐玛尔大适青浦朱家,二哥建勋曾任淮军粮台,弟弟建忠为李鸿章幕僚。

马相伯父母亲的家庭都是祖籍地丹阳县的天主教徒,没有发现他们家和镇江天主教徒堂口有什么关系。《一日一谈·我的孩童时代与宇宙观与家教》:"我的家庭生活总算很圆满,儿童时代尤其令我留恋。我们家庭奉天主教由来很久。大约在利玛窦到中国来以后,我们的祖先便成为教徒。我的外公外婆也是奉天主教的。"(朱维铮主编:《马相伯集》,上海:复旦大学出版社,1996年,第1135页)按史式徽著《江南传教史(一)》,天主教在镇江的堂口到清代中叶的时候已经衰败,剩下的教徒不多。"船沿运河航行一天就到了镇江,这是一所历史悠久,但已破落的堂口。到1850年,只剩下37名教友零零落落地散居在一个小公所周围。他们跟外界很少接触。镇江确是一座繁荣的府城,由于地处大运河和长江的交叉口,所以商业很兴盛。"(上海:上海译文出版社,1983年,第254页)马家在丹徒经商,属于这个"跟外界很少接触"的镇江老教友团体。马家的天主教徒身份为丹阳人所知,并因此受到儒生的排挤,不让参加科举考试。马相伯三兄弟均著籍丹徒,或和此经历有关。

马相伯兄弟共五人,二人夭折。余下的三兄弟中,长兄马建勋,迁居上海后在法租界和华界之间经商,初期主要产业在兴圣街(今永胜路,在人民路、金陵东路之间),曾为淮军军需采办"粮台";三弟马建忠,入李鸿章幕府,为中国近代史上著名的变法思想家和重要学者。《一日一谈·我的幼年》:"兄弟五人,夭者二而存者三。余居次,后来

名建忠的是我的老三。"(朱维铮主编:《马相伯集》,上海:复旦大学出版社,1996年,第1083页)

马相伯姊姊建淑玛尔大嫁朱朴斋,即丹徒马氏与青浦朱氏联姻,为上海天主教大族。朱朴斋为躲避太平军战祸,率家族从青浦诸巷迁上海董家渡。朱氏各房兄弟围绕上邑南郊圣方济各教堂建造大屋,朴斋一房所建房屋的山墙为黑色,俗称"黑墙头朱家"。朴斋有兄妹三人,兄怀升16岁时去世,妹三姑亡于1868年。朴斋元配青浦诸巷沈氏,生子朱伯璠之后,不幸去世;继配青浦诸巷沈氏,生子朱仲玙之后,亦早离世。朱朴斋与马相伯大姊马建淑婚配后,得四子二女,即朱志贞(1860—1863)、朱爱贞(1862—1936)、朱志尧(开甲,1863—1955)、朱云佐(开第,186?—1898)、朱季球(开敏,1868—1960)、朱季琳(1874—1952)。朱氏在青浦从事渔业,以船为生。到上海后,朱朴斋从事船运业和钱业,往来贸易于上海和北洋之间,事业屡有兴衰。经马建淑内外操持,又得马相伯、马建忠兄弟帮助,朱氏兄弟振兴家族,成为上海金融、航运、造船、出版等行业的经营巨子,称为"四大金刚"。《百年忠贞:朱西满开敏主教》摘录《江苏青浦朱氏金家庄支宗谱》:"公早孤,赖王父大昌公训提。初,公尝得叔父茂兴公辅理船务,既而自置船舰,往来辽申,开设之钱肆,贸易有无,因机皆不遇,沙船覆没,庄资破产,而公怡然自处,毫不尤人。"

7月13日,耶稣会里昂省会士南格禄在法国被任命为重新建立的江南传教区第一任主教。本日,南格禄回复耶稣会总会长罗当,接受任命,并准备与李秀芳和艾方济前往中国。(转见自史式徽著:《江南传教史》,上海:上海译文出版社,1983年,第38页)

本年,罗马教廷传信部任命法国遣使会士罗伯济署理南京主教区主教。经过两年预备,新耶稣会向江南派遣司铎。"道光二十年,教皇以山东主教伯济(姓罗)调任南京主教。伯济到任后,俯顺江南教士教友舆情,上书于罗马传教部,求遣新耶稣会士来江南传教。是时,耶稣会盖已复兴二十余年矣。伯济所求,当蒙俞允。越二年,会士复来。从当日至今,江苏、安徽、复由会士接管。教务之盛,为诸省冠。"(萧若瑟著:《天主教传行中国考》,献县:献县天主堂,1931年,第408页)

罗伯济(Louis Marie des Comtes de Besi,1806—1871,意大利维罗纳人),一名罗类思,与时任教宗额我略第十六为同乡,与恢复建制的耶稣会总会长罗当和其他会士熟悉。按教宗计划,指派立志到中国传教,并熟悉历算的罗伯济等四人携带天文、物理学仪器等前往中国。罗伯济准备在意大利遣使会士,钦天监副毕学源去世之后和新耶稣会合作,接收耶稣会的传教遗产。罗伯济 1833 年 5 月离开罗马,1834 年到达澳门,先在湖广地区传教,难以到达北京和江南履职。1838 年 10 月 1 日,传信部任命罗伯济为南京教区代理主教;1839 年,罗伯济到达上海,受到天主教徒欢迎,但因传教区的冲突,又退回湖广;1840 年 1 月 10 日,正式任命罗伯济为山东教区主教,署理南京教区教务。罗马教廷为分散葡萄牙国王的保教权,调整南京主教区的辖境,将江苏、安徽、山东、河南四个省区归为罗伯济管理,是罗马教廷摆脱葡萄牙保教权的实权主教。1841 年,正式担任山东教区主教,辖山东、河南、江苏、安徽等教区;1842 年,南格禄等三位法国耶稣会士到达江南后,罗伯济与他们在教区治理和分工等问题上意见不合,导致教区主教权和耶稣会会规冲突,上海本地司铎和上层教友都站在耶稣会一边,令他难以工作;1847 年,罗伯济任命赵方济(Francois-Xavier Maresca,1806—1855,意大利那不勒斯人)担任副主教,主持教务。1847 年 11 月 21 日,罗伯济主持上海天主教区董家渡主教堂(圣方济各堂),并于奠基仪式后的第二天就离开中国,退出中国传教事务。1871 年在罗马去世。(史式徽著:《江南传教史(一)》,上海:上海译文出版社,1983 年;中国社会科学院近代史所翻译室编:《近代来华外国人名辞典》,北京:中国社会科学出版社,1981 年)

毕学源(D. Caetano Pires-Pereira,1767—1838),葡萄牙籍遣使会士。嘉庆九年(1804)来华,道光三年(1823)担任钦天监副,为本监雇佣之最后一位外籍司铎。1838 年 11 月 2 日在北京南堂去世,由在京的俄罗斯东正教主教代为安葬于天主教士的栅栏墓地。

1841年(道光二十一年,辛丑),二岁

4月,江南教区副主教昧增爵会费卫耳神父宣布罗伯济正式来沪,担任教区主教,受到上海教友的欢迎。由于教区重新划分,罗伯济主教所辖范围包括江苏、安徽、河南、山东。

史式徽:"一千八百四十年四月,江南副牧费卫耳司铎将罗马新简罗公伯济为江南主教之事宣布教友通知,并请教友速上欢迎书于罗主教,请其及早莅任。同年三月十四日,罗主教已受祝圣付油礼于山西主教之手,立即宣告正式就任。罗主教所辖地方辽阔,竟有山东、河南、江苏、安徽四省之多。"(史式徽著,渔人译:《江南教务近代史》,《圣教杂志》第10卷第3期,1921年3月)

5月,英国海军舰队攻占吴淞口,二天后占领上海。6月,攻陷镇江,马相伯全家离开丹徒住所,在附近山区避难。(张若谷编著:《马相伯先生年谱》,上海:商务印书馆,1939年,第8页)

1842年(道光二十二年,壬寅),三岁

5月7日,法国籍耶稣会士南格禄、李秀芳、艾方济搭乘英国船只到达舟山群岛定海港,即派出使者向罗伯济送信报到。按罗伯济6月20日给南格禄等人的命令,李秀芳暂留定海。7月4日,南格禄、艾方济乘坐英军船只"亚纳号"(Anna)前来上海。(史式徽著:《江南传教史(一)》,上海:上海译文出版社,1983年,第47页)

南格禄(Claude Gotteland,1803—1856),生于法国,原为撒丁岛人。1822年进入耶稣会蒙特鲁热初修院,主修数学和物理学。1840年通过耶稣会大考,获得优异成绩,原打算去格陵兰岛开辟新教区。适逢耶稣会总会长罗当为中国教会寻找江南教区主教,便接受任命,前来中国,担任新组建的耶稣会江南传教区首任主教。1842年2月,因澳门葡萄牙总督坚持国王保教权,不接受教廷的直接任命,南格禄等三人转求英国在香港新建立的势力,借助舰船从海路进入上海。当年5月,南格禄等三人乘坐"马斯登号"到达舟山群岛,随后改乘"亚纳号"进入吴淞口,登陆后被教会安置在浦东金家巷会口。1853年11月30日曾随法国驻华公使布尔布隆乘军舰访问"天京"。

艾方济(Francois Esteve,1806—1848),生于法国,父亲埃斯特夫伯爵为拿破仑的助手,曾任财政大臣。1828年入伊西修道院,1831年晋铎,1833年入耶稣会蒙特鲁热初修院。此后,在弗莱堡和瓦纳担任教务,直到1840年6月6日获得批准,与南格禄等人一起来华传教,到达上海。在浦东金家巷会口,罗伯济署理主教为艾方济、李秀芳和南格禄选取汉文名字。艾,继承艾儒略;李,继承利玛窦;南,继承南怀仁。艾、李、南在金家巷会口住了数日后,因为担心安全问题,便于7月24日转移到松江佘山南麓张朴桥会口。此后一直在江南教区服务,1846年6月因工作劳累染上伤寒,在徐家汇去世,葬于上海耶稣会士墓地圣墓堂。

李秀芳(Benjamin Brueyre,180—?),生于法国,勒普伊附近的唐斯人,1831年进入耶稣会初修院,后在梅朗和弗莱堡学习哲学。来中国

之前正在瓦尔地方学习神学。按总会长指定的分工,艾方济和李秀芳留在江南传教,南格禄则设法进入北京,重开明末清初耶稣会士传教士在宫廷左右形成的事业。李秀芳于7月11日进入上海后,先在浦东金家巷会口逗留,后去定海开辟堂区。英国军队撤出后,李秀芳于1842年10月回到上海,在松江张朴桥会口举办耶稣会初修院。(以上三人简历,参看史式徽著:《江南传教史(一)》,上海:上海译文出版社,1983年;中国社会科学院近代史所翻译室编:《近代来华外国人名辞典》,北京:中国社会科学出版社,1981年)

7月11日,南格禄、艾方济搭乘英国远征军二樯船"亚纳号",到达上海外港吴淞口。当年三位司铎通过马六甲海峡时搭乘的法国军舰"埃里戈纳号"(Errigone)也在上海,舰长则济勒(Thomas Medec Cecille)在吴淞招待司铎。俄而,罗伯济派民船,将二位司铎护送至浦东金家巷教堂暂居。不料因战事混乱,当地安全有虞,罗伯济安排他们到松江张朴桥隐居,学会本地话。(汤志钧主编:《近代上海大事记》,上海:上海辞书出版社,1989年,第11页;史式徽著:《江南传教史(一)》,上海:上海译文出版社,1983年,第50页)

8月29日,钦差大臣耆英、伊里布,两江总督牛鉴与英国全权代表璞鼎查在停靠于长江的英军旗舰"皋华丽号"(Cornwallis)上签订中英《南京条约》。条约共十三条,其中有关上海者有如下几项:一,上海等五口开放为通商口岸,"准英国人民带同所属家眷,寄居大清沿海之广州、福州、厦门、宁波、上海等五处港口,贸易通商无碍";二,英国在上海等五口派驻领事,"大英国君主派设领事、管事等官住该五处城邑,专理商贾事宜,与各该地方官公文往来";三,英商在上海等口岸可以与华人自由交易。四,协定关税,"英国商民居住通商之广州五处,应纳进口出口货税、饷费,均宜秉公议定则例,由部颁晓示"。

10月,英国军队撤出南京、镇江,马相伯父母为照料生意,先回到丹徒县城,因而断乳。留在乡间的马相伯因患天花,已结痂而复发,生命垂危。赖阿姊建议看顾,转愈。钱智修《马相伯先生九十八岁年谱》:"(鸦片战争)事平,先生父母先回城,雇一乡妇留护先生,因于时断乳。时天花盛行,先生将结痂而复发,势剧甚。"(《中央日报》,1938年5月16日)张若谷编著《马相伯先生年谱》转朱志尧说:"先生幼时患病甚剧,由姊悉心伺护,愈后,先生谓其姊曰:汝实为吾重生之恩人。"(上海:商务印书馆,1939年,第16页)

1843年(道光二十三年,癸卯),四岁

11月15日,耶稣会总会长罗当决定把中国传教事务交由法国巴黎会省对口负责。"中国教区目前已委托给耶稣会,我把它交给了法国省。"(耶稣会总会长罗当1843年11月15日致法国省会长布朗热信。转见自史式徽著:《江南传教史(一)》,上海:上海译文出版社,1983年,第58页)这一政策改变了利玛窦以来葡萄牙的"保教权"做法,由巴黎会省定向支援江南教区,法国近代文化得以输入中国。南格禄担任耶稣会江南传教区首任主教,江南教区教务出现了罗伯济罗马代牧主教和南格禄等法籍耶稣会士共同管理的局面。

11月17日,上海县在洋泾浜北设立西洋商船盘验所,征收关税;设立银号,以便流通,即上海正式向洋商开埠。"征收西洋俄国税银,应与粤海关一体,以道光二十四年正月二十五日为截数之期。"英国领事和商人暂时居住在城内,关于外国人居留地界址,上海道台宫慕久(1788—1848,山东东平人)与英国领事巴富尔(George Balfour, 1809—1894)还在商量。

中英《南京条约》、中法《黄埔条约》、中美《望厦条约》签订后,清朝中央政府委派两江总督治下的苏松太兵备道(上海道台)地方官员全权处理中外交涉事务,与各国领事谈判决定上海开埠事务,以与中央事务隔离,此即后来所谓"屏挡"政策。11月8日,两江总督璧昌、江苏巡抚孙善宝指令上海道宫慕久与外国领事协商。14日,英国领事巴富尔发布告示:"兹通告全体英国臣民,本领事现已在县城内暂设英国领事馆,馆址位于东门和西门之间城墙附近的一条街上。"、"是上海港埠的界线,暂时确定在朝西方向之宝山角(Paoshan Point)与朝西南方向之吴淞口右岸炮台这两点所构成的一条直线以内。在港埠内,装卸货物之商船停泊地即在尽可能靠近黄浦江弯曲处的左岸,紧接于吴淞江(苏州河)口。"(汤志钧主编:《近代上海大事记》,上海:上海辞书出版社,1989,第18页)

1844年(道光二十四年,甲辰),五岁

10月24日(九月十三日),清朝代表钦差大臣、两广总督耆英(1787—1858),与法国代表公使拉萼尼(Marrie Melchior Joseph de Lagrene, 1800—1862)在广州黄埔港外法国军舰"阿吉默特号"上签订《黄埔条约》。这项条约中规定法国天主教可以在华传教,其实是无的放矢,因为中华天主教会不但早就在上海等地建立起来,而且耶稣会、遣使会、方济各会司铎已经深入内地,有二百多年的历史。但是,《黄埔条约》确实把基督教和天主教在华传教的合法性以国际条约的方式规定下来了,并常常得到法国国家权力的保护,此后的传教活动进入了一个新阶段。

《黄埔条约》中与"传教"相关的几项条款:"第二十二款,凡佛兰西人按照第二至五口地方居住,无论人数多寡,听其租赁房屋及行栈贮货,或租地自行建屋、建行。佛兰西人亦一体可以建造礼拜堂、医人院、周急院、学房、坟地各项,地方官会同领事官,酌议定佛兰西人宜居住、宜建造之地。凡地租、房租多寡之处,彼此在事人务须按照地方价值定议。中国官阻止内地民人高抬租值,佛兰西领事官亦谨防本国人强压迫受租值。在五口地方,凡佛兰西人房屋间数、地段宽广不必议立限制,俾佛兰西人相宜获益。倘有中国人将佛兰西礼拜堂、坟地触犯毁坏,地方官照例严拘重惩。第二十三款,凡佛兰西人在五口地方居住或往来经游,听凭在附近处所散步,其日中动作一如内地民人无异,但不得越领事官与地方官议定界址,以为营谋之事。至商船停泊,该水手人等亦不得越界游行。如时当登岸,须遵约束规条;所有应行规条,领事官议定照会地方官查照,以防该水手与内地民人滋事争端。佛兰西无论何人,如有犯此例禁,或越界,或远入内地,听凭中国官查拿,但应解送近口佛兰西领事官收管;中国官民均不得殴打、伤害、虐待所获佛兰西人,以伤两国和好。第二十四款,佛兰西人在五口地方,听其任便雇买办、通事、书记、工匠、水手、工人,亦可以延请士民人等教习中国语音,缮写中国文字,与各方土语,又可以请人帮办笔墨,作文学、文艺等

功课。各等工价、束修,或自行商议,或领事官代为酌量。佛兰西人亦可以教习中国人愿学本国及外国语者,亦可以发卖佛兰西书籍,及采买中国各样书籍。"(王铁崖编:《中外旧约章汇编》第一册,北京:生活·读书·新知三联书店,1957 年)

  本年,马相伯在家塾发蒙,诵读《圣经》及《四书》:"是年,先生始入塾,先读教中经典,以次及四子书。"(钱智修:《马相伯先生九十八岁年谱》,《中央日报》,1938 年 5 月 16 日)"相老年在五、六岁时,就入故里的私塾读书。私塾里的老师,只教他识字句读之法。"(张若谷:《苦斗了一百年的马相伯先生》,《马相伯先生年谱》附录,上海:商务印书馆,1939 年)另有一说,马相伯在八岁时才在私塾发蒙读书,一共持续了三年,至十一岁时来到上海:"我八岁在家塾里正式读书,到十一岁时,独自一人从镇江跑来上海。"(《一日一谈·我的幼年》,朱维铮主编:《马相伯集》,上海:复旦大学出版社,1996 年,第 1083 页)两说均出自马相伯的回忆,录以备考。

1845年(道光二十五年,乙巳),六岁

2月9日(正月初三日),马建忠出生。据《马氏宗谱》:"志民,字斯才(马相伯注:建忠,字眉叔)行运,生道光二十五年正月初三日(马相伯注:子初,光绪二年冬娶南昌黄氏)。"(转见自方豪:《马相伯先生生日考及其他》,《方豪六十自定稿》,台北:学生书局,1969年,第2016页)

马建忠《适可斋记言·自记》:"余生于道光五口互市后之第三年。"马建忠,江苏丹阳人,寄籍丹徒。马相伯(建常)弟,谱名钦良,学名乾,字眉叔,又字斯才。建忠生而颖异,长而才能出众,家族宝之。马相伯曾对儿、女、媳、婿、甥说:"祖母怀三叔时,好看圣书,好习经言,有不识不解者,则向祖父追问,故三叔记含、明悟如此好。"(《家书选辑(三)》,朱维铮主编:《马相伯集》,上海:复旦大学出版社,1996年,第608页)

马建忠(1845—1900),中国近代外交家、变法思想家和著名学者。《清史稿·马建忠传》:"马建忠,字眉叔,江苏丹徒人,少好学,通经史,愤外患日深,乃专究西学。派赴西洋各国使馆,学习洋务,历上书言借款、造路、创设海军、通商、开矿、兴学、储材,北洋大臣李鸿章颇称赏之,所议多采行,屡保道员。光绪七年,鸿章遣建忠赴南洋与英人议鸦片专售事,建忠以鸦片流毒,中外腾谤,当寓禁于征,不可专重税收。时英人持正议者,亦以强开烟禁责其政府,引以为耻。闻建忠言,虽未能遽许,皆称其公。……建忠博学,善古文辞,尤精欧文。自英、法先行文字,以至希腊、拉丁古文,无不兼通。以泰西各国皆有学文程式之书,中文经籍虽皆有规矩隐寓其中,特无有为之比拟而揭示之,遂使学者论文困于句解,知其然而不知其所以然,乃发愤创为《文通》一书。"马相伯在光绪八年(1882)曾协助马建忠、李鸿章平定"壬午军乱"。马建忠的交涉经验,著入《东行录》,收《适可斋记言记行》。

10月1日(九月初一日),清朝两广总督耆英在签订了中英《南京条约》、中法《黄埔条约》和中美《望厦条约》之后,为落实条约内容行文各部,

对开放天主教传教做出建议，略谓："第思天主教以劝善戒恶为本，而何者方为习天主教为善，前咨未经指明，恐各省碍难办理。兹查天主教系按期会同礼拜，敬供十字架图像，念诵本教会之书，此乃其教中规矩。不如此，即不谓之天主教。现既准予免罪，所有会同礼拜，敬供十字架图像，念诵本教之书，讲说劝善道理，系习教为善之事，均毋庸禁止。"（《熙朝定案》）

11月29日，上海道台宫慕久将双方商定的《上海租地章程》及告示送交英国领事巴富尔，上海英租界正式开辟。按告示称，英租界划定在上海城北："兹就上海民情地势，前议杨泾浜以北，李家厂以南地基租给英商建房居住，所宜遵行者，酌议数条，开列于后。"英国侨民在《上海租地章程》中还获得了自办市政的权力，即"商人租地并在界内租房，自杨泾浜以北，应行公众修补桥梁，修除街道，添点路灯，添置水龙，种树护路，孤母更夫，其各项费用，由各租户呈请领事官，劝令会集，公同商捐"（汤志钧主编：《近代上海大事记》，上海：上海辞书出版社，1989年，第24页）。令《租地章程》成为上海租界之基本权利法案。

本年，耶稣会在江南教区工作的司铎达到6人，他们是南格禄（会长）、艾方济（在上海和松江）、魏道味（在海门）、葛必达（在崇明）、陆建石（在海门）、薛孔昭（在常熟）。他们在本年"负责居住在二百五十座教堂或小堂周围的四万零伍佰名教友。付洗了二百八十名成人和七百零三名教外小孩，领了六千零二十一个四规圣体"（史式徽著：《江南传教史（一）》，上海：上海译文出版社，1983年，第154页）。

本年，松江府、苏州府之外，还有罗伯济主教负责管理的方济各会士、遣使会士在常州府、镇江府、扬州府等处传教。马相伯的家乡丹阳县、丹徒县属于镇江府，尚无耶稣会士传教，但有其他修会的外国会士驻地传教。马相伯幼年在家乡见过欧洲籍司铎，按他晚年回忆说："幼小习见教堂总是在天未明亮以前举行弥撒，甚至于外国教士化妆坐乘装运猪的船，还有以茶涂脸，乔扮黄种人的样子。"（徐景贤：《马相伯先生百年生活》，载《中央周刊》，1946年第8卷第23期）

1846年（道光二十六年，丙午），七岁

1月11日，法国谈判专使拉萼尼离开广州回国，临行照会清朝谈判代表耆英，仍然敦请明降谕旨，弛禁天主教。17日，清廷谕耆英，允如所请，在通商五口公布晓谕，允许天主教在上海等地公开行教。（汤志钧主编：《近代上海大事记》，上海：上海辞书出版社，1989年，第25页）

1月19日（十二月二十一日），法使拉萼尼在上海考察教务后，吁请恢复教会，清廷"俯顺夷情"，下达《寄谕两江总督璧昌等晓谕将学习天主教为善之员免其治罪》，其中有语："愚民传习邪教，其有干例禁者，原不能不按律惩办。惟天主教为该夷所崇，据称意存劝善，与青莲、白莲、八卦等教私立名目，敛钱生事者本有不同。且夷性多疑，业已准其迟禁，而该夷所历五口，未见明文，以致饶饶渎请，自应通融办理，以顺其情。"（中国第一历史档案馆编：《清前期西洋天主教在华（三）》，北京：中华书局，2003年，第1302页）

2月8日（正月二十五日），清廷为落实中外约章中的传教条款，道光皇帝对发还天主教会教产发布谕旨，略称："前据耆英等学习天主教为善之人，请免治罪。其设立供奉处所、会同礼拜、供十字图像、诵经讲说，毋庸查禁，均已依议行矣。天主教系劝人为善，与别项邪教迥不相同，业已准免查禁。此次所请，应一体准行。所有康熙年间各省旧建之天主堂，除改为庙宇民居者，毋庸查办外，其原旧房屋尚存者，各勘明确实，准其给还该处奉教之人。至各省地方官接奉谕旨后，如将实在学习天主教，而并不为非者，滥行查挐，即予以应得处分。其有籍教为恶，及招集还乡之人，勾结煽诱，或别教匪徒假托天主教之名，藉端滋事，一切作奸犯科，应得罪名，俱照定例办理。仍照现定章程，外国人概不准赴内地传教，以示区别。"（《筹备夷务始末》卷七页五，转见自蒋廷黻编：《近代中国外交史资料辑要》，上海：商务印书馆，1934年，第141页）

10月6日，耶稣会士梅德尔在董家渡主教府边上租用到一间房屋，作为本会会士在上海的接待、疗养场所。罗伯济主教允许在屋内做弥撒，接待教友读经、忏悔等，是耶稣会士在上海市区最早的活动基地。1847年底，因罗

伯济主教筹备建造圣方济各主教堂,扩建堂基,这间临时小教堂被收回。(高龙鞶著:《江南传教史》,上海:光启社,2008年;史式徽著:《江南传教史(一)》,上海:上海译文出版社,1983年,第107页)

12月22日,上海租地外侨代表在礼查饭店(Richards' Hotel)召开大会,由茂隆洋行(Mackenzie Bros, & Co.)经理麦肯基(K. R. Mackenzie)担任主席,议决各项:在租界内修造马路;道路、码头、桥梁等建造费用按各外侨租地额数分摊;组织"道路码头委员会"(Committee on Road and Jetties),设立委员三人,征收捐税和统筹建造;每年一月召集租地人大会听取委员会报告。此会议标志上海租界近代市政制度的起源。本年度,上海外侨人口120人,清政府江海关征收各国商人税银六十六万二千余两。(汤志钧主编:《近代上海大事记》,上海:上海辞书出版社,1989年,第28页)

1847年(道光二十七年,丁未),八岁

2月16日,据耶稣会士梅德尔函告法国芒市主教,清政府归还上海教会教产谈判达成协议,选定三块土地作为城内敬一堂不作归还的补偿:一,董家渡(东南门外);二,洋泾浜张家祠(靠黄浦岸边);三,石皮弄(城内九亩地)。(汤志钧主编:《近代上海大事记》,上海:上海辞书出版社,1989年,第29页)前二块土地上建造了董家渡(圣沙勿略)、洋泾浜(圣若瑟)教堂,成为上海最重要的教民社区,马相伯来上海后出入其中。

3月,耶稣会住院从青浦横塘(今属松江泗泾镇)转移到上海徐家汇,第一幢房屋开工建造。徐家汇原属徐光启后裔居住,经过一百多年经营,徐家汇(包括稍后出现的土山湾)建成了远东和亚洲地区最大的传教机构,有耶稣会总院、天主堂、大小修道院、神学院、天文台、博物馆、徐汇公学、类思小学、徐家汇藏书楼、土山湾孤儿院、工艺院、印书馆、和耶稣会合作的圣母会修院、善牧院、启明女校、育婴堂,著名隐修会团体圣衣院等,占地面积1 700亩。徐家汇、土山湾是中国近代科学、教育、艺术的发源地之一,也是与马相伯相伴一辈子的文化环境。

徐家汇,离上海老城七八公里,曾为徐氏农庄别业,1641年徐光启安葬于此。因徐氏后三房孙尔斗、尔默、尔路家族为守墓居住于此,又因肇家浜、李枞泾、法华泾汇聚,至康熙、乾隆年间始有徐家库、徐家汇的地名。1847年前,原有徐氏天主教徒后裔使用的小教堂,实际为徐家内部的一间专用小屋,不敷教区扩大后的使用。因为罗伯济主教并不允许耶稣会士在老城内河附近建造耶稣会士住院,南格禄便决定在上海西郊徐家汇建设会院。"南会长决定要在徐家汇创办一所会院,表示对引进我们旧耶稣会神父到上海的这位大宰相的缅怀,这些怀念又似在邀请他们的后继者。该村又正靠肇家浜,去上海和松江交通都很便利,能在这里建立一所中心会院真是适得其所。"梅德尔是筹建徐家汇住院的负责人,经薛孔昭的努力,苏州府常熟县古里村刘氏教友给耶稣会捐赠了一大笔遗产,正好用来建造工程。(史式徽著:《江南传教

史(一)》,上海:上海译文出版社,1983年,第113页)1847年3月,梅德尔先买了徐家的一小块地,建造两间简陋的司铎住宅。同年11月11日,又向北购置了一片土地。1851年3月23日,由范廷佐修士(F. Jean Ferrer)设计,罗礼思司铎(P. Helot)施工的西式教堂奠基,建造费用共计8 000元,为一豪华建筑。同年7月31日,徐家汇举行隆重的开堂仪式,葛必达(P. Clavelin)担任徐家汇住院首任院长。不久,改由郎怀仁(P. Languillat)担任院长。(惠济良:《徐家汇圣依纳爵堂落成典礼》,《中国通讯》1911年1月号,收顾裕禄编:《天主教纵横谈》,上海:自印本,2018年,第8页)马相伯从丹徒到上海后不久就进入徐汇公学学习,加入耶稣会。一度脱离教会,晚年又回到土山湾居住,大部分时间在这里度过,徐家汇对马相伯一生的知识和思想影响重大。

7月20日,发生"徐家汇教案",案情为徐家汇附近80多个教内外居民反对在这里修建耶稣会住院,试图阻止工程建造。经县衙调解之后,纠纷遂平息。按史式徽《江南传教史》记:"在(教堂)营造施工时,事实上也遇到了不少困难。一天,一群教外人,大约八十到一百人,由一个地方上人人害怕的坏教友领着头,闯来工地,扬言要阻止和拆毁建筑物。当时,马义谷相公单独在工地上督工,即挺身前去强力慑服了进攻者,终于没有造成任何损害,进攻者也渐渐退走了。梅德尔从上海知县那里要来一张保护工地的布告。布告痛斥了这次进犯者,并命令地方警察地保,如遇到新的扰乱当以武力对付。这样一来,那些挑衅者软了下去,正常秩序恢复了,工程也得以顺利进行。"(史式徽著:《江南传教史(一)》,上海:上海译文出版社,1983年,第115页)徐家汇教案被历史学家定为"中国近代史上的第一个教案"。事实上,冲突程度轻微,仅限于地方人士之间的具体恩怨,澳门的杂志报道为"上海的纠纷"(《中国丛报》,第十七卷第三期,1848年3月《上海的纠纷》),允为恰当。

10月24日,西班牙耶稣会修士,艺术家范廷佐与年文思、倪也堂、禄理格等司铎及方百胜修士到达上海。范廷佐修士是早期江南地区重要的艺术家,曾设计建造董家渡圣方济各教堂、徐家汇圣依纳爵教堂(老),将欧洲教会和世俗艺术包括建筑、油画、雕塑、雕刻等传授到上海,马相伯、马建忠深受其熏陶和影响。

范廷佐(Joannes Ferrer, 1817—1856),1817年3月8日生于西班牙瓦伦西亚,父亲为著名雕塑家——埃斯库里艾尔王宫的雕塑师。范廷佐在罗马学习艺术,后立志到中国传教。1842年11月13日加入耶稣会,在那不勒斯的住院继续艺术学习;1847年10月24日来到上海,马上参与了董家渡、徐家汇两座教堂的设计和装饰。1852年,范廷佐在徐家汇开设画馆,传授西方艺术,得到郎怀仁主教的支持。徐家汇画室与后来从横塘搬到徐家汇土山湾的孤儿院合并,成立土山湾画馆。该馆培养出一大批艺术人才,为中国最早传授西洋艺术的机构,徐悲鸿认为是"中国西洋画之摇篮"。1856年12月31日,范廷佐在上海去世。范廷佐在徐家汇耶稣会住院和江南各教会建筑内留下了众多雕塑、木刻和绘画作品,"文革"期间毁去。今上海图书馆徐家汇藏书楼阅览室存罗耀拉临终泥塑浮雕像、会祖沙勿略发愿木雕像为其作品。

11月21日,"圣方济各堂"在董家渡建造,罗伯济主教主持奠基仪式。董家渡教堂位于上海老城的南郊,靠近大悲阁庙地。濒临黄浦,因渡口而得名,为上海教区的主教堂。董家渡教堂和主教府奠定之后,上海郊区和江南地区的天主教徒纷纷聚集,成为上海市区最大的天主教徒社区。上海天主教大族如朱家、陆家、马家均从这里发源,然后分布到上海各区。董家渡后来与十六铺地区合并,加入"南市",与"闸北"一起成为上海近代华人工商业和市民自治运动的发源地之一。

董家渡教堂:主保圣方济各·沙勿略,又称"圣方济各教堂"。1847年,上海县官府赔偿和发还城内由徐氏后裔捐建的老天主堂,即"敬一堂"。因该堂改建为关帝庙,不便发还,故补偿董家渡、洋泾浜两块土地,由天主教会另建场所。罗伯济主教刚到上海时,经城内教友陆均匀、艾静洲、施守约帮助,向大悲阁租借到一间房子作为住宅。1847年,罗伯济获得捐款,向大悲阁和居民买下大片土地,建造大堂。在租界开辟的"洋场"建造风格的鼓舞下,罗伯济决定建造为西式教堂。教堂建造之前,罗伯济已经把主教府安置在该地块。教堂建造时,罗伯济"亲自划地段,正方向,量面积和定大小,拟了初稿。一个新近来教区的杰出的艺术家范廷佐修士,采用了罗马耶稣会大学圣依纳爵大堂的格式绘图设样。可惜的是因经费不足,迫使赵方济主教把原来样稿大大地缩小了"。1847年11月21日,罗主教给大堂放了第一块基石,行了奠基礼之后,当夜就动身上船回欧洲。(史式徽著:《江南传教史(一)》,上海:上海译文出版社,1983年,第107页)董家渡教堂于1853年落成,3月20日举行开堂仪式,赵方济主教主持,法国驻沪总领事敏体尼和全体领事出席。法国耶稣会士年文思主教驻扎在这里,成为上海天主教的主教座堂。

本年,马相伯仍在丹徒邻里塾学读书,聪颖出众,为其他孩童推崇。马相伯回忆说:"我在私塾读书的时候,同学有十几个。我年纪最小,然而遇到事情总是我做领袖。一来是因为我好出主意,二来是我本着说受于家庭的严肃教育,律己律人,三来是大家皆服我的指挥。我那时对同学的第一个戒律,就是不许骂人,第二是不许打人。"(《一日一谈·我的孩童时代与宇宙观与家教》,朱维铮主编:《马相伯集》,上海:复旦大学出版社,1996年,第1135页)

  这段少年佳话是马相伯晚年周围人士的趣谈,先生外甥朱志尧也有转述:"先生幼时,常喜令众儿抬之巡行,高坐坟山顶,发施号令,俨如君王。"(张若谷编著:《马相伯先生年谱》,上海:商务印书馆,1939年,第33页)钱智修以听闻记载:"是年,先生乃就私塾读,每日甫散学,喜与诸学童戏于郊野。或拟兵操,或分主客相争战。以先生受宗教陶范,举止俨如成人,辄被举为魁率。先生指挥若定,令出准行,即年长于先生者亦奉之必谨。战争时,诸儿以砖瓦相抛掷,往往流血伤头目。先生勿许,只许掷泥。凡着泥者即战败为伤兵,由战胜者抢归作俘虏。先生高坐堂皇,论功行赏,众皆悦服。"(钱智修:《马相伯先生九十八岁年谱》,《中央日报》,1938年5月16日)谈及马相伯就读之塾学,有"家塾"、"私塾"不同说法。按此情况判断,除了马相伯自己出自天主教徒家庭之外,其他都不是教友子弟,可见该学塾不是家塾。马家在丹徒经商,为客居,故此塾亦不为马氏族学。塾内同学有十几人之多,应为邻里共办之塾学。

1848年(道光二十八年,戊申),九岁

1月25日,法国驻沪领事敏体尼(Louis Charles de Mintigny,1805—1868)莅沪到任以后,即与上海道台吴健彰磋商,表示并不愿意加入已有的"租界"(Settlement),而是要求建立法侨自己经营的出让地(Concession)。(史式徽著:《江南传教史(一)》,上海:上海译文出版社,1983年,第171页)

6月,意大利籍耶稣会士施伯相、吕索(因旅费不足中途回欧洲)、杜惠伯、夏显德、德良弼、罗礼思(因故中途回欧洲)、谷振生、马再兴等司铎,马理师、晁德莅、利庸乐等修士启程来中国,支援法国巴黎省会在沪传教。(史式徽著:《江南传教史(一)》,上海:上海译文出版社,1983年,第165页)晁德莅后来成为马相伯和马建忠兄弟的导师,对马氏兄弟影响最大。前因耶稣会南格禄与遣使会籍江南区主教罗伯济的矛盾,罗马教廷曾暂停向中国派遣法籍耶稣会士。本年解除禁令之前,耶稣会总会先在意大利招募了一批会士。

夏秋,江南水灾,马相伯家在丹徒城里临街道的住宅全淹,浸没一楼,全家靠渡船撤离,到高处避灾。马相伯晚年对这次水灾仍有记忆,说是"道光二十三年"的事情,"忆逊清道光二十三年,洪水漫塞吾家之门,余于惊惶中跨楼窗登舟,仅以身免。尔时,街巷沉为河渠,原野沦为江海,乡人赴水离散,惨呼哀号,声震天地,余虽生免,然回想当时情状,今犹凄怆"(《劝国人节约拯救水灾书》,朱维铮主编:《马相伯集》,上海:复旦大学出版社,1996年,第582页)。

查《光绪丹徒县志》,道光二十三年并无当地水灾的记载。《光绪丹徒县志》卷五十八"祥异"记录:"(道光)二十八年,夏秋,水。"《光绪丹阳县志》卷三十"祥异"记录:"(道光)二十八年,水。"(丹阳卢政提示并查阅)道光二十八年(1848),马相伯九岁,已有清晰记忆。所述"二十三年"时,马相伯仅有三岁,不会有如此清晰的记忆,更没有他所说的行为能力。故此,判断"二十三年"当为二十八年之误。惟方豪《马相伯先生年谱新编》仍将此条系于1843年,而不是1848年。

8月6日,法国驻上海领事敏体尼因法侨商人雷米(Montigny Remi)向领事申请购置地皮,遂照会上海道台吴健彰,要求划出地面,设立租界。敏体尼提出:"认为洋泾浜南岸,从城关开始可一直伸展到将来需要的地点为止,最是适宜。"26日,吴健彰回复敏体尼,要求后者至现有租地处租借。敏体尼则坚持单独设立法租界,"沿洋泾浜地区,它和英租界正好隔河相望,因为这是唯一能适合我国侨民居住之地"(汤志钧主编:《近代上海大事记》,上海:上海辞书出版社,1989年,第35页)。

本年,马相伯在私塾中学习考据风格的清代经学,"九岁时候,家里另外请了一位姓陶的老师,教他读四书五经。这位老师的学问固然比私塾里的老师高明得多,但也不懂得教育的方法。他是一个经学家,教经的时候,常常为了一个字,引经据典,讲了两个钟点。他把从各家对于这一个字的解释,一句一句背出来,甚至连那些经学家的姓名都说的一点不错,但是对于相老也不发生好的影响"(张若谷:《苦斗了一百年的马相伯先生》,《马相伯先生年谱》附录,上海:商务印书馆,1939年)。

1849年(道光二十九年,己酉),十岁

4月6日,上海道台麟桂(生卒年不详)应允法国驻沪总领事敏体尼的要求,签订土地租借章程,在城墙北至洋泾浜区南区域内开辟法租界,划定面积为986亩。法国钟表商代理人雷米为第一户租地人,租得土地两亩余,填充租界。(梅朋、傅立德著:《上海法租界史》,上海:上海译文出版社,1983年,第34页)

6月,江南梅雨季节发生特大水灾,江河溃决,禾苗尽被淹没。夏间,有饥民逃荒,盗匪猖獗,大量饥民流落到上海。徐家汇天主教会收留难民,开始兴办慈善事业。《八十年之江南传教史》:"1849年6月间,大雨绵漫,江南及附近各省咸成泽国,秋收不登。冬,乃大饥。赵主教(法人,名Maresca,今法租界善钟路西北筑有赵主教路以纪念之)于是督率教士,提倡赈济。上海中西绅商闻风响应,而法领事孟的义(M. de Montigny,今法租界筑有敏体尼路以纪念之)尤为踊跃,徐家汇之依纳爵公学肇基于此时。"(转见自张若谷编著:《马相伯先生年谱》,上海:商务印书馆,1939年,第42页)

《徐汇公学创立七十周年纪念庆祝大会志盛》(《圣教杂志》,第9卷第10期,1920年):"阳历一千八百四十九年五、六月间,我国淫雨为灾,全国江河溃决,而江南之水势尤甚。各地难民充斥,处境堪怜。徐汇教友,乃有恳请司铎设立学校,教育青年,兼以收抚贫寒子弟者。其时校舍仅为茅屋数间,学生总数只十二人,而大名鼎鼎之马相伯先生亦在其中。"按本纪念文章统计的数字,1851年,徐汇中学学生增至31人,教授4人;1852年,学生增至44人;1859年,增至91人。

1849年的江南洪灾史上罕见,因灾后饥馑造成的死亡人数仅次于稍后几年发生的太平天国运动。据史式徽《江南传教史》:"5月和6月,大量的暴雨使江南及其邻省遇到了可怕的水灾。造成了我们西方基督教国家从未见过的饥荒。当时神父们的来信,唤起了编年史家们对欧洲中世纪悲惨景象的回忆。卜亦奥会长呈省会长神父的信上说:'一连六个星期,倾盆大雨下个不停。人们说整个帝国的江河一齐泛滥

了,这大概是指我们周围的几个省而言。农村淹水两三尺深,人们在田里撑船行走,粮食淹在水里都腐烂了。加上小偷,更确切地说,一些为饥寒所迫铤而走险的本地人充斥在地方上。在这人口众多,人叠人的地区,在年成好的时代,尚且有赤贫的人,那么在这灾荒时期必然会有许多人饿死。后来大雨停了,水也从淹没的农村渐渐地退了。可是渗透了水的土地,被烈日一晒,蒸发出蕴育瘟疫的臭气,这些可怜的饥民,更是成千上万地死去。'"

上海租界开辟后,商业繁荣,中外商人自发开展救济活动,导致上海地区流入大量饥民。"上海虽然由于和欧美通商,地方日趋繁荣,但那时的景象也是一片凄凉。卜亦奥神父说:'在上海除了一般平民外,突然增加了成千上万衣衫褴褛的灾民。两个多月来,这些日日夜夜云集在马路上,受尽了煎熬。大部分人被活活地冻死、饿死。……在上海有一些洋商,他们不分国籍,不分信仰,经常帮助教友们。由于他们的施舍,使我们有能力并扩大了救济的范围。赵主教本人也带头参加施舍粮食的工作。两天一次,四千到五千个饥民到主教住院,领取按计划供应的一撮救命的救济米。'一些教外的富商,看到天主教的施舍大为感动,也要参加教会的慈善事业,他们的布施就成为极有力的援助。上海知县开办了一所庞大的医院,专收四岁以上、十岁以下由贫苦父母遗弃的儿童。"(史式徽著:《江南传教史(二)》,上海:上海译文出版社,1983年,第171页)

7月,徐家汇天主教耶稣会士收留灾荒逃难儿童,得12人,开办临时学校,此为徐汇公学之起源。徐汇公学正式成立之前的首批学生中,以俞昌言的学业最为出色,惜壮年去世,后来名字不彰。《徐汇公学七十年纪念册》:"一千八百四十九年五、六月间,淫雨为灾,上海遭此奇厄,徐汇教友乃恳请司铎收养其子弟,一听司铎陶成之,抚育之。若是者得十二人。此十二人中其尤者,为前俞昌言君。今虽已死,而称道者尚不乏人。学舍为茅屋数间,而徐汇公学即从此成立焉。"(转见自张若谷编著:《马相伯先生年谱》,上海:商务印书馆,1939年,第42页)

按史式徽《江南传教史》记载,徐汇公学起源于难民救济事件。为了收留濒于绝境的孩童,耶稣会士在徐家汇地区开始非正式办学。"徐汇公学的起源也(和横塘修院善堂)相仿。邻近教友恳求神父们收留一些他们无力抚养的男孩。一些教外人也把自己的孩子送给神父,听凭神父给他们受洗,并抚养成为教友。神父们收养了一些,把其中一些较聪明的孩子交给一位教友老师带领,教他们读书识字。1850年,有十二位孩子被录取为寄宿生,其中六名是教外孩童,不久也领了洗。这就是徐汇公学的开端。"徐汇公学,西文名"圣依纳爵公学"(St. Ignatius College),创自1850年,第一批学生12人。

江南地区耶稣会住院转移到徐家汇之后,横塘住院留给了教区修道院,会口负责人施于民收留受灾孩童,创建善堂,发展为孤儿院。"横塘修道院的修士们,荣幸地为这美好慈善事业的发展奠定了基础。他们的施于民神父因不能象其他会口中其他传教士一样去给如此众多的弃儿付洗施救,正感到苦闷。就在这时候,一次假日里修士们在田野里散步时,遇到一位被父母遗弃的四岁的男孩。他们把他领到修道院收养了。他们把孩子安置在耶稣会士的老屋子里,这所屋子是会士们迁到徐家汇会耶稣会奉赠给赵(方济)主教,任其支配的。以后,又陆续增加了一些孩子。四个月后,竟收了六十个小孩。其中三十名,虽然予以尽力照顾,但还是死了。施于民神父写道:'我希望这些活下来的孩子能成为好教友,成为教区有用的人,这一线希望倍增了我们的活力。'慈善事业的基础已经打好了,随后我们将看到它的兴旺发展。"(史式徽著:《江南传教史(二)》,上海:上海译文出版社,1983年,第178页)

11月,江南地区因本年春季大洪灾导致的饥荒继续蔓延,冬季来临后,江南等地因冻馁而死的人口剧增。上海地区因为有不少中外商人和教会团体的慈善救济,情况相对缓和,致有很多难民流入。"从11月和12月起,城里、城外、街上、路上已经有很多饿死、冻死。仅通州一城,死在路上的听说已经达到一万五千人之多。我(梅德尔神父)曾问过许多中国人,关于海门死亡的人数,人们估计至少要占百分之十。"(史式徽著:《江南传教史(二)》,上海:上海译文出版社,1983年,第180页)

1850年(道光三十年,庚戌),十一岁

2月23日,清朝道光(1821—1850)皇帝旻宁去世;3月9日,旻宁第四子奕詝继位,年号咸丰(1851—1861)。

4月28日,意大利那不勒斯籍耶稣会士马驲堂司铎在江南传教期间染上斑疹伤寒,在徐家汇去世,年仅29岁。马驲堂弟兄(又奥定、义谷、再兴、理师)五人都加入了耶稣会,全都来到上海徐家汇传教。本日,那不勒斯马氏兄弟在上海为他送葬。

史式徽《江南传教史(一)》:"马神父精于护理病人,他把自己整个地献身于护理上海地区因水灾和饥荒而患斑疹伤寒的无数病人。他被道台创办的、收养了几百名被遗弃的孩子的那所医院聘去当了医生。同时他还用医生的名义去探访棚户和小船上的病危者,获得了很多优异的传教成绩。4月9日,五千多名穷人涌到董家渡主教公署前,按例来领救济粮。马驲堂神父整天在暴雨之下维持秩序,管理分配。由于这次的冒失大意而使他结束了生命。他患的是曾多次给人们治愈的斑疹伤寒。尽管有慈善事业中的同行英国朋友基尔克医师的细心照顾,但他还是被斑疹伤寒夺去了生命。他死时只有29岁零三个月,晋升司铎才四个月。"(上海:上海译文出版社,1983年,第182页)稍后,在青浦杨宇圩渔民中传教的柏保禄司铎也因为同样的瘟疫去世。马驲堂牺牲之后,马氏四兄弟继续在徐家汇教区传教,其中的马义谷是油画家,曾教授马相伯、马建忠兄弟西方艺术知识。

那不勒斯马氏五兄弟来上海徐家汇耶稣会士会所传教,对恢复江南教会,推动地方文化事业做出贡献,死后均安葬在上海。五兄弟和马相伯同时到达徐家汇,其中四位都在壮年因染病或遇害去世。艺术家马义谷世寿较长,得与马相伯、马建忠兄弟在徐家汇、土山湾熟识,先是授业老师,后是传教同事。据那不勒斯东方大学教授告知,马家是当地大族,兄弟姐妹有9人,全数当了司铎、修女,以致无人继承家业。

马奥定(Augustino Massa),1813年3月16日生于那不勒斯,1829

年5月10日加入耶稣会,1846年5月24日到达上海。1850年在徐家汇被指派学习数学和天文学,1856年去世。中文名又为马瞻彼。

马义谷(Nicolas Massa),1815年1月3日生于那不勒斯,1833年9月24日加入耶稣会。1846年5月24日到达上海。先以修士身份参加督造董家渡教堂,1859年12月23日晋铎。后担任主教秘书和财务账房,1876年6月3日去世。中文名又为马仲甫。

马再兴(Rene Massa),1817年5月14日生于那不勒斯,1833年9月10日加入耶稣会。1846年5月24日来华,先在上海徐家汇工作,1851年在南京地区传教,1853年4月8日在芜湖附近去世。

马驲堂(Cajetan Massa),1821年1月31日生于那不勒斯,1843年1月15日加入耶稣会。1846年5月24日来上海工作,1850年4月28日在徐家汇去世。中文名又为马德敷。

马理师(Louis Massa),1827年3月3日生于那不勒斯,1843年1月23日加入耶稣会,1848年9月27日来华,在上海负责蔡家湾孤儿院。1860年8月17日因太平军攻占松江,为保护孤儿院孩童被杀害。

马氏五兄弟事迹见于法国巴黎耶稣会档案馆收藏之耶稣会士生平介绍。个别年份及具体日期的记载,据Olivier Lardinois S. J. 等编《耶稣会士在华名录1842—1955》(台北:利氏学社,2018年)参订。另外,薛孔昭画作《那不勒斯的一个家庭》,记录马氏五兄弟的事迹,未曾寓目。

6月,耶稣会士在徐家汇地区的依纳爵公学经一年筹备,本月正式开办。第一批学生住在住院东面的几间房子内,由姚湾一位沈姓老年教友教授蒙学和《四书》,此为圣依纳爵公学(St. Ignatius College),即后来在中文名称中所称的"徐汇公学"之雏形。公学的管校导师(Rector)为意大利籍耶稣会司铎晁德莅,悉心培养马相伯、马建忠,为终身之师。公学,不同于塾学、族学、村学等传统私学,为寄宿学校,师生关系特别密切。

按《徐汇纪略》有关"徐汇中学"记载:"徐汇中学创自前清道光三十年(1850)。先是江南大饥,徐汇附近居民有力不足以食养其子弟者,皆送至天主堂。教士等见此子弟俊秀可教,于是教之养之,而徐汇中学亦即于此时立其雏形。嗣因负笈来学者日益众多,而规模逐渐扩充。光绪四年(1878),增建三层西式大厦一座,后加高一层,是今所谓老校舍是也。民国七年(1918),复于老校舍北另建新校舍一座,极其宏敞。目下大礼堂、课堂、卧室、饭厅、病房,莫不应有尽有。该校为中学及附属高级小学制,专收寄宿生,分上中下三院,上院、下院,课教内生,中院课教外生。近数年来学生常达五百左右,该校除授华文外,兼授拉(辣)法英文,及各种科学,毕业后,或送震旦,或外洋大学专科肄业。"(《徐汇纪略》,上海:自印本,1933 年版)

6 月 23 日(五月十四日),上海洋泾浜天主堂被雷电击中,屋顶塌陷,加之暴雨倾注,祭坛损坏殆尽。两江总督陆建瀛(1792—1853,湖北沔阳人)闻讯窃喜,道光皇帝获得奏报之后,亦视为报应,他对上天的惩罚表示敬意。"上海洋泾浜地方有该夷所建天主堂一所,为群夷聚居之处,中有十字大梁,梁下有一高台。上供十字架及耶稣木偶。每逢礼拜之日,各国夷人具齐集听经。五月十四日未时,疾雨迅雷,将十字大梁及高台十字架与木偶,并其所存火药全行漂失。臣等查该夷终日戴天履地而不知天地之高厚,其所尊礼者,惟此十字架与木偶,甚欲诱我愚民援入彼教,其居心大不可问。今天威震怒,诛其所尊,洵足褫奸夷之魄而破愚民之惑,此皆我皇上敬天勤民,有以感召。臣等欣幸之余,更感寅畏。谨附片陈明,伏乞皇上圣鉴。谨奏。道光三十年六月初三日奉朱批:'知道了,敬感之余,更受惭愧。'"(《两江总督陆建瀛等奏报雷击上海洋泾浜天主堂十字架等片》,《清末教案(一)》)

8 月 3 日,上海第一份英文报刊《北华捷报》(North China Herald)创刊,初为周刊,逢周六出刊。英侨奚安门(Henry Shearman,?—1856)编辑发行该报,办刊宗旨为:"竭尽全力在英国唤起一股热情,支持从现有水平上同这个庞大帝国建立更加密切的政治联系,更加扩大对话贸易的主张。若有可能,还要使公众懂得,不能只顾暂时和眼前的利益,而应具有全局和长远的观点,认识到这样做对于英国合整个文明世界的进一步发展有着极大的重要性,并看到这个巨大帝国拥有惊人的丰富资源。"(汤志钧主编:《近代上海大事记》,上海:上海辞书出版社,1989 年,第 40 页)

按《北华捷报》创刊号(1850 年 8 月 3 日)第一版公布的《上海外国居民一览表》,上海已有外国侨民 141 人,其中有家属的 24 人。侨民中包括领事(英、法)2 人,领事馆职员士人,商人 113 人,医生 5 人,新教传教士 13 人(天主教传教士未列入)。

本年,经法国驻上海总领事敏体尼申请,在老城和英租界之间的城北地带得到了一块土地,建立了法租界。1850 年的上海英、法租界刚刚起步,英租界呈现出高速发展态势,法租界却还未能展布。"此时全上海的法国人,截至一八五〇年初止,统共只有十个人,就是敏体尼领事,他的母亲、他的老婆、他的两个女孩,领事馆里翻译吉利克高斯基、商人雷米和他的二个职员,还有个商人亚杭来,他是住在英租界的。"(上海市地方志办公室、上海市历史博物馆编:《民国上海市通志稿(一)》,上海:上海古籍出版社,2013 年,第 673 页)按,马相伯第二年到达上海,经过黄浦江畔的外滩看到当时的上海还是传统农业社会的景象,"在那时,没有定期的班头船,我就开了一条专船,你们想想,这不是一件豪举吗?那时候上海真是荒凉极了,简直是一个乡村。难想到几十年后,成了一个大都市呢?"(张若谷编著:《马相伯先生年谱》,上海:商务印书馆,1939 年,第 43 页)

1851年(咸丰元年,辛亥),十二岁

1月,耶稣会中国会区规定在华会士每年分两批,于1月、6月(或7月)来徐家汇住院做避静、讨论、进修、休假和治疗一次。"从1851年起,江南教区制定了一种制度,这种制度一直沿袭至今。中国其他教区后来也同样采取这种制度,即每年两次,在1月、6月,或者7月间,各总铎区的神父们在保证患病教友能得到应有的照顾前提下,分前后两批集中到徐家汇,举行避静和歇夏。"(史式徽著:《江南传教史(一)》,上海:上海译文出版社,1983年,第216页)徐家汇成为耶稣会士住院中心,世界各地的信息在此交流。马相伯、马建忠在国际化的氛围中,打开了眼界,不出徐家汇,就能接触到中国和欧洲各国的政俗、文化和语言。

3月23日,徐家汇教堂动工兴建,这是耶稣会在本地区建造的第一座正式教堂,为住院和徐汇公学所用。马相伯、马建忠在学、传教和生活期间,一直使用该座教堂。教堂由范廷佐修士打样设计,建筑主体是欧洲式样;罗礼思司铎监督建造,加入了不少中国宫廷元素,造成中西结合的效果。

当天,徐家汇教堂举行奠基礼,基石拉丁文碑文为:"奉圣依纳爵为主保的耶稣会圣堂。天主降生一千八百五十一年,清咸丰十年,在位教宗庇护九世。"工程于7月31日完工,举行盛大的祝圣典礼,江南教区赵方济、徐类思主教,湖广代牧区诺韦拉助理主教,日本代牧区福尔卡德主教,两名非耶稣会士的欧洲司铎,两名中国司铎,以及二十多位耶稣会士,还有徐家汇修道院修士、徐汇公学初期学生出席。其他如上海侨民、法国军舰"莫测"号舰长德罗克莫雷尔等军官都前来祝贺。(史式徽著:《江南传教史(一)》,上海:上海译文出版社,1983年,第220页)1905年徐家汇地区建造新堂后,此教堂称作老天主堂。

秋,徐汇公学正式开学,上海天主教子弟等44人成为该校首批学生。《徐汇公学大事记》:"一千八百五十二年秋开学,时四十四人入学。当时公学校长为晁德蒞。公于一千八百五十二年晋铎后,即充本校校长,整饬学务,卓著勋劳。"(转见自张若谷编著:《马相伯先生年谱》,上海:商务印书

馆,1939年,第47页)徐汇公学正式开办之前一年,已经收留一些聪颖孩童,学生12人,马相伯不在其列。秋天正式开学,马相伯似乎也不在最初的一批学生名单中,因为他是冬天才到达上海的。马相伯是徐汇公学开办后的第二届学生,即正式招收的第一届学生。

11月7日,南京署理主教赵方济在董家渡、徐家汇主持系列会议,讨论东亚地区教务问题。蒙古宗座代牧和北京署理主教孟振生、河南宗座代牧安若望、日本宗座代牧福尔卡德、蒙古助理主教孔、江南助理主教徐类思等出席。会议一共举行了12次,对圣统制、神学教育和神职人员本土化和华籍学生留学欧洲进行讨论,持续到12月3日结束。会议决定在上海建设一个总修院、开办师范类型的"公学"(徐汇)。关于教区划分,"在主教区的编制上,必须按习惯上遵循的行政区的府与县来划分。必须倾向于每一个省要有一位总主教(Archbishop),每一个府有一位主教(Bishop)。按目前来讲,暂时可以划为六个总主教区:北京(直隶、山东、蒙古、满洲)、西安府区(陕西、山西、甘肃)、武昌府区(湖北、湖南、河南)、成都府区(四川、云南、贵州)、南京区(江苏两个主教区,即南京、扬州、江西)、福州区(福建、浙江、广东、广西)"(史式徽著:《江南传教史(一)》,上海:上海译文出版社,1983年,第199页)。会议于圣方济·沙勿略瞻礼日在徐家汇结束,故又被称为"徐家汇会议"。

冬,马相伯独自一人搭民船,历时11天来到上海,投入天主教会。"我八岁在家塾里正式读书,到了十一岁时,独自一人从镇江跑到上海来。我走的时候,父亲、母亲都不晓得,自己积得几块钱盘川,搭了内河民船,遂离开了我那可爱的第二故乡镇江。现在从镇江到上海,若是坐火车,顶多不过四、五个钟头,趁大轮也不过一天的功夫,但是我那时坐民船却整整走了十天。"(《一日一谈·我的幼年》,朱维铮主编:《马相伯集》,上海:复旦大学出版社,1996年,第1083页)江南地区1850年春、夏之间发生重大水灾,并在年底因饥荒、冻馁人口大量死亡。没有查考到马相伯到达上海的月份,他很可能是因为这次水灾和饥荒才离开家乡,投奔上海的天主教会。

马相伯从家乡丹徒来上海的原因不甚详明。按他晚年的说法,是丹徒县天主教会人士觉得马相伯聪颖异常,决心培养,便将他送到上海求师上学。"华封生于江苏之丹徒县,幼极聪明,时作奇想。尝直指日而语,曰:'太阳,太阳,我知尔为太阳,太阳能识我为谁乎?我能而尔弗能,不我若矣!'长老聆其语,甚异之,乃遣其赴海上,肄业于徐汇公学。"(社论《祝贺华封老人九旬大寿》,天津《益世报》,1929年4月15日)另一个来源的说法,也是说马相伯专程到上海求学。"相老既然觉得自己在自己的家乡找不得一个可以满足他知识欲望的良师,他便常常想溜走到别的地方去,去访求一位明白的老师。在某一个冬天的晚上,他瞒住了父母,人不知,鬼不觉,一个人搭了一只小船,行了十几天,从镇江跑到上海去。他那时的年纪才有十二岁,身上只带了几十个大制钱。到了上海,直奔徐家汇天主堂,投入徐汇公学报名读书。时在咸丰元年(辛亥,公元1851),正是徐汇公学创办后的第二年。"(张若谷:《苦斗了一百年的马相伯先生》,《马相伯先生年谱》附录,上海:商务印书馆,1939年)

马相伯来上海的时间,众说之间比较确定,"吾从咸丰元年(1851)冬天到上海以来已有八十二年"(《六十年来之上海》,朱维铮主编:《马相伯集》,上海:复旦大学出版社,1996年,第538页)。赵君豪《旅行谈荟》记载马相伯回忆:"我是一八五一年到上海的,这一年是前清咸丰元年。我来的时候,记得是冬天,河里结冰,从镇江到了上海,要化十多天功夫。"(张若谷编著:《马相伯先生年谱》,上海:商务印书馆,1939年,第43页)按教会文献记载,徐汇公学开办时间为1850年。当年,为了收留江南灾民子弟正式创办。即马相伯来上海之前的一年已经试办,有回忆称马相伯为徐汇公学开办第一年即入学的首班学生,不确。可以确定的是,马相伯不是1850年徐汇公学筹建期间的首批12名学生之一。马相伯在1851年冬天到达徐家汇,徐汇公学先期招收的学生已经开学;1851年首次正式招收的三十名学生也已经录取完毕,马相伯是补入该班的学生。后来教会内外都说马相伯为徐汇公学的首届学生,应该是指正式招生的那一届。

按《徐汇公学大事记》:"一千八百五十一年,学生三十一,教员四,一富于学识之秀才为监督。"(转见自张若谷主编:《马相伯先生年谱》,上海:商务印书馆,1939年,第47页)则徐汇公学之办学在1851年已经进入第二年,教学开始进入正常体制。从第一年学生12人,增加到31人,已经有固定教师4人,还有一位秀才协助教学。马相伯入学前"毕读五经,肄业于徐汇公学。初至时,教师询以向读书日几行?先生对曰:十二行,因以十二行授之。先生不假诵读,背诵如凤习。教师异之,逐加至二十四行。以次至六七十行,而无勿烂熟"(钱智修:《马相伯先生九十八岁年谱》,《中央日报》1938年5月16日)。马相伯自己说:"到了上海之后,因为友人介绍,我遂到徐家汇这里来,进了法国人的天主教会所办的学校。当时这个学校只有四十个学生。我在同学中间,天资还不算坏,晁教习很喜欢我,他教我各种自然科学。我非常有兴趣,而我对于数学更特别欢喜。"(《一日一谈·我的幼年》,朱维铮主编:《马相伯集》,上海:复旦大学出版社,1996年,第1084页)

1852年(咸丰二年,壬子),十三岁

八月,秋闱,马相伯以生员(秀才)资格从上海赴南京参加江南乡试。"吾从咸丰元年冬天到上海,二年到南京去乡试。出榜时候,因为洪杨之役,京中已经闹纷纷。"(《六十年来之上海》,朱维铮主编:《马相伯集》,上海:复旦大学出版社,1996年,第538页)马相伯直到晚年还记得那一年科考的首题题名:"咸丰二年,江南乡试,首题是'父母之年,不可不知也'一章。上海有姜姓考生,就是开姜衍泽药材铺的,那年中式了。他的文章末两段有几句警语,仿佛是说:'父母的交游,大多物故。'有人嘲他说:'不料你的老太太和你的老太爷一样的广交。'人都称他谑而虐,这是我亲见而亲闻的。到如今,还有什么稀奇可谑的呢?"(陈乐素:《相老人八十年之经过谈》,氏著:《求是集》附录,广州:广东人民出版社,1986年,第365页)

本年,担任依纳爵公学助教,带教国文与经学。

本年,太平军、清军不断屠戮江南百姓,马家为避难从丹徒不断迁徙,最终到达上海。本年,马建忠随家人来上海,亦入徐汇公学。马建忠《〈适可斋记言记行〉自记》:"余生于道光五口互市后之第三年。甫就塾识字,则发逆陷大江南北。随家转徙,凡十八迁而抵上海。"(王梦珂点校:《马建忠集》,北京:中华书局,2013年,第5页)按张若谷《马相伯先生年谱》:"弟眉叔至沪,亦入徐汇公学肆业,年仅七岁。"(上海:商务印书馆,1939年,第47页)

本年,马相伯在徐家汇布置老教堂彩饰发生事故,差点伤及生命。"十三岁时,曾和小同学数人到教堂帮助布置陈设搭彩,教堂高处有一条彩布,没有人敢去悬挂。他自告奋勇爬上扶梯,刚踏上最高一级,忽然扶梯和人一同翻到在地。马斯臧当场昏晕过去,共有几小时陷于人事不知的状态中。"(张若谷:《苦斗了一百年的马相伯先生》,《马相伯先生年谱》附录,上海:商务印书馆,1939年)

1853年(咸丰三年,癸丑),十四岁

3月19日,太平军攻占南京,二万多满人被杀,城内居民遭到大规模劫掠。太平天国定都于金陵,改称"天京"。马氏兄弟在上海一边担忧家乡局势,一边认真学习,名声日起。"是年,洪秀全入金陵,先生与眉叔先生仍肄业上海徐汇公学。昆季齐名,慧声日起,意大利人晁(德莅)、利(庸乐)两司铎教先生尤勤。先生之学,以得力于二公为多。晁公尝曰:'人皆谓中国人寡情,余则以为中国人之感情实较西洋人为丰厚也。'"(钱智修:《马相伯先生九十八岁年谱》,《中央日报》1938年5月16日)

3月20日,马相伯随徐汇公学学生一起参与上海教区董家渡圣方济各教堂落成典礼。法国驻上海总领事敏体尼、总领事秘书哥士耆伯爵、法国海军巡洋舰"贾西义号"(Cassini)舰长德柏拉及士兵,上海教区天主教徒并耶稣会徐家汇住院全体人员出席。"一万多人聚集一堂,黄浦江里大量的教友船只都扯起了彩旗或白底蓝十字旗帜。圣堂举行降幅礼的时,法国军舰鸣放了礼炮。这座主教座堂是当时中国最大的一座天主堂,很快成为周围居民的最有效的保障。"上海的法、英、美租界均有本国军队的军舰加以保护,"英国'哈尔米士'号军舰停泊在领事馆前,美国军舰'萨斯奎哈纳'停泊洋泾浜出口处,'贾西义'号则停泊在董家渡"(史式徽著:《江南传教史(一)》,上海:上海译文出版社,1983年,第275页)。太平军占领南京后,上海周边地区难民、盗匪和清军流窜士兵充斥。大教堂的落成,以及法国总领事和法国军队的介入和承诺,给城厢内外居民提供了安全感。

4月,太平军占领南京后,继续攻城略地,掳掠江南,南京地区盗匪四起。镇江、常州地区为战争拉锯之地,冯子材广东绿营、向荣江南大营相继驻扎。两军交战,屠戮极惨,甚而有砍女人首级以"长毛"头颅冒功领赏者。"予由镇江赴沪读书,即咸丰初元。未几,太平天国下拥南京,总督陆建瀛退往常、镇,调广勇来援。冯子材之兵,皆黑绸裤褂。旌旗绣丝物,华丽为绿营所无。兵败,建瀛死之。及江南大营成立,悬赏斩一太平军给银五十两,额定发长垂背者为标准。提头领赏,日凡数百人。大营疑之,谓杀得太平军何

如是之多？验之，两耳皆有环眼。民间震恸，多夫失妻，母失女矣。"（刘成禺：《相老人九十八年闻见口授录》，《逸经》，1937年6月）

4月，上旬，太平军沿江而下，占领镇江，马相伯的家乡沦陷。镇江天主教徒被太平军士兵逼迫放弃天主教教义，接受"拜上帝教"的崇拜仪式。如若不从，则迫害致死。按史式徽《江南传教史》记录赵方济主教的估计，"在南京、扬州、镇江城里约六百名教友中间，有五十名被杀害或烧死，许多人被捆绑或鞭打。大多数人倾家荡产作了俘虏。他们的灵魂肉体都处在极度危险当中"。

当时，有一些天主教徒以为太平军也尊奉耶稣基督，可以当作基督教来接受，"二十来个青年让步了，他们先研究了向'天父'祷告的经文，认为没有什么违背天主教教理的地方，就同意念（太平天国的）这篇经文，并声明自己还是忠于原来的宗教的。于是他们就立即得到了释放。其余人由于怀疑经文的正统性，仍断然拒绝，结果惨遭了一顿毒打。不久他们全部编进军队去劳役。当时，太平军正沿长江顺流而下，开往镇江。他们中间的有十来个人于4月14日夜，乘着天色漆黑一片逃跑了，逃到了上海，把上面的情况告诉了主教"（史式徽著：《江南传教史（一）》，上海：上海译文出版社，1983年，第271页）。

夏，镇江沦陷后，不服从太平军胁迫的天主教徒处境危险，很多家庭逃到上海。马家由松岩公带领逃离丹徒，在苏南武进一带徘徊。越数年，"凡十八迁而抵上海"（马建忠：《〈适可斋记言记行〉自记》，王梦珂校注：《马建忠集》，北京：中华书局，2013年，第5页）。本年，马家移住上海，二哥马建勋继承父业，在上海法租界经商，渐涉洋务。三弟马建忠先"执笔学举子业"，本年亦入耶稣会徐汇公学，与马相伯同为修士。

本年，马建忠随家人来上海，入学徐汇公学。张若谷《马相伯先生年谱》："弟眉叔至沪，亦入徐汇公学，年仅七岁。眉叔单名乾，学名斯才。"方豪《马建忠先生事略》称："咸丰二年（1852）随兄相伯入徐汇公学肄业。"（氏著：《方豪六十自定稿》，台北：学生书局，1969年，第2026页）此误。按马家逃难到上海，在洪秀全占领南京、镇江之后，应为1853年。按《徐汇公学大事记》："1852年秋开学时44人入学，当时公学校长为晁德莅，公于1852年晋铎后即充本校校长，整饬学务，卓著勋劳。"（转见自张若谷编著：《马相伯先生年谱》，上海：商务印书馆，1939年，第47页）晁德莅本年即指定马相伯担任助教，教授的内容为儒家经学。"当我十四岁时，已在学校任助教的职务，一面当学生，一面做先生。因为我的国文比较有点根底，本校各班的国文、经学都是我教。"（《一日一谈·我的幼年》，朱维铮主编：《马相伯集》，上海：复旦大学出版社，1996年，第1084页）"在徐汇公学肄业，并助教国文。"(张若谷编著:《马相伯先生年谱》,上海:商务印书馆,1939年,第49页)教学相长,马相伯因此打下了国学根底。

8月17日(七月十三日),上海小刀会起事,"(咸丰)三年八月,'红头'闹事,不久占了上海"(《六十年来之上海》,朱维铮主编:《马相伯集》,上海:复旦大学出版社,1996年,第538页)。福建"三合会"系统的商民、船民在嘉定、川沙开始闹事,响应太平天国,号称"反清复明"。上海民间称"小刀会"为"红头",因会党成员都手持小刀,头缠红巾的缘故。

9月7日,上海县城被"红头"小刀会占领,城厢内外持续动乱,占领县城长达17个月之久。9月22日,清军江南大营士兵由江苏巡抚许乃钊调度,赴上海镇压小刀会,本日占领嘉定。10月3日,驶往香港的法国军舰"贾西义号"返回上海,联同美国、英国的军舰和士兵保护租界。动乱期间,叛众和清军对县城周边治安造成巨大威胁,董家渡、徐家汇、张家楼的司铎、修士和教友多有躲进法租界避难者,都受到法国领事敏体尼、英国领事爱棠、法国侨民雷米的保护和照顾。

小刀会和太平天国运动爆发之后,大量华人不顾条约限制的"华洋分居",涌入英、法、美租界,向洋商、洋人租地赁屋,栖身营生。上海租界的侨民在自治体制的保护下,顽强抵抗,在江南地区保住了市面安全,苏省精华,移入上海,城市建设迅速扩张。按马相伯目睹,"上海繁荣之开端"由此而起:"洪杨乱时,苏州阊门外浒墅一带坝岸的石头,都被江北人拆光,卖给上海人造房子。吾初来上海的时候,一间洋房都没有,一条马路都没有。领事馆都在一所房子里,叫做'二十四间',地点在现在天妃宫桥堍。上海的发展,是吾一天一天看它起来的。当时只有四马路,六马路造了又坏,虹口还没有兴。大马路只到泥城桥,光绪初年还很荒凉。最热闹的中心是在四马路,地价每亩至多八百块钱。三楼三底的房租只值十二块。兴圣街原是吾家的产业,房租六块钱一幢,利息已经算很厚。那时一只元宝(值七十五元)可造一楼一披。租界上只有'公会',还没有巡捕房,巡捕很少。保险事业还没有兴办,既没有房险,更没有船险。讲到上海交通的工具,先有马车,后有东洋车,那时马车还很少,而且都是私家自备的。"(朱维铮主编:《马相伯集》,上海:复旦大学出版社,1996年,第538页)

9月25日,美国传教士罗孝全(Issachar Jacob Roberts,1802—1871)拜访了驻扎于上海文庙内的小刀会首领刘丽川,后者表示已呈送奏章至天京(南京),请太平天国天王洪秀全派大员来上海主政。(汤志钧主编:《近代上海大事记》,上海:上海辞书出版社,1989年,第58页)

9月,美商旗昌洋行向美国定造的"孔夫子号"(Confucius)拖轮自纽约抵达上海。(汤志钧主编:《上海近代大事记》,上海:上海辞书出版社,1989年,第59页)"孔夫子号"为美国式早期汽船,按马相伯所见,该船虽为蒸汽动力,但仍然保留风帆。孔夫子号抵达上海后,上海道台租赁、购买来装备华尔洋枪队,参与剿灭小刀会和太平军叛乱。

华尔洋枪队还组建了水面部队,雇佣了一艘小汽船。"有一艘'孔夫子号'小汽艇,艇上的队伍也是按华尔的招兵章程招募来的。他们完全听从华尔的指挥,而英国人、美国人不仅供应武器及军需给太平军,同时也供应给清兵。"(史式徽著:《江南传教史(二)》,上海:上海译文出版社,1983年,第22页)马相伯在黄浦畔见过"孔夫子号",原是一艘从美国定制的武装轮船,上海道台转租用作洋枪队装备之用。马相伯虽然从"孔夫子号"得到了西人"船坚炮利"的印象,但也比较出当时欧洲的技术革命还刚起步,对中国文化存有敬意。后来他回忆说:"那时,在吴淞口所看见的外国兵船,十条倒有九条是帆船。时人相传道光初年间,就有西洋火轮运粮米到北京,这是不确的。吾看见的第一只轮船,是海关上验关用的,船名Confucius'孔夫子',可见当时洋人还很敬重中国的文化,那时的火轮都是明轮而不是暗轮。"(《六十年来之上海》,朱维铮主编:《马相伯集》,上海:复旦大学出版社,1996年,第536页)"吾所看见第一条轮船,叫做'孔夫子'那时候商船用帆,是不用说的了。就是兵船也用帆的多,用轮的少。初发明动力机的时候,虽用动力机,外面还是用橹。只见船尾的橹,左一撇,右一撇,向左向右,撇个不停,好像在水面上写无数个'人'字。"(陈乐素:《相老人八十年之经过谈》,氏著:《求是集》附录,广州:广东人民出版社,1986年)

10月1日,署理江苏按察使吉尔杭阿(1792—1856,满洲镶黄旗人)、浙江分府仲孙樊率清军来上海镇压小刀会,在租界外与乱兵接战。本日,清军一队携炮进至小南门外"圣沙勿略堂",即马相伯家族和朱家、陆家等天主教家族来沪避难聚集地区。助理主教徐类思(Louis Celestin Spelta)和耶稣会士梅德尔(Lemaitre Mathurin)组织自卫,命令吕宋外籍雇佣兵与之对峙,清军撤退。3日,法国军舰贾西尼号返回上海,停泊于法租界码头,保卫城外法国领事馆至董家渡圣方济各教堂一线,上海天主教社区遂渐安然。(汤志钧主编:《近代上海大事记》,上海:上海辞书出版社,1989年,第59页)

10月,清军来上海镇压小刀会,靠近县城的法租界和城南董家渡天主教社区成为战场,秩序大乱。法租界公董局联合法、英驻沪武装与小刀会作战,同时出面维持上海秩序。在此期间,徐家汇天主教社区尚能维持正常生活,徐汇公学没有停课,马相伯等学生仍然在努力学习。"九月间,上海大乱,流民会同 Trader 助兵为虐。初六夜红党(小刀会)守城,四门禁止出入,围各衙门,大行抢掠,知县被杀。官军来申攻贼,董家渡圣堂被围,城内居民困苦。法兵击匪,极为奋勇,而我汇学当此干戈扰攘之时,盖未尝一日罢课也。"(《徐汇公学大事记》,转见自张若谷编著:《马相伯先生年谱》,上海:商务印书馆,1939 年,第 51 页)

10 月 10 日,据《徐汇中学圣母会友八十年同登录》(方豪藏)刊载 1853 年 10 月 10 日至 12 月 8 日进会的会友名录,马相伯应该是在本日与他的同班同学加入了耶稣会的外围组织"圣母会"。按此目录,1853 年 10 月至 12 月入会的会友有一至十八号,马相伯的同班同学沈则恭(一号)以下均在列,独缺三号。会友录声明:"惟有时号数略过者,乃因是号所指会友已出会故耳。"亦即会友录中被删去号码的会友,是那些已经离开圣母会的同学。据此判断,会友录中删去的三号,应该就是后来离开了徐家汇、还俗回家的马相伯。现将 1853 年年底入会的会友列名如下:

编号	姓名	字	圣名	年龄	籍贯或会口	进会时间
一	沈则恭	礼门	方济各	17	南高桥	1853 年 10 月 10 日
二	陈桂华		安德肋	16	松江	同上
四	翁慕云	毅亭	老楞佐	15	松江	同上
五	谈云南		奥斯定	15	徐家汇	同上
六	袁耕心	琴舫	若瑟	15	崇明	同上
七	许怀瑾		依纳爵	15	崇明	同上
八	沈则宽	容斋	马窦	15	南高桥	同上
九	李信会		若望	14	殷家巷	同上
十	徐汝霖		达尼老	14	徐家汇	同上
十一	黄富年	河清	弥额尔	14	海门	同上
十二	姚素保	允祚	安德肋	13	崇明	同上
十三	沈则信	有孚	若翰	13	南高桥	同上
十四	吴春和		玛弟亚	11	大七灶	同上
十五	张孔修	觐侯	安当	11	东八灶	同上

续 表

编号	姓 名	字	圣名	年龄	籍贯或会口	进 会 时 间
十六	鞠曾贻		若 望	17	南 桥	同上
十七	陈俊倌		依纳爵	15	张江栅	同上
十八	夏钦若		若 瑟	18	大原堂	1853年12月8日

(转见自方豪:《马相伯先生年谱新编(上)》,李东华编:《方豪晚年论文辑》,台北:辅仁大学出版社,2010年)

12月24日,法国驻上海代理领事爱棠(Benoit Edan)照会小刀会政权,要求就21日绑架和拘押郭、李两位天主教友事件来领事馆赔礼道歉,否则海军司令辣厄尔(La Guerre)即下命令向城内开炮。郭、李教友被拘押次日,法国司铎已入城,以兵戎相见作威胁,要回两人。本日,爱棠再次要求小刀会前来赔罪;次日,小刀会广东人头领出小东门,至领事馆答应所有条件,并听任处置。爱棠以其能"屈服认罪,将其赦免"(汤志钧主编:《近代上海大事记》,上海:上海辞书出版社,1989年,第69页)。法国军人发誓攻打上海县城之议暂寝。小刀会占据上海期间,法租界各界的军事力量保护侨民和教民权利和安全,马氏、朱氏等天主教家族在上海从事商业,逐渐发达。

本年,徐汇公学的部分课程与董家渡修院的合并,开始教授神学、哲学和拉丁文。晁德莅教授神学,利庸乐教授哲学,马理师教授拉丁文。"1853年,当董家渡天主堂落成开堂后,修道院又迁了回去。原张家楼修院内年龄最长的修生进董家渡大修院。才开始读拉丁文的则并入徐汇公学。采取这个措施是为了节省人力、物力。既然小修院同徐汇公学的中文课完全相同,那么设立这种双重机构和聘请双重教师看来是多余的。只要在公学内附设一个拉丁语学生的特别分院就行了。"(史式徽著:《江南传教史(一)》,上海:上海译文出版社,1983年,第229页)

本年,罗伯济主教核准可以领受圣体的江南教区天主教人数达到74 000人,比1847年的60 900人增加了13 000人。除了新皈依的信徒之外,一些离开教会的老教友家庭也重新受洗,还有就是自然繁衍,人口增加所致。(史式徽著:《江南传教史(一)》,上海:上海译文出版社,1983年,第260页)

1854年(咸丰四年,甲寅),十五岁

2月25日(一月二十八日),湘军以曾国藩名义发布《讨粤匪檄》,布告各地儒生组织团练,加入湘军,保卫乡里。"倘有血性男子,号召义旅,助我征剿者,酌给口粮;倘有抱道君子,痛天主教之横行中原,赫然奋怒以卫吾道者,本部堂礼之幕府,待以宾师;倘有仗义仁人捐银助饷者,千金之内,给予实收部照。千金以上,专折奏请优叙;……"(曾国藩:《讨粤匪檄》)马家同受太平军兵祸,逃难上海,但因信奉洋教天主教,马氏兄弟在保守的儒生圈内始终难以辩诬。

马相伯评价曾国藩:"有清中兴功臣曾(文正)、左(文襄)、胡(文忠)、李(文忠)均为一时豪杰之士。曾天资不甚高明而用力独勤,其治学知事,都极有条理、有规矩;其为文与诗亦极用心思,然而规矩准绳过于形式,往往失之虚伪。其用人也不能容物,每每好用不如我者,故功名之际,未免媢嫉之见存。左文襄所以'凶终隙末'者以此。"(《一日一谈·人物月旦》,朱维铮主编:《马相伯集》,上海:复旦大学出版社,1986年,第1074页)

3月1日,法国海军司令拉该尔(Admiral Laguerre)率"贞德号"军舰军官一行数人到徐汇公学参观,马相伯等公学生参加欢迎活动。数日之后,拉该尔邀请公学生到外滩参观"贞德号"。"3月1日,彼(拉该尔)偕军长数人来校参观,午饭后学生诵法文颂词,表示欢迎,颇极一时之盛。数日后,拉君请学生往参观其船。"(转见自张若谷编著:《马相伯先生年谱》,上海:商务印书馆,1939年,第58页)

4月4日,上海英、法租界与华界交界之处的泥城浜附近发生"泥城之役",清朝军队大营被租界自卫武装商团和在沪英、美水手、士兵痛击,从此不再敢进犯上海商民,英、美租界的安全得到保障。

7月17日,徐汇公学举行首次正式考试,检验多年来的办学效果。出席首次考试仪式的有上海教区赵方济主教、法国驻上海领事官高伯尔、法国海军舰长鲍得翁及上海知县孙同君等。

徐汇公学办学初期,因以参加科举考试,夺得上海县学名额为目标,故十分重视儒学经典教育。首次考试时,上海知县亲自加以测试,马相伯等诸学生成绩优异,获得成功。《徐汇公学大事记》记载:"一千八百五十四年七月十七日,举行考试于大礼堂。主教马来斯加(赵方济)、法领事高伯尔、船长鲍得翁及上海知县孙同君皆惠然来临。孙君并欲亲试诸生,见成绩甚佳,则大为欣喜。七月三十一日分发奖品。"(转见自张若谷编著:《马相伯先生年谱》,上海:商务印书馆,1939年,第58页)据另一份资料记载,徐汇公学初创时,虽然简陋,但因办学成绩不错,很快得到了教会、法国领事和上海知县的支持。"(徐汇公学)仅为茅屋数间,学生总数只有十二人,而大名鼎鼎之马相伯先生亦在其中。教授为举人沈君,至一千八百五十一年,学生增至三十一人,教授共四员。五十二年秋开学时,学生又增至四十四人。是年,发匪势颇猖獗,而校中仍继续上课。时主持教务者为德蕴司铎晁,其镇静毅力,有足称焉。五十四年七月,在大礼堂举行考试,主教马公、上海县孙明府及法领事等,均惠然莅临。县大令孙公并欲亲试诸生,见成绩甚佳,大为欣喜。自是厥后,中西士绅对于徐汇公学感情日深,而学生数亦与日俱增,至五十九年,学生达九十一人。"(《徐汇公学创立七十周年纪念庆祝会志盛》,《圣教杂志》第9卷第12期,1920年12月;转见自朱有瓛主编:《中国近代学制史料(四)》,上海:华东师范大学出版社,1993年,第225页)

本年,马相伯经常从徐家汇的学校回到董家渡家族和教区,进入上海法、英、美租界外滩,参观法国、英国商人建立的洋行。按张若谷编著《马相伯先生年谱》:"(马相伯)在徐汇公学诵习法文及拉丁文","随其老师,参观上海洋行"(上海:商务印书馆,1939年,第56页)。

陈乐素《相老人八十年经过谈》记马相伯15岁时已经掌握拉丁文:"马相伯先生十五岁时便通拉丁文,通法文。"又记本年起,马相伯经常到外滩看洋行生意:"十五六岁的时候,我有一位太老师,是松江人,人品很好的。有一天,他带我到上海租界某洋行内参观。这洋行里面,大多是广东人。我的太老师一到公事房门首,忽然大嚷:'反坯!反坯!国家的名器,好这样糟蹋的么?他们都是反坯!'我弄得莫名其妙,后来听到'名器'两字,向四围一瞧,恍然大悟。原来门上的旋手,是小小而圆圆的水晶做成,很象五品顶戴管帽上的顶珠,怪不得老先生大大地生气,一时联想到五品官的大礼帽上边去,竟认为有意侮辱国家体面了。可是那位老先生往来上海,在那时候还算是很开通的人物的呀,并且他是信奉天主教的。老先生嚷他们都是'反坯',中间还有一种特别的原因,那时候,上海正闹刘丽川造反,造反党头裹红巾为号,所以上海人称他们'红头',刘丽川是广东人。"(《人文月刊》,1930年第一卷第4期;张若谷编著:《马相伯先生年谱》,上海:商务印书馆,1939年,第56页)

1855年(咸丰五年,乙卯),十六岁

1月6日,法国海军司令拉该尔与清军吉尔杭阿部队合作,并获得英、美军人的支持,发起"北门之役",攻打小刀会占领上海县城。"北门之役",剿灭城内叛众。此役法军伤亡64人,清军死伤2 200人,小刀会则在战败后逃出上海。法军改变"中立"政策取得成效,坚定了清朝地方和中央"借师助剿"的意愿。

马相伯还回忆,清朝官员借通敌罪惩罚商民,和叛乱者一样勒索钱财。"记得洪杨的时候,有红头到上海,上海富人如郁家等数巨室,也被迫地供给一切。可是事后,地方官反而参奏,说他们通敌,结果一切都给治罪了。"(徐景贤:《马相伯先生国难言论集》,转见自张若谷编著:《马相伯先生年谱》,上海:商务印书馆,1939年,第59页)

2月18日,上海小刀会在清军和法租界、英租界武装的联合剿灭下退出上海,上海县城、董家渡、徐家汇等地区的武装威胁终于解除。其间,徐汇公学师生除当日休假外,一直坚持学习,课业未受影响。《徐汇公学大事记》:"一千八百五十五年,二月十八日,匪人遁逃,官军追匪,我汇学当此干戈扰攘之时,未尝一日罢课。上年学生四十二名,其孜孜向学,谨守规则,有足多者。学生额数,日渐增加。一千八百五十五年末,学生五十五名;一千八百五十六年,七十二名;一千八百五十七年八十一名,是声望渐著,一般宿儒硕士,皆乐来校与学生接触。"(《徐汇公学大事记》,转见自张若谷编著:《马相伯先生年谱》,上海:商务印书馆,1939年,第60页)

本年,马相伯学习文辞,受唐宋八大家影响,尤其喜欢苏轼文章,其印记终其一生可见。"先生诵读古文,服膺苏东坡之文章及其风度。"(张若谷编著:《马相伯先生年谱》,上海:商务印书馆,1939年,第59页)。本年,徐汇公学学生人数达到55人,其中有李毓如(南汇人)、钱渝(南汇人)、沈顺坤(海门人)、高西孟(上海人)由天主教上海教区派赴意大利那不勒斯东方学院留学,学习神学。另外,有陆德昌(省三,伯多禄,30岁,川沙人)、瞿光辉(协堂,若瑟,18岁,马桥人)加入徐汇公学圣母会。(《徐汇中学圣母会友八十年同登录》)

1856年(咸丰六年,丙辰),十七岁

3月5日,广西西林发生教案,知县张鸣凤将捕获的法国司铎马赖和天主教徒杀害。"法国神父马奥斯定(即马赖)在西林传教,为知县张鸣凤拿获处死。又有教经女师一名,名曹桂英,圣名依搦斯,与马神父一齐致命。数日前又有贝满,圣名老楞佐,亦为张鸣凤处死。"(萧静山:《天主教传行中国考》,《民国丛书》第一编,上海:上海书店,1989年)"西林教案"导致英法联军发动"第二次鸦片战争"。

8月18日,马相伯的同学李问渔(杕,老楞佐,18岁,西李家)加入徐汇公学圣母会。(《徐汇中学圣母会友八十年同登录》)李杕长期与马相伯相伴,一同在徐家汇参与了多项科学、文化和教育事业,成为一生的朋友。

本年,马相伯仍在徐汇公学学习。"先生仍在徐汇公学肄业。"(张若谷:《马相伯先生年谱》,上海:商务印书馆,1939年,第60页)本年,徐汇公学在学人数达到72名。"一千八百五十六年,七十二名。"(《徐汇公学大事记》,转见自张若谷编著:《马相伯先生年谱》,上海:商务印书馆,1939年)

1857年(咸丰七年,丁巳),十八岁

3月24日,徐汇公学圣母会招收新会友,马相伯辅导的学生戈德戬(若瑟,16岁,栅里人)入会,为本年唯一入会者。(《徐汇公学大事记》,转见自方豪:《马相伯先生年谱新编》,李东华编:《方豪晚年论文辑》,台北:辅仁大学出版社,2010年,第170页)

9月,上海租界英美侨民和传教士学术团体"上海文理学会"(Shanghai Literary and Scientific Society)正式成立。该会首任主席为美国公理会传教士裨治文(Elija Coleman Bridgman,1801—1861),秘书为英国伦敦会传教士艾约瑟(Joseph Edkins,1823—1905),成员有伟烈亚力(Alexander Wylie,1815—1887)、卫三畏(Samuel Wells Williams,1812—1884)、汉璧礼(Thomas Hanbury,1832—1907)等。"上海文理学会"成立不久,即于1858年改名为"亚洲文会北中国支会"(The North China Branch of the Royal Asiatic Society)成为中国和东亚最有影响的科学文化研究机构,与徐家汇地区耶稣会"江南科学计划"之文教组织齐名。

12月27日,太平天国军队撤出镇江、丹阳一带,清军江南大营切入,从东面方向包围南京。马相伯的老家又一次成为交战区,再遭劫难。

本年,马相伯结束了在徐汇公学的学习,进入耶稣会设立的修院,作为读书修士继续接受神学和布道训练,将来献身教会。马相伯的法语能力为法租界公董局人士赞赏,为了进入耶稣会,他还拒绝了法国驻上海领事馆秘书一职的邀请。马相伯回忆说:"后来长到十八岁时,法领事署欲聘我做秘书。我谢绝说道:'我学法语,为中国用的。'他们很惊讶,只好作罢了。"(《乐善堂纪闻·在国家忧患中生长着》,朱维铮主编:《马相伯集》,上海:复旦大学出版社,1996年,第1045页)

本年,徐汇公学公布本年度考试成绩,马相伯、马建忠及沈则恭等人以优异成绩获得奖励。按《徐汇公学第七节奖励册》登载:"文科第二分奖赏全篇:马斯臧(即相伯),丹徒人;圣学第一分《天主实义》奖赏:沈则恭,奉贤人;附录:袁耕心,崇明人;马斯盛(即建忠),丹徒人;西文奖赏:沈薰良,

宝山人；附录：马斯臧，丹徒人；姚永祚，崇明人。"（张若谷编著：《马相伯先生年谱》，上海：商务印书馆，1939年，第62页）

徐汇公学当时所设课程，"文科"指包括中国文学、经学、史学等文献在内的儒学知识；"圣学"指天主教神学，由于还没有合适的通用教材，公学采用利玛窦在明末为中国天主教会写作的《天主实义》作为教学参考书；"西文"则是指拉丁文、法文等西方语言、历史和一般科学知识。马相伯的中文文献学习成绩突出，获得"奖励全篇"；马相伯的西文知识学习得也相当不错，获得"附录"奖赏。马建忠亦在神学学业上获得"附录"奖赏。以上《徐汇公学奖励册》内容先曾见于张若谷《马相伯先生年谱》引用，后知其文献原件为方豪收藏（见氏著：《马相伯先生年谱新编》，李东华编：《方豪晚年论文辑》，台北：辅仁大学出版社，2010年，第170页）可以推断马相伯生前保存这份文献，曾借给张若谷抄录。方豪藏这份文献，当是在1945年回到南京以后，从石鼓路天主堂马相伯遗物存放处获得。

马相伯兼任徐汇公学中文辅导，教授儒家经学。当时，公学的主课以中国的语文、学问为主，欧洲语言、文字和艺术为辅。

本年，陆伯都（霞山）从意大利那不勒斯东方学院留学回国，回到上海。按张星烺《欧化东渐史》："道光三十年，有苏人陆霞山与同志二三人，航海西经缅甸、印度、阿非利加、法兰西、西班牙，抵意大利那波利府，肄业于圣家书院八年，至咸丰七年，返棹回国，充楚北司铎。"陆霞山，江苏昆山人，生于1827年，1850年到意大利那不勒斯东方学院留学。1857年回国，到湖北传教，1876年在汉口去世。陆霞山在上海徐家汇遇见郭连城（郭栋臣的哥哥），为其《西游笔略》作序。方豪《马相伯年谱新编》："陆霞山司铎自意大利那玻利归国，遇郭连城于上海。"（李东华编：《方豪晚年论文辑》，台北：辅仁大学出版社，2010年，第170页）《西游笔略》收沈云龙主编《近代中国史料丛刊》（台北：文海出版社，1966年），为鸦片战争以后最早国人旅欧游记之一。

本年，据徐汇公学校长晁德莅的报告，当年学校的概况如下："公学有八十二名住宿生，分为三院。九名中国教师多数是教外人，因为教友中有科举学位的不多，不能弥补教师的空缺。中文一个学科几乎占据了青年学生的大部分时间，只有进步最快的学生才加上其他学科，例如法文、唱歌、音乐、图画等等。学生们对于这些学科的爱好和吸收能力，使教师们感到惊奇。"（史式徽著：《江南传教史（二）》，上海：上海译文出版社，1983年，第98页）马相伯在班上属于"进步最快的学生"，他在公学的训练加了很多"西学"课程。

1858年(咸丰八年,戊午),十九岁

4月初,因"亚罗号"事件随舰队北上的法国特使葛罗(Baron Gros, 1793—1870)访问徐家汇,与耶稣会梅德尔等会谈。葛罗提出由法国政府出面,逼迫清朝把没收的旧耶稣会士财产归还给上海的新耶稣会。梅德尔不愿得罪清朝官府和中国民众,加以拒绝,表示:"我们只坚持为接受我们的福音的人民做善举,假如他们归还我们,我们也得用之于中国人民。我们不要求,也不希望有什么特殊的照顾。假如我们要挟过多,人民必然憎恨我们,反而妨碍了我们的慈善事业。"(史式徽著:《江南传教史(二)》,上海:上海译文出版社,1983年,第6页)

6月27日,英法联军攻占大沽口,清政府代表大学士桂良、吏部尚书花沙纳与法国特使葛罗男爵签订《天津条约》,其中第十三款有关在华天主教的权益,称:"天主教原以劝人行善为本,凡奉教之人,皆全获保佑身家。其会同礼拜、诵经等事,概听其便。凡按第八款,备有盖印执照,安然入内地传教之人,地方官务必厚待保护。"各方同意在上海就落实条约事宜继续商谈。

8月18日,徐汇公学圣母会招新,马相伯辅导的学生张学熙(安德肋,17岁,川沙张家楼人)加入。12月7日,另一位学生沈都禄(伯多禄,17岁,青浦诸巷人)加入徐汇公学圣母会。(方豪藏《徐汇中学圣母会友八十年同登录》,见氏著:《马相伯先生年谱新编》,李东华编:《方豪晚年论文辑》,台北:辅仁大学出版社,2010年,第171页)

10月至次年3月,法国特使葛罗男爵、英国特使额尔金勋爵(Lord Elgin, 1811—1863)以及俄国特使普提雅廷伯爵,数次来到徐家汇望弥撒、参观和捐助,徐汇公学学生和修院修士参与接待。(史式徽著:《江南传教史(二)》,上海:上海译文出版社,1983年,第9页)

按亲历者记载,欧洲访客称赞徐汇公学办学效果,认为马相伯等在校生的学习状态超过欧洲的同类学校:"1858年时,在上海接受司铎培育的华人修道生给额尔金爵士留下了深刻印象:'他们看起来聪明且快乐,似乎远优于在欧洲的罗马公教的修道生。'"、"培育课程既要教授

修生足够的汉语古典知识,以获取华人知识分子的尊敬,又要教授他们履行将来宗教义务所必须的神学、历史和礼仪知识。修生往往需要花费十年至二十年的时间学习汉语文学和拉丁文、哲学和神学。修生的拉丁文必须足够好,不仅要满足举行礼仪的需要,而且还要满足阅读书籍的需要。因为只有这样才能与教会的整体思想和生活保持联系。"(赖德烈著,雷立柏等译:《基督教在华传教史》,香港:汉语基督教文化研究所,2009年,第290页)马相伯在徐汇公学接受的是会通中西的学术培育,不仅仅是教堂礼仪训练。

本年,马相伯继续获得徐汇公学的奖励。《徐汇公学奖励册》登载:"圣学奖赏《天主实义》:马斯臧;西文奖赏:沈薰良;附录:姚永祚、马斯臧。"(张若谷编著:《马相伯先生年谱》,上海:商务印书馆,1939年,第64页;该文献原件后为方豪收藏,见氏著:《马相伯先生年谱新编》,台北:辅仁大学出版社,2010年,第170页)马相伯与沈薰良分获神学、外文奖,与姚永祚共享附录奖,可见学业之优异。

本年,太平军攻陷常州之前,马相伯父亲松岩公察觉时局仍然不稳,来徐家汇看望马相伯后,决定把已经出逃到金坛、武进之间的马家迁来上海。"时,兵乱益亟,松岩公既置顿其家口于金坛、武进间一湖岛中,则来上海视先生。一日,公忽夜午匆遽行,曰:余梦汝母及姊弟皆被掳也,于是遂携全家至上海。来时,岛人有请勿携财物,以免淆众志者。松岩公全弃之。其后,太平军至,岛上居民,竟无一幸免。"(钱智修:《马相伯先生百岁年谱》,《复旦同学会会刊》第8卷,1939年第2期;张若谷编著:《马相伯先生年谱》,上海:商务印书馆,1939年,第68页)

1859年(咸丰九年,己未),二十岁

3月14日,徐汇公学圣母会招新,马相伯辅导的学生施兆川(若望,16岁,崇明人)加入该会;12月7日,另一位学生陶祖及(啸耕,若瑟,17岁,川沙南高桥人)也加入徐汇公学圣母会。(方豪藏《徐汇中学圣母会友八十年同登录》,见氏著:《马相伯先生年谱新编》,李东华编:《方豪晚年论文辑》,台北:辅仁大学出版社,2010年,第172页)

7月31日,因太平军在江南造成的战乱逼近上海,徐汇公学的教学活动受到冲击。本日,"分法奖品时,来宾甚少,因太平军节节北上,行将抵申,各界准备一切,以谋自卫。是年,官军大至,号称六十万,围太平军于南京。太平军粮绝,大窘,至食人肉"(《徐汇公学大事记》,转见自张若谷编著:《马相伯先生年谱》,上海:商务印书馆,1939年,第76页)。

12月7日,马相伯辅导的徐汇公学学生何星堂(若瑟,17岁,六里墩人)、黄金殿(若瑟,17岁,冯家桥人)加入公学圣母会。5月15日(圣神降临日),另一位学生周之德(若望,19岁,南钱人)也在本年度加入徐汇公学圣母会。(方豪收藏《徐汇中学圣母会友八十年同登录》,转见自氏著:《马相伯先生年谱新编》,李东华编:《方豪晚年论文辑》,台北:辅仁大学出版社,2010年,第172页)

本年,马相伯在徐汇公学开始学习哲学。"到了我的自然科学有了一点基础时,他(晁德莅)又教我致知学,即世俗所谓哲学(从古代哲学到现代哲学),我这时已二十岁了。"(《一日一谈·我的幼年》,朱维铮主编:《马相伯集》,上海:复旦大学出版社,1996年,第1084页)

本年,马相伯继续在徐汇公学接受神学训练,成绩优异,"复得徐汇公学圣学奖赏,西文附录(奖)"(张若谷编著:《马相伯先生年谱》,上海:商务印书馆,1939年,第75页)。

本年,徐汇公学学生增加至91人,"学舍已满,旁有老屋数椽,不堪寓居,于是修之缮之,焕然可观"(张若谷编著:《马相伯先生年谱》,上海:商务印书馆,1939年,第75页)。徐汇公学花费1 800元资金,扩建校舍,适应

越来越多的年轻人前来学习的需求。徐汇公学学生中有不少人加入耶稣会。(《徐家汇耶稣会总院日记摘要》,收顾裕禄编:《天主教纵横谈》,上海:自印本,2018年,第76页)

1860年(咸丰十年,庚申),二十一岁

4月15日,中外战争期间,法国、英国士兵、侨民和商人多有在上海董家渡、徐家汇教堂皈依、坚振信仰。本日,法租界洋泾浜边上的天主堂举行奠基礼。该教堂由外国侨民捐款建造,奉圣若瑟为主保,法国孟斗班(Charles Guilaume Marie Cousin de Montauban)将军和布尔布隆(Alphonse de Bourboulon)特使夫人为该教堂的保护人。(参见史式徽著:《江南传教史(二)》,上海:上海译文出版社,1983年,第15页)

上海圣若瑟教堂:又称"洋泾浜天主堂",1860年由上海天主教会筹建。1847年,上海县政府因难以发还已经被占用为关帝庙的老天主堂("敬一堂"),补偿给天主教会董家渡、洋泾浜两块土地另行建造新堂。1847年,上海教区在董家渡地块建造的教堂命名为"圣方济各堂";1847年,耶稣会在徐家汇建造的教堂命名为"圣依纳爵堂"。本年,洋泾浜教堂以圣父若瑟为主保,加上后来建造的松江佘山大教堂以圣母玛利亚为主保,上海教区建造了一系列耶稣会的圣人主保教堂。圣法租界政府之前就在洋泾浜地面上建造了圣若瑟堂,惟于1850年6月毁于雷电暴雨。洋泾浜圣若瑟堂此番重建,由督造过董家渡、徐家汇教堂的耶稣会罗礼思设计,建筑精美。

5月23日,英国特使布鲁斯、法国特使布隆布尔决定在英法联军中派一部分士兵保卫上海,免受太平军的攻击。"于是发生了前所未有的怪现象,即英法联军一举两用,一面北上去进攻满清皇帝的军队,另一面却留在南方保卫上海,攻打皇帝的敌人。"马相伯的同学、徐汇公学外籍修生南志恒在给欧洲的通讯中说:"在欧洲,要把国家元首的利益和人民的利益,把这省和那省分隔开来,那简直是不可能的。可是在中国,只要当地居民能免遭战祸,粮食能卖个好价钱,生意多少能做下去,就什么都可以了。"(史式徽著:《江南传教史(二)》,上海:上海译文出版社,1983年,第19页)

6月3日,太平天国军队占领苏州。苏州失陷后,杭州、松江又被攻克,江苏巡抚徐有壬(1800—1860)在苏州战死;两江总督何桂清(1816—1862)

逃到上海,向准备北上攻击北京的英法联军求救。"现在东南要害均为贼据,苏省已无一兵一将,全城空虚。……为今日计,惟有亟为安抚夷人,坚其和议,俯如所请,……劝其助顺剿贼,……庶几南北两畔,可期立时消释。"(《咸丰朝始末》第 52 卷)马相伯等修生们在教区安排下,准备避难于董家渡。

7 月初,上海道台吴煦委托在沪美国军人华尔,招募菲律宾、美国、英国和中国澳门及内地兵勇,组建洋枪队。洋枪队士兵最多时有三四千人,在松江府城设立基地,抗击太平军。该军队在江南地区连战连捷,号称"常胜军"(Ever Victorious Army)。按薛福成《书合肥伯相李公用沪平吴》记载:"上海屡受围逼,势岌岌。吴煦在沪,颇暗洋人性能,联络为用。以厚饷募勇数千,使洋将华尔,以泰西阵法部勒之,名曰常胜军。"(马忠文、任青编:《中国近代思想家文库:薛福成卷》,北京:中国人民大学出版社,2014 年,第 204 页)

8 月 1 日,英法联军在天津海河稍北的北塘河口登陆;21 日,清军大沽口炮台被攻占;26 日,英法政府代表在天津城内与清朝官员开始谈判;9 月 9 日,英法联军向通州进发,逼迫清朝政府签约;18 日,中外双方在通州重新开始谈判,随即清朝拘捕并杀害了英法 20 名谈判代表;21 日,联军发动八里桥战役,清军溃败至一溃千里;10 月 6 日,英法联军占领圆明园,开始抢劫;18 日,联军焚烧了圆明园;24 日,中英《北京条约》签署。

8 月 18 日,太平军忠王李秀成部队为报复"洋枪队"和江南民众,从占领的青浦、嘉定、南桥、七宝等要津城镇出兵,进犯松江府城和上海租界,松江地区天主教会也遭受掳掠。蔡家湾孤儿院院长马理师司铎被杀后,上海教区决定将剩余孩童和司铎迁到徐家汇。当天,蔡家湾孤儿院孤儿和徐汇公学学生一起由司铎带领,转移到有英法军队保护的董家渡地区,更加危急的时候还准备到法租界避难。(《徐家汇会院年刊》,转见自史式徽著:《江南传教史(二)》,上海:上海译文出版社,1983 年,第 25 页)

本日,午后,马相伯、马建忠及徐汇公学师生随孤儿院孩童一起,转移到董家渡避难,躲避已经从七宝向徐家汇进发的李秀成部队。《徐汇公学大事记》:"一千八百六十年二月,太平军势复炽。三月十九日陷杭州,丹阳、常熟、无锡次第陷。官商富户,皆移沪滨,共谋抵御之策。时,太平军已抵沪。八月十七日,会长司铎令诸生赴董家渡以避其锋。十八日午后,学生自董家渡赴洋泾浜渡江时,被太平军拘执,幸得脱。八月二十三日,太平军退归苏州,学生照常上课。"方豪《马建忠先生事略》:"八月十七日,学生赴董家渡避难,次日又自洋泾浜渡江,为太平军所执,幸得脱,五日即复课。"(氏著:《方豪六十自定稿》,台北:学生书局,1969年,第2026页;转见自张若谷编著:《马相伯先生年谱》,上海:商务印书馆,1939年,第81页)李秀成部队前锋即日到达城厢西门、南门,企图攻击县城和法租界。法国海军比泰尔上尉指挥"强力"号从黄浦炮击外围,太平军退去。20日,太平军再次进攻上海,攻击英租界。英国公使布鲁斯不同意部分传教士与太平军合作的主张,回以严厉的炮火,保卫上海。

8月24日,法国军队在解除上海防务后,赶来徐家汇收复失地,李秀成仓促掳走财物,撤出徐家汇。遭此劫掠,据估计耶稣会损失约5万法郎,教友寄存于教堂的财物损失更多。(史式徽:《江南传教史(二)》,上海:上海译文出版社,1983年,第27页)忠王军队指挥部设于徐家汇天主堂内,据马相伯说,李秀成的举止比较平和。

马相伯晚年回忆在徐家汇见过李秀成,并入老教堂祷告:"予读书徐家汇时,太平天国忠王李秀成提兵,略杭、嘉、湖、苏、松、常、太地,曾驻军徐家汇,一宿即去。人尚和蔼,教堂及地方人民亦无惊扰。忠王龙袍红巾,告示用印长尺余。予等少年,争出往观,清晨祈祷,惊为奇事。乡人有曰:我等信上帝,念耶稣经,王爷何故也信上帝,念耶稣经?忠王闻之,一笑。"(刘成禹:《相老人九十八年闻见口授录》,《逸经》,1937年6月)。掌故作家郑逸梅(1895—1992)1930年代曾在徐汇中学兼课任教,也记录了这段传闻:"马相伯晚年住在徐家汇土山湾,常喜和人聊天。提到太平天国,说:'忠王李秀成到过徐家汇,我曾还亲眼看到李秀成穿着戎服,很是威风哩。'"(郑逸梅:《徐汇公学第一届毕业生马相伯》,《镇江市文史资料(第十九辑)爱国老人马相伯(1840—1939)》,镇江市丹阳市政协文史资料研究委员会,1990年,第41页)

按狱中自供《李秀成自述》描写,李秀成占领青浦后,得到守卫上海的清军内应,故大军开拔攻打沪城。时任江苏巡抚,署理两江总督薛焕(1815—1880,四川兴文人)获知情报,临时增募洋枪队士兵数量,加强防卫,弹压清兵,令李秀成不得不退出徐家汇。此即马相伯等徐汇公学生所经历的惊心动魄之事变。"当解青浦之困,顺流破得松江,直引兵去攻上海。斯时有上海夷人来引,外又有汉兵内通,故而往也。军到徐家汇,尚隔上海十八里屯扎。在离上海九里处所扎有清朝营寨四个。那时我部将蔡元隆、郜永宽提队,是日明天光耀,天上四面无云,出兵到九里桥地方,与清将会战。他见军到,他已别逃,弃营不守。正当用力进兵,上海内又谨备恭迎接我,忽然明天暗雨,风雷振动,大风大雨,兵马不能起身,立却不住,后未进兵。后洋鬼及清兵恭迎,未见我到,薛抚台是夜悉知有通情，复又加银和于洋鬼，请得一、二千鬼子而守此城。清军通我未成，此事未举，这班人马概被抚台杀之。其事不成，在徐家汇红毛礼拜堂暂屯数日。后嘉兴告急到来，不得已移军，由松江浦邑而回。"（《李秀成自述》）

9月底，徐汇公学重新开学，马相伯从董家渡回到校园，重新从事教务。因常州、无锡、苏州、松江的很多人家故乡被太平军占领，或者已经毁坏殆尽，无法返乡，就在徐家汇定居下来。徐家汇遭此浩劫，人口反而增加了，教友人数也扩充了，各项事业很快恢复发展。（《徐家汇耶稣会总院日记摘要》，收顾裕禄编：《天主教纵横谈》，上海：自印本，2018年，第76页）

10月25日，中英、中法《北京条约》签订，第二次鸦片战争结束。马相伯、马建忠兄弟生活在上海，在徐家汇依纳爵（徐汇）公学中读书，得风气之先，较早意识到中国社会有一场"三千年未有之大变局"，故而在全国士人都懵懂于"夷情"之际，奋力于西学。马建忠回忆当时情景，说："洋人以师舟，于数万里外载一旅之师北上。款成，全师屯上海，民与安焉，若罔知有变故也者。而我朝士夫被此莫大之耻，专务掩匿覆盖，以绝口不谈海外事为高，直无有深求其得失之故以冀得一当者。然则他日彼族为祸之烈，不察可知矣。于是决然舍其所学，而学所谓洋务者。"马氏兄弟当时所学之"洋务"，除了徐家汇依纳爵公学所授天主教耶稣会士神学类型的西学之外，还有新教传教士协助江南制造局译书馆翻译的科学技术类及国际公法类西书。马建忠"始求上海所译书观之，未足厌意，遂乃学其今文字与其古文词，以进求其格物致知之功，与所以驯至于致治之要，穷原竟委，恍然有得于心"（马建忠：《〈适可斋记言记行〉自记》，王梦珂校注：《马建忠集》，北京：中华书局，2013年，第5页）。

1861年(咸丰十一年,辛酉),二十二岁

1月,法租界、英租界分别开筑"徐家汇路"(后名徐家汇路、华山路),作为战争期间使用的"军路"。从此以后,从徐家汇通往上海市区的交通更加方便。(史式徽著:《江南传教史(二)》,上海:上海译文出版社,1983年,第96页)

3月,普鲁士外交使团到达上海,参观徐家汇,马相伯在徐汇公学参加接待仪式。该使团成员中除了外交官之外,还有几位科学家和商人。科学家包括著名动物学家、柏林大学教授马腾斯(von Martens)博士,著名地理学家、柏林大学教授李希霍芬(Ferdinand von Richthofen)教授。商人则为萨克森商会的全权代表Spiess、Grube和Jakob。

普鲁士外交使团是该国国王为与亚洲通商专门组织的特使。该使团乘坐一支舰队,共有四艘舰船。旗舰为1858年在但泽建造的普鲁士第一艘蒸汽机驱动护卫舰"阿科纳号"(Arkona),排水量2 320吨,兵员319人,装备27门火炮;科学家和商人乘坐武装帆船"忒提斯号"(Thetis),载有船员333人,备有轻型火炮38门;第三艘单桅帆船"弗劳恩号"(Frauen),装备火炮一门,船员41人(该船在日本海岸沉没);第四艘为运输补给船号Elbe,装备火炮6门,船员47人。该舰队和外交使团于1860年5月启程,先到日本,于1861年1月与日本签署通商条约。1861年9月,普鲁士使团与清政府签订通商条约。此后,经停暹罗,回到欧洲,历时23月。(见王维江、吕澍译:《1861:普鲁士外交使团报告中的上海》,王维江、吕澍辑译:《另眼相看:晚清德语文献中的上海》,上海:上海辞书出版社,2009年)

按普鲁士使团报告的情况来看,他们当天参观的徐家汇耶稣会举办的学校,就是马相伯所在的徐汇公学。李希霍芬教授一行人从上海县城坐小船,先到了龙华,攀登了龙华塔,而后从田间小道步行到徐家汇。欧洲籍的耶稣会士都留了辫子,穿清朝服装,讲流利的中文。徐汇公学耶稣会士校长(应该就是晁德蒞)向使团介绍学校主要的教学目的

是科举考试,招收学生也不分教内教外,且不强行要求学生入教。徐汇公学已经开始了欧洲艺术教育,传授油画技能和雕塑工艺。"我们一路步行过去,为的是能去徐家汇参观耶稣会的传教士学校。一路上穿过开花的豆田,清香扑鼻。学校孤零零地坐落在开阔的田间,离宝塔约有三刻钟的路程,到上海是两小时的路程。徐家汇的学校由六个耶稣会神父掌管。公使及其随行者受到了神父们友好的接待。与其他耶稣会士一样,神父们都穿着中国的衣饰、留着长辫子。他们中的几位不断奔走于江苏与浙江,那里的教区有76 000名教徒。不管是在徐家汇主校,还是在其管辖内的其他学校,都根据学校空间大小和资金多少,收录所有来报名的男孩儿,而不论其父母是否为教徒。中国教师传授给他们初级国家考试所需的内容。同时,神父们也给年轻的教徒提供新入教者的课程,不信教的学生不必参加,但也可旁听。很多人出于好奇很愿意深入了解教义,而年轻的教徒则会给不了解这些课程的学生以帮助,学生只有在主动要求的情况下才会受洗。该省天主教徒数量的增加确实引人注目。因为对于中国人来说,接受古典和科学的教育是最有吸引力的,它提供了取得功名和做官的途径。我们去参观时,学校有96名学生,都住校,按年龄和读书进度分为三个班级,其中家里有钱的人才付学费。学生们看上去营养很好,精神奕奕,他们眼睛里的光彩,也显示出身体的生气勃勃。尽管已经是傍晚了,教室里仍然坐得满满的,每个角落里有一个老师,面对着不到十个的学生,正挨个地讲授,而其他学生则按照中国方式摇晃着身子,唱歌般地朗读着课文。神父们只教授宗教和法语课,而只有那些最优学生才得享受法语课程,作为对他们的奖励,大多数学生反正把学外语当作累赘。从外表看,学校维护得非常好。餐厅、寝室和教室,还有图书馆、花园、药房,处处极为整洁。教堂的圣坛上装饰着油画,是学生们照着小幅圣像画的。我们也遇见了这些年轻画家正在工作:素描画得不错,头部的表情优美,只是缺少绘画的效果。主圣坛是一个学生按照法国的图画用木头雕刻的,有大师气派。传教士们留给我们这样的印象,他们斩断了俗世之念,在履行职责中得到了最高的满足。校长看上去虔诚安详,内心的愉悦流淌而出,不带一丝一毫的虚假。从他纯净的嗓音里,能猜出他有生活经历,这是僧衣下藏不住的。见过这个遥远国度里的耶稣会士的人,都会获得这样的印象,即他们在那里造福社会,所起的作用与在欧洲不可同日而语,显然这个修会在欧洲有着不同的目标。"(王维江、吕澍译自《普鲁士东亚外交使团考察》〈*Die Preussische Expedition nach Ost-Asien*, *Nach amtlichen*

Quellen, Dritter Band, pp. 396-398. Verlag der Koeniglichen Geheimen Ober-Hofbuchdruckerei. Berlin, 1873.》)

4月7日,上海县衙门将位于城内的老天主堂("敬一堂")归还给上海教区。占用敬一堂的上海县关帝庙,搬迁到城墙西北的"大境阁"。关帝迁庙和天主教复堂的过程和平进行,交涉顺利,交接成功。本日,耶稣复活后第一个瞻礼主日,上海教区举行复堂大典,董家渡、徐家汇的司铎、修生和信徒都来出席,徐汇公学师生参与助祭,马相伯在场。(史式徽著:《江南传教史(二)》,上海:上海译文出版社,1983年,第32页)

上海老天主堂:又称"敬一堂",明末崇祯年间由徐光启孙女玛尔弟纳购得潘氏世春堂,捐献给天主教会,由潘国光司铎改建为上海第一座正式教堂。该堂在城北,为男教友专用,与1607年开教时建徐宅西圣母堂为女堂分属。另外,"潘司铎于上海、松江一带先后建造大堂九十座,小堂四十座,皆雅各伯(徐骥)、甘第大臂助所成"(柏应理著:《一位中国奉教太太》,上海:光启社,2003年,第18页)。清雍正八年(1730),敬一堂被没收为官产,改建为邑关帝庙。中法《黄埔条约》后落实赔偿教产条款,理应发还敬一堂。因顾忌当地民众的香火,上海道台采取土地补偿办法,择地另建教堂。在1853年"小刀会"后的历次运动中,中外双方合作,法国驻上海署理领事爱棠、耶稣会会长梅德尔与道台关系不错。1861年2月19日,上海道台吴煦把庙产交给爱棠,转交梅德尔。20日,年文思主教任命中国人余伯禄为敬一堂本堂。敬一堂发还之后,邑关帝庙迁往上海城墙西北处的大境阁。关帝庙迁移仪式庄重、和平,教徒们含有同情。"关公塑像决定搬运到西门附近的另一所庙里。搬运前人们谨慎小心地把红纸封住了塑像的双眼,说是为了掩住他的眼泪,也有人说这是象征他流的泪是血泪。"(史式徽著:《江南传教史(二)》,上海:上海译文出版社,1983年,第32页)史式徽所说"关公塑像"从敬一堂搬到"西门附近的另一所庙里"一事,即转迁到城墙上的大境阁(因两江总督陈銮题"大千胜境"名)。大境阁今存旧址,在大境路259号(人民路),为上海道教协会会址。

6月2日,徐家汇举行耶稣圣体出巡大礼,除了上海本地教徒之外,驻扎在徐家汇的法国远征军第102联队的步兵、炮兵同时参加。7月31日,法国海军司令卜罗德(A. Protet)少将为徐汇公学学生提供了奖品并授奖。马相伯参加了这个系列活动,卜罗德赞扬徐汇公学学生:"可惜我不能讲中国话,请转告他们,假如他们中有人需要帮忙,尽可放心前来找我。"(史式徽著:《江南传教史(二)》,上海:上海译文出版社,1983年,第45页)

本年,徐汇公学有六位学生加入圣母会,他们是:冯玉如(秋舫,类思,18岁,蔡家浜人)、曹光德(若瑟,17岁,周浦人)、龚国良(德风,方济各,18岁,川沙人)、高玉如(老椤佐,18岁,北顾人)、施青选(若望,19岁,海门人)、张鸣凤(斯德望,19岁,金山人东林浜人)。(方豪收藏:《徐汇中学圣母会友八十年同登录》,转见自氏著:《马相伯先生年谱新编》,李东华编:《方豪晚年论文辑》,台北:辅仁大学出版社,2010年,第173页)

本年,作为耶稣会士训练过程的一部分,马相伯被派"赴苏州、太仓等处,救护难民,扶伤疗病,不恤其身,遂染伤寒之疾。僵卧六十余日,几不起。及病愈,所读书悉遗忘,即字亦几不识。先生因心横虑,用力益勤,始渐复原状"(钱智修:《马相伯先生百岁年谱》,《中央日报》,1938年5月16日)。

张若谷《苦斗了一百年的马相伯先生》对这段经历有更详细,带着神迹的描述:"到了第二年(1861),马斯臧因为听见苏州、太仓等处人民受到战争的苦难,他便赶到苏州去救护难民。因为急公忘私,工作瘁劳,生了一场大病。他生的是伤寒重病,僵卧六十多天,有四十天不进饮食,奄奄一息,几乎死去。他的父亲闻讯赶到探望,医生禁阻入内,只好站在门旁啜泣。马斯臧躺在床上,听见父亲的声音,他神志还清,私下暗想:若是自己不幸死了,老父将何以堪?一转念间,医生恰巧来诊治,看见斯臧的病势和昨天大不相同,已有转机,大为惊奇。后来他告诉别人,他重病得愈,或者是为了他的一片孝心,感格了他崇仰的天主而所获得恩佑。生了这一场重病后,头发完全脱落,从前所读的书也完全忘记得干干净净。大约有一年多工夫,他拿了书本竟一字不识。等到身子完全健康后,他便格外拼命用功读书,才慢慢尔恢复原状。那时他二十二岁。"(张若谷编著:《马相伯先生年谱》附录,上海:商务印书馆,1939年)

1862年(同治元年,壬戌),二十三岁

1月,太平天国忠王李秀成部队在攻占杭州之后,凭借苏州、嘉定和青浦县城,又占领了上海周边的七宝、高桥、周浦、南桥镇,再次进攻上海租界。2月20日,华尔率领的上海地方武装"洋枪队"在青浦、嘉定方向战败太平军;英法联军驻上海余部在浦东收复高桥镇,李秀成败退回到苏州。(史式徽著:《江南传教史(二)》,上海:上海译文出版社,1983年,第47—51页)

3月27日,上海美商旗昌洋行创办旗昌轮船公司(Shanghai Steam Navigation Co.)成立,本日正式开业,登记资本额为关银一百万两。次日,上海中外会防局所雇英商轮船七艘驶抵安庆,准备分三批,每批三千人,运载淮军到上海保卫疆土。本年初,李鸿章淮军建立,上海士、绅、商、军各界商议邀请淮军协同助剿太平军。

4月8日(三月十日),由李鸿章率领,在安庆新近组建的淮军部队当天到达上海十六铺码头。上海士绅、商人为保卫疆土,维持反而日渐繁荣的中外贸易,建立了"中外会防局",先期筹银十八万两,用于防务。会防局特雇用英、法商船7艘,驶赴安庆,来回数次,共接到淮军13营,共9 000余人。从此,上海道台负责的对外防务除了雇佣外籍人员指挥的"常胜军"之外,又有了一支华籍人员统领的"淮军",安全维护能力增强。李鸿章淮军入沪,对上海日后的局势影响重大,马相伯及其家族的发展系于淮军事业者尤多。

李鸿章淮军受"中外会防局"邀请来上海参与防务,其全过程按薛福成《书合肥伯相李公用沪平吴》记载如下:"上海当江海绾毂口,虽寇氛日迫,而商贾辐辏,关税厘金视承平时旺数倍。(吴)煦执利权,亦颇有综核才。然官江苏久,为积习所渐,不能自拔。且素不知兵,仅倚洋将御贼。洋将恃功倨傲,缓则索重赏,急则坐观成败。巡抚以饷权在煦,而才又不如煦,偲然不能有所作为,啸诺而已。前后募勇五万余人,以不能训练,遇贼辄北。吴中绅耆避寇在沪者,皆知其危,虑议赴曾文正公安庆大营乞师。巡抚一下皆弗善也,然意虽不怿,而无辞以阻之。

会巡抚为言路所劾,朝廷密令曾公荐能胜任苏抚任者。曾公初欲荐葆桢文肃公沈,既念沈公虽精吏治,而军事阅历不甚深,乃荐幕僚延建邵遗缺道今伯相合肥李公,欲令创开淮军风气,以弥楚军之阙。……是时,在籍户部主事太仓钱鼎铭与绅士十余人,附轮舰西上,谒见曾公,力陈东南百姓阽危状。欷歔流涕,纵声长号。退至幕府见李公,复言沪滨商货骈集,税厘充美,饷源之富,虽数千里腴壤财赋所入,不足当之,若弃以资贼,可惋也。李公乃入言于曾公,定计径趋上海。吴中士民不支官币,蠲财得白金十八万两,租西洋巨舰五,络绎迎师,鼓轮东下,穿贼境千余里。贼以其行之捷也,又心畏洋人,皆在江岸遥望,不敢何问。李公遂以同治元年三月,率所部楚军及新募淮军共五千五百人至上海,军于城南。甫一月,奉命署理江苏巡抚,而总兵黄翼升亦率水师十营东下,受李公节度。"(马忠文、任青编:《中国近代思想家文库:薛福成卷》,北京:中国人民大学出版社,2014年,第204页)

5月17日,太平天国军队再次攻击上海。法国海军司令卜罗德在收复奉贤南桥镇的战役中,被太平军流弹击中毙命。5月25日,卜罗德葬礼在洋泾浜天主堂举行,法军官兵之外,军乐队、商团、英军代表列队巡,英、法总领事,以及上海县地方官员、几十位秀才、上海各类学校的师生出席葬礼。(史式徽著:《江南传教史(二)》,上海:上海译文出版社,1983年,第58页)

5月29日,徐家汇耶稣会神学院(Seminary)初学院建立,马相伯为首届学生之一。晁德蒞任初学院副院长(Vice Rector),仍然担任马相伯的导师。《徐汇公学大事记》:"一千八百六十二年,始设耶稣会初学院。初学生十一名,共请晁公担任教授。"(《徐汇公学大事记》,转见自张若谷编著:《马相伯先生年谱》,上海:商务印书馆,1939年)和马相伯一起进入初学院一共11名修士,其中"九位来自徐汇公学,二位来自修道院,他俩事先得到了传信部豁免誓言的约束。"(史式徽著:《江南传教史(二)》,上海:上海译文出版社,1983年,第97页)马相伯、许彬、李杕、沈则恭、沈则宽、沈则信、沈薰良、袁耕心、瞿光焕等九人从徐汇公学直接升入初学院,当天九位同学与晁德蒞一起合影,存有照片(Relation de Chine,1911年李杕去世纪念号刊登)为证;另外还有二位从教区修道院转入耶稣会徐家汇修院的陆伯都、翁慕云也在同一天参加入会仪式(史式徽《江南传教史》记载说黄斐默(伯禄)、龙在田(玛弟)二人从教区修道院转入耶稣会,应该是误计。黄伯禄、龙玛弟不在当天入会者名单中)。

马相伯在徐汇公学的九位同班同学,并于1862年5月29日一起升入徐家汇初学院。加上从教区其他机构中加入耶稣会的另外二位学生,当天一次就有 11 位年轻人入会,是徐家汇教区的一件盛事。这十一位新会士,按名册上的序号排列如下:

许彬(采白,Joannes Baptista HIU),缺,待查。

李杕(问渔,Laurentius LI),略,详见另传。

马相伯(乾,Josephus MO),略。

沈则恭(礼门,Franciscus SEN),1836 年 9 月 18 日生于川沙高桥镇,是则宽、则信的大哥。与马相伯同时入学徐汇公学,1862 年 5 月 29 日毕业,加入耶稣会。因能诗文,与如皋知县交,得以传教。1908 年 9 月 11 日在江苏如皋去世。

沈则宽(容斋,Matthaes SEN),1838 年 6 月 26 日生于川沙高桥镇,则恭之弟,则信之兄。与马相伯同时入学徐汇公学,1862 年 5 月 29 日毕业,加入耶稣会。1865 年参与筹建土山湾孤儿院工艺场,1913 年 1 月 21 日在上海去世。

沈则信(有孚,Joannes Baptista SEN),1840 年 6 月 3 日生于川沙高桥镇,是则恭、则宽的弟弟。与马相伯同时入学徐汇公学,1862 年 5 月 29 日毕业,加入耶稣会。1886 年 6 月 14 日在上海去世。

沈薰良(陶如,Matthaes SEN-Leang),1838 年 10 月 5 日生于江苏,与马相伯同时入学徐汇公学,1862 年 5 月 29 日毕业,加入耶稣会。1902 年 8 月 29 日在徐家汇去世。

袁耕心(琴舫,Josephus YEU),1837 年 2 月 4 日生于崇明,与马相伯同时入学徐汇公学,1862 年 5 月 29 日毕业,加入耶稣会。1903 年 6 月 26 日在上海去世。

瞿光焕(协堂,Josephus KIU),1838 年 3 月 17 日生于上海马桥镇,与马相伯同时入学徐汇公学,1862 年 5 月 29 日毕业,加入耶稣会。1862 年 10 月 3 日在徐家汇去世。

陆伯都(省三,Petrus LOH),1836 年 6 月 26 日生于江苏川沙,幼年随西班牙艺术家范廷佐(Jeannnes Ferren,1817—1856)修士学习绘画与雕塑,1856 年负责土山湾画室。1862 年 5 月 29 日加入耶稣会,1880 年 1 月 4 日在徐家汇去世。

翁慕云(毅亭,Laurentius WONG),1838 年 9 月 13 日生于松江,1862 年 5 月 29 日加入耶稣会,1866 年 6 月 8 日在上海去世。

以上据《耶稣会士名录》(徐家汇藏书楼藏)和 Olivier Lardinois S. J. 等编《耶稣会士在华名录 1842—1955》(台北:利氏学社,2018 年)

整理。

6月,因为长期战乱,上海及周边地区发生瘟疫。马相伯随耶稣会初学院修生到江南等地照顾病人,抚慰信徒。"在六、七、八三个月夏季瘟疫流行时期,他们探访病人,直到自己体力不能支持的时候才停止工作。除瞿光焕(若瑟)修士升天,李玉亭(伯禄)修生染上了霍乱外,其余在上月又开始到上海各区去探访病人了。……三名初学修士因此患了伤寒,其余也或多或少感到不舒适。"(史式徽著:《江南传教史(二)》,上海:上海译文出版社,1983年,第98页)

6月11日(五月十五日),京师同文馆在北京设立,先行招收十人,清朝第一所官方外语教习机构设立。为顺应洋务活动需要,清朝设立京师同文馆,以及上海、广州广方言馆,"欲悉各国情况,必暗其语言文字,方不受人欺蒙。各国皆以重金聘请中国人讲解文艺,而中国迄无熟习外国语言文字之人,恐无以悉其底蕴"。因为北京缺乏外语人才,故"请饬广东、上海各督抚等分派通解外国语言文字之人,携带各国书籍来京,选八旗中资质聪颖年在十三四岁以下者俾资学习"。京师同文馆原意在上海、广州聘请华人教习教授外语,在无人应征的情况下,只得以通晓中文的外国籍"洋教习"充任。"广州、上海既无咨送来京之人,不得不于外国延访。旋据英国威妥玛言及,该国包尔腾兼通汉文,堪充此席。因于五月十五日先令挑定学生十人,来馆试行教习,仍另请汉人徐树琳教习汉文,即以此学为同文馆。"(《奏请京师创设同文馆疏》)

本年,马相伯开始对天文学和自然科学发生兴趣,有经世之想。"到了二十三四岁时,我开始学习天文学,并且一面研究西洋的数学,一面研究中国的数学,如开方、勾股等等。"这一阶段学习天文学、数学,形成了一些笔记,"我遇到对于数学有创获时,都笔之于简册,后来竟积有一百二十多卷,余命名曰《度数大全》。惟在少年时代一往直前,不知道爱惜和保存以前辛苦所得的成绩,公之于世"(《一日一谈·我的幼年》,朱维铮主编:《马相伯集》,上海:复旦大学出版社,1996年,第1084页)。

按马相伯晚年回忆:"我研究数学,几乎发了狂。夜间睡觉的时候,仰视帐顶上,都隐隐约约,闪闪灼灼地出现了许多数目字,梦中也发现四处都是数目字。于是,我始悟韩昌黎所谓:'处若忘,行若遗,俨乎其若思,茫乎其若迷。'"(张若谷:《苦斗了一百年的马相伯》,《马相伯先生年谱》附录,上海:商务印书馆,1939年)这种状况,一面是马相伯与上年重病后遗症的抗争,另一面是一个儒家经学生学习西方现代科学的艰难。

本年,徐汇公学又有六位学生加入圣母会,他们是:宋宾王(西尔文,16岁,青浦泰来桥人)、刘必振(德斋,西默盎,20岁,常熟罟里村人)、蒋升阶(邑虚,安德肋,19岁,浦东百忍桥人)、陈显周(若瑟,19岁,海门人)、沈则良(若翰,19岁,川沙南高桥人)、沈锦标(宰熙,斐尔弥诺,18岁,昆山周庄人)。(方豪收藏《徐汇中学圣母会友八十年同登录》,转见自氏著:《马相伯先生年谱新编》,李东华编:《方豪晚年论文辑》,台北:辅仁大学出版社,2010年,第175页)

1863年（同治二年，癸亥），二十四岁

1月30日，法国外交部将清朝政府《北京条约》的赔款总额中，拨出30万法郎交给江南教区，以赔付在太平天国动乱时期的损失。耶稣会长鄂尔璧果断动用这笔赔款购买上海租界内外的土地，并陆续建造房屋。（史式徽著：《江南传教史（二）》，上海：上海译文出版社，1983年，第70页）按耶稣会向法国外交部提交的报告，战争期间（1860年到1864年），江南教区"估计损失至少值七万五千七百八十两银子（合六十万六千二百十法郎）"（史式徽著：《江南传教史（二）》，上海：上海译文出版社，1983年，第125页）。获得赔偿虽不及一半，但因战后房地产价格暴涨，赔款转为投资，江南教区财产剧增。

2月10日，上海设立广方言馆。先此，江苏巡抚李鸿章奏请仿京师同文馆例，在上海设立广方言馆："京师同文馆之设实为良法。惟是洋人总汇之地以上海、广东两口为最。臣拟仿照同文馆之例，于上海添设语言文字学馆，……均由海关监督督筹试办。""夫通商纲领固在总理衙门，而中外交涉事件则两口转多，势不能以八旗学生兼顾，须多途以取之，随地以求之。"上海广方言馆先期设立预科、正科，后又加设英文馆、德文馆。初期肄业者中有李凤苞等人。5月8日，广州同文馆设立。

5月，耶稣会长鄂尔璧（Joseph Gonnet，1815—1880）在佘山南坡中山购得一块土地，建造了一派平房，包括一间食堂和五间卧室，其中还留有一间小圣堂。这是佘山最早建造之西洋建筑，供因伤、因病需要治疗的司铎们疗养之用。

9月，郎怀仁主教依据中法《北京条约》允许开放的权力，以张朴桥堂区名义购置松江佘山南麓山间土地，中间设立一小教堂。

佘山，山以传说中的佘姓将军名，地距上海市区35公里，在松江府城北10公里。佘山为松江境内"九峰"之最高峰，达99米，在松江府境内最为高爽，宜于呼吸。佘山又依"三泖"及河湖港汊连接江南各大市镇，如青浦、朱家角、金泽、练塘、泗泾、七宝、枫泾、张堰、震泽、同里、黎

里等,易与江南各天主教堂口沟通。本年,佘山山顶建造六角亭小教堂一座,设立祭台,供奉"进教之佑圣母"像一座,为佘山教堂主保,即教友通称"佘山圣母像"。"佘山圣母像"为土山湾工艺院画家陆伯都(省三)临摹路易十三所建巴黎得胜教堂圣母子像。因屡有神迹显现,佘山圣母被不断加封。每年5月24日的"进教之佑瞻礼日",为江南地区盛大的朝圣活动。1873年,因朝圣人数与年俱增,在小教堂旁建造了希腊廊柱式大堂,为第二座山顶朝圣教堂。据高龙鞶《江南传教史》(上海:天主教上海教区先启社,2008年)记载,1878年至1900年间,佘山朝圣教堂共为224 079人次分送圣体,即年均10 185人次。为扩大朝圣规模,1935年再次翻建为新哥特式大教堂,称"远东第一大堂"。1942年9月2日,教宗庇护第十二(Pius XII,1876—1958)敕封该堂为"乙等大殿",又称"远东圣母大殿"。马相伯自加入耶稣会之后,经常来佘山从事圣俗各项活动,并在山顶天文台留下足迹。

9月7日,马相伯外甥朱志尧出生。

朱志尧(1863—1955),字宠德,教名尼各老(Nicolas),号开甲,祖籍青浦,生于上海董家渡。幼入徐汇公学,从舅父马相伯,兼习儒业,1893年考取为青浦县生员(秀才)。1899年捐为贡生,参加乡试,未能及第。父亲经营沙船、钱庄,母亲为马相伯的姐姐。1887年,因舅父马建忠介绍进入轮船招商局,任沪甬航线江天轮买办,后调任江裕轮。同年9月,随马相伯出访美国费城,试图与当地企业家合资在上海开设华美银行,计划修建铁路、投资矿山、开设电报局、兴办报馆和学校等,功败垂成回国。1897年,朱志尧利用各机器织布局废弃的大量棉籽作原料,改进和发明榨油机,开设大德油厂,获利丰厚。1898年,二弟云佐去世后,由马相伯、马建忠推荐,继任法国东方汇理银行买办。1904年,在沪南黄浦岸边兴办求新船厂,是华人私营资本中少有的从事造船、机械加工的重型企业。求新厂至1911年便已经建造大小轮船40多艘,榨油机200多台。自制蒸汽发动机达到5 000匹马力,还装配大小铁制桥梁40多座。1907年,在北京创办溥利呢革厂,资本60万元;1908年,又在上海投资同昌纱厂,资本60万元。另外,还参与创办华商南市电厂、自来水厂、申大面粉厂。1912年,创办宝兴铁矿公司,开采安徽当涂铁矿,配套兴建长兴煤矿。至1910年,朱志尧在各界投资总额达到365万元,为上海一个重要的产业托拉斯。1913年,曾作为上海华商代表,偕马相伯赴京受大总统袁世凯接见,得到北洋政府的信用担保。1915年,袁世凯大总统题匾额"五材咸饬",悬挂于求新厂内。1917年,因欧洲第一次世界大战,经营业务受到冲击,求新船厂出让给法国商人,其他业务也陷于衰败。1937年抗战中,南市沦为战场,所办事业半被政府征用,半被毁于战火。抗战胜利后,仍然无法振作,濒于破产。朱志尧协助马相伯从事洋务和时政,1909年,与姚文楠、秦锡田等一起,当选为上海县议员;1911年,曾在上海组织工党,参与民国政治;1955年在上海因病去世。(沈毓元:《天主教历史人物小传》,《上海的宗教》,上海:上海市政协文史资料编辑部,1996年,第194页)

本年,马相伯在耶稣会初学院的学习进入第二年。"在耶稣会初学院为第二年初学修士。"(张若谷编著:《马相伯先生年谱》,上海:商务印书馆,1939年,第87页)

本年,耶稣会会长鄂尔璧趁太平军退却,土地荒芜,官府召垦之际,在松江府佘山南面山坡购置土地,建立疗养院,"为劳累疲乏的传教士作修养之所,使患病神父能在这里疗养,恢复体力,这里空气新鲜,比上海徐家汇更适合于疗养"(史式徽著:《江南传教史(二)》,上海:上海译文出版社,1983年,第107页)。佘山脚下原先没有传教点,最近的是二公里之外的张朴桥会口。此后,耶稣会建造教堂,开辟朝圣事业,"佘山圣母"成为江南教区主保,发展成上海和远东最重要的朝圣胜地。

1864年(同治三年,甲子),二十五岁

1月,上海法租界公董局、公共租界工部局委托上海天主教创建的公济医院正式成立。公济医院是继英国伦敦会举办仁济医院之后的上海第二家西医院,取"大公济世"之意。上海耶稣会梅德尔会长请求遣使会总会长协助,确定由法国女修会仁爱会(Daughters of Charity)派出医生、护士负责管理该医院。公济医院开设内、外、妇、眼、五官科,初期设址法租界外滩高尔朋路(Rue Colbert,后改新永安街,今新永安路)。1877年,由公共租界工部局出资,在北苏州路190号建造新址。该院规模宏大,医术精良,代表上海和亚洲医疗水准。(参见史式徽著:《江南传教史(二)》,上海:上海译文出版社,1983年,第94页)

6月3日,马相伯初学院两年学习结束,进入大修院学习。当天发愿,加入耶稣会。马相伯在会中名列第542号,同时入会十一人,其余为:许靖邦(540)、李浩然(541)、沈则恭(543)、沈则信(544)、沈则宽(545)、沈熏良(546)、袁耕心(547)、瞿光焕(548)、陆伯都(549)、翁慕云(550),见《江南、直隶耶稣会士名录》。

按耶稣会会规,"初学二年期满,就发初次圣愿(贫穷、贞洁、听命三事),这是简单的,却也是终身的。宣讲、著书、教授是耶稣会士工作的一大部分,为此读书修士必须用上一二年,或三年的功夫修文学"(《耶稣会士》,转见自张若谷编著:《马相伯先生年谱》,上海:商务印书馆,1939年,第88页)。

加入耶稣会之前,马相伯在徐家汇学了四年中国古典文献,成绩是"优秀"(with good results);拉丁文二年,成绩是"特优"(with very good results);人文课程一年,成绩是"优秀"(with good results);哲学课程一年,成绩是"特优"(with very good results)。(罗马耶稣会档案,马爱德博士抄录、翻译并提供)

7月14日,夜,上海地区受强台风登陆影响,发生飓风灾害,徐汇公学"学生卧室塌毁,一学生压毙,一学生重伤,徐汇附近房屋塌毁者共有一千五百余座。黄浦江内船只沉溺者,得七百余艘,诚巨灾也"(《徐汇公学创立七

十周年纪念庆祝会志盛》,《圣教杂志》第9卷第12期,1920年)。

另据史式徽:"1864年7月13日至14日夜间,一股强台风把(徐汇公学)一所宿舍吹倒了,里面正睡着二十二名学生,结果从瓦砾堆中找到了一名死者;另一所宿舍同样也睡着二十二名学生,房屋虽然受了震动,幸而还能顶住。神父们看到儿童们幸免于难,实是一个真正的奇迹。"(史式徽著:《江南传教史(二)》,上海:上海译文出版社,1983年,第100页)马相伯刚刚升入初学院,离开徐汇公学,搬入耶稣会士宿舍。但是马相伯在公学担任教职,辅导学生。此后二年,马相伯与徐汇公学师生一起,参与校舍修复和整个徐家汇地区的重建。

7月19日,湘军曾国荃部队用地道战术攻克南京太平门,经过惨烈巷战,李秀成率领太平军余部突围逃窜。此前,3月31日,上海的中外联军和湘军攻克杭州,占据江南十数年的太平军终于被平定。动乱给江南社会造成巨大损失,按史式徽(J. de la Seviere)根据清朝官方资料统计,嘉庆十九年(1814)年江南行省所辖江苏、安徽人口分别是3 784万、3 417万;一百年后的1914年,人口恢复到2 398万、2 367万。《江南传教史》估算1851年太平天国起事时,江南行省总人口应该8 000万以上。经过五十年的休养生息,1864年恢复到5 000万。太平天国盘踞南京的十多年间,令江南"赤地千里",损失惨重。

7月,上海地区及周边的动乱安定之后,耶稣会会长鄂尔璧下令把本会在蔡家湾(今青浦徐泾镇)的孤儿院,搬迁到离徐家汇半华里的土山湾,土山湾孤儿院大楼("第一棟"房子,二层西式,1990年代拆除)在蒲汇塘沿河岸开工建造。(史式徽著:《江南传教史(二)》,上海:上海译文出版社,1983年,第84页)马相伯寓居土山湾期间,从这幢大楼出入。

《江南育婴堂记》:"同治二年(1863),鄂会长已看定徐家汇南半里许之土山湾,上海县属之廿八保六图地方,在肇家浜中段一转弯角嘴湾上,有二丈高,十余丈长之泥墩一座。此地俗名土山湾。堂中欲买此土山,地主起初坚不肯让,再三央人设法,始买到。此土山连西北良田十余亩,适欲择地以造育婴堂。会议决定就在此处,故于同治三年(1864)秋委陆乾坤,号掘民,所谓老陆相公经手,于土山之旁造大楼房一长栋,上下俱十九间,两头又加大半间,置两部大扶梯。此楼即今之土山湾南楼是也。"(《徐家汇藏书楼明清天主教文献(五)》,台北:辅仁大学神学院,1996年,第2493页)

11月22日,为纪念平定太平天国动乱,徐汇公学音乐教师兰廷玉(Francois Ravary,1823—1891)率领徐家汇乐队在法租界圣若瑟堂举行音乐会,为上海第一次西方音乐演出。会间,乐队演奏欧洲音乐作品《晨曲》,得到法国驻沪总领事葛笃(E. Gaudeaux,1833—?)的嘉奖。(兰廷玉书信,转见自高龙鞶:《江南传教史》,上海:天主教上海教区先启社,2008年)马相伯作为徐汇公学学生参加本次教堂活动。

本年,马相伯在耶稣会初学院的基础文学学习进入第三年,进入哲学、科学等专业学科学习阶段。当年学业课程为中国文学和拉丁文。"先生初学期满,研究中国文学及拉丁文学。"(张若谷编著:《马相伯先生年谱》,上海:商务印书馆,1939年,第88页)

1865年(同治四年,乙丑),二十六岁

本年,马相伯在耶稣会学校继续学习,专业导师为晁德莅,教授自然科学和哲学。"先生在耶稣会肄习哲学。"(张若谷编著:《马相伯先生年谱》,上海:商务印书馆,1939年,第95页)马相伯在这一时期打下了西方科学、哲学基础。

自1857年到1865年期间,晁德莅担任徐汇公学和耶稣会徐家汇住院的负责人,一直是马相伯的导师。按史式徽《江南传教史》统计,历年来担任这两个职位的是:1857—1858年:贝来德、晁德莅、利庸乐;1858—1859年:晁德莅、利庸乐;1859—1860年:晁德莅、利庸乐;1860—1861年:晁德莅、利庸乐;1861—1862年:晁德莅、兰廷玉、石可桢;1862—1863年:晁德莅、兰廷玉、石可桢;1863—1864年:晁德莅、兰廷玉、石可桢;1864—1865年:晁德莅、兰廷玉、石可桢。(史式徽著:《江南传教史(二)》,上海:上海译文出版社,1983年,第103页)

1866年(同治五年,丙寅),二十七岁

12月11日(十一月初五日),恭亲王奕䜣提议在京师同文馆之内开设天文算学馆,以适应洋务运动的需要。"制造机器,必须讲求天文算学,议于同文馆内添设一馆。"(《奏请京师同文馆添设天文算学馆疏》)

本年,马相伯继续在耶稣会学校学习,重点研习欧洲中世纪哲学。"先生仍在耶稣会肄习士林哲学。"(张若谷编著:《马相伯先生年谱》,上海:商务印书馆,1939年,第98页)

本年,从蔡家湾和江南各地孤儿院中幸存的孤儿们陆续集中到土山湾,人数达到342人。这些孤儿或因战乱,或因瘟疫失去父母,有的在出生时即被遗弃,被各地官员送到徐家汇。教会特扩展土山湾孤儿院,安顿婴童们。迁来土山湾的各处孤儿有的已是青少年,孤儿院将"133名分配在各个工场,80名搞农业,20名从事园艺。还有109名由于年龄太小,还不能参加体力劳动,就留在小学里读经"(史式徽著:《江南传教史(二)》,上海:上海译文出版社,1983年,第293页)。马相伯目睹孤儿院的建立、发展,晚年又回到土山湾,和新、老孤儿们生活在一起。

1867年(同治六年,丁卯),二十八岁

4月,经过一年的修造,土山湾孤儿院第二栋建筑(即马相伯晚年居住之三层楼房,今存),并"一座哥特式的华丽小堂,于1867年4月同时完工。当时土山湾收养342名孤儿,133名分配在各个工场,80名搞农业,20名从事园艺,还有109名由于年龄太小,还不能参加体力劳动,就留在小学里读书读经"。"孤儿们学习的主要手艺有木工、制鞋、成衣、雕刻、镀金、油漆、绘画、纺织以及农田耕作。此外,还有刻写印刷用的汉字、木版。"土山湾孤儿院开办初期342名孤儿的抚养费用,得自法国圣婴会总部1861年承诺的一笔23万法郎的赠款。这笔赠款是为了补贴江南教会在太平天国期间遭受的损失,开办土山湾孤儿院的经费则包括在一项8万法郎的"特别津贴"中。(史式徽著:《江南传教史(二)》,上海:上海译文出版社,1983年,第239页)

土山湾孤儿院开办之后,即有附设工艺院引进各项西洋艺术,在上海及中国都开了风气之先:"上海是现代东方第一个通商口岸,洋画的熏染自然要来的快些。上海最早尝洋画滋味的人,要算土山湾天主教所立的那个学校。他们设各种工厂专收贫苦的中国学生,其中就有绘画一科,完全教授西洋画法。他们早就出来的几个中国人,都束缚在描写玛利亚、耶稣一门的宗教画,并不讲什么学理。其中也有几个天资聪颖的,就依向来国画自由作风,画成优秀的绘画。这种绘画,便是当时的西洋画了。"(汪亚尘:《三十五年来之中国的艺术教育》,《最近三十五年之中国教育(上)》,上海:上海书店,1990年,第216页)汪亚尘对土山湾的画风有所了解,但对其中的欧洲艺术精粹以及中西融合、圣俗兼顾的笔触不太了解,惟推崇土山湾为开埠后最早发端的西洋艺术,则算公允。徐悲鸿:"土山湾乃中国西洋画之摇篮"。西洋绘画之外,土山湾工艺院还在上海首先引进和改制了众多工艺美术样式,如"石印"技术。"我国之有石印术,发轫于上海徐家汇土山湾印刷所,时在光绪二年,即西历1876年。前此在宁波之花华圣经书房顾尔达氏(Mr.

Coulter)亦曾拟办石印于中国,然未见诸事实。土山湾印刷所之首办石印者,为法人翁相公及华人邱子昂二人。"还有,"照相铜锌版"印刷工艺也是由土山湾首先试制成功。"1882年德人糜生白克氏(Meisenbach)创制照相纲目版,我国之有照相制版术,当推上海徐家汇土山湾印刷所为最先。光绪二十六年(即西历1900年),该所夏相公首先试制,未得结果。翌年,乃由蔡相公、范神父及安相公三人继起试制,始得成效,并传授华人顾掌全及许康德(进才)二人。"1906年,顾掌全将土山湾的照相制版术带到中国图书公司;1908年,许康德将之带到商务印书馆。(贺圣鼐:《三十五年来中国之印刷术》,庄俞、贺圣鼐编:《最近三十五年之中国教育(下)》,上海:商务印书馆,1930年,第184页)

9月7日,幼弟马建忠(1945—1900)加入耶稣会,和马相伯在徐家汇住院同住一室。

12月5日,法国耶稣会士费赖之到达上海,在徐家汇从事汉学与在华耶稣会历史研究。

费赖之(Louis PFISTER,字福民),1833年4月24日生于法国洛林地区的盖倍维拉(Gerbeviller),1852年加入耶稣会。1867年12月5日到达上海,曾在海门、崇明传教,稍后即回到徐家汇藏书楼,从事耶稣会在华历史的整理和研究。1891年5月17日在上海去世。主要著作《在华耶稣会士列传及书目》(冯承钧译,北京:中华书局,1995年),原文为法文,于1897年由土山湾印书馆出版石印本,1932年(上册)、1934年(下册)出版铅印本。1938年商务印书馆出版冯承钧摘译本《入华耶稣会士列传》。1997年天主教上海教区光启社出版梅乘骐、梅乘骏译《明清间在华耶稣会士列传》。此据 Olivier LARDINOIS S. J. 等编《耶稣会士在华名录 1842—1955》(台北:利氏学社,2018年)

本年,马相伯结束大修院学习,直接升入神学院,开始"在耶稣会肄业神学"。按耶稣会会规,"青年会士们读完了哲学之后,惯常要停学二三年,派他们到本会院去试试他们的传教本领。这一步做完后,这班青年会士们便该继续肄业,开始攻读神学。这是他们最后的,也是最重要的学科,要读满四年才能卒业"(张若谷编著:《马相伯先生年谱》,上海:商务印书馆,1939年,第103页)。

本年,马相伯毕业后,升入神学院之前,因法文、拉丁文和中文水平出众,曾接到上海法租界公董局的邀请为总董秘书。马相伯考虑后拒绝,"我学法语,非为法国用,是为中国用"(李天纲:《信仰与传统》,朱维铮主编:

《马相伯集》,上海:复旦大学出版社,1996年,第1245页)。

本年,徐家汇开始刻印图书,并计划从欧洲引进印刷机械。此为土山湾印书馆建立之始。

本年,天主教拯亡会(圣母会)到达上海,在徐家汇筹建会院,地点在与耶稣会会院一河之隔的肇家浜、漕河的东岸。(《江南育婴堂记》)拯亡会修女与上海本地籍的圣母献堂会贞女合作,故徐家汇修院又被称为"圣母院"。

本年,徐家汇土山湾孤儿院工艺院设立印书馆,该馆先以雕板刻书为主,后即引进铅活字、石印、胶印等欧洲技术,为国内最早新式印书馆之一。该馆印书以"慈母堂"等名发行,为天主教会报章、杂志、书籍出版中心。

1868年(同治七年,戊辰),二十九岁

10月30日,马相伯外甥朱开敏出生。

朱开敏(1868—1960),一名希孟,字铭德,号季球,洗名西满。原籍青浦,生于上海。1882年入初学院学习,晁德蒞为神师;1888年入耶稣会,曾在徐汇公学任教;1898年修道完成,晋铎后到江阴后滕堂区传教达19年之久。(《中国通讯》,1926年10月号)1926年升为海门(包括海门、南通、崇明)代牧区主教,在罗马圣伯多禄教堂大殿蒙教宗庇护第十一祝圣,为首批六位华人主教之一。荣任海门教区主教后,即在上海家族、教区和社会各界筹款,用以修建下沙德勒撒大教堂、南通狼山圣母大堂,建造男女修院,并创设中学、养老院、孤儿院等机构,令教区气象焕然一新。1939年,马相伯去世后,朱开敏主教回沪主持追思弥撒,成为上海朱氏、马氏家族继马相伯之后的精神领袖。1948年7月4日,上海天主教为庆祝朱开敏主教八十诞辰,在徐家汇大堂举行盛大庆典。上海教区惠济良主教、耶稣会格寿平会长及教内外教众亲友五千人出席。(《益世报》,1948年7月5日;《圣心报》,1948年,第62卷,第8期)1949年初,朱开敏从本教区回上海寓居,一直为南通人民怀念,遂于1955年恢复原职。1958年被划为"右派",1960年在海门主教任上去世,在职三十四年。

本年,韩伯禄在南京创办自然历史博物院,于1872年迁到上海徐家汇,成为"江南科学计划"的一部分。马相伯曾于1870年到南京韩伯禄处培训,准备加入江南计划。

本年,马相伯在耶稣会神学院的专业学习进入第二年。"先生肄习神学第二年。"(张若谷编著:《马相伯先生年谱》,上海:商务印书馆,1939年,第104页)马相伯神学的理解是:"神学是我们宗教徒最高的学问,神学的对象为第一原理,为造物主,其最终解答为不可知,所谓'道可道,非常道;名可名,非常名',所谓'玄之又玄,众妙之门'。"(《一日一谈·获得神学博士学位以后》,朱维铮主编:《马相伯集》,上海:复旦大学出版社,1996年,第

1085页)对"哲学"的这种理解,显然属于耶稣会托马斯·阿奎那哲学的悠久传统,却又和先秦老子、庄子思想会通融合。

本年,江南教区(江苏、安徽)的神职人员数比十年前有所增加,欧洲籍司铎达到42人,华籍司铎达到14人。(史式徽著:《江南传教史(二)》,上海:上海译文出版社,1983年,第124页)

1869年（同治八年，己巳），三十岁

2月1日，位于徐家汇的天主教拯亡会圣母院将分散在王家堂、张家楼的女婴儿、女孤儿集中到本院即将落成的院址内，正式成立"徐家汇圣母院育婴堂"（顾裕禄编：《上海天主教史料选》，上海：天主教上海教区光启社，2012年）拯亡会育婴堂在徐家汇漕河东侧，与耶稣会会院隔岸相对。先此，拯亡会收留的男性孤儿已在1867年被选送到耶稣会主办的土山湾孤儿院（即马相伯晚年居住的地方）育养，拯亡会育婴堂专门收养被遗弃和寄养的女婴、女童。

本年，耶稣会和法国政府合作，拟在徐家汇实行一项混合教育的计划，即举办一个翻译培训项目，让中国籍青年和法国及欧洲籍学生共同居住，以便培养像利玛窦那样的老耶稣会士会通人才。"从1869年到1873年，人们又想按爱棠和葛罗的计划，在徐家汇办一所翻译学校，让中国青年学习法文和法国文学，法国青年则学习汉语。教区乐于支持这个计划，你参照巴黎圣热那维埃夫学校的章程与校规。"（史式徽著：《江南传教史（二）》，上海：上海译文出版社，1983年，第290页）这个计划议论很久，这次得以执行，马相伯、马建忠兄弟曾被纳入这个计划。

本年，马相伯在耶稣会神学院的神学专业学习进入第三年，"先生在耶稣会肄习神学第三年"（张若谷编著：《马相伯先生年谱》，上海：商务印书馆，1939年，第108页）。

本年，耶稣会在上海徐家汇土山湾设立印书馆。

本年，天主教隐修会圣衣会（Carmelo，加尔默罗会）到达上海，1874年在土山湾对岸建立自己的隐修院。该修院1950年代后被上海电影制片厂使用，今为上海电影博物馆。修院与马相伯晚年居所仅一河之隔，且有一座"慈云桥"相通。

1870年(同治九年,庚午),三十一岁

5月8日,马相伯通过了传统的耶稣会士"ad gradum"考试。(据罗马耶稣会档案馆徐汇公学学籍档案)

6月21日,天津发生严重教案,法国驻天津总领事丰大业(Henry Fontanier, 1830—1870)因弹压民众"火烧望海楼"和攻击天主教堂,被暴乱民众殴毙,外籍人士共死亡二十多人。教案发生后,法、英、美、俄、普等国公使表示抗议,曾国藩受命处理危机,处死中国为首肇祸者16人。"天津教案"处理结果引起国内舆论反对,称为"卖国",令曾国藩非常内疚,即自陈"外忏清议,内疚神明",从此称病不出,不久后去世。

6月,马相伯毕业后,随即担任徐汇公学学生督导工作,至1874年结束。《一日一谈·获得神学博士学位以后》:"余正式在学校读书的生涯,至获得神学的学位便算告终。毕业而后,我们教会里就教余在徐汇中学任校长,并兼任教务。余当时的研究有三方面:一,神学;二,哲学;三,数理。"(朱维铮主编:《马相伯集》,上海:复旦大学出版社,1996年,第1085页)马相伯在圣依纳爵公学的工作并非后来的"校长"职位,而是学生督导(Prefect of Students),替学生做告解,解决生活、学习问题,也在他们中间和校外的教区内做善牧工作。

本年,马相伯开始参与和指导,并带领圣依纳爵公学的学生到上海县城,或返回各原籍县份,参加科举考试,争取生员名额,颇多斩获。"学生每逢考试(科举与童子试),应试者颇多,余必亲自送考。说来也很奇怪,这些学生虽已入学堂,而应旧时考试者反多能获选。故余虽为教徒,而对于学生的中国经史子集之文的讲习,颇知注意。"(《一日一谈·获得神学博士学位以后》,朱维铮主编:《马相伯集》,上海:复旦大学出版社,1996年,第1085页)

本年,耶稣会江南教区筹建之"江南科学计划"启动实施。该计划旨在以上海徐家汇为基地,建设天文、气象、生物、数学、历史、汉学等一系列研究项目,以迎合上海地区正如火如荼开展起来的洋务活动需要,推进"西学"的输入。该计划并非只是翻译、介绍,还布置了多种原创性的科学研究,如华

中地区生物研究、东亚天文学、气象学观察和预报等,都是世界科学界的探索性项目。在徐家汇住院担任科学计划的负责人,历年为:1871—1872:韩伯禄;1872—1873:韩伯禄、高龙鞶;1873—1874:韩伯禄、刘德耀;1874—1875:韩伯禄、能恩斯;1875—1876:韩伯禄、能恩斯、刘德耀;1876—1877:韩伯禄、能恩斯、刘德耀;1877—1878:韩伯禄、能恩斯、刘德耀;1878—1879:韩伯禄、能恩斯、庄其仪。(史式徽著:《江南传教史(二)》,上海:上海译文出版社,1983年,第299页)

"江南科学计划"负责人的生平简历,如下:

韩伯禄(Pierre Heude,1833—1902),1833年6月25日生于法国福集(Fougeres),1856年11月4日加入耶稣会。1868年1月9日到上海,从事生物学研究,在长江流域收集动物标本,创建博物院。1902年1月3日在徐家汇去世。

高龙鞶(Augustin Colombel,1833—1905),1833年8月1日生于法国巴黎,1851年加入耶稣会。1869年来华,1872年至1873年担任徐家汇天文台主任,1905年6月27日在上海去世。

刘德耀(Henri LE LEC,1832—1882),1832年6月1日生于法国圣卡拉迪克(St. Caradec),1853年加入耶稣会。1865年9月2日来华,在徐家汇从事气象学研究工作,为徐家汇气象事业的奠基人。1882年10月16日在芜湖去世。

能恩斯(Marc DECHEVRENS,又名能思其,1845—1923),1845年7月26日生于瑞士切那堡(Chene-Bourg),1862年11月14日加入耶稣会。1873年11月29日来上海,1880年2月2日继韩伯禄之后,担任徐家汇天文台第二任主任。1887年10月13日回到耶稣会法国巴黎省,1923年12月6日在英国泽西圣何丽尔(St. Helier)去世。

庄其仪(Charles Rathouis,1834—1890),1834年8月11日生于法国南特,1865年9月1日加入耶稣会。1977年12月3日来上海,1890年6月8日在上海去世。以上各位耶稣会士简历,均据Olivier Lardinois S. J. 等编《耶稣会士在华名录1842—1955》(台北:利氏学社,2018年)

本年,马相伯完成在耶稣会的徐家汇神学院专业学习,获得神学博士学位,"先生得神学博士学位,并祝圣为司铎"。"与先生同授司铎者,有同学沈容斋、沈礼门、李问渔等。"(张若谷编著:《马相伯先生年谱》,上海:商务印书馆,1939年,第109、110页)方豪认为1870年耶稣会在上海的神学院并没有资格授予博士学位,"按博士之说非是,当时徐家汇神学院并不授博士学位"(方豪:《马相伯先生年谱新编》,李东华编:《方豪晚年论文辑》,台北:辅仁大学出版社,2010年,第179页)。然而,马相伯在《一日一谈》中明确说明他毕业时获得了"神学博士学位",然后出任徐汇公学教务。耶稣会在上海设立的神学院,通过和巴黎省挂钩,可以授予博士学位。

本年,马相伯被任命从事"江南科学计划",派到南京圣玛利住院学习科学。当时的长上是兰廷玉。韩伯禄也在南京从事科学和传教,创办了一个博物院。另据钱智修《马相伯先生百岁年谱》:"是年,先生始宣教于安徽宁国府,旋调任江苏之徐州府。时乱离之后,闾巷困穷,流亡载道。先生请于其父,出家财数百金赒恤。民感其惠,事闻于教会,以违例禁,勿许。"(《复旦同学会会刊》第8卷,1939年第2期)

本年,仍在徐汇公学肄业的马建忠受大哥建勋的引荐,参与李鸿章在上海的洋务活动,涉及枪炮、运输、地产、货物零售等业务。马建忠在西学上的才干,为在沪江苏人圈子中仅见,受到李鸿章等大员的青睐。

1871年(同治十年,辛未),三十二岁

2月,上海教区筹集资金,用教友奉献和募捐,动工兴建佘山山顶教堂。教堂按希腊式多利安柱风格,以"十"字形布局建造。位置在1863年建造的六角亭式教堂前端。从半山腰处设立了"之"字形苦路,安置14座耶稣受难塑像,称"苦路像",通向教堂,为信徒朝圣之用。教堂历时两年建造,于1873年完工。

10月,法国于布内男爵(M. LeBaron de Hubnei, 1811—1892)来上海访问,参观徐汇公学。四位华人学生组成的乐团,由国籍司铎指挥,成功演奏了海顿的乐曲。"在一位中国神父的指挥下,四个学生演奏了海顿的交响乐。这位可敬的指挥者,鼻子上架着一副大眼镜,手执一支小小指挥棒,他指挥着,激励着,他的指挥控制着一切。这些青年演奏则双目盯着乐谱,满头大汗,终于较好地奏出这位音乐大师最美妙的一首交响乐。海顿的名曲在中国,而且竟由中国人演奏了。"(史式徽著:《江南传教史(二)》,上海:上海译文出版社,1983年,第291页)

10月10日,马相伯从神学院毕业后,转入为期两年的间修期,至1872年8月15日结束。间修期间的导师是高若天(Auguste Foucault)。高若天后升任上海耶稣会会督,和马相伯关系不谐。

11月中旬,两江总督曾国藩应天主教上海教区主教郎怀仁的邀请,访问董家渡主教府。"教友们在堂场上搭起了彩牌楼,挂起了彩绸和欢迎标语。曾国藩仔细地参观了住院、修院和大教堂,并请人给他讲解了祭坛、圣像和雕像的意义。当他参观教堂时,唱经楼上的竹制管风琴为之伴奏乐曲。"(史式徽著:《江南传教史(二)》,上海:上海译文出版社,1983年,第277页)

本年,马相伯受耶稣会长上的指派,担任徐汇公学和修院的负责人。据史式徽"徐家汇的传教士名单"(1870—1871),陈显文、马相伯负责"公学与修院"(史式徽著:《江南传教史(二)》,上海:上海译文出版社,1983年,第29页)。张若谷编著《马相伯先生年谱》记载:"先生调任上海徐汇公学校长,兼任教务。"(上海:商务印书馆,1939年,第113页);按《一日一谈·获

得神学博士学位以后》回忆,马相伯"毕业而后,我们教会里就教余在徐汇中学任校长并兼任教务。余当时的研究有三方面:一,神学;二,哲学;三,数理"(朱维铮主编:《马相伯集》,上海:复旦大学出版社,1996年,第1085页)。

张若谷《马相伯先生年谱》、方豪《马相伯先生年谱新编》都将马相伯担任徐汇公学教务长的年份定在1872年。史式徽则将马相伯担任"公学与修院"教职的年份定为1871年(史式徽著:《江南传教史(二)》,上海:上海译文出版社,1983年,第298页)。马相伯从神学院毕业晋铎,在耶稣会的第一份工作是分管教育,负责徐汇公学和徐家汇修院的教务工作。也就是说,马相伯专职从事科学工作之前先从事教育工作。按有些说法,马相伯担任了徐汇公学的"校长"。其实,校长仍是晁德蒞,马相伯担任的应该是雷克托(Rector)助理,负责课程管理。1871年的时候,耶稣会的"江南科学计划"还没有公布,也没有派员实施,马相伯留校任事。

1872年(同治十一年,壬申),三十三岁

3月12日,两江总督、大学士曾国藩(1811—1872,湖南湘乡人)因中风在南京去世,年六十二。清朝追赠太傅,谥号文正,子纪泽承袭侯爵。马氏兄弟建勋、建常(相伯)、建忠追随李鸿章,与曾国藩未获深交,而与其子纪泽(劼刚)有不少交往。

4月,李鸿章办事幕僚盛宣怀拟《上李傅相轮船章程》,提议朝廷准予开办轮船招商局,称"火轮直入中国以来,天下商民称便,以是知火轮为中国必不能废之物,与其听中国之利权全让外人,不如藩篱自固……"(上海图书馆藏《盛档》,转见自夏东元编著:《盛宣怀年谱长编(上)》,上海:上海交通大学出版社,2004年,第13页)筹建轮船招商局。

8月,耶稣会在徐家汇会议决定建立"江南科学委员会",在天主教江南教区展开科学、文化、教育计划。整个计划包括四部分:一,高龙鞶负责筹建天文台、气象台,编辑出版一本气象科学的杂志,与巴黎法国国家天文台交流;二,韩伯禄负责筹建博物馆,负责收集资料、标本,从事自然科学方面的研究;三,费赖之负责从事中国人文、历史、地理等汉学研究,以及从事江南教区、中国天主教历史的文献、资料的整理研究工作;四,出版一本介绍科学、帮助传教的中文杂志。

按"江南科学计划"的规划,会长内定马相伯、马建忠兄弟两人分工负责筹办一份中文科学杂志,即后来由李问渔主编的《益闻录》(1878)。按《江南传教史》记载:"两位耶稣会读书修士马氏两兄弟,马若瑟、马玛弟预备将来负责管理这个部门。可惜他俩没有恒心,终于还俗出了修会,后又进入政界,并担任了重要职务。"(史式徽著:《江南传教史(二)》,上海:上海译文出版社,1983年,第207页)

8月12日,清政府总理衙门派出首批幼童出国留学,第一批留美学生由陈兰彬、容闳带领,本日从上海出发。

本年,马相伯受耶稣会指派,继续担任徐汇公学和修院的负责人。在史式徽《江南传教史(二)》"徐家汇的传教士名单"(1872—1873)中,沈则恭、

马相伯负责"公学与修院"(上海:上海译文出版社,1983年,第298页)。

张若谷编著《马相伯先生年谱》:1871年,"先生奉耶稣会长命,至南京传道,旋专心研究科学"(上海:商务印书馆,1939年,第112页)。1871年下半年,马相伯刚刚从神学院毕业,分配给他的工作是负责徐汇公学教学管理。按史式徽《江南传教史》,耶稣会的"江南科学计划"是在1872年公布的。马相伯并没有正式调动到"江南科学计划"的班子中去,他到南京学习是本年(1872)的事情,应该是神学院毕业后按例的传教实习活动,但马相伯将之当作研究科学的读书机会。

1873 年(同治十二年,癸酉),三十四岁

1月14日,轮船招商公局(China Merchants Steamship Navigation Company)在上海宣告设立。招商局总局局址初设于上海洋泾浜南法租界辣厄尔路(Rue La Guerre,后改永安街,即今永安路),天津、牛庄、烟台、汉口、福州、广州、香港设立分局。该局初以"官督商办",李鸿章任命宝山籍大沙船主朱其昂(云甫,? —1878)主持,其弟其诏(翼甫)辅佐。按《招商局条规》,为扶持该局,清廷把江南漕粮运输的生意交之承办,确保与怡和、太古、旗昌等轮船公司竞争优势。总局用招股方式募集商股,设立商董,购买和建造新式汽船,成为最早的华商洋务企业。(朱其昂生平参见《清史稿·列传》卷二三九)

  轮船招商局是李鸿章代表清政府发起,以江浙财力支撑,且遵行国际公司经营原则的新式企业。陈乐素《相老人八十年之经过谈》记录马相伯回忆该局建立之初的情景,以及他们兄弟二人在"旗昌洋行事件"中遭遇的委屈,堪称是早期招商局简史:"说起招商局最初,记不清楚年代了,沪上朱氏弟兄三人,他们有三艘船,那些船叫方舱、网舱,原本是飘洋的渔船,有五六道蓬。那时李鸿章鼓吹商人办航业,于是特给朱氏弟兄的船运粮米的权。后来生意渐渐好,便扩充设作股份公司招股,租些火轮船用,再赚。于是第一次买了高升等几只船,专走长江,高升还不过八百吨的重量。后来得了政府的协助,便更兴旺起来。于是又把美国其昌洋行的六七艘统统买了。从此招商局便有了官商合办性质。招商局兴旺了,好些地方都有分局。后来我弟弟老三(即马建忠)做总办,刚遇到安南之役。法国兵舰封锁了长江口,招商局的船便走不通,因此和其昌洋行商量,挂了美国旗才好走。但因此谣言便起,说老三把招商局卖给了其昌。而当老三接办招商局之初,外表虽说兴盛,而内部很坏,亏空了不少。为此,当时政府便着我到广东的招商分局查账去。"(氏著:《求是集》附录,广州:广东人民出版社,1986年)

  在上海北门外经商的马氏家族及其三兄弟,见证和参与了轮船招商局的筹建过程。1872年,李鸿章创办轮船招商局,马建忠和盛宣怀

一起游说航运巨擘朱其昂放弃沙船，投资汽轮船运输业。马氏兄弟把《字林西报》(*North China Daily News*)上刊登的新式轮船照片与老式沙船比较，说服了朱其昂创建招商局。

2月，马相伯带领徐汇公学学生参加上海县学考试，俗称童子试，拔取秀才。张若谷编著《马相伯先生年谱》："先生仍任徐汇公学校长，率同学生应童子试。"（上海：商务印书馆，1939年，第114页）徐汇公学早期办学成绩以生员录取率为导向，不少学生考取秀才，不亚于上海的著名书院和书塾。

5月24日，江南宗座代牧区代牧主教郎怀仁(Adrien Languillat, 1808—1878)主持佘山山顶新教堂落成开堂大礼，上山朝圣的教友达万余人。该教堂为希腊拜占庭廊柱式，壮丽辉煌，至1935年为更大规模的新哥特式的主教大堂建筑代替。

7月，李鸿章委派上海粤籍买办唐廷枢（景星）为轮船招商局总办，朱其昂为会办，主要生意仍为海道漕运。唐廷枢拟定《轮船招商章程》，内称："作为商总，以专责成。再将股份较大之人公举入局，作商董，协同办理。"（夏东元编著：《盛宣怀年谱长编（上）》，上海：上海交通大学出版社，2004年，第21页）

本年，马相伯继续担任徐汇公学和修院教学管理的负责人。在"徐家汇的传教士名单"(1873—1874)中，马相伯负责"公学与修院"。（史式徽著：《江南传教史（二）》，上海：上海译文出版社，1983年，第298页）

本年，耶稣会落实"江南科学计划"，在徐家汇地区筹建天文台。耶稣会士放弃了在北京、南京与清政府合作，继续从事利玛窦以来的天文事业的想法，决定在上海附近的徐家汇独立建造现代天文台，高镐鼎(de Colombel)为筹办负责人。天文台址设在肇家浜南侧，原来只是一间中式平房，后来逐渐扩建为西式楼房，成为上海、中国和远东最重要的天文、气象、地磁观察和研究机构。"明末时，耶稣会教士在南京北极阁建有观象台，至今犹存其旧址也。现在之天文台，创自前清同治十二年，法国高镐鼎司铎为第一发起人，旧址本在肇家浜滨岸，初为平房。光绪六年增高一层，二十三年爰谋扩充。二十五年遂于徐文定墓之东隅，始另建新台舍，二十七年告成，遂迁入焉。"（《徐汇纪略》，转见自张若谷编著：《马相伯先生年谱》，上海：商务印书馆，1939年，第116页）

1874年(同治十三年,甲戌),三十五岁

7月23日(六月初十日),马相伯在徐家汇,开始参与淮军在上海举行的洋务活动。本日,为李鸿章拟《派队航海防台折》。先此,本年2月,日本政府以台湾为"番地",组织了三千人的"探险队",从琅峤(今恒春半岛)登陆,与原著民激战,酿成血案。马相伯建议淮军将领刘铭传派舰前往,驱赶日兵。《派队航海防台折》建议:"著由北洋大臣调拨洋枪队三千人,南洋大臣调拨二千人,均乘坐轮船赴台,该郡现有兵勇不甚得力,李鸿章、李宗义务当迅速调派,令其克日启程前往。"(《李鸿章全集·奏稿》,长春:时代文艺出版社,1998年,第1042页)。清廷没有果断出兵,只以赔款了事。据马相伯晚年回忆,该折是由他代为拟定,并回忆中引为"三大恨事"之一。"第二件恨事,就是同治十三年日本夺台湾,中国不敢打。吾几次条陈,刘省三不敢做。那是我们有四十条商船可用和台湾通商,有二十条战船以资保护。日本的力量不及我们,而我们还是不敢。"(《六十年来之上海》,朱维铮主编:《马相伯集》,上海:复旦大学出版社,1996年,第544页)

9月,马建忠脱离耶稣会,正式加入李鸿章幕府。按金鲁贤、沈保义等教会人士告知,马相伯、马建忠兄弟后先脱离耶稣会,离开徐家汇,是听从了二哥马建勋建议。马氏兄弟早就随大哥建勋参与了会外的洋务活动,脱离该会是一个自然而然的过程。

马氏兄弟在徐家汇接受了西学教育,投入清朝外交后是罕见的洋务人才。1894年(甲午)冬,马建忠有《拟设翻译书院议》,自述经历,"余生也晚,外患方兴,内讧洊至,东南沦陷,考试无由,于汉文之外,乃肆意于辣丁文字,上及希腊,并英、法语言。盖辣丁乃欧洲语言文字之祖,不知辣丁文字,犹汉文之昧于小学,而字未能尽通。故英、法通儒,日课辣丁古文词,转译为本国之文者此也。少长,又复旁涉万国史事、舆图、政教、历算、度数,与夫水、光、声、电,以及昆虫、草木、金石之学,如是者五、六年,进读彼所谓性理、格致之书。又一、二年,而后于彼国一切书籍,庶几贯穿融派,怡然理顺,涣然冰释,遂与汉文无异。"(王梦

珂校注:《马建忠集》,北京:中华书局,2013年,第93页)

马相伯说是法国修士占据了他们两兄弟的朝南房间,引起不快,是他们离开徐家汇的原因之一。"马相伯、眉叔兄弟原住朝南的两间。某年,有外国修士来华,会长命马氏兄弟让出,迁往朝北房间。眉叔其时也是四品修士,因愤于中外修士待遇不平,便毅然推出。"(方豪:《马相伯先生生平及其思想》,《传记文学》六卷八期)方豪于1948年在徐家汇听徐宗泽讲述此事。安排欧、华籍修士、司铎混合居住,是徐家汇住院的独创,目的是加强中西交流,培养会通人才。巴黎外方传教会奥布里在1876年评价说:"耶稣会神父有一种其他传教士所没有的窍门,他们在中国的神学院里,总有几个法国人和中国人混在一起。这就加强了神职人员们的圣教会的公教精神,而且又用欧洲人的干劲影响中国人,这是多么巧妙的理想。""徐家汇神学院只接受巴黎省派来的外籍神学修士,江南的中国籍神学院修士往往就同他们合并起来,同学习、同生活。"(史式徽著:《江南传教史(二)》,上海:上海译文出版社,1987年,第217页)马建忠与耶稣会关系决裂后,马相伯顿觉孤单,情绪低落。高若天一度将他送离上海,由在苏州的恩师晁德莅劝导和看顾。

本年,马相伯受耶稣会指派,继续担任徐汇公学和修院的负责人。张若谷编著《马相伯先生年谱》:"先生任徐汇公学校长,兼任耶稣会编撰,译著《数理大全》。"(上海:商务印书馆,1939年,第115页)近几年内,马相伯在担任教育职务的同时,也按照"江南科学计划"的规划,参与从事数学、天文学等研究。但是,在史式徽《江南传教史(二)》"徐家汇的传教士名单"(1874—1875)中,马相伯、倪栖海两人负责"公学与修院",具体职务仍然是担任耶稣会初学院(修院)院长,兼任徐汇公学教务长。(上海:上海译文出版社,1987年)因此,马相伯主职教学之外,还兼任科学研究工作。马相伯继续担任徐汇公学经学课程的老师,负责指导学生参与清朝科举考试。这一阶段的"经学"研读,使得马相伯对于儒家学术有了跨文化的了解和掌握。

1880年代之前,徐汇公学的学生参加清朝的科举考试,即参加上海县的生员名额考试,再考江南乡试,直至全国会试。公学试子在科场多有成功,自1871年起,马相伯担任徐汇公学教务长,直接负责这一项工作。"学生每逢考试(科举与童子试),应试者颇多,余必亲自送考。说来也很奇怪,这些学生虽已入学堂,而应旧时考试者,反多能获选。故余虽为教徒,而对于学生的中国经史子集之文的讲习,颇知注意。"(《一日一谈·获得神学博士学位以后》,《马相伯集》,上海:复旦大学出版社，1996年，第1085页）马相伯执行耶稣会既定办学策略，结合"书院"教学方式，在徐汇公学内实行中西学并重的做法。公学学生必须既懂得法国式样的"西学"，也掌握中国传统的"经学"，以便参与科举考试，成为徐光启这样的儒家士大夫，帮助当地教会。按《徐汇纪略》描述徐汇公学教学方式："学生当时所读之书，新生则专读中文。其来校久，程度较优者，则兼读法文、歌经、图书、音乐等。学生除每日读书外，而书法一事尤为重要。所读之书为四书五经，年略长者，学为八股。每年宗师来申莅考者，学生程度较优者请假归，衣华衣，手执一篮，满储食物、纸笔，赴场考试。其入泮者，亲友皆踵门贺。乡试大典，三年于南京举行一次。"（转见自张若谷：《马相伯先生年谱》，上海：商务印书馆，1939年，第114页）徐汇公学学生参加科举考试的成绩相当不错，由公学生而考取秀才、举人的比比皆是。按《徐汇公学旧学生同学录》列举，清代时期，徐汇公学学生考取生员（秀才）的共有82人，他们是："周曰庠、方正容、张介、蒋超凡、游德方、吴应雯、陶祖诒、陈锦鱼、张志瀛、唐际虞、马宗文、陈诒谋、汤公彦、金德元、刘希文、张学余、张学仲、张学徵、张学诗、杨夜锦、李燮才、邱俊才、唐廷煜、蒋伯明、陈士照、庄尔梅、周凤、李浩、施禧元、贺景章、吴涤源、王建忠、沈得清、朱开第、朱开甲、陆凤栖、梅诵尧、黄士超、陆春芳、黄锡范、汪有容、张鸣凤、顾光裕、彭汉英、刘廷祯、顾其行、薛荣文、黄士璋、诸元、诸恢增、邱明、赵学诗、陈一桂、吴竣峰、钟嘉禄、张葆辰、张辛、张戍、雷准同、雷时咸、夏鼎彝、唐家鳞、蒋赠梅、王宗仁、王国瑜、王国瑾、艾棣青、艾棠青、陶镔、梁邦达、宋人杰、陆庆良、金焕章、瞿衡、陆坚、陈惟善、吴有成、唐书绅、沈龙章、庄以莅、蒋继凡、陆鸿逵。"（转见自张若谷编著：《马相伯先生年谱》，上海：商务印书馆，1939年，第114页）

"中国礼仪之争"之后，天主教与儒教关系紧张，各地禁教事件屡有发生，朝廷、官员和士绅有排斥天主教徒的社会参与。但是，教徒子弟参加科举考试的情况在江南地区还或明或暗地存在。读书童子参加科举考试，既是明末耶稣会"合儒"路线的主张，也是江南学风宽容的体现。马相伯兄弟就曾以丹徒籍贯，参加家乡的科举考试。儒家人士时常举报和非议，不允许天主教徒参与考试。1885年，江苏学政黄体芳（1832—1899，浙江瑞安人）曾有奏折，要求朝廷"注销教民籍贯不准考试"，更称："自各国通商以来，华民之愿习天主教者为条约所准行，至举贡生童之是否亦准习教，条约并无明文。近闻中卷之子，阳儒阴盗者颇不乏人。彼既自绝于圣门，岂容更列于士类？如谓过分畛域，恐碍洋情,殊不知政有权衡,宜教无迁就。"黄体芳与马建忠、马相伯的外交政见不同,显然是针对马氏兄弟所出的天主教会。然而,这次总理衙门的批复却没有迁就黄体芳,而是公开允许教友加入科举考试。光绪十一年十一月初十日,奕劻(1838—1917,满洲镶蓝旗人)批复:"西教之入中华由来已久,现在条约所载,只论华人之习彼教者是否循规蹈矩,并无愚民士子之分。今若忽以举贡生童严定条例,姑无论与条约显有未符,即士类偶入彼教,辄遭摒绝,是适以坚其迷途之误,无望悔悟之机。与其摒之门墙,任为蟊贼,何如勤施化导,返之善良。该学政所请注销教民籍贯之处,应毋庸议。至准考试与不准考试,当以其人安分与不安分为断。"(《庆亲王奕劻等奏复不应因士子习教而不准应试等情片》,《清末教案(二)》)黄体芳的上奏和奕劻的批复,表明天主教徒参加科举考试的情况在江南一直存在,并没有因"中国礼仪之争"完全断绝。

马相伯在徐汇公学求学和教学期间,曾经在儒家经学上下过苦功夫。二十岁左右的时候,耶稣会委派给马相伯的学术研究方向仍然是"中学"。马相伯在本年接受了研修天文学的任命之后,中断了经学研究,专门研习西方现代科学。此后,马相伯对程朱、乾嘉传统的经学研究方法作出反省,认为其烦琐的经义之学无益于思想进步,反而容易造成思想束缚。他在晚年提到这段经历时说:"中国的经学真正害死人!我从小的时候,有一位经学家时时为我讲解经书,常常为了一个字,引经据典讲了两个钟头。他把从前名家对于这一个字解释一句一句地背将出来,甚至连这些经学家的名字都说得一点不错。确实对于我一点不发生好影响。他两个钟头口讲指画地累得要死,我却不耐烦地告诉他:即使先生所背的这些经解都不错,究于我有什么益处呢?后来,大约我到了二十岁的时候,又曾经想在经学上用一番工夫,但我翻了一翻经学的注解,为了《诗经》上的'采采卷耳'四个字,足足地写了三本书,他们这些注疏都是在书本上兜圈子,在字眼儿上打滚,不看还可以,看了反把人弄得头昏眼花。所以我毅然决然地把研究经学注疏的念头断了。中国人受了经学的毒是很深的,因为经学完全是空虚的形式,大家中了空虚形式的毒,其流之极,便有两个毛病:一个时冬烘脑袋,一个是欺饰心理。"(《一日一谈·经学与"月亮"》,朱维铮主编:《马相伯集》,上海:复旦大学出版社,1996年,第1125页)

马相伯曾系统学习数学、天文学,理解科学(Science)、哲学(Philosophy)和神学(Theology)等"形上学"(Metaphysics),认为孔子、孟子、荀子思想中缺乏古希腊亚里士多德哲学那样的"逻各斯"。晚年马相伯认为孔、荀、孟有一些逻辑思想,但不如亚里士多德哲学那样系统,他在与人答问中说:"记者:孔丘本人所教人的思想,很少有逻辑的精神,但孟子、荀子确已经包含了很好的方法论精神? 老人:诚然,孟子已表现他比孔子的思想富于逻辑,荀子比孟子更有条理。因为孟子处在战国'处士横议'时代,而各国的辩士皆以谈说驰骋当世,孔子之徒,也不得不讲求辩论的方法,因事就不得不有逻辑思想的萌芽。荀子的《正名篇》有许多话已经提示出逻辑的大本源,然而他们却都没有力量给我们写出一部像亚里士多德的 Orgawon 那样有系统的方法论。"马相伯采用超越性作标准,认为诸子百家中的老子、庄子和墨子的出世学说比孔子要高明:"记者:孔子的哲学思想在当时已大受各家批评,庄子一派的人骂他迂拘,所以无趾告诉老聃说:'孔子之于至人,其未邪? 彼何宾宾以学子为? 彼且蕲以叔诡幻怪之名闻,不知至人之以是为己桎梏邪?'墨家则骂他不知名理,老先生以为何若? 老人:庄子一派完全是一种消极然而他们的思想却有一部分超出孔子学说之上。孔子眼中的圣人,在他们看来简直是自啬聪明,所以无趾说:'天刑之,安可解?'就是说,孔子这种拘拘为仁,孑孑为义的酸气,乃是受天之罚,愈不可救药。至于墨家反对孔子,却是从积极的人生观出发。孔子虽然镇日价要'正名定分',但他所谓'名'与'分',都只是替少数治人者设下愚民欺众的弥天大谎,禁不得人家从实处追问。所以墨子对于孔子答叶公子高之问,批评他不知道怎样为政(即不知'所以为之若之何也'),并且笑话他对于问题不能追求所以然的原因。所以《公孟》篇说他对于'何故为实'与'何故为乐'的问题,答得不知所以。至于墨家为社会一般平民奋斗的精神,更非孔子所及。就逻辑思想说,墨子实胜孔子远甚。"总之,马相伯对于孔子及其思想的评价不高,认为历代"尊孔"造成了愚昧,对于中国生活和文化的影响是负面的:"记者:孔子学说对于中国两千年来的人心世道影响如何? 老人:我前已说过,教人'说谎',两千以来替历代专制帝王莫不尊孔,就是看破了这一点。东邻某国与所谓满洲国之尊孔,也是看破这一点。所以尊孔的结果不但要把活泼泼的青年方兴未艾的天性残折殆尽。恐怕连国民一点'白刃可蹈'的反抗精神也都消磨于'规行规步'之中了。天下古今讲形式的再没有出于孔子之右的了。他讲形式,竟会教人'割不正不食,不得其酱不食。''不得其酱不食',还可牵强附会地说是口味问题,请问:一块肉必然要让厨司务切得四四方方才吃,这是什么人生大道理呢? 然而这正是孔子之道呵!"(《一日一谈·孔教所给与社会的影响》,朱维铮

主编：《马相伯集》，上海：复旦大学出版社，1996年，第1131页）

10月31日，清政府与日本政府签订《北京专条》，支付日本在台死难人员抚恤金10万两，并已建房屋拆除费用40万两，换取日本从台湾撤军。马相伯为李鸿章所拟条呈出兵台湾未果，事件以对日赔款，收回领土结束。

本年，土山湾印书馆引进石印技术，始能印制图画、照片和各类艺术品，则为中国同类技术之先导。

1875年(光绪元年,乙亥),三十六岁

4月,卸任署理两江总督,升任两广总督的刘坤一(1830—1902,湖南新宁人)路过上海,视察本地教案情况。耶稣会上海地区会长高若天在董家渡主教府接待了总督大人,后者的审核意见为:"江南的教友们都能和睦相处,你们传教士也没有什么诉讼官司之事,这证明你们的主教办事贤明,处理有方,我谨表示祝贺并致谢意。"(史式徽著:《江南传教史(二)》,上海:上海译文出版社,1983年,第277页)

8月3日,苏松太道台冯竣光到徐家汇参观观象台等设施,赞扬这里的科学事业。"他是中国人中很有学问的一位,曾经阅读过南怀仁神父的著作,有赏识新创事物的能力。几天后,他给会长神父写了一封感谢信,其中引用了很多典故,表示了他的钦佩。"(史式徽著:《江南传教史(二)》,上海:上海译文出版社,1983年,第209页)

11月,继任两江总督沈葆桢访问上海,视察教案情况。耶稣会上海地区会长高若天在董家渡接待了总督大人。(史式徽著:《江南传教史》,上海:上海译文出版社,1983年,第277页)

本年,马相伯与耶稣会长高若天的对立情绪继续发展,难以调和。为解决矛盾,耶稣会派马相伯去南京从事数学研究,换一个环境。当时,马相伯恩师晁德蒞同时在宁。马相伯认为这是对他的不信任,调离岗位是责备他在徐汇公学过于强调儒学教育的做法。"他们还不放心我,终把我调到南京,派我译数理诸书。余颇不耐,因为余在徐家汇已译著有数理书百余卷,尽皆束之高阁,不为余印行问世。多译多著何益?"(《一日一谈·获得神学博士学位以后》,朱维铮主编:《马相伯集》,上海:复旦大学出版社,1996年,第1085页)

本年,马相伯已经不在徐汇公学和修院的教育职务上,从徐汇公学教务长位置上调入"江南科学计划"项目,专职从事科学研究,开始学习天文学、数学。张若谷编著《马相伯先生年谱》:"先生研究天文、数学。"(上海:商务印书馆,1939年,第116页)马相伯因此训练,成为清末上海华人学者中

间研习天文学、数学的先驱人物之一。马相伯对不再能够继续从事经学事业耿耿于怀,多有抱怨:"教会中人因此不放心余,惧余把学生都变为异教徒(孔教),遂命我专任研究天文的职务。但这时徐家汇还没有现代研究天文的仪器,只有利玛窦从前用过的一架旧仪器。'英雄无用武之地',于是就转而专攻数学。"(《一日一谈·获得神学博士学位之后》,朱维铮主编:《马相伯集》,上海:复旦大学出版社,1996年,第1085页)

徐家汇天文台是天主教会私立机构,为远东及亚洲地区最早和最重要的天文、气象、地震等大地科学研究和预报单位,是中国近代天文、气象事业的发源地。"(徐家汇)天文台,创自前清同治十二年,法国高镐鼎司铎为第一发起人,在今老天文台旧址。(现为《圣教》杂志及《圣心报》编辑所)光绪二十七年,新天文台落成,遂迁移焉。目下由劳司铎总理一切天文事务,马司铎、田司铎副之。(马司铎兼任昆山篆葭浜天文台正经理)测候司事十余人,游客入塔门见左有一机,名曰赛基风机,记风度迟速大小者也。又记风雨表升降之度,不待人力,自记于红格纸上,其纸每八日一易之。正厅东壁有一风雨表,极敏捷,承以纸格,自行转动,明记度数。正厅西北隅玻璃柜内藏有风雨表若干,或谓本台之物,或为友人寄存本台,以较其准否之物。其他仪器颇多,内有窥星午镜,窥时必在夜间。窥测某星过子午线,藉较时钟者也。旁有二时钟甚准,大约十昼夜仅差一秒钟,周年仅差三十六七秒而已。本台用此钟以报上海午正,及夜间九时之用,自一千八百八十四年起,至今已二十年矣。正厅西有藏书楼,专贮天文、算学等书。欧美各天文台所著杂志新书,悉有赠本,以资参考。本台专司测候气象,电告中国沿海、长江一带军舰、轮船公司,之名飓风骤雨之所在,使航海之人勉遭不测之祸。蒙中国电报总局及各国电报公司担任义务,凡传递于本天文台之消息一律免费,且随到随送,毫不耽迟,诚公益乐善之美举业。本台每日二次,上午九时,下午二时专以气候、图表及报风旗式于上海外洋泾桥报风塔处悬挂示众。其报时之法,午前十一下五十五分,塔上圆球落下,继而升至塔顶。十二下午正,乃复落下。夜间悬灯四盏,九下种正四灯忽然熄灭,以为表记。航海家电问气象时钟者,本台即电答。其报飓风之法,另有《报风要则》,详载旗式用法。至各处与本台传递气候者,目下有七十余处。本台接此报告,即绘图寄至上海报风处张挂,任人阅抄。又本台东南隅有方厅一座,内设磁石测验所,有测候地震机一座,凡五大洲遇有地震等情,该机自然记录。至于各国向本台通讯处,目下由四百余所之多。此徐汇天文台大约情形也。"(《徐汇纪略》3)

本年,上海耶稣会总结徐汇公学二十多年的教学方法,认为注重经学的办学效果不彰,儒家教育方法并不可取,传统经学不应该是中国天主教会教育采取的方向。据《中国通讯》(*Relations de Chine*)报道透露,徐汇公学曾聘请一位进士、二位举人教授八股文,培养学生参加科举考试。教学方针调整涉及马相伯负责的经学教育,按马相伯的说法:"教会中人因此不放心余,惧余把学生都变成异教徒(孔教),遂命我专任研究天文的责务。"(《一日一谈·获得神学博士学位以后》,朱维铮主编:《马相伯集》,上海:复旦大学出版社,1996年,第1085页)回到徐家汇后,马相伯与耶稣会的对立加剧,遂强烈要求脱离本会。

耶稣会士觉得早期"经学化"的教学方法已经不适合中国社会近年来的变化,但如何加以改进,尚在犹豫之中。"学生们用震耳的声音朗诵(儒家)经典作品,每个学生反复大声读唱从未有人给他们讲解过的课文。背书时学生的头摇来摇去,甚至全身都左右摇摆起来。书法课也是比较重要的一课,因为学生识字的多少和写字笔法的挺秀,也经常是衡量一个人才学高低的标准。上讲解课时,老师讲解学生们已背诵得滚瓜烂熟而几乎一句也不懂的渊博的古文。最后是作文课,学龄最高的学生在学作奇特的八股文,有一位进士和两位举人替他们修改作业,学生们很关心老师的评语。神父们认为这种中国的老式教学法太不理想,太限制约束了学生们的智力,欲加以改进,但一时也想不出适当的方法。"(史式徽著:《江南传教史(二)》,上海:上海译文出版社,1983年,第290页)

本年,徐汇公学统计办学结果,如下列表中的数据说明自1852年至1875年6月间入学人数和毕业生去向。

徐汇公学毕业生去向(1852年—1875年6月)

毕 业 生 去 向	人　数
进耶稣会升司铎	6
进耶稣会当读书修士	6
进耶稣会当辅理修士	6
入教区神职班	3
进小修院	35

毕 业 生 去 向	人 数
现在小修院	17
考中秀才	20
当教师或传教先生	56
当堂口办事人员	67
死亡	65
在俗	229
总 计	600

数据来源：史式徽著：《江南传教史（二）》，上海：上海译文出版社，1983年，第292页。

本年，马建忠退出耶稣会，离开徐家汇。马建忠比马相伯晚两年进入徐汇公学。按徐汇公学学生分两类：一类学生只学习中文、法文和一般科学知识；另一类学生和天主教区修院的学生一样，需要学习拉丁文。前一类学生属于世俗教育，招收一般教友学生，培养目标是参加科举考试；后一类学生属于耶稣会系统的神学教育，入学即为修生，目的是为天主教培养司铎。马相伯、马建忠都学习拉丁文，即从一开始就立志加入耶稣会，成为司铎。

马建忠脱离耶稣会的原因并不清楚，按钱智修《马相伯先生百岁年谱》记载：“（马相伯）先生伯兄绍良先生，尝佐文忠办饷需，平洪杨之乱。其后，眉叔先生复受文忠招，与其子伯行（经方）、季皋（经迈）共学。"（《复旦同学会会刊》第8卷，1939年第2期）李鸿章先延请马建忠陪他两个儿子一起读书，教授他们外语知识。关于马建忠离会，徐家汇还有一个传说。1948年，方豪听徐宗泽说：“建忠已读哲学与神学，住楼上南侧。某年，来法国修士若干人，院长将中国修士寝室尽调至北侧，而以较优之南侧让与法国修士，建忠愤而出院。"（方豪：《马相伯先生年谱新编》，李东华编：《方豪晚年论文辑》，台北：辅仁大学出版社，2010年，第182页）马建忠退出耶稣会的时候是修生（Brother）身份，还没有完成全部教育，晋为司铎（Father）。

本年，江南教区（今江苏、安徽）的天主教徒人数达到88 869人（《传信部年鉴》，转见自赖德烈著，雷立柏等译：《基督教在华传教史》，香港：汉语基督教文化研究所,2009年,第272页)。

  本年,马相伯父亲松岩公去世。按钱智修《马相伯先生百岁年谱》,马松岩于"民国前四十年壬申先生三十三岁"(1872),"松岩公卒,享寿七十五岁"(《复旦同学会会刊》第8卷,1939年第2期)。按马松岩生于1801年,享寿七十五岁,逝世之年应为1875年。钱智修记1872年为误计。另,马相伯曾于1935年一件家庭诉讼案的证词中说:"查先父松岩公于光绪元年去世,被告弟兄三人……"("马陆氏告马相伯案"报道,《时报》,1935年9月24日),则马松岩于1875年去世之事实可证。

1876年(光绪二年,丙子),三十七岁

1月20日,英商怡和洋行吴淞铁路公司淞沪铁路上海苏州河北天后宫至宝山江湾镇开始铺设铁轨,中国第一条尝试运营之商业铁路有望全线竣工。4月7日,北京总理衙门照会英国公使威妥玛,要求英商建造铁路须与地方官员协同商办。6月30日,淞沪铁路吴淞镇至江湾镇段共五英里竣工,吴淞铁路公司举行通车典礼,邀请沪商150人出席。

7月3日(闰五月十二日),"吴淞铁路"闸北到江湾镇一段简称,中国第一条运行铁路全线通车。

8月3日,英商吴淞铁路之火车轧死一位中国士兵,引起乡民恐慌。上海道台冯焌光照会英国领事麦华佗,请暂停运行淞沪铁路火车。10月24日,淞沪铁路由上海轮船招商局等机构出资二十八万五千两,分三期在一年内付清。偿付期间,吴淞铁路公司可继续运营,盈亏自负。"一年届满,价银付讫,即将地亩、车器各件照单由中国收管。"(王彦威辑:《清季外交史料》卷八,北京:书目文献出版社,1997年,第160页;夏东元编著:《盛宣怀年谱长编(上)》,上海:上海交通大学出版社,2004年,第51页)

马相伯鉴于吴淞铁路之兴废,为清朝"自强"计,曾替驻沪淮军将领刘铭传代拟奏呈,请朝廷准予修建铁路,竟不被允。事见马相伯拟《妥议铁路事宜折》(1880):"刘铭传见外患日迫,兼愤彼族欺凌,亟思振兴全局,先播风声,俾俄、日两国潜消窥伺之心。诚如圣谕,系为自强起见,查中国要道南路宜修二条。一由清江经山东,一由汉口经河南,俱达京师。"马相伯晚年回忆:"上海办铁路,大约在光绪初年,首先造的是上海到吴淞的这一条。那时,刘铭传奏办铁路,那奏章还是吾做的。后来朝廷下谕说是火车行时,一路有电风,西洋地广人稀,还不碍事。在中国地狭人稠,沿铁路五六十里的房屋,都可被火车风吹倒,所以沿铁路五六十里地方,都要归入铁路区域。后来德国人在山东造铁路,籍口铁路区域,竟将沿铁路的矿山都占据了。所以外国人侵占中国人的权利,大半是由我们自己糊里糊涂断送的。"(《六十年来之上海》,朱维铮

主编：《马相伯集》，上海：复旦大学出版社，1996年，第539页）

吴淞铁路由英资企业怡和洋行越出上海县租界，购得宝山县华人土地兴建，意在打通沪北至吴淞口、长江口的陆上通道。吴淞铁路建成并试运行一年后，清朝以维护条约的名义，出资收回路权，并行拆毁。"吴淞铁路由英商怡和洋行集资组织铁路公司而修筑的。路基动工是一八七四年十二月（同治十三年十一月），到一八七六年二月初旬（光绪二年正月初）铁轨已铺到徐氏花园附近。上海到江湾的一段，是在那年七月三日（闰五月十二日）正式通车。中国官厅因为主权关系，本来早就向英方交涉收回，等到八月三日（六月十四日），火车在江湾北首往来试演，无端压毙士兵一人，乡民大恐，官厅方面也就再行积极力争收回。终于双方派员会议，于十月二十四日（九月初八日）在南京议明买断。不过再准火车归英商铁路公司使行一年，从一八七六年十月三十一日起，到一八七七年十月二十一日（光绪三年九月十五日）为止。这条铁路终于在一八七七年十月二十日收回拆毁了。"（《上海研究资料》）

夏，"先生奉教会命，调至南京，任编撰。是年退出耶稣会"，"至山东，任藩司文案"（张若谷编著：《马相伯先生年谱》，上海：商务印书馆，1939年，第117页）。

关于离会原因，马相伯曾在晚年回忆说："余虽为教徒，而对于学生的中国经史子集之文的讲习，颇知注意。教会中人因此不放心余，惧余把学生都变成异教徒（孔教），遂命我专任研究天文的责务。但这时徐家汇还没有现代研究天文的仪器，只有利玛窦从前用过的一架旧仪器。'英雄无用武之地'，于是就转而专攻数学。但是，就这样他们还不放心我，终把我调到南京，派我译数理诸书。"马相伯提请离会的原因是，一，本会将他从徐汇公学经学教学位置调离，改而研究数学、天文学，是不放心他的经学方法；二，马相伯对"西学"很有兴趣，但他认为教会没有重视他的研究成果，"余颇不耐，因为余在徐家汇已译著有数理书百余卷，尽皆束之高阁，不为余印行问世，多译多著何益？"马相伯认为他的数理著作不能出版的原因是："一，不以为然者的作梗；二，无人能鉴别余的著作好坏。"因情绪变化，马相伯还迁怒教会管理不善，提出第三个理由："当时在南京教会中一个厨子是一个极龌龊的外国人，他做的饭食简直不能下口，而且极有碍于卫生。于是我就不辞而别，自己一个跑回上海。"（以上均引自《一日一谈·获得神学博士学位以后》，朱维铮主编：《马相伯集》，上海：复旦大学出版社，1996年，第1085页）以上三点之外，可能还存在第四个原因。据上海教区金鲁贤主教、沈保义先生告知,马相伯受教会责备,是因他在苏州传教时直接用家族名义出资赈济,未向教会捐献,违反耶稣会"神贫"会规,受到处分。这个原因在钱智修《马相伯先生百岁年谱》中有所透露:"先生请于其父,出家财数百金赒恤"(《复旦同学会会刊》第8卷,1939年第2期),受到教会责备,事在1870年。马相伯本年彻底脱离教会,重提这项旧事,可知离会之决绝。

"江南科学计划"制定后,上海耶稣会内不少人曾主张在南京实施,故有调马相伯前往的做法。"有人提议在这座文人集中的名城大规模地创办科学事业,象过去旧耶稣会曾在那里举办过卓越的天文台那样,这确是因地制宜之举。所以,刘德耀、高龙鞶、韩伯禄等神父都在南京住了多年,准备建立一个科学研究中心站。晁德莅神父在那里也逗留过一个时期。"该会在南京两江总督府边上建立的会所,是城内最早的洋房,"可住二十多人,院内设有一间朴素雅致的中国式客厅,专为临时接待来南京上访总督的外交官与法国海军将领们。在1868年,那所住院是南京唯一的西式房屋,因此吸引了不少好奇者前来参观"(史式徽著:《江南传教史(二)》,上海:上海译文出版社,1983年,第339页)。但是,经历了"太平天国"和"英法联军"之后的南京仍然相当保守,"在上海受洗的(南京)难民,一回老家几乎全部背教了,再也不同神父往来。任何地区的教友都没有南京人那样易于轻信于民间攻击教会的种种谣言"(史式徽著:《江南传教史(二)》,上海:上海译文出版社,1983年,第340页)。马相伯以董家渡、徐家汇的热闹局面来衡量,他对南京保守的传教环境和对待科学文化的态度都不满意。

8月15日,马相伯给高若天会长呈上离会申请:"鉴于会长已给之特许,加之我的健康不适合于传教工作,会里还阻断我与家人的交往,又使我昼夜不宁。更进一步的理由是我的哥哥请我出会,完成数学著述,政府还会给我一个惊人的高位。种种情景,已使我不知所措。而他们的不断邀请,使我不能等待你的答复。事已至此,我不得不说和写出如下的话。我再也不能用功化世人的方式为我们的宗教服务了。"马相伯还以自己是中国省的会士辩称自己的身份:"我从来不是法国耶稣会士,如要我做法国会士,我宁愿不是耶稣会士。"(《罗马耶稣会总会档案》,马爱德(Edward Malatesta)博士抄录并提供,李天纲翻译。收入李天纲:《信仰与传统:马相伯的宗教生涯》,朱维铮主编:《马相伯集》,上海:复旦大学出版社,1996年,第1246页)

秋,马相伯离开耶稣会,回到上海家中暂住,期间尚无正式工作,便义务为轮船招商局担任翻译,奔走各方,参与并购旗昌轮船公司。其时,"南洋大臣(沈葆桢)命盛宣怀将旗昌洋行占我各口岸码头基产、船坞、铁厂,并其轮船十八号一并买回"(《盛宣怀拟办理招商局节略》,王尔敏、吴伦霓霞编:《盛宣怀实业函电稿(上)》,台北:"中研院"近代史研究所史料丛刊,1993年,第35页)。轮船招商局"收买其昌洋行轮船、船坞、趸船等项,及沪、镇、浔、汉、津、甬六埠码头栈房,共计银二百二十二万两。"(王尔敏、吴伦霓霞编:《盛宣怀实业函电稿(上)》,台北:"中研院"近代史研究所史料丛刊,1993年,第17页)马相伯参与了与美商谈判的翻译工作。

1876年秋,马相伯离开徐家汇,即担任翻译,参与轮船招商局收购上海旗昌洋行长江及内河航线业务。此项工作暂未有薪水,车马费都是马家自理。此事见于《盛宣怀实业朋僚函稿·致盛宣怀函》中马相伯自陈:"不佞常猥以寒微,过蒙拔擢,得与旗昌买办张学周同为舌人,传递漕务之命,荣甚感甚。顾张学周雇于旗昌,月取二百金。常自去秋奔走以来,月之所费盖不啻二百金。刻补之劳,露见之苦,惟观察能知之。"(王尔敏、吴伦霓霞编:台北:"中研院"近代史研究所史料丛刊,1993年,第1080页)此函未署年月,按内容判断,情形应为马相伯的第一份工作还未议定。函中提及"自去秋奔走以来",则此函当作于1877年,事为向盛宣怀定职索薪。

秋,耶稣会不原谅马相伯违纪离开徐家汇会院,屡召不回之后,加以处分。教会不允许他参与告解,几近绝罚(Excommunicatio)。此项规定延及上海市区各教堂,马相伯不得已脱离宗教生活。

11月16日(十月初一日),出使英国大臣郭嵩焘一行,从天津紫竹林码头发船,到上海换乘欧洲航线汽船去英国。马建忠从天津回上海,与郭使节同船而行,深切交谈。"十月初一日戊子,由紫竹林开行,至大塘候潮。管事陈仪亭,同舟沈子梅、马眉叔来谈。船主安帖乐,合肥相国赏有金牌。"(郭嵩焘撰:《伦敦与巴黎日记》卷一,《郭嵩焘日记(三)》,长沙:湖南人民出版社,1982年,第64页)

11月17日,海关总税务司赫德致信本署驻英代表金登干,告知清朝出使英法公使郭嵩焘一行(马建忠在内)已经离京,请预备接待等事。按赫德开列名单,使团一行有:"驻英国使臣郭大人,偕副使刘大人,两名使馆秘书(二秘和三秘),四名随员,四名译员,两名医生,六名军人(中士级的低级军官,充当勤务兵)和三名女仆,以及约四十人的使团男仆,上星期由此启程。他可能由上海乘12月8日的邮船出发,将近元月底抵达伦敦。"(中国第二历史档案馆、中国社会科学院近代史研究所合编:《中国海关密档》,北京:中华书局,1992年,第460页)马建忠从李鸿章幕府中临时给郭嵩焘帮忙,还不是赫德提及的"使馆秘书"。一年多以后,李鸿章、郭嵩焘才正式提名他担任公使馆翻译和秘书。

11月20日(十月初五日),郭嵩焘、马建忠等人到达上海,停靠怡和洋行码头,下榻广肇公所;当日,英国驻华公使威妥玛(Thomas Wade,1818—1895)前来会面;次日,郭嵩焘会见法国驻上海总领事葛笃(Ernest Gaudeaux,1833—?)及相关国家领事,均由马建忠担任通事。当晚,郭嵩焘与马建忠等人在广肇公所会餐。"初七日,各国领事来见。法国总领事葛笃最为贤雅。晚邀徐裕之、陈芰南、沈子梅、马眉叔、李勉林、郑玉轩、张听帆小酌。"(郭嵩焘撰:《伦敦与巴黎日记》卷一,《郭嵩焘日记》,长沙:湖南人民出版社,1982年,第64页)

11月,马相伯在家里写信给文成章(Louis Chauvin)司铎,要求允许他在上海市区董家渡教堂领受全体,被教会拒绝。(《罗马耶稣会总会档案》,朱维铮主编:《马相伯集》,上海:复旦大学出版社,1996年,第1247页)

12月2日(十月十七日),郭嵩焘一行乘英国大矾廓尔轮船公司"特拉万科尔"号邮船,从上海起航赴英国。郭嵩焘之外,副使刘锡鸿(云生)、参赞黎庶昌(莼斋)、刘孚翊(和伯)、通事德明(在初,张德彝)、凤仪(夔九)、马格里(Macartney Halliday,军医,苏格兰人)、禧在明(Walter Hillier,汉学家,爱尔兰人)、监印黄宗宪(玉屏)及家属等数十人同行。

按郭嵩焘《奏报抵英呈递国书折》:"光绪二年十月十七日自上海出洋,曾经由驿陈,计期五十一日,至十二月初八日抵英都伦敦,凡四万里,所历之国十有八,而英国属地约居三分之一。"(王彦威辑:《清季外交史料》卷九,北京:书目文献出版社,1997年,第178页)马建忠未跟随郭嵩焘出使使团同船放洋欧洲,因郭氏记香港、新加坡、孟买等亚洲都市途中见闻未再提及"眉叔"。(参见郭嵩焘撰:《使西纪程》,《郭嵩焘日记》,长沙:湖南人民出版社,1982年)马建忠于次年(1877)初,乘哪条船去欧洲,还没有查见记载。

12月(十一月),本月,马建忠被纳入福建船政厂官派留学生名列,领取津贴。据李鸿章《奏保马建忠片》,马建忠被纳入福建船政厂留学名单是在光绪二年(1876)十一月,他留在上海,等待次年年初随船政局留学生一起航行。马建忠并不在英国学习船政,而是进入法国巴黎高等政治学院攻读学位,课业是外交学、国际法学、法律学和宪法学。

"光绪二年十一月,臣于会奏选派闽厂学生出洋学习折内声明派充出洋随员,并令于各国交涉、公法、律例等事,认真讲习。"光绪二年十一月是马建忠纳入留学名单的时间,出国时间则在次年。马建忠在欧洲作《适可斋记言·上李伯相言出洋工课书》时,有称:"忠此次来欧,一载有余。"则作书时间已经是光绪四年(1878,戊寅)夏。历次马建忠文集将《上李伯相出样工课书》系于"丁丑夏"(1877年夏天),此误。马建忠在丙子(1876)冬季仍在天津、上海,并未随郭嵩焘同行。次年(1877)5月,马建忠带领福建船政学生到达欧洲。一年多之后,即1878年(戊寅)夏,郭嵩焘从伦敦移驻巴黎,即为马建忠作工课书之时。"丁丑夏",应为马建忠刻书时误记。

12月,马相伯被天主教耶稣会除名,《耶稣会士名录》加以记载:"1840年4月17日出生,1876年12月退出耶稣会。"离会以后,马相伯先在上海加入李鸿章幕府。"文忠以南洋通商大臣,驻节上海,遂延先生入幕,办理洋务。凡通商暨对外交涉,先生与眉叔先生赞襄密勿,知无不言,文忠甚倚重之。"(钱智修:《马相伯先生百岁年谱》,《复旦同学会会刊》第8卷,1939年第2期)旋因马建勋推荐,入其好友山东布政使余紫垣幕府,任文案,并学习处理洋务。后获任潍坊机械局总办,主持山东地方洋务达三年之久。潍坊机器局,又称"滦口机器局",按清末民初掌故作者高拜石记载:"光绪二年(1876)丙子,入山东藩幕,布政使余紫垣以他精于洋务,甚为礼重,旋到滦州去,任职滦口机器局。滦州是个富于矿藏的地方,他对矿务的调查也做得很精密。"(高拜石:《古春风楼琐记·记丹徒马氏兄弟》)。滦口,在烟台西北,招远东北方向的海口。

冬,马建忠结婚,"光绪二年,冬,娶南昌黄氏"(方豪:《马建忠先生事略》,氏著:《方豪六十自定稿》,台北:学生书局,1969年,第2026页)。从他们在十个月以后产下一女,取名"欧桂"的迹象来看,黄氏或在此时已经从上海来到巴黎,照料马建忠的生活和学习。

1877年（光绪三年，丁丑），三十八岁

1月，马相伯由母亲陪同，到董家渡教堂向文成章司铎请求宽恕，能够恢复领受圣体。经文成章向会中申请之后，马相伯得以恢复教堂生活。然而，由于马相伯拒绝了耶稣会让他到直隶教会工作，或者担任堂口司铎的安排，最后还是被除名。（《罗马耶稣会总会档案》，朱维铮主编：《马相伯集》，上海：复旦大学出版社，1996年，第1247页）

1月，马相伯以候补道员衔，担任山东潍县机械局局长。马相伯说："余紫垣从山东藩司职位升任山东布政使并署理巡抚，不久就任命他接任该局局长。"查《清史稿·职官志·各省巡抚表》，光绪二年（1876）丁宝桢创办了山东机器局后，卸任巡抚，代吴棠署理四川总督。文格接任山东巡抚，时在"光绪二年八月"（9月）。一直延续到光绪五年。余紫垣署理山东巡抚的时间应该在丁宝桢与文格任期之间，即1876年9月之前。姑定马相伯在1877年1月到机器局任上。

马相伯离开徐家汇耶稣会修院之后，因担任淮军粮台的长兄马建勋之介绍，获得了山东潍县机器局的差事。"予长兄建勋在淮军办理粮台，深得李文忠公的信任，而山东藩司余紫垣先生氏长兄的至友，因命予往山东就余学习作宦。余因家兄之故，极优待予。又因予谨慎，遂命予掌理文案，后来他兼署鲁抚，遂把他的藩司的牙章交予，除极必要的公文须请示于彼者外，均由予代为画行。"（《一日一谈·获得神学博士学位以后》，朱维铮主编：《马相伯集》，上海：复旦大学出版社，1996年，第1085页）马相伯力图把传统的清朝衙门企业改造成高效新式的现代企业。在因循守旧、推诿贪腐的气氛中，他的努力少有成功。"余紫垣先生很优礼予，且信任予。当他兼署山东巡抚后，便委予接任山东潍县机械局的差事。当时这等局所都是红候补道的美差。他们只要得了这种差事，便可赚一笔大钱。我却是一个书呆子，方在强壮，满心做事业，并且极力要好，但是也就马上碰壁。山东机械局也是那时的新政之一，听我差遣的人员不下一二十位候补官员，工人有二三百人，还有

二百多名卫兵。局长月薪五百元,这是那时山东候补道班的差事中最高的薪金。局长以下,依次递减,但薪水都比其他局所为优。由此可见全局的开支是如何的浩繁了。但说到它的成就,那真令人好气又好笑,气要气得你怒发冲冠,笑要笑得你肚儿作痛。所谓机械局,其实就是制造枪械火药的工厂,试问它每月造多少枪支呢?在余任事之前,十天只出一支枪。它造子弹、火药也都用的是土法,每月出品自然同样有限。予任事之后,完全改用西法,制出火药,要合三钱五分一斤,但是呈报到了户部,户部批驳了,说是照例火药每斤只费成本七厘,如何现在反要三钱五分一斤,不准。实则从前的用土法所造的火药,成本虽轻,然而它的质却较予用西法出品差得很多。就是说,用西法所制出的火药,其爆炸力比用土法制的强得多。但是上行下的公事是没理可讲的,怎么办呢?于是就不得不请教于户部中的部员。适有户部郎中杨谷山孝廉,是予长兄的朋友。我写信去问他,他回信说,这事容易。你把'斤'改做'磅'字,重新呈报上来,我包你批准。予如法炮制,果然不久户部回文来了,'准入所制,实报实销'。"(《一日一谈·杨谷山孝廉服官秘诀》,朱维铮主编:《马相伯集》,上海:复旦大学出版社,1996年,第1087页)

马相伯加入后负责筹建和管理的潍县机器局,是山东省属的兵工制造机构,是清末洋务运动的一部分。清末有三大兵工企业,即:江南制造总局(1862年,李鸿章建立,简称"沪局")、天津机器局(1865年,李鸿章、崇厚建立,简称"津局")、汉阳枪炮厂(1893年,张之洞建立,简称"汉厂"),此为清末三大兵工企业。三大局厂之外,各省先后自办的兵工企业还有:上海炸弹三局(1863年,李鸿章、丁日昌等建立,后并入"沪局")、苏州机器局(1863年,李鸿章将上海三局之一的马格里、刘佐禹之局迁到苏州设立)、金陵机器局(1865年,曾国藩、李鸿章将苏州马、刘之局迁至南京建立,简称"宁局")、云南机器局(1868年,岑毓英为平回从上海调用洋匠建立)、福建机器局(1869年,英桂在福州建立)、兰州机器局(1872年,左宗棠将西安的枪炮所迁至兰州设立)、广州机器局(1873年,瑞麟、张兆栋建立)、山东机器局(1873年,丁宝桢建立)、湖南机器局(1875年,王文韶在长沙建立)、四川机器局(1877年,丁宝桢在成都东门建立)、吉林机器局(1881年,崇厚长春调用上海工匠建立)、神机营机器局(1883年,李鸿章在京西五十里浑河边设立)、杭州机器局(1883年,刘秉璋在杭州报国寺建立)、台湾机器局(1885年,刘铭传在台北北门建立)、陕西机器局(1894年,鹿传霖将兰州机器局器械移来西安风火洞设立)、盛京机器局(1896年,依克唐阿为铸银元建立)、河南机器局(1897年,刘树棠在开封南门外建立)、山西机器局(1898年,胡聘之在太原北关外建立)、新疆机器局(1898年,饶应祺在迪化建立)、黑龙江机器局(1999年,恩泽在龙江建立)、江西机器局(1903年,夏旹在南昌建立)、安徽机器局(1907年,冯煦在安庆城内建立)。以上各局建立情况,均据王尔敏《清季兵工业的兴起》(台北:"中研院"近代史研究所专刊,1978年)整理,该书的原始资料出自《海防档·机器局》,台北"中研院"藏。

马相伯于1877年加入初创时期的山东机器局,局址设于泺口镇。基址面积达三百亩,进口设备,华人管理,仿制英国式亨利·马梯尼(Henry Martini)枪,1882年以后停止造枪,改为制造枪炮弹药。初由山东自行筹建,后经李鸿章从上海派员徐建寅加以指导,逐渐上轨。"山东机器局的经费,大抵出自藩库。开办的第一年用费最多,达十八万六千余两,弱半出自粮道库,大半出自藩库。嗣后正常情形,每年用费不出十万两,最少之时尚不及三万两。因为自光绪八年以后不再制造洋枪,专以造各式炮弹、枪弹及火药。并因用款额规定每月仅拨三千两,虽然时常有加拨经费,而已使局务无法开展,直至光绪二十一年(1895)李秉衡任山东巡抚时,规定由藩库月拨五千两,并将整顿南运局的每年四万两盈余拨归,此后才使该局保持每年十万两以上的用款,局面才稳定下来,并又承担其修配后膛枪的工作。"(王尔敏:《清季兵工业的兴起》,台北:"中研院"近代史研究所专刊,1978年,第114页)李鸿章和山东机器局指派给马相伯的工作除了管理潍县基地的枪械、弹药制造之外,还授权他以招商招股的方式建立铁矿、煤矿和银矿。山东机器局虽然不及沪、津、汉三局那么重要,但其枪械、弹药制造,以及矿业开发,仍然处于全国兵工事业的核心地位。

3月(二月),清朝总理衙门选派的留学生赴英国格林威治朴茨茅斯学院("格林回次抱士穆德大学")学习舰艇驾驶和轮船制造技术,从上海起航。该批次留学人员共12人,由法国人担任洋监督,道员李凤苞(丹崖)担任华监督。马建忠任随员,陈季同任文案,罗丰禄任翻译。12人当中,有学习制造者:魏瀚、陈兆翱、郑清廉、林怡游;有学习矿业者:罗臻禄、林庆升;学习驾驶者:刘步蟾、林泰曾、蒋超英、方伯谦、萨镇冰等,学制三年。(参见舒新城著:《近代中国留学史》,上海:上海书店出版社,1992年,影印本)

时,马建忠已到达欧洲,先在法国登记留学,专业为政治、法律等学,本不属于福州船政局派遣的舰船驾驶、修造技术学生。李鸿章把马建忠挂名在闽厂派遣学生之列,意在考察欧洲宪法和政治。他以随员身份放洋,应有帮助管理,担任导师之资格。按光绪十二年(1886)该批次留学生回国后在海军和洋务事业中担任梳理出洋监督师恭萨克禀称:"闽厂初次、续次出洋学生,除改充出使差事者陈季同、马建忠、罗丰禄三名不计外,实有学生四十五名,内能造船者九名,能开矿者五名,能造火药者一名,通晓军务工程者二名,能造炮者一名,能充水师教习者一名,能充驾驶者十三名,能充匠首者九名,调往德国肄业者无从考察者二名,病故者二名。"(转见自薛福成撰:《出使英法义比四国日记》,《中国近代史资料丛刊·洋务运动(八)》,上海:上海人民出版社,2000年,第306页)闽厂留学生回国后担任要职的不少,驾驶专业如刘步蟾、林泰曾、严宗光(复)、蒋超英、萨镇冰、方伯谦等都获重用,而马建忠除了襄理外交,主持招商局、织布局政外,政治学造诣和才干并无有效发挥。

按法国巴黎高等政治学院保存档案,马建忠学籍在册姓名为 Ma Kie Tchong;学年份为"1877—1878、1878—1879"两年;获得毕业文凭(Diplome)的年份是 1879 年(Presses de la Fondation Nationale des Sciences Politique, Paris, 2022. ISBN 9782724639100)。巴黎高等政治学院初建时不设资格考试,马建忠因法语娴熟顺利入学。学籍档案记载马建忠在 1878 年 5 月起,在夏季学期中共修了八门课程,包括国际公法(考试分数 18,20 分为满分)、条约国际法(17)、比较商法(11)、1830—1873 年欧洲外交史(16)、1789 年以来欧洲宪法史(17)、比较宪法(19)、比较行政学(17)、比较财政学(16),考试成绩相当优异。1878 年底,马建忠通过该校"理科业士考试"。1879 年 7 月 9 日,比较法学权威比弗努瓦尔教授主持考试,马建忠在巴黎法学院(Faculte de droit de Paris)获得"法学学士"学位。(朱明哲:《法学知识的壮游:近代中法法学交流史》,北京:法律出版社,2023 年,第 221、233 页)

5 月 13 日(四月初一日),马建忠等人带领福州船政厂首届出洋留学生 12 人到达英国伦敦。一行人拜见清朝驻英法公使郭嵩焘之后,暂居普次茅斯海边别墅,等待入学。据《郭嵩焘日记(三)》,本日马建忠与郭嵩焘再次见面:"李丹崖(凤苞)带同陈敬如、马眉叔及丰禄君罗、日意格来见,携带学生十二人,将就波斯莫斯海滨小住。"(长沙:湖南人民出版社,1982 年,第 205 页)李鸿章选派马建忠出洋留学,挂名福建船政局选派生,惟并非滞留英国,而是进入法国巴黎高等政治学院学习。

5 月 14 日,本日考察参观之余,郭嵩焘邀请马建忠等人晚宴,特示接风

"晚邀日意格、李丹崖、马眉叔、陈敬如、罗稷臣及马格里、李湘甫晚酌。"(郭嵩焘撰:《郭嵩焘日记(三)》,长沙:湖南人民出版社,1982年,第206页;《伦敦与巴黎日记》,卷七)本日晚宴之后,郭嵩焘在日记中记到李丹崖、罗稷臣等人时不再有马建忠,可见他在此际离开留英学生团队,转赴巴黎。留学生教育涉及英、法三级学位制度,郭嵩焘、马建忠等人将"博秩洛尔(Bachelor)、玛斯特(Master)、多克多尔(Doctor)"对应于清朝的秀才、举人和翰林。(参见《郭嵩焘日记(三)》,长沙:湖南人民出版社,1982年,第351页;马建忠:《上李相伯言出洋工课书》,王梦珂校注:《马建忠集》,北京:中华书局,2013年,第35页)同期在欧的黎庶昌则认为"刀克特尔","犹如中国之进士"(黎庶昌撰:《西洋杂志》,长沙:湖南人民出版社,1981年,第58页)。

5月21日(四月初九日),郭嵩焘向总理衙门呈文,内包括清廷任命他兼使法国的谢恩折、递交给法国总统的国书、陈述病情请辞折等。另有四件工作文件关系人事任命:"一,咨派帮办翻译马眉叔(建忠)、陈敬如(季同)、罗稷臣(丰禄);一,调回参赞黎莼斋;一,咨联春卿报道日期;一,咨饬上海道核议文报局章程。"(郭嵩焘撰:《伦敦与巴黎日记》卷十九)马建忠受郭嵩焘的赏识,被提议担任驻法使署的翻译和秘书。

9月15日(八月初九日),马建忠与夫人黄氏产长女欧桂在欧洲出生。(据方豪《马建忠先生事略》,氏著:《方豪六十自定稿》,台北:学生书局,1969年,第2026页)。方豪《马相伯先生年谱新编》中,亦将马欧桂出生的年份置于"光绪三年丁丑",即1877年,日期仍是"八月初九日"。从方豪记载的马建忠与黄氏结婚的时间(1876年冬天)到马欧桂出生的时间(本年秋天),中间近一年。可以推断,马建忠的长女欧桂是在马建忠旅游期间育成,亦可推断黄氏随丈夫在欧洲生活。

9月27日(八月二十一日),郭嵩焘接获马建忠巴黎来信,此信"推荐墨西哥统领洼尔夏来见,"事关墨西哥国家欲引入华人开发国土之事。按信中介绍:"墨西哥地长六千里,横一千五百里,人丁九十万,旧为西班牙属地;西班牙人六十万,隶土著者三十万,海滨沃土未开发者甚多,拟募中国人开垦工作。由其国家先备三千人一年食用并船费,令其择地开耕,以次推广,尚可召集数十万人。"(郭嵩焘撰:《郭嵩焘日记(三)》,长沙:湖南人民出版社,1982年,第280页)

本年,黄伯禄编撰《正教奉传》在土山湾印书馆出版。黄伯禄是马相伯在徐家汇的同事、学长,为天主教华人著述专家。黄伯禄与马相伯、李问渔齐名,为上海天主教华人三大学者。

黄伯禄(1830—1909),字志田,号裳,洗名伯禄,道光十年(1830)正月初三日生于江苏海门。1843年五月初四日,入松江佘山张朴桥修院,为第一届学生;1860年六月初二日晋铎,考试成绩为优等,得到教宗庇护第九颁发之奖金与奖牌。晋铎后,在张朴桥修院教授拉丁文、哲学,后在上海、苏州、海门等地传教。1875年至1877年,继马相伯之后担任徐汇公学校长。此后则在上海教区董家渡堂传教。1903年,震旦学院建立后,帮助马相伯治理学校,担任教学任务。1905年后,曾两度担任震旦学院校长。1909年十月初八日,在徐家汇去世,葬于上海圣母堂。去世前三月,被接纳加入耶稣会。按天主教内对他的评价,"公律己极严,做事认真,举止极有次序,作事皆有定时。"(尧山《黄伯禄司铎传略及其著作》,《公教学校》,1938年,第4卷,第22期)1909年10月去世时,上海《圣心报》于同年12期有《黄斐默司铎传》,对他的生平事迹有简略报道,如下:"司铎黄公,洗名伯多禄,江苏海门人。先世奉天主教,由来已邈。公名裳,号志山,又号斐默。生于道光九年十二月初九日,二十三年四月初五来上海,入修道院。性聪明,昭事恒虔,读拉丁文、格物、超性等学,常列前茅,故上峰器之。超性学卒业后,应大考,有问辄对,不稍迟。主教悦之,以达罗马传信部。部臣入奏,蒙教皇庇护第九颁赐宝星,镌以'学行兼优'四字。人皆以为荣,而公秘藏不泄,终身不以示人。有知而索观者,公常游移其辞,卒不示,盖不欲人知也。咸丰十年四月十三日,晋升司铎,奉派理小修院。授拉丁文,旋又授格物学。后传教于上海、苏州、海门等处。洞庭山向无天主堂,公设法购地购屋,彼方圣域为开,公之功居多。光绪二年,调回徐汇,理公塾兼小修院。六年,偕倪主教会议汉皋,九江白主教见而重之。自是恒居汇堂,充主教文案,尤致力于著述。所作有《圣女斐乐默纳传》、《正教奉褒》、《正教奉传》、《集说诠真》、《圣教源流合表图》、《训真辨妄》、《圣教理证》、《函牍举隅》、《函牍碎锦》、《圣母院函稿》、《契卷汇式》,诸书皆华文。又有西文书五种,曰《置产契据式》,曰《中国婚姻例》,曰《中国官制考》,曰《中西历书合璧》,曰《执业律》,久以风行,驰名海外。公著书必求详尽,疑则查。查而不得,则连日披书,必欲得之而后已。尝谓某曰:'后之阅者,不问我几月著成,惟谓我能详与否? 故予查典不惜费时焉。'公善辞令,叠叠不穷。平日功课有定时,午后安歇数刻,夜则观书至十一下钟始就榻。敬圣母特诚,除大日课外,又念圣母日课,终身如一日。其理事似过细,必彻底而止。今年正月,因事赴沪,急步而蹶,自是卧床不复起。延至八月二十五日酉刻,寿终于徐汇院中,享年八十有一。自晋铎迄今,适五十载。葬于上海南门外耶稣会坟上。公之学极博,其超性学亦有过人之明。呜呼!公虽殁,公之书昭垂不朽矣。"天主教《善道报》(1915年,第32期)报道挽联《挽黄伯禄斐默氏》:"撰述广传,三教每多匡正;谦和昭著,四海共乐瞻依。"

1878年(光绪四年,戊寅),三十九岁

2月27日(正月廿六日),李鸿章复书郭嵩焘,同意他提请马建忠担任清国驻法国巴黎使署的翻译和秘书。"本年巴黎炫奇大会,鸿章神往,而力不能赴,籍得游目驰怀,亦盛事也。马郎中建忠志趣尚好,人亦聪明,法文、法语俱精。现在官学讲习交涉律例,可备就近驱策。倘能兼翻译,又不误所学,则两益矣。"(李鸿章:《复郭筠仙星使》,《李鸿章全集(6)》,长春:时代文艺出版社,1998年,第3728页)

3月27日(二月二十四日),上海天主教《益闻录》编辑出版,刊物原定由马相伯、马建忠主持。马氏兄弟离开后,由他们在徐汇公学和耶稣会修院的同学李杕(问渔)担任"主笔"。

《益闻录》清光绪四年(1878)出版,李杕主笔,邹弢参与编务。初为半月刊,自第十一号起改为周刊,后又改为三日刊。至1880年代,"本馆每七日出二次,每张本埠取钱十文,外埠由代售者酌加寄费。除本报房外,又由各处天主堂分发,赐顾者自往各往购取可也。"(《益闻录》1883年9月5日)《益闻录》在上海徐家汇编辑、印刷、发行,是中国天主教第一份中文报纸,也是上海最早出版的中文刊物之一。北京国家图书馆编《晚清珍稀期刊汇编》(2010)影印馆藏《益闻录》第286期至1799期;上海图书馆原徐家汇藏书楼收藏完整。《益闻录》辟有栏目谕旨公录、论说、京报照录,内容有宗教、科学、论述、时事、经济等,还有不少上海本地新闻。《益闻录》后与另一份中文刊物《格致新编》合并,出版为《格致益闻汇编》。

李杕(1840—1911),名浩然,又号大木斋主,字问渔,别署耶稣会隐名氏,教名劳楞佐(Laurentius)。江苏南汇人(今上海浦东)西李家村人,与马相伯同岁、同学、同教。李杕1840年8月12日生于唐墓桥天主教世家,父国范,母陆氏,有一姊三妹一弟,"自先祖奉教以来,业已八世"(李问渔《理窟》)。幼年在川沙经师庄松楼先生处习儒业,聪颖灵悟,曾被寄予科举期望。1856年8月18日加入圣母始胎会为相公,后

转学徐汇公学。1859年放弃科举,专习拉丁文、哲学和神学。1862年5月29日从徐汇公学毕业,与马相伯一起加入耶稣会,为修道生。1865年入董家渡读哲学,随即进入徐家汇大修院读神学,1869年6月29日晋铎,1870年获得神学博士学位。(徐宗泽:《李问渔司铎逝世二十五年纪念》,《圣教杂志》第25卷第11期,1936年12月)李杕初在松江、青浦、南汇、建平、宁国等地传教,1878年在徐家汇创办并主编《益闻录》(半月刊,后改为周刊),陆续开设恭录上谕、教皇谕旨、西报摘录、申新两报摘录、文苑等栏目,为天主教世俗新闻刊物。1898年,《益闻录》与《格致新闻》合并为《格致益闻汇报录》(每周二期),1908年又改名《汇报》,李杕去世后改名《圣教杂志》。1887年,李杕还创办《圣心报》(月刊),直到1949年停刊。1903年马相伯创立震旦学院,李杕前来帮助教学;1905年,震旦学院与复旦公学分离之后,李杕出任震旦学院院长,南从周担任教务长。1908年震旦迁到卢家湾,遂卸任,专任《汇报》、《圣心报》主编。1911年6月8日,因染伤寒,在上海去世,葬于上海南门耶稣会士。李杕学兼中西,著述丰富,曾翻译新约为《新经译义》,编辑古典,作家范文为《古文拾级》,其他撰著则有《理窟》、《续理窟》、《辨惑卮言》、《砭傲金针》、《天神谱》、《玫瑰经义》、《圣体记》、《德镜》、《心箴》、《忠言》、《答问录存》、《圣若瑟月新编》、《弥撒小言》、《奉慈正义》、《爱主金言》、《拳祸记》、《增订拳祸记》,编定著作《徐文定公集》、《古文拾级》、《墨井集》、《墨井书画集》,另外还有译著近四十种,见徐宗泽《李问渔司铎逝世二十五年纪念》和《汇报》第38期。另有张若谷《创办〈益闻录〉〈汇报〉之李问渔司铎》(《圣教杂志》第25卷第12期,1936年)统计:李杕作品"译著、阐道、论学之书,凡六十种"。马相伯与李杕情谊甚笃,曾为李问渔《古文拾级》作序,称"余同学问渔,所选《古文拾级》凡百篇,先今后古。以其与我并世者今也,耳目同濡焉,自卑自迩,尤合现今之教授,足为逮古之津梁。学者苟于离经辨志之余,仿曾文正分段法,如吕东莱《古文关键》之为者,将逐节声调之异同,句豆之短长,一一口诵心维,勿以百篇为少而精熟之。熟则生巧,国粹之存,其在斯欤!"李杕擅长古文,在震旦公学和震旦大学教授中国语言文学,其文字造诣不亚于作《马氏文通》的马建忠、马相伯,故有称:"李杕长于古文,所作文字明白通晓,且所论皆有本,不浮泛,不雕饰,虽精微玄妙之说,能以浅显雅驯之文字达之。更善以顾问译述西学,融合中西文字思想于一炉,使读者不觉沉闷,不知其为译文也。"(张若谷:《古文家李问渔传》,《圣教杂志》第27卷第6期,1938年)

4月27日(三月廿五日),郭嵩焘离开伦敦,与李凤苞、姚彦嘉、李湘甫、马格里一起乘坐海轮渡海到法国,马建忠等人到码头迎接。"日意格、马眉叔、联春卿并迎于舟次。"日意格、马建忠、陈敬如陪同郭嵩焘一行夜宴,按巴黎习俗彻夜交谈,"罢酒而天大明矣"(《郭嵩焘日记(三)》,长沙:湖南人民出版社,1982年,第491页)。

夏,马建忠有《上李伯相言出洋工课书》,内中报告郭嵩焘公使"于四月下旬至法,五月初呈国书札。……五月下旬,乃政治学院考期。……近日工课稍宽闲,至炫奇会游览"。除了汇报学业,感谢栽培之外,马建忠重点报告了李鸿章、郭嵩焘、曾纪泽等大臣感兴趣的不同国体、政体和三权分立制度:"各国吏治异同,或为君主,或为民主,或为君民共主之国;其定法、执法、宪法之权,分而任之,不责于一身,权不相侵,故其政事,纲举目张,灿然可观。"马建忠还对英国、美国、法国政体各自的利弊作了分析,以供大臣们参考。

郭嵩焘来法国期间,正逢巴黎世界博览会(5月20日至11月10日)开幕,各国公使与法国和欧洲、美国参会官员有大量接触。因为排场所须,清国公使官邸临时租用"罗马王大街,门牌5号,靠近凯旋门"(中国第二历史档案馆,中国社会科学院近代史研究所合编:《中国海关密档(2)》,北京:中华书局,1990年,第32页)。一所内部装修漂亮的大房子。在此期间,马建忠经常前往该处参加公务、社交和家庭交往活动。该处所是上海海关总税务司赫德的助手金登干代为租赁,4月25日至10月31日间的租费为34 000法郎。

或因李鸿章、郭嵩焘欲全面了解三权分立和君主制、共和制的利弊,马建忠在《上李伯相言出洋工课书》中以西方政治学教科书知识,加上他对法国议会、巴黎市政厅的考察,全面评价了英、美、法政体:"窃念忠此次来欧一载有余,初到之时,以为欧洲各国富强专在制造之精,兵纪之严。及披其律例,考其文事,而知其讲富者以护商会为本,求强者以得民心为要。护商会而赋税可加,则盖藏自足;得民心则忠爱倍切,而敌忾可期。他如学校建而智士多,议院立而下情可达,其制造、军旅、水师诸大端,皆其末焉者也,于是以为各国之政尽善尽美矣。及入政治院听讲,又与其士大夫反复质证,而后知'尽信书则不如无书'之论为不谬也。英之有君主,又有上、下议院,似乎政皆出此矣;不知君主徒事签押,上、下议院徒托空谈,而政柄操之首相与二三枢密大臣,遇有杂事,则以议院为籍口。美之监国,由民自举,似乎公而无私矣;乃每逢选举之时,贿赂公行。更一监国则更一番人物,凡所官者皆其党羽,欲望其治,得乎!法为民主之国,似乎入官者不由世族矣;不知互为朋比,除智能杰出之士如点耶诸君,苟非族类而欲得一优差,补一美缺,夐夐乎其难之。"《上李伯相言出洋工课书》为李鸿章、郭嵩焘幕府中最直接的宪政讨论。该书原稿丢失,出使大臣曾纪泽"激赏此作,载入使英、法日记中",保存了全文。马建忠"爰录存之",收入《适可斋记言》(王梦珂校注:《马建忠集》,北京:中华书局,1960年,第28页)。惟历次马建忠文集编订,均将《上李伯相出洋工课书》系年在"丁丑夏"(1877年夏),此误。因马建忠在1876年11月从天津出发,至"丁丑夏"在巴黎居住仅半年,何言"忠此次来欧一载有余"? 文中提到"四月"郭嵩焘来到巴黎,参加1878年巴黎世界博览会,则本工课书应作于戊寅(1878)年夏。

5月1日(三月廿九日),马建忠随同郭嵩焘等人参观巴黎"万国珍奇会"(世界博览会)开幕式。应法国外交部瓦定顿邀请,郭嵩焘"偕李湘甫、姚彦嘉、德在初、联春卿、李丹崖、陈敬如、马眉叔及马格里、日意格、斯恭塞格、高氏亚同往"(郭嵩焘撰:《郭嵩焘日记(三)》,长沙:湖南人民出版社,1982年,第493页)。

5月5日(四月初四日),马建忠正式担任驻法公使郭嵩焘的翻译。本日,"(法国外交部)莫拉来见,并告呈递国书期日,因约陈敬如、马眉叔译交诵词一纸"。次日,郭嵩焘由马建忠、德明、联芳、陈季同等人陪同去爱丽舍宫,向总统麦马韩(Patrice Maurice de MacMahon,1808—1893)递交国书,马建忠在总统和公使之间的翻译非常出色。(郭嵩焘撰:《郭嵩焘日记(三)》,长沙:湖南人民出版社,1982年,第496页;《伦敦与巴黎日记》,卷十九)

按王彦威辑《清季外交史料》卷十三,郭嵩焘、马建忠等去爱丽舍宫递交国书的情况如下:"四月初五日,未刻,由其御前奉引大臣莫拉管驾朝车一辆,马车二辆来迎臣。即带同翻译德明、联芳、马建忠、陈季同恭奉国书,至其雷立赛宫。甫入内门,其伯理玺天德已免冠立候。臣宣读宣读颂辞毕。伯理玺天德亦宣读答辞,相与鞠躬而退。旋据莫拉开交所颂答辞,仰希中朝礼乐输诚修好,其意似极勤恳。出入陈列队伍,奏乐迎送。规模制度,又视英小异。"(北京:书目文献出版社,1997年,第251页)

7月2日(六月初三日),晚间,李丹崖(凤苞)、李湘甫、罗稷臣(丰禄)、严又陵(复)、方益堂(伯谦)、萨鼎茗(镇冰)从伦敦来到巴黎。(见郭嵩焘撰:《郭嵩焘日记(三)》,长沙:湖南人民出版社,1982年,第556页)

7月18日(六月十九日),晚上,总理衙门选派福建船政局留学英国监督李凤苞在巴黎设宴,马建忠与日意格、严复等13位中外宾客出席。

"(李)丹崖邀同日意格、斯恭塞格、高氏亚、马格里、李湘甫、联春卿、张听帆、马眉叔、罗稷臣、陈敬如及严又陵、魏季渚等十三人晚酌。"(郭嵩焘:《伦敦与巴黎日记》,卷廿一)马建忠自同舟到达伦敦之后,又与严复等人重新见面。

8月18日(七月二十日),郭嵩焘与马建忠见面,马建忠向后者介绍西方科学思想的本源与学理。"眉叔言:西洋征实学问,起于法人嘎尔代希思,其言以为古人所言无可信者,当自信吾目之所及见,然后信之;当自信吾手足所涉历扪摩,然后信之。既自信吾目矣,乃于目所不及见,以理推测之,使与所见同;既自信吾手足矣,乃于手足所未循习者,以理推测之,使与所循习同。于是英人纽敦因其言以悟动学,意大里人嘎里赖因其言以悟天文日统地不动而地自动,德人来意伯希克又有性理之学。此数人者,皆西洋学问之前导者也。"(郭嵩焘:《伦敦与巴黎日记》,卷廿二)"嘎尔代希思",即法国哲学家笛卡尔(Rene Descartes, 1596—1650),取其拉丁化学术名字Renatus Cartesius的译音。"当自信吾目之所及见,然后信之"句即是"我思故我在"的意思,"纽敦"今译牛顿,"嘎里赖"即伽利略,"来意伯希克"为莱布尼茨。8月29日(八月初二日),马建忠又以"万国公法"为议题,向郭嵩焘介绍巴黎高等政治学院二年制课程及毕业后录用去向:"马眉叔在巴黎政治学堂专习公法。其学堂肄业大纲,凡分五等:一、出使各国;二、国家机密政事;三、地方管理民事;四、户部征收赋税之事;五、总核出入款项。每岁户部、外部拔取其尤,以备录用。而在馆肄习者以两年为期,或专习,或全习,期于有成。"(郭嵩焘:《伦敦与巴黎日记》,卷廿三)马建忠还提供了详细的教学法和课程内容,此略。

9月10日(八月十四日),公使团的朋友,英国诗人莆里兰得(Humphrey William Freeland, 1814—1892,傅澧兰)从伦敦来巴黎,谈及"莆兰莆尔得公会(法兰克福国际公法大会)曾建议三款,意未中国言之,马眉叔竟不以告"(郭嵩焘撰:《郭嵩焘日记》,长沙:湖南人民出版社,1982年,第627页)。谈话涉及国际公约关系中国的三项条款内容为:亚洲各国宗教不同,应该制定与欧洲基督宗教国家间不同的公法;东方口岸城市领事不宜干预地方事务;以前所定国际公法宜作修订,方便执行。郭嵩焘说这些内容都曾公诸报刊,关系重要。马建忠或许是专心于学业,未能及时告知使署。

9月11日(八月十五日),中秋节,郭嵩焘设宴招待在巴黎的中外朋友;晚宴后,在巴黎赏玩街景,马建忠均出席、陪同。"(郭嵩焘)晚邀莆里兰得、日意格、贺璧理、马格里及办大会王子献、马福初、孙信耕、卓品珊四人,及李湘甫、张听帆、陈敬如、马眉叔、联春卿会饮,为中秋觞宴之叙。因偕马格里

及湘甫、听帆、敬如、眉叔、春卿踏月街肆中,就观千里镜驾以向月者,各大街均有之。"(郭嵩焘:《伦敦与巴黎日记》,卷廿三)

10月3日(九月初八日),已定出使大臣,拟驻英国、法国公使曾纪泽在天津寓中阅读李鸿章提供的函件、抄件,其中有马建忠《上李伯相言出洋工课书工课》,甚为佩服,遂将三千余字的原稿稍微润饰,全文抄录,并评价"闻建忠年才二十有六,精通法文,而华文函启亦颇通畅,自达其意,洵英才也"(曾纪泽撰:《曾纪泽日记》,长沙:岳麓书社,1998年,第786页)。"年才二十有六"为误传,马建忠生于1845年,1878年已33岁。

11月12日,据巴黎报纸《高卢人》(Gallica)报道:马建忠在巴黎高等政治学院以优异成绩取得学士学位。"中国受训团成员,且与中国公使相关的马建忠先生,在七月底在答辩委员会的审核中,以不能更加出色的方式通过了文学士(Bachelier es-lettres)考试,并取得了经统考的科学学位。"(此由刘伟杰查找,并提供)

秋,在法国留学的马建忠有《巴黎复友人书》,针对如何改进派遣留学生事宜作出建议,以便送达总理衙门。即"将有益于交涉之学业者详叙送核,以便函达总署"。10月21日(九月二十六日)马建忠接友人来信,不久即复信,故拟函时间应为他离开巴黎,去马赛旅行之前。马建忠冬季在马赛,则他在巴黎复信的时间应为秋季。《巴黎复友人书》略谓:"夫泰西政教,肇之希腊,而罗马踵之。当希腊未辟之先,其滨海、中海、东海诸部,若范尼,若埃及,人民富庶,流户北渡,迁于希腊,各据一隅,专事兼并。迨外寇侵侵,诸部落并力死拒,斐理勒王始乘时行连合之说,其嗣王亚历山卒成其志,于是悉起国中兵,东向略地,至犹太、波斯、印度之属,绵亘数万里。而所征国都有不相下之心,无割地请和之说,交涉之道犹未起也。罗玛创始之初,地广人稀,招徕流亡,渐臻富庶……。"马建忠在建议外交("交涉")人才培养方案之前,先介绍希腊、罗马的历史。此为中国学者把西方近代文明归根于希腊、罗马,即后世所谓"言必称希腊、罗马"风气之发端。

冬,在马赛旅行的马建忠有《玛赛复友人书》。马建忠遵友人来信之嘱托,"就中国情形拟成出使学堂章程"。书中建议:"拟于上海设一学院,收录身家清白聪俊子弟,凡五经、四子书全毕,文理粗通者,以十五岁以上至二十一、二岁为限。收入之日,试以策论,或与之名臣奏议一段,使演绎其旨,或从而辩驳之。以词意清顺,气机畅达为主。每岁录取十名,以三年为限。第一年课以法国、辣丁语言,第二年课以文义,第三年课以词章。各有呈限。正课之外,仍兼华文史鉴,不得偏废。又时为讲解外史,以及度数之学,格致之功,皆当领略一二,以为异日酬应之资。每年有考,劣者革出,优者方准进读。三年后总考,选录者咨送总署,或内留当差,或外放随员。"书中关于中西学不偏,注重法文、拉丁文的语言教学的主张,与马相伯晚年兴办震旦学院、复旦公学理念仍属一致,且早了二十多年。马建忠此书中提出在中西学术之间"不得偏废"的主张,对同治、光绪年间兴学人士的影响很大。曾纪泽在《使西日记》中称赞说:"精通法文,而华文函启亦颇通畅,洵英才也。"

本年,马相伯卸任潍县机械局,奉李鸿章之命令在山东调查矿务。《一日一谈·我与高丽》:"余从山东潍县机械局交卸以后,即离开那儿(指山东)。后又奉李中堂之命,去那儿调查矿务。余告中堂:山东无多矿,和不到山西去调查?中堂慨然道:此非余力所及,奈何?余遂往。勾留半年,余留山东前后计有三年之久。"(朱维铮主编:《马相伯集》,上海:复旦大学出版社,1996年,第1089页)

本年,马相伯结婚,妻子王氏为山东人。马相伯共育二子一女,长子君远,娶邱氏,1914年去世。君远去世后,马相伯指定邱氏更名"马邱任我",料理马家事务有年,1965年去世。君远与任我之女儿玉章承嗣马氏,至今繁衍。次女宗文,适徐氏子球,生子二人。1892年,马相伯妻王氏和襁褓中得幼子(失名)在从上海往山东探亲途中,在黄海海面失事罹难。

本年,江南教区(江苏、安徽)的司铎人数又有增加,欧洲籍司铎达到55人,华籍司铎达到26人。教友人数从73 847人增加到94 310人。(史式徽著:《江南传教史(二)》,上海:上海译文出版社,1983年,第345页)

1879年(光绪五年,己卯),四十岁

1月18日(光绪四年十二月二十六日),上午,马建忠访问曾纪泽(1839—1890)在巴黎的寓所。曾纪泽为清政府新派出使英法俄国大臣,前来巴黎接替上一届清朝出使英法大臣郭嵩焘(1818—1891)。马建忠以巴黎政治学院博士学生,曾兼而担任郭嵩焘的翻译。按曾纪泽《出使英法俄国日记》(长沙:岳麓书社,1985年,第155页)记,当天"马眉叔来,一谈"。此后,马建忠分别又在1月21日(十二月廿九日)、1月23日(光绪五年一月初二日)、1月24日(初三日)拜访曾纪泽,一起前往爱丽舍宫,处理外交事务。

2月6日(一月十六日),新任出使法国大臣曾纪泽到达巴黎后,辞任大臣郭嵩焘由马建忠等人陪同,做南欧游。本日,刘开生、杨仁山出面,在清国驻法使署公馆设宴送行,姚彦嘉、张听帆、黎莼斋(庶昌)、马眉叔(建忠)出席。

马建忠等人陪同郭嵩焘的南方旅行,当晚乘火车出发,巴黎清国同事并法籍友人日意格到车站站台送行。"(郭嵩焘)与黎莼斋、姚彦嘉、马眉叔四人同为瑞士之游。刘开生、曾省斋、杨仁山、李敦甫、罗青亭、罗穆臣及日意格并送至车行。"(郭嵩焘《伦敦与巴黎日记》,卷廿八)本次南下旅行,一路游历,经过方丹布罗(枫丹白露)、谛雍(第戎)、牛洽登(纳沙泰尔)、热勒弗(日内瓦)、老尚勒(洛桑)、栗渝(里昂)、马赛。一行人在马赛下榻鲁弗尔酒店新店,江南制造局英籍翻译傅兰雅前来陪同。离开马赛,一行人经多隆(土伦)、栗斯(尼斯)、莫拉戈(摩纳哥),到达意大利尼斯。英籍上海巨商汉璧礼(Thomas Hanbury,1832—1907)专程从拉莫托拉庄园府邸前来拜访郭嵩焘。汉璧礼并为一行人安排车辆,送至那不勒斯,途径比萨、罗马,终于10日到达那不勒斯。

2月10日(一月二十日),郭嵩焘、黎庶昌、马建忠一行下榻那不勒斯倭得朗克得公馆,当日便前往庞贝古城,参观旅游。一行人凭吊古罗马政治,记庞贝古城议会遗址状貌尤详。"二千年以前已立议政院于是。据其厅堂

之阁阔者,为上下议政院。又有大厅,左右柱各十余。上为高台,右旁有石级下入地窟。土室黑暗,凿地为孔,以通天气,因据以为理刑院。"(郭嵩焘:《伦敦与巴黎日记》,卷廿八)次日,郭嵩焘在那不勒斯港搭乘由马赛港起航之法国邮轮"阿纳谛尔号"回国,傅兰雅同船回上海,汉璧礼、黎庶昌、马建忠则至码头送行。

2月16日(一月廿六日),马建忠、黎庶昌等陪同郭嵩焘那不勒斯之行结束,返回巴黎。当天,马建忠即往曾纪泽寓所,汇报情况。曾纪泽《出使英法俄国日记》(长沙:岳麓书社,1985年,第166页)当日记载:"黎莼斋、马眉叔送筠仙丈至拿波里而归,与谈极久。"2月20日(一月三十日)晚上,马建忠等人预定歌剧演出票房,邀请曾纪泽及夫人、女儿一起在包厢观看,晚至子夜,方才归府。11月23日(十月初十日)、12月7日(十月廿四日),马建忠又不断拜访曾纪泽。曾纪泽出使法国期间,马建忠(眉叔)经常与之来往,关系密切。

2月24日(二月初四日),曾纪泽继任郭嵩焘之后,李鸿章又向总理衙门具文,推荐马建忠兼任驻法公使翻译。"马郎中建忠在法国考取文词第二科,可以兼充曾劼刚翻译。马建忠系江苏溧阳(为丹徒误)人,迭经乡试,华文本好,法文亦所素谙,向在津署翻译,前年派同闽厂学生出洋肄习。闻其近来洋学大进,屡试高等,其人品心地毫无浮滑习气,此后进可造之才也。"(李鸿章:《荐李凤苞为公使》,《李鸿章全集(7)》,长春:时代文艺出版社,1998年,第4389页)

3月27日(三月初五日),出使英国、法国大臣郭嵩焘乘坐的客轮到达上海,因候潮停泊在吴淞口暗沙外。上海知县闻讯后,商请江南制造局派小轮前往;轮船招商局唐景星、黄泳清亦乘局船迎接。船靠黄浦官码头后,郭嵩焘一行仍然寓住在宁波路、四川路上的广肇公所,上海各界人士前往拜访,络绎不绝。(郭嵩焘撰:《郭嵩焘日记(三)》,长沙:湖南人民出版社,1982年,第821页)

4月4日(三月十三日),郭嵩焘参观英国伦敦会在沪主办医疗机构仁济医院(位于英租界福州路山东路之"麦家圈")。6日,访问清政府为洋务运动举办之外语学校上海广方言馆。

4月10日(三月十九日),郭嵩焘在寓所广肇公所与马相伯、马建忠的大哥马建勋相见。本日,"莫善徵、马少梁、王子显(名承荣)、钱君砚(名宝传,厘金总办)、金元直(名星桂)来见"。郭嵩焘特别说到来客中的马少梁是马建忠的之兄,更了解到马相伯在山东,学问尤佳。"马少梁,名建勋,马眉叔之兄。其仲兄建常馆山东,数学、矿学皆有根底,尤佳品。"同一天来拜见郭嵩焘的还有在沪外交官和传教士多人:"副领事阿林格,翻译朱国典,牧师慕维廉、戴德慕、罗约翰,先后来见。"(郭嵩焘撰:《郭嵩焘日记(三)》,长沙:湖南人民出版社,1982年,第831页)

4月11日(三月二十日),郭嵩焘因对马建忠、马相伯的学习环境感兴趣,由格致书院教习林乐知(Young John Allen,1836—1907)陪同,参观马氏兄弟的母校徐家汇,同行者尚有姚彦嘉、张听帆等马建忠在巴黎的同僚。耶稣会法国司铎步天衢(Henri-Joseph Bulte,1830—1900)接待,导览并讲解了徐汇公学、土山湾工艺院(印书馆)、教堂、博物院、藏书楼、天文台等。郭嵩焘一行还见到了在徐家汇工作的马相伯、马建忠同学沈则宽(容斋)、黄伯禄(志山),详加询问。

郭嵩焘《伦敦与巴黎日记》(卷三十)记录光绪五年三月二十日访问徐家汇见闻:"二十日偕姚彦嘉、张听帆至格致书院,约林乐知会谈。所藏各种小机器亦数百事,法国磁器及鸟兽虫介,亦颇有之。其间化学机器,多比利时国主所捐置。因并偕林乐知至徐家汇天主堂。神父名步天衢,字亦趋,在中国二十年,亦袭中国衣冠。旁设学馆,肄业生百六十余人,并习中国书。亦有博物院,藏书三楹,后楹皆中国书,略分经、史、子、集及释典、道藏、杂书,布置极有条理。其金石、鸟兽、虫介并取之中国。有小鹿无角,长不盈尺,云得自宁国府。学馆凡分三所,一女学馆,一课习外国学馆。外国学馆以剌丁文字为主,兼及数学、化学。马眉叔受业于此十数年,今此学不过十数人而已。又育婴院一所,收养近二百人,以五岁为始,至二十二岁;课以百工技艺,能自营生乃出馆。大率缝工、木工、皮工,及画,及抟土之工,皆有师授。而印书局亦在其中,中、西两文并铅字板。所印多教书,亦有新报,每月二次,名曰《益智录》。天主堂前有天文台,司其事者曰能,亦袭中国衣冠。观星仪器仅三寸径千里镜,而最详于验风:一占方向,一占风力迟速,以验其大小。皆通电气安铅笔,自记方向及风力大小,日以二十四点钟分别占验。各国天文台互相驰报,积岁成一通报。其尤奇者,指南针动力及占潮湿及占电气轻重,为密室掩护之甚力。含吸铁石灯前,为千里眼筒以引灯。悬镜吸铁石下,其光反射,收入长木筒内以达于木柜。中有横轮,覆纸其上,亦分二十四格以肖时。回光反照,成一小火星,其大如粟。用影相法留其影,转轮迟速与十二时分秒相应。所反映之吸铁石,即指南针之证也。其所发电气有轻重,则亦时有偏左偏右之异,各于其分秒辨之。左一室以占潮湿,其光直射而成直划一道,暖则光缩,寒则光涨。其后一室以占风雨,视空气之轻重为衡,其用并同。其右一室以验电气之轻重,所陈机器尚未装妥。密斯能云:"此法创自英国,推行不过二三年耳。"海门黄志山、上海沈容斋陪同指点;并在馆肄业,与马眉叔同学,今皆分理馆事。天文台后院,安设玻璃管三;一验太阳光力之分数,一验太阳热分〔力〕之分数,一验寒暑分数。木桶二:一验雨下分数,一责成巡更者每转一点钟开木桶锁一次,以辨知其勤情。无在不用其机巧,而心手相化,惟用之纯熟故也。"(另见郭嵩焘:《郭嵩焘日记(三)》,长沙:湖南人民出版社,1982年,第832页)

5月18日,美国前总统格兰特(Ulysses Simposn Grant,1822—1885)环球旅行,到达上海。《申报》以石印法印制格兰特总统画像一万张,分赠读者。次日,下午游览黄浦外滩风景,晚上在汇丰银行大楼顶层观赏水龙贺会(消防车船训练比赛)。上海租界、华界各界市民同时庆祝,略显"中外熙洽"。23日,格兰特总统离开上海,28日到达天津,与李鸿章会面;31日,前往北京;逗留至6月12日,回到天津,再会李鸿章,商量调停日本吞并琉球交涉事宜。

4月7日(三月十六日),耶稣会士李杕在徐家汇创办《益闻录》半月刊,为上海最早在神学之外介绍一般科学知识的杂志刊物之一。这份杂志原定由马相伯、马建忠兄弟负责创办,因他们离开而改由李杕主编。

7月9日,马建忠在巴黎法学院(Faculte de Doit de Paris)通过毕业考试,获得学士学位。(朱明哲著:《法学知识的壮游:近代中法法学交流史》,北京:法律出版社,2023年,第221页)

8月26日(七月初九日),上午八点四十分,马建忠与黎庶昌向曾纪泽请得休假,从巴黎奥尔良火车站出发南行,作法国、意大利之游。马、黎二人在波尔多(波尔兜)、马赛、土伦(都隆)、摩纳哥(马纳哥)、威尼斯(卫力斯)、的里雅斯特(脱利夜司脱)逗留。9月20日(八月初五日),回到巴黎。(黎庶昌撰:《西洋游记》,长沙:湖南人民出版社,1981年,第155—163页)

10月9日(八月廿四日),马建忠将自己的毕业考试答卷寄给郭嵩焘,交代学业成就。"马眉叔并寄到考试律法试卷,均系法文,无人识者。"(郭嵩焘撰:《郭嵩焘日记(三)》,长沙:湖南人民出版社,1982年,第929页)

10月15日(九月初一日),下午二点(未时),出使法国大臣曾纪泽在巴黎爱丽舍宫拜见法国第三共和国新任总统弗朗索瓦·保禄·儒勒·格雷维(Francois Paul Jules Grevy),并递交国书。陪同曾纪泽拜见的有参赞黎庶昌、翻译联方、法文翻译法兰亭。曾纪泽代表清国向法国总统递交的国书内容为:"中国大皇帝闻法国上堂、下堂公举伯理玺天德登御宝位,圣心嘉悦,命使臣曾纪泽恭递此函,谒见称贺。愿两国从此益敦睦谊,永庆升平。"(曾纪泽撰:《出使英法俄国日记》,长沙:岳麓书社,1985年,第259—260页)

12月28日,马建忠从法国启程,返回中国。(马骥:《高第(考狄)档案中的马建忠法文信函》,《宁波大学学报(人文科学版)》2017年第6期,第73—79页)

冬,马建忠作《铁道论》、《借债以开铁道说》,介绍自1825年英国煤炭产地纽卡斯尔建造第一条正式铁路之后欧洲各国的建造情况,并提出要在中国迅速推进铁路建设。"铁道之兴,有谓肇于英之纽加斯肋地者,有谓肇于德之墨地特末地者,姑弗深考。惟铁其轨以辙轮,论良于行而马力省,则权舆于英之煤矿,其规制粗备于道光乙酉年。于是由英而美,而奥,而法,而比利时,而德,而俄,而意,而西班牙。自乙酉而至己酉,先后二十四年,各国次第创造恐后。至光绪乙亥,而欧洲之铁道计长十三万六千二百九十八墨里。"(《铁道论》)

马建忠《铁道论》、《借债以开铁道说》为中国最早提倡修建铁路的动议,其时距英国第一条运营铁路完工不过55年。中国幅员广大,物产丰富,如若继英、美、奥、法、比、德、俄、意、西等国之后,筹资建设全国铁路网络,定能后来居上。马建忠认为太平天国战争以后,朝廷资金匮乏,民间虽有资金而认识不足,因而主张发行外债,向外商筹款,建造国家铁路,"今中国议开铁路,当以筹款为先。顾将筹之于官乎?而京协等饷拮据已甚。抑将筹之于民乎?而风气未辟,集股维艰。无已,则有借洋债一法"(《借债以开铁道说》)。惟马相伯在后一年也为李鸿章代拟了《妥议铁路事宜折》,马氏兄弟各篇论述的是同一事件,均为1880年前后为修建直苏铁路建说。马相伯本折与马建忠论说的道理内容非常相似,部分文字略有相同,属于同一事件之作品。惟马相伯《妥议铁路事宜折》意在恳请刘铭传出山修路,直苏铁路之可行;而马建忠《铁道论》、《借债以开铁道说》的数据更详尽,各国铁路情况分析更仔细,更在意于说服清廷铁路之益。马相伯本折与马建忠两篇论说,则为马氏兄弟在李鸿章幕府常常共同作业之又一例。

1880年(光绪六年,庚辰),四十一岁

2月23日(正月十四日),徐建寅(1845—1901,无锡人,徐寿之子)访问巴黎,由日意格(Prosper Qiquel,1835—1886)陪同考察法国制造业。下午,徐建寅在日意格寓所午饭后,"即偕史率克、张听帆往巴黎府尹衙门(市政厅)观议事院。有绅士八十人列坐于前,府尹坐中央,绅士首董坐府尹之前。绅士欲申其说者,就绅士首董前面之位,立而宣讲焉"(徐建寅撰:《欧游杂录》,长沙:湖南人民出版社,1980年,第22页)。晚上,徐建寅谒见清政府驻法公使曾纪泽。

4月(三月),马建忠结束在法国巴黎的留学生涯,回到天津,向李鸿章报告学业情况。李鸿章遂向上海、天津外交界介绍马建忠,因受到好评,而颇感自得:"该员于三月间回津谒晤,将在洋先后应考所得无此官凭呈验,臣逐加考询,华学既有根柢,西学又有心得。历试以事,均能折中剖析,不随不激。凡过津各国公使领事,无不同声引重,实堪胜专封之选。"(李鸿章:《奏保马建忠片》,《李鸿章全集(3)》,长春:时代文艺出版社,1998年,第1498页)

4月8日(三月十七日),马相伯本日或稍早时日到达天津,向李鸿章汇报并商量在山东境内的开矿事务。李鸿章建议马相伯以招股的方式开办淄川铅矿、潍县煤矿,一旦资金充裕,便投资建造。"马中书建常到此,留意淄川铅矿、潍县煤矿。弟令其招股,议有规模再赉函往谒,禀商一切。"(李鸿章:《复周福陔》,《李鸿章全集(6)》,长春:时代文艺出版社,1998年,第3781页)为此事宜,李鸿章把马相伯介绍给山东巡抚周福陔。周福陔(1824—1894),名恒祺,另字子维,湖北黄陂人,咸丰二年(1852)进士,入翰林院,为编修,后任顺天、广东乡试考官。光绪五年至七年,任山东巡抚,后改漕运总督。

春,马相伯代直隶总督李鸿章拟定《妥议铁路事宜折》。据马相伯晚年回忆,1880年代李鸿章曾有计划在自江苏清江浦,经山东、河北到北京;自湖北汉口,经河南、河北到北京,修建两条铁路。李鸿章设想将这两条内地铁路交由淮军名将刘铭传负责修建,后因保守派阻扰,淮军的铁路建造计划

未能实现,然终究为后来京沪、京汉铁路之先声,值得铭记。"己卯冬"(1879—1880),马建忠有《铁道论》、《借债以开铁道说》,为中国近代最早倡导铁路建设之主张。马相伯《妥议铁路事宜折》进一步论证铁路建设之必要,并对如何"借债"建造两条铁路提出详细方案,是马建忠《铁道论》的同期作品。

《妥议铁路事宜折》确为马相伯作品,马相伯回忆说,这份奏折是他代为起草的,"上海办铁路,大约在光绪初年。首先造的是上海到吴淞的那一条。那时,刘铭传奏办铁路,那奏章还是吾做的"(《六十年来之上海》,朱维铮主编:《马相伯集》,上海:复旦大学出版社,1996年,第539页)。本奏折见于《李鸿章全集(3)·奏稿》(长春:时代文艺出版社,1998年,第1553页),系于1880年,今据以录入。《妥议铁路事宜折》摘要:"迄于今日,泰西诸国亟研精器,创造火轮,舟车环地球九万里,无阻不通。又于古圣所制舟车外,越出新意,以夺造化之工。而便民用途者。中国仿造轮船亦颇渐收其益,盖人心由拙而巧,器用由朴而精,风尚由分而合,此天地自然之大势,非智力所能强遏也。查火轮车之制,权舆于英之煤矿,道光初年始作铁轨以约车轮。其法渐推渐精,用以运输煤铁,获利甚多,遂得扩充工商诸务,雄长欧洲。既而法、美、俄、德诸大国相继经营,凡占夺邻疆,垦辟荒地,无不有铁路以导其先。迨户口多而贸易盛,又必增铁路以善其后。由是,欧美两洲六通四达,为路至数十万里,征调则旦夕可达,消息则呼吸相通。四五十年间,各国所以日臻富强,而莫与敌者,以其有轮船以通海道,复有铁路以便陆行也。……窃尝考铁路之兴大利,约有九端。江淮以北,陆路为多,非若南方诸省河渠贯注而百货流通,故每岁所征洋税厘金二三千万两,在南省约十之九,在北方仅十之一。倘铁路渐兴,使之经纬相错,有无得以懋迁,则北民必化惰为勤,可致地无遗利,人无遗力。渐臻殷阜之象,其铁路扼要之处,征收厘税必渐与南方相埒。此便于国计者,利一也;从来兵合则强,兵分则弱。中国边防、海防各万余里,若处处设备,非特无此饷力,亦且无此办法。苟有铁路,以利师行,则虽滇、黔、甘、陇之远,不过十日可达。十八省防守之旅皆可为游击之师,将来裁兵节饷,并成劲旅,一呼可集,声势联络,一兵能抵十兵之用,此便于军政者,利二也;京师为天下根本,独居中国之北,与腹地相隔辽远,控制极难,缓急莫助。咸丰庚申之变,议者多请迁都,率以事体重大,未便遽行,而外人一有要挟即欲撼我都城。若铁路既开,万里之遥,如在户庭。百万之众,克期征调,四方得拱卫之势,国家有磐石之安,则有警时易于救援矣。各省仕商络绎奔赴远方,粮货转输迅速,皆愿出于其途,藏于其市,则无事时易于富庶矣。不必再议迁都,而外人之觊觎永绝,自有万年不拔之基。此便于京师者,利三也。曩岁晋、豫荐饥,山西米价腾踊,每石需银至四十余两。设有铁路可运,核以天津米价与火车运价,每石不过七两左右。以此例之,各省遇有水旱偏灾,移粟辇金,捷于影响,可以多保民命,且货物流传自免居奇之弊。此便于民生者,利四也。自江浙漕粮改行海运,议者常欲规复河运以防海运之不测。铁路若成,譬如人之一身血脉贯通,即一旦海疆有事,百万漕粮无虞梗阻。其余如军米、军火、京饷,莫不应手立至。此便于转运者,利五也;轮车之行,较驿马十倍之速,从此文书加捷,而颁发条,稍裁正路驿站,以其费扩充铁路。此便于邮政者,利六也;煤铁诸矿,去水远者以火车运送,斯成本轻而销路畅,销路畅而矿务益兴。从此煤铁大开,修造铁路之费可省,而军需利源更取之不尽而用不竭。此便于矿务者,利七也;凡远水之区,洋货不易入而土货不易出。今轮船所不达之处,可以火车达之,出入之货愈多,则轮船运货亦与火车相为表里。此便于招商轮船者,利八也;无论官民兵商,往来行役,千里而瞬息可到,兼程而途费转轻,无寇盗之虞,无风波之险。此便于行旅者,利九也。以上各端,西洋诸国所以勃焉兴起者,罔不慎操此术,而国计、军谋两事,尤属富强切要之图。刘铭传见外患日迫,兼愤彼族欺凌,亟思振兴全局,先播风声,俾俄、日两国潜消窥伺之心。诚如圣谕,系为自强起见,查中国要道南路宜修二条。一由清江经山东,一由汉口经河南,俱达京师。北路二条,宜由京师东通奉天,西通甘肃。诚得此四路,以为根本,则旁路繁要之区虽相去或数百里,而地段较短,需费较省,即招商集股亦舆情所乐,就从此由干达枝,纵横交错,不患铁路之不振兴。惟统计四路工费浩繁,断难并举,刘铭传拟先造清江至京一路,与臣本年拟设之电线相辅并行,庶看守易而递信弥捷,洵两得之道。盖先办一路,虽于中国形势尚偏而不举,然西洋诸国五十年前亦与中国情形相等。惟其刻意营缮,争先恐后,故有今日之气象。刘铭传之意盖欲先创规模,以为发轫之端,庶将来逐渐推广,不患无奋兴之日也。……"

6月1日(四月廿四日),为平息崇厚(1826—1893,满洲镶黄旗人)在俄国擅自订约,激起清议,被清廷判为"斩监候"而引发的外交危机,马建忠在天津北洋通商大臣使署与英国公使威妥玛、法国公使宝海作私人接触,斡旋各国纠纷。李鸿章倚重刚刚回到国内的马建忠,借助他与各国外交官的私人关系,"属与威(妥玛)相识之马道建忠赴该使处,邀请于二十四日下午来署,屏人密谈"。

英国驻华公使威妥玛等为调停清俄冲突,力请清廷"宽减崇厚罪名以固邦交"。威妥玛对马建忠说:"现在时势日紧一日,张之洞侍读去腊奏折已由上海洋文新报译寄各国,皆喧传中朝专用张某之谋,一意主战。俄人必已见过,恐其弄假成真,将为不了之局。前数日,德(璀林)税务司亦携洋文新报来见,动色相告。张侍读密疏,鸿章尚未得见,不知何以全篇译入洋报?几事不密,殊为诧怪。"李鸿章借助马建忠与英、法公使的个人关系,私下接触,转圜清廷和总理衙门严厉处罚崇厚造成的外交危机。当天,李鸿章、马建忠还在使署约见了法国新任公使宝海。"二十四日,法国新来公使宝海过谒,其人久在外部,深知大体,与鸿章相见甚欢。马道游法都,有声与宝使所谈节略,微及此事,与威使等意见略同。"(李鸿章:《述英法二使议论》,《李鸿章全集(8)》,长春:时代文艺出版社,1998 年,第 4498 页)

7 月 9 日(六月三日),李鸿章向朝廷和总理衙门推荐马建忠,以外交专才任用,有《奏保马建忠片》,片称马建忠"精通法国语言文字,兼习科举制学。志趣端正,心地明敏,颇堪造就"。恳请清廷允准在总理各国事务衙门以加二品衔候补道员安置,以备将来出使、交涉等外交之用。

李鸿章《奏保马建忠片》:"候选道马建忠,前经臣调津随办洋务,精通法国语言文字,兼习科举制学。志趣端正,心地明敏,颇堪造就。光绪二年十一月,臣于会奏选派闽厂学生出洋学习折内声明派充出洋随员,并令于各国交涉公法、律例等事,认真讲习,仍由监督李凤苞随时督查功课,俟学成后订请专门洋师考验具报。本年二月,按据李凤苞咨称,该员马建忠出洋以来,肄习交涉公法、律例、格致、政治、文辞,均经考试取中,领有官凭,学已卒业,应即送回供差。该员持躬谨慎,为外人所敬重,允称品学兼优。或备充出使人员,或备咨询例案,以与洋员辩论,均堪胜任等因。该员于三月间回津谒晤,将在洋先后应考所得无此官凭呈验,臣逐加考询,华学既有根柢,西学又有心得。历试以事,均能折中剖析,不随不激。凡过津各国公使领事,无不同声引重,实堪胜专封之选。该员出洋三年,勤学好问,周历法、英、德、奥、瑞士、比利时、意大利等国,闻见博洽,又兼出使大臣郭嵩焘、曾纪泽翻译官,历著辛劳。今学成而归,自应照案酌给优奖。相应请旨,将候选道马建忠赏加二品衔,并交军机处、总理衙门存记,备充出使各国之用,于时局当有俾助。理合据实,附片具陈,伏乞圣鉴,训示。谨奏。"(李鸿章:《奏保马建忠片》,《李鸿章全集(3)》,长春:时代文艺出版社,1998 年,第 1498 页)

夏,马建忠为总理衙门拟文,为外交礼仪和洋货厘金事宜,有《复李伯相札礼中外官交涉仪式洋货入内地免厘秉》。马建忠回国后,即入李鸿章幕府,深得信任,中外交涉事务中的法律问题尤其依赖。6月29日(五月二十二日)时任英国公使威妥玛(Thomas Francis Wade,1818—1895)为外交礼仪不平等,洋货入内地受厘金限制,拜访总理衙门,"先说中外往来仪式一节,云'英约载有督抚领事用札文,我们不愿意,所以要商量'等语。继说洋货入内地科征一事,意在仍照现在条件办理,而注重在免内地厘金。"(王梦珂校注:《马建忠集》,北京,中华书局,2013年,第74页)李鸿章将此事务交由马建忠处理,让他设计一套交涉方案。马建忠从容应付,一一作答。原秉系于上年夏天,然上年马建忠还在巴黎,今移于1880年。

7月11日(六月五日),本日清廷发下谕旨,因马建忠学成归国:"以堪任专对,赏道员马建忠二品衔。"(《光绪朝清实录》,光绪六年六月辛丑日)李鸿章请得专旨以后,果赏马建忠二品衔,发交总理各国事务衙门备案,以备出使各国之用。委用之前,先在北洋总督麾下参与管理天津水师营务处,办理海军事务。

1881年(光绪七年,辛巳),四十二岁

1月1日(十二月初二日),马相伯为李鸿章代拟《妥议铁路事宜折》,亟请在家乡合肥养病的淮军勇将刘铭传出山,重率旧部,招商借债,兴办从江苏(清江浦)至北京(京师)的铁路。本日,此折经光绪皇帝批复,上谕下达到总理衙门,允准试办直苏铁路,称:"刘铭传奏筹造铁路一折,所请筹款试办铁路,先由清江至京一带兴办,与本年李鸿章请设之电线相为表里。……著李鸿章、刘坤一按照折内所陈,悉心筹商,妥议具奏。"(《李鸿章全集·奏稿(三)》,长春:时代文艺出版社,1998年,第1553页)马相伯说,这份奏折是他起草的,"上海办铁路,大约在光绪初年。首先造的是上海到吴淞的那一条。那时,刘铭传奏办铁路,那奏章还是吾做的"(《六十年来之上海》,朱维铮主编:《马相伯集》,上海:复旦大学出版社,1996年,第539页)。上海英商怡和洋行兴建"淞沪铁路",时在1876年(光绪二年),是中国第一条铁路。马相伯代李鸿章拟《妥议铁路事宜折》,为清朝最早主张修建铁路的倡议之一,可与马建忠代拟之《铁道论》(1879,己卯冬)、《借债以开铁道说》(1879,己卯冬)参看。

4月5日,清廷谕令黎庶昌出使日本,选定马相伯担任驻东京使馆参赞。由于黎庶昌当时还在英国作使馆参赞,归国后直至年底才东渡日本。

4月25日,上海英租界工部局总董立德禄(Robert Little,1840—1906)召集会议,讨论颜永京等九位华人居民就被拒进入外滩公园等因来信查询入园章程等事宜。董事会回复称:"由于花园地方有限,所以显然不是所有的中国人都能进园的。但捕房已授权让所有正派、穿戴体面的华人入园。"工部局董事会决定要"弄清楚从法律上讲华人是否能要求入园。同时,大家一致同意写信给颜永京等人说,工部局不承认华人有使用该花园的任何权利"(上海档案馆编:《工部局董事会会议录(七)》,上海:上海古籍出版社,2001年,第739页)。此所谓针对"华人与狗不得入内"抗辩之始。

4月26日(三月二十八日),马建忠为筹建清朝海防,往来于天津、塘沽和旅顺之间,建设炮台、勘查矿脉。本日,德国军事顾问汉纳根来旅顺视察;

此际,马相伯在天津、上海协助眉叔的使命。马建忠《勘旅顺记》:"光绪七年辛巳,春,余于役津沽。三月二十六日在天津新关德璀琳言:汉纳根明晨乘'镇海'往旅顺口,七八日回津,旅顺口新瓮炮台,日后挑淤浚口,建设船坞,为辽海之关键,亦为北洋水师之总汇。……三月二十八日晨六点一刻,舟抵旅顺口外。大沽口距旅顺口一百七十迈,合五百一十里,舟行十八点三刻,缘雾缓轮者数刻。"(王梦珂校注:《马建忠集》,北京:中华书局,2013年,第 96 页)

7 月 18 日(六月二十三日),马建忠奉李鸿章命,前往香港、东南亚和印度等地,处理中英之间的鸦片专售事宜。时香港华商企图成立垄断公司,专售鸦片。马建忠力陈其非,得到英国殖民当局和正义侨民支持,"以强开烟禁责其政府,引以为耻"(《清史稿·马建忠传》)。方豪《马相伯先生年谱新编》:"六月,建忠又奉李鸿章面谕,至香港、西贡、新加坡、加尔各答等地,与英人议鸦片专卖事,撰有《南行记》。"(李东华编:《方豪晚年论文辑》,台北:辅仁大学出版社,2010 年,第 184 页)马建忠"南行"三月后,于 10 月 18 日(八月二十六日)回到上海家中。

8 月,马建忠在新加坡遇见辜鸿铭(1857—1928,生于马来亚槟榔屿,原籍福建惠安),两人就中西文化各种问题彻谈三天。马建忠的学识令辜鸿铭大为佩服,遂决意前往中国大陆,学习儒家知识,参与变法维新活动,"重新变成中国人"(Became again a Chinese)。

辜鸿铭决定移民中国,起因在于当年在新加坡与马建忠的会面及此后三天的谈话。此段因缘的现存依据是他本人 1921 年在北京"英中友好协会"的演说(The Reminiscences of Mr. Ku Hung-ming,演说记录稿原件藏于苏格兰国立图书馆,档案号:229-001-182-1033)。1937 年 4 月北京英文周刊《天下》发表温源宁《论辜鸿铭》,作者引用威海市档案馆复制件。复据赵凤昌回忆,他与辜鸿铭交往中,听闻他"尝称马相伯、眉叔兄弟,自言在印度遇中国人,相谈知为眉叔,爱其学有根柢,回国后因并稔乃兄,常与二马论文讲学云。相老今高寿,就是犹矍铄如旧,书以质之"(《人文月刊》,1931 年 5 月,第二卷第四期)。此外又有周君亮记载,辜鸿铭"回槟榔屿,时有著名学者马建忠博士到新加坡,辜往访晤,与马建忠往返数日的结果,使辜开始倾心自己国家的传统文化,决定返国,研治经史"(《辜鸿铭传记资料》,台北:天一出版社,1960 年)。

8 月 7 日(七月十三日),马建忠与常年流亡在香港的江南名士王韬(紫诠)见面,一起游览中环公园。"礼拜日无事,午后邀王紫诠往游英国公家花园。石凳回环,林木清幽,下视则海岛帆樯历历在目,天然好景,不输图画矣。寻夕阳在山,兴尽而返。"(马建忠:《南行记》,王梦珂校注:《马建忠集》,北京:中华书局,2013年,第109页)按马建忠描写,马、王两人游览的"公家花园",林木清幽,能俯视维多利亚港,即港府1871年建成的本岛最早的公园"香港植物公园"(Hong Kong Botanical Garden)。经马建忠、马相伯等人的疏通和说情,最后经李鸿章安排,王韬于1884年春天结束22年的流亡生活,回到上海。

王韬(1828—1897),名利宾,字兰卿,江苏昆山人。1845年入县学,为诸生,乡试不售。1848年,随在英租界伦敦会墨海书馆课馆的父亲初来上海,遂加入刚刚开始的中西文字翻译事业。王韬在墨海书馆的谈学者中,西士有麦都思(Walter Henry Medhurst,1796—1857)、慕威廉(William Muirhead,1822—1900)、艾约瑟(Joseph Edkins,1823—1905);江南学者有宝山蒋敦复(1808—1867)、海宁李善兰(1811—1882),称"海天三友"。1861年,王韬在昆山探亲期间以"黄畹"之名上书太平天国。次年,上书被清军查获,追捕至上海,不得已逃至香港。在香港,王韬继续为伦敦会工作,协助理雅各(James Legge,1815—1897)翻译《中国经典》(Chinese Clasics)。1867年,因理雅各回国工作,王韬随行至欧洲。因此便利,王韬在牛津大学讲学,又久居苏格兰,并访问过英国、意大利、法国各大城市,是最早游历并记录欧洲风物和政情的民间学者。1870年,王韬回到香港,住港岛南端鸭巴甸(香港仔),号"天南遁叟",编译《法国志略》、《普法战纪》。1873年,理雅各退休回国,王韬等人购置伦敦会印刷设备,成立中华印务总局,出版《循环日报》。1879年,应学者重野安绎、冈千仞、栗本锄云等邀请,访问日本,与冈鹿门、中村正直、寺田望南、龟谷行、平安西尾等游谈。1884年,经李鸿章默许,王韬回到上海定居,1897年去世。此间,王韬继续其中西文化传播事业,创办弢园书局,担任《申报》编辑,兼职《万国公报》,主讲格致书院,还在江南制造局领取干薪。王韬为自己没有功名而抱憾终生,放浪形骸,但他的"经世"著述影响了我国上海、香港、广州,并及于日本早期的启蒙群体,成就巨大。

王韬《漫游随录》记早期香港维多利亚城(Victorian Town)上、中、下环景色:"中环有保罗书院,上、下交界有美华书院,上环有大书院,皆有子弟肄业,教以西国语言文字,早就人才,以供国家用。英华书院兼有机器活字版排印书籍。上环高处为太平山,两旁屋宇参差,如雁翅。碧窗红栏,画栋珠帘,皆妓女之所居也。"(王韬撰:《漫游随录》,长沙:湖南人民出版社,1982年,第60页)

9月7日(闰七月十四日),下午,马建忠在英国驻印度陆军司令部、避暑胜地西末喇(西姆拉)谒见梨彭侯爵(The Marquess of Ripon, 1827—1909)总督。马建忠以英国议会反对对华鸦片贸易为由,要求犁彭加以限制。犁彭表示:"鸦片一事,诚贵国与印度相关要务,本督亦惟愿得一妥善办法,以息人言。"(《马道建忠在印度西末喇谒晤犁督贝户部问答节略》,《李鸿章全集(8)》,长春:时代文艺出版社,1998年,第4560页)

按忠于总理衙门的总税务司赫德获得的清印谈判信息,李鸿章派出的代表马建忠与梨彭(里彭)勋爵会面之后,取得了积极进展,"李鸿章派他自己的任(马道台,他以前在巴黎,曾获得巴黎大学给他的荣誉学位)直接去见里彭勋爵,谈判结果完全由可能中国获得专卖鸦片,为期二十年,每年输入的印度鸦片逐年递减,二十年后停止"。赫德还说,在中国的洋务运动中,李鸿章比任何人都更积极,由于有马建忠、德璀琳这样忠诚而得力的助手,"一个总督在省里可以比北京的一个部为中国做更多的工作,他几乎可以独立行事,而一个部除非六个成员全都同意才能办一件事,然后还可以被别的部,或被碍事的地方官员们推入困境"(中国第二历史档案馆、中国社会科学院近代史研究所合编:《中国海关密档(2)》,北京:中华书局,1992年,第638页)。

11月12日(九月廿一日),马建忠与夫人黄氏产长子锡俊(又名小眉、筱眉)出生。"长子多宝,名锡俊,生光绪七年九月,出继长房名下。"(《马氏宗谱》,转见自方豪:《马相伯先生生日考及其他》,《方豪六十自定稿》,台北:学生书局,1969年,第2016页)锡俊过继给马家长房建勋,生子鹄章,为马家宗门嗣子。(据李天纲等采访马玉章之口述)

方豪说马锡俊"出继长房明学名下",不确。因按《马氏宗谱》记载,马家长房嫡子马明学于1830年早夭,后以二兄马建勋为长房。马建勋唯得一女,1881年11月出生的马锡俊过继给他为嗣子,继承马氏嫡系之财产与香火。另据薛福成《致沈能虎》(1881年11月20日),他于九月廿二日(11月13日)到达天津,"马眉叔有生男之喜,登岸即得佳音,异常欢抃"(载中国社会科学院近代史所近代史资料编辑部:《近代史资料》,第63号,北京:中国社会科学出版社,1986年,第24页)。薛福成获闻马建忠得子,兴奋异常,代为布告,则判断马小眉生辰即在日前,定为11月12日。

本年,马建忠条陈《借债以开铁道说》中建议的"中国之行铁道电报"(王梦珂校注:《马建忠集》,北京:中华书局,2013年,第30页)部分得以实现,轮船招商局设立电报局。

马相伯、凌其翰《六十年来之上海》:"(上海)电报之设,最初由其昌洋行经办。从金利源栈房到英租界,一路均立电杆。那时,吾弟眉叔条陈电报章程,招股办理,盛杏荪作总办。开办费由国家认,电杆费由招商局认,盛杏荪所认股子,都是口头上说的干股。所以盛杏荪发财,其所得大半得之于公,还不算得之于民。比较现在一般官僚,死不要脸地直接向百姓头上剥削的,已经胜一筹了。说起电报,就想到电杆。电报局的职员可以借立电杆的名目来做发财的方法。当时人民都很迷信,以为门口立了电杆就要坏人家的风水,于是电报局里的人有意在百姓人家的门口立电杆,百姓有的讨厌,有的怕风水,就不得不向电报局疏通说情,于是局里的人和百姓讨价还价,贿赂公行,这就是当时百姓怨恨盛杏荪的根源啊。"(朱维铮主编:《马相伯集》,上海:复旦大学出版社,1996年,第540页)查《马建忠集》(北京:中华书局,2013年),未见有马相伯说的"吾弟眉叔条陈电报章程",惟在《借债以开铁道说》中略有提及。

本年,马建忠有《上李伯相复议何学士如璋奏设水师书》,为马氏兄弟早期议论教育之观点,主张:"拟请仿照西国章程,于沿海省份如广州、福州、上海、天津等处设立水师小学,学内选取十四、五岁幼童,以五十人为额,专取身家清白,五官无病,汉文稍通者充之。入学一年,课以英语九事,并用华语课以算学,先取几何之浅近立数十题试之,旁及经书中之言兵书者课以论说。每岁由水师衙门派员临学按程考试,中程者送入大学院。"(转见自朱有瓛主编:《中国近代学制史料(第一辑)》上册,上海:华东师范大学出版社,1983年,第580页)

1882年(光绪八年,壬午),四十三岁

1月20日(光绪七年十二月初一),马相伯随驻日公使黎庶昌赴日,以"原内阁中书"衔出任使馆参赞。当天,从上海乘坐"御远号"兵舰前往日本长崎。马相伯随后就改任神户兼大阪领事,历职近一年。十二月初一日(1882年1月20日),黎庶昌、马相伯一行离开上海;十二月初五日(1月24日)到达长崎;二十六日(2月14日)抵达东京。(《清季中日韩关系史料》,台北:"中研院"近代史研究所,1972年)

据马相伯回忆:"光绪七、八年间,随黎(原文记者没有弄清楚是谁,猜作李秉衡)公使赴日,任使馆参赞,后改任神户中国领事,约大半年。"(《一日一谈·我与高丽》,朱维铮主编:《马相伯集》,上海:复旦大学出版社,1996年,第1089页)马相伯称他在日本担任外交职务"约大半年",这是马相伯任职的实际时间。按清朝官方文件记载,马相伯在册任职时间为"光绪七年十二月至八年十一月",历时近一年。(见佚名辑:《清季外交使领年表》)和马相伯同时作为黎庶昌随员出使日本的,还有著名学者杨守敬(1839—1915,湖北宜都人),著名藏书家姚文栋(1853—1929,江苏上海人)。马相伯在另外一次回忆说:"余始至日本,时在光绪初年,贵州黎庶昌莼斋受命任日本公使,金石地理学家杨守敬(惺吾)亦随节东渡,余实从之。"(徐景贤:《马相伯先生国难言论集》,转见自张若谷编著:《马相伯先生年谱》,上海:商务印书馆,1939年,第130页)在东京、神户担任参赞和领事期间,马相伯与日本维新要人伊藤博文、大隈重信等往来酬酢,并考察日本民俗、政治。

马相伯在日本任职期间,与部臣伊藤博文、党首大隈重信等人交往。日本政治家曾邀请马相伯发表演说,相伯陈之以世界大同的理论,颇得呼应。"光绪初东渡日本,充我使馆参赞时,伊藤博文等供职外务省,尚为主事,后来以大陆政策为进身,晋升为公爵,做了高丽太上皇,即所谓统监。"、"日本维新要人,有一次开很盛大的国际性质的集会,大隈伯再三请我说一席话。情不可却,便这样讲:'人类文化互相融会,无

分国界,好像是光。用比喻说,一灯光一烛光,同时点着,同时放光,放在一块。大家可以考究一下彼此互映的现象,只觉得大小强弱的不同,竟无法划分光明的界限。更进一层,人生来是万物之灵,即如太阳也,也比人低。我认识太阳,太阳何尝能认识我呢?因此人类尽人道,可以达到世界大同!'"(徐景贤:《马相伯先生国难言论集》,转见自张若谷编著:《马相伯先生年谱》,上海:商务印书馆,1939年,第132页)

黎庶昌(1837—1896),字莼斋,贵州遵义人。同治元年(1862),以廪贡生应诏上书,有《上穆宗毅皇帝书》两封"万言书"。因通时务被清廷欣赏,以知县职补用,"交曾国藩军营差遣委用,以资造就"。黎庶昌求"文章、考据、义理"并融,在曾国藩幕府内与张裕钊(廉卿)、吴汝纶(挚甫)、薛福成(叔耘)并称"曾门四弟子"。同治年间,黎庶昌即被擢用为江苏吴江、青浦知县,颇有治声。1876年至1880年,以参赞身份随郭嵩焘、陈兰彬出使英、法、西班牙。1881年,黎庶昌从欧洲回国途中,即于三月初七日(4月5日)担任出使日本大臣,领道员衔,赏二品顶戴。黎庶昌居上海久,就便在家中与日本驻沪代表竹添进一郎、朝鲜翰林院鱼允中等交涉,商求解决"琉球之案"办法。(《清季中日韩关系史料》,台北:"中研院"近代史研究所,1972年)在日本任公使职期间,与日本文士伊藤博文、冈千仞等交接,任马相伯为驻神户领事。1884年,因丁母忧离任回国;1887年,再度赴日担任公使,1891年任满回国。从日本离任后,以川东道员人重庆海关监督,曾办云贵会馆,兼设洋务学堂,推动内地出国风气。甲午海战爆发后,曾奏请赴日谈判调停,不果,因忧愤成疾,卧床不起。1896年冬,因病去世。

3月,马相伯由东京使馆参赞接替廖锡恩(广东),担任驻日本神户领事。(《马相伯先生百年生活》,赵中亚编:《徐景贤文存》,南京:江苏人民出版社,2016年,第541页)

5月1日(三月十四日),马建忠奉李鸿章之命,由吕增祥(秋樵)陪同,从天津港出发,转道烟台,前往汉城督导朝鲜政府与美国谈判,立约通商。按马建忠《东行初录》:"光绪八年壬午春三月,我东方朝鲜国始与阿美利加合众国立约通商,其国之政府以不谙外交,愿得中国大员莅盟,于是合肥傅相请于朝,以建忠行。北洋水师统领丁雨亭军门因巡洋之役,率兵舶三艘,曰威远,曰杨威,曰镇海,将偕至烟台,会同美国全权大臣薛孚尔驶赴朝鲜议约。"(王梦珂校注:《马建忠集》,北京:中华书局,2013年,第138页)

张若谷《马相伯先生年谱》称:"三月,高丽与美国立约通商,先生之弟眉叔偕水师提督(丁汝昌)至高丽莅盟。"(上海:商务印书馆,1939

年)实则北洋水师统领丁汝昌并未与马建忠同船前往,而是后期才赶到朝鲜。按《直督李鸿章奏筹办朝鲜与美国议定约稿请派员委办折》:《朝美修好通商条约》由周馥、马建忠等与朝鲜代表金允植等商定,与美国特使薛斐尔(Robert W. Shufeildt,1822—1896)议定。"将各项应防之流弊应获之权利一一包括在内,令周馥及道员马建忠密交薛(斐尔)使阅订。该使于各款颇有增改,大致尚无甚出入。"(王彦威辑:《清季外交史料》卷二十七,北京:书目文献出版社,1987年,第500页)

6月5日(四月二十日),张之洞上《越南日蹙宜筹兵遣使先发预防折》,主张由总理衙门布置,发兵云南、两广,择使越南、法国,"责以公法,示以战意,为之居间调处"。张之洞折中提到清朝可派遣大员为李文田(苟农)、岑毓英(彦卿),另外"熟悉洋务之徐建寅、马建忠等,即可径发数员前往,听该臣酌用"(《张之洞全集(一)》,石家庄:河北人民出版社,1998年,第95页)。其向李鸿章幕府挖人,以充实"清流党"内朝"贤才"阵容之心迹可见。

6月11日(四月二十六日),署理直隶总督张树声向清廷奏报《朝鲜与美国议立通商和好条约》鉴定,又"奏令道员马建忠仍留朝鲜,襄助办理他国交涉"(《光绪朝清实录》,光绪八年四月辛巳日)。

夏,马相伯在神户从事外交活动,多方结交日本知名人士。此间,有日本神户判事(补)、诗人、汉学家水越成章(耕南居士,又号裁之)并友人吉田来访,马相伯设宴招待。此事见于马相伯《致水越成章》,收入耕南居士水越成章编《翰墨因缘》。

> 马相伯《致水越成章》:"耕南居士阁下:簿书猥杂,过从稍疏。比审稍暇端居,修然尘外,诗酒之乐,日与俱长。昨汉阳君下顾,知其新被朝命,不日之官。爰饬庖人,薄治杯抨,一奏离亭风笛。约明日午后四点,奉攀高轩,并请拉吉田君同来,践此只鸡近局。谨此奉速,即颂署祺。弟马建常顿首。"(水越成章编:《翰墨因缘》,日本:名山馆,明治十七年,公元1884年;收《晚清东游日记汇编》,上海:上海古籍出版社,2004年,第21页)水越成章在"马建常"名下注明的作者是"字相伯,江苏松江府青浦县人",是马相伯自己提供的信息,也是第一次在文献中发现他以青浦泗泾镇的田产账房名义,改注自己的籍贯所在为"松江"或者"青浦"。

7月,马相伯到日本已大半年,因兄建勋病重,离开日本回国探视。

7月23日,清廷任命马建忠和丁汝昌前往平定"壬午军乱"。当年,朝鲜军人叛乱,推翻闵妃集团的统治,推举国王亲父大院君李罡应执政。乱党围攻和焚烧日本领事馆,赶走公使花房义质,杀死日方人员13人,导致国际社会义愤,并招致日本出兵。应各方面敦请,清廷以"上国"身份平定内乱。

8月6日(六月二十三日),清廷电饬马建忠紧急戒备,"相度办理"。本日,张树声接黎庶昌电报,告知朝鲜发生"壬午军乱",乱党冲击日本使馆,劫持王室,王妃与难,大臣被戮。事变后,日本海军、陆军士兵各七百人前往朝鲜。清朝为朝鲜宗主国,理应亦派兵前往维持局面。本日,清廷下谕旨,着张树声另备水、陆师,即行开赴朝鲜。"如兵船不敷调派,即咨南洋大臣添拨应用,并调招商局轮船运载陆师,以期迅速。"此事"并饬丁汝昌、马建忠相度办理,以冀有裨时局"(《光绪朝清实录》,光绪八年六月丁丑日)8月18日(七月五日)。清廷电饬:"张树声派提督丁汝昌、道员马建忠,酌带兵船,又添派提督吴长庆,统率所有六营,驰往(朝鲜)相机因应。"(《光绪朝清实录》,光绪八年七月丁丑日)

8月22日,马建忠、丁汝昌出兵平定朝鲜内乱,在闵妃与大院君的争端中偏向主张改革的闵妃。当天,马建忠定计诱捕大院君。张若谷编著《马相伯先生年谱》:"六月,高丽发生政变,眉叔偕丁汝昌率水师往平乱,执大院君归。"(上海:商务印书馆,1939年,第141页)

8月26日,清军驻扎在汉城南门外南檀一带。本日,吴长庆、马建忠、丁汝昌访问大院君,以好言诱之。次日,大院君率部回访清军营房,吴长庆、马建忠轻松拿下乱首,袁世凯则卸去扈从武装,一百数十人被擒获。事成之后,吴长庆、马建忠以向清国和李鸿章汇报朝鲜事务为名,将大院君送到天津,关押在保定,达三年之久。此次东行出征,马建忠以道员衔任事,足智多谋,负责与朝、日、美等各方的外交谈判斡旋。此役之后,马建忠名声大起,回到天津受赏重用,谤言亦随之。

> 按总理衙门总税务司赫德的总结,该次行动堪称完美:"中国勇敢干涉,行动迅速,排除军舰和军队。海军丁提督进入首都,捉住国王的父亲李罡应并将其押到中国。国王复位,政府如常工作;日本要求以礼埋葬遇害者,家属抚恤五万元;通商口岸范围为半径30英里;战争赔款;在首都驻扎一定数量的军队的权利,作为公使馆警卫。中国的有力活动,证明情势正在改进。"(中国第二历史档案馆、中国社会科学院近代史研究所合编:《中国海关密档(8)》,北京:中华书局,1992年,第274页)赫德从马建忠的同事天津税务司德璀琳处得到报告:"马道台随时将情况告知德璀琳。"(中国第二历史档案馆、中国社会科学院近代史研究所合编:《中国海关密档(8)》,北京:中华书局,1992年,第273页)

8月26日(七月十三日),长兄马建勋因病在上海家中去世,得寿四十八岁。马相伯中断在日本的外交事务,回到上海。按马相伯《一日一谈·我与高丽》的回忆,他于去年年底赴日担任神户中国领事。"约大半年"之后,因"大家兄病,回国"(《一日一谈·我与高丽》,朱维铮主编:《马相伯集》,上海:复旦大学出版社,1996年,第1090页)。马建勋逝世日期,以方豪所见《马氏宗谱》为准,为当天子正时。方豪《马相伯先生生日考及其他》:"(马建勋)终于上海,光绪八年七月十三日子正,时年四十八岁。"(《马氏宗谱》,转见自氏著:《方豪六十自定稿》,台北:学生书局,1969年,第2013页)

8月30日,马建忠主持,日方代表花房义质和朝方代表李裕元签订了《济物浦条约》。条约规定朝鲜严惩国内的凶手、厚葬日方遇害者,抚恤金5万元之外,赔款50万元,分五年还清。内廷"清流党"以此结局批评李鸿章对外软弱,"马氏兄弟"开始成为李鸿章外交的替罪羊。

9月初,马相伯在上海办完丧事后,到南京谒见李鸿章。时,李鸿章丁母忧在家,因中法战争即将爆发被召回中枢,8月25日离开合肥,9月11日到达天津。因考虑朝鲜、琉球、越南、法国交涉事务同时发生,故临时将马相伯留在身边,同船赶赴天津,以备急用。马相伯结束了神户领事的使命,加入李鸿章幕府,开始了顾问朝鲜一年半的经历。

按马相伯回忆,本年他初次见到李鸿章,印象深刻:"光绪七、八年间,因大家兄病,回国,到南京。适李中堂轮泊金陵,友人怂余往谒,时为七、八月之交。余着纱马褂、纱袍,见中堂。中堂一见之后,便命余往天津。余一身之外,无一物,随伺中堂作长谈。中堂面舱门而坐,余则背舱门而坐。船出吴淞口时,皓月常空,凉风飒飒,已是深秋气候。中堂御棉绸短袄,而余则单纱被体,寒气砭人肌骨。然而余时作客,不便多言,只得勉强维持。中堂初不留意,后忽然看我独穿单衣,回顾自己,猛可地道:'来人!快开余衣箱,捡两件衣服给马先生穿!'其待人之不居常礼,而寒暖与共如此。"(《一日一谈·我与高丽》,朱维铮主编:《马相伯集》,上海:复旦大学出版社,1996年,第1090页)

李鸿章(1823—1901,安徽合肥人),字渐甫,号少荃,官至文华阁大学士,礼称"中堂",谥名"文忠"。李鸿章为道光二十七年(1847)进士,入翰林院,散馆任编修。1853年,太平军入犯江南,李鸿章回家乡募集团练,后加入曾国藩湘军军帐。1860年,曾国藩应江浙士绅邀请,由李鸿章从淮军分营建立淮军,协助中外会防局防卫上海。战后,李鸿章先任湖广总督(1869),不久即接替曾国藩,担任直隶总督兼任北洋通商大臣(1870),时间长达25年。甲午战败后,李鸿章被调任"内阁办事",离开天津,"同光新政"一系列措施遂寝。1900年,北方义和团事变,李鸿章在两广总督任上通过盛宣怀等人与刘坤一、张之洞等策动"东南互保",保全一方。1900年之后,再被推为直隶总督兼北洋大臣,主持善后事宜。1901年,李鸿章在北京因病不治,黯然去世。李鸿章是马氏兄弟的幕主,马相伯对他的评论至为中肯:"李文忠为人,在余看来未可厚非。彼对于新政的远见,实比曾、左、胡高明,且彼对于一事一物都肯虚心研究,不敢自是。……至于有人谓李为贪婪,实亦不确。接收淮军某大官告我,李交代淮军时,所有剩余饷银一百余万,均扫数交出。据说,李实未尝滥取国币以入私囊。"(《一日一谈·人物月旦》,朱维铮主编:《马相伯集》,上海:复旦大学出版社,1996年,第1075页)

9月12日(七月二十三日),上午九点钟,马相伯在烟台山东海关道方佑民观察的衙门里,见到了刚从朝鲜处理完事务回来的三弟马建忠。昨日,李鸿章离开芝罘,北上天津。马相伯与"傅相"同船到达烟台后,留下来专门会见马建忠,交接朝鲜事务处理业务,则此时李鸿章已经内定派遣他出任朝鲜事务。"午前九点钟,驶抵芝罘知傅相(李鸿章)已于昨日十点钟,乘保大鼓轮北上矣。遂登岸,拜方佑民观察,并晤仲兄相伯。"(马建忠:《东行三录》,王梦珂校注:《马建忠集》,北京:中华书局,2013年,第198页)

9月13日,马相伯与马建忠、丁汝昌,以及朝鲜全权大臣赵宁夏(1845—1884)、副官金宏集(1842—1896)和从事李祖渊同船到达天津,与李鸿章、张树声一起讨论朝鲜善后事宜。"马道、丁提督偕赵宁夏、金宏集来津商善后事,傅相二十三日抵津。"(张树声:《致黎使》,《李鸿章全集(8)》,长春:时代文艺出版社,1998年,第5007页)

9月21日(八月初十日),李鸿章命令津海关道周馥(1837—1921,安徽至德人)、候选道袁保龄(1841—1889,河南项城人,袁甲三次子,袁世凯叔父)和马建忠、马相伯兄弟彻查大院君李罡应在朝鲜的"变乱"实情。据周馥和马氏兄弟向赵宁夏、金允植、鱼允中等人"再四诱之",侦知之实情,李鸿章提出拘押李罡应的奏请,以为"罡应不归,犹可保其家,安其国,全其父子。罡应一归,则父子终伤,必至害于家,凶于国而后已也"(李鸿章:《会问李罡应折》,《李鸿章全集(3)》,长春:时代文艺出版社,1998年,第1727页)。

10月1日(八月廿日),驻日公使黎庶昌电询李鸿章,马相伯从神户领事离职回上海料理兄长丧事后,是否再任原职?李鸿章于同日回复:因拟派马相伯前往朝鲜,神户领事一职可由人代理:"马建常(相伯)拟派赴朝鲜照料开关事宜,但尚未定,乞先派人署任。"(李鸿章:《复黎使》,《李鸿章全集(8)》,长春:时代文艺出版社,1998年,第5008页)

10月10日(八月廿九日),李鸿章据马建忠等人对朝鲜事务的考察,向清廷提议"朝鲜通商"。马建忠、周馥"参籍会典掌故,详考万国公法,……

因酌定水陆贸易八条。"(李鸿章:《议朝鲜通商章程》,《李鸿章全集(8)》,长春:时代文艺出版社,1998年,第4616页)此即《朝鲜通商章程》,经与朝鲜使臣赵宁夏、鱼允中商议后,本日呈送总理衙门。

10月12日(九月一日),光绪皇帝颁谕,因平定朝鲜事件迅捷,论功行赏,"吴长庆着赏给三等轻车都尉,丁汝昌着赏穿黄马褂,马建忠着赏戴花翎,以海关道员用。交军机处记名"(《光绪朝清实录》,光绪八年九月甲申日)。

10月20日(九月九日),驻日公使黎庶昌在东京首次举办"重九宴集",邀请日本外交官、汉学家友人诗酒酬唱,作登高之赋。"光绪八年壬午,予会日本人士于上野精养轩,修登高约也。"(黎庶昌:《重九宴集诗序》,孙点:《癸未重九宴集编》,《晚清东游日记汇编:中日诗文交流集》,上海:上海古籍出版社,2004年,第219页)马相伯在神户参与筹备本年"重九宴集",因家丧回上海后,转赴天津,滞留在李鸿章幕府,黎庶昌便如期举行。"重九宴集"于癸未、戊子、己丑、庚寅年连续举行,均有诗文集编订,为清日外交亲善之方式。

10月30日(九月十九日),朝鲜与日本签订合约,其中有朝鲜赔款50万元、日军驻扎王城两款。国内舆论有说是马建忠擅自决定此款,且答应朝鲜赔款不能周济,即由清朝垫付等。吴长庆听信此言,"归罪该道,谓其(马建忠)擅预倭约,任性妄为"。为此清廷责成李鸿章、张树声调查核实马建忠是否卖国。(《光绪朝清实录》,光绪八年九月壬寅日)此后,三令五申要求李鸿章召唤马建忠入京,名为在总理衙门任事,其实接受调查。李鸿章则让马建忠办理轮船招商局事务,设计滞留,拖延北上。

11月12日,李鸿章与朝鲜使臣赵宁夏在天津直隶总督府笔谈,商定由穆麟德、马相伯代替马建忠出使朝鲜。时,赵宁夏进呈朝鲜国王书,说:"窃小邦向不谙外务,而各国换约在前,一切交涉商办事件茫然不知下手,烦请贵大臣酌量小邦应行时宜,代聘贤明练达之士,迨兹东来,随事指导。"(《光绪八年十月初二日与朝鲜大官赵宁夏笔谈节略》,《清季中日韩关系史料》第三卷,台北:"中研院"近代史研究所,1972年,第1038—1041页;《李鸿章全集(3)》,长春:时代文艺出版社,1998年,第1761页)

李鸿章与赵宁夏商谈向朝鲜选派时务专家时,首先推荐了曾任驻天津德国领事穆麟德,随之又因为"既延请西人,必须有中国委员同往联络钤制",推荐了马相伯。朝鲜方面希望成功弹压了"壬午军乱"的马建忠前往,而李鸿章则以马建忠"在此公务甚繁,不克分身,……暂难前去"为由,拒绝了赵宁夏,另派马相伯前往。李鸿章向总理衙门以专书《代朝鲜聘西士片》推荐马相伯,内称"中书马建常熟悉公法详情,……人甚耿直,会商诸事,必无欺饰。"赵宁夏则表示已经在烟台、天津见过马相伯,细谈之后,钦佩不已,朝鲜方面乐意接受:"(马相伯)老实明白,已钦服矣。宁夏归国亦告马建常之明白熟谙外洋公法之由于国王矣。若与他同往商办,不胜万幸。"穆麟德(Paul Georg von Mollendorff,1847—1901),德国人,曾担任德国驻天津领事,又曾在清朝海关任事五年,熟悉远东外交,兼通汉文汉语。"因与该国使臣巴兰德不合,辞官就幕,屡求津海关道周馥等,愿为朝鲜效用。赵宁夏等来津日久,颇相投。契兹拟为朝鲜代聘前往襄助关务,由赵宁夏与之妥立合同。"(《李鸿章全集(3)》,长春:时代文艺出版社,1998年,第1761页)

11月15日,李鸿章上书光绪皇帝,报告向朝鲜派遣时务专家穆麟德、马建常事。李鸿章书称:穆麟德已"饬由赵宁夏与之妥立合同,自当恪遵该国节制,不至掣肘。惟须有华员伴往联络商办。查有候选中书马建常,系道员马建忠之胞兄,向曾游学欧洲,谙习公法、洋情,明练耿直,前经出使日本大臣黎庶昌调充理事,适暂假来津。臣因马建忠为朝鲜君臣所信服,亦荐令同赵宁夏前往,随事襄筹妥办,可资得力"(《代朝鲜聘西士片》,《清季中日韩关系史料》第三卷,台北:"中研院"近代史研究所,1972年,第1037—1038页;《李鸿章全集(3)》,长春:时代文艺出版社,1998年,第1761页)。

李鸿章奏称马建常"曾游学欧洲"并非属实,因马相伯出国经历仅限于担任日本神户领事,而其"西学"乃是在上海徐汇公学、耶稣会修院和神学院习得。李鸿章拟在错综复杂的朝鲜事务中重用马相伯,在上海面试后就已经决定。马相伯"以兄代弟",且以"统理军国事务衙门赞议",作为德国顾问穆麟德的监督代表驻扎朝鲜,出任朝鲜国王新政顾问。按王伯恭《光绪甲申朝鲜政变始末》(《蜷庐随笔》):"光绪壬午之冬,余奉合肥相国奏派,偕马相伯舍人往朝鲜,应其国王之聘。"、"光绪壬午之冬",即马相伯驻扎朝鲜应在11月至12月之间。"壬午军乱"平定后,闵妃继续执政,在穆麟德、马相伯等人的指导下实施维新。清朝派遣吴长庆(1829—1884,安徽庐州人)为朝鲜事务大臣,赴朝维持秩序。吴长庆与马建勋交善,以兄弟情视事相伯、建忠。袁世凯为吴长庆部下,故以马相伯、马建忠为师长。

袁世凯(1859—1916),河南项城人,字蔚亭,号容庵。叔父袁甲三为漕运总督,曾参与镇压太平军和捻军。科举乡试未成,经养父袁保庆推荐,入吴长庆营中习武事。按马相伯《一日一谈·袁世凯与丁汝昌》回忆:"袁世凯到高丽时,年纪还轻,大约只得十九岁的光景(马相伯晚年记忆有误,当年袁世凯24岁),在中国军队驻扎高丽的总统吴少轩

(长庆)之下当一个小分统。余在高丽任改革彼邦政治襄助事宜,与吴总统开诚相助,关系极密。而吴又与家兄为把兄弟,故视余为兄弟行,呼余为'老二',而以老大哥自居,故袁对余甚恭谨。"(朱维铮主编:《马相伯集》,上海:复旦大学出版社,1996年,第1091页)袁世凯取得临时大总统后,为表示尊重南方人物,念及旧识,聘请马相伯到北京担任大总统高等政治顾问虚职。马相伯另有评价说:"袁氏之为人如此,其头脑始终不出封建帝王思想,其视民国也本如无物,故对于总统丝毫不感兴趣。且彼之左右又皆欲'攀龙附凤'、'封妻荫子'。于是便千方百计拥袁做皇帝。"(《一日一谈·袁世凯之为人》,朱维铮主编:《马相伯集》,上海:复旦大学出版社,1996年,第1076页)"马老先生在七十岁以前专心办理教育事业,不大干涉国内的政治。自从民国成立后,他因为袁世凯是他的旧交,经不住他再三敦请,就出任总统府高等顾问,并历任参议院参议、平政院平政、等职。"(张若谷:《苦斗了一百年的马相伯》,《马相伯先生年谱》附录,上海:商务印书馆,1939年)

《一日一谈·我与高丽》:"到天津后,适高丽政府问中堂请派三舍弟建忠往韩,襄助办理该国新政事宜。中堂方需三弟甚殷,不能放他去,遂命余前往。高丽政府亦晓得我,表示欢迎。余遂乘丁雨亭(汝昌)兵舰赴高丽。原来高丽分两派:一派以大院君为领袖,反华亲日;一派以闵妃为之魁,反日亲华。余到韩后,首请彼政府编练新军,改用西洋操法,请先以千人试办。不到一月,居然步法整齐,军容甚胜。次则整理他们的外交,从来西方人士对待中韩政府外交官吏,傲然自大,一点礼貌也没有。余则先就学问知识方面折其气,并暗示彼等,君等勿傲然视中国人士。君等所知,吾亦知之,然后居之以礼貌,绳之以法律。不久,他们便彬彬有礼。但高丽政府暮气已深,余虽拼命地卖力气,他们始终口是心非,敷衍搪塞。举凡我所条陈应革事宜,开头时他们莫不一口应承,即时兴办。然而过了两天再去问他,则又喃喃然答道:容再商量。于是百般计划,都消磨在无何有之乡了。"(朱维铮主编:《马相伯集》,上海:复旦大学出版社,1996年,第1090页)

袁世凯尊马相伯为师长,暗中却向吴长庆谗言,称马相伯与闵妃有染。马相伯在《一日一谈·袁世凯与丁汝昌》回忆说:"余对袁凡百处之以公正的态度,袁往往以私相干。余不能尽如其所愿,故毁余于吴(长庆),说余常挟妓饮酒,在公署中带着妓女睡觉,官方不检。吴小轩人甚正派,且平生不二色,所以最讨厌这种事情。袁的谗言,吴虽不完全相信,然心中终有些怀疑,且他又待余甚厚,必须将此事调查清楚,弄个水落石出。大约四点多钟,余方在酣睡,小轩忽一人跑到余的办事处,直入卧室。余一塌独眠,相见甚欢。余问彼,何如是之早?彼含糊应之,未尝明言所以。余问彼,用过早点否?彼答道:不曾。余又曰:余命厨房预备一点咖啡、面包做兄早餐。彼道:不必。遂命余陪彼到余办事处中各房参观一过,匆匆而去。余当时茫然,后来才晓得是这么一回事。余莞尔笑道:不但在余房中找不到女子,连一只绣鞋儿也找不到。然而余对袁并未尝有所嫌怨。因为余那时气概方盛,自持甚严,不把此种事放在心上。"(朱维铮主编:《马相伯集》,上海:复旦大学出版社,1996年,第1091页)在刘成禺《相老人九十八年闻见口授录》中,马相伯又提到这件事情:"袁世凯毁余于吴,谓余在公署携带妓女,有玷官方。小轩最重官纪,一日清晨四时余,余方酣睡,小轩排帘而入,……"。(《逸经》,1937年6月)可见此事对他印象深刻,在外的影响不小,遂致朝廷即有诬称马氏兄弟为"市井无赖"之说。

11月16日,北洋大臣幕府智囊薛福成(1838—1894,江苏无锡人)向好友透露李鸿章为保护马建忠兄弟,驳回中枢对他们天主教徒身份的攻击,并告知马氏弹劾的内情:"(张佩纶)其附片则劾马眉叔,颇率涉归天主教各节。此事因吴筱轩(长庆)与眉叔积不相能,向人谈眉叔之短语,浸达于京师。"(薛福成:《致沈能虎》,中国社会科学院近代史研究所编:《近代史资料》,第63号,北京:中国社会科学出版社,1986年,第28页)薛福成还告知,关于马氏兄弟在朝鲜任事的功过是非,李鸿章还要等吴长庆的回复再做判断和决定。

11月22日(十月十二日),李鸿章有《查复马建忠参案折》,为马建忠辩诬。前有原折为弹劾马建忠,多有诬告,原奏称:"日本与朝鲜定约,如兵费五十万元及兵驻王城两条所关甚大。闻道员马建忠实主其事,且言赔偿兵费,朝鲜无资可由中国商局代借。"该奏甚至以披露马氏兄弟天主教徒身份,加以陷害,称"马建忠为天主教民,与沈惟敬同一市井无赖,恐蹈覆辙"。李鸿章则竭力辩称:"该道幼习儒书,屡试不售,嗣游学泰西,兼习法文。本非教民,亦非市井。本年美、英、德各国与朝鲜议约,实赖其前往赞助,声明中国属邦字样,俾大义复昭天壤。此次擒致李昰应,并筹办善后事宜,机敏异常,才能应变,即西人亦敬重之。夫洋务人才难得,论人者不免苛求,用人者当知护惜。"(《李鸿章全集(3)》,长春:时代文艺出版社,1998年,第1766页)李鸿章称马建忠"幼习儒书"不虚,马氏兄弟在徐家汇学习拉丁文、法文和数理天文外,还兼习"四书",以便科举;"本非教民"的说法乃为隐瞒马氏兄弟耶稣会士教育背景;"亦非市井"的说法则掩饰马家在上海经商。

12月12日,马相伯、穆麟德一行从天津出发,到达汉城。"壬午军乱"平定后,清军在朝鲜留驻广东水师提督帮办山东海防(驻扎登州)的"庆营"全体官兵3 000人,保护清朝使节。(《承政院日记》,高宗十九年十一月十七日;《高宗实录》,高宗十九年十一月十七日;金弘集:《以政学斋日录》,高丽大学校中央图书馆编:《金弘集遗稿》,汉城:高丽大学校出版部,1976年,第284页;转见自权赫秀:《马相伯在朝鲜的顾问活动初探》,《近代史研究》,2003年,第3期)

12月26日,上午,朝鲜国王高宗李熙(1852—1919,李昰应次子,大韩帝国开国皇帝)接见马相伯和穆麟德,双方进行了笔谈。(穆麟德夫妇著,申福龙、金云卿译:《穆麟德文书》,汉城:平民社,1987年,第42—44页)

12月,黎汝谦(贵州遵义人,黎庶昌侄子,检选知县,从横滨领事转任)接任空缺,马相伯卸任神户兼大阪领事。马相伯的前任领事是廖锡恩,他就任时的名字为"马建常",在册时间为"光绪七年五月至七年十二月",(佚名辑:《清季外交使领年表》)任职时间不到一年。

12月(十一月),广东南海士子康有为赴京赶考,散场之后,经海路搭乘轮船招商局火轮南归粤乡,本月途经上海。康有为在北京热衷收罗旧有学问,甫到上海便被租界、华界繁华市面震慑,因而弃去旧学,大肆采集西书,甚至耗尽盘缠,道为之窘。"五月,顺天乡试,借此游京师,谒太学,叩石鼓,瞻宫阙,购碑刻讲金石之学,时崔粤典编修甚敬余,将扫室馆我。既罢,还游扬州、镇江,登平山堂,泛舟金、焦而归。道经上海之繁盛,益知西人治术之有本。舟车行路,大购西书以归讲求焉。十一月还家,自是大讲西学,始尽释故见。"(康有为:《康南海自编年谱》,《近代中国史料丛书(二)》,台北:文海出版社,1966年,第13页)

马相伯在1884年3月被李鸿章指派,调查轮船招商局财务状况,协助马建忠总办整顿公司经营,故而得知内情。其中一件有关康有为在上海的活动情况,他在晚年方才道出:"从招商局想到康有为,倒有一件很有趣的故事。原来康圣人在光绪初年嫖得一塌糊涂。那时须赶赴京下春闱,最后才搭上了招商轮船。他的嫖账都没有还,债主都追到船上来索债。康圣人情急智生,躲在船顶上的救民船里,居然得以赖过债。这是康圣人的玩意儿,足见文人都不修边幅。其实康有为还不及梁启超,康得名于《伪经考》,其实是从方望溪那里偷来的。"(《六十年来之上海》,朱维铮主编:《马相伯集》,上海:复旦大学出版社,1996年,第538页)马相伯说康有为在上海逃债是五月北上春闱时,按《康有为自编年谱》的行程记载,应为十一月他南归广东之时,或因"大购西书",一时窘乏,陷入困境。

马相伯所述康有为与招商局的这段掌故,另有日本情报人员宗方小太郎《关于光绪"密诏"诸问题》的透露。中方据他所获梁鼎芬稿本《康有为事实》记录:"康有为落魄上海,日日挟妓不与钱,久为妓家女使所知,群到客栈索取。康有为窘甚,遁归广东。上船之日,各妓家女使皆到船上,搜寻不见。开船后,各水手见船板内有人,大惊急呼!大众来看,则康有为也。盖其躲避女使索钱,自匿于此,覆以帆布,水手见其狼狈欺骗,皆耻笑之。后有人作诗诮之曰:'避债无台却有舟,一钱不值莫风流。'"(汤志钧著:《乘桴新获》,北京:北京师范大学出版社,2018年,第60页)马氏兄弟从招商局职员中获知此事,应为第一手信息,而梁鼎芬得之于间接消息。

本年,马相伯到高丽后,国王高宗李熙(1852—1919)与其相处融洽,认相伯为"师傅",因而力推改革。"在高丽时,国王待以师傅之礼,襄助改革新政事宜,李合肥意也。""予在高丽,国王与予甚洽,予劝其兴学治兵,使人民习知外事,可为中国之屏障,拱卫上京。"(刘成禺:《相老人九十八年闻见口授录》,《逸经》,1937年6月)

1883年(光绪九年,癸未),四十四岁

1月1日,经过去年的推广和试验,上海电气公司自本日起向整个租界地区提供电灯照明,逐渐取代煤气灯照明系统。按电气公司提出的照明方案,"在南京路山东路建造一座250英尺高的塔,上面安装8或9盏四千支光的电灯。至于虹口,则建造2座较小的塔,各安装8盏两千支光的电灯。所有这些灯均从黄昏点到黎明"(上海档案馆编:《工部局董事会会议录(七)》,上海:上海古籍出版社,2001年,第797页)。实施方案有所调整,上海正式进入电气时代。

2月2日,朝鲜国王李熙正式任命马相伯为正二品衔议政府参赞,兼任统理交涉通商事务衙门协办。(《承政院日记》,高宗十九年十二月二十五日;《高宗实录》,高宗十九年十二月二十五日;转见自权赫秀:《马相伯在朝鲜的顾问活动初探》,《近代史研究》,2003年,第3期)按总理衙门接获的消息,马相伯与穆麟德同时接获委任,"中书马建常深究治法,练达时务,特权任以议政府赞议兼会办交涉通商事务;穆麟德宅心公平,谙习交涉,亦授以协办交涉通商事务"(薛福成撰:《薛福成日记(上)》,长春:吉林文史出版社,2004年,第410页)。

2月,马相伯与高宗李熙多次见面,国王称他十分满意清朝的推荐,希望在朝鲜当前和今后的改革中长期任用:"引见数次,已谙性度耿直,事务明达,悉如函内辞意,不徒嗣后会同应接有裕,亦惟目下经济赞画为多。"(《清光绪朝中日交涉史料》卷五,北京:故宫博物院,1930年,第2—4页)

马相伯与高宗李熙见面,与实际掌握权力的闵妃等人商量,对朝鲜改革事务提出建议,有《上朝鲜国王条陈》。按此条陈,朝鲜国王应行措施有:省刑法、定刑典、广取才、释奴婢、求富庶、慎疾疠、兴工艺、兴学校、正经界等。改革的宗旨是延续中国、日本的变法措施,在整理内政的同时仿行西国制度,成为现代国家。张若谷编著:《马相伯先生年谱》:"先生仍留高丽,赞助新政,曾觐见闵妃,建议派遣太子留学欧美事宜,后来果行。"(上海:商务印书馆,1939年,第144页)

5月18日(四月十二日)，本日，因外交事务繁巨，亟需人才，李鸿章致电署理直隶总督张树声(振轩)，急调僚属马建忠、伍廷芳同赴上海，与各国使节开展谈判。"文案、军需两房书吏，酌派能起稿、缮写者数人，并令马建忠、伍廷芳均搭轮船来沪候差遣。"(李鸿章：《寄北洋张振帅》，《李鸿章全集(8)》，长春：时代文艺出版社，1998年，第5017页)

5月22日，午刻，李鸿章抵达上海，由马建忠协助，代表中朝政府与法国公使、领事开始在沪谈判，力图消弭中法战事。"(李鸿章)行辕作于英租界徐雨之观察公馆中。彭雪琴宫保于二十一日到沪。潘琴轩中丞亦于前二日来申。"(《钜公莅沪》，《益闻录》第259号，1883年5月30日)

5月28日，上海英文报纸《字林西报》(*The North China Daily News*)刊登广告，对晁德莅编著和翻译完成《中国文化教程》(*Cursus Litterature Sinicae*)第五卷的出版表示感谢和祝贺，至此全书编撰工作大功告成(We acknowledge with many thanks the fifth volume of Father Angelo Zottoli's 'Cursus Litterature Sinicae' consisting of Oratory and Poetry)。《中国文化教程》一共五卷，凝聚了晁德莅与马相伯之间的情谊和智慧，它的出版是中西文化翻译和交流史上的大事件。

6月6日(五月初二日)，据《字林西报》6月7日报道，法国新任驻华特命全权公使德理固(Auther Tricou，初译脱利古)乘坐"阿纳德尔"(Anadryr)号到达上海虹口港，来华履职。当天下午4时半，德理固在法国驻沪总领事和两位翻译和一位领馆警卫陪同下，拜访了李鸿章。(The North China Daily News, 7th June, 1883)李鸿章、马建忠等人在上海特就中法交涉事务与德理固展开谈判，由马建忠协助处理各项事务。德理固"在沪稍住"(《法使脱利古来谒问答节略》，《李鸿章全集(8)》，长春：时代文艺出版社，1998年，第4648页)二月余，与曾主持中法和谈的李鸿章达成三条协议。后因总理衙门采纳对法强硬立场的驻法公使曾纪泽方案，沪、津两地公使级别的议和谈判活动遂寝。

6月，马相伯离开朝鲜回国。据传，马相伯不辞而别，自行回国的原因，一是因为他与朝鲜官员和其他人士意见不合；二是中法战事当前，外交事务需要人手。"西字报谓：接有朝鲜人信息，得悉朝鲜商务人员马建常现已辞职回华，不复受朝鲜之禄，办朝鲜之事矣。据传马君辞职盖有二事，一则为与朝鲜诸臣意见不合，二则中国需才孔亟，特调回华，有所差遣也。"(香港《循环日报》6月29日)张若谷编著《马相伯先生年谱》："先生观察高丽社会风俗，见其制度守旧，积习难除。知不可为，即回天津述职，不愿再办。"(上海：商务印书馆，1939年，第145页)

马相伯1882年9月到天津后参与处理朝鲜事务,12月赴朝,次年6月回国,历时不到一年。马相伯晚年回忆:"吾留朝鲜,有一年多。"(陈乐素《相老人之八十年经过谈》,氏著:《求是集》附录,广州:广东人民出版社,1986年),应为记忆之误,实际在朝鲜时间为七、八个月。"一年多",应该是马相伯参与处理朝鲜事务的年份。马相伯在朝鲜向闵妃建议改革朝政,得到赞成,却无法实施。"当我在高丽任指导改革新政事宜时,常有机会觐见闵妃。就容貌说,她实在是我有生以来所见的第一个美人。她的身材适中,脸儿作鹅蛋状,鼻儿高高的,皮肤非常的洁白匀润,乌黑的头发,态度也非常娴雅庄静。有一次她'托孤'于我,我们曾做过一度很详尽、很有关系的谈话。她问我怎样才能把她的太子教养成人,担当国家重任,不致为强邻所吞噬。原来高丽当时分为两派,一派以大院君为领袖,一派以闵妃为领袖。前一派亲日,后一台亲华。闵妃已早知道国家危亡之祸即在旦夕,所以欲以太子托之于我。我对她说:第一个条件就是要到外国去留学,一来是因为日本一旦进兵高丽,中国若果不能抵御,太子必为阶下囚无疑;二来是十九世纪下半期的东洋诸国已不复能闭关自守,若要对付四邻,必须有国际的眼光,丰富的知识,敏干的才能,这三者都非到欧美去锻炼一番不可。我说这一番话时,闵妃非常赞成,但是高丽的宫廷也和我们前清的一样,暮气已深,因循苟安。你无论对他建什么议,他们答应得都好。但是任他答应得怎样好,总归是一事不做。过了几天,你再问他,他又很喏嚅地说:容我们再商量,再商量!高丽的国命,就送在这'再商量'三字中!"(《一日一谈·闵妃之死》,朱维铮主编:《马相伯集》,上海:复旦大学出版社,1996年,第1117页)

6月,马相伯向李鸿章报告朝鲜事务,建议要么让朝鲜独立建国,要么将之收入中国领土,以避免卷入藩属国不能处理好现代国家对外关系的种种麻烦。李鸿章表示非常为难,北京的总理衙门断难实施。马相伯至此觉得清朝的政治改革无可施展,因循守旧,或致王朝崩溃,于是开始萌生退意。张若谷编著:《马相伯先生年谱》:"先生回国后,又目睹清廷之腐败,绝意仕进,从事科学研究,译著书籍。"(上海:商务印书馆,1939年,第147页)

《一日一谈·从高丽回国以后》透露,马相伯从朝鲜回来后,向李鸿章建议:既然闵妃不能主导改革,不如割断中朝藩属关系,让其独立建国:"我从高丽回国后,就跑去见李中堂,请他即早决定对韩政策,让其变成一个Independent国家,或则积极整顿,做有力指导,如我前此所说的。中堂说:话固然不错,但是你自己对总理衙门说去,我包你碰大钉子。意在言外,就是说他们如何能理解这种政策。我看了中堂这样的扫兴,自然也就不多说了。从此以后,我便感觉到清政府的寿命已不能长久。旗人的脑满肠肥,已万不足与有为,于是就决计摆脱官场。"(朱维铮主编:《马相伯集》,上海:复旦大学出版社,1996年,第1096页)马相伯在朝鲜看到儒家等级制度严酷:"人民分为三个阶级,一贵族,二胥吏,三平民,这三个阶级绝对的不平等。吾且不说贵族,单说胥吏。有一次我亲见一书办,从平地走上阶沿,须六七个仆役前后左右搀扶而上,一举一动都得有人在旁边服侍。一个书办的身份尚且如此,他们的贵族自然可想而知了。至于平民呢,家宅前面不许有阶沿,屋梁须作斜势,不许平正。平民都是白衣,他们穿白衣不是尚白,乃是贱视白色。所以平民叫做白衣人。白衣人不许应考。还有奴仆穿青衣,妓女穿彩色衣,都有严格的限制。"(陈乐素:《相老人八十年之经过谈》,氏著:《求是集》附录,广州:广东人民出版社,1986年,第358页)马相伯从朝鲜回国后,看到清政府和朝鲜的一样,上下更加腐败,体制越发庸堕,感叹"中国者,放大之高丽,而高丽即具体而微之中国也"(《我与高丽》,朱维铮主编:《马相伯集》,上海:复旦大学出版社,1996年,第1090页)。故而对改革事业失去了信心和兴趣,萌生退意。马相伯在料理政事之余,从事西学研究和翻译工作:"清皇室贵族之逸乐急傲,无所不用其极。旗人上至王公,下至士大夫,终日无所事事,甚至在戏院过生活。光绪皇帝的父亲是一个代表,他常在戏院听戏,大腿跷到二腿上,闭着眼睛,一手敲着大腿,拍着板儿,跟着戏台上哼个不停。所以他们的知识都是从戏台得来的,慈禧太后夸奖她的最得意的勇将道:你是我的黄天霸!你想可笑不可笑?我看到这儿,更把从政的心思打消得干净,又重新过我的书生生活,继续研究数学。翻了一部数学书,又翻了一部西人优待海船水手的习惯法的书。"(朱维铮主编:《马相伯集》,上海:复旦大学出版社,1996年,第1096页)

马相伯在回国述职报告中,提出改变朝鲜作为清朝藩属国国际地位的两个方案,即要么让其独立,成为民族国家;要么派兵占领,强制进行现代国家制度建设。"我就回天津见李中堂,报告一切,并陈明不愿再去。中堂问:何以故?余劝中堂对高丽应早决定政策,或听其自主,或实行干涉,派干练钦差大员,率兵前往,作有力的指导,高丽始有挽救的希望。中堂道:大清国我都不敢保他有二十年的寿命,何况高丽!言下有不胜太息者,然而中堂之言却果然应验了!"(《一日一谈·我与高丽》,朱维铮主编:《马相伯集》,上海:复旦大学出版社,1996年,第

1090页)李鸿章后来听从了马氏兄弟的建议,于1895年提议增兵朝鲜。然而,主战的"帝党"却反对李鸿章的做法,主张和谈。最终因为贻误时机,导致"甲午战争"爆发。日本外交官陆奥宗光在他的回忆录《蹇蹇录》中说:"当李鸿章建议再次向朝鲜增派大军时,适逢英国公使欧格讷劝告总理衙门王大臣,说增派大军会加剧日清两国冲突之际,加之北京政府内又产生了一群主和派,气焰方盛,不断追究李鸿章的过失,而此时清国皇帝竟命以李鸿章宿敌户部尚书翁同龢、礼部尚书李鸿藻为首,会同军机处以及总理衙门的王大臣等,首先查究历来措施的得失,进而梳理朝鲜事件的利害,结果竟然列出了以下三天罪状:第一,对日本的提案未加充分审议便断然拒绝;第二,与有旧谊的日本相关的时间,擅自先与俄国公使商议;第三,在本年皇太后还历(六十寿辰)大典之年,欲挑起不祥的战事等。如此罪名实与历史上卫灵公责备弥子瑕让桃相似,前后矛盾,令人忍俊不禁。然在北京政府中,这类事例从不鲜见。李鸿章遭此厄运,增派大军的计划也受到阻碍,直至七月二十二日还未得以实施。"(北京:生活·读书·新知三联书店,2018年,第56页)

6月,马相伯向李鸿章举荐袁世凯,担任"驻扎朝鲜总理交涉通商事宜"要职。"先生荐袁世凯驻高丽为商务委员"(张若谷编著:《马相伯先生年谱》,上海:商务印书馆,1939年,第147页)。因此举荐,袁世凯视马相伯师长。

《一日一谈·袁世凯之为人》:"袁世凯幼年在家遭了讼案,往依吴小轩(长庆)。吴与袁氏先人本为世好,遂收纳之。时吴为高丽钦差,彼随从之高丽,因缘际会,得由末僚而知府而道员,由道员而驻韩商务大臣。余与吴小轩为至友,袁因以前辈视余。"(朱维铮主编:《马相伯集》,上海:复旦大学出版社,1996年,第1075页)《一日一谈·袁世凯与丁汝昌》谈到马相伯回到天津以后推荐了袁世凯担任驻韩商务大臣:"到了余要回天津时,袁来见余,求余替他在中堂处说好话,保荐他为驻韩商务委员。余应之,见中堂提及此事。中堂道:这个年轻孩子,如何可当此任?余因知高丽之事已无可为,而一时又无相当人才,遂将此事陈之中堂。中堂遂允所请,而袁氏遂弹冠相庆矣。世人有责袁实系败坏中韩关系与引起中日战争的罪魁,言之固未免夸大。然而袁之做官心切,对于国事本无忠诚,恶恶而不能去,余亦不能辞其咎。"(朱维铮主编:《马相伯集》,上海:复旦大学出版社,1996年,第1092页)

马相伯认为中韩关系恶化,盖因为清朝权贵不能善待朝鲜使臣,致使高丽国王萌生脱离藩属之念,向日本求助。刘成禺《相老人九十八年闻见口授录》:"中国与朝鲜感情之恶,发源于高丽使臣入贡北京,在理藩院谢恩一事。当时理藩院管理外藩,对安南、朝鲜,礼遇最下。理藩院皆满洲、汉军、蒙古人充司员,入使者馈献不丰,异常阻扰。朝鲜贡使金某未谙院例,在理藩院谢恩时,设香案于大门之外,照墙之内,贡使向门内行三跪九叩首之礼,清制也。而理藩院人员,故置便桶于八字墙边,使贡使对便桶行礼以辱之。西人观者,群相哗笑,金使引为奇耻。归国诉于国王,于是朝鲜倾向日本之计遂定。"(《逸经》,1937年6月)

6月25日,据上海西文报纸报道,"法公使德理固现与李傅相商议事事件,并法公使接有本国电报甚长,均系云南杀戮教士及法国欲在云南开一口岸,以与法人通商之事"(钟天纬:《西国近事汇编》,1883年,第2卷)。另按马建忠、马相伯在天津接获"西人来函",告知"法国驻泊太平洋之兵船二十艘,并铁甲船三艘,如果中法决裂,即与中国兵船互敌"(同上书)。李鸿章和马氏兄弟仍为和谈努力,而北京、巴黎外交中枢对于中法局势的判断和意见仍有分歧。

7月11日(六月初八日),马建忠次女莲宝出生,此据方豪所见《马氏宗谱》。方豪在1946年"自重庆还都,获见相伯先生所藏家谱,故知其家事较详"(方豪:《马建忠先生事略》,氏著:《方豪六十自定稿》,台北:学生书局,1969年,第2028页)。

7月24日(六月廿一日),李鸿章据马相伯回国后报告的情况,着手推动朝鲜政务改革,布置中国与仁川港通商。其时,朝鲜通商口岸已开东南部的釜山、元山,为日本主导。马相伯等人则建议速开西南部的仁川,以利华商经营。本日,李鸿章报奏,称已请"津海关道周馥、候选道马建忠等妥议章程,……由北洋大臣札派总办朝鲜各口商务委员一员,驻扎汉城,兼管仁川口商务"(李鸿章:《办理朝鲜商务章程折》,《李鸿章全集(3)》,长春:时代文艺出版社,1998年,第1811页)。

8月12日(七月十一日),新任英国公使巴格斯(巴夏礼,Harry Smith Parkes, 1828—1885)、法国公使德理固及法国水师提督、英国香港总督等人齐约访问徐家汇。香港总督计划在港设置天文台,"故至蒲西(徐家汇天文台址),以观体制,以便他日兴工。其所派香港天文台之总办系丹国人,业于初十日先到徐汇,与能(恩斯)司铎面商诸事"(《西宪游汇》,《益闻录》,1883年9月12日,《晚清珍稀期刊汇编》,北京:全国图书馆缩微文献复制中心2009年影印本,第44页)。14日晚上,英、法两公使即乘船北上,(《西宪游汇》,《益闻录》,1883年9月12日,《晚清珍稀期刊汇编》,北京:全国图书馆缩微文献复制中心 2009 年影印本,第 51 页)到天津与李鸿章及马氏兄弟作事务交涉。

8 月 17 日,上海海关总税务司,清朝三品大员赫德(Robert Hart,1835—1911,英国北爱尔兰人)订购了 50 套由徐家汇耶稣会士晁德蒞编译的拉丁文《中国文化教程》,分送给中国各海关办事处,今日致信税务司助手金登干(James Duncan Campbell,1833—1907,英国苏格兰人)安排此事。《中国文化教程》(Cursus Litteraturae Sinicae)出版后,上海英美侨商和教士与有荣焉,为之推广。赫德安排"分用三个盒子寄出,10 套给广州,29 套给上海,10 套给北京,1 套留在你的办事处"(中国第二历史档案馆、中国社会科学院近代史研究所合编:《中国海关密档(3)》,北京:中华书局,1992 年,第 329 页)。

10 月 24 日(九月廿四日),晚间,马建忠在天津以私人身份与法国公使德理固会面。德理固前"在沪唔商,颇肆要挟"。德使从上海到天津,与马氏兄弟作外交往来。按德理固告知,中方在中法战争中对情报完全失察,并列数若干案例。马建忠将多种情报转告李鸿章,内容有:法国增加援军,"十日前已到三千,近日续到以前一千,共计添兵四千。……实告尔,本国业已电谕统领古尔贝,饬令添兵到齐,务令将北圻境内凡手持兵械者,尽行扫清"(《马建忠与法国德使问答节略》,《李鸿章全集(8)》,长春:时代文艺出版社,1998 年,第 4697 页)。巴黎外交界英、德、美使节都知道这些消息,有些还在报章公布,而清廷驻法公使曾纪泽并未传回。李鸿章对马氏兄弟信息收集和情报分析能力十分依赖。

1884年(光绪十年,甲申),四十五岁

3月,马建忠奉李鸿章命,主持轮船招商局事务,担任总办。同时,马相伯被派遣至天津、汉口、上海、烟台、厦门、广州调查局属财产。马相伯有《改革招商局建议》,提议整肃局务。张若谷编著《马相伯先生年谱》:"建忠时任招商局总办,先生奉李鸿章命,襄助调查各地分局账目。"(上海:商务印书馆,1939年,第150页)

马相伯《一日一谈》回忆他调查轮船招商局经营不善状况:"李中堂时锐意举办新政,招商局办理有年,然成效甚少,每年需要政府补助经费至八十万两之巨。于是中堂一面任余三弟建忠为招商局总理,一面要彻底明白该局在全国究有几多财产。因三弟在中堂左右,一时不能离,遂命我赴各处调查。从天津、汉口、上海、烟台、厦门,直到广州,我都细细地把它调查了一番。原来前清政府无论办什么事情,都是上下相蒙,报销总是以少报多。招商局在各商埠的地皮是它的一部分大财产,然而实价一则报告总要加十倍。我到各处把它清理出来,并照当时实价估定数目,又按照商业发展地价增贵,预计其增加数目,一方面又计算该局每年经费若干,该局一切财产及营业收入若干;两项相抵,每年盈亏若干;照此情况下去,再有若干年,便足自给;再进一步,便可获利,均一一列表陈明。"(朱维铮主编:《马相伯集》,上海:复旦大学出版社,1996年,第1097页)除了查账,提出建议之外,马相伯还对轮船招商局内粤商、粤局分肥,令总局亏累的弊端提出建议:"用人之弊,失之太滥。各局船栈,人浮于事,视太(古)、怡(和)行不啻三倍,而得用者无多";"分局之弊,失之太纵。……局中司董,鲜不另做生意,如汉口局董张德,仍为谦安茶栈当手,何以专心尽职?";"总局之弊,失之太浮。举措无当,全凭私臆。有如南洋船只,方苦亏耗,忽造致远、拱北、图南、普济四艘";"账目之弊,失之太浑。不外四柱,有账无实,而每年结账,又徒务虚名,纷然划抵,究难取信,患在公私混乱,挪欠自如。廷枢(唐)总办欠六七万,润(徐)欠二万余,各司董所欠不等。"(《改革招

商局建议（残稿）》，朱维铮主编：《马相伯集》，上海：复旦大学出版社，1996年，第10页）

4月6日（三月十一日），中法战争僵持不下，法军海军上将（"水师总兵"）、外交官福禄诺（Francois Ernest Fournier, 1842—1934）请前天津税务司德璀琳带信给李鸿章，提出调解方案：一，订立云南省通商章程；二，清国承认法国保护越南权利，法国在法越条约中以措辞保全清国体面；三，调离清国驻法公使曾纪泽。马建忠、马相伯为李鸿章翻译此函，"照译原稿，抄呈台览"（李鸿章：《述德璀林条陈》，《李鸿章全集(8)》，长春：时代文艺出版社，1998年，第4720页）。

前任天津关税司，时任广州粤海关税务司德璀琳（Gustav von Dertrin, 1842—1913，普鲁士人）与光绪五年（1879）带船在津驻防的福禄诺相识。因法、英两国在埃及争端将起，法国欲和清朝停战，故德、福两人私下在香港接触，主张议和。此前，马建忠、马相伯兄弟奔走津、沪，在法、德、英、美籍人员中寻觅关系，阻止法国舰队不北犯天津，达成和议。四月，德国公使巴兰德在天津，李鸿章未便会晤，马建忠出面接待。巴"私语马道建忠，谓法事龃龉，祸在眉睫。"英、美国公使因各国利益各异，都对中法交恶幸灾乐祸，并不乐见德璀琳、福禄诺的调停。马建忠及时告知李鸿章此信息，供其决策。法国公使德理固来天津时，由马建忠以私人身份应对。"因马道建忠熟谙法语，与德使尚相投洽，密嘱其作为闲谈，往探口气。"（李鸿章：《论越事》，《李鸿章全集(8)》，长春：时代文艺出版社，1998年，第4696页）马建忠代李鸿章判断德、福之间的调停接触，是否能为巴黎接受，因而中法休战。

4月20日（三月二十五日），直隶总督李鸿章将马建忠、马相伯翻译的《法国水师总兵福禄诺密函》，作为《中法交涉事宜据德璀琳法总兵福禄诺意见密函》附录，奏报给总理衙门。德璀琳、福禄诺认为："中国宜讯将驻法公使曾侯调开，缘曾侯办事未妥。中国将其调回，甚有题目。若不遽回，亦宜勿令再充驻法公使。其在巴黎办事，于法国国家命意所在全未知晓。其所预断越南事宜，亦毫不符合，惟时时妄以中国将与法国战相诒，致中国有失体面，欧洲众议，公以中国为不可信。曾侯一日不行调开，即法国一日不与中国商议此事。"（王彦威辑：《清季外交史料》卷四十，北京：书目文献出版社，1997年，第722页）

福禄诺议和方案关键之处，是要解除驻法公使曾纪泽的职务，由明白国际均势，了解法国内情的外交官来谈判，才对清朝有利。此意见由德璀琳转达，再经过马氏兄弟的翻译交给李鸿章。"福因与鸿章曾有一日之雅,欲为从中讲解,密致一函交德税司赍呈,谨令敝处翻译官照译原稿,抄呈台览。"(李鸿章:《述德璀林条陈》,《李鸿章全集(8)》,长春:时代文艺出版社,1998年,第4720页)李鸿章和马氏兄弟判断法国无心再战,此时的国际舆论、外交格局和战场形势对清朝有利,宜于谈判,故而赞同福禄诺的调停方案。

4月28日(四月初四日),经总理衙门批准,李鸿章指令马建忠、马相伯在上海与福禄诺会面,告知清廷免除曾纪泽驻法公使职务的消息。曾纪泽仍为驻英、俄大臣,另派驻德、奥、意、荷公使李凤苞署理法国。马氏兄弟向李鸿章提议抓住时机,迅开和谈。"福(禄诺)首初四日到沪晤马道建忠,云须中朝迅与确实回复,方可径电海部,政府集议,始能宣布议院息兵,派使来议。鸿已电商马道密告福以特旨,调开曾侯,派李(凤苞)使法,即是顾念友谊确实凭据,彼当径电法廷,止兵会议。"(王彦威辑:《清季外交史料》卷四十,北京:书目文献出版社,1997年,第727页)

4月至5月,马相伯、马建忠奔走在天津和上海两地,帮助李鸿章、德璀琳处理因法军侵占越南而导致的中法危机。此际,因马建忠事务繁巨,李鸿章商请马相伯到广州去一趟,促成中法和谈。马相伯向李鸿章力陈:总理衙门大人昏聩无用,南北洋疆臣不必代人受过,徒劳无益,辞不往。

刘成禺:《相老人九十八年闻见口授录》,"法越甲申之役,其祸由曾劼刚肇之。当日外交,先自尊大。彼此不知,遂遭惨败。越法事解,予在北洋幕,颇悉原委。总理衙门欲予往划界,合肥询予能往否?予曰:让总理衙门人自作自办,劝中堂亦不必多参意见,否则'卖国'之名,皆加诸我辈矣,何前倨而后恭也,予绝不往"(《逸经》,1937年6月)。总理衙门采纳李鸿章建议,"调开"曾纪泽后,清朝仍然不想和谈,另行调"派吴大澂、陈宝箴、张佩纶会办南北洋闽海疆事"(四月十四日总理衙门转上谕,见《清季外交史料》卷四十,北京:书目文献出版社,1997年,第735页),牵制李鸿章的外交和海防权力,加紧在粤、闽、浙、苏沿海备战,准备一逞。

5月11日,李鸿章与福禄诺在天津签订《中法会议简明条款》(《李福协定》),马相伯参与了这份密约的谈判和起草,并列席和见证了条款签订。《中法会议简明条款》为五项:一,法国"保全护助"中国南界;二,清国"将所驻北圻各防营即行调回";三,法国"情愿不向中国索偿赔费",清国承诺"格外和衷,期于法国商务极为有益";四,法国承诺今后在与越南的条约内,"绝不插入伤碍中国体面字样";五,三个月以后清法两国政府各派全权大臣会议详细条款。(王彦威辑:《清季外交史料》卷四十,北京:书目文

献出版社,1997年,第734页)

马相伯晚年回忆这段经历,谈到这是中法战争中最佳的和谈时机,条款对中方相当有利。他在谈判《中法会议简明条款》中坚持要写入"维护中国的威望"等话语,以维护国体,竟然实现。徐景贤《马相伯先生国难言论集》:"中法订约时,中方是坚决要有'维护中国的威望'字样,法方不肯,几成僵局。那时李中堂便叫我设法使对方就范。我在列席会议时,亲询法方翻译,何以反对用'威望'?他坚决称'望作希望、盼望解,为中方太有面子,很不相宜。'于是我拿出一本宋版《史记》,在太史公《报任安书》,指出'众有怨望'一说。结果法方翻译自承说道,'维持中国的威望'算是通过了。"(转见自张若谷编著:《马相伯先生年谱》,上海:商务印书馆,1939年,第161页)马相伯所说"维护中国的威望"的内容,在第四款中有所表达,但没有使用"维护威望"的正面表述,而是用了"不伤碍体面"的婉转字样。

5月11日(四月十七日),李鸿章有《奏保马建忠片》,向清廷再次推荐任用马建忠,由候选道升为实授海关道,其嘉奖辞有如:"二品衔候选道马建忠从前游学法国,与其官绅习处,熟知情伪,令在上海侦访敌情。福禄诺过沪时就商一切,该道晤水师提督利士比密,属以福禄诺赴津讲解,必须开诚致敬。若带兵船随往,大沽略露要挟之状,臣必不愿商办,……该道同时回津,帮同臣往复辩论,颇得刚柔操纵之宜,遂能克期成议,实该道之力居多。查八年春夏,叠经派往朝鲜主持美、英、德各国议约之事,条理精详。嗣朝鲜内乱,复委令带队前往弹压理处,应手奏效。奉旨记名以海关道用,旋经吏部以章程不符议驳。"李鸿章以中法和议有功,再次提请清廷破格录用马建忠,更称:"该道讲贯中西各学,心地谨饬,才能肆应,西人多引重之。臣为时艰孔急,洋务需才起见,据实附片密陈,伏乞圣鉴。"上奏中有"请将马建忠、德璀琳奖励等语"。(李鸿章《奏保马建忠片》,《李鸿章全集(4)》,长春:时代文艺出版社,1998年,第1909页)

8月2日(六月十二日),马建忠作《致盛宣怀函》,列数在招商局整顿之艰难,并提出:"三藏(唐廷枢)不去,断难下手。"(上海图书馆藏《盛档》,转见自夏东元编著:《盛宣怀年谱长编(上)》,上海:上海交通大学出版社,2004年,第207页)即主张调走长期主持局务,经常挪用资金,造成欠款和亏累的粤籍会办唐廷枢。此项动议与马相伯的"改革招商局建议"相关,属马氏兄弟行事形影相联又一例。

8月23日,中法战争"马尾海战"爆发,福建水师在闽江马尾港内的战舰十一艘,运船十九艘悉被击毁,官兵阵亡521人,伤150人,失踪51人;法军仅死5人,伤15人。经二十年苦心经营的福建水师,一日之内几乎全军覆灭。

马相伯认为清朝在中法战争中失败,失去对越南的控制,责任在于曾纪泽外交处理不当,失去和谈机会:"安南这一大块土地,是我们曾湘乡相国曾侯相国藩的儿子曾小侯劼刚送掉的。后来有人责备李傅相,那实在是冤枉。原来当安南人民杀了几个法国教士,法国政府要求中国政府惩办凶手,保证以后不再有此等事件发生。当其时各国事务衙门把这种交涉命曾劼刚与法国政府折冲,因为曾出使英、法,清廷颇为倚重。但曾氏始而把这种事情视若无足轻重的,对外人表示中国政府不愿顾问,由他们自己去处理的态度。于是法国始籍口进兵。然而法国进兵的当初,目的也只在占领越南的东京。所以占了东京以后,便停兵不进。但是我们这位小侯爷却以为法国人胆怯不敢进兵,于是便一变从前不闻不问的面目,奏呈清廷,主张与法人开战。战端一开,遂把整个的越南送给法国人。我并不是不赞成抵抗外侮,而是说中国的外交总是始而憒然于事势之真象,一边敷衍,一边放弃,所谓'大事化小,小事化了',又无切实准备。到了以后,又仓促言战,侥幸一时。怎样不一败涂地,不可收拾!"(《一日一谈·清季外交界的趣闻》,朱维铮主编:《马相伯集》,上海:复旦大学出版社,1996年,第1143页)

8月26日(七月初六日),李鸿章《奏法人开衅招商局轮船拟暂售美国旗昌洋行折》获批上谕:"览奏,均悉,所有商局轮船俟事定后务当即行收回,以资转运。"(王彦威辑:《清季外交史料》卷四十五,北京:书目文献出版社,1997年,第821页)前此,8月14日(六月二十四日),总理衙门传旨:"从前设立轮船招商局购买轮船系奏明办理,现闻售予美国,李鸿章何以未经具奏,殊属非是。"(王彦威辑:《清季外交史料》卷四十四,北京:书目文献出版社,1997年,第802页)经李鸿章奏报后获批允许,马氏兄弟用旗昌洋行藏匿轮船招商局资产的计划得到了朝廷的批准。

8月29日(七月初九日),清廷对法全面宣战,总理衙门下达谕旨至两江总督曾国荃:"本日战旨已宣,吴淞等处如有法船在口,即行轰击。"鉴于战争向北方洋面蔓延,为轮船招商局商船安全计,遂实施马氏兄弟预案,即仿照国际战争法惯例,将本局船只、码头抵押给美商旗昌洋行,改挂美国国旗,以免受到法舰攻击。国内舆论和官商股东不明真相,以为盗卖资产,群起攻击。马建忠、马相伯与李凤苞、唐廷枢一起,被诬陷为"汉奸",更有李慈铭等人污蔑马建忠为"市井无赖"。因交战期间保密需要,马氏兄弟闭口不言,承受不白之冤。

马建忠、马相伯公开招商局与旗昌洋行签订售卖合同,告示各国保护本局商船和码头,法军不得侵犯。马氏兄弟用明约转售,暗约取回的计谋,吸取了克里米亚战争(1853—1856)期间俄罗斯商船临时改悬美国国旗而并未得到有效保护的教训:"各国通例,本国商船改换他国旗帜,需在两国未开衅之前。黑海之战,俄商皆悬美旗,有二艘换旗于战事前三日,遂为法人所夺。复有二艘易旗于战前,暗立售回之据,亦为英国所夺。非实在转售他国,必不能保护,此万国通商之例。马建忠知法事决裂,毅然定议将来收回关键。惟据文是问,不容稍有反覆。法人疑招商局轮船非实售与美,尚思乘间攫拿,故未使入告,求默鉴而曲原之。"(罗惇曧:《中法兵事本末》,收《中国近代史资料丛刊·中法战争(一)》,上海:上海人民出版社、上海书店出版社,2000年,第13页)

按李鸿章上清廷《奏法人开衅招商局轮船拟暂售美国旗昌洋行折》,马氏兄弟与旗昌洋行谈判"暂售"过程和方案并不复杂:"先是,唐廷枢在沪,议交英商怡和洋行换旗代办,担文则谓英律繁苛难罄,美律简易易从,美与中国交情较厚,应换美旗为妥。适有美国旗昌行主愿将招商局产悉照原价,值银五百二十五万两,统归该行认售,该行以银票如数抵给。他日事定,定将银票给还,收回船栈,权操自我,仍可改换华旗。道员马建忠素习洋文,熟谙公法,前委沪查招商局务,该员就近与担文及旗昌反复商论,担文力保中法事定可以原价收回旗昌,亦誓言绝不失信,价值绝不计较。"(王彦威辑:《清季外交史料》卷四十五,北京:书目文献出版社,1997年,第821页)担文,轮船招商局所聘英国籍律师,因长期服务招商局,他建议马氏兄弟找美商谈此事,容易成功。

凌其翰《六十年来之上海》记录了马相伯口述的"旗昌洋行事件"始末:"大约光绪九年的时候,因为安南的事情,引起了中法的战争(中法战争实际发生在光绪十年)谅山之役。事前李鸿章得了信,晓得法国兵船要封锁长江,使招商局的船没法通过,所以就和我们老三眉叔商量。那时眉叔是招商局的总办,他奉了李鸿章的命,去和其昌洋行商量。其昌洋行的美国人是和老三是朋友,所以肯答应他挂美国旗。那是外面谣言都说招商局已出卖给美国人。其实这是李鸿章的急智,当时写了两张合同,一张是明的,一张是暗的。明合同说是出卖,暗合同说是请求悬旗。合同签后三天就开战,招商局的船挂了美国旗,终算可以自由。那时中国的海防一些都没有,直到大祸临头,还要临时求挂外国旗来保护自己。这是多么可耻的事。"(朱维铮主编:《马相伯集》,上海:复旦大学出版社,1996年,第537页)兄弟二人在采取"抵押"行动之前已经征得了李鸿章的同意。马相伯在《一日一谈·旗昌洋行与招商局》回忆说,李鸿章在事发后感到"莫名其妙",为此他被召去天津报告情况。实情应是李鸿章知道马氏兄弟与旗昌洋行谈判,但因未报告签订阴阳合同的细节。惟在"闯祸"以后,李鸿章查明实情,顶住舆论压力,保护马氏兄弟。

凌其翰(1907—1992):上海南市人,少年就读敬业小学,1924年,考入上海邮政总局,任见习生、邮务员。后报考法租界震旦大学,毕业于该校预科和法学院。1926年,赴比利时留学,毕业于鲁汶大学,获政治和外交学硕士;1929年,获布鲁塞尔大学海商法学博士;(《外部周刊·外交同仁志》,1934年,第36期)凌其翰因震旦和鲁汶大学背景,与马相伯熟识。"凌博士出身墨尔西氏创办之比国鲁文大学。"(徐景贤《〈马相伯先生国难言论集〉序》,)1931年留学回国后,曾一度担任马相伯秘书,帮助先生整理生平回忆录等。为创刊六十周年特刊,聘为特约记者,采访马相伯,成《六十年来之上海》一文。1932年,担任《申报》评论主笔,《申报》月刊社主任。同时,在东吴大学、上海法政学院担任教授,另与少年同学姚肇里合办律师事务所(址山西路中和银行楼上)。1933年,进入中华民国外交部,出任比利时公使馆二等秘书、中比庚款基金会主席;1935年11月,以中国驻比公使代办职离任回国;1948年3月,比利时政府授予凌其翰一等大绶雷和保二世勋章,表彰他对比中文化合作之功。1947年6月,担任外交部礼宾司司长;1947年7月,获国民政府三等景星勋章;1948年6月,赴任中国驻法国公使;1949年,在法国宣布脱离国民党政府,加入中华人民共和国外交界。1950年5月回国,担任外交部法律委员会专门委员。1956年曾加入中国共产党,后在"反右"中被划为右派,开除党籍。"文革"中又受冲击,累及家人。曾先后担任中国人民政治协商会议第二、三、四届委员,第五、六、七届常委,欧美同学会名誉副会长等职务。1992年2月22日在北京去世。(参见凌其翰著:《我的外交生涯》,北京:中国文史出版社,1993年)

8月,"旗昌洋行事件"发生后,沪、津、京舆论对马氏兄弟竭尽攻讦。盛宣怀要求收回招商局,旗昌洋行总办士米德(C. V. Smith,又译史密特)则表示只与马建忠谈判,交涉陷入僵局。因马建忠无暇抽身,马相伯坐船赶赴天津,向李鸿章报告该事件的原委。马相伯向李鸿章解释,并经谈判,士米德将轮船招商局奉还。

马相伯《一日一谈·其昌洋行与招商局》,透露当年抵押招商局给旗昌洋行,确是马氏兄弟的主意:"当中法战争将要爆发的时候,我家三弟建忠与其昌洋行商妥,把招商局以前旧有的商船,全部押给旗昌洋行,挂美国旗,但并没有向他要押费。李鸿章在天津听说我们把招商局轮船押给其昌洋行了,莫名其妙,打电报来叫老三去。老三不能分身,遂叫我到天津去告诉李中堂为什么要押船的理由,中堂这才放心。因为我们晓得中法一开战,中国的海军不能保护我们的商船,不得已用假抵押给外国人的法子,免被法国船捕获去做战利品。至于我们为什么把船押给美国洋行呢?那是因为要押东西给别的国家,至少非六个月以后才能生效。美国洋行则不然,只要谈判一经妥帖,签了字就能马上生效。就是说,他马上对于所押的财产加以保护。其昌洋行与招商局因为有了这段因缘,所以其昌后来归并招商局,是一种历史的关系的结果。"(朱维铮主编:《马相伯集》,上海:复旦大学出版社,1996 年,第 1100 页)马相伯另外透露,李鸿章同意马氏兄弟的做法,签了阴阳合同保护招商局权利:"这是李鸿章的急智,当时写了两张合同,一张是明的,一张是暗的。明合同说是出卖,暗合同说是请求悬旗。合同签后三天就开战,招商局的船挂了美国旗,总算可以自由。"(《六十年来之上海》,朱维铮主编:《马相伯集》,上海:复旦大学出版社,1996 年,第 537 页)

王伯恭《光绪甲申朝鲜政变始末》(《蜷庐随笔》)记"旗昌洋行事件"发生后,马建忠的危险处境:"常熟(翁同龢)问:将来尚可归还否?答言:何日停战,何日即可还原。常熟又言:倘不如说,奈何?又答:此何敢欺?某有全家性命在。常熟正色曰:既如此,汝姑回沪,苟他日不能取回,国法将不汝贷,非洋人所能护也。眉叔唯唯而退,过天津,见合肥告之。李曰:吾尚在讥谤中,何况汝乎?吾辈值此时,惟委蛇观变而已,余无可言也。是时,余(王伯恭)方自朝鲜来沪,招商局虽挂洋旗,局中司事者仍皆旧人,照常办事。他分局之总办,及江海各船之账房,亦仍旧贯,惟增美国八九人,在总局指挥耳。眉叔仍日日到局,余恒诣局访之。次年,和议成,即日龙旗高挂,煊赫如前。江海各船,亦同日更易,而政府终以眉叔为不可恃,加派盛宣怀为招商局督办,合肥亦无如之何?而眉叔遂不能久于其位矣。"

马氏兄弟因"旗昌洋行事件"饱受攻击,如李慈铭《越缦堂日记》"光绪十年八月初八日":"吴淞招商局之鬻于米夷也,合肥误信匪人马建忠言,私取米夷银五十六万。建忠素事英夷领事官威妥玛为父,与李凤苞、唐廷枢等,皆世所谓汉奸也。""十月二十六日":"马建忠者,市井无赖,与夷厮交接,张树声等皆倚任之。前年朝鲜之役,树声听建忠言,执大院君,于是朝鲜遂为互市通商之国。中外和约,皆与中国并列。"(李慈铭撰:《越缦堂日记(十四)》,扬州:广陵书社,2004 年,第 10539 页)北京"清流"人士在事件过去以后与马建忠有实际交往者,稍有其看法，然而并未有歉疚之语。如王闿运《湘绮楼日记》："光绪十五年二月二十五日"："候补道马建忠，黄通政所谓汉奸者，曾为郭、曾随员，美秀而文，自言奔走之材，未见凶恶。"（王闿运：《湘绮楼日记》，长沙：岳麓书社，1997年，第1532页）翁同龢《翁文恭日记》"光绪二十三年六月二日"："候补道马建忠，号眉叔，来见。前十年人争欲杀，要是隽才。所举严复等皆通西法者。"（翁同龢撰：《翁同龢日记（六）》，北京：中华书局，1998年，第3012页）戊戌变法前后，"帝党"人士担任要津，对原属于李鸿章南、北洋系统的马氏兄弟加以延揽，马建忠还应他们请求推荐了严复，京中对"西学"人物的评价稍有改变。

9月12日（七月廿三日），李鸿章回复总理各国事务衙门调任马建忠，实则查办之上谕，有《奏留马建忠片》，要求仍在津、沪留用。七月初六日（8月26日），清廷传谕旨："道员马建忠熟悉洋务，现在总理各国事务衙门需人，著李鸿章密饬即日来京，预备引见。"本日，李鸿章以中法战事激烈，用人孔亟为由，拖延将马建忠交给总理衙门候审："查该道马建忠前因法人起衅，饬往上海确探军情，随时密报，俾可相机因应。并以宣战之后，由沪解赴闽、粤及北路枪炮要件各船不肯装卸，又饬会同委员密雇商轮，设法转运，以资接济。该道熟悉洋情公法，办理尚能妥慎，现值战守机宜吃紧，侦探、转运均关重要，一时难更新手，致有贻误。拟请暂缓北上，俟军务稍松，再行给咨来京。"（李鸿章：《奏留马建忠片》，《李鸿章全集（4）》，长春：时代文艺出版社，1998年，第1959页）

10月27日（九月初九日），清廷保守派仍然追究旗昌洋行事件，本日下达上谕《谕马建忠张志钧着离开上海电》，责成李鸿章交出躲在上海家中的马建忠，更令两江总督曾国荃查找行踪。"令马建忠来京引见，乃该员前赴上海，迄今未见北来殊属延玩。著曾国荃查明，务饬来京，不准托词延宕。"（王彦威辑：《清季外交史料》卷四十八，北京：书目文献出版社，1997年，第872页）

12月8日（十月二十一日），马建忠从天津到达北京，听候"引见"，即到各部受审。但因轮船招商局"旗昌洋行"交涉事件须臾不能离开，上海、天津各署要求他即刻返沪。据总理各国事务衙门大臣奕劻（1838—1917）上奏《招商局售船事宜请饬马建忠办理片》："叠接上海来电，马建忠忽坐轮船由津进京，一切事情无原经手人会同料理，不独轮船公事致多窒碍，即于招商局产亦有可虞。拟请饬马建忠仍即回沪，与该行和衷办理。"本日总理衙门奉到上谕："着俟该员引见后，再降谕旨。"（王彦威辑：《清季外交史料》卷四十九，北京：书目文献出版社，1997年，第892—893页）至此，查办马氏兄弟"其昌洋行事件"暂时搁置。

1885年(光绪十一年,乙酉),四十六岁

2月18日(正月初四日),马建忠、马相伯与旗昌洋行士米德总办、安士登经理为应对"旗昌洋行事件"保持接触,后者为中法海战献策。据本日盛宣怀《上李鸿章禀》,马相伯与盛宣怀就士米德的献策制定了一个作战方案,以招商局所属"图南"(1531吨客货轮,1881年在英国订造)、"致远"(1881年在英国订造,非北洋水师于1887年在德国定制之巡洋舰)两船运兵,驰援"救台湾":"台湾之东南有未封之海口,若(清军)装兵械前往,可由后山中路绕赴台南。伊(士米德)行内有一洋人,熟悉此路。职道与之筹商,若将图南、致远两船放至烟台,换中国旗即驶昌乐一带装兵械,径由东洋驶至台湾背面上岸,确有七八分把握。"(王尔敏、吴伦霓霞编:《清季外交因应函电资料》,台北:"中研院"近代史研究所,1993年,第68页)"台湾之东南有未封之海口",即高雄东南下淡水溪(高屏溪)入口,距台湾首府台南一百公里。

3月8日(正月二十二日),马相伯、盛宣怀再次向李鸿章呈报,近日与旗昌洋行熟悉台湾事务的士米德、安士登详细讨论。本日,盛宣怀又有电报,望李鸿章速作"救台湾"之策。《上李鸿章禀》:"马相伯电应如何回复?安士登者,即士米德所称熟悉台湾东南路之洋人。"(王尔敏、吴伦霓霞编:《清季外交因应函电资料》,台北:"中研院"近代史研究所,1993年,第69页)

3月,中旬,马相伯从上海赴津,向李鸿章、盛宣怀报告马氏兄弟处理招商局事务的细节。马相伯此行事迹,见于马建忠3月25日(二月初九日)从上海致信在天津的盛宣怀,内称"家兄相伯往津,所欲言者可由相伯面达"(《马建忠致盛宣怀函》,上海图书馆藏《盛档》,转见自夏东元编著:《盛宣怀年谱长编(上)》,上海:上海交通大学出版社,第227页)。马建忠写此信前数日,马相伯已乘商船到津,故推断相伯于本月中旬离开上海。

5月12日(三月二十八日),马相伯仍然参与山东矿务,协助李鸿章、陈士杰、李宗岱等人处理"总办山东平度等处矿务关防"等事务。本日,为山东巡抚陈士杰(1825—1892,湖南桂阳人)代拟"山东平度矿务札",致书"加布政使衔总办矿务事宜兼营务处前山东济东泰武临道李(宗岱)"。马相伯在

山东平度金矿与广东南海佛山人李宗岱、张荫桓交善。

此札事因"平度州双山等处有金银等矿,苗头尚旺,值此时艰币绌,亟应多开利源,以济饷需",故批准在平度州双山等处开发金银等矿,用招股方式民间经营,试办三个月,以观后效。前此,李宗岱还接办山东莒州矿务。"现在各绅商亦请陆续兴办,除在莒州设局,另文禀报外,所有省城应办各事,即请归并平度所设总局办理,以归简易缘由。"此札由马相伯保存,晚年带到南京,存于鼓楼天主堂马相伯储物处,1946 年为方豪所有,见于方豪《马相伯先生年谱新编》(李东华编:《方豪晚年论文辑》,台北:辅仁大学出版社,2010 年,第 366 页)附录,文件名为"移会一"、"移会二"。

山东平度金矿,位于胶东半岛潍坊与青岛之间。同治六年(1867)发现矿脉,先有本地穷民私采,随后外商,特别是美国西部矿工(含广东苦力侨民)便携具带资,闻讯而来。同年十一月初一日,三口通商大臣崇厚严令封禁。时任山东巡抚丁宝桢(1820—1886,江西临川人)与美国驻上海总领事熙华德(George Seward,1840—1910,美国加州人)、两江总督曾国藩交涉和商量,制止淘金者私采,平定了这场烟台国际淘金热,把矿权保守在清朝手上。(《中国近代史资料汇编·矿务档(山东)》,台北:"中研院"近代史所,1960 年)

5 月 19 日(四月初六日),马建忠次男祥宝出生。"次男祥宝,生光绪十一年四月初六日。"(《马氏宗谱》,转见自方豪:《马相伯先生生日考及其他》,氏著:《方豪六十自定稿》,台北:学生书局,1969 年,第 2016 页)

6 月 6 日(四月二十四日),马建忠从上海回到天津,会同李鸿章、盛宣怀等人与旗昌洋行会办(总经理)士米德讨论轮船招商局局产回归的程序和细节,决定于 8 月 1 日向中方过户,再次易帜。(据上海图书馆藏《盛档》,转见自夏东元编著:《盛宣怀年谱长编(上)》,上海:上海交通大学出版社,2004 年,第 229 页)

6 月,马相伯作为马建忠的代表,与旗昌洋行会办士米德办理收回轮船招商局事宜。凌其翰《六十年来之上海》:"招商局是吾代表眉叔到天津去收回的,那是盛杏荪要收回。其昌洋行史密特不肯,他说当时接洽的前途既是马某,现在收回交涉也应该是马某。所以吾代表了眉叔,当了李中堂的面,和史密特谈判,一个大钱也不花,居然拿招商局收回了。当时谣言说是马某发了六千万两的大财,其实招商局亏空达一千二百余万两,都是一笔烂账啊。"(朱维铮主编:《马相伯集》,上海:复旦大学出版社,1996 年,第 537 页)张若谷编著《马相伯先生年谱》将马相伯"在天津办理交涉收回招商局事宜"(上海:商务印书馆,1939年,第262页)一条系于1886年,此误。关于旗昌洋行售产换旗事件内情,李鸿章《复陈商局轮船暂售美国折》有详细交代。

7月19日(六月初八日),中法战争结束,直隶总督李鸿章以《商局船业全数收回折》奏报:轮船招商局已由马建忠与士米德(史密特)换契,如约从美商旗昌洋行旗下再度易帜,收回经营。招商局仍由盛宣怀督办,马建忠任会办,马相伯参与局务。21日(初十日),清廷发布上谕,称从前该轮船招商局各员办理不善,亏负累累,弊端百出,此次全数收回,应认真整顿,好自经营。

李鸿章《商局船业全数收回折》,交代马建忠、马相伯在上海处理轮船招商局与美商旗昌洋行合作,"易帜"保护局产的结果,最终以事实平息了京中"清议"为"卖国"之诬陷:"去夏,法提督统帅兵舰来华恫吓肆扰,海疆不靖,招商局轮船驶行洋面,日有戒心。法人遍布谣言,遇船劫夺。美国旗昌行主为经管,换用美旗,俾可照常驶行,以保众商成本,其价值原值银两以银票如数抵给。经道员马建忠与英国律师担文及旗昌反复商论,俟中法事定将银票给还旗昌,仍由局收回船产,两不失信。马建忠因与众商定议暂售,写立合同契据。……该洋东素讲信义,此次保护商局力践前言,颇自言劳,亦殊于大局有益。经盛宣怀、马建忠与之议明,由商局延充总查董事,遇事相助,每年送给薪水银五千两,三年为限,以资酬答。期满后,或去或留,悉听局中众商主持,不致再有轇轕。"(李鸿章:《商局船业全数收回折》,《李鸿章全集(4)》,长春:时代文艺出版社,第2049页;李鸿章:《奏招商局向旗昌洋行收回船产折》,《清季外交史料》卷五十九,北京:书目文献出版社,1997年,第1068—1069页)

8月1日,轮船招商局各码头从旗昌洋行旗帜换回招商局旗,各航线轮船自到港之日起,即行换回招商局旗,"旗昌洋行事件"终于平息。马氏兄弟固然渡过舆论危机,实质却是他们在中法战争中设计挽救了招商局的庞大资产。

8月7日,轮船招商局发布告示,本局船栈已向旗昌洋行买回,沪、镇、浔、汉、津、甬等江海各口岸生意照常,已于8月1日一律重新开设。(汤志钧主编:《近代上海大事记》,上海:上海辞书出版社,1989,第447页)

8月11日(六月二十一日),李鸿章代表盛宣怀从天津到达上海,处理轮船招商局善后事务。盛宣怀经调查,向李鸿章密陈马氏兄弟没有财务问题,只需与此前唐廷枢、徐润经营时期切割,即可继续经营。他对马相伯的调查结论不利马氏兄弟,据他的眼线谢家福密报,说有人把向"旗昌洋行事件"引发的舆论危机,归罪于马相伯,因而建议李鸿章将马相伯调离上海,转而从事外交事务。

  盛宣怀督办招商局,须依赖马建忠的外交能力,故而只能顺应李鸿章的意见,由马氏主管上海总局:"马道办事认真,除却偏信旗昌,尚无他病。职道只需将旗昌、汇丰交涉怡和、太古合同,唐、徐、张道各欠款,保险贵池各存款,以及六月二十一日后账目,界限截清,定好划一不二章程,便可回津销差。"盛宣怀还向李鸿章交代他对马建忠的看法,貌似坦然钦佩,实则暗中贬损:"中堂何以赏识眉叔如此之甚,及回数月,始知其绝顶聪明,诸事要好,非廷枢(唐)、润(徐)可比。其病只在轻率二字。近日深切规劝,属其专学沉细,以救前失。我始终以诚待之,间有意见不合,亦必反复辩论,似督、会办向无如此和衷也。"(《盛宣怀上李鸿章秉》,王尔敏、吴伦霓霞编:《盛宣怀实业函电稿(上)》,台北:"中研院"近代史研究所,1993年,第33页)

  盛宣怀为达到常驻上海,取代马建忠具体操办招商局总务的目的,与谢家福合计支走马相伯,拆开马氏兄弟。他暗中向李鸿章告状,按《盛宣怀上李鸿章秉》:"据谢家福等密称:马道(建忠)商情虽不好,尚有人原谅,众所深恶者,其兄建常也,去年售于旗昌后颇有劣迹。若其兄久留上海,绝非弟福。职道虽与马道莫逆,亦未便明言,但不许其在局办事,尚难免招揽,声名甚坏。马道曾言建常与樵野有约,顾从出使。可否乞将建常荐与樵野,庶可两全。"(王尔敏、吴伦霓霞编:《盛宣怀实业函电稿》(上),台北:"中研院"近代史研究所,1993年,第38页)谢家福(1847—1896),江苏吴县人,字绥之。家居府城桃花坞,父谢元庆(肇亨),世为士绅。1871年,以府庠生来上海入广方言馆;1881年,以国子监学正衔参与筹备上海电报局。1884年,任上海电报总局提调。现不知谢家福缘何诋毁马相伯,亦不知其中过节怎样形成。惟盛宣怀于1885年引入谢家福,署理招商局会办,造成挤走马相伯,孤立马建忠的局面。1892年,谢家福回苏州创办正道书院,捐助中西学堂。张樵野,即张荫桓,其舅舅李宗岱曾与马相伯同在山东办洋务,为同事和朋友,关系密切。

  8月15日,徐家汇发行之《益闻录》刊登《论收回招商局》,对马建忠遭受构陷之事圆满了结表示欣慰,并对招商局经营前景表示乐观。"所望主持之人办理实心,去其各弊,则渐推渐广,自然获利无穷。吾知盛(宣怀)、马(建忠)观察夙有操持,必不至循因不振也。"(《益闻录》第485号,1885年8月15日)

8月底，马相伯受李鸿章派遣，离开上海赴广州，调查轮船招商局广州分局（唐应星主持）事务，同时考察香港、九龙商务。此为闲差，实情是盛宣怀欲将马相伯调离上海。按马相伯的记忆，他是"七、八月"，即当年8、9月初到达香港。

马建忠担任轮船招商局总办后，提出要对上海总局和各地分局检察账务，以利经营。经奏准，李鸿章遂于旗昌洋行事件后派遣马相伯南下巡查，对唐廷枢、徐润经营期间的粤局业务进行盘点。当时，唐氏兄弟景星（廷枢）、应星（廷庚）控制招商局沪局、粤局，挪用资金，附股经营，相当混乱。"当老三（马建忠）接办招商局之初，外表虽说兴盛，而内部很坏，亏空了不少。为此，当时政府便着我到广东的招商分局查账去。"、"到粤时是七、八月，还有件容易记忆的是那年广东下雪，这种事情在广东是不容易发生的。我所以到广东去，为的是招商局的事情。"（陈乐素：《相老人八十年之经过谈》，氏著：《求是集》附录，广州：广东人民出版社，1986年，第359页）

9月，马相伯搭乘丁日昌北洋水师南下巡弋的军舰（应该是方伯谦指挥的威远舰及其舰队，从德国定制的更加先进的定远舰是本年十月底才到北洋水师入列），到达香港本岛维多利亚港。军舰在厦门港停泊4天，汕头港靠岸几个时辰，然后到达香港。

马相伯首次到香港，对港岛上刚刚形成的英侨、混血儿和广东人族群现象多有观感。"我去时坐的是提督丁汝昌的船，因为他们刚刚南行游弋，大家同道的原故。先到厦门，停了四天；再到汕头，又停了几时。然后再到香港，那时香港已经有好些中国人，他们自称是广东人，而不称香港人。因为'香港人'是称那些杂种人的。港中的房屋，除平地的外，三分之一的山边都盖了不少。商业上最大的是一家豆腐公司，听说有十八艘火轮船专走牛庄运豆来，做豆腐衣，晒干了，卖到南洋去。"（陈乐素：《相老人八十年之经过谈》，氏著：《求是集》附录，广州：广东人民出版社，1986年，第369页）

9月至12月，马相伯在广州居住近四个月，留至次年1月北返。马相伯在广州虽受礼遇，但所提建议并没有得到重视。因应酬交际活动甚多，遂得以遍览名胜。

陈乐素《相老人八十年之经过谈》："招商分局虽在黄埔，而我还住在城里，至于城里什么地方，我忘记了。在广州差不多四个月，我的生活可以说内外两方面。内的就是住在寓所做那调查账目的工作，有时候也许做做诗。外的就是到那些名胜地方游览和那些无聊的应酬，是最可恨的。虽说有这么长期间留住着,但当地的风物究竟不能领略多少,因为我每次出门都坐着轿子,而且和官绅同伴。那轿子是四个人抬着,前后左右都用油布遮蔽,只剩左右两边的两个小窟窿,看不出什么来。"、"广州的名胜,所谓羊城八景之类,除了白云意外,似乎都曾领略过,但不能完全记得清楚了。此外,河南的海幢寺我也到过。那时里面和尚很多,大约总有好几百(现在不到三十个),那些僧房骈列着,有点象贡院考试的号房。因为到海幢寺,所以连着又到了那时有名的伍家花园,因为两个地方相离很近的缘故。伍家花园很大,就是四大富豪之一伍氏的园宅。我只游得一半,那里有池,有小山,有很长的回廊,有几座石桥,有……记不清楚这许多,总之可以说广州第一所园宅。"(氏著:《求是集》附录,广州:广东人民出版社,1986 年,第 360 页)

10 月 5 日(八月廿七日),马氏兄弟建议李鸿章建立一家现代银行,以推动中国的铁路、矿山、工厂和学校建设。本日,总理衙门召见张荫桓,问及对于李鸿章欲创建银行的看法。张荫桓"初不知傅相建议,因奏言此事有真资本,又任用得人,可以周转。反是,则大有流弊。续谒傅相,谓此为富强要义,行年已老,来日苦短,须为公家浚一利源,用心良苦。"(张荫桓:《三洲日记》,《中国近代史资料丛书·洋务运动(八)》,上海:上海人民出版社,2000 年,第 275 页)对于马氏兄弟创建银行的态度,李鸿章积极响应,张荫桓则有保留。

10 月,经过调查,马相伯向总局建议一揽子解决招商局发展瓶颈问题,即由清朝地方当局自主开发九龙的方案。鉴于香港市面崛起之后,广州贸易衰败,马相伯向两广总督张之洞上书,建议清朝自行开放九龙为商埠,建造广九铁路通达香港。张之洞口头应允考虑,却迟迟不批,拖延答复。

马相伯在考察中发现,南洋和西洋贸易的枢纽从广州向香港转移,"(香港)商业上最大的是一家豆腐公司,听说有十八艘火轮船专走牛庄运豆来,做豆腐衣,晒干了,卖到南洋去。"(陈乐素:《相老人八十年之经过谈》,氏著:《求是集》附录,广州:广东人民出版社,1986 年)马相伯主张借此自开商埠,挽回利权。"我因调查招商局事宜到广东,看见香港给英国人占了去之后,商业发达,不但广东的商业被他夺了去,即英人以外之外国商人也都受他的压迫,引以为苦。我上了一个条陈给两广总督,把香港对过的九龙辟为商埠,建筑市场,招引中外商人到彼贸易,修一铁路直达广州。外国人士也都皆赞成我这个计划。但当时两广总督为张香涛,我和他不认识,只得把这个条陈托他的一个同乡送给他。他看了道:'满好满好'!但是把它'束之高阁'。我直等了他三个月面没有消息,便讪讪地离开广东了。"(《一日一谈·刘省三(铭传)与张香涛(之洞)》,朱维铮主编:《马相伯集》,上海:复旦大学出版社,1996年,第1098页)光绪十年(1884)张之洞从山西巡抚调任两广总督,开展"时务",但他在方针、策略与李鸿章的南北洋"洋务"标新立异,故对马相伯的建议未作回应。

11月,马相伯访问佛山。马相伯与张荫桓、李宗岱为同事好友,在广州办理期间应李、张家人邀请访问佛山,住李宗岱家,游玩当地名胜古迹。"广州之外,我曾到过佛山,因为我和李宗岱、张荫桓认识。他们都是佛山人,而且是亲戚。他们那时候虽然都不在佛山,但他们的子弟招呼我,就住在山农(李宗岱)家里,一所堂皇的府第,怕是佛山数一数二的了。佛山那时的商业很盛,和广州差不多少,我去的时候还是坐渡船的。"(陈乐素:《相老人八十年之经过谈》,氏著:《求是集》附录,广州:广东人民出版社,1986年,第362页)

张荫桓(1837—1900),广东南海人,字皓峦,号樵野、樵埜,又号芋庵。出身商人家庭,随舅父李宗岱宦游山东,在地方任事。因才干突出,被两任山东巡抚阎敬铭、丁宝桢赏识。后受李鸿章保荐,捐班道员,在幕府中办理洋务外交。1876年,张荫桓在山东登莱道道员任上,与同在山东的马相伯结识。1884年,张荫桓入总理各国事务衙门行走。旋因非科甲出身,加之措施得罪清流党,被弹劾后迁至直隶大顺广道。1885年,经李鸿章再次保荐,担任清廷驻美国、西班牙、秘鲁三国公使,1890年任期结束回国,任职总理衙门。1892年,迁至户部左侍郎。张荫桓办事干练,眼界开阔,致力于外交和内政场合,后与李鸿章不合,且为翁同龢倚重,便游走于"后党"与"帝党"之间。1894年,他出使日本,为后来爆发的甲午战争斡旋议和,结识伊藤博文、陆奥宗光。1898年,"戊戌变法"中,他向光绪皇帝举荐康有为、梁启超,提议伊藤博文来华担任首相,为变法主心骨。变法失败后受到追究,被革职抄家,发配新疆。1900年,"义和团"动乱期间,终被慈禧以通敌名义下令在戍所处死。张荫桓晚年署"红棉老人",博雅有致,不亚于"清流"。所著《三洲日记》、《戊戌日记》、《甲午日记》保存晚清洋务、变法活动的珍贵史料,今有任青、马忠文整理《张荫桓日记》(北京:中华书局,2015年)。

李宗岱(?—1896),字山农,广东南海佛山镇人,张荫桓的舅舅。道光二十九年(1849)贡生,经商致富,捐班得山东泰武临候补道员,因才干署理山东盐运使、布政使。1885年,在李鸿章支持下,从招商局、汇丰银行各借银18万两,招股开办平度、招远金矿。矿局从旧金山购入春矿、选矿机器,雇佣外国矿师。因含金量低和运输困难,至 1888 年亏空达 45 万两,竟至破产。1891 年,李鸿章批准由李宗岱、李赞勋(一名赞芬)、陈世昌、徐麟光等成立招远矿务公司,继续探明并开采平度金矿。1894 年,因李宗岱、李赞勋引进美国机器无法使用,土法生产效益不高,又致亏欠数十万两,被北洋大臣王文韶以"任意妄为"罪名查办。1895 年,山东巡抚李秉衡因赔累严重,关闭该矿。次年,李宗岱在济南郁郁而终。

12 月,马相伯结束招商局事务,离开广州,乘船返回上海。按《相老人八十年之经过谈》,马相伯"到粤时是七、八月",随即向张之洞上书,提出开发九龙等建议。上疏建议无果,苦等了三个多月之后因不得回复而离开,他在广州逗留时间应为四个月左右。推断马相伯起航回沪时间为当年 12 月底,或次年 1 月。

12 月 9 日(十一月初四日),李鸿章为奏销自光绪七年正月至八年十二月共两年海防费用,公布各项收支情况。其中马建忠二年内的薪水所得为四千三百八十六两六钱六分六厘八毫。在中外雇员中,马建忠领取的薪水仅次于三位洋员明亚(12 000 两)、高文(10 838 两)、汉纳根(6 715 两)。(李鸿章:《海防经费报销折》,《李鸿章全集(4)》,长春:时代文艺出版社,1998 年,第 2180 页)

本年,与江南前辈名士王韬(1828—1897)又在广州见面。马相伯赠王韬朝鲜纸,王韬也对马相伯见而喜之,回赠七绝一首,为马氏兄弟常遭诬陷代抱不平:"难弟难兄并心许,君家昆季云霄侣;三年两次见粤中,奇功乃复遭蜚语。"(王韬:《马相伯自朝鲜回赠余发纸赋此致谢》,李天纲编:《中国近代思想家文库·马相伯卷》,北京:中国人民大学出版社,2014 年,第 565 页)

1886年(光绪十二年,丙戌),四十七岁

1月,马相伯乘坐的怡和洋行铁轮返回上海途中,于福建海面意外触礁,在海上滞留三天后被救援到厦门,险遭不测。

《一日一谈·刘省三(铭传)与张香涛(之洞)》:"离开广东,哪晓得我所乘的怡和海轮在福建海面遇了险,几几乎把我的老命送掉。原来这个海轮是铁壳子,很坚固,只因为该船船长任职已久,照例再有一班便可给假回国。他老先生因此快活得了不得,天天喝酒行乐。哪晓得乐极生悲,一大意便把船驶错了道路,一头撞到一个岛屿附近的礁石上。船主便令下舱(三等客舱)关闭。这么一来,便要活活地把那一舱的中国客人淹死。我当时住在顶上头的官舱(即今日所谓大餐间),听了这话就去见船主,叫他立即开启下舱舱门,不然我将来要在英国公使馆告他,他不得已才把舱门开开,我在这破船上守了三天,然后被怡和轮船派舢板救出,送到厦门。"(朱维铮主编:《马相伯集》,上海:复旦大学出版社,1996年,第1098页)

1月25日(十二月二十一日),马相伯起草,马相伯、马建忠、盛宣怀等会同秉请总理衙门请招股设立台湾商务总局,发展台湾商务。按督办台湾军务、福建巡抚刘铭传在此秉请上的批示:"查全台出产颇多,若能举办商务,经理得法,获利必厚。……该道等现议章程与招商(局)两不相设,所请以官山材木变价,发给官本银十万两,事属可行。但须召集股本四十万之款,实有着落,方能开办。……不得效招商局之虚靡浪费。"(上海图书馆藏《盛档》,转见自夏东元编著:《盛宣怀年谱长编(上)》,上海:上海交通大学出版社,2004年,第257页)台湾商务总局将避免上海轮船招商局弊端,两相比较,其开办之章程、条陈显然都是由马相伯起草。

2月4日,春节,马相伯在福建厦门过年,对当地民俗印象深刻。按马相伯回忆,"离开广州,大约是十二月吧,因为记得我是在福建过年的。"(陈乐素:《相老人八十年之经过谈》,氏著:《求是集》附录,广州:广东人民出版社,1986年,第362页)

2月,按盛宣怀在上年(1885)冬月(十一月)接李鸿章十月所发手谕,其中讨论了马相伯为刘铭传提议建造台湾铁路的事情。盛宣怀在回禀中私下质疑刘铭传、马相伯的建议,以为"省帅(刘铭传)函令派员勘办台南北陆线,而不欲造通闽线,甚奇。马相伯赴台,拿局衔秉省帅办台湾商务,股份何来? 恐是空话。天下事不想透如何创始之难,善后结束之难,虽日上千言,何益之有?"(王尔敏、吴伦霓霞编:《盛宣怀实业函电稿(上)》,台北:"中研院"近代史研究所,1993年,第51页)可见马相伯在厦门曾大力上书李鸿章修建台湾铁路,而已被盛宣怀进言,被李鸿章搁置。

2月,中旬,马相伯应台湾巡抚刘铭传(1836—1896,安徽合肥人)的邀请,从厦门坐闽南茶叶商人的渡船到台湾,考察新政事务,筹建台湾铁路。因其建议难以被采纳,故逗留不久之后即离去。

马相伯回忆:"清廷置台湾省,派刘省三(铭传)为总督。刘招先生至台湾,先生建议借款开发经济,未见采纳。"(张若谷《马相伯先生年谱》)刘铭传获悉马相伯遭遇海难滞留厦门,便邀请他顺道访问台湾。"当时刘省三做台湾总督。他本是淮军的将领出身,我的大哥也是淮军中的官员,在他们看来都是一家人。听说我到厦门,省三便电邀我到台湾去。到了台湾,他要留我在那儿帮忙。"(《一日一谈·刘省三(铭传)与张香涛(之洞)》,朱维铮主编:《马相伯集》,上海:复旦大学出版社,1996年,第1098页)刘铭传有计划在台湾修建铁路,但未获支持。马相伯在台湾时天天陪刘铭传下围棋,滞留不久就回到天津,接受李鸿章选派的新使命,前往美国商谈合资开办银行事宜。故此,马相伯到台湾逗留的时间应该是在本年年初。按马相伯在台湾风俗考察所见:"台湾的土人多数文身,赤着上身,下面用布围着。内地人到那边的几乎全是漳州人。他们到那里办茶叶,因为茶叶是那地方的唯一产物。听说美国也有五艘船来,专运茶叶回去。台湾用的盐是靠从福建运去的。"(陈乐素:《相老人八十年之经过谈》,氏著:《求是集》附录,广州:广东人民出版社,1986年,第362页)

3月30日(二月廿五日),张之洞上书总理衙门,奏《催设香港领事折》,内云:"香港片壤,本是中朝宽仁假与栖息,俾资懋迁。若不设领事,则是诸洋百货入华之利益英国得而专之,华商、华民之在彼者,中国转不得过而问之。英收其利,我承其弊;英资其益,我受其损。"(《张文襄公全集·奏议》,北京:中国书店,1990年,第321页)其中以政府保护华商、华民利益的想法则与马相伯的建议契合。

马相伯在广州时曾向两广总督张之洞提出在九龙购买土地十万

亩,以自开商埠,免除进出口关税的自由港计划。惟李鸿章不能直接决定,需转请张之洞向总理衙门具奏。张之洞推诿不议,以不了了之。"在刘处住了不久,便接到李中堂的电报,教我到天津。我到了天津,见了中堂,便把我的计划开辟九龙商埠报告中堂。他拍案道:'好极!我设法请总理衙门批准,但必须张香涛(之洞)具奏,我不好出面。'因此我的计划依然成了泡影。"(《一日一谈》,朱维铮主编:《马相伯集》,上海:复旦大学出版社,1996年,第1099页)条议申请九龙自开商埠,以与香港商战,挽回利权。张之洞拖延不决,未加采纳。马相伯苦等未有回复,遂离开广州,赴厦门。马相伯把九龙自开商埠不得实现的原因归结为张之洞的消极态度,并又一次述其原委过程如下:"我上了一个条陈给两广总督,把香港对过的九龙辟为商埠,建筑市场,招引中外商人到彼贸易,修一铁路直达广州。外国人士也都赞成我这种计划。但当时两广总督为张香涛,我和他不认识,只得把这个条陈托他一个同乡送给他。他看了道:满好满好!但是把它束之高阁,我直等了他三个月没有消息,便讪讪地离开广东了。……我到了天津见了中堂(李鸿章),便把我的计划(开辟九龙商埠)报告,他拍案道'好极'!我设法请总理衙门批准,但必须张香涛具奏,我不好出面。因此,我的计划依然成了泡影。"(马相伯《一日一谈·刘省三(铭传)与张香涛(之洞)》,朱维铮主编:《马相伯集》,上海:复旦大学出版社,1996年,第1098页)九龙没有"辟为商埠",马相伯引为终身之遗憾。"吾生平有三件恨事,都是牢不可破的闭关思想害我的。……第三件恨事就是没有开九龙为自由埠,因为九龙一开为自由埠,货物进出可以不纳关税,则对面的香港不久必倒。吾曾上条呈买十万亩地开辟商场,朝廷终是不睬。"(《六十年来之上海》,朱维铮主编:《马相伯集》,上海:复旦大学出版社,1996年,第544页)事实上,中法战争期间局势紧张,李鸿章、张之洞电报往来都忙于应对越南、台湾战事,无暇兼顾马相伯提出的九龙自开埠方案,亦属合理。但是,张之洞主动提出要"催设香港领事",保护华商、华民利益,这个想法与马相伯去年的建议若合符节。

　　张之洞(1837—1909),字孝达,号香涛,河北南皮人。生于贵州贵阳,1850年回原籍乡试,中举;1863年殿试得一甲第三名,入翰林院,渐成清流党。1881年,出任山西巡长,始办洋务,与李鸿章分任要务;1884年,升任两广总督,调处中越、省港纷争;1889年,调任湖广总督,力主开办汉冶萍洋务企业;1894年,署理两江总督,调两江资源入湖广;1896年,支持强学会,并在武昌编练新军,戊戌变法夭折、义和团事败后,逐渐入值中枢,设计挽回清朝。1900年,先与刘坤一、李鸿章一起行"东南互保",后即镇压唐才常自立军和上海张园国会;1901年,推动两江、两湖学生返日留学,倡"中学为体,西学为用";1907年,出任军机大臣;1909年,病重去世。张之洞以"清流"办洋务,虽称公忠体国,实则瞻前顾后,虚耗迂阔。其与李鸿章等建立的洋务系统分立掣肘,主张不和,与马建忠、马相伯参与设计和积极从事历次洋务多有暌违。

8月16日,据江海关副税务司马士(Hosea Ballou Morse,1855—1934)到上海任职,与招商局有业务交往。本日,马士致书李鸿章的密友德璀琳,透露马建忠会办轮船招商局,经常委托兄长马相伯签署文件。"马建忠不在时,时务进展平稳,他的哥哥代他签署。"马士还说,这位兄长名叫马相伯,正在执行一项台北开发计划,同时还在广东珠江推行轮船招商局内河航运的方案,完全有能力代替弟弟在招商局的经营工作。(《马士致德璀琳》,《马士通信集》,转见自费维恺:《中国早期工业化:盛宣怀与官督商办企业》,北京:中国社会科学出版社,1990年,第195页)

10月19日,马士在给同事德璀琳的书信中评价马建忠、马相伯兄弟,说:"马建忠,李鸿章的一个门徒,同是盛宣怀在这个公司(轮船招商局)的助手,能为总公司充分发挥总办的作用。我并不相信他的权势大到能足以使他去督办和指导官方的商务,但也仅仅只他一人有一些商务经验,并真正懂得一个轮船公司是不能认真地按照中国官僚的路线去经营的。"(《马士致德璀琳》,《马士通信集》,转见自费维恺:《中国早期工业化:盛宣怀与官督商办企业》,北京:中国社会科学出版社,1990年,第33页)马士对马氏兄弟治局能力的评价与华人同事及中文舆论中的诋毁完全不同。

本年,据钱智修《马相伯先生百岁年谱》,"是年,先生赴法兰西考察商务,亦文忠命也。先生既绩学盛誉,深通其国政教,故彼都人士亦倾朝野欢迎之"(《复旦同学会会刊》第8卷,1939年第2期)。

本年,德国德意志银行派出的德国铁路中国财团访问中国,在上海期间访问了徐家汇耶稣会会院。访问团成员埃克斯纳(A. H. Exner)记载了这次旅行中的所见所闻,徐家汇和土山湾的事业发展给他留下深刻印象。埃克斯纳提到了徐家汇藏书楼、土山湾孤儿院,以及博物院、天文台、气象台、印书馆等耶稣会文化、教育、科学事业。埃克斯纳希望参观位于肇家浜东岸拯亡会圣母院举办的女修道院,因其不能通融向男性开放,故未能了解到女育婴堂、孤儿院的事业情况。

德国财团访问徐家汇所见:"离上海不到5英里的徐家汇的耶稣会基地。徐家汇于十七世纪曾经很有名,那里聚集了一大批皈依基督教的中国人。由于这个原因,当驱逐基督教的时代过后,即1842年战争结束后,又能重返中国的耶稣会就选择了当时并不重要的这块地方建起了传教团的房屋。这个机构不仅是一所学校,他们还从事比较高级的教学活动,包括广义上的艺术和科学。它有一座图书馆,有两万多册书籍,其中还有很多有价值的中文手稿。与学校比邻,还有一座很有价值的博物馆,还有著名神父们的气象馆以及造福社会的孤儿院。非教徒家庭的孩子也在那里学习有用的手艺,并学习基督教义。神父们热情地接待了我们。一位说德语的神职人员,整整花费了四个小时,带领我们参观了所有的部门。这家造福社会的机构里最有意思的部门,毫无疑问是孤儿院,目前孤儿院有200个非基督教徒家庭出身的男孩子,他们在此学习手艺。这里包含了差不多所有的手工艺:细木工、刻画工、画工、漆工、描图工、织工、鞋匠、裁缝、印刷、装订等等。12岁之前,孤儿们在小学学习,12岁以后就可以选上述手艺中的一种,作为将来生活的职业。在此度过学徒期后,孩子儿们可以留在这里工作,每月有工资;也可以选择离开这里,到别处找工作。如果是外出找工作的话,男孩儿们就必须书面保证,出去后的一年里,回来三到四次,每次用几天的时间上宗教课。这里培养的好几百个手工业工人——现在在上海——有的自己开业独立工作,有的作为雇员工作,他们基本上都是优秀的工人,手艺学得很好。徐家汇的孤儿院由一个传教士领导,另有四个僧侣——两个欧洲人和两个中国人——作为其助手。两个欧洲人管理刻画、描图、细木工和装订这几个部门。两位中国人管画工、裁缝和鞋匠的部门。他们看管大约100个学徒,其中绝大多数是属于细木工场的,这个工场为各个天主教堂生产所需的木器,如圣坛、忏悔凳、教堂椅,等等。这些木器一直都大量生产,北中国的大部分天主教堂,甚至蒙古和朝鲜都在这里订货。——在刻画工场人们生产的物件与欧洲生产的同类产品相比,在质量和外观的优美上一点也不差。从各方面衡量,中国的刻工水平不仅赶得上欧洲的,甚至还强许多,他们只需要欧洲同行所需的一半时间完成工作,所以货品的价格就不可思议地低得多。这个部门生产的玛多娜,Ecce Homos和画框可以和西方最好的产品媲美。人们会埋怨中国人缺乏创新力,我们在此也不想怀疑这种论断的正确性。我们被告知,哪怕是最能干的工人,没有模型的话,他们就什么也刻不出来;可是,如果他们面前放着一个模型,那么大多数情况下,人们就无法区别,哪一个是原型,哪一个是仿制品了。他们确实能够做到如此精确。所有孤儿院所需的衣服,都在裁缝和鞋匠部制作。

甚至给欧洲传教士的衣服,也是他们做的。还要强调一下,这里的欧洲传教士都中国化了,前半个脑袋剃光,后面还拖着一根辫子。孤儿院最重要的一个部门要数印刷所了。大量的、各种各样的印刷品,从这里发往中国人的世界。超过12个语种的材料在这里印刷,有的材料上甚至印上了非常优秀的木刻和石刻绘画。还有一份每周出版两次的报纸《益闻录》也是在这里编辑印刷的,耶稣会所有宣传册子也都在这里出版。大多数都是用中国发明的老方法印刷,也就是说,把中国字刻在木板上,用一把普通的刷子把黑颜色刷上去,放上纸,然后用另一把刷子把纸刷进去。我们这些男人未被允许参观女童学校以及孤儿院。在虔诚修女们所管的孤儿院,那些可怜的婴幼儿,或是由他们的家庭交给了修女,或是被遗弃在大街上,由传教士的友人捡了来,在中国保姆的帮助下被养大。那些弃儿——总是女孩,经常是只剩了把骨头,几乎都没了气儿,往往还带有传染病——在这里得到了充满爱心的护理和照料。虔诚的修女们照料她们——等她们足够大了——教她们做有用的事情,让她们受教育,直到以后她们作为教徒嫁人,或者是到教友家庭作女佣。"(王维江、吕澍译自 A. H. Exner:《中国:土地和人民素描》〈*China, Skizzen von Land und Leuten*〉, Leipzig, 1889.)

1887年(光绪十三年,丁亥),四十八岁

4月14日,美国《盐湖城论坛报》(Salt Lake Tribune)报道:张荫桓(Change Yen Huen)将留任清朝驻美公使一年,并将于4月20日离开华盛顿访问英国。不超过一半的随员陪同他旅行,其他人都留在这里。数天之前,张荫桓按照约定拜访了美国国会,国务卿贝阿德(Thomas Francis Bayard,1828—1898)草批给他174 000美元贷款,正式落实有待国会通过。

6月1日,中国天主教中文报刊《圣心报》(月刊)在徐家汇创刊,李杕(问渔)担任主编。

《圣心报》(月刊)为世界天主教祈祷总会主办的信徒阅读报刊,第一种《圣心报》由耶稣会士拉弥哀(Pere Ramiere)在1861年在西班牙创办。此后,各国均有本国文字版本,自主编辑、发行。19世纪末一度全盛,仅在意大利博洛尼教区就每期发行13万份;美国有两份《圣心报》,一份销售八千本,另一份销售三万八千本;法国有两份《圣心报》,一共销售六万二千本。(《圣心报广行》,《圣心报》,1893年,第7卷,第74期)"二战"以后,《圣心报》仍然维持发行,据祈祷宗会年鉴1947年统计,全世界不同国家中,欧洲有17种《圣心报》(另有12种因"二战"和苏联占领停刊),亚洲有13种,非洲有3种,澳洲有2种。其中销路最广,印制最精美的是美国《圣心报》,有30万订户;其次是爱尔兰《圣心报》,有26.5万订户;加拿大《圣心报》有6.5万订户;法国《圣心报》有1.5万订户;中国在抗战前原有六千五百余订户,战后减少至二千余份。(《全世界〈圣心报〉的现状》,《圣心报》,1947年,第61卷,第10期)。《圣心报》自本年创刊,至1949年停刊,长达63年,是中国近代发行时间最久的中文期刊杂志之一。

7月21日,轮船招商局沪津航线"保大号"货轮在山东荣成县海岸成山角失事搁浅,救捞不及,反遭当地渔、村民众哄抢,造成货物及财产损失。事发之后,李鸿章等责成盛宣怀处理案件善后,后者将责任推诿给马建忠用人不当,并私下里向内廷"清流"翁同龢报告:"招商局整顿两年,稍有起色,

'保大'轮船忽在成山触礁,船货顿失十二余万。众商颇归咎于马眉叔误用之总船主孟心仁之练驾,侄初欲撤之而未果也。"(《盛宣怀上翁同龢禀》,王尔敏、吴伦霓霞编:《盛宣怀实业函电稿(上)》,台北:"中研院"近代史研究所,1993年,第60页)马氏兄弟遭盛宣怀暗算排挤若此。

7月16日(五月二十六日),经李鸿章授意,由盛宣怀、马建忠、米建威、黄开甲在上海共同签署"合同四款",商议在美国"凑集资本银5 000万两,前来中国设立中国官银行,会同中国官办理"(上海图书馆藏《盛档》,转见自夏东元编著:《盛宣怀年谱长编(上)》,上海:上海交通大学出版社,2004年,第275页)。

7月23日(六月初三日),直隶总督兼总理衙门北洋水师会办李鸿章批复,决定筹办一家中美合资华美银行,本日李鸿章下咨筹建。此举措由马建忠、马相伯兄弟与来沪游说建立合资企业的波兰裔美国商人米建威承办,意在募集外商资本、民间资本,开办铁路、矿山、纺织、电报、电话等洋务事业。李鸿章以咨文方式委派轮船招商局总办马建忠在上海筹办,天津海关道监督周馥、东海关道监督盛宣怀在天津联络,惟"合同四款"中议定资本银5 000万两减为1 000万两。

李鸿章下行咨文内容如下,可以侦知马相伯参与筹建华美银行的缘由:"据美国商人米建威秉称,议设各口华美银行事宜等情到本阁爵大臣。据此,除批该美商米建威欧秉,拟与黄腾派克等集中美商一千万元,在中国通商各口开设华美银行,自系为振兴商务,有裨两国商民起见。本大臣督办中国通商事务,凡与中国铁路、矿务、纺织、营造诸大端,皆当次第举办,而银行尤为各事之枢纽。该美商议与华商合股办理,足见公正平允,本大臣无不乐为保护维持,已饬正任津海关道监督周道、东海关监督兼办轮船、电报事务盛道、会办轮船招商局务马道,与该美商米建威会议简明章程十二款,又专条一款。核查所拟,尚属妥当,俱可照准,即派周道、盛道、马道与该美商米建威签押作为底本,呈送一份存案,以一份交米建威带回,即与黄腾派克筹商。如果美商均能悦从,黄腾派克亲自来华,再议详细章程,定期开办,固本大臣所厚望。或由黄腾派克派人来,亦可定议也。"(李鸿章《咨周馥盛宣怀马建忠文》,收《盛档》之五,第597页;转见自夏东元编著:《盛宣怀年谱长编(上)》,上海:上海交通大学出版社,2004年,第280页)盛宣怀受命于李鸿章,在天津督办,马建忠、马相伯在上海会办。盛宣怀了解马氏兄弟与美商米建威筹议的银行章程,知道华美银行的筹建过程,但暗中持反对态度。

华美银行缘起：马相伯、马建忠在直隶总督李鸿章幕府，为了给北洋水师筹措建设经费，计划从军舰，到铁路、邮局、电报、矿山、学校、报馆等一揽子现代事业，成为清朝自鸦片战争以来最有雄心的一项开放性实业建设计划。"李中堂和我们弟兄平居闲谈，大发牢骚，他说：军机处命我兴办海军，只给五百万两银子，怎样能办得好？我们就对他建议说：现在有美国大富商可以借钱给我们，中堂为什么不试办一下？中堂听了我们的话，非常高兴，要借多少呢？我们说，至少五千万才能有发展的希望。但当时中国的经济状况限制了中国政治家的眼光，中堂听了这个巨大的数目，颇觉踌躇。后来说，两千万吧。我们说，不够，至少要二千五百万。中堂答应了。于是我们就同住在天津的美国商人约略商定一种办法：借款二千五百万两，先纳。总行设法在天津、上海，各省得设分行。查账之权，由中美分负其责。议既定，中堂即派我赴美与该国银行家接洽。我和三弟请中堂把此事奏明政府，中堂大不以为然道：难道我一个北洋大臣又兼理通商大臣，连与外国商人商订借款的权柄都没有了吗？你去好了，我打电给美国大总统。那时，李鸿章的名声在欧美各国非常大，欧美人士都叫做'北洋李鸿章'。这就是说，李鸿章可以统制北洋，所以中堂一电，极有效力，美国的官绅待遇我的礼貌非常隆重。船抵旧金山，美国税关已得彼邦大总统电报，命其照外交代表的惯例免验我的一切行李。到纽约时，美国大总统特派侍从武官前来迎迓。美国的银行界各巨子皆来相会，我在中国临行时买了许多的中国的缎子和茶叶，这时就把缎子分送给这些大银行家的太太们，茶叶则分赠各银行家自己。他们看见我们中国的缎子，简直'得未曾有'！曾记得有一个最有势力的银行家特向我要那片黄色缎子，他在他们第一次演剧欢迎我（这个剧就是扮演我的故事）的剧场中，即着用我的缎子做的一身衣服，旁观者都喷喷美慕不已。至于茶叶呢？他们不晓得烹法，我就烹给他们吃，他们也赞赏之至。我到纽约之后，除了应酬之外，便和他们大商家商量借款事宜。他们都争着要借，结果大家商定了数目，凑拢起来，共有五万万两。我知道中堂一定不会答应，然而美国银行家的意思又不可却。于是我就同他们商量，以五千万为正式借款，以三万万为他们的存款，存款以三厘起息，然后视中国对于财政需要之缓急因为因应，他们也赞成了。但是我将这种办法电秉中堂，中堂来电说，朝议大哗，舆论沸腾，万难照准。把我弄得进退维谷，简直不能见人。我没法，只好溜之大吉。"（《一日一谈·借款》，朱维铮主编：《马相伯集》，上海：复旦大学出版社，1996年，第1102页）据马相伯另一次回忆,当时美方建议华美银行股本额为二亿五千万元,议定的5 000万元为一期投资。"余兄弟来发读西书,徒见后来者滚滚使西,又翁能为余一谋耶?余前往美,拟纠合华美银行,一席酒后,便得二万万有五千万美洋。"(《家书选辑(六十五)》,朱维铮主编:《马相伯集》,上海:复旦大学出版社,1996年,第630页)

7月(六月),马建忠、马相伯在上海领受筹建华美银行的使命,与美商米建威商定初步章程,并由天津方面核准,成为出访美国东部城市招商的蓝本。据他们所拟的《华美绅商集股设立中国官银行草议》,可知马氏兄弟对于华美银行的设想为民间招股的合资银行,并非如盛宣怀报称的"官银行",而是设想中的中国第一家商业银行。惟此银行经李鸿章特许,由北洋通商大臣("北洋商宪")监管,分得经营利润,并有经营方案的最终裁决权。

华美银行称"官银行",并不参与内部管理,实为"官督",即由清朝监督办理的一家民间商业银行。《华美绅商集股设立中国官银行草议》所拟章程共二十二条,如下:"一,本行系有限公司,由华、美各绅商集股在中国开设,秉蒙北洋商宪李傅相允准督理,故名中国官银行。一,本行先集资本银五千万两,由中国、美国各绅商均听入股。先由各绅商签订入股数目,以便拨用。运华之银,概用银锭,校准平色,收支一律。如生意兴旺,原集股本五千万两不敷应用,再集股本银五千万两,仍只准华、美各绅商添入。一,本行既蒙北洋商宪俯允督理,应就近在天津设立总行,庶事事有所秉承,籍资保护。至上海必设立分行,此外富庶各区凡有大宗生意,均须酌设分行。如非通商口岸,或专派华员董经理,或附中国庄号代办。应随时禀请北洋商宪,咨行南洋大臣,各省督抚宪一体保护。一,本行仰蒙商宪俯准督理,须请派提调一员,总司稽查中外各本行并保护一切。应请商宪札派华员充当其天津、上海,并请商宪札派华员分办,仍准分办各员自延董事数人,帮办津、沪各行及各口岸事务,皆须殷实公正,谙熟商情者。美商资本最巨,应由美商公举一人,在美国总办各事,并遥为稽查行务,仍听派人来华代办。所有华美各员董,悉听北洋商宪节制。一,华、美各员董,应互相考究商务,以期钳束而免隔阂。惟华员董专管本行与中国官商交涉各项生意,美员董专管本行中外通商生意。如中国官员向本行借资兴办开采、纺织、营造诸大政,美员董稽查利弊,华员董主持一切,庶各不相扰,与中外通商条约不背,不致贻后人口舌。再,本行华、美各同行如有意见不合,先由华、美各员董秉公调处。如再不结,禀请商宪定夺,不得请外人干预,滋生纷扰。再,本行延致董事以下各人均须取具切实保人结状,秉公录用,不得私相汲引。一,本行大旨系以美商之银在华办事,若非李傅相俯准督理,窃恐窒碍难行。众商请愿提银二百万两,听候我傅相备用,并不取息。一,各行总办、董事向以股份较多之人充其选。本行议举中国员董均禀请商宪加札委派,与寻常商民办法不同。所有分办、员董人等入股银两,不必拘定数目,庶选举路宽,易于得人。一,本行既名中国官银行,中国国家不论何时何事可向本行借银。借数不拘多少,亦不必指定每项作抵。惟本行既有美商资本,遇有中国国家借银之时,应请北洋商宪奏准以为凭信,一如外国国家向商家借贷之例。至起息若干,归款日期各条目,临时由华洋员董议定,请北洋商宪叙入奏牍。一,凡中国有官办开矿、机厂、铁路等类大工程欲向本行借银者,应先禀请商宪饬由本行派人考究利弊及经费数目,然后订立合同。凡借款若干,起息若干,分若干年归还,以及察理维持之处,皆载入合同,请商宪批准立案。其借款即以其事之生意与所有之产业作抵押。一,本行可设厂鼓铸金银钱,其式样、轻重应由北洋商宪批定遵行。本行亦可发流通之票,以便商民携带,亦须禀请商宪批定票式。惟所发之票,不得过本行资本之半。一,中国国家如有借贷以及创办、制造、采买等事,应请先尽本行承办。如本行索价昂于他商所索之价,听由他商办理。一,本行生意规条悉仿美国官银行格式,不得少予通融。各员董所办之事,俱不出规条之外。如规条所未载,其小事非经公议,大事非经员董公秉商宪批准,决不准行。行之,即将经手人议罚。一,凡华、洋各商借款准其以货抵押者,其借数不得过抵货时值之半。利息从轻,借期不得过一年。一,凡华、洋各商以各色产业抵押,凭公估值,借款不得过时值五分之三。借期不得过一年,息银临时另议。一,凡华、洋各商以股票为抵者,其抵票如已分利,则借数不得过时值之半,借期不得过一百八十天。一,本行借与商家之款,借息从轻。应照市价涨落,察看各口岸情况,由华、洋各分办集董事分议,详请商宪定夺。一,凡一切银票汇兑之事,悉仿美国官银行之例,汇费从轻。至中国各口庄号代办本行事务,一切华文准雇翻译成洋文,送总行备查。一,本行生意有月结,有半年一总结,由华、洋分办主政,请董事校对,呈送商宪查核。一,各分行董事每七天应到行一次会议,如有紧要事件,由分办随时召集。所议各事非关重大者,附月结呈报。一,半年一总结,应列名本行存欠各款和各项所得。净利内提股本应得官利按年三厘派分外,其余净利再各半分之。以一半归股东,一半归商宪。提存净利者,乃除去各色开销及三厘官利外之盈余也。若所余净利溢乎五厘,即于所溢银内,由华、美各员董秉明商宪,议提公积。一,如总结后所得净利不足官利三厘,或甚至亏折,应随时由美总办与华分办酌议,秉明办理。一,本行应分三厘官利或有余利,均于半年或一年结账后分给。如中国官商向本行借银开办铁路、矿、厂等事,如何起息分利,届时另议合同。但股东于此等款项所得之利,亦止提三厘作为官利,余照上章各半分摊。"(《华美绅商集股设立中国官银行草议》,收《盛档》之五,第700—702页;转见自夏东元编著:《盛宣怀年谱长编(上)》,上海:上海交通大学出版社,2004年,第284页)

8月20日(七月初二日),马相伯、朱志尧、米建威(Count Eugene Stanis Kostka de Mitkiewicz, 1849—1910,美国人,生于波兰华沙)和李宗岱(山农)儿子(李家恺,即清廷时任驻美公使张荫桓的表兄)一行共四人,作为李鸿章批准筹办的华美银行特使,从天津出发去美国访问,目的在于借款兴办银行,兴办各项新式事业。

张若谷、徐景贤、方豪等人所作年谱均以为马相伯于1886年访问美国,都是按照马相伯回忆所说。凌其翰《六十年来之上海》,马相伯回忆"吾在光绪十年(1884)到西洋去"(朱维铮主编:《马相伯集》,上海:复旦大学出版社,1996年,第543页);张若谷编著《马相伯先生年谱》记:"光绪十二年,丙戌(1886),先生四十七岁,……奉李鸿章命,派赴美国,接洽借款,创立国家银行,振奋实业,练办海军。"(上海:商务印书馆,1939年,第162页)马相伯晚年记忆失误,曾有光绪十一年、十二年不同说法,如"光绪十一年间,斐拉代而省为纪念华盛顿,开百年大会。童子军有炮队、马队等等,而军官皆童子。时驻美法使顾谓老人曰:'此其国,谁敢与较!'"(《民国民照心镜》,朱维铮主编:《马相伯集》,上海:复旦大学出版社,1996年,第328页)现按美国报纸报道和张荫桓日记等资料,马相伯访问美东的时间是在1887年。

洪美英:《相老人八十年之经过谈》:"大约是一千八百八十三年,或是四年吧(按为一八八六年),我是四十来岁(四十七岁),为了经营一种银行事业,我便到美国去。同行的是李山农的少君和我的一个外甥,他们那时不过二十来岁。"(《人文月刊》,1930年第一卷,第6期;陈乐素著:《求是集》附录,广州:广东人民出版社,1986年,第370页)

8月20日(七月初二)从天津出发。同行的有美国人米建威、朱志尧、李山农之少君(可能是李家恺,待考)共四人。先到长崎,再经神户,到达横滨。在横滨时,马相伯前往东京,稍作逗留后,即返回横滨,乘船东渡太平洋,前往美国西海岸城市旧金山。

洪美英:《相老人八十年之经过谈》:"船似乎是先到长崎,而神户,而横滨。在横滨停留的当儿,我也曾到东京去。到东京,这是第二次了。那时东京是刚有电车,刚成立一两间大学,各样事业都在草创,因为是迁都到这里来不久的缘故。"(《人文月刊》,1930年第一卷,第6期;陈乐素著:《求是集》附录,广州:广东人民出版社,1986年,第370页)

8月,下旬,马相伯一行到达旧金山,稍作逗留。在旧金山期间,马相伯等人领略刚刚因淘金热发展起来的城市,也看到了华人(广东人)参与建造的大陆铁路。"那时旧金山还很多是荒地,大的建筑并不多,市面上还多用煤气灯。然而中国人却已经不少。那些中国几乎可以说完全是广东人,我们镇江人就只碰见一个,然而已经完全广东化了。广东人在那里尽是洗衣的和卖些杂货之类,较高职业是没有的。但唐人街却已经存在,唐人街和从前的广州街道相仿佛,而且一样热闹,只可惜都是些不伦不类的东西,如城隍庙、占卦、算命,以至于琵琶仔(即娼妓),等等,都应有尽有。"(洪美英:《相老人八十年之经过谈》,陈乐素著:《求是集》附录,广州:广东人民出版社,1986年,第370页)

8月,下旬,黄金大王马该在旧金山招待马相伯,马相伯与其谈在山东平度开发金矿的经验。徐景贤《马相伯国难言论集》:"那时旧金山还有很多荒地,曾受当地有一个金矿大王马该的招待。"(转见自张若谷编著:《马相伯先生年谱》,上海:商务印书馆,1939年,第167页)

9月1日,马相伯一行离开旧金山,乘坐火车前往纽约。9月2日,《纽约先驱报》(New York Herald)得到电报稿,清朝特使马相伯和美方人员一行当天经过内布拉斯加州城市奥马哈(Omaha),即将到达纽约。马相伯一行人员包括他的两位秘书,美方接待人员是归化美国,来自纽约的波兰籍伯爵E. C. De Mitkviewlcz 和三位秘书。马相伯一行的目的是与费城企业家组建联合银行,但纽约各界的热情超出想象,均指望清国奉行开放政策,给本地带来商机。

开设华美银行一事,本来是由李鸿章在天津亲自策划,责成时任天津海关道监督周馥、东海关监督盛宣怀负责与各方沟通。盛宣怀遵李鸿章命,代拟了一份给驻美公使张荫桓的信函,明确要求他协助马相伯、米建威筹建"华美银行"之事:"此次米建威回国,已另致美国商务大臣巴耶一函,其官商来商时,务祈执意为玉成之。天下非常之举,非有同志无能体会也。米建威如有事与阁下面商,望随时与之讨论。"(盛宣怀拟《致驻美公使张荫桓函》,见夏东元编著:《盛宣怀年谱长编(上)》,上海:上海交通大学出版社,2004年,第284页)根据马相伯、张荫桓在这段时期的活动日程来判断,张荫桓肯定是在华盛顿、纽约、费城接待了马相伯一行。奇怪的是,在张荫桓的日记未提这一重大事件。不是写作时已藏有难言之隐,就是日后慑于清廷物议,删去此事。

9月7日,《纽约先驱报》以"特许得到批准"(The Concession Approved)为题,详细报道了马相伯与费城和纽约的商界和企业家建立中美联合银行的重大项目,告知谈判接近成功,隔天即将签字。然而,因为费城企业家巴克和美国国务卿贝阿德有事不能前来,次日的签署活动未能举行。报道称:"中国政府授予费城沃顿·巴克(即黄腾派克)先生和纽约 E. C. De Mitkviewlcz 先生的特许状现在已经通过了最后的延宕阶段,正把中美双方的利益平等地绑定在一起。特许状已经得到华盛顿特区中国公使的批准,剩下的只是一些外交上的正式批复,有望在今天完成。但是,巴克先生来电报说他有一些不可推脱的生意要谈,一直要到星期四才能到达华盛顿。同时,原打算由中国公使向他提交若干友好文件的国务卿贝阿德先生也突然有事,这一周的剩余时间内都不能前来。费城企业界头面人士齐集费城,已经为给费城和纽约带来这项特许状的中国特使马相伯(建常)预备了一所大宅,他在这里的几天内将参加那些从这些特许协议中获益的公司的活动。李鸿章总督对此项目深感兴趣,他被认为已经获有皇室的恩准来建立一个扩展至整个帝国的铁路系统。他还同样地急于用更加彻底的方式开掘帝国的矿业,建立一种通用的文、理科教育体系也包括在这个项目内。银行、电报、运河开凿,以及许多其它实质性的改进和进步事业,都将包括在这个项目框架中,予以特别对待,加速推动。"(刘伟杰查找并提供)

9月,中旬,东海关道员盛宣怀在给"清流党"(后称"帝党")领袖,户部尚书翁同龢在疏秉中蓄意提及李鸿章与马氏兄弟正在筹建"美华银行"事宜,透露内情,并表达反对意见。按盛宣怀《上翁同龢秉》手稿提及:"月前收眉叔、张樵埜('张樵埜'原稿中删除)荐一美国商人来津,与玉山、眉叔('与玉山、眉叔'原稿中删除)议开官银行,傅相督办。适侄奉谕赴京,力陈银行只可商办,本钱虽大,其办法与西帮之银号同也耳,盈亏听商自主,官不宜过问。傅相尚以为然。泰西各国以兵商二者交相焜耀,实即足实足兵之道。中国所谓足食,以农为本,工商为末。彼则以农工赅乎商之内,上有工商大臣,下有工商书院。而我不能蹈其实,徒鹜其名。招商一局尚苦无人,遑论银行?"(《盛宣怀上翁同龢秉》,王尔敏、吴伦霓霞编:《盛宣怀实业函电稿(上)》,台北:"中研院"近代史研究所,1993年,第59—60页)盛宣怀以官府"无人",对创办华美银行持反对态度。

《盛宣怀上翁同龢秉》还提及"'保大'轮船在忽在成山触礁,船货顿失十二余万,众商颇归咎于马眉叔误用之总船主孟心仁之练驾也"。

上海轮船招商局"保大"轮海难事件发生于1887年7月19日,则《上翁同龢禀》在此日期之后。书禀中还提及"杨伯先太守夏中过焉",则上禀时间必在炎夏之后,因此书禀姑定为季秋,约为9月下旬。盛宣怀追随李鸿章多年,在直隶总督幕府中负责洋务交涉,以办事干练称。翁同龢与李鸿章在办洋务、练水师等事务上常有歧见,外界传为势同水火。盛宣怀表面执行李鸿章旨意,协助马氏兄弟筹备华美银行,暗中却以主张"商办"为由,反对清朝借款创建华美银行。实质不愿让精通外语,熟悉法律,擅长外交的马氏兄弟独享创建之功。盛宣怀在华美银行案上的态度,引起翁同龢的重视。9月22日,翁同龢召来门人王叔英(诏善),专门讨论盛宣怀上陈之事。"门人王诏善(叔英)来,言盛杏荪事。"(翁万戈编:《翁同龢日记(五)》,上海:中西书局,2012年,第2176页)翁同龢、盛宣怀内外串联,破坏如此,李鸿章和马氏兄弟筹建华美银行必定不能成功,此事先已决定。

9月13日,据《纽约时报》(New York Times)当天报道,马相伯由费城籍企业家、银行家,宾州大学校董黄腾派克(Barker Wharton, 1846—1921,沃顿商学院创办人家族成员)陪同,到达费城访问,并作最后谈判。(刘伟杰查找,并提供)

9月16日(七月廿九日),户部尚书、军机处大臣翁同龢从盛宣怀处得知李鸿章、马建忠、马相伯正在筹办的华美银行。当天,与曾纪泽(劼刚)在上朝后会商,两人交换对此事件的看法,均表示反对。"晤劼刚于朝房,谈洋行事。美国挟五千万元在津开洋行,李相与立合同。"18日(八月初二日),曾纪泽在翁同龢家中商议反对建立华美银行事。当天下午,两人在总理衙门公署再次遇见,又站着交谈两个时辰,傍晚才停歇。"抵家而曾劼刚来谈天津银行事,合肥合同第六、七、八条最谬,大抵有铁路一语藏在其中。入署,遇曾公,各司白事,立谈两时,脚力已竭,薄暮而归。"(翁万戈编:《翁同龢日记(五)》,上海:中西书局,2012年,第2175页)翁同龢和曾纪泽两位大员,对李鸿章的华美银行案公开发难,在京城引起极大反响,攻讦之声蜂起,令李鸿章、马建忠不能招架,而远在美东的马相伯顿时陷入了僵局。

9月14日,因为费城市内的豪华宾馆被美国总统、各国使节、各州要人和受检阅士兵住满,马相伯、张荫桓等人入住黄腾派克家族的费城郊外别墅,即此前报道为马相伯"预备了一所大宅"的乡间别墅。

按《张荫桓日记》记载:这所大宅是黄腾派克66岁老父亲仍然居住的别墅,黄氏90岁的祖母犹健在,一起设家宴隆重招待。"赴费城百周年会,各省官绅、水陆军兵咸集,美总统率各部院往,客寓无寄塌处。

黄腾派克约至伊父别墅,乡落避暑之地也。黄老候于途,年六十六,精采健壮,善气迎人。火车直抵村外,换坐马车至其庐。老树四围,幽静可喜,弥望山园。黄氏乔梓之产,居此已三十五年。花木皆手植,其母年九十犹健在。今晚黄老约亲友为大餐,客主十七人。席散登楼,与进斋少谈辄睡。"(任青、马忠文整理:《张荫桓日记》,北京:中华书局,2015年,第229页)9月16日,辰时早餐,进市区观摩盛大的阅兵仪式,"美总统(克利夫兰)已至,领兵前行为美大将军佘利钝,人极肥矮,以貌取人则不类矣。官民兵合二万五千余。申初,总统回寓,叭夏随行,马队导拥总统入门后,观者仍不散,跂候总统夫人至,乃掷帽欢呼示敬,声如雷动,费城民兵八千人,亦殊繁庶。"(任青、马忠文整理:《张荫桓日记》,北京:中华书局,2015年,第230页)

9月17日,为纪念美国宪法颁布一百周年,美国联邦政府在制宪会议城市费城举办庆典。马相伯一行与驻美公使张荫桓应邀参加为期三日的庆祝活动,接待人员为一起筹建华美银行的美商代表黄腾派克(Wharton Barker,1846—1921)。马相伯对费城民兵的训练有素印象深刻,对在场的法国公使馆人员说,美国全民皆兵、纪律严明的尚武传统,值得中国人、法国人好好学习。

按马相伯晚年回忆他在费城参加的活动情况判断,当天他是与张荫桓一起参加庆祝典礼的。"美国纪念华盛顿百年大会,马先生亦被邀出席,与法使节共赞叹美青年训练的优点。"(徐景贤:《马相伯先生百年生活》,载《中央周刊》,1946年,第8卷,第23期;又见赵中亚编:《徐景贤文存》,南京:江苏人民大学出版社,2016年,第542页)清朝驻美公使张荫桓参加了为期三天的庆典,但他在日记中只记录了费城主人黄腾派克的热情招待,却对从中国远道而来,专为筹建华美银行的特使马相伯只字不提,其情状颇耐人寻味。

9月28日(八月十二日),直隶总督李鸿章任用马相伯、马建忠兄弟,在上海与美商米建威筹议开办中美合资华美银行的事情被披露,数日间在北京引起清廷保守势力的巨大反弹,引起"清流"党等多方派别的横加物议,竟有奏折诬告马氏兄弟"私合洋商,开立银行"。本日,朝廷听信谣言,下谕旨严查事情全过程:"谕军机大臣等,有人奏疆臣私合洋商开立银行请旨饬禁一摺:据称'李鸿章现与美国洋商米建威订约,股开华美银行,官为保护'等语。洋人牟利之心,无微不至。中华与之交涉,稍有不慎,必至堕其术中。合开银行一事,关系甚大,后患颇多。该督果与洋商订议,何以不奏明请旨?遽立合同,着李鸿章据实覆奏。另片奏,此次股开银行,由道员马建忠等串通怂恿等语,是否属实?着一并奏覆。毋稍徇隐。"(《清实录》,光绪十三年八月丙申日)消息传出,马相伯美东之行顿时陷入僵局,情景十分狼狈。

10月,马相伯从纽约乘船到达英国海港和工业城市利物浦,随后去了首都伦敦。"我到英国的目的地是伦敦,也为的是商务的缘故。"(洪美英:《相老人八十年之经过谈》,《人文月刊》,1930年第一卷,第6期;陈乐素著:《求是集》附录,广州:广东人民出版社,1986年,第370页)

陈乐素《相老人八十年之经过谈》:"在纽约住了几时,我又渡海到英国去,从利物浦上岸。上岸后,沿途的女孩子,虽说是女孩子,总有十六七岁了。看见我们,觉得像奇异,不住的翻着跟斗追随看。这件事情之所以特别记得起的缘故,便因为她们这般年纪大而还有这样举动,和我们故乡的同样年纪的姑娘大不相同了。利物浦也有些中国人,不过都是当水手的。"(转见自张若谷编著:《马相伯先生年谱》,上海:商务印书馆,1939年,第171页)

10月,下旬,马相伯在伦敦期间,前往牛津、剑桥大学考察教育。"随后转赴伦敦,往观光牛津、剑桥大学,对其悠久历史,导师制之推行,建筑纪念名人,物品之保管更留意。"(徐景贤:《马相伯先生百年生活》,载《中央周刊》,1946年,第8卷,第23期;又见赵中亚编:《徐景贤文存》,南京:江苏人民出版社,2016年,第542页)"后游英国,观光牛津、剑桥等著名大学。相老人说,有许多名人肄业该校时的座位依旧保留,作为胜迹。随后又到巴黎,当时欧陆大学,尚很重视古文,拉丁文、希腊文,都是必修科。"(《乐善堂纪闻·五六十年前的世界》,朱维铮主编:《马相伯集》,上海:复旦大学出版社,1996年,第1025页)

马相伯在牛津、剑桥大学访问时,留意考察欧洲学校的拉丁文(文科)和科学教育(理科)的轻重消长,并将之与中国书院缺乏科学知识的人文教育作了对比。《九三老人马相伯语录》:"六十年前在外国读书,从小学到中学,都要读拉丁、希腊等古文字。尤其是在中学,须以拉丁、希腊为必修课。同样六十年前中国正在八股文时代,那时候读书人除了文艺以外没有其他知识。一八八〇年(按应为一八八七年)吾到英国,那时英国的学风仍袭欧洲大陆的传统,英国人也要读拉丁、希腊文。其后美国逐渐注重科学教育,学生加紧吸收科学知识,对于文艺的研究也逐渐偏废了,拉丁、希腊等书也就不读了。直到现在,欧洲大陆的中小学还是教拉丁、希腊,不过没有象以前那样注重。重实事而轻文艺,这一个学风的变换,完全受近代科学文明的影响。"(《申报》,1932

年6月29日）马相伯创建复旦公学所立宗旨"崇尚科学,注重文艺,不谈教理"的思想来源,于此可见端倪。

11月（十月）,马建忠三女蓉宝出生。"女,蓉宝,生于光绪十三年十月。"(《马氏宗谱》,转见自方豪:《马相伯先生生日考及其他》,氏著:《方豪六十自定稿》,台北：学生书局,1969年,第2016页)

12月2日,英国伦敦《泰晤士报》(The Times)发表专题通讯《中美特许协议彻底结束》(The End of Chinese-American Concessions),报道由马相伯和费城银行家沃顿·巴克(Wharton Barker)负责谈判的中美银行等业的合作项目,因为中国政府撤回意向而彻底失败。(刘伟杰查找并提供)

本年,马父松岩公去世后,马母沈氏掌管家产。本年,马氏兄弟析产,马相伯分得松江泗泾马三畏堂祖产,"兄弟三人各分得银三千六百两,田四百亩,各不相犯"(《立报》,1935年9月24日)。

1888年(光绪十四年,戊子),四十九岁

1月,马相伯从英国前往法国,观光法国的经济发展,见证"七月王朝"以后工业、金融资本现代化过程中的初期成果。"从伦敦又到巴黎去,巴黎当时晚上一般通用的,还是火油灯与大蜡烛。譬如在凡尔赛皇后的宴会里,听说也是用大蜡烛的。便说到马路罢,也不是柏油路,还是石子路。"(洪美英:《相老人八十年之经过谈》,《人文月刊》,1930年第一卷,第6期;陈乐素著:《求是集》附录,广州:广东人民出版社,1986年,第373页)

1月,为考察中欧贸易,马相伯在巴黎参观当地豪华时尚珠宝店,调研江南地区棉布、丝绸和磁器在欧洲的销售情况。"珠宝店有五间非常阔大的,且很壮丽的楼房。……房间四壁皆是紫檀的玻璃橱。橱中陈列的都是价值巨万,光彩夺目的珠宝,尤其是钻石。钻石中最大的有鸽蛋那样大。"另外,马相伯还考察了销售江南蓝青布的"南京"布;销售景德镇高岭土瓷器的"高岑"瓷,以及销售中国丝绸的绸缎行。(参见朱维铮主编:《马相伯集》,上海:复旦大学出版社,1996年,第1102页)

1月,马相伯从英国到法国游览,巴黎市政还在改造中,未见日后之辉煌。会拿破仑五世产得一子,马相伯题字赠之。另由巨商陪同参观工厂、公司、商店,考察民俗,并与老兵访谈。"四十八岁赴法巴黎,因通晓法文交游益广。彼时刚值拿破仑第五产子,以汉文题赠作贺礼。……至罗马觐见教皇良十三,后回国述职。"(徐景贤《马相伯先生百年生活》,载《中央周刊》,1946年,第8卷,第23期;又见赵中亚编:《徐景贤文存》,南京:江苏人民出版社,2016年,第542页)

有记者将拿破仑五世(Nappoleon V,1862—1926)误作拿破仑三世,并已流传。如1931年10月28日《民力周刊》报道:"马先生接着还谈些拿破仑的故事和亲见拿破仑第三的话。"(《上海民力周刊载马相伯先生谈话》,《马相伯集》,上海:复旦大学出版社,1996年,第903页)。项骧《致徐东海书》:"马先生行年七十有九矣,耳聪目明,履安行健,当其少年留学法兰西,尚及见拿破仑三世在位时也。"惟马相伯到巴

黎时，拿破仑三世（Nappoleoon Ⅲ，1808—1873）已经去世多年。拿破仑五世为拿破仑弟弟杰罗姆之孙，拿破仑亲王（1879—1891，杰罗姆之子）之子，全名维克多·杰罗姆·弗雷德里克·波拿巴，1879 年继位。

6 月 12 日，马相伯从欧洲回到美国，再一次与费城企业界谈判合作关系。据《费城询报》（*The Philadelphia Inquirer*）报道，马相伯率领清国代表团与费城企业家就开设国家银行及实业开发项目的协议谈判顺利，接近签署协议。"清国政府特使马相伯及其秘书 Li Kia Tu、朱开甲（Chu Kai Ta）与 E. C. De Mitkviewlcz 伯爵及其秘书 S. A. Stern、E. T. Barberie、Franck B. Rae 组成的重要的谈判小组，快要结束一项中国政府与费城财团（Philadelphia syndicate）的协议。该协议按美国方面的规划，在华建立国家银行、开设铁路、电报公司等等迄今为止中国人还不熟悉的各项设施。"（刘伟杰代为查询）

夏，马相伯从美国归国，经过刚开通不久的苏伊士运河入地中海，顺道至罗马，谒见教宗良第十三（Leo ⅩⅢ）。方豪《马相伯先生在教事迹年表》："由美赴欧，至罗马，谒见教皇，良十三世。"（转见自张若谷编著：《马相伯先生年谱》，上海：商务印书馆，1939 年，第 178 页）再取道红海，经印度洋、南海、东海、黄海归国，到天津述职。

8 月，马相伯回到天津，向李鸿章述职。"我从法国回来以后，到了天津去见李中堂，结束我到美国去的使命。我很感慨向李中堂说：很好的事体（指借款）被他们弄糟了。中堂道：政府不想好，有什么办法呢？中堂其时不敢明说旗人之无用，就已慨乎言之。"（张若谷编著：《马相伯先生年谱》，上海：商务印书馆，1939 年，第 178 页）

9 月 14 日（八月九日），朝鲜驻天津使臣成歧运拜见李鸿章，专门就邀请马相伯再赴朝鲜辅理国政举行商谈。成歧运以"马中书建常东来襄办善后事宜，老成练达，诸臻妥协，现在统署尚有乏人之叹。盼望该员再来，照旧办理，定为小邦之幸"。李鸿章则以当年朝鲜并不听从马相伯建议，今既未能改弦更张，亦不必再请他出山为辞，加以拒绝："统署现系何人督办？欲马中书前往襄办出自何人主意？马前在汉城谏不行，言不听，始自行辞归。今若再往，能虚衷受商否？"（李鸿章：《与朝鲜官成歧运笔谈节略》，《李鸿章全集（8）》，长春：时代文艺出版社，1998 年，第 4911 页）李鸿章、马建忠推荐美国人德尼，德尼背叛，至朝鲜失去控制。李鸿章为此大为光火，不愿再派马相伯去，改任袁世凯。

9 月 28 日（八月二十三日），马相伯回到上海，在招商局办公室报告出访事务，与局委庄椿山聊天。当天还有南京朋友何荫枏"到招商分局庄椿山处闲话,遇马湘伯,乃同午餐"(何荫柟撰:《鉏月馆日记》,收《清代日记汇抄》,上海:上海人民出版社,1982年,第351页)。庄椿山为轮船招商局创办时期元老,在南京下关开拓商埠码头。

12月(十一月),马建忠四女梅贞出生。(方豪:《马建忠先生事略》,氏著:《方豪六十自定稿》,台北:学生书局,1969年,第2027页)

本年,轮船招商局创建浦东火油官栈,发起招股。官栈位于浦东滩地54亩,可停泊轮船六艘。该栈总股本六万两,本局原投入官股15 000两,马相伯亦购买个人商股10 000两。经盛宣怀清偿商股,马相伯名下一万两股本被退还。《盛宣怀上李鸿章》:"十四年秉浦东火油官栈,购价六万两。商局正本支一万五千两,……嗣据马道面称:伊兄相伯添入一万两。……本局股份居多,自应照原价归并本局,拆还成志(叶)股一万五千两。即所谓相伯添入一万两,亦不妨付给,以清轇轕。"(王尔敏、吴伦霓霞编:《盛宣怀实业函电稿(上)》,台北:"中研院"近代史研究所,1993年,第142页)

1889年(光绪十五年,己丑),五十岁

3月21日(二月廿日),湖南籍文人,《湘军志》作者王闿运沿江旅行,日前到达上海。本日有"朱买办来,请游天主堂,……可十余里至徐家汇,光启故宅也。教士黄姓,设茶点,请看堂馆,大抵似佛寺。别有博物堂,尽藏鸟兽皮,云有人专收掌,皆得自中土,无海外物,颇以自矜,云中人不能收藏也。将登天文台,雨至未上。别有女学堂,亦未去"(王闿运撰:《湘绮楼日记》,长沙:岳麓书社,1997年,第1530页)。王闿运日记语涉"朱买办"者,当为朱志尧,时任轮船招商局江天轮买办;"教士黄姓"者,当为黄伯禄,时在徐家汇负责徐汇公学、博物院等事务。

3月26日(二月二十五日),晚上,马建忠以招商局名义招宴王闿运,席设上海英租界聚丰园。马建忠没有记载会面情况,王闿运在当天的《湘绮楼日记》中记:"马建忠,黄通政所谓汉奸者,曾为郭(嵩焘)、曾(纪泽)随员,美秀而文。自言奔走之材,未见凶恶。"(王闿运撰:《湘绮楼日记》,长沙:岳麓书社,1997年,第1532页)王闿运记"黄通政"者,为上书弹劾李鸿章、攻击马建忠的江苏学政黄体芳(1832—1899,浙江瑞安人)。

3月31日(三月一日),马建忠又一次会见王闿运,在福州路海天春以西餐招待,并致馈金。谈话很久,涉及内地如何以航运从事洋务等。"马眉叔来,兼约吃番菜,久谈时务。云轮船不能拖带,浅水则尾昂,轮不能激水也。若得二万金,可容五百石,坐五十人,长沙不能通行。亦甚言铁路之利。酉正至海天春,马、沈设饯,送赆百金。"(王闿运撰:《湘绮楼日记》,长沙:岳麓书社,1997年,第1534页。)

5月28日(四月二十九日),王闿运慕名马相伯,知相伯本日将赴严信厚(筱舫、小舫)府第,故趣前相见。惟白天闷热,马相伯有事羁绊,延至傍晚方才到场。马相伯、王闿运两人初见,相谈甚欢。"晴热,马汉(王闿运谑称马建忠为'马汉奸')兄约饮,当往答之。因欲与晦若小酌,便约之。晦辞以病,乃独往,至紫竹林。过海关,将便拜诸官,见忌辰牌而止。吴僮失道,待久之不至,乃还,云失帖包。稍休,纳凉,入城唁郑太尊,拜杨鹄山。过周金

声宅,解衣啜粥,热不可忍,久之乃凉。夕步巷中,过杨门,知马(相伯)已来,因入相见。复引至严小舫宅,设食。宁波,马孙也,无甚可言。唯马(相伯)办慧,澜翻。杨执礼甚恭,而谩骂阎丹初(敬铭)。"(王闿运撰:《湘绮楼日记》,长沙:岳麓书社,1997年,第1552页)

王闿运(1833—1916),湖南湘潭人,字壬秋,一字壬父,号湘绮。咸丰七年(1857)举人;九年(1859)入都会试,不果,因受肃顺赏识,入幕,兼为家塾师。不久回湖南,入曾国藩幕。同治十年(1871)再次赴京,参加会试,又未及第。此后,曾主讲四川尊经书院、长沙思贤讲舍、衡阳船山书院,弟子中著名者有廖平、杨锐、刘光第、宋育仁、杨度、夏寿田、曾广钧、释敬安等。王闿运讲今文经学,擅文辞,语言恣肆,行事不羁。光绪二十九年(1903),江西巡抚夏时举其为江西学堂总教习,主讲豫章书院,反对"新学"。1908年,湖南巡抚岑春煊举荐为翰林院检讨。辛亥革命中,因曾与立宪派人物谭延闿、革命党人宋教仁有交往,仍然活跃于官场。1914年5月25日,袁世凯大总统任命他为国史馆馆长,在随即成立的参政院中担任参议员,与马相伯同事。不久,以其女伴周妈干预馆政之丑闻,引咎辞职返湘。1916年,学生杨度在"筹安会"中代签他的名字,劝进袁世凯"帝制自为"。1916年秋,在湖南长沙病故。王闿运著述,先有衡阳东洲讲舍光绪末年《湘绮楼全集》收集;今有岳麓书社整理之《湘绮楼诗集》、《湘绮楼文集》、《湘绮楼日记》整理。(参马积高:《湘绮楼诗文集·序》,长沙:岳麓书社,1997年,第1—19页)今据《湘绮楼日记》考订,马相伯与王闿运初识日为1889年四月廿九日。前一日,王闿运与马建忠"谈论甚欢"。席间,建忠谈及家兄长相伯之才华不下于自己,王闿运颇愿一见。"马(建忠)汉奸来,谈论甚欢,云尚有兄欲相见,岂一门之多才乎? 其人之为甚,兄弟并进,则未可也。"(王闿运撰:《湘绮楼日记》,长沙:岳麓书社,1997年,第1551页)于是,马建忠安排王闿运次日与马相伯相见,此为马、王初次见面。

6月3日(五月初五日),为筹建清国铁路事宜,马建忠从上海汇丰银行处获得一笔优惠贷款,遂致电李鸿章。李鸿章为铁路筹建计划仍未决断,并不敢马上接受这笔借款。该贷款计划具体为汇丰银行"借金值二千万两,每年付息六厘半,至五十年后作为本息均清,掣销借据。以此扯计,如还本仅及四厘"(马建忠:《沪局马道来电》,《李鸿章全集(10)》,长春:时代文艺出版社,1998年,第5666页)。按马建忠汇报,本项贷款实因欧洲经济萧条,游资过剩,汇丰银行新任大班想借此项目争取业绩。李鸿章在复电中表示,"似颇合算",惟最多可以借一千万两。

因为较早参与上海"洋务"的关系,马氏兄弟与汇丰银行和上海金融界内部情况非常熟悉。马相伯晚年回忆:"上海汇丰银行初开创的大股东时'咸水妹',因为她们的存款居最大多数。自今以前操中国的经济生命者为汇丰银行,而汇丰银行的开山老祖就是那些对于外国水兵水手、卖笑的咸水妹。这说乍说,实在有点难以令人相信,但咸水妹虽操贱业而汇丰并不因此而不尊重其股本资本。西方人的伦理观念,究与东方人不同。"(《一日一谈·上海汇丰银行开办时的大股东》,朱维铮主编:《马相伯集》,上海:复旦大学出版社,1996年,第1155页)

12月21日(十一月廿九日),李鸿章就是否撤换袁世凯回复清廷,内中涉及上海名士姚赋秋在朝鲜的活动,引发国王与袁世凯关系紧张,而马建忠与姚赋秋在朝鲜和上海关系密切。李鸿章以姚赋秋"倾陷袁道"(李鸿章:《论撤换袁世凯》,《李鸿章全集(8)》,长春:时代文艺出版社,1998年,第4934页),暗中责备马建忠不该包庇此人,而且在奏折中对此事未作披露。此事对马氏兄弟的政途颇为关键,李鸿章对他们两人回护有加。

姚赋秋(1855—?,江苏吴县人),布衣出身,曾任《字林沪报》(1882)主笔,熟悉中外政情,被聘用到朝鲜任事。按《论撤换袁世凯》折,"姚赋秋者,上海人,与德尼素识,往投朝鲜,帮助德尼,倾陷袁道。以曾在袁处从事,旋被驱逐。挟嫌诬称有袁道手书为凭,实皆空中楼阁"。世人因姚赋秋行事之"狡狯",连带马氏兄弟也备受指责,甚而又有诬称"市井无赖"者。郑孝胥在1885年与姚赋秋在天津结识,在上海为终身友,多年以后为之辩护,所作《姚赋秋六十生日》(1914)曰:"六十忽已及,初见如目前;回头顾诸郎,略如君少年。当时不畏险,妙手矜飞仙;豺狼与蛇蝎,狎玩长周旋。毒物不能害,脱命诚有天;世人空吐舌,至今知子贤。譬彼善游者,深入万重渊;婴鳞探其珠,不惊骊龙眠。君今已老成,狡狯宁尤然;往事偶一谈,颇堪娱酒边。举杯为子寿,相期绝世缘。"(郑孝胥撰:《海藏楼诗集》,上海:上海古籍出版社,2003年,第254页)德尼(Owen N. Denny),美籍律师,曾任美国驻天津领事。光绪十五年(1886),李鸿章推荐德尼担任驻美公使,被总理衙门否决,见《总署致张荫桓不认德尼为美使电》(王彦威辑:《清季外交史料》卷八十,北京:书目文献出版社,1997年,第1440页)。同一年,德尼又受李鸿章推荐担任朝鲜政府外交事务顾问。德尼在朝鲜与袁世凯共事,渐生冲突,著有《清韩论》,论中韩属国关系与地位。还是在1886年,四月二十五日,总理衙门致电驻美公使张荫桓,阻止美国政府拟派遣德尼担任驻华公使的任命,因"此人在朝鲜拨弄煽惑,声名甚劣"(《总署致张荫桓闻美将派德尼使华请阻止电》,王彦威辑:《清季外交史料》卷八十,北京:书目文献出版社,1997年,第1448页)。

本年,马相伯女儿马宗文出生。宗文,字文洒,又字哲谛。(据方豪所见《马氏宗谱》,氏著:《方豪六十年自定稿》,台北:学生书局,1969年,第2013页)马宗文入徐汇公学,长成后适震旦大学毕业生徐子球,曾在北京生活和工作。

1890年(光绪十六年,庚寅),五十一岁

3月15日(正月廿五日),李鸿章批复马建忠申请,并向两江、两广总督寄电,要求将南方粤、闽等地稻米出口专由轮船招商局运输,并由上海道"取保给照"(李鸿章:《寄上海龚道马道》,《李鸿章全集(10)》,长春:时代文艺出版社,1998年,第5722页)。

春,马建忠受李鸿章委派,出任上海机器织布局总办。初,马建忠代表李鸿章查考织布局经营业务,并就如何整顿局务提出条议若干,遂受派入局处理。不久,李鸿章改派旧日部下,直隶通永道员杨宗濂(1832—1905,江苏无锡人)及弟杨宗瀚担任经理。杨氏兄弟出资二万两,参与商办。光绪十七年五月二十八日,马建忠致电李鸿章,提出扩张织布局的方案(转见自孙毓棠编:《中国近代工业史资料》第一辑,北京:科学出版社,1957年,第1062页),表现了马氏兄弟的"富民说"主张。

5月30日(四月十二日),李鸿章据马建忠等人报告,获悉上海英商太古洋行有以华人"徐子静、叶澄忠、何丹书等所开和兴公司为词,并闻局内人暗中有股",要求"设法禁阻,以保权利"(李鸿章:《寄上海龚臬司盛道聂道马道等》,《李鸿章全集(10)》,长春:时代文艺出版社,1998年,第5742页)。即不同意盛宣怀等人私下搭股,更不容许外商染指轮船招商局。

本年,江南教区(江苏、安徽)的大教堂数又有增加,达到655座,另有77座小圣堂,两座修院,一所培养官方所需人才的学校(指依纳爵公学),一所孤儿工艺院(指土山湾工艺院)和20所普通孤儿院,另有一所医院、一座天文台,以及650所私塾学校,全国天主教总人数则达到50万。这一时期,大量外籍传教士进入中国,欧洲司铎人数有639人,而华籍人数也在增加,达到369人。(Louvet《十九世纪公教传教事业》,转见自赖德烈著,雷立柏等译:《基督教在华传教史》,香港:汉语基督教文化研究所,2009年,第273页)

1891年(光绪十七年,辛卯),五十二岁

2月(正月),马建忠所作《〈法国海军职要〉叙》刊布。本文为马建忠留学法国期间考察海军制度所作,置之"行箧已有十余年"。此次应友人请求,经整理后发表。(王梦珂校注:《马建忠集》,北京:中华书局,2013年,第32页)这位"友人",或即严复。严复于1890年升任北洋水师总办,仍在天津,与马建忠同在李鸿章幕下。

7月4日(五月廿八日),上海机器织布局会办马建忠电奏李鸿章,报告到任后本局获款四十万两的账目明细,以便由新任协办杨宗濂、杨宗瀚接手续办。"织局前奉拨款四十万,内代前局垫付二十一万,付添购已到机价约十三万,付添造正厂、轧花厂与九十余间住房约五万,所余仅万余两,而一切辛功花本均不在内。"(马建忠:《马道来电》,《李鸿章全集(10)》,长春:时代文艺出版社,1998年,第5802页)李鸿章信任马建忠依旧,然则责怪马建忠"总由汝办事,一味空阔,未能处处踏实,……人皆不信汝,颇信杨(宗濂)"(李鸿章:《复沪局马道》,《李鸿章全集(10)》,长春:时代文艺出版社,1998年,第5802—5803页)。次日,李鸿章电马建忠,拟酌借二十万两给机器织布局。

7月25日(六月廿日),李鸿章向总理衙门奏呈《议教务不由公使主持》,陈说法国保教权导致教案,应与罗马教廷建交,俾其直接管理中国教务的原由。日前,圣言会德国籍教士安治泰(John Baptist Anzer,1851—1903)从罗马回到天津,向德璀林等传递教宗旨意,称"在华天主教士太多,规矩亦乱,每致生事,法、德使虽可保护,究有隔阂。罗马教王拟照欧西通例,酌派大主教数人,分驻各处,遇事与地方大宪商办"(《李鸿章全集(8)》,长春:时代文艺出版社,1998年,第4954页)。李鸿章遂提请清廷直接与教廷通使,以弭教案。

10月5日(九月初三日),李鸿章因山东平度矿务局经营不善,所欠"洋债无度,必须招人接办",决定仍由张荫桓的舅舅李宗岱任用之侨商李赞勋经营,"设法招来,与盛(宣怀)妥善筹后,鸿(章)必一意主持,但不能再代借

款而"。本日,李鸿章致电礼部侍郎张荫桓(樵野),电文责备李赞勋"实力扶助不至,马(相伯)道、陈道、徐丞等原约多属虚浮",致平度矿务局亏累甚巨。惟马相伯辩称自己接手矿务后,"垫李前亏七万余,宁海用六万余,探招远矿二万余"(李鸿章:《寄礼部张樵野侍郎》,《李鸿章全集(10)》,长春:时代文艺出版社,1998年,第5520页)。都是代人受过。

本年《北中国行名录》(*The North China Desk Hong List*,1891)载,马建忠与盛宣怀担任轮船招商总局总办(Directors),排名第二。

1892年（光绪十八年，壬辰），五十三岁

5月17日（四月廿一日），李鸿章派幕僚薛福成（1838—1894）调查天主教情况，制定与罗马教廷通使建交的方案，以解决几十年的教案问题。本日，李鸿章根据薛福成《查探教务情形节略》，向总理衙门奏呈《论变通教务》，提出："去秋因沿江教案纷起，治泰（安）、国梁（樊）两教士拟请由教王派一大主教来华，为弭患之计，敝处将所递节略抄送。"（《李鸿章全集（8）》，长春：时代文艺出版社，1998年，第4968页）

6月26日，轮船招商局"新盛"轮在山东烟台成山海面失事，马相伯妻子王氏携褓襁中的幼子（失名）回山东探亲，母子均在黄海海上罹难。马王氏母女遇难事据《马氏族谱》（广州何姓藏家收藏，丹阳马相伯研究会影印），方豪所见《马氏宗谱》亦记"妻□氏卒"（"新盛"轮海难事并日期，见张后铨主编：《招商局史》，北京：人民交通出版社，1988年，第607页）。

据李天纲1987年在上海合肥路寓所采访马相伯孙女马玉章，说"我原有一叔父，因为海难和祖母一起死在轮船上。祖母氏山东人，当年在山东结婚。"（李天纲：《信仰与传统》，朱维铮主编：《马相伯集》，上海：复旦大学出版社，1996年，第1277页）玉章不能记海难时日，今据轮船招商局史志资料考察，"新盛"轮在烟台成山海绵失事的情形最为接近。马相伯女儿宗文对方豪说，她"五岁丧母"（方豪：《马相伯先生生平及其思想》，《传记文学》六卷八期）。宗文生于光绪十五年，虚岁五岁时或就是光绪十八年，即1892年。

9月25日（八月初五日），马建忠因在轮船招商局会办任上屡遭暗算，颇受责难，一直被舆论跟踪查办。经数日长考后，马建忠本日致书盛宣怀，告知自己决定退出轮船招商局会办职务。"弟为日后记，共有四策：随从主人为参谋，不出头，不做官，上策也；随从康节公到台当差，次策也；向主人等借款自为经营，中策也；乞怜回局，下策也；别求局差，为无策也。"（上海图书馆藏《盛档》，转见自夏东元编著：《盛宣怀年谱长编（上）》，上海：上海交通大学出版社，2004年，第384页）马相伯在李鸿章幕府中与马建忠同进退，

在此后的时间内退出李鸿章幕府，采用"不出头"（放弃官职）、"自为经营"（开办公司）的上、中两策。

10月1日（八月十一日），李鸿章按德璀林等人的策划，拟定《致教皇外务大臣红衣主教南坡赍》（《李鸿章全集（8）》，长春：时代文艺出版社，1998年，第4976页），回应罗马教廷与清廷通使并直接管理中国教会的倡议，提议由北直隶法籍味增爵会士樊国梁（Marie Alphonse Favier，1837—1905）出任宗座代表。

李鸿章《致教皇外务大臣红衣主教南坡赍》："上年安主教由罗马来津，交到惠函并面述教皇垂念中华教务，深愿筹商民教永远相安之策，俾益形洽等语，纫佩曷胜。本大臣因此事日夜图维，亟思良法美意以善其后，但彼此尚须互商妥协。最要者，此后教务悉由教皇与中国径行商办，较为亲睦。至本大臣之意第一层，教皇将来遴派总主教一二人来华督办各省主教事务，该总主教务和平公正、约束严明，与中国官民情意相孚，中国亦必竭力保护。并拟请先派总主教一人驻中国北直隶地方，本大臣就近相助为理，庶易验其有何裨益。迨试有成效，再续派别省之总主教。惟罗马商派时，尚希追忆樊国梁从前屡次出力，而且熟悉情形，气度宽宏，为中华所信任，似可早为奏效也。此为人地相宜起见，望留意及之。"

德璀林策划中梵通使，越过法国政府的保教权，由罗马教廷直接管理中国天主教会，以消除陈见，减少教案的方案，见诸《税司德璀林教务条陈》，略谓："查教皇相与和好之国，必有总主教驻其境内，泰西各大国皆有之，东洋日本国亦有之。我中国欲与教皇往来最好，请其派一总主教来华约束各省教士，俾其各守范围，久之自可与各西国一律，法国亦不能向罗马饶舌。夫法国籍口保护天主教，意气自雄，中国内地民教偶有违言，即从中横相干预，近三十年中其气焰已为德人所挫。若中罗自相交接，则其保护私说当可削除尽净。"（《李鸿章全集（8）》，长春：时代文艺出版社，1998年，第4977页）

1893年(光绪十九年,癸巳),五十四岁

10月19日,地处上海杨树浦江边的上海机器织布局"清花厂起火,适值狂风,施救不及,厂货被焚"(李鸿章:《重整上海织布局片》,《李鸿章全集(5)》,长春:时代文艺出版社,1998年,第2839页)。局内资产损失近80万两。此前,马建忠担任织布局总办,举债投资,扩张经营,被李鸿章责为"汝办事一味空阔,未能处处踏实"(李鸿章:《复沪局马道》,《李鸿章全集(10)》,长春:时代文艺出版社,1998年,第5802页)。织布局本年经营已有起色,即将成功。然而,经此火灾,马氏兄弟的经营才干又受到了诟病。

1894年（光绪二十年，甲午），五十五岁

夏，马建忠有《拟设翻译书院议》，此议为马相伯、马建忠在1896年向梁启超等人教授拉丁文，以及1898年在"百日维新"高潮中与梁启超等商议在徐家汇开设"译局"一事之先声。马建忠未提及甲午海战，则此议应是马氏兄弟从朝鲜回到上海家中，中日战争爆发之前。时，马建忠在家整理旧稿，总结学业，并就他的经历与思考，上书中枢，提出更多改革主张。"近复为世诟忌，摈斥家居，幸有暇日得以重理旧业"，遂有此项动议。

马建忠《拟设翻译书院议》提出，在上海等"通商口岸"创设译书院，"造就译才"，以便采纳欧洲文教、政治、经济制度。《拟设翻译书院议》是清朝李鸿章"帝党"的变法主张，后为"戊戌变法"措施之一，其文略谓：欧洲学者翻译中文著作已有数百年历史，"自有明通市以来，其教士已将中国之经传纲鉴，译以辣丁、法、英文字，康熙时已于巴黎斯设以汉文书馆。近则各国都会，不惜重赀，皆设有汉文馆，有能将汉文古今书籍，下至稗官小说，译成其本国语言者，则厚属之。其使臣至中国，署中皆以重金另聘汉文教习，学习汉文，不尽通其底蕴不止"。马建忠指出自洋务事业推动以来，各地设立翻译机构，然成果不彰，"近今上海制造局、福州船政局与京师译署，虽设有同文书馆，罗致学生，以读诸国语言文字。第始事之意，止求通好，不专译书，始有译成数种，或仅为一事一艺之用，未有将其政令治教之本原条贯，译为成书，使人人得以观其会通者，……于应译之书既未全译，所译一二类又皆驳杂迁讹，而欲求一精通洋语、洋文而造其堂奥，足当译书之任者"。马建忠建议朝廷出面，开设一翻译书院，培养人才，"翻译书院之设，专以造就人才为主。诸生之入院者，拟选分两班。一选已晓英文或法文，年近二十而资质在中人以上者十余名入院。校其所造英、法文之浅深，酌量补读，而日新事数篇以为工课，加读汉文，如唐、宋诸家之文，而上及周、秦、汉诸子。日课论说，务求其辞之达而理之举。如是者一年，即可从事翻译，而行文可免壅滞艰涩之弊。一选长于汉文，年近二十而天资绝人者亦十余

名,每日限时课读英、法文字,上及辣丁、希腊语言"。马建忠强调拉丁文的重要性,力称:"盖辣丁文为欧洲语言之祖,不知辣丁字,犹汉文昧于小学,而字未能尽通,故英、法通儒,日课辣丁古文词,转译为本国之文者此也。"此为梁启超、蔡元培等人强调拉丁文教学重要性的原因。马建忠还提议把译书院设在中西消息灵通的"通商口岸"(上海、天津),而不是封闭保守的北京,"书院房屋,总宜宽敞整洁,其居地宜附近通商口岸,取其传递便捷,消息灵通,而外洋各报纸,公司船随到随送,即可分译,不致稽留"(《适可斋记言》卷四《拟设翻译书院议》,王梦珂校注:《马建忠集》,北京:中华书局,1960年,第89页)。此亦为戊戌变法时梁启超与马相伯协商在上海设立译书总局的原因。

7月25日,丰岛海战,中日甲午战争爆发。

1895年(光绪二十一年,乙未),五十六岁

2月13日(正月十九日),原云贵总督王文韶署理直隶总督、北洋大臣,特命李鸿章即刻入京,代替张荫桓、邵友濂,担任中日交涉订约"头等全权大臣"。李鸿章在京与清廷及各国使节筹议和约方案后,于3月5日回到天津,准备渡海赴日。(据姚锡光撰:《东方兵事纪略》,收《中国近代史资料丛刊·中日战争(一)》,上海:上海人民出版社、上海书店出版社,2000年,第83页)

3月3日(二月初七日),马建忠在上海接获李鸿章电报,告知将率团前往日本马关主持中日议和谈判,要求马氏兄弟速来津入团随行。"奉命赴马关会议,事同孤注,弟须随往襄助。已令伯行约同来津,望放洋东渡,切勿迟误"(李鸿章:《寄沪交马道建忠》,《李鸿章全集(10)》,长春:时代文艺出版社,1998年,第6271页)。马建忠、马相伯立即收拾行装,从上海赶赴天津,加入谈判使团。

3月14日(二月十八日),马相伯随马建忠及清国谈判使团,"十七晚登舟,十八开船","径赴马关"。本日,清国谈判团应日本政府不得乘用本国轮船的要求,"用德商'礼裕'、'公义'两船,挂有德国旗号,并挂中国头等全权大臣之旗"(李鸿章:《复译署》,《李鸿章全集(10)》,长春:时代文艺出版社,1998年,第6274页)。

清国赴日谈判代表一行于19日到达日本马关,谈判人员除李鸿章外,还有美国顾问福世德(John Watson Foster, 1836—1917, 1893—1893年任美国国务卿)、参赞道员罗丰禄、马建忠、伍廷芳,医官林联辉、翻译官卢永铭、罗庚龄,另学生6人,供事1人,差弁9人,跟役厨丁38人。(姚锡光撰:《东方兵事纪略》,收《中国近代史资料丛刊·中日战争(一)》,上海:上海人民出版社、上海书店出版社,2000年,第83页)日方参与谈判的人员则有首相伊藤博文、外相陆奥宗光及伊东巳代治等。马相伯的名字未出现在正式名单上,或即是团中"供事"。因马相伯在幕后参与大量外交庶务,以致中日谈判时有"马氏兄弟"联袂之说。

3月24日,李鸿章和伊藤博文第三轮谈判之后,回住所途中遭到日本浪人小山丰太郎枪击,左眼下部受伤。事发后,马相伯利用此突发事件,在各国使节中间制造有利于清政府的舆论,令日方陷入窘境,一定程度上扭转了谈判形势。"当时,马相伯在日本(九州)门司做领事,因为他懂多国文字,可以和各国外交官交往,收集情报,供李鸿章参考。那次日本人打了李鸿章一手枪,擦破头皮,马老找各国驻日外交官宣布日本暴行,因此在签约中日本有所让步。"(盛成:《神州一老马相伯》,丹阳市政协文史资料研究委员会编:《爱国老人马相伯(1840—1939)》,丹阳,1990年,第59页)

3月至本年秋,马相伯在日本参与《马关条约》的谈判和签订,并负责休战善后事宜。按马建忠1896年《自记》(张岂之、刘厚祜校点:《适可斋记言》,北京:中华书局,1960年,第9页)云:"去年春,余将东行,重整箧衍,尚存若干篇。友人见之,强索以去。及秋回,……"则马氏兄弟于1895年春至,1895年秋在日本参与了中日条约谈判、签订的全过程。

秋,上海友人将马建忠文稿"强索以去",刊刻成《适可斋记言》,全书"贯穿中外之大端,与所以挽回世运者则有志未竟"。甲午一役,果然战败。

9月(八月),津海关道盛宣怀奏请在天津创设北洋中西学堂,"自强之道以作育人才为本;求才之道尤宜以设立学堂为先"。禀请获得直隶总督王文韶批准,颇以为"凡铁路、机器、开矿、治军诸务,均可以西法为宗,则造就人才尤当以学堂为急"(王文韶《奏开设天津中西学堂疏》)。并于本月奏准立案,一体开设。

1896年(光绪二十二年,丙申),五十七岁

1月6日(乙未年十一月二十二日),子初,母亲沈太夫人在松江泗泾寓所去世,逝世前责备兄弟两人脱离教会为弃信,令马相伯痛心反悔,以致决定在余生中要重返教会。马相伯做出两项决定,用以补赎他对信仰和教会的歉疚,即用他的学识和家族财力,协助举办一所天主教大学;为中国信徒翻译一部中文《圣经》。

方豪记录了马相伯晚年忏悔,回归教会的原因。马母沈氏一直责备马氏兄弟脱离教会,"我的儿子是神父,你既已不是神父,我也不认你是我的儿子。"(方豪:《马相伯先生生平及其思想》,《传记文学》六卷八期)按氏著《马相伯先生年谱新编》:"太夫人临终时,先生曾回家侍疾,太夫人拒不与见面,曰:'吾儿神父也,今汝已非神父,非吾儿。'先生大恸,遂决心忏悔。此对日抗战胜利后,上海老年神父对豪所言。又云:先生曾在佘山圣墓堂避静一年,由沈二(则宽)神父讲道,然后获得教廷赦宥。按当时教会法,神父绝不准结婚,因此先生虽被降为平信徒(degradatus ad statum laicalem),但依法仍须守不结婚(贞洁)之誓愿,与每日诵念日课经(Breviarium)"方豪《马相伯先生年谱新编》记沈太夫人于1895年的"十一月廿二日子初"去世;钱智修《马相伯先生九十八岁年谱》、张若谷《马相伯先生年谱》均记"民国前十七年乙未,先生五十六岁,是年沈太夫人卒,享寿九十一岁"(上海:商务印书馆,1939年,第194页)。《马氏宗谱》记载沈氏于1895年去世。按乙未年十一月廿二日,为1896年1月6日,按公历换算,已非1895年,故此修订为1896年。本年2月15日,马相伯到青浦朱家角镇避静,由李杕等司铎听忏悔,应即为沈太夫人大殓后教会对相伯有针对之心理辅导。关于马相伯母亲临终前不能原谅两位儿子脱离耶稣会,并导致马相伯向教会反省,回到徐家汇的故事,李天纲曾在1989年5月上海教区纪念徐光启的会议上向金鲁贤(1916—2013)主教求证,他表示确有其事。上海教区光启社前主任沈保义(1923—2013)先生也讲述过这一故事,还

说：孩提时代见马相伯，以"老先生"相称便不高兴，要用神父称呼。

1月30日（十二月十六日），署理两江总督张之洞在上海、宝山境内黄浦江沿岸清查滩地，用以抛售，为清廷筹集各款。本日，张之洞获悉宝山县吴淞镇"查出吴淞江北江南官地及新涨滩地共二百余亩"，致电询问"此地是否重要，变价约可集款若干？"经张之洞幕僚叶大庄（1844—1898，福建侯官人）勘察，于十九日回复："宝山沈令清出吴淞铁路余地百余亩，蕴藻河新涨地百余亩，吴淞口西岸衣周塘新涨地百余亩。以上三项地价询之沪商，据称铁路余地为上，衣周塘次之，蕴藻河在腹地，所值无多。上者每亩值百余两，次者百两。"（《叶丞来电》，《张之洞全集（九）》，石家庄：河北人民出版社，1998年，第6852页）铁余、衣周塘、蕴藻浜之三百余亩新涨滩地，即张之洞、刘坤一、张謇"吴淞自开埠"（1898）之基本地亩。"自开埠"失败后，复旦公学、中国公学等学校在马相伯、周馥、张謇、袁希涛等运动下，陆续到吴淞蕴藻浜、吴淞口交接处的"炮台湾"下办学，回购和利用了这些土地。

1月，马相伯与康有为在上海见面，"康有为以吸收欧洲文化之捷径征询于先生。先生答曰：'以经验言，凡派遣欧洲之留学生，谨习彼邦文字，至少亦须一年以上。而留学日本者，仅四月，或半载，即能诵习讲义，且经费亦较留学欧洲者为省。'未及，清廷遂派遣学生游学日本国，其动机盖于此"（泽村幸夫：《马良先生印象记》，转见自张若谷编著：《马相伯先生年谱》，上海：商务印书馆，1939年，第195页）。康有为与马相伯见面，地点既在上海，时间就应该在去年年底康有为领命出京，到南京说服署理两江总督张之洞，来上海创办强学会之际。马相伯提出学生留日，以速其效，以省费用，早于张之洞刊布《劝学篇》（1898）。

另按凌其翰记《六十年来之上海》，马相伯说康有为曾为如何启蒙青年人当面请教过他："为了本报六十周年纪念，记者特地去拜访相老人，足足谈了两个上午。他的谈话是亦庄亦谐，在平淡之中含有深长的意义。他对吾说康有为见他时问：'用什么方法来改变青年？'他说：'古时罗马人用两种方法来感化人，一做戏，二小说。'他就是要用做戏和小说的态度来感化我们的。可惜记者笔记的技术太差，临时又不及恳相老人加以订正，这是非常抱歉的。总之，文中的精彩都是相老的口述，而劣点则为记者的责任。"（《六十年来之上海》，朱维铮主编：《马相伯集》，上海：复旦大学出版社，1996年，第536页）按此记述，马相伯与康有为曾有会面，时间约在"戊戌"之前。

康有为（1858—1927），名祖诒，字广厦，号长素，广东南海人。少年习儒，从粤地经师朱次琦。1879年始读顾炎武、顾祖禹等舆地史书，讲经世致用。同年游香港,得见英国制度,萌志于西学。1882 年,在上海"购《万国公报》,大攻西学书、声、光、化、电、重学及各国史志,诸人游记皆涉焉。"(《康有为自编年谱》,台北:文海出版社,1966 年,第 13 页)1888 年,康有为再次北上应试,上书变法。1891 年始征集儒生阵千秋,梁启超在广州长兴里万木草堂讲学。1895 年,中日《马关条约》签订,康有为在北京发起"公车上书"。明清下诏、迁都、变法。1896 年,得到部分公卿大员的支持。在北京、上海发起强学会、筹办《时务报》。1898 年,"百日维新"中被任命为章京行走,策划各项活动。事败后潜逃,经吴淞、香港流亡日本、英国及美国,在海外组织"保皇"、"维新"活动,长达 15 年。1919 年回国,以孔教会为基础,协助袁世凯推行帝制。1917 年又鼓动张勋复辟,以推行孔教。此后,潜逃上海,隐居茅山。又迁居青岛,1927 年去世。康有为儒子以"今文所学"名,有《新学伪经号》(1891),《孔子改制考》(1898)、《大同书》(1902) 等。1896 年,康有为曾来上海拜访马相伯,商请变法方案,有一面之缘。

2 月 15 日,应朱家角镇沈欧司铎、七宝镇徐西司铎,以及两镇教友的邀请,马相伯的同学、好友李杕(问渔)司铎从徐家汇前往朱家角镇天主堂,主持避静活动。本日进静,19 日出静,为期四天。共有教友八十余人参加,其中女教友有五十余人。此据《善道月报》1914 年第 10 期《进行会纪事》一文报道:"十八年前曾请李问渔司铎率领避静,今查照本会议决会员避静案。"故可知那次避静在 1896 年。

3 月 13 日(正月二十九日),李鸿章将出席俄罗斯国王尼古拉二世加冕庆典,并顺道出访欧洲,到达上海。"8 日,李鸿章偕同李经方、罗丰禄、马建忠和随员多人,从北京启程。"(马士:《中华帝国对外关系史(三)》,上海:上海书店出版社,2000 年,第 110 页)从天津乘坐"海晏"轮,本日到达上海,由法租界招商局所属金利源码头下岸,入住河南路北块天后宫内出使大臣行辕。

  按 2 月 26 日(正月十三日)李鸿章报给总理衙门的计划,使俄代表团一行将于"(二月)朔日抵沪,定于十四日坐法公司船放洋。俄廷拟派俄船至埃及之朴塞口岸接换前进,由土耳其黑海径赴莫斯科加冕。地方水陆兼程,计四十余日可到。"(王彦威辑:《清季外交史料》卷一二〇,北京:书目文献出版社,1997 年,第 2021 页)公开披露的使团成员为李经方、李经述、罗丰禄、于式枚及朝鲜特使闵泳涣等。惟获有海关总署信息的马士得知马建忠也暗中参加了李鸿章使团。李鸿章在上海的接待活动,并且大量的出访准备,多经马建忠、马相伯协助安排。

3月15日(二月初二日),法国总领事吕班来访天后宫行辕;16日,英国总领事韩能、前台湾巡抚邵友濂来访;17日,"上海轮船、招商、织布三局,假前办招商局事、前广东候补道张叔和观察(鸿禄)之味莼园公宴傅相。"(林乐知、蔡尔康编译:《李鸿章历聘欧美记》,长沙:湖南人民出版社,1982年,第37页)李鸿章在上海逗留期间,两赴味莼园(张园),出席宴席,并参加美国驻沪总领事佑尼干(Thomas R. Jernigan, 1857—1920)在黄浦路礼查饭店(Richards Hotel)、俄罗斯驻沪总领事聂鼎在总领官邸举行的招待会。27日(十四日),出使大臣一行离开行辕,在法国码头乘坐"钧和"兵船,"普济"商船赴吴淞口搭乘邮轮,经香港、西贡、新加坡,于4月27日到达敖德萨港。回欧洲募捐的广学会李提摩太(Timothy Richard, 1845—1919),以及日本大臣山县有朋同船欧行;在欧洲和美国的总理衙门和海关税务司的雇员们充作使团顾问,"在俄国是柯乐德(Victor von Grot),在德国是德璀琳(Gustav von Dertrin),在法国是穆意索(A. M. de Bernieres),在英国是赫政(James Henry Hart),在美国是杜德维(E. B. Drew)。"(马士:《中华帝国对外关系史(三)》,上海:上海书店出版社,2000年,第110页)值此重大外交活动,马建忠随同出访,马相伯及其家族则在上海做了幕后工作。

4月8日,南洋公学在上海徐家汇地区正式建立,本日为校庆纪念日。按《交通大学一览》述南洋公学之概况,公学"由创始人盛公宣怀奏准开办,时在逊清光绪二十二年三月,现以四月八日为成立纪念日,迄今已四十年,校址在沪西徐家汇,占地一百二十亩。当时经费由招商轮船局及电报局拨充。其始仅设师范科,继设预科。五年后裁撤师范,添设商务专科"(《交通大学一览》,上海:上海交通大学自印,1936年)。上年二月,盛宣怀已经在上海考选了40名"成才之士",设立师范学堂;该师范学堂又附设小学校,招收聪颖儿童120名。在此师范、小学校基础之上,本年开设"二等"学堂,始建南洋公学。南洋公学下设师范院(师范学堂)、外院(附小)、中院(中等学堂,或称二等学堂)。上院(高等学堂,或称头等学堂)续行开设,见于盛宣怀《奏请开办南洋公学情形疏》。盛宣怀邀请在华办学专家福开森担任监院(President)和总教习,布置各项课程。

福开森(John Calvin Ferguson, 1866—1945),加拿大人,美国美以美会传教士。福开森在1898年4月筹建的南洋公学中院已经开设英文、算学、物理、化学、中外史地等"西学"课程,并陆续聘请美国籍教师薛来西(Leacay Sites)担任经济学、法学,勒芬弥(Leavenworth)担任中外史地,乐铁摩(Lotimore)担任英法文教习。(参见王宗光主编:《上海交通大学史(一)》上海:上海交通大学出版社,2016年,第41页)马相伯住土山湾,南洋公学在徐家汇创办时两地靠近,福开森应该与耶稣会士及马相伯有过交往。马相伯回忆他曾南洋公学课程设置提供意见:"清朝光绪中间,徐家汇创办某学校(南洋公学),当时有某西人做帮办,英文用印度读本,算学也很陈旧。我说,用(印度)英文太瞧不起我们中国了!他就扭捏说道:将来改良。我就介绍几种课本,几个教员,去帮他的忙。我们中国人,究竟争气,现在这大学是很好了。"(《江苏耆老马相伯先生一夕谈》,朱维铮主编:《马相伯集》,上海:复旦大学出版社,1996年,第908页)提到"某西人"应即为福开森。惟福开森回忆他是在1910年才结识马相伯,"在1910年金山相近马府上举行之欢迎美国商务参观团席上,马先生代表镇江商会致欢迎词,因代传译词,始与马先生相识"(《总汇报》,1940年1月28日)。实情可能是两人早期往来是间接或泛泛,1910年始定交。

4月,南洋公学开学。南洋公学师范科注重外语教学,为将来各地新式学堂培养师资。公学设立中院(中等学校)的外语教学采用上海一般英语培训学校课程,马相伯向福开森推荐了几位英文教师,并对华人英文教学提出建议。

  南洋公学在创办初期,外语教学沿袭租界学校英文教学方法,没有一种既达到英、美学校教学水准,又合适于上海地区中文环境的教材,甚至有用印度课本。为此,马相伯向福开森提出建议,提供了几种经过徐家汇耶稣会士汉化编辑的教材,还从会内外挑选并介绍了几位合格的英语、数学教师,加入南洋公学教学。按1904年入学的中院生蒋梦麟回忆,当时的英文教学仍然存在问题:"南洋公学开办时,采纳了美国传教士福开森的许多意见。南洋公学是交通大学的前身,交通大学附近的福开森路,就是为纪念这位美国传教士而命名的。南洋公学的预科,一切按照美国的中学学制办理。因此南洋公学可说是升入美国大学的最好阶梯。学校里有几位讲授现代学科的美国人,在校两年,英文阅读方面已经没有多大困难,不过讲始终讲不好,学校教的英文并不按照语音学原理。"(蒋梦麟著:《西潮》,长沙:岳麓书社,2000年,第66页)如上所述,福开森曾就南洋公学课程教育咨询马相伯,马相伯对英文教学给予帮助。南洋公学初期的外语教学存在严重问题,1901年蔡元培主持的师范院特班时,外语教学甚至采用"和文汉读法",借用日文汉字理解中文词汇,造成大量日语改变汉字用于习惯的反常现象。特班学生要求学校提供更加精当的外语教学,蔡元培因此想到邀请马相伯来传授拉丁文。

9月底,马相伯、马建忠与梁启超订交。本年4月(三月),梁启超来沪,寻求某书院中文教席;8月(七月),《时务报》创刊,梁启超受邀担任主笔,初时报馆设在石路(后福建路,今福建中路)南怀仁里。至秋天,因职业稳定,在梅福里租赁房屋居住,方获见马建忠。长谈十余日之后,梁启超主动为《适可斋记言记行》作序。10、11月(九、十月)梁启超请假返广东探亲,他与马氏兄弟订交,应在他返乡之前,以9月最为可能。10月16日(九月十日),梁启超有《〈适可斋记言记行〉序》,曰:"顾闻马君眉叔将十年矣,称之者一而谤之者百。殷殷愿见,弥有岁年。今秋海上忽获合并,共晨夕,饫言论者十余日,然后霍然信中国之果有人也。"其时,梁启超等人视马建忠、马相伯为早期从事洋务活动之前辈,对他们的言行十分佩服,"《适可斋记言》《适可斋记行》非君特撰之,然每发一论,动为数十年以前谈洋务者所不能言;每建一议,皆为数十年以后治中国者所不能易。"推崇之情可见。马建忠《适可斋记言记行》与马相伯在朝鲜的言行一致,世间以"马氏兄弟"称。按梁启超回忆,他来上海后与马氏兄弟订交,马相伯亦与梁启超交往,此见马相伯《一日一谈》。

10月,马相伯在上海马氏家族昌寿里家中和马建忠一起整理《马氏文通》。按梁启超《中国近三百年学术史》说法:"著(《马氏文通》)书的时候,是光绪二十一、二年,他(马建忠)住在上海的昌寿里,和我比邻而居。每成一条,我便先睹为快,有时还承他虚心商榷。"光绪二十一年(1895)梁启超还没有机会结识马氏兄弟,二十二年(1896)9月底他们住在一起讨论《马氏文通》,因而订交。惟《马氏文通》并非如梁启超所说是当时所著,而是马氏兄弟在洋务活动之余,回到上海之后,根据徐汇公学研习欧洲语言的心得笔记整理而成。

关于马相伯参与《马氏文通》写作,并不署名之事,钱智修《马相伯先生九十八岁年谱》记:"《马氏文通》一书,以西洋文法释中国古籍,发凡起例,理顺冰释,所谓在王氏《经传释词》、刘氏《助词辨略》以上,实先生与眉叔共成之,而卷端未尝署名。盖先生欲奖成眉叔先生,不愿分其盛誉也。"凌其翰《九三老人马相伯语录》记:"讲到《马氏文通》,是吾弟经二十年长期的记录,与我切磋琢磨而成的。但所发表的只是十分之二。《马氏文通》虽是一部古今来特创之书,还够不上称是文规,只算是造句法而已。"刘成禹《相老人九十八年闻见口授录》记:"先生常言,予作《文通》,人目为中国文法书,予弟建忠有言曰:中国文法,尽在五七言律诗。九种字类,丝毫不乱,如'鸿雁不堪愁里听,云山况是客中过'。鸿雁、云山,为名物;不堪、况是,为况谓字;愁、客,是名物字;里、中,为定位字;听、过,为活动字之类,更为简要。成禹请益曰:中国骈体文对应,皆文法井然?先生曰是。"(《逸经》,1937年6月)

马相伯晚年透露《马氏文通》定稿过程,"原稿经我删去了三分之二有奇,因为举例太多,有碍青年读者的时间与脑力。但是梁任公对于我所删节的本子还嫌举例太多,殊不知此种研究中国文字的文法书,在《马氏文通》出版时代,实在是破天荒,举例过少,学者将要由征信而解疑。"另徐景贤《马相伯先生百岁生活》:"(马相伯)与弟合著《马氏文通》十八卷,经二十年长期的研究,删去三分之二,付梓以飨学者。"(赵中亚编:《徐景贤文存》,南京:江苏人民出版社,2016年,第542页)马氏兄弟情同手足,才干互补,学问互济,相得益彰,"眉叔的文章重气势,尚声调,我则反之,专以意思义经纬,君看我的《〈致知浅说〉序》,可不是吗?"(《一日一谈·关于马眉叔先生》,朱维铮主编:《马相伯集》,上海:复旦大学出版社,1996年,第1128页)

昌寿里,位于英租界西部新马路(Burkill Road,曾名白克路,今凤阳路)与派克路(Park Road,今黄河路)转角处的新开发住宅区,马氏家族在上海租界内居住地之一。自马氏兄弟、梁启超、汪康年等人在此区域居、租住以后,各地文人不断入住,赁屋办报。罗振玉、王国维办《教育世界》(1901),章士钊、陈去病等人办《国民日日报》(1903),林獬办《中国白话报》(1903),蔡元培等人办《警钟日报》(1904),编辑所均设在"新马路昌寿里"。丁福保办"中西医学研究会"(1910),会址设在"昌寿里81号"自己家中,直到1923年本地块扩大翻建为西侨青年会大楼(今南京西路150号体育大厦)拆迁结束。临近昌寿里的新闸路梅福里,也是文人办报的场所,汪康年、梁启超等人办《时务报》(1896),汪康年办东文学社(1898),宿舍、编辑部就曾设于此。汪康年往来书札中存马相伯1896年七月廿二日留信,告知往昌寺里马氏家中,顺道造访,失之交臂。辛亥年前后昌寿里、梅福里文化人云集,众多报章、杂志编辑部潜伏于此。

10月8日,梁启超开始向马相伯、马建忠兄弟学习拉丁文。马氏兄弟与梁启超等人交往之初就教授他们拉丁文,从1896年秋天到1897年冬天,时间长达一年半。据严复收到"九月二日(10月8日)书"透露,梁启超告诉说他开始向马建忠(眉叔)学习拉丁文。严复认为拉丁文、希腊文非常重要,并且告诫西文难学,需要日日坚持以恒,不要半途而废:"承示,从马兄眉叔学习拉丁诺文(往者,圣祖仁皇帝曾从西士学之,其名如此作),甚感,甚感!

此文及希腊文,乃西洋文学根本,犹之中国雅学,学西文而不与此,犹导河未至星宿,难语登峰造极之事。独恐足下事烦,能日抽一二时为之,期勿作辍,一年之后,自有妙验。近来士大夫欲问津西洋文字者,颇不乏人。浅尝之后,多以俗累致废。又怀望过奢,求效太亟,见初学謇浅之事,意弗屑也,因以悬废。故以中年而从事西学者,非绝犹忍力人,必不能也。"(严复:《致梁启超书(一)》,《严复集(三)》,北京:中华书局,1986年,第515页)从信中的谆谆之言来判断,严复推荐和介绍梁启超向马氏兄弟学习拉丁文。

　　光绪四年(1878),严复留英,马建忠留法,有数次机会在伦敦和巴黎结识。马建忠更早提倡拉丁文教学,在《玛赛复友人书》(1878)中提议"于上海设一学院,收录身家清白聪俊子弟,……第一年课以法国、辣丁语言,……"(《适可斋记言》,北京:中华书局,1960年,第46页)。九月十二日(10月18日),梁启超在他给夏曾佑的书信中说:"弟近学拉丁文,已就学十余日。马眉叔自愿相授,每日两点钟,一年即可读各书,可无窒碍云。俟来岁相见时,君听我演说希腊七贤之宏旨也。"(梁启超:《与穗卿仁兄书》,转见自丁文江、赵丰田编:《梁启超年谱长编》,上海:上海人民出版社,1983年,第57页)梁启超给严复、夏曾佑的书信中只提到向"眉叔"学习拉丁文,可见马建忠是主要老师。马相伯在上海新马路和马建忠一起居住,与汪康年、梁启超等《时务报》同仁一并交往。

　　梁启超来上海创办《时务报》,报馆位于福州路(俗称四马路)、石路(今福建路),寓居在新马路梅福里(今黄河路125弄),与马相伯、马建忠在新马路(今凤阳路)昌寿里马氏住所为邻。一年多的时间里,"与马相伯先生几无日不相见"(《〈时务报〉时代之梁任公》,转见自丁文江、赵丰田编:《梁启超年谱长编》,上海:上海人民出版社,1983年,第56页)。张若谷误以为"梁启超第一次会见马相伯先生,是在光绪三十三、四年。那时马老先生是为了中国留日学生发生学潮"(《马相伯与梁启超》,张若谷编著:《马相伯先生年谱》附录,上海:商务印书馆,1939年)。即两人晚至1907年、1908年在日本才会面,此说错误。梁启超于1896年在上海向前辈请教时政看法,请求马氏兄弟介绍洋务派诸大员与之结识。此外,梁启超及麦孟华、梁启勋三人还跟随马相伯、马建忠兄弟学习外语。因为梁启超等人的传扬,维新圈内以向马氏兄弟学习拉丁文为时髦。严复质疑《时务报》介绍的"西学",并在21页的长信中告诫梁启超学习拉丁文一年时间并不足够。梁启超在1897年3月的复信中称:"拉丁文一年有成之言,闻诸眉叔。……再质之眉叔，固亦谓其不若是易也。……再质之眉叔，固亦谓其不若是之易也。"（梁启超：《致严复书》，《严复集（五）》，北京：中华书局，1986年，第1567页）梁启超之外，《时务报》周围诸人士如汪康年、蔡元培、张元济等也约定向马氏兄弟学习拉丁文。梁启超向马建忠学习拉丁文坚持了一年有余，蔡元培在主持南洋公学特班教学期间率二十四学生一起向马相伯求教。张元济、汪康年则未能觅得时机师从马氏兄弟学习拉丁文。张元济在《〈马相伯先生年谱〉序》（张若谷编）中透露他与梁启超、蔡元培、汪康年曾约定一起上门，向马相伯求教拉丁文，说："余于三君（梁启超、蔡元培、汪康年）皆同年挚友。意当年或同有兹约，而余与汪君皆未能实行，然竟获侧于私淑之列，亦弥自欣幸也。"张元济在"百日维新"后来上海，才有机会拜见向马相伯，虽并没有学习拉丁文，但自称为"私淑"弟子。

梁启超在上海参与主持《时务报》期间，力图借助马相伯、马建忠兄弟的关系网络，结识一批居住和往来于上海的洋务要员，如徐建寅、盛宣怀、严复、陈季同等。梁启超"维新"一派，与"帝党"关系密切，与西太后周围的"后党"较为疏远。梁启超试图通过马氏兄弟，扩大"维新"派的阵营。据梁启勋《曼殊室戊辰笔记》，他追随伯兄梁启超从北京到上海，与兄嫂一起在梅福里生活，与梁启超等人一起向马相伯、马建忠学习拉丁文："（梁启勋）二十四岁，丙申，由京之沪，以强学会余款二千四百元办《时务报》，识吴铁樵。是年冬，伯嫂从贵州来，寓于英租界之梅福里。伯兄以作报馆论之余暇，更从丹徒马相伯、眉叔兄弟学拉丁文。"另有不具名作者之《〈时务报〉时代之梁任公》披露："丙申七月，《时务报》出版，报馆在英租界四马路、石路，任兄住宅在跑马厅泥城桥西新马路梅福里。马相伯先生与其弟眉叔先生同居，住宅在新马路口，相隔甚近，晨夕相过从。麦孺博（孟华）于是年之冬亦由广东到上海，与任兄及弟三人，每日晚间辄过马先生处习拉丁文。徐仲虎建寅、盛杏荪、严又陵、陈季同及江南制造局、汉阳铁厂诸公，与乎当时之所谓洋务诸名公，皆因马先生弟兄而相识。马先生以任兄年尚少，宜习一种欧文，且不宜出世太早，其主张与吴小村先生相同，谓黄公度先生谓贼夫人之子。自丙申秋至丁酉冬，一年半之间与马先生几无日不相见。马眉叔先生所著之《马氏文通》，与严又陵先生所译之《天演论》，均以是年脱稿，未出版之先，即持其稿以示任兄。"（转见自丁文江、赵丰田编：《梁启超年谱长编》，上海：上海人民出版社，1983年，第56页）当时一起住在英租界梅福里，并向马建忠、马相伯学习拉丁文的除了梁启超、麦孟华之外，还有《〈时务报〉时代之梁任公》未具名作者，应为梁启超之弟梁启勋。

《马氏文通》在商务印书馆出版后受到维新人士的欢迎，孙宝瑄《忘山庐日记》1906年闰四月二十二日记："至厂肆，购《马氏文通》，此书为丹徒马（枚叔）建中著，盖即仿外国文法书葛郎玛体例，讲本国文法，古所无也。余拟以此书课署中诸学员。"次日又记："马文观古文凡三变，曰春秋之时，文以神，《论语》之神淡，《系辞》之神化，《左传》之神隽，《檀弓》之神疏，庄周之神逸；周秦之后，文运以气，《国策》之神劲，《史记》之神郁，《汉书》之神凝，而《孟子》独得浩然之气；下此则韩愈之文，较诸以上运神运气者，愈则仅知为文理而已。忘山曰：所论虽未必尽确，然颇有思致。"（《忘山庐日记》，上海：上海古籍出版社，1983年）

本年，某月二十七日，马相伯致书《时务报》主人汪康年，就昨日宴请时汪康年征询他对两部英文铁路技术著作是否值得翻译的意见作出答复。马相伯认为《近百年铁路沿革浅说》（红皮书）、《气机征用》（青皮书）并不值得整体翻译，两书仅各有一章因对了解英国、美国国情有利，可以抽出翻译。（《致汪康年》）这份书信署"廿七日"，月份未知。

本年，李杕编《徐文定公集》（李向渔编：《徐文定公集》不分卷，清光绪二十二年铅印本）出版。徐光启文稿在清初散失，编辑不易，本次结集共收录徐氏遗文27篇。

1897年(光绪二十三年,丁酉),五十八岁

1月,商务印书馆在上海成立,发起人夏瑞芳、高凤池、鲍咸亨、鲍咸昌均为原来供职于基督教美华书馆的职员。1903年后,张元济担任商务印书馆编译所所长,印行了几种马相伯著作,以及明清天主教书籍。

2月16日,下午,马相伯亲赴郑孝胥在英租界洋泾浜(四川路西侧)的宾馆长发栈,与之会面。"午后,何眉生(嗣焜)、郑雅村、陈敬如(季同)、马相伯来。"(郑孝胥撰:《郑孝胥日记(二)》,北京:中华书局,1993年,第588页)

2月28日,下午,马相伯去福州路《时务报》馆,报馆主人汪康年、梁启超不在馆内,与午后来馆访友的郑孝胥作畅谈。"(郑孝胥)午后,同柽弟过汪穰卿、访梁卓如,未来。座逢马相伯,谈久之。"(郑孝胥撰:《郑孝胥日记(二)》,北京:中华书局,1993年,第590页)

7月1日(六月初一日),马建忠造访翁同龢府第。时翁同龢正以"帝党"领袖身份协助光绪皇帝变法,渐渐掌握中枢权力,对变法中需要使用的人才加以鉴别和推荐。马建忠与之言谈一过,终于令翁同龢改变敌视态度,对马氏兄弟加以欣赏。次日,翁同龢以光绪皇帝的名义赏马建忠菜碟四、点心二。马氏兄弟虽曰是"后党"李鸿章幕下之隽才,多年前因政见不同备受"帝党"攻击。因光绪皇帝需才孔亟,翁同龢表示愿意结识并接纳。当天翁同龢在日记中记载:"候选道马建中来见(眉叔,行二,向办招商局,中辍,五十三岁),前十年人争欲杀,要之是俊才(罗丰禄、严□、陈季同、陈炽、陈昌冲、夏寅臣,皆所举通西法者。次日馈菜四、点二)。"(翁同龢:《翁同龢日记(六)》,北京:中华书局,1998年,第3011页)

7月7日(六月初八日),马氏兄弟在变法运动中因"西学"见识卓著,声誉渐渐恢复。本日,蔡元培读马建忠《适可斋记言记行》,称他"于西学极深",有读书笔记,曰:"阅马建忠眉叔《适可斋记言》四卷,《富民论》、《铁道论》、《借债以开铁道说》、《法国海军职要序》、《上李伯相言出洋工课书》、《巴黎复友人书》、《马赛复友人书》、《上李伯相复议何学士如璋奏设水师议》、《上复李伯相札议中外官交涉仪式》、《洋货入内地免厘禀》、《上李伯相

论朝鲜商约界务禀》、《上李伯相论漠河开矿事宜》、《拟设翻译书院议》，凡十有二篇。其人于西学极深，论铁道、论海军、论外交，皆提纲挈领，批却导窾，异乎沾沾然芥拾陈言，毛举细故以自鸣者。"（蔡元培：《马建忠〈适可斋记言〉阅后》，《蔡元培全集（一）》，北京：中华书局，1984年，第75页）

本年，经同班同学沈则宽（沈二）司铎斡旋，马相伯在松江佘山耶稣会住院避静一月后，得到上海天主教会允许，重过教徒生活。沈则宽司铎为马相伯同学，负责松江教区，有《拜佘山圣母歌》流传。出静以后，马相伯得以恢复宗教生活，投奔在上海主堂的沈则恭，在新北门内梧桐街老天主堂（敬一堂）望弥撒。

马相伯回到教会以后，已经萌生再次离家修行的想法，开始在老城内天主教敬一堂附属房间内设立书房，潜心研读。马相伯在敬一堂的书房自戊戌前后设立，一直保留到辛亥革命之前。有陈廷良回忆，"1906—1909年，我在新北门城内梧桐街老天主堂小学读书期间，每日早晨见到马相伯老先生跪在教堂里正祭台旁耳室里过宗教生活，从未间断。马相伯先生隐居老天主堂，足不出户，他与老同学、本堂司铎沈工（应为沈则恭之误）神父关系最密切，两人经常在一起。马老先生的寝室设在学校南楼毗邻学生宿舍，我睡在那楼学生宿舍，每晚上楼就寝，必须在他的房门外经过。有时他的房门半开着，望进去房间宽敞整洁，四壁书架放满中西书籍。只见马老先生戴着眼镜在灯下聚精会神地执着朱砂笔，在书本上圈点批写"（陈廷良：《马相伯片断》，丹阳市政协文史资料研究委员会编：《爱国老人马相伯（1840—1939）》，丹阳，1990年，第55页）。

本年，马相伯将儿女托付给亲戚、朋友和教会照顾，孤身一人住进徐家汇，重过修行生活。据马相伯女儿宗文对方豪说："我九岁即被送到上海圣母堂抚养，对自己的生父只许叫叔叔。"（方豪：《马相伯先生生平及其思想》，《传记文学》六卷八期）

本年，罗振玉来上海居住，从事新学研读和推广，住地与马建忠、马相伯靠近，交往过从，"予自丁酉以来，客春申江上，所居适与君邻，每相见辄商榷古今，以适用之学相砥砺"。罗振玉对马氏兄弟的学问非常佩服，"今日海内士夫矜言西学，或又名之曰时务。名之不衷，新旧中外之争即踵足而起。此非一人之私说也，实闻之丹徒马先生"。马建忠、马相伯都住在八仙桥附近，时人称为"难兄难弟"，形影不离。罗振玉在这一时期除了见到马建忠之外，也一定和马相伯有所交谈。（罗振玉：《艺学统纂序》，王梦珂校注：《马建忠集》附录，北京：中华书局，2013年）

罗振玉(1866—1940),江苏淮安人,祖籍浙江上虞,字叔言,号雪堂。1881年回上虞应童子试,入县学。乡试屡不举,遂一心治学,通考据、经学、金石学、文字学。甲午年后,为时事所激,进而研习西学、译学。1897年创办"学农社",1897年在上海创办《农学报》。1898年创立"东文学社"王国维等人为学生和社员。该社聘请日本教师教学,创刊《教育世界》(1901)、到日本考察教育作《扶桑二月记》(1902)。罗振玉还以日文书为母本,翻译西学教科书,受端方、张之洞赏识。1906年,奉调入京,任学部参事;1908年,在伯希和处惊见敦煌文献,即与王国维一起从事影印和研究。辛亥革命后,罗振玉旅居日本,从事敦煌、流沙文献和金石、甲骨契文研究,至1919年回国,寓居天津。1924年,应废帝溥仪召,入值故宫南书房;次年,和溥仪一起退居天津日租界。1934年,满州国建立,罗振玉担任检察院长。后至旅顺居住,从事学术研究,1940年去世。

马相伯为上海农学会拟定章程,汤寿潜(蛰仙)有《书马君条议后》,赞曰:本章程条议"将凿惰农之沌窍,馈黄种以贫粮,洵具有大知识大愿力者"。

本年,马相伯作《利玛窦遗像题词》、《徐光启遗像题词》、《汤若望遗像题词》、《南怀仁遗像题词》。该题词后为土山湾画馆为在美国旧金山举办的巴拿马万国博览会(1915)中国馆创作的利玛窦、徐光启、汤若望、南怀仁画像题额用。该四幅画像今存美国旧金山大学,悬挂于 Lone Maintain 校区阅览大厅,署名 Un Tsing Ze, Tou Se We,即"翁俊才,土山湾"。翁为土山湾画馆华籍教师,1909年在册。(见上海市徐汇区文物局主编,张伟、张晓依著:《土山湾画馆人物志》,北京:中华书局,2022年,第10页)

1898年(光绪二十四年,戊戌),五十九岁

3月13日(二月廿一日),马相伯外甥朱志尧(开甲)、朱云佐(开第)等人创办《格致新报》月刊,传播科学知识和国际消息。"朱开甲、王显理等创办《格致新报》,每月一册。用连史纸石印,报中设问答栏,以便初学。并设学舍,请教师演讲,并实地试验。"(《教科书之发刊概况(1868—1918)》,张静庐辑注:《中国近现代出版史料·中国近代出版史料初编》,上海:上海书店出版社,2003年,第219页)

《格致新报》是马相伯为在上海徐家汇筹建"译局"所作的先行计划,由自己外甥朱志尧、朱云佐筹资与编辑,并得到法国传教士学者向爱莲等人在撰稿、翻译、编辑等方面的帮助。按朱开甲撰《〈格致新报〉缘起》,认为中国的自然科学"不亡于祖龙,实亡于魏晋",即儒家放弃"格致",一味空谈,乃中国古代科学不得发展之原因,实为有识之见。刊物有耶稣会学者顾问,"法教士向、贾二先生,西国之博学君子也。航海旅沪,数年于兹。其为人也,和平谦退,如光风霁月,学则上下千古,纵横中外。"(朱开甲:《〈格致新报〉缘起》,《格致新报》第一期,第2页)《格致新报》自创刊号起,至同年8月8日结束,共出刊16期,保持旬刊节奏。1898年9月朱云佐遽然去世后,《格致新报》也戛然而止,则显然是财政出现问题。朱云佐为徐汇公学毕业生,曾考为生员,生前为法国东方汇理银行买办。

4月9日,三月十九日,马建忠撰《马氏文通·序》完稿,耗费马氏兄弟十余年功夫的《马氏文通》即在本年由商务印书馆出版,署名马建忠。

严复、蔡元培以后各家评《文通》,有胡适《国语文法概论》:"直到马建忠的《文通》出世(光绪二十四年,西历1898),方才有中国文法学。马氏自己说,'上稽经史,旁及诸子百家,下至志书小说,凡措字遣词,苟可以述吾心中之意以示今而传后者,博引相参,要皆有一成不变之例。'"(《胡适文集·胡适文存》,北京:北京大学出版社,1998年,第333页)吕叔湘称《马氏文通》,"是我国第一部讲语法的书"(吕叔湘《重印〈马氏文通〉序》)。《马氏文通》1898年由商务印书馆出版,1904

年商务印书馆有新版。1954年,章锡琛加以校点和注释,有《〈马氏文通〉校注》,由中华书局出版。作为中国第一本系统论述汉语语法的作品不断重印,各地均有翻刻,以应付"新学"兴起之需求。1959年,《复旦学报》(社科版,第三期)发表陈望道教授论文《漫谈〈马氏文通〉》。学者中除了把《马氏文通》看作欧式语法著作海外,也有把它列为清代"小学"之延续,以梁启超为代表。梁启超《清代学术概论》:"清儒以小学为治经之途径,……近世则章炳麟之《小学答问》,益多新理解。马建忠学之以著《文通》,严复学之以著《英文汉诂》,为'文典学'之椎轮焉。"梁启超《中国近三百年学术史》:"马眉叔是深通欧文的人,这部书(指《马氏文通》)是把引之(王)、曲园(俞)之学融会贯通之后,仿欧人的文法书,把语词详密分类组织而成的。"孙文《孙文学说:知难行易》认为《马氏文通》学术上足以建立,但在民众文法教育时不够通俗:"自《马氏文通》出,中国学者乃知有是学。马氏自称积十余年勤求探讨之功,而后成此书。然审其为用,不过证明中国古人之文章无不暗合于文法,而文法之学为中国学者求速成,图进步不可少者而已。虽足为通文者参考印证,而不能为初学者之津梁也。继马氏之后所出之文法书,虽为初学而作,惜作者于此多犹未窥三昧,讹误不免。"(《孙中山全集(六)》,北京:中华书局,1985年,第182页)

6月28日(五月初十日),总理衙门御史杨深秀、李盛铎上《请设译书局折》,奏折称:"京师大学堂指日开办,亦应设立译书局,以开风气。应如何筹款与兴办之处,著总理各国事务王大臣一并妥以具奏。"惟总理衙门各员参考了马相伯在日本游历的经验,以为译局设立方案宜仿照日本,如在东京、大阪、熊本、长崎各地者,凡十余处,"译书既不厌其多,则译局自不妨广设"。北京的京师同文馆和设在上海的译书总局,是总理衙门布置的中枢机构,借以筹划维新事业。

为了协调全国译书事业,避免一书多译,同名异译,需要在上海设立译书总局。总理衙门奏折建议京师大学堂编译局应归并各处译书事业,由梁启超负责筹建。"查上海为华洋要冲,一切购买书籍,延聘译人等事,皆较便易。既经臣等查有广东举人梁启超堪胜此任,奏准在案,今京局似可与上海联为一气,仍责成该举人办理,由该举人随时自行往来京沪,主持其事。所有细章,皆令该举人妥议,由臣衙门核定施行。"京局迁往沪后,为补贴上海总局超出京师大学堂译书局的用度,"每月拨款一千两,由户部在筹拨大学堂常年经费项下,一并凑措"(北京大学、中国第一历史档案馆编:《京师大学堂档案选编》,北京:北京大学出版社,2001年,第41页)。

7月3日(五月十五日),光绪皇帝召见梁启超,擢为六品衔,负责"译书局"事务。清廷拨款二万余元,从事西方政法、学校和行政等类书籍的翻译,以备"变法"之用。当天,有上谕下达:"举人梁启超着赏给六品衔,办理译书局事务。"(《国闻报》,五月十七日)按梁启超与康有为商定的计划,"译书局"总局设在上海,由马相伯负责筹建和主持。同日,上谕军机处并总理衙门拟定章程,由管学大臣孙家鼐负责筹办京师大学堂。

本日,总理衙门奉到谕旨,批复杨深秀、李盛铎《请设译书局折》:"依议,钦此。"(《请京师编译局并归举人梁启超主持片》,《中国近代史资料丛刊·戊戌变法(二)》,上海:上海人民出版社、上海书店出版社,2000年,第413页)总理衙门之外,军机大臣亦在同日奉到谕旨。

梁启超在"百日维新"前领受筹建译书局事务,按计划邀请在上海的马相伯主持译书局工作。梁启超曾通过法国驻京公使,转商天主教江南主教茹尼爱(Valentin Garnier,1879—1898年任主教),邀请马相伯出山主持。马相伯以年老为辞,不去北京。又请梁启超将清廷之译书总局设于上海徐家汇,延聘耶稣会士襄理译事,竟获允准。马相伯在上海着手筹备译书总局之际,忽因"百日维新"失败而告终。"一千八百九十八年,梁任公先生请驻京法使转江南主教茹尼爱,令马相伯先生主持筹备设立于北京译学馆。相伯先生即上书清廷,请将译学馆设于上海,并呈请徐家汇耶稣会诸司铎襄理校务。所请悉允,事垂成矣,而慈禧太后复临朝听政。拟设之译学馆,遂随戊戌政变而中止。"(《震旦大学二十五年小史》,转见自张若谷编著:《马相伯先生年谱》,上海:商务印书馆,1939年,第197页)因见证马相伯和耶稣会士参与筹建上海译书总局,上海教会流传故事:"1898年,梁任公请驻京法使转江南主教倪大司牧,令马公相伯主持筹备设立于北京之译学馆。马公相伯即上书清廷,请将译学馆设于上海,并陈请徐家汇耶稣会诸司铎襄理校务。所请悉允,事垂成矣,而慈禧太后复临朝听政,拟设之译学馆遂随戊戌政变而中止。"(《圣教杂志》第17卷第12期,1928年)

7月17日(五月廿九日)清廷管理学务大臣孙家鼐上书《译书局编纂各书宜由管学大臣敬呈御览恭候钦定再行颁发并请将悖谬之书严行禁止恭折》,指责康有为新著《孔子改制考》"蛊惑民志,是导天下于乱也",请求:"明降谕旨,亟令删除。"(北京大学、中国第一历史档案馆编:《京师大学堂档案选编》,北京:北京大学出版社,2001年,第46页)筹办京师大学堂之管学大臣孙家鼐要求对筹建中的上海译书总局翻译、编纂的书籍严加审查。

8月10日(六月廿三日),光绪皇帝批复总理衙门《奏请拨译书局经费并颁发关防片》奏折,请准为在上海开办译书总局拨款每月二千两(前奏为每月一千两),另"请拨开办经费银四万两,……并咨行南洋大臣暨饬江海关道就近在出使经费项下拨给银四万两,以资应用"。光绪皇帝本日降旨:"依议,钦此。"(北京大学、中国第一历史档案馆编:《京师大学堂档案选编》,北京:北京大学出版社,2001年,第51页)

8月16日(六月廿九日),孙家鼐奏《录呈举人梁启超所拟译书局章程》,向光绪皇帝和全国学界公布梁启超举办中国翻译事业的主张。

《译书局章程》涉及组织法,内称:"一,日本与我同文之国,其译出西书凡六十余种,要籍略备。今先由东文转译,其事更捷,至一年以后,然后译英、法各文。一,局中除聘请翻译外,仍别设一翻译学堂,培养译才。堂内外东文、英、法文三馆,其学生分为两种。一种系中学颇深,曾多阅译出各西书而未通东西各文者,则授之东西各文;一种系已通东文、西文而中学尚浅者,则授之以中学。两途并进,则成就译才自易。一,局中设总办一人,坐办二人,总翻译一人,东文翻译四人,英文翻译四人,法文翻译二人。翻译学堂中设总教习一人,其分教习即以各翻译兼充。校勘六人,抄写十人,司事四人。"(北京大学、中国第一历史档案馆编:《京师大学堂档案选编》,北京:北京大学出版社,2001年,第53页)则梁启超设计的上海译书总局,除了设立日、英、法文专职翻译之外,另拟附设翻译学校。该译书局章程参照了马建忠《拟设翻译书院议》(1894);1901年设立的南洋公学特班、1903年创立的震旦学院、1905年创建的复旦公学,均从事翻译教学,则体现了马相伯、梁启超在戊戌年的主张。

8月9日,徐家汇耶稣会举行庆祝活动,纪念晁德莅来华四十周年。晁德莅是马相伯在徐汇公学时期的老师。

晁德莅(Angelo Zottoli,1826—1923),1826年6月21日生于意大利那波利。幼年开蒙,就受过良好的古典文学训练。1843年,于17岁时加入耶稣会。因为意大利发生革命,天主教会受到冲击,打乱了耶稣会的格局。晁德莅受耶稣会罗马总会的招募,支援法国巴黎省会在上海新建立的会区,转入法国耶稣会。1848年来华,9月17日到达上海。在上海,晁德莅完成了神学训练,1850年晋铎。1852年至1874年的22年中,有15年时间担任徐汇公学校长,马相伯担任中国经学课程助教,并帮助他研习儒学。晁德莅在学习中文方面表现出色,凭借着特别突出的记忆能力,很快掌握了极为难学的中文。他发明的汉字拼音法为十九世纪法国天主教和汉学界采用。他出版的第一本著作是给本地信徒使用的宗教字汇。1979年开始出版由他编著和翻译的拉丁文《中国文化教程》(Cursus Literature Sinicae; Course of Chinese Literature),本书为他带来了巨大的学术声誉。此后,他又开始编写一部当时最大的中文字典。(参见《字林西报》,1898年8月13日)

9月6日(七月二十一日),马相伯外甥,朱家第二子,朱志尧大弟弟云佐在派克路(今黄河路)昌寿里家中去世。朱云佐曾入徐汇公学,在上海县试中得生员;1897年,担任《时务报》撰稿,编译英文稿件;1898年,创刊《格致新报》,亦从事主编工作。家族痛失干才,白发人送黑发人,马相伯叹曰:"少者不留,命矣乎!"(马相伯:《致汪康年》,收《汪康年师友书札》,上海:上海书店出版社,1986年,第1571页)。

9月7日,《昌言报》(七月初一日由《时务报》改名)主编汪康年为刊物约稿事,来马相伯寓所拜访。因马相伯在英租界昌寿里外甥朱云佐家里料理丧事,与汪康年失之交臂。马相伯回家后,提供了"商会原稿及章程两件",以"寿之《昌言报》",为新刊捧场。稿件次日寄达汪康年,见《汪康年师友书札·致汪康年》。

9月9日(七月二十四日),汪康年致书马建忠,请教变法方案,商讨学堂章程等。叙述去年"夏初一别,中间两奉手教,环诵不忍释手。"时,梁启超与马建忠、马相伯等在里弄之间日夜相处,故汪康年有请"卓如先生前乞为代致拳拳"。(汪康年:《致马建忠》,上海图书馆编:《汪康年师友书札》,上海:上海古籍出版社,1986年,第1574页)

9月11日,日本前首相伊藤博文到达天津。次日,直隶总督荣禄设宴款待,袁世凯作陪。14日,光绪皇帝召伊藤来北京,拟聘用伊藤为客卿,参与变法;17日,张荫桓以晚餐密见伊藤,定于20日在勤政殿举行任命仪式。19日,慈禧密召荣禄入京,回到紫禁城,控制了光绪皇帝及变法人员。

9月21日,总理各国事务衙门行走宋伯鲁陈《荐马建忠片》(康有为代拟),建议光绪皇帝和慈禧太后引入李鸿章幕僚马建忠,参与变法。该片称:"往往有魁奇卓越之才,排于旧论,格于谗谤,以致终身废弃者,不知凡几,殊为可惜。即如记名道马建忠,前在北洋当差,北洋大臣办理交涉诸事,规划机宜,多所赞助。且其人在法国学堂学习有年,各种学问,久已考列优等,为外国所推服。而于法律、公法两门,尤其专长。中国近日讲求新学固不乏人,然求其确有根柢,切实可用如该员者,盖不数觏。"(《戊戌变法档案史料》,第171页;转见自姜义华、张荣华编:《康有为全集(四)》,北京:中国人民大学出版社,2007年,第451页)

宋伯鲁(1854—1932),字子钝,号芝田,陕西礼泉人。光绪十二年(1886)进士,入翰林院,任为编修。十七年(1891),任顺天乡试同考官;二十二年(1896)任山东道监察御史。戊戌变法兴办时,宋伯鲁与杨深秀联名弹劾许应骙;百日维新失败后,杨深秀被杀,宋伯鲁潜逃至上海。

9月21日,慈禧太后回到紫禁城,囚禁光绪皇帝,逮捕谭嗣同、杨深秀、林旭、杨锐、刘光第、康广仁、徐致靖、张荫桓,通缉康有为、梁启超,即行废除多项变法措施。9月26日(八月十一日),清廷颁谕《著停止变法京师大学堂仍行开办》,保留京师大学堂建制;10月(九月),内阁中书郑宝谦上《请慎重大学堂译书校勘以防流弊折》(北京大学、中国第一历史档案馆编:《京师大学堂档案选编》,北京:北京大学出版社,2001年,第66页),得获钦准,梁启超、马相伯在上海筹建译书总局事寝。

10月5日,日本前首相伊藤博文到达上海,与各界人士交往。13日,伊藤由姚锡光陪同,离开上海,前往南京、武昌与两江总督刘坤一、湖广总督张之洞谈判。在武昌,事为日本官办八幡制铁所与招商局主办之汉阳铁厂"煤铁互售",即日购大冶铁,清购日本煤。(参见日本驻汉口二等领事濑川浅之报告,收武汉大学经济系编:《旧中国汉冶萍公司与日本关系史料选辑》,上海:上海人民出版社,1985年,第2页)姚锡光,江苏丹徒人,与马氏兄弟同乡,并同为李鸿章幕僚,且一起参加了《马关条约》谈判。

冬,上海、天津、武昌派遣第一批留日学生,"北洋学堂派六人,南洋学堂与广方言馆各派六人,湖北武备学堂又派若干人,皆去日本。日本有中国留学生自此始"(吴稚晖:《中山先生的革命两基础》,《吴稚晖先生文粹(二)》,上海:全民书局,1929年)。

本年,马相伯为筹备译局事宜,与徐家汇法国司铎密切来往。为方便筹备译局和举办大学,马相伯开始在土山湾居住,并考虑将一双儿女(君远、宗文)托付给教会抚养,只身回到徐家汇,息影在土山湾。

按《徐汇纪略》(1914)记载:"土山湾者,前浚肇家浜时堆泥成阜,积在湾处,因名土山湾。山于前清光绪初年削为平地,建工厂于其上。土水故迹,遂不可寻矣。咸丰初,天主教士设育婴堂于蔡家湾天主堂。适遇粤匪之乱,遂于咸丰四年迁徐家汇南首设育婴堂、工艺厂,拓地建筑,日渐扩充,至有今日之规模焉。该堂专收教外孤儿,自七八岁至十一二岁不等。衣之食之,教以工艺美术,其经费由中西教民捐款集资,成此慈善美举。计自开设至今,已收孤儿二千数百余名。学徒肄业,以六年为限。毕业后,或留堂工作,或出外谋生,悉听自便。年已长成,积有工资者,由堂中为之择配。完婚后,男在该堂工作,女在圣母院做活。有天伦乐叙之福,有善守教规之便。询慈善事业之大观也。目下堂中所收孤儿有三百余名,工人亦三百余名。设总理司铎一人,各工艺厂另有专业经理修士一人。不分中外,皆可充任。所有各项工厂名目如下:一,木工厂。制造中西木器,雕刻人物、鸟兽,金银彩画油漆器具,色色俱全。中西人士购订物件者络绎不绝。二,五金厂。修造五金杂货,其镀金镀镍之优美,为上海工艺之冠。三,中西鞋作。制造皮鞋、华屦、皮球、皮袋等货。四,风琴作。修造大小风琴,为各教堂各学校欢迎要品。工料坚久,声音洪亮,为上海制琴家所不可及者也。五,图绘馆。分水笔、油彩等画。其所绘花草人物,摹写真影等件,前经南洋劝业会颁布奖牌奖凭,至十九件之多。近日新添彩绘玻璃制造所,将人物鸟兽油画于玻璃上后,置炉中煨烬。于是彩色深入玻璃内,虽经日炙水洗,永久不退。教堂官署花厅宴所等门窗装饰品也。中国彩绘玻璃,此为第一发明家矣。六,印刷所。分石印、铅印、五彩印等名目。所印中西书籍,久已脍炙人口,另有价目单,函询即寄。七,照相馆。制造铜锌玻璃等版,凡人物摄影及五彩各像,皆可制版精印,其玻璃版之精良,尤为上海印刷家首屈一指。八,机器厂。修造一切机器,本汇天文台、陆家浜天文台有几种机器,为该厂制造。今南通张季直先生拟创南通观象台,闻亦向该厂订购几种机器矣。"(《徐汇纪略》)

1899年(光绪二十五年,己亥),六十岁

3月,"百日维新"失败后,马建忠离开北京,原在北京购置的住宅空闲出来,被英国《泰晤士报》记者莫理循(George Ernest Morrison,1862—1920)租用。据莫理循《致埃塞尔·贝尔》(1899年3月14日),他最近在北京换了新房子,"我租了他的好友马建忠的房子"(骆惠敏编,刘桂梁等译:《清末民初政情内幕:〈泰晤士报〉驻北京记者袁世凯政治顾问乔·厄·莫理循书信集》,上海:知识出版社,1986年,第143页)。莫理循在同一封信中称马建忠的"好友"在"变法维新运动中掉了脑袋"。这位好友应为向清廷举荐马建忠,后匿名潜逃上海的宋伯鲁,或致莫理循以为他"掉了脑袋"。

4月,马相伯与张元济订交,自此友谊不断。4月,盛宣怀邀请张元济主持南洋公学译书馆,馆址初设虹口谦吉里(同年9月间即迁至提篮桥)。张元济须来徐家汇南洋公学本部报告和议事,则应在4月间即赴土山湾拜见马相伯,筹议翻译西书和出版"西学"教材的事情。

张元济(1867—1959,浙江海盐人),字筱斋,号菊生,生于广州,1892年进士,先入翰林院,后在总理衙门任章京。"百日维新"时为刑部主事,参与变法,被革职,"永不叙用"。张元济1898年11月上旬抵护,避难来上海居住。张元济在沪住虹口西华德路北隆庆里(宁波路、山西路有隆庆里)772号,与住虹口之郑孝胥、西门之孙宝瑄等人过从。李鸿章命盛宣怀在上海为张元济谋职,后者特为设立南洋公学译书馆,邀请主持。张元济与马相伯称"私淑"弟子,曾欲投门下学拉丁文。"戊戌政变,余被谪南下,侨居海上,始识(马相伯)先生。一日,与谈泰西科学之盛,先生徐言科学必有大原,且世人何以能知科学。余乃知先生深于教理,与世之以祸福惑人迥不相侔。"(张元济:《〈马相伯先生年谱〉序》,张若谷编著:《马相伯先生年谱》,上海:商务印书馆,1939年)马相伯早年书稿《拉丁文通》、《致知浅说》,以及《马氏文通》、张若谷《马相伯先生年谱》等均由商务印书馆印行和出版,概因张元济主持馆务后,不断约稿之故。

5月8日,徐家汇天文台天文部迁往在松江佘山顶上的新台址,于1897年筹建,本年竣工。天主教上海教区与上海轮船招商局、怡和洋行、太古洋行等公司商定,投资开筑上海至佘山公路,成上海远郊一大盛景(《近代上海大事记》,上海:上海辞书出版社,1989年,第542页)。徐家汇天文台旧址在肇嘉浜岸边,初为平房,光绪六年(1880)加建一层。本年,徐家汇天文台在徐光启墓地东侧与肇嘉浜之间继续筹建新楼,以安排气象部。1902年,天文台新楼落成,气象部搬入,老楼空余。(此见《徐汇纪略》记载)1903年,耶稣会将天文台空余老楼拨给马相伯等人创建之震旦学院所用,直至卢家湾新校舍建立后搬出。

11月(十月),马相伯再次出山,从上海到北京,协助清廷重新启用的李鸿章。现没有发现马相伯在1899年何时赴京的记录,惟知他在"百日维新"至1899年上半年一直在上海。本年十月,李鸿章获任商务大臣,准备前往各大商埠考;十一月,遽改任两广总督,遂急忙离开北京赴任。马相伯说自己已到北京,因李鸿章南下广州,不得已回到上海。那么,他应该是在李鸿章被启用时到北京,一月后离开北京,回到上海。

《一日一谈》:"中堂见嫉于翁师傅(同龢),遂从北洋大臣调任两广。我也离开京畿,回到上海徐家汇,重新过我的书呆子的生活。"(转见自张若谷编著:《马相伯先生年谱》,上海:商务印书馆,1939年,第201页)马相伯在这里的叙述过于省略,细节不清。实则早在1896年,李鸿章就因被帝党排挤而受清廷冷落。1896年10月,李鸿章出访欧美回到天津,即被调离直隶总督权位,改在北京总理衙门赋闲。1898年8月更被西太后逐出总理衙门。"百日维新"失败后,李鸿章才作为老臣启用。检视历年幕府,惟有马氏兄弟是可用之才,故急忙招致。

12月,马相伯离开李鸿章幕府,回到上海。不久即从上海市区家中搬出,回到徐家汇居住。马氏兄弟在《马关条约》签署以后,备受谤议。他们两兄弟虽在上海隐居,但也经常参与李鸿章幕府中的繁难事务,到北京、天津协助洋务活动。据《一日一谈·蔡子民先生与二十四个学生学拉丁文》一节:"中堂见嫉于翁师傅(同龢),遂从北洋大臣调任两广。我也离开京畿,回到上海徐家汇,重新过我书呆子的生活。"(朱维铮主编:《马相伯集》,上海:复旦大学出版社,1996年,第1105页)可见马相伯是在李鸿章担任两广总督之后才与之脱离关系。李鸿章从总理衙门上调任两广总督,发布在1899年12月,履任时间在1900年5月。马相伯当在调令发布之后即离开,故以本年12月为他离开北京、天津的日期。

1900年(光绪二十六年,庚子),六十一岁

2月1日(正月初二日),西太后慈禧发布维护义和团活动的诏令后,英敛之出京,乘船到达上海,正月二十八日(2月27日)离开上海。英敛之与刘式如同行,在上海期间拜见夏时若、朱志尧、朱云鹏、李问渔、邹翰飞。英敛之最欲拜访的是马相伯,以说服他出面资助北京天主教会及英氏从事的维新事业。(参见方豪:《英敛之先生年谱及其思想》,李东华编:《方豪晚年论文辑》,台北:辅仁大学出版社,2010年,第384页)

2月13日(正月十四日),马相伯回到上海,在土山湾居住。当天,英敛之来访,因故不能接见。"(英敛之)至土山湾,欲拜马相伯司铎,不便,候良久,遂出。"(《英敛之日记》,转见自方豪:《马相伯先生年谱新编》,李东华编:《方豪晚年论文辑》,台北:辅仁大学出版社,2010年,第200页)

马相伯不便与英敛之会面的原因不详,方豪猜测是教会限制他的自由,敏感时期不让他与外界接触。马相伯以息影徐家汇,不再打理外界宿务为愿,推辞不见。实际情况应该是北方义和团动乱多日,上海及江浙形势亦不确定,马相伯确有不便之处。方豪将此条置于1899年,而1899年(己亥)之"正月十四日"是1899年2月23日,此时马相伯已离开北京李鸿章处,在上海市区昌寿里家中。马相伯在李鸿章赴任两广总督之后回到徐家汇土山湾居住,此年"正月十四日"是1900年2月13日。时,教宗第十三(Leo)良"闻中国匪乱,主教、教士、教友多遭惨厄,困苦万分,仁心大为不忍,立发诏书一道,谕罗马专理教务枢机大臣雷必祁转谕在京教众,为中国教会特行祈祷"(《圣心报》,1900年,第14卷,第161期)。

6月21日(五月二十五日),西太后慈禧以光绪皇帝之名发布谕旨,向英、美、法、德、俄、澳、日、意、西、荷、比等十一国宣战。"朕今涕泣以告先庙,慷慨以誓师徒。与其苟且图存,贻羞万古,孰若大张挞伐,一决雌雄。连日召见大小臣工,询谋佥同。近畿及山东等省义兵,同日不期而集者不下数十万人。下至五尺童子,亦能执干戈以卫社稷。彼仗诈谋,我恃天理;彼凭悍

力,我恃人心。无论我国忠信甲胄,礼义干橹,人人敢死,即土地广有二十余省,人民多至四百余兆,何难翦彼凶焰,张我国威。"(中国第一历史档案馆编:《光绪朝上谕档(第二十六册)》,桂林:广西师范大学出版社,2008年,第141页)

6月25日(五月二十九日),两广总督李鸿章致书在上海的旧部盛宣怀,指"二十五(6月21日)诏,粤断不奉,所谓矫诏也"(李鸿章:《致盛宣怀电》,《愚斋存稿》卷三十六,转见自中国史学会编:《中国近代史资料丛刊·义和团(三)》,上海:上海人民出版社、上海书店出版社,2000年,第334页)。此前,盛宣怀已经受命于李鸿章,推由苏松太道余联沅出面,串联两江总督刘坤一、湖广总督张之洞、闽浙总督许应骙、山东巡抚袁世凯、安徽巡抚王之春等,筹划"东南互保"。24日,张之洞向英、美、法等国驻沪总领事知会:"上海租界准归各国保护,长江内地各国商民产业,均归督抚保护,本部堂与两江刘制台意见相同。"(张之洞:《致上海领袖大西洋总领事电》,《张文襄公全集》卷一百六十,转见自中国史学会编:《中国近代史资料丛刊·义和团(三)》,上海:上海人民出版社、上海书店出版社,2000年,第332页)

7月17日(六月二十一日),两广总督李鸿章、两江总督刘坤一、湖广总督张之洞联名,向清廷《奏拳匪肇祸敬陈管见》,公布南方疆臣要求抚恤各国受害侨民的主张。"请明降谕旨,将德公使被戕事切实惋惜,并致国书与德王,以便别国排解。并致英、法两国国书,以见中国意在敦睦,一视同仁。请明降谕旨,饬顺天府尹、直隶总督查明除战事外,此次匪乱被害之洋人教士等,所有损失人命物产,开具清单,请旨抚恤,以示朝廷不肯延及无辜之恩义,不待外人启口,将来所省实多"(王彦威辑:《清季外交史料》卷一四三,北京:书目文献出版社,1997年,第2349页)。

7月26日,马相伯参加在上海沪西张园举行的"中国国会"成立集会。维新派人士唐才常在义和团动乱之际,在上海秘密组织自立军,筹议在汉口起事,北上"勤王",并以"保种救国"为名,拥戴光绪出面推行君主立宪。会议由叶瀚出面主持,推举容闳为会长,严复为副会长,唐才常自任总干事,史称"张园国会"。章炳麟反对"保皇"主张,愤而割去辫子,以示与清朝决裂。8月,"自立军"在汉口被镇压后,唐才常被杀,列名"张园国会"的人均被通缉。容闳、严复、章炳麟等人或流亡国外,或躲进租界,马相伯在租界、徐家汇和土山湾居住,亦属安然。

据冯自由《革命逸史·记上海志士与革命运动》(第二集)"张园之国会"(北京:中华书局,1981年,第69页)记载,马相伯参加了张园会议:"才常于事败之前一月,尝于六月间假庚子拳匪事变,人民须自行保种救国为辞,邀请沪上当代名流开大会于张园,美其名曰国会。莅会者有容闳、严复、章炳麟、文廷式、叶瀚、张通典、吴葆初、宋恕、龙泽厚、沈荩、马相伯、毕永年、戢元丞、狄葆贤等数百人。公推香山容闳为会长,侯官严复为副会长,才常为总干事,林锡圭、沈荩、龙泽厚、狄葆贤为干事。成立后大招清吏之忌,以时值拳祸猖獗,无暇禁阻。上海各日报中为之鼓吹者有《同文沪报》,是报即东文学社教习日人田野橘次所设,才常等在沪活动甚得其力。时国会中参与分子至为复杂,除才常及其密友数人外,鲜有得参与自立军机密者,余人大多震于国会民权之新说,乘兴来会,非有如何确定之宗旨也。逮开会后,首招毕永年、章炳麟二人之反对,永年以乡谊力劝才常断绝康有为关系。才常利保皇会资,坚不肯从。相与辩论一日夜,失望而去。炳麟责才常不当一面排满一面勤王,既不承认满清政府,又称拥戴光绪皇帝,实属大相矛盾,决无成事之理。因宣言脱社,割辫示绝。未几汉口自立军事败,参与国会诸首要咸被清吏指名通缉,容闳、严复以是先后出亡英、美避之。"陶菊隐《筹安会"六君子"传》亦记马相伯参与"张园国会":"唐才常以保种、保国为号召,邀请在沪名流于七月二十六日到张园举行国会,严(复)与马良、文廷式、章太炎、容闳登前往参加。"

郑逸梅记辛亥革命前后作为文人聚会地点的张园:"张园在上海静安寺路,现称南京西路的泰兴路。从市中心向西去,张园被愚园要近得多。愚园进门要售门票,张园任人出入。没有门禁,所以张园的游客更比愚园为多。园本为西人格农氏的别墅,占地仅二十余亩。清光绪十年,园地被无锡张叔和(字鸿禄)购得,因此大家都叫它张园。员外柴扉,题着'烟波小筑',门外古树上标'味莼园'三字,取张翰秋风起,思莼鲈的意思。这三字是仓山旧朱袁翔甫写的。后来,园地由二十余亩展拓到七十余亩,有广厦一所,宏敞可容千人,名叫安凯第。游客可在这里喝茶进餐。那安凯第是西式布置,很受一般趋新厌故者欢迎。凡各种议会、演说、跳舞、宴客,都假此举行。清末,寓沪的革命党人也有多次在此聚集,宣传民族革命,曾被清廷指名逮捕。"(郑逸梅著:《南社丛谈》,上海:上海人民出版社,1981年,第283页)

8月14日,八国联军攻陷北京城。同日,颜惠庆从美国留学回到上海;不久,即在上海圣约翰大学担任教师。颜惠庆在圣约翰大学教书六年,其间在南洋公学、商务印书馆、寰球学生会等场合,与马相伯、李登辉多有交往。

颜惠庆(1877—1950,江苏上海人),字骏人。祖籍福建,出生于虹口,父亲颜永京,为美国圣公会牧师,参与创建圣约翰大学,任教务长。

颜惠庆毕业于上海广方言馆,留学美国弗吉尼亚大学,获文学学士学位。回国后担任圣约翰大学英文教授,商务印书馆编辑,编著《英汉大词典》。1907年,出任驻美公使参赞;1912年,担任中华民国北洋政府外交部次长,后迁总长;1926年,升任中华民国总理,摄行总统职权。1928年,改任南京政府驻美国、苏联大使。1932年在日内瓦国际联盟大会上驳斥日本侵华行径,颇有声誉。回国后不久辞职,寓居天津,任大陆银行、开平煤矿董事,经营生计,从事慈善。1937年,因华北战事南下回沪,联系旧友,参与抗战中的慈善、救济活动。曾与饶家驹、贝克等人合作,开辟战时国际和平区。1949年10月后,担任华东军政委员会副主席,1950年在上海去世。1905年,颜惠庆帮助李登辉组织的寰球学生会,因介绍后者给马相伯创建复旦。(颜惠庆著,吴建雍等译:《颜惠庆自传:一位民国元老的历史记忆》,北京:商务印书馆,2003年)

9月7日(八月十四日),晨,马建忠猝然去世。庚子义和团乱后,南中国实行"东南互保"。北京败于联军之后方知议和,马建忠在上海为李鸿章制定各国和约。日前,马建忠赶译俄国条约文件,事关中俄交涉关键。俄方竟扬言日内不作决定,便要封锁吴淞口。马建忠昼夜加班,忽染时疾,高烧不止,在李鸿章帐中猝然去世。

马相伯《题马建忠〈东行三录〉》:"庚子治乱,由那拉氏惑于扶清灭洋之说,东南督抚,宣布自保,不奉朝命。两广李伯相特来上海主持一切,遂嘱吾弟建忠至行辕襄理。公历八月中旬,俄廷突来长电七千余字,竟谓不承诺即封锁吴淞。连夜译成,急甚,以致热症大作,十四晨即去世。今中国史研究社辑录吾弟遗文,以入《中国内乱外祸丛书》,余追怀往事,怆然百感,因述其为国致死原因,以告诸君。"(《题马建忠著〈东行三录〉》,朱维铮主编:《马相伯集》,上海:复旦大学出版社,1996年,第591页)

钱智修《马相伯先生九十八岁年谱》:"眉叔先生与先生友爱相笃,一门之内,自相师友。有机云连璧之誉。自入李文忠幕,屡随使节,又总办招商局一事,规划新政,参赞外交,倚任甚专,而眉叔先生亦尽其智能以报。当逝世前数日,尝为文忠译俄文密电四千余字,归后病势遂剧,盖元精疲劳于是矣。"(《中央日报》,1938年5月16日)

9月24日(闰八月初一日),马相伯立《捐献家产兴学字据》,决定将他所继承的马氏家族遗产"悉数献于江南司教日后所开中西大学堂收管,专为资助英俊子弟资斧所不及。并望为西满安德肋献祭,祈求用承罔替。……自献之后,永无反悔"。此"中西大学堂"名,为戊戌变法时议定在都邑建立的最高学府,即于 1903 年最终建立之震旦学院,为马相伯独资创立的天主教背景的地方大学。马相伯 1900 年捐出田亩财产实际为"先人所遗名下之私产",即马建勋留给马相伯遗产中的"松、青两邑田三千亩",但本《兴学字据》中并没有明确提出。按 1908 年,为在卢家湾建震旦校舍,马相伯另外又捐出了"现洋四万元,英、法租界地八处"。

按现存马相伯 1900 年手立的《捐献家产兴学字句》,在本文中并没有捐款的具体项目和数目。马相伯捐献的项目都在附册中一一开列,现已不存。惟按 1937 年马相伯作《兴学笔录》所述,他捐出的是松江、青浦三千亩田地,并四万元现洋、上海法租界八处地产,概为建立震旦学院所用。按《兴学笔录》,马相伯创立的震旦学院初以翻译教学为主,第一外语为法语,附加拉丁文;教学事务委托上海耶稣会管理:"慨自清廷外交凌替,一不知公法,二不习制造,入手工夫则文字尚无。但欧美国际文字,多用法文,故设震旦。生等且请加拉丁,始亦姑从其愿焉,而于算学尤斤斤,无他,为科学等根本故。但先弟已故,而余年已过花甲,恐不能继,故请耶稣会士以襄其成。按其会规,如颁有基本金,必继续为之,此团体工作,所以永久也。为此,将余名下松、青两邑田三千亩,捐为基本金。"(《兴学笔录》,朱维铮主编:《马相伯集》,上海:复旦大学出版社,1996 年,第 37 页)

12 月 6 日,留日学生主办《译书汇编》在东京创刊,在上海发行。《译书汇编》宗旨:"研究实学,以为立宪之预备;养成公德,以为国民之表率。"社长戢翼翚(湖北房县人),社员王植善(培荪,嘉定人,上海育村学堂)、陆世芬(仲芳,浙江仁和人,东京高等商业学校)、雷奋(继兴,江苏松江人,东京专门学校)、杨荫杭(补塘,江苏无锡人,东京专门学校)、杨廷栋(翼之,江苏吴江人,东京专门学校)、周祖培(仲荫,东京专门学校)、金邦屏(伯平,安徽黟县人,东京专门学校)、富士英(意诚,浙江海盐人,东京专门学校)、章宗祥(仲和,浙江吴兴人,帝国法科大学)、汪荣宝(衮甫,江苏吴县人,庆应义塾)、曹汝霖(润田,江苏上海人,明治法学院)、钱承志(念慈,浙江诸暨人,帝国法科大学)、吴振麟(止欺,浙江嘉兴人,帝国法科大学)多为江苏、浙江籍留学生,其中南洋公学派出群体与蔡元培、马相伯在徐家汇的"西学"翻译有渊源关系。

本年,耶稣会天文台鉴于上海城市建设逐渐接近徐家汇地区,地面震动和灯光污染不利天文观察,将天文望远镜移址松江佘山,在山顶建造观象台落成。望远镜从法国进口,为当时亚洲最先进的天文观察设备。

1901年(光绪二十七年,辛丑),六十二岁

1月3日(十一月十三日),马相伯请朱志尧转告在上海滞留的英敛之,说有一位满洲人"瓜尔佳者,字锡侯,寓第一楼后鼎升栈,……盖亦旗人之有心时事者"(《致朱志尧》,朱维铮主编:《马相伯集》,上海:复旦大学出版社,1996年,第38页),请英敛之次日上午前往客栈联络为荷。英敛之庚子年日记"十一月十四日"(方豪所见)中记录此事,故定马相伯便条写于本日。

5月,南洋公学登报招生,由张元济、福开森主持考试,录取了黄炎培、邵力子等40余名学生。先此,张元济在4月13日呈文盛宣怀,主张"亟宜于南洋公学设立特班,以待成才之彦"(张元济:《呈盛督办添设特班文》,转见自《上海交通大学史(第一卷)》,上海:上海交通大学出版社,2016年,第151页),加快培养"西学"变法人才。4月19日,盛宣怀批复同意设立,并由张元济负责筹建和招考。"公学设此特等,系本达成馆初意,所取必须品学合格,为将来造就桢干大才之用,断不稍涉泛滥。"(盛宣怀:《批复南洋公学设立特班》,转见自《上海交通大学史(第一卷)》,上海:上海交通大学出版社,2016年,第151页)

9月13日,南洋公学特班开学,聘请蔡元培、赵从蕃担任专任教习。蔡元培住在徐家汇北校园,与寓居土山湾孤儿院旧楼的马相伯相距二三里,两人始订交来往。

蔡元培(1868—1940,浙江绍兴人),光绪十八年(1892)进士,点为翰林院庶吉士。1897年,读马建忠《适可斋记言记行》,感叹"其人于西学极深,论铁道、论海军、论外交,皆提纲挈领"(高平叔编著:《蔡元培年谱》,北京:中华书局,1980年,第9页),因而对"西学"大感兴趣。1898年4月,在北京绳匠胡同始学日文,以为"(西书)其要者日本皆有译本,通日文即可博览西文书籍。且西文(英、法、德等文)非三五年不能通,日文则可以半年为期,较简易也。六月十七日,聘请陶大均(杏南)教授日本文字"(高平叔编著:《蔡元培年谱》,北京:中华书局,

1980年,第10页)。1898年冬,戊戌变法失败,蔡元培回绍兴担任中西学堂监督,致力于新式教育,"好春秋公羊说进化论",聘请日本人中川教授日语。1901年8月,蔡元培担任南洋公学特班教习;10月,在上海收集中西教育文献,写作和发表《学堂教科论》,自陈:"少耽举业,长溺文辞,经诂史法,亦窥藩篱。生三十年,始知不足。迷途回车,奚翅秉烛。"(《蔡元培全集(一)》,北京:中华书局,1984年,第139页)号召教育改革。按特班章程"特班课程为半日读书,半日习英文及数学,间以体操"(高平叔编著:《蔡元培年谱》,北京:中华书局,1980年,第12页),但蔡元培《译学》(1901)中称"和文汉读之法适为我国学者之所知,于是理哲之书,博购广译",借日语转译西学著作。上海商务印书馆出版坪内雄藏著,沙颂云、张肇雄译《和文汉读课本》(共四册,1901年)。1903年10月,蔡元培从日文转译德国学者科培尔在日本文科大学讲授的《哲学要领》(下田次郎笔述),由商务印书馆出版。蔡元培率领"二十四学生"向马相伯学习拉丁文,从不得已用日文转译,改为从西方古典学原文来翻译。蔡元培向马相伯学习外语(拉丁文)的同时,其教育思想也有提升。

高平叔《蔡元培年谱》:"(蔡元培)任南洋公学特班总教习,招生三十余人,授以英文及政治、理财等学,以备尔后报送经济特科之选,总教习负指导学生之责。特班课程为半日读书,半日习英文及数学,间以体操。其指导读书之法,手写修学门类及每门应读之书目,以及阅读次序。门类为政治、法律、外交、财政、教育、经济、哲学、科学、文学、论理、伦理等等。每一学生自认一门或两门,依书目阅读。每日令写札记,手自批改。每月命题作文一篇,亦手自批改。每夜招二三学生谈话,或发问,或令自述读书心得,或自述对时事感想。正课之外,劝学生习日文,自行教授,并指导学生练习由日译汉。此外,鼓励学生练习演说及国语,以培养启发群众之能力。其教导重心在于灌输爱国思想,例如,所出作文题即为《试列举春秋战国时爱国事实而加以评论》之类。"(北京:中华书局,1980年,第13页)高乃同《蔡孑民先生传略》:"是年,南洋公学开特班,招生二十余人,皆为能古文辞者,拟授以经世之学,而拔其尤者保送经济特科。以江西赵从藩君为管理,而孑民为教授,由学生自由读书、写日记,由教授批改。每月课文一次,由教授评改。孑民又教学生读和文之法,使自译和文书,亦为之改定云。"(上海:商务印书馆,1943年)

马相伯在震旦学院办学中让学生自主学习、自治管理的做法,蔡元培在南洋公学"墨水瓶事件"后在中国教育会、爱国学社的办学中推行。

由于教员资质不足,学生的"新学"要求不得满足,加之从科举制转学而来的学生年龄较大,颇有功名,自理、自择能力较强,故而颇愿自治。"墨水瓶事件"之前,南洋公学学生杜洲髓、谢无量(沈)、项渭城(骧)请假离校,自行创办"译社"。退学事件发生后,"译社"同仁反对退学,主张办学,认为:"一致退学者,消极的而非积极的也,破坏主义而非建设主义也。"(林洲髓、谢无量、项骧:《筹同学善后策》,《项骧集》,北京:中国文史出版社,2019年,第75页)于是"倡议成立'共和学校',实行学生自治,定章程,立课程,皆公议以多数决之,并实行'共和营业',每人每日劳动若干小时,从事译述、编辑、书面等,以所得充学校经费。一面请求社会人士赞助,以为善后之计。由于同学水平不一,并缺乏资力,最后求助于中国教育社,建立起爱国学社"(张大椿:《清末上海两大学潮》,载《上海地方史资料(四)》,上海:上海社会科学院出版社,1986年)。另一批退学生在蔡元培的中国教育会指导下组织了爱国学社,爱国学社和震旦学院是两个不同群体。胡敦复等人加入爱国学社,项骧、邵力子等译社同仁参与组织震旦学院。

9月21日(八月初九日),英敛之本日上午九时到达上海,为在天津设立《大公报》来上海集资募款、购买机械和聘请主笔。按方豪抄录《英敛之日记》(未刊),英敛之来上海欲拜见马相伯、朱志尧、张元济、汪康年、蒋智由。因聘请汪康年担任主笔之条件未能谈拢,本次会见没有成功。

10月20日(九月九日),重阳节,马相伯与英敛之在徐家汇老天文台见面。按马相伯《致英华》(1902)追记,"自去秋(即1901年秋)辱柱存别,随即移居老天文台,与院生同居处,至无半日暇。虽蒙一再惠书及所刊书,皆未裁谢,感怍则未尝一日去怀"(朱维铮主编:《马相伯集》,上海:复旦大学出版社,1996年,第44页)。英敛之在1901年秋来上海,在徐家汇见到马相伯,遂此订交。

英敛之订交马相伯之前认识了朱志尧,经他介绍拜见马老。马相伯对英敛之的帮助细致入微,他派了专家帮助采购印刷机;先曾推荐汪康年担任《大公报》主笔,后因与汪谈判合同不顺,又转而请张元济帮助另外物色人才。按《英敛之日记》当日记载:"与马公相伯楼上谈报务,据云:甚关切,购办诸物,恐余受亏,故前迁陈雪樵、王德兴相助。又云:如无主笔,可致信张公元济,伊交游甚广。"可见马相伯和上海天主教会人士在《大公报》创办时出力甚多。

10月23日(九月十二日),马相伯在徐家汇寓所与英敛之再作商谈,朱志尧陪同前往。商谈内容为汪康年不愿出任《大公报》主笔之后,马相伯另请张元济介绍人选。"与致(志)尧晤商,去谒马相伯公,商之张公元济,另荐他人,免致后多不便。"次日上午10点,朱志尧、英敛之携带马相伯的介绍函件,坐东洋车前往外虹口隆庆里772号张元济住宅拜访。张元济"人甚和平圆活,年三十余,丰肥,且能操半京语。谓刻下堪膺主笔之人实难其选。如不急,俟缓商之朋侪中"(《英敛之日记》)。英敛之在上海没有聘到主笔和翻译,只是由商务印书馆代为购置了一部印刷机和一套字模,11月6日(九月二十六日)乘船回天津。

秋,马相伯从土山湾孤儿院寓所移居到北面不远处的耶稣会天文台老楼,与徐汇修院的修生们一起居住。按马相伯《致英华》(1902)一信透露:"自去秋辱枉存别,随即移居老天文台,与院生同居处,至无半日暇。"马相伯在与英敛之本次会晤之后不久,就移居到徐家汇老天文台楼址居住,接受耶稣会邀请,辅导徐汇公学和耶稣会修院学生们的中文课业。徐家汇天文台老楼为震旦学院办学所用,自震旦迁至卢家湾新校舍之后,上海教区主办之《圣心报》和《圣教杂志》社设编辑部、发行所于此。

11月7日(九月二十七日),李鸿章在北京贤良寺去世,马氏兄弟的好友、时任直隶布政使周馥及直隶提督马玉昆侍奉在侧。

李鸿章(1823—1901,安徽合肥人),号少荃,道光二十七年(1847)进士,随曾国藩湘军剿灭太平军,后受命分营,建立淮军。1862年2月,李鸿章应上海士绅及外侨所组"中外团防局"以18万两经费和七八条商艘邀请,前来上海保卫江浙后方。李鸿章在上海指挥和调度淮军时,马建勋担任粮台,与他结为至交。马相伯、马建忠担任李鸿章幕僚,上海县祠堂转为复旦公学校舍。

周馥(1837—1921,安徽至德人),少年习制艺,咸丰年间避粤乱住在省城安庆。同治元年(1862),以诸生进入李鸿章淮军幕府办事,深得赏识;光绪初年,担任天津海关道、兵备道,与马建忠同事;1904年,由山东巡抚调任两江总督,为马相伯调拨经费,助建复旦公学。

1902年(光绪二十八年,壬寅),六十三岁

1月15日(十二月初六日),马相伯在徐家汇老天文台徐汇公学住所会见英敛之。英敛之于1901年11月30日(辛丑年十月二十日)为筹办《大公报》事宜,再一次前来上海。安顿了各项事务以后,英敛之本日拜访马相伯,请安之外,另请审核《大公报》开办章程。"至徐汇,晤马公相伯,交以瓜尔佳函,并请阅代拟章程。谓:有数条甚好,有数条不解所谓。"(《英敛之日记》)

夏,蔡元培为改变课堂上"和文汉读法"的窘境,每天早上前往徐家汇马相伯住所,学习拉丁文和欧洲语言文字。"孑民先生每天早上五点就来敲门,我有时还未醒,便被他从梦中叫醒,但是事情总不能如人意,我每天早上要祈祷。"(《一日一谈·蔡孑民先生与二十四个学生学拉丁文》,朱维铮主编:《马相伯集》,上海:复旦大学出版社,1996年,第1105页)马相伯、蔡元培为提高教学效率,安排项骧等二十四位热心学习西文的学生,同班前来,一起学习。

本年,南洋公学特班生开始用日语练习翻译,按《蔡元培日记》1902年3月26日,"学生有愿习和文汉读法,是日始课之。嗣后于月、水、金日为常课"。即3月26日起,每周一、三、五学习,为必修课("常课")。按《南洋公学特班生成绩表》(1902年10月3日,《上海图书馆藏盛宣怀档案萃编》下),本年日语课于10月结业。学生不满足"和文汉读法",要求从欧洲古典语言拉丁文和英、法、德原文学起,蔡元培遂向马相伯求援。从南洋公学的外语课程设置的情况看,到土山湾随马相伯学习拉丁文是一部分同学用课余时间志愿加课的做法,并不计入"常课"(必修课),故而只能清晨从事。"早上五点",在上海的冬、春、秋季都还没有亮光。综合分析来看,蔡元培和二十四个特班学生向马相伯学习拉丁文的时间,应该在1902年夏季。至11月特班因"墨水瓶事件"学潮解散,马相伯对特班学生的拉丁文教学历时数月。

蔡元培在南洋公学特班中挑选"二十四个学生"跟随马相伯学习拉丁文,是为了稍后筹建的南洋公学译书院培养高级翻译人才。上海公

共租界、法租界用英语、法语作官方语言；亚洲文会、广学会、江南制造局用英文翻译西书有年；徐家汇的耶稣会士更是用拉丁、法、德、意文著述，"和文汉读法"在上海学术界是一种退步。蔡元培等人决定从英文、法文、德文，甚至从钻研拉丁文开始推广"西学"，是下了决心。"英、德诸国学业之兴，并由译拉丁书为本国文字，而后罗马诸学之精微，学者得以用力少程功多。名家辈出，超轶前代。"（盛宣怀：《奏陈南洋公学翻辑诸书纲要折》，张静庐辑注：《中国近现代出版史料·中国近代出版史料初编》，上海：上海书店出版社，2003年，第51页）"二十四个学生"中，除了提到的项骧、胡敦复、黄炎培、邵力子、胡仁源、穆湘瑶、李叔同、谢无量等之外，并无确定的名录。现根据蔡元培《记三十六年以前之南洋公学特班》中所列，将特班全部学生的姓名、籍贯和职业，经整理后排列如下：

王世澂，茀孙，福建闽侯人，治法学；

王世谦，号鸣宇，世澂之弟；

文　光，字耀斋，浙江旗籍，曾为新疆省委员；

文永誉，字公达，江西萍乡人，服务新闻界；

方彦忱，字仲斐，安徽桐城人；

田　潗，字毅侯，贵州都匀人；

朱履龢，一名宝奎，字啸山，浙江秀水人，留学英国，治法学，曾任司法部次长；

吴宝地，字叔田，江苏上海人，律师；

李广平，字叔同，浙江平湖籍，生长天津，曾留学日本，初为美术家，书画篆刻，无不精工；并参加春柳社，后皈依佛教，改名宏（弘）一；

贝寿同，字寄眉，江苏吴县人，留学德国，治建筑术，在司法部任技正甚久；

邵闻泰，字仲辉，后改名力子，浙江绍兴人，善为文，努力革命，后任陕西省政府主席；

周恩绪，原名光庭，号赞庭，浙江杭县人，曾为县长；

林松坚，原名坚，号鲁生，福建闽侯人，曾在教育部服务；

林文潜，字洲髓，浙江瑞安人；

林大同，字同壮，浙江瑞安人，洲髓之侄，曾在杭州办水利局多年；

范　況，字彦矧，江苏南通人，长于文学；

胡仁源，字次珊，一字仲毅，浙江吴兴人，善为文，富哲学思想，留学英国，治工程学，曾任北大工科学长，并代理校长。1913年底到1916年底担任北大校长；

洪允祥,号樵舲,浙江慈溪人,长于诗文,为慈溪三诗人之一；

殷洪亮,字次伊,江苏常熟人,在特班时富革命思想,善为文,散学后未久,于归途中失足坠水卒；

程志姚,号俪笙,安徽黟县人；

唐忠行,号镜岩,江苏吴县人；

张承樾,字荫阁,江苏宝山人；

徐敬熙,字惺初,江西湖口人,在教育部服务有年；

项　骧,号谓臣,又号微尘,浙江瑞安人,治财政学,曾在教育部服务；

陈锡民,号永藩,浙江杭县人；

黄炎培,号楚南,旋改韧之,后又改任之,江苏川沙人,在清季秘密组织革命团体,后在江苏教育界服务甚久,创设中华职业教育社及人文图书馆等；

黄大钧,福建永福人；

陆梦熊,原名征瑞,字渭渔,江苏崇明人,留学日本,在交通界服务甚久,现任交通部专员；

郭　弻,字奇远,浙江瑞安人；

彭青鹏,原名请栋,字彦颐,今字云伯,江苏吴县人,在司法部任秘书甚久,现任司法行政部科长；

穆湘瑶,号抒斋,今号愚再,江苏上海人,曾在警察上服务,后营实业；

单毓年,字耆仲,江苏泰县人；

费毓桂,字梓怡,江苏武进人；

刘伯渊,号渊士,江苏阳湖人,经营工商业；

潘承锷,原名钰,字砚孙,江苏吴县人,律师；

钱诗桢,字复三,江苏太仓人；

钟观诰,字衡臧,浙江镇海人,精化学；

钟　枚,字卜岑,浙江杭州人,曾在浙江行政上服务；

谢　澄,一名沈,字希饭,一字无量,四川乐至人,善为文,后任检察院检察委员；

储桂山,字馨远,江苏泰县人；

魏斯炅,号阜欧,江西金溪人,曾任江西财政厅长及国会议员；

萨君陆,字幼实,福建闽侯人,曾在中央观象台服务。

(以上录自《上海交通大学史(第一卷)》,上海:上海交通大学出版社,2016年,第159页。略有补充考订)

南洋公学特班的学生以42人为定数。1926年,《南洋公学特班生园游会纪事》:"全班四十二人中,二十五年来,除下世者十一人外,其在政界内而部长部员,外而县知事,以及财政、税务、教育、工商业、水利、律师、工程师、新闻家、外交家、美术家、诗人、名僧均有,独未有武人。"(《上海交通大学史(第一卷)》,上海:上海交通大学出版社,2016年,第180页)马相伯挑选的部分学生,必在此42位中间,即所谓"二十四个拉丁文学生"。二十四位拉丁文学生的名单阙如,蔡元培提到的数位得意门生比较确定。按蔡元培回忆:"是年(辛丑),南洋公学开特班,招生二十余人,皆能为古文辞者,拟授以经世之学,而拔其优者保送经济特科。以江西赵从蕃君为管理,而孑民为教授。由学生自由读书,写日记,送教授批改。每月课文一次,由教授批改。孑民又教诸生以读和文之法,使自译和文书,亦为之改定云。是时,孑民于日记及课文评语中多提倡民权之说。学生最为孑民所赏识者,邵闻泰(力子)、洪允祥(樵舲)、王峨孙、胡仁源、殷祖伊诸君,其次则谢沈(无量)、李广平(叔同)、黄炎培、项骧、贝寿同诸君。"(蔡元培口述,黄世晖记录:《蔡孑民先生传略》,见徐蔚南编:《蔡柳二先生寿辰纪念集》,上海:中华书局,1936年)1903年,南洋公学特班中的一部分学生成为马相伯新创办的震旦学院的首届学生,其中有几位是"二十四位拉丁文学生",震旦学院和南洋公学存在一丝联系。

黄炎培为"二十四"位拉丁文学生之一,据氏著《八十年来》:"学校满布着爱好学习的气氛,蔡师不但勤于教,自己还勤于学。南洋公学设在上海市西徐家汇。徐家汇设有天主教堂,旁设徐汇公学,中有一位大师马良号相伯,学力深造。蔡师和几位教师向马老学拉丁文,我追随前去,这是我初次见到马老。"(黄炎培:《八十年来》,北京:中国文史出版社,1982年,第40页)

凌其翰《九三老人马相伯语录》:"最先要求吾教拉丁的是梁任公。任公求教的时候,他已经学过五个月的拉丁。后来有蔡孑民、张菊生、汪康年诸位。吾感于这几位同学的热诚,就联想到一般青年,就决定办震旦。吾还记得蔡孑民在徐家汇南洋公学教书,吾住在土山湾前的楼房里,孑民每晨必从南洋公学步行而来,约莫有四五里路,从吾读拉丁。有时候竟在五点钟的时候,天还没有亮,孑民已在外面低声喊叫'相伯、相伯'。吾很稀奇,老清早已有人来看吾,就开窗下望,原来就是蔡孑民。吾急忙摇着手,对他说'太早了,太早了,八九点钟再来吧。'蔡孑民不得不败兴而归。"(《申报》,1932年5月)

七月，张百熙《奏定学堂章程》公布，史称"壬寅学制"。章程议定全国设立大学堂、高等学堂、中等学堂、小学堂、蒙学堂。

6月17日，《大公报》在天津创刊，馆址设在法租界市中心梨栈大街（今滨江道）。《大公报》（L'impartial）由教友柴天宠、主教樊国梁、法国公使鲍渥集资举办，英敛之出任总理，方守六担任主笔。

7月18日（六月十四日），盛宣怀上《奏请设立译书院》，请在南洋公学内开设译书院，翻译西书。奏称："中国三十年来，如京都同文馆、上海制造局，所译西书不过千百种之十一，大抵算化工艺诸学居多，而政治之书最少。且西学以新理新法为贵，旧时译书半为陈编，将使成名成才者皆究极知新之学，不数年而大收其用，非如日本之汲汲于译书，其道无由矣。现就南洋公学内设立译书院一所，广译日本及西国新出之书，延订东西博通之士，择要翻译，令师范院诸生之学识优长者笔述之。"（张静庐辑注：《中国近现代出版史料·中国近代出版史料初编》，上海：上海书店出版社，2003年，第50页）

自马建忠《拟设翻译书院议》（1894）之后，甲午、戊戌、壬寅曾有设立中央译书院（局、馆）之议，均功败垂成。盛宣怀提议在上海南洋公学内开展翻译教学，并借此举办译书馆。所需经费在南洋公学款项中"通融拨用，并归总理公学之员一手经理，以专责成"；译成之书，交由江苏、浙江各局分头刊刻。盛宣怀所奏南洋公学译书院仍仿照江南制造局译书事业，以地方机构专责从事，其事易成。8月15日（七月十二日）得朱批谕旨："即着推广翻译。"南洋公学译书馆以招募、培养翻译人才，从事西学翻译和出版工作为职责，先聘请蔡元培在特班从事教学，后邀请张元济来南洋从事编辑。

秋，英敛之在上海，曾来土山湾与马相伯道别，不值。"去秋辱枉存别，随即移居老天文台，与院生同住。"（《致英华》，朱维铮主编：《马相伯集》，上海：复旦大学出版社，1996年，第44页）马相伯于1902年底移入老天文台与震旦学院学生同住，"去秋"应为1902年秋天。

11月5日，南洋公学因"墨水瓶事件"发生学潮，大批学生退学。马相伯正式决定启动捐资兴学项目，建立一所正规体制的新式大学，容纳渴求新学的年轻人。马相伯对于新式高等学校体制的设想，突破了传教士的教会大学、士大夫的改良书院和清朝官方大学堂的框架，决定以法国"学院"（Academia）模式兴办大学。

南洋公学学生对中文教习郭某宣传清朝"圣主武功"，要学生"忠君爱国"的训导心存怨恨。当日第五班学生上课前将一只空墨水瓶放在文科教员郭镇瀛的讲席上，被认为讽喻该师没有学问，受到校方严厉追究。公学总理汪凤藻以侮辱师长之名开除伍正钧等三人,引起五班学生集体退学。11月16日,其他各班同学响应退学,共二百余人离校。蔡元培同情学生,斡旋于学校当局与退学学生之间。不成,遂亦愤然辞职。二百多名退学学生中后有部分返校复课,仍有145人最终离校,"墨水瓶事件"为上海举办新式高等教育以来第一次重大学潮。(参见陈华新主编:《百年树人:上海交通大学历任校长传略》,上海:上海交通大学出版社,1997年)按蔡元培回忆和总结:"南洋公学自开办以来,有一部分教员及管理员不为学生所喜。吴稚晖君为公学教员时,为组织卫学会已起冲突,学生被开除者十余人。吴君亦以是辞职而赴日本,而不孚人望之教员则留校如故。是年,有中院第五班生以误置墨水瓶于讲座上,为教员所责。同学不平,要求总理去教员。总理不允,欲惩戒学生,于是激而为全体退学之举。特班生亦牺牲其保举经济特科之资格,而相率退学。论者谓子民平日提倡民权之影响,子民亦以是引咎而辞职。"(蔡元培口述,黄世晖记:《蔡孑民先生传略》,收徐蔚南编:《蔡柳二先生寿辰纪念集》,上海:中华书局,1996年;《民国丛书》第二编,上海:上海书店,1990年)

12月30日(十二月初一日),上海支那翻译会社马君武、谢无量主编的《翻译世界》(第二期)刊登马相伯亲订的《震旦学院章程》,标志震旦学院的成立。学院以培养翻译人才为任,二年学"文学"(文科),即可毕业;进修"质学"(理科),亦以二年毕业。学院总教习为马相伯,址设上海徐家汇,有教室、宿舍、花园、操场、演说厅。有拉丁文教习一人,英、法、德、意文教习各一人,总干事一人,分干事五人。

《震旦学院章程》:"宗旨:一,泰西士大夫之实学,形而上者曰致知,形而下者曰格物。格物致知,一是征诸开物利民。本院即以斯二者辅益区夏,成才之士俾遹习。任何学术皆有余师。课程:一,泰西国学未有不首重国文,与彼所谓古文若希腊、拉丁者。盖国文与爱国之心关系密切,种类由此判分,宜其重之也,易地皆然。惟古文则彼视同文学之祖,非此不知国语之源流。今既欲借助他山,除英、法、德、意等今文外,尤宜取径古文,俾今文亦有根据。况古文亦为新学名词所通用,此虽无补俗学,而来院者正以此自明其宗旨,因商定课程如下:(略)课法:一,泰西授受各种科学均用国语国文,本院所重在此,盖求为本国之用故也。一,各种科学泰西虽有一定程度,而无一定课本,而后课法可以随时改良,故所课或教授自编,或就名家著作而改良之。悉仿泰西大学院生随听随录,每月择要出版。功课:一,成才之士以任通泰西一国语言者为最合格。当此过渡时代,先须输入文明故也。乙科一下,分作四班,班各半年。半年一大考,四大考均合格,则两年可卒业。未习泰西语言者,须三年,分六班方卒业,大考亦如之。速成以英国语言为最,法次之,德又次之。无论何种新书,有实理实用者,英法无不争先译行,知其一国便可周览欧族群书,加以英美同文,其用途甚广。一,除放冬、夏假外,在院已不满十月。又除放星期假外,功课才八月。时少课多,非勤奋无间不为。功课法悉仿泰西分班都讲。都讲每日四五小时,自修六小时,晚间二小时。欲温习国文者听。星期早晚一次轮班演说,西洋极重,《甘誓》、《盘庚》皆演说体也。余时放假,可研习乐歌、图绘、测量等事。每日午后,人各分班,与泰西教授等习谈英、法语言,星期日散心时亦如之。第二、四日散步一小时,半亦如之。盖习泰西语言,贵与泰西人习谈也。又第四、六日晚饭前一小时,须将所习致知课题分主敌轮班辩难,以期理得心安。又每月一次广延通人诘难,细章另具。费用:一,寄宿生一年一百四十元,走读生但午餐一次者一年七十元,俱先交本账房,掣去收条为凭,报名费十元亦在其内。其余纸笔书籍、衣服浆洗等虽不在内,无愈数十元。一,形究、化炼等仪器现皆借用,房舍亦借用上海徐家汇老天文台。另行建置须俟大力者为之提倡。规则:一,功课分正副,正科致知、格物,副科文学、师范,而体操特重执御、执射,此古人重武志一斑也。西文已通一国者方授他国,二年、三年统考合格,方给文凭。今当过渡时代,非借助欧文难求精进。进而益精,是在学者积年深造以自得之。一,时刻文明之发达视光阴之宝贵为程。下列课程悉以鸣钟为号,听讲前宜先预备五分,前各方便。凡听讲须有内心事理,方能明透。譬听文学,果能逐句静听,默诵数遍,自然精熟。"(下略。章程全文见朱维铮主编:《马相伯集》,上海:复旦大学出版社,1996年,第41页)

本年,马相伯决意投身教育事业,亲自筹办,带头捐资,创办一所新式学堂,这时已经是到了六十二岁的暮年。马相伯在1930年代经常回忆他在徐家汇的决定,认为是自己生命的重大转折。晚年担任他秘书的徐景贤说:"六十二岁前后,(马相伯的)生活史划一鸿沟。从一意神修之耶稣会士,转变而为涉身功名富贵甚至于情场,海外漫游,几经世变,人海浮沉,备尝苦辛。先生之甥志尧朱先生尝问:'以我娘舅如此聪明,何以做过如彼之事?'先生谦然自责也:'因为太聪明了!'可是了解人间疾苦以此期内为最深,先生晚年之自赎功夫亦最伟大,而诲人成德达材之心亦最诚挚!"(徐景贤:《马相伯先生百年生活》,《中央周刊》,1946年第8卷,第23期)

1903年(光绪二十九年,癸卯),六十四岁

1月15日,徐光启领洗300周年纪念日,上海天主教会主持修缮徐文定公墓地,决定在明代官制式样的坟前墓道上竖立一座十字架碑,马相伯为撰《徐文定公墓前十字架记》。

十字架碑记由"丹徒马相伯撰文,娄县张秉彝书","碑分六石,每石十二行,行六字,字方三寸余,楷书"。记文赞曰:"高山在望,尤贵景行。今岁癸卯,距公受洗三百周。江南教众输资,建十字架于肇家浜北原之故阡,取潘国光书旌纳庐之文,演以为颂曰:经云信德有耳闻,有传有习相须殷。惟明硕辅徐上海,揭信光兮扫群氛。耶稣会士载拜言,公镇震旦之朝暾。共树墓前十字石,石弗烂兮矢弗楥。"(朱维铮主编:《马相伯集》,上海:复旦大学出版社,1996年,第47页)张秉彝,字溥泉,秀才,七宝镇人。天主教徒,时任震旦学院监理。书法兼习颜柳,得魏晋风气。1912年去世,年57岁。十字架碑于1950年代被卸毁。2003年,徐汇区文化局修整全国重点文物保护单位徐光启墓,重建此十字架并碑记,马相伯记文镌刻于碑座西、北、东三面。

据德礼贤的《利玛窦全集》(第二册,第251页注)考证,徐光启是1603年1月15日领洗的,合阴历是万历三十年十二月初四日。徐光启墓在"徐家汇天主堂之西南,土山湾之西北,南向,面对肇家浜。"墓前有神道,配石象生,神道南端有石牌坊,"中额曰:文武元勋;右曰:熙朝元辅,左曰:王佐儒宗。正中额下题曰:明故光禄大夫太子太保赠少保加赠太保礼部尚书兼文渊阁大学士徐文定公墓阙共三十二字,作十六行,行二字。又坊联右曰:治历明农百世师经天纬地;左曰:出将入相一个臣奋武揆文。"(张璜著:《徐汇纪略》,上海:上海社会科学院出版社,2006年影印本)1641年徐光启入葬于此,徐氏家族后裔中,除长孙尔觉一房居于南城太卿坊、次孙尔爵居于城南双园之外,尔斗、尔默、尔路三房居住于法华乡南境,守墓、耕作和经营于此。徐氏子孙繁衍,康熙年间出现"徐家库"的地名,乾隆年间改为"徐家汇",因肇家浜、法华泾、

李枞溪等河流交汇而得名。1847年,法国耶稣会士回到上海,在徐家汇建立会院时,仍有十余户徐氏后人居住在此,保持教内习俗,其余则分布在颛桥、蟠龙等地,不再信仰天主教。耶稣会士从1838年开始重返江南以后,江南教区恢复发展,至1903年达到13.4万人,上海一县的教徒人数就达到1.7万人,徐家汇逐渐兴起为江南教会的重镇。(参见:Reliations de Chine, 1904年7月号茅承勋[P. Edmond Moreau]关于徐光启受洗300周年纪念活动的报道)1903年之前,徐光启墓园凋敝,"墓前原碑已失,所有石人、石马、华表、牌坊等物于前清光绪二十九年癸卯由江苏教民与徐氏子孙集资重修。又于墓前另置大十字架一座。座旁志刻立碑缘起,并附有拉丁文碑石。四周围以铁栏杆,以期永久"(张璜著:《徐汇纪略》,上海:上海社会科学院出版社,2006年影印本)。新立墓前十字架材质为花岗岩,高7公尺,价值500元,亦由上海教友捐赠,上有拉丁文刻字:"啊,十字架,我的唯一希望"。墓前十字架的基座上,除了三边围有马相伯撰写的《徐文定公墓前十字架记》之外,南向正面刻有1903年上海教区撰和1641年潘国光撰两幅拉丁文碑记。碑记原为当年随棺入葬时所用的墓志铭,今刻为墓表,译为中文为:"献给伟大的保禄·徐阁老,中国皇朝最杰出的宰相;为使后世纪念他信守和广扬天主教,耶稣会全体以感激热爱之情谨立此墓。"(拉丁碑文由李天纲委托杜鼎克从鲁汶大学图书馆找回,金鲁贤主教翻译。2003年徐汇区文化局徐光启墓修复工程将之镌刻在十字架碑基。完工后发现1903年残碑,其拉丁文与今补刻之内容完全一致)

2月28日(壬寅二月朔),马相伯主持震旦学院开学仪式,发表演说。震旦学院(L'Aurore)中"震旦"取自梵文,是"中国"的意思;"Aurora"在西文中有曙光、黎明的含义。震旦学院开学时有学生二十余人,其中多位是南洋公学退学学生,而以项骧(谓臣)为首。南洋公学退学生中一部分人除了随蔡元培等加入爱国学社外,另一部分立志学习外语,从事翻译的学生,自备学费加入震旦。当天,马相伯从土山湾寓所步行"约半里许",到徐家汇天文台旧屋参加开学典礼。震旦学院设立哲学、拉丁文、英语、法语等课程,校址设于徐家汇,本年度即计划建立文、理等七科。震旦的教学宗旨定为:"崇尚科学,注重文艺,不谈教理。"(马相伯:《一日一谈·从震旦到复旦》,朱维铮主编:《马相伯集》,上海:复旦大学出版社,1996年,第1107页)马相伯自任拉丁文、法文、数学、哲学(致知学)等课程;张乃昌(杏笙,张若谷父亲)为拉丁文助教,另有两位耶稣会士担任法文、英文教师。(张若谷:《我所见闻的马相伯先生》,氏著:《马相伯先生年谱》附录,上海:商务印书馆,1939

年)五年之后,即1908年,因校址狭小,马相伯再捐出卢家湾土地建造新校舍,震旦学院迁至吕班路继续办学。

按《苏报》"震旦学院开学记"报道,震旦学院开学日为"癸卯二月朔",即公历1903年2月28日。"癸卯二月朔,上海震旦学院开学,其师为南徐马相伯先生也。先生尝曰,我国人士谭西学、诵西文数十载矣,然所事皆彼中童幼商工所普习,而非我士大夫所当及也。鄙人潜思三十余年,非经典之书不读,非名家之作不观。所心得、所置意者唯此士大夫之学,所乐与好学深思之士,共相讨论也。先生此意,蓄年已久。然此震旦之设,实东瓯项君渭臣发起之。院设于上海西乡徐家汇,即天主堂古天文旧屋也。先生居于土山湾工艺学堂,相隔约半里许,是日先生临院,诸生皆降阶相迎。先生谦身含笑而入,相与同登演说厅,行师生相见礼。先生西南立,诸生皆北向以对,各三揖而退。于是入课堂,各以次就坐。先生曰,西国学堂开课之日,教师必演说,今日我震旦学院开学,鄙人亦演说一短篇,略表宗旨。"(《苏报》光绪二十九年二月初二日)马相伯在演说中说,策论、诗赋、经义等八股文是"为人"之学、为官之学,而震旦学院所教乃"为己"之学、"自主"之学。

震旦学院开学典礼即马相伯演说日为2月28日,开学上课日则为3月1日,是故有以此为震旦学院成立之纪念日者。如张若谷《我所见闻的马相伯先生》:"初期震旦校舍,设徐家汇气象台内,开学第一日为三月一日。……相老自任教读拉丁文、法文、数学及哲学等课,先严杏荪(讳乃昌)府君助教拉丁文,又聘天主教耶稣会教士一二人,兼教英文、法文。"(氏著:《马相伯先生年谱》附录,上海:商务印书馆,1939年)按上海教会方面记载震旦创办与开学情形:"1903年至岁首,马公相伯已迁居土山湾,南洋公学教授蔡子民等三人,率学生数人往访,请创立一校而肄业焉。马公欣然允之,且为请于耶稣会。于是诸司铎偕来赞助,此新校遂以成立,命名曰震旦。……当3月1日开始授课之际,肄业者二十人耳。至1904年岁首,学生增至十倍,马公相伯谓锐进之时机已至,即请耶稣会尽力相助,安徽传教司铎南从周遂被荐至沪,而为震旦之教务长矣。"(《圣教杂志》第17卷第12期,1928年)按钱智修《马相伯先生九十八岁年谱》记载,震旦有蔡元培请求马相伯创立,往访土山湾的"学生数人"为胡敦复、贝寿同和项骧。"(蔡元培)乃邀约同志胡敦复炳生、贝季眉寿同诸君,请先生讲拉丁文。至是先生以来学者众,乃就徐家汇天文台余屋,设震旦学院。……先生自任院长,以相微尘骧为总干事,而各科教授则由教会诸长老义务担任。"(《中央日

报》,1938 年 5 月 16 日)

梁启超在《新民丛报》发表文章《祝震旦学院之前途》,祝贺震旦学院建立。梁启超参照日本明治维新后新式大学设立的情况,认为震旦学院是中国"一所有条理之私立学校";按梁启超的看法,新设立的震旦学院还是一所以翻译需求为导向,以拉丁文教学为特色的"专以研究文学为目的者"的文科学校。"教育议兴既已两年,而至今无一稍完备之私立学校,不得不谓国民之耻也。译书局如林,译才如鲫,及考其所为译事者,不过稗贩至粗极简直东籍。未曾通一国之语言文字,乃至或并日本之イロハ亦未曾认识,而贸贸然日从事于翻译,徒以麻纱燕石耗读者之目力,损读者之脑筋。虽科以欺骗杀人之罪,不为过也。吾闻上海有震旦学院之设,吾喜欲狂;吾今始见我祖国得一完备有条理之私立学校,吾喜欲狂。该学院总教习为谁? 则马相伯先生,最精希腊、拉丁、英、法、意文字者也,所在地则徐家汇也。……士生今日,不通欧洲任一国语言文字,几不可以人类耻。而欧洲各国语学,皆导源拉丁,虽已通其一,固亦不可不补习拉丁。而先习拉丁,然后及其他,则事半功倍,而学益有根底焉。此马相伯、眉叔兄弟所素持之论也。眉叔云殁,士林痛惜。此学院即相伯独力所创也。其愿力洵宏伟,其裨益于我学界前途者,岂可限量。文学一科,各国大学所必有之分科也。虽然,以日本之进步,至今犹未有一学校专以研究文学为目的者,而吾中国今已见此院,吾为中国前途贺。院中肄业之例,以本国文学优良者为及格,盖如此然后进步易也。我国学界,今渐滔滔然有蔑视国文之恶风。得此,庶可规正之。我青年诸君,今后固不能不广求新知识于世界,非留学欧洲,殆不足以占优胜也。苟在此院两年,以其所学得者为基础,然后外游焉以附益之,则学有本而成自易矣。吾祝震旦学院万岁。"(《新民丛报》,第 26 号,1903 年,第 92—97 页)

按现有的记载考察,震旦学院的外语教学以英语为主,法语、拉丁文为辅,或者并不以拉丁文作第一外语。马相伯并不主张大学生把拉丁文作为最主要的外语来学习,他说:"我告诉他(蔡元培),拉丁文在西洋已成为古董,大学而外,各学校都不大注重,中国学者更没的学习的必要。无奈子民先生执意要学,说拉丁文为欧洲各国语言之根本,各国语言多源于拉丁,西洋一切古代文化若果不通拉丁语文,那就无从了解。子民先生的话固然说得正当,然我还以为很难办到。"(《一日一谈·蔡子民先生与二十四个学生学拉丁文》,朱维铮主编:《马相伯集》,上海:复旦大学出版社,1996 年,第 1105 页)震旦学院注重英语,兼习法语。马相伯自编教材,更正教学法,亲自教英文。上海的英文补习学校一般采用整句念读的方法来作练习,明白大意即可。马相伯采用徐家汇耶稣会各学校行之有效的教学方法,用音标作逐字的拼读练习,从认识字音、字形、字义开始学英语。另外,马相伯还废弃了上海流行的东印度公司遗留的商业英文教材,选择文学性较强的莎士比亚作品作范文:"他们教英语,一开始就教文句,而不教拼法,弄得学生摸不到头脑。我却从拼音字母教起,使他们渐渐可以独立地拼读外国语文。那时他们教英文所用的课本大致都是英国人教印度人用的,浅薄鄙俗,毫无意义。我却选些英国极有价值的文学作品,如狭斯丕尔等等的著作,给学生讲习,籍以提高他们的英文程度。"(《一日一谈·关于震旦与复旦种种》,朱维铮主编:《马相伯集》,上海:复旦大学出版社,1996年,第1110页)

2月28日,震旦大学正式开学。按震旦大学校史载,本校校庆日为"二月朔"。按天主教会一贯使用公历纪年的习惯,此"月朔"应定为2月底之28日。"至千九百零三年,相伯先生已退隐土山湾,南洋公学教授蔡子民三人率学生数人往访之,请创立一校而肄业焉。相伯先生允之,且为请于耶稣会,于是司铎咸来赞助,此新校遂以成立,命名曰震旦。时千九百零三年二月朔。"(震旦大学编:《震旦大学二十五年小史》,上海:震旦大学,1938年)《震旦学院章程》由马相伯按自己的办学方针,与耶稣会一起商定,委托原南洋公学特班生项骧代拟,"震旦开办时,相伯先生主持教务,称总教习(见项骧君所定《震旦学院章程》)。待南司铎自安徽来,总教习下设教务长一职以位置之。待相伯先生离校,次年重行开课之际,院中设董事会,张季直、李平书、姚子让等皆为董事。而李问渔司铎由董事会推为总教习,南公仍为教务长。"(震旦大学编:《震旦大学二十五年小史》,上海:震旦大学,1938年)

项骧(1879—1944),字伟臣,另字渭臣、渭城,号微尘,浙江瑞安人。父方良,母林氏,五子三女,骧为长子。初在家乡入孙诒让主持之算学书院(1895)、项氏家族兴办之瑞安方言馆(1896年,后更名学计馆,为今瑞安中学前身),初习英语。1899年来上海入梅溪书院,师从江南名师张焕纶(经甫)。1901年9月,考入南洋公学特班,追随蔡元培的新式师范事业。1902年夏,24位南洋公学特班生不满足于日文翻译学习,由蔡元培率领到土山湾马相伯住所,"从丹徒马先生游,习拉丁文"(洪振宁等编:《项骧集·赠马君武》,北京:中国文史出版社,2019年,第36页)。1903年,因南洋公学发生"墨水瓶事件"后退学,曾自办"译社",后商请马相伯建立震旦学院,协助教务,兼授英语。有传记称"癸卯、甲辰间,与丹徒马湘伯先生创立震旦书院。马氏年事长,夙负物望,顾雅重先生,多所倚办。"(黄菊裳:《瑞安项微尘传略》,洪振宁等编:《项骧集》,北京:中国文史出版社,2019年,第195页)1904年,曾赴日本考察教育;1905年,震旦学院毕业后赴美国哥伦比亚大学留学,据说曾与美国总统胡佛、罗斯福同学,获政治经济学硕士学位。1909年参加留学生考试,得殿试第一名,被誉为"洋状元",授翰林院编修。1912年1月在上海与孙武等人组织民社,后转入共和党,并任中华民国财政部首席参事。1917年,在上海参加修改海关税则会议,为中国争取权益,随即赴欧洲考察财政,访问伦敦、巴黎、柏林。1923年,在北京担任财政部次长。1933年,在上海任中国兴业银行股份有限公司董事兼总经理。抗日战争爆发后,日军华北政权曾来沪邀请出任伪职,遂回家乡瑞安避祸,并以书画义卖所得支持抗战。1944年9月,日军再陷温州,瑞安受到威胁,忧愤绝食,11月4日逝世于草堂巷家中。著述有《浴日楼诗文稿》(二卷)、《太平天国史》(未刊),译著《布尔什维克主义》,今有乡人为辑《项骧集》(北京:中国文史出版社,2019年)。

项骧(微尘,渭臣)为震旦学院专职总干事,郑子渔任专职会计干事,其余干事由学生推举,轮流担任。项骧还在学院里兼任教员,教授英语。学生干事的自习室和马相伯办公室同一层,其余学生在楼下学习。钱智修《马相伯先生九十八岁年谱》:"(马相伯)先生自任院长,以项微尘骧为总干事,而各科教授则由教会诸长老义务担任。所定课目,大别为四:曰语文学,曰象数学,曰格物学,曰致知学。语文一科,以拉丁文溯其源,仍分习英、法、德诸现代语以应世用。但求能译书阅报章,不求为舌人,故其教授法亦特异。挈举纲领,不屑屑于辨语音、认生字。其余各科目亦但开示门径,启学者自由研究之风,盖斟酌远西Academy之制,而变通以适吾国之用者也。"(《中央日报》,1938年5月16日)《马师相伯先生创办震旦学院之特种精神》:"先生自任监院院内各部事务,在先生监督之下,悉归学生管理,称为干事。除项微尘君任总干事,郑子渔君任会计干事,为固定职务外,其余干事于学期开始由学生互推,分别担任,其职务在学期之终为止。执掌权限,悉遵学生自治规程。"(转见自张若谷编著:《马相伯先生年谱》,上海:商务印书馆,1939年)曾在1903年9月进入震旦学院修学的刘绍宽,亦在自己的《厚庄日记》记载项骧在震旦办学初期的重要作用。项骧允有"总理"之名,兼而教授英语:"震旦者,南洋公学学生散后自办之学堂也。瑞安项君渭臣总理其事,教习马相伯先生(建勋)为眉叔先生(建忠)伯兄也。学贯中西,为今硕儒,仰慕久矣。遂于(九月)十九日进院,廿一日上班学习拉丁文,继复学习英文于项君渭臣焉。"(温州市图书馆藏稿本)

据刘绍宽《厚庄日记》记载,"震旦学院学生约有六十余人,其佳者胡敦复(江苏无锡人,年十七)、张轶欧(江苏人)、沈步洲(江苏人)、邵仲辉(浙江人壬寅举人)、熊慕韩(江西壬寅举人,名正海)、殷铸夫、项渭臣、叶仲裕(杭州人)、朱清斋(江苏人)、雷祝三(陕西举人)。"(温州市图书光藏稿本)。刘绍宽(1867—1942),字次饶,号厚庄,浙江平阳人。少习儒业,屡试不中。20岁授徒于乡,师从孙衣言、孙诒让父子。1902年负责筹建平阳县学堂;1903年11月4日(九月十六日),因温州平阳同乡殷铸夫介绍,入震旦学院肄业十余日,即离开震旦。1904年9月,刘绍宽去日本自费考察地方教育,著有《东瀛观学记》。1911年以后,刘绍宽两次担任温州府中学堂(后改名浙江第十中学,今温州中学)校长,为当地重要教育家。孙诒让评价刘绍宽"湛深经术,淹通时务。"

项骧之外,南洋公学二十四位拉丁文学生中胡敦复、贝寿同等多人,亦来协助马相伯创建震旦。钱智修《马相伯先生九十八岁年谱》:"先生创建震旦学院于上海,先是蔡子民先生等,以求西学必先通其语言文字。而西人教会学校及国人自办之学校,但为蒙童设法,因袭成规,经过迂缓,不合成年人求学之用,乃邀约同志胡敦复炳生、贝季眉寿同诸君,请先生讲拉丁文。至此,先生以来求学者众,乃就徐家汇天文台余屋,设震旦学院。"(《中央日报》,1938年5月16日)

2月28日,震旦学院学生在临时校址"天主堂古天文旧屋"开始上课,即为震旦学院诞生地。"古天文旧屋"指徐家汇天文台曾经使用的一幢具有20多年历史的二层楼旧房子,楼址在肇嘉浜西岸,即新建天文台大楼东侧。徐家汇天文台于同治十二年(1874)创办之处,设址"肇家浜濒岸,初为平房。光绪六年(一八八〇)增高一层。廿三年(一八九七)爰谋扩充,廿五年遂于徐文定墓之东部,始另建新台舍,廿七年告成,遂迁入焉。"(张璜原著,佚名增补:《徐汇纪略》,上海:土山湾印书馆;上海:上海社会科学院出版社,2006年影印本,1933年版)。

光绪二十七年(1903)天文台新大楼建成使用,耶稣会决定以新楼东侧之"旧屋"借给震旦学院使用。这幢加建为二楼的平房建筑,遂成为创校之初震旦学院全体师生使用的办公室、教室和宿舍,实属简陋。然师生同心,各方协力,学校充满朝气。据震旦学院建立后第二年入学生高平子回忆,"震旦初设,即借此空余之老天文台为校舍。其地在老天主堂之南,墙内圈地约十亩,靠东为小河,可通舟楫,靠西隔马路即为新天文台。往南百步为孤儿院之印刷所及手工业部等作场。老天文台建筑为二层平顶白色老洋房,门窗皆作圆穹顶,有地下室,约宽五间。我后游巴黎,始悟此屋原来是模仿巴黎天文台而略具雏形。但徐家汇此台其实只是气象台,故没有巴黎台之圆顶。震旦既借此屋,容量已觉不够,乃于其西侧添筑三层校舍一所,与旧屋相连,学生宿舍及膳堂等均在其内。老天文台正门北向,其北数十步有一八角亭,中部颇宽,四角有四耳房。正中置一撞球台,耳房中有棋局、风琴之类,供学生课余游玩。更北有一空地约二三亩,作为操场。场中枫杨四株,大可合抱,一次台风竟拔其一。"(高平子:《马相伯先生印象的片段》,氏著:《高平子天文历学论著选》,台北:"中研院"数学研究所,1987年,第361页)

3月11日(二月十三日),张之洞、袁世凯呈《奏请递减科举折》,提出稳步地废除明清以来施行的科举制:"务期科举逐渐而尽废,学校栉比而林立。上以革数百年相沿之弊政,下以培亿万兆辈有用之人才,五洲惊服,万世瞻仰,在此举矣。"(朱有瓛:《中国近代学制史料》第二辑上册,上海:华东师范大学出版社,1987年,第106页)清朝大员终于接受"废科举"之呼吁,令马相伯创办震旦学院的义举更显突出。

3月22日(二月二十四日),马相伯致书汪康年,谈及震旦学院招生之事,关于寄宿学生的费用问题,"震旦膳费,按年七十英元,须先交"(《致汪康年》,朱维铮主编:《马相伯集》,上海:复旦大学出版社,1996年,第48页)。马相伯和耶稣会一起拟定的学校章程开始执行。

马相伯的办学设想早就酝酿。1898年,马相伯、梁启超、耶稣会、法国公使等曾经有过在徐家汇筹建清朝中央"译学馆"的计划,震旦学院接纳南洋公学大龄退学生,并注重翻译教学的现状即受清末"译学"之影响。但是,马相伯对震旦学院的目标是建立一个欧美式的全科制本科大学,"分设七个学院",而震旦学院只相当于大学预科,这是马相伯为之焦虑,而他的追随者知之不深的难题。"想当年创办震旦,我因游历欧美回国,决心想办新式的中国大学,和欧美大学教育并驾齐驱。这是理想,事实是这样开始的。蔡孑民先生介绍来了二十四个青年,从这第一班学生逐渐增加,形成学院,这是仿照欧美大学良好的规模。"(《一日一谈·蔡孑民先生与二十四个学生学拉丁文》,朱维铮主编:《马相伯集》,上海:复旦大学出版社,1996年,第1105页)"我教了二十四个学生稍稍有点成绩,于是风声所播,各省有志之士,远之如云南、四川、陕西、山西,皆不远数千里跋涉而来,中有八个少壮翰林,二十几个孝廉公,这样一来,我们就觉得有把组织扩而大之的必要。于是我们就办了一个学校,实具有西欧 Academia 的性质,名之曰震旦学院。"
(《一日一谈·从震旦到复旦》,朱维铮主编:《马相伯集》,上海:复旦大学出版社,1996 年,第 1107 页)"蔡子民先生介绍来了二十四个青年,从这第一班学生,逐渐增加,形成学院。中间不幸挫折,幸而如今犹存。本来计划,分设文理等七科,这是仿照欧美大学良好的规模,希望慢慢的实现了。"(《乐善堂纪闻·想当年创办震旦》,朱维铮主编:《马相伯集》,上海:复旦大学出版社,1996 年,第 1044 页)。为收容南洋公学退学生仓促建立的震旦学院和马相伯的大学理想并不一致,如何将震旦办学正规化,成为主要问题。

马相伯为南洋公学特班"墨水瓶事件"学潮退学生创办震旦学院之外,蔡元培带领另一批学生创办爱国学社,自任总理。为安顿 145 名退学生,蔡元培通过黄宗仰(乌目山僧)与慈善家爱俪园罗嘉陵接洽,获得赞助,在泥城桥福源里赁屋开办爱国学社。"南洋公学学生既退学,谋自立学校,乃由子民介绍于中国教育会,募款设校。沿女学校之名,曰爱国学社。以子民为代表,请吴稚晖君、章太炎君等为教员,与《苏报》订约,每日由学社教员任论说一篇,子民及吴、章诸君凡七人,迭任之,一周而遍。而《苏报》则每月助学社银一百两以为酬,是《苏报》馆为爱国学社之机关报矣。"爱国学社与震旦学院办学路线殊不相似,效果亦十分不同。受办学经费压力,教员吴稚晖发起张园演说会,昌言革命;高年级学生"别招小学生徒"(以上均见自蔡元培口述,黄世晖记:《蔡子民先生传略》,收徐蔚南编:《蔡柳二先生寿辰纪念集》,上海:中华书局,1936 年;《民国丛书》第二编,上海:上海书店,1990 年),赚取学费补贴学社,学校体制建设相当艰难。爱国学社社员有 55 人,姓名如下:贝寿同、裘剑岑、钱伯圭、胡敦复、沈步洲、何梅士、王君宜、吴步云、穆湘瑶、裘祝三、孙孟刚、俞子夷、张季源、平海澜、张菊臣、朱博云、胡漪村、郁少华、夏叔良、谢吉士、杨先筹、陶介如、王遐先、杨颂椒、杨怀谷、宋新伯、程子箴、吴叔田、魏阜叔、殷次伊、陶仲实、叶拜石、曹梁厦、冯博始、史三多、张迪周、唐仲希、伍特公、施伯安、陈别公、冯松卿、孙允年、郁子青、曾觉黄、葛仲勋、项廉夫、曾剑夫、蒋文卿、稽若如、胡沈东、王勇公、范均之、刘钢五、张季传、贝幼汇。(徐蔚南编:《蔡柳二先生诞辰纪念集》,上海:中华书局,1936 年,第 15 页;《民国丛书》第二编,上海:上海书店,1990 年)

4 月 1 日,马相伯为震旦学院学生编写的《拉丁文通》教材杀青,并作书序。《拉丁文通》选用古罗马学者西塞罗("季宰六")的文章、演说作为筹备建立震旦学院学生的拉丁文教材,以培养翻译人才。按马相伯《〈拉丁文通〉叙言》,本序作于本年"后春分十日",为公元1903年的春分后十日,即4月1日。马相伯在《〈拉丁文通〉叙言》中署本年为"黄帝甲子前三祀四千六百有三年后春分十日",是在呼应章炳麟、刘师培倡导"国学"和"反清复明"的"黄帝纪年"。本书曾经印行,为铅印一册,共32页,无印刷及出版机构名,谅属自印,发给学生作为教材。马相伯一直手藏此册批改,1936年底携至南京,1937年并没有随身再次迁转到桂林、谅山。抗战胜利后复员,马相伯留在南京的图书文献保存尚好,1946年方豪在南京天主堂得到这个原本,喜称:"余求之二十年,始获一本,所谓一册,亦不知是否尚有二册也。"(方豪:《马相伯先生年谱新编》,李东华编:《方豪晚年论文辑》,台北:辅仁大学出版社,2013年,第205页)今有未知图书馆所藏《拉丁文通》二册(藏书号:404718;日本大阪大学内田庆市教授复制并提供),无序言,该藏本幸存"二册",与方豪藏本同为32页。此本与方豪所录马相伯《〈拉丁文通〉叙言》合并,则全书二册可成完稿。

按震旦学院第二年入学生高平子回忆,拉丁文作为必修课在第二年放弃,学生还可以根据自己的情况选修法语、英语,或者拉丁文。"我初来震旦,拉丁文是必修课。马师有《拉丁文通》依为教本,但教师是一位中国教士,讲得很快,而为对于外文全然陌生,以致愈来愈跟不上,第一学期结束时可算一无所得。第二学期起拉丁已非必修。今文可以选择,犹记当时马师与几位外国教授坐八角亭耳房中,学生一一进见,个别认派主修何种文字。我所选的是法文,现在记不起是何种动机了。"(高平子:《马相伯印象的片段》,氏著:《高平子天文历学论著选》,台北:"中研院"数学研究所,1987年,第361页)

按照南洋公学退学生年龄偏大的实际情况,马相伯主持的震旦学院发展处学生自治的管理方法。学校仓促建立,教材、师资、校舍、资金皆不曾预先筹备,故震旦开办之初非常窘迫,一切都需要自筹解决。"震旦学院最初创立的宗旨,初办时,并无校舍,也无资金,是借徐家汇老天文台东边的一幢小楼。当时的境况是非常简陋而且困难的。在马老先生的卧室外,是七八个高材生共处的自修斋室,其余的都蛰居在楼下。可是学生的精神都很健旺,马老先生也不辞辛苦支持这个学校。他虽已六十多岁的老人,满头白发,而还自己担任教授,终日孜孜不倦。他喜欢和学生们会餐,分批对食,因晤谈的机会而审别生徒的性情,从而启迪教育。每逢星期假日,召集全体学生作学术研讨,或演讲时事,耳提面授,循循善诱,学生们得益不浅。在马老先生主持下的震旦学院,除了研究语文科学之外,对于军训体育也很注意,每星期上兵式操三课,请法国军官教授,有时由军官率领到法国军营,荷枪实弹联系打靶。有一次法国军官教学生们练习武器,有一生汗渗露背,少休,给马先生撞见,他摇铃召见大家训话。他声色俱厉地说道:你们到这里来求学,都是抱有宏大的志愿,都是希望学成后去救国的,或为马志尼,或为俾士麦。现在如此偷懒,岂有像这样颓唐的马志尼、俾士麦吗?学生们听了都为汗颜。从此没有一个人敢在上兵操课时露出一些倦容的了。"(张若谷:《苦斗了一百年的马相伯先生》,氏著:《马相伯先生年谱》附录,上海:商务印书馆,1939年)

4月19日,震旦学院继续招生,慕马相伯之学识,郑孝胥委托宋少兰为儿子郑垂("大七")报名入学。"宋少兰来,托送大七入震旦学院,马相伯之所立也。"(郑孝胥撰:《郑孝胥日记(二)》,北京:中华书局,1993年,第873页)

6月21日(五月二十六日),因两江总督魏光焘(1837—1916,湖南隆回人)报称"上海爱国会社倡言革命诸邪说",清廷下旨严加查办,湖广总督端方始在长江一带禁止革命活动。端方于24日(五月二十九日)上书,称"四月间方闻上海有爱国会社诸生借俄事为名,在张园演说,议论狂悖,即经密电江宁查禁拿办。续闻在日本有各省留学生亦借俄事为名,总集义勇队运动部名目,欲入长江,勾引票匪为乱。复经(端)方于五月初一日密电沿江海各省严防密拿各在案,现仍督饬文武各员严密查拿,未敢稍涉松劲。"(王彦威辑:《清季外交史料》卷一七二,北京:书目文献出版社,1997年,第2747页)马相伯创办之震旦学院与蔡元培等人主持的爱国学社有所联系,但注重学业,少涉"革命",师生一心向学。

7月12日(闰五月十八日),两江总督魏光焘、湖广总督端方"查禁上海爱国会并拿办邹容等",按他们本日联名奏报:"设在上海租界之《苏报》馆刊布谬说,而四川邹容所作《革命书》一书,章炳麟为之序,尤肆无忌惮,因饬一并查禁密拿,派员会办并与拿获各犯。"(王彦威辑:《清季外交史料》卷一七三,北京:书目文献出版社,1997年,第2751页)此前,6月30日,美国领事官应上海道台袁树勋要求,责成工部局逮捕了邹容、章炳麟,查封《苏报》馆;7月4日,袁树勋与英、美领事会商,讨论"《苏报》案"引渡、审讯和判案。

8月28日(七月初六日),马相伯获悉英敛之将再访上海,便主动致书于他,表示:"蒙一再惠书及所刊书,皆未裁谢,感怍则未尝一日去怀。"约定再次在徐家汇再次相见。时,马相伯"移居老天文台,与院生同住"(《致英华》,朱维铮主编:《马相伯集》,上海:复旦大学出版社,1996年,第44页),则他正忙于与南洋公学退学生一起创办震旦学院,因而在信中谈及学院授课教学法。方豪以为本信作于1902年,为误订。1902年"七月初六日"尚未有震旦创办之议论。

本年,马相伯为建立震旦学院捐助巨额基金,包括现金和田产,计有松江、青浦田产三千亩,"捐为震旦基本。又于建筑时曾捐现洋四万元"(马相伯《震旦办学捐据始末备忘文稿》,马氏家藏本)。震旦学院在卢家湾建设独立校园时,地价每亩400元,马相伯捐出现洋4万元,购地100亩。此后,又把自己名下在公共租界、法租界的土地八处,也捐给了震旦,价值10余万元。以上数据,均参见马相伯于1936年7月4日所写的《震旦办学捐据始末备忘文稿》。

本年,应震旦学院开设拉丁文、西方哲学课程之需要,马相伯编写教材《拉丁文通》和《致知浅说》。按《震旦学院章程》,震旦学院力图建立一个全科教育体系,包括了哲学、科学、工科、师范等专业课程,但受当时志趣和教师能力的局限,外语和哲学实际上成了学院最重要课程,而马相伯亲自担任拉丁文、哲学、数学三门课程的教学,编订了这两部教材。教材原本后来散失,后来应商务印书馆要求刊印的《拉丁文通》和《致知浅说》,"系'辑散补亡,勉续未成'之作"。(《一日一谈·蔡子民先生与二十四个学生学拉丁文》,朱维铮主编:《马相伯集》,上海:复旦大学出版社,1996年,第1106页)

马相伯的《致知浅说》是清末大学最先开设的西方哲学课程。按王国维的观察,欧洲思想传入中国之后,学术界多以哲学为政治之用,并无纯哲学的对于人性自身之探讨,而马相伯1903年在震旦学院讲授《致知浅说》,实为中国大学内系统介绍近代法国哲学笛卡尔理性主义哲学之开始。"京师大学之本科,尚无设立(哲学)之日。即令设立,而据南皮张尚书之计划,仅足以养成咕哔之俗儒耳。此外私立学校,亦无足以当专门之资格者。惟上海之震旦学校,有丹徒马良之《哲学讲义》(即《致知浅说》),虽未知其内容若何,然其由课程观之,则依然三百年前特嘉尔(笛卡尔)之独断哲学耳。"(王国维:《论近年来之学术界》,原载《教育世界》,总第93号,1905年1月;收入《王国维全集(一)》,广州:广东教育出版社,2009年,第124页)马相伯采用明末"西学"译法,把Philosophy定名为"致知"。"哲学"一名出现在戊戌变法前后,从日文用法。蔡元培在南洋公学特班期间作《哲学要领》(德科培尔讲,明下田次郎述,蔡元培译:《哲学要领》,上海:商务印书馆,光绪二十九年九月,1903年),"哲学"一词遂入教学体系。

本年,马相伯在徐汇(依纳爵)公学时期的导师晁德蒞去世。

本年,德国《民族报》记者Eugen Zabel(1851—1924)乘坐新通车的西伯利亚铁路来中国采访。在上海期间,他因一位在上海的朋友 Fink 先生介绍,乘车前往西郊地区的徐家汇,参观了已经负有盛名的天文台、气象台,记录了 1903 年前后的徐家汇、土山湾状况。

  1903 年,徐家汇地区已经有了六十年的历史,各项事业兴旺发达。同时,马相伯回到徐家汇、土山湾居住多年,已经捐出全部财产,正在酝酿建立震旦学院。Zabel 记者在报道中介绍了徐家汇天主教社区的起源、发展和现状,详细叙述了气象、天文等科学事业的成就,并试图理解西方文化事业在上海取得成功的原因。从他的报道中可以看出震旦学院,以及 2 年后复旦公学诞生前后的具体环境,对理解徐家汇科学、文化、教育事业有所帮助。"有人问我,有没有去过紧邻上海的徐家汇的气象观测馆。当我答以未曾去过时,我的同事,可爱的 FINK 先生,即'东亚劳氏'的出版人,自告奋勇说次日午间用他的车来接我去看看那些修士们。气象观察馆是这些修士的领导下建立的,对东亚海岸航海具有无法估量的价值。我们从上海往西行驶,走在一条路况很好的乡间路上,旁边是一条干涸了的水渠。一路上经过漂亮的别墅、花园,还有几处孤坟从地里露出。中国人有祖先崇拜的文化,这使得坟茔保存下来,而现在,它们却横在为现代交通而筑造的道路上。驶出 8 英里,我们来到了一个村庄。尽管村里人谦逊朴实,却也为他们这里出过一位大臣(指'阁老'徐光启)而自豪不已。十七世纪初叶,这位大臣皈依基督,并热忱地致力于传播这一圣教。他辞官归乡,放弃了北京辉煌的官宦生涯,为的是忠实于耶稣会士传授于他的信仰,在上海建立起一个传教中心。那个时代,中国还处在完全与外界隔绝的状态下,传道士的工作还得不到任何帮助和保护,因此他们的胆量、勇气以及取得的成果更值得人钦佩。教徒中的大部分在十八世纪的后半叶付出了生命的代价,基督教徒的聚居地也被强行拆除,只有徐家汇村保留了下来,并继续秘密地传播福音。自从上个世纪中叶门户开放以后,徐家汇进入了一个新的发展时期。它以其无法抑制的活力,以科学和教育为目的,同时在这两个领域取得了令人惊异的成绩。尽管一般人总把耶稣会士与阴险的狂热信徒联系在一起,脱离生活,其狭隘的宗教世界观压抑着人的本性。然而我们看到的徐家汇的神父们,完全是站在现代精神的高度,不设限制,并且在不断完成新使命的过程中越来越年轻。他们在中国东海边开办的这所按照欧洲的标准建造的模范机构,逐渐取得了特别重要的地位。耶稣会不仅给与了青少年以科学的教育,同时也在太平洋岸的更大区域扩大了他们的影响。气象观测馆世界上到处都有。

它们的作用是对自然、对风的特性、对空气的压力、温度和湿度,还对闪电打雷下雨起雾的情况作研究,以寻找出这些现象之所以产生的自然规律。我们能在大城市,沿海地带和高山顶上找到类似的气象站,这里具备有各种各样的精密仪器。在中心站的指挥下,每天观测站收集来自各地的观察报告并对其进行科学的分析和客观的判断。在德国,这些工作是海洋观测馆担当的,它们从欧洲各地收集信息。每天晚上我们都从报纸上获知他们的报告,其风暴预警是我们整个沿海地区航行的保障。这其中蕴含的科学成果绝对是几百年气象学研究带来的。而在中华帝国之中,太平洋之岸,能够见到这样一个机构,其认知与目标完全与德国样板机构处于同一高度,实在是值得人钦佩。1901年1月1日,由耶稣会在徐家汇村建立起这个观测站并正式启用,它当之无愧地成为了上海的最大景观之一。尽管外行们不能完全理解这里观察空气和气候时静谧而神奇的工作,但他们却通过访问这一机构获得了无法磨灭的印象。因为他们获知,这里的研究对贸易及航海起着多么大的作用。这个观测站的观测范围极大,从黑龙江到西贡,并且向东延伸到几千公里以外。观测站每天约对50份观测数据作分析研究,做出客观的判断。不预先得到徐家汇观测站的预报的话,没有一艘轮船会驶离太平洋的港口。在上海外滩,人们都急迫地等待着徐家汇发出的信号,因为这些信号对轮船公司意味着有可能避免巨大的损失。徐家汇气象观测站的华美建筑给我留下了无法忘怀的印象。在驶往徐家汇的路上,远远就能见到这个由围墙围起的建筑。它有两层楼,其正面看起来象宫殿。其中央的建筑是个四方的塔,使整个建筑拔高了一倍,却并不破坏原有的建筑线条的和谐。正门前面是双向的阶梯,在它的平台上展示着与这座科学圣殿的环境美妙和谐的景象。我望着站在那儿观察天象的神父,他好像固定住了似的,没有丝毫移动的迹象。他站在台阶上抬头望着天上絮状的乌云堆积起来,脑袋使劲向后仰着,手臂垂在身后。消瘦、苍白、没有胡须的脸像是蜡做的,只有他的眼睛闪着光,好像把天上一切谜一样的景象都能够看透似的。神父一点也没有注意到我们在场。我们在台阶上等了足有五分钟,没有打断这种静谧。我们感觉这是一件神圣的事情,我们必须虔诚以待。终于神父转过身来,在闪亮的白墙衬托下,他的黑色长袍显得更黑。他向左右两面都凝神贯注了一会后,才按下嵌在墙内的仪器的按钮,快步穿过大门走了进去。他在天上发现了什么重要的事吗?乌云的走向,是说明前一天预报的台风减弱了?还是预示着新的更为强劲的风暴的来临?虽然我们不得而知，但能感觉到，电报正在将重要信息发往遥远的西伯利亚沿海港口和太平洋小岛上的天气观测站。无数船只都必须在这几个小时里决定，是起锚，还是留在港口。在珍贵的仪器、书籍和其他的收集品进入这栋新建筑物之前很久，这些神职人员就已经献身于科学了。既然已经承担起了这个重要工作，就把它如同神圣的神职工作一样对待。他们感到自己是上天意志的工具，提醒人们注意风浪的危险，从而使航船避免巨大的灾难。德国炮艇"Iltis"在 1896 年 7 月所遭受的可怕灾难，应该也可以避免。当时观测馆已经预测到台风将近，并且马上发出了电报。然而就在消息公布之前，"Iltis"已经起锚了，结果被风暴甩上了岩礁，撞成了碎片。观察站的神父们高贵典雅，平静无欲，人们马上能体会到他们对待工作如神职般的严谨认真。当他们关注于上天的无穷变化时，一切其它的都变得渺小而不足道。尽管与我们这些外行在专业领域没有什么可以多谈，他们仍然热情地向我们解释，以满足我们的好奇之心。他们典雅而含蓄，面带微笑，带着我们穿过走廊，走上观测站的阶梯。这里静谧而神圣，如同步入教堂。我们首先走入一个房间，其靠窗的墙上，位于两窗之间，竖着一个测风速的仪器，作为仪器组成部分的极为敏感的摇杆和指针，一直通向塔顶。上面空气流动形成的些微压力变化，都在我们眼前变成了纸上的锯齿形的线条。这样图像向我们预示了南方的台风由台湾岛上来，很可能转向日本。外行一般只知道八个风向，而科学家们却能分辨四倍于此的差别，为航海所需，在风向图上要标出三十二个点。当指针在纸上颤抖，忽大忽小的曲线不断延伸时，观察者的眼中见到的这些静静的图画，却是大海上自然力的喧嚣和汹涌。我们又走到另一个房间，里面的玻璃穹顶下的桌子上直立着一台仪器，看上去像望远镜。这里是测定每天时间的地方。神父在太阳升到最高点之前几分钟进入这个房间，随着旁边时钟的指针跳过十二，神父立即按下电的开关。这条电线是专为此项目的而铺设到徐家汇的。就在这同一时刻，在外滩广场的一个位置上，所有船只都能看见一个大球落下。这正如同巴黎皇家宫殿花园和圣彼得堡的 Peter-Paul 城堡里放出的礼炮一样，它是用于提醒居民，一天的一半时间已经过去了。这个落下的大球是让上海的人们校对时间的。参观图书馆也很有收获。馆里收藏着很多地理和自然科学的书籍、地图，还有各种类型的杂志。目录制度非常详细而完备，看得出这是孜孜不倦、勤勉工作的结晶，从刚刚收到的观测记录的入库过程来看，我们就体会到了，这里无处不在的明确规则和清晰条理，给人以非常好的印象。正好有一叠已经被翻看旧了的德国气象学杂志,被送来装订并入库,也让我们加深了印象。这个观测站的科学工作的蓬勃发展,也可以从他们以前居住的宿舍之简陋看出来。然而宿舍所属的这个1871年的建筑能够不断扩建,科学研究的目标不断提高,就代表了这里的工作成就。目前这所房子专用于照片拍摄,用于扩大影响,把这个机构的影响传播到所有地区。外表更为简陋的地磁馆,不分白天黑夜地做着观测记录,大多为外部提供着资讯。一栋别墅式的二层小楼引起了我的同伴FINK先生注意,我倒是根本没看见。小楼里面是修道院的博物馆,收藏着动物标本、骨架以及植物标本,对了解东亚植物志有很高价值。博物馆的创始人是不久前刚去世的韩伯禄神父。带我们参观的神父跟他很熟,给我们讲述了韩神父的故事。说他虽然只能坐轮椅行动,却是个不知疲倦的老人,热心于自然界的生命,并注视着这些生命的繁荣。正午的阳光太强烈,他就戴上一个大大的遮阳帽坐在花园里,看上去象个蘑菇,向参观者讲述他到中国内地和日本的长途旅行,到巽他群岛和菲律宾群岛的郊游。他衰弱的身躯所活动于其间的房间那么小,而他精神的世界却那么大,而且还在不断地延伸,直到死神合上他的双眼。传教士在中国的本质是什么,人们可以有各种不同的看法。我觉得上帝没有给我这个权力,去区分其阳光面和阴暗面,所以我在此只限于描述我从他们在徐家汇之作为所得到的印象。他们的观测站所达到的科学成就,得到了全世界的承认,并对东亚水域的航运有着深刻而实际的作用。值得引起注意的,还有他们在教育领域的成就。传教士还主持有一所孤儿院,教养着200多个失去父母照顾的男孩。他们按照如下箴言在勤勉地生活:祈祷并工作!在参观这所机构时,我们惊喜地发现,在远东的这一领域也能碰到德国神职人员,他融入到陌生的世界,在艰苦的环境中取得了优异的成绩。在准备参观孤儿院时,一位名葛承亮(Aloysis Beck)的神父自告奋勇为我们介绍,并以同胞名义向我们致意。从他的口音不难辨认,他来自巴伐利亚。果然,他是ULM人。他具有健康勤奋那一类人的所有特征,以他坚韧的毅力和敏捷追逐着目标。葛神父集建筑师、画家、木刻家于一身,并将此三种艺术工作与男童学校的教学工作结合在一起。当50年前造的老教堂因局促而不再适用时,是他描绘了大教堂的草图,使其围墙拔地而起。他监管着一切有关孤儿们双手做出的艺术和工艺美术作品相关的事情。他邀请我们去孤儿院的两层楼的双翼长廊参观,那简直是一个长途的旅行。这些中国男孩儿不仅为教堂做各种各样的神的画像、木刻像,还能制作日常生活所用的物件。其他一些孩子被培养成了书籍装订工、印刷工,今后能够藉此独立生存,养家糊口。他们最好的作品陈列在博物馆内,有几百件之多,显示出这些孩子所受教育的多样性,尽管教会必然带有宗教特点。在我们参观的时候,正好有一件作品完成,是给比利时国王LEOPOLD的一个亭子,带有中国故事的珍贵浮雕,正中能看到刻画的是中国的圣人孔子、老子和孟子。这所孤儿院是给男孩儿设置的,没有了父母的女孩儿,则被分在修女修道院里,她们也同样得到职业教育,以此作为今后应付生活的准备。她们中的很多人成为了熟练的绣花女。人们知道,中国有那么多优美艳丽的工艺品,都是大家所喜爱的。准确地说,要在一天里参观、询问并赞赏徐家汇,是远远不够的。有时间的话,不应该错过去寻访离这里大概有60公里的佘山,那里有天文馆,可以通过天文望远镜看一眼星星。天文馆位于小山上,周围是怡人的树林。这里的神父,担任科学工作的范仲淹(Antonius Weckbacher)也用我们的母语跟我们交谈。徐家汇有着美妙的田园景色。徐家汇以它上帝般的宁静,以它为儿童而建的慈善机构,以它神圣的氛围,构成了与不断汹涌着商机、喧闹和活力的上海的强烈对比。HEINRICH王子在中国逗留期间,也特地多次访问了徐家汇的观测馆。在此我们总是能想到那些虔诚的修士们,观察着上天这本书,为大海上的与风浪搏斗的人们,送去他们的警告。"(王维江、吕澍译自Eugen Zabel:《横穿西伯利亚——乘火车游历俄国和中国》〈Transsibirien—Mit der Bahn durch Russland und China〉,第227—240页。Wissenschaftliche Buchgesellschaft,1903年)

  本年,英敛之在天津创办游学会,鼓励留学。他在游学会演说中,高度评价马建忠、严复,将之与同期留学欧洲的大隈重信、伊藤博文相比较。严、马留学成绩相当,回国后的遭际却很不同。"试看大隈伯、伊藤侯游学获益之前车,严又陵、马眉叔在我国游学志士之模范。严、马二公虽未得大展其抱负,使我中国如日本至翻然一新,但严公所译各书虽毁誉参半,究为我国之破天荒,为新学开山鼻祖,以任公学界巨子尚推为哲学初祖。而马公虽誉者一,毁者百,平心论之,究不能不推为拔类特出之辈,苟有用我者,尽其所学,自能强我种族。"(英敛之:《天津游学会演说》,《鹭江报》,1903年第29期,转录《大公报》)

1904年(光绪三十年,甲辰),六十五岁

2月26日(正月十一日),对俄同志会机关报《警钟日报》(Alarming Bell News)在上海创刊。该报为动员华人反对俄罗斯侵占东北,以"激国民自立之精神,而进之以文明攘夷之举动,于是有《俄事警闻》(《警钟日报》前身)之作。"(《〈警钟〉发刊之旨趣》,《警钟日报》,1904年2月26日)按《警钟日报》出刊后发布的"招股章程",该报发起人有陈竞全、林森、钟观光、王季同、吴无病、虞东明、虞和钦、汪德渊、刘光汉、黄公民、章士钊、钟观浩、林獬、吴炎汉、马裕藻、马鉴、贝寿同、黄韧之(炎培,后改任之)。钟观光担任主计,陈竞全任总理,蔡元培任主编,撰文者有陈去病、陶成章、邹容、刘师培、陈独秀等。编辑所设在上海新马路昌寿里,总发行所在福州路棋盘街。每日发行,本埠零售价钱十二文。出刊一年以后,1905年春因言论触犯列强和清廷,被公共租界和上海道联合查封。《警钟日报》编辑部位于新马路昌寿里52号,与马相伯、马建忠兄弟在"戊戌变法"前后的住所同里。《警钟日报》主编和发起同仁中,蔡元培仰慕马相伯的学识,贝寿同、钟观浩、黄炎培等则为去年南洋公学随马相伯学习拉丁文的"二十四子"成员。

2月,商务印书馆本年一月新创刊之《东方杂志》于本月起刊登《马氏文通》销售广告,广告词称:"学务大臣审定《马氏文通》,价洋一元五角,丹徒马建忠著。马眉叔观察精通拉丁文、法兰西文字,《曾惠敏公集》记其在法国学校卒业考试情形开为我国言西学者之先进矣。是书专论中国文法,疏解详明,开数千年未宣之秘。观察自序谓积十余年之勤求探讨方成此编,可见其下笔不苟。今承书主以是书归本馆专印专售。现售马氏自印石印本。"(《东方杂志》,第一卷第二号,1904年2月)时马建忠已经去世,马相伯与商务印书馆张元济等人交往密切,本书出版事务当由他安排。

春,马相伯主持震旦学院第一次正式招生,学生纷纷携学资前来报考,录取人数达创校时的十倍,有近200人。首届报考录取学生中,有金山张堰镇高均(平子)等人。高平子在震旦学院刻苦学习,立志继承徐光启、利玛窦和马相伯开辟和从事的天文学、历法、数学事业。高平子在震旦学院学习各

门课程达十年,1912 年毕业。此后师从徐家汇、佘山天文台耶稣会士学者蔡尚质(F. S. Chevalier, S. J.),继续研究天文学,并继承中华天文学事业,为中国本土天文学的开创者与奠基人之一。

高平子(1888—1970),原名均,字君平,因立志于天文学,以仰慕东汉天文学家张衡(字平子)而改名。江苏省金山县张堰镇人,父亲高煌(望之)为举人,叔父为南社中坚人物高燮(吹万,即诺贝尔物理学奖获得者高琨之祖父)。高平子自言:"岁甲辰,余既负笈震旦。"(《表弟姚君石子谏》,收 1946 年《金山县鉴》,转见自高准、蒋志明编:《镌刻在月球上的名字——天文学家高平子》,北京:中国轻工业出版社,2014 年,第 230 页)方豪先生说:"高平子先生是光绪三十年甲辰(1904)春,即相伯先生创办震旦学院第二年开入震旦,而和于右老同入马先生之门。"(方豪:《于右老与马相伯先生》,氏著:《方豪六十自定稿》,台北:学生书局,1969 年,第 1985 年)高平子是马相伯在震旦学院初期学生中从事学术研究的杰出学者之一,1912 年从震旦学院毕业后,在佘山天文台师从耶稣会士天文学家蔡尚质,尤得徐家汇天文台真传。1914 年曾在震旦任教,后又独立从事科学研究。1924 年,去青岛参与主持德国人留下来的天文台;1928 年,出面筹建中央研究院紫金山天文研究所,任所长。1935 年代表中国天文学会出席巴黎国际天文学大会。1948 年移居台北,任中央研究院数学研究所研究员、天文学会理事长等职。高平子留有上海期间所著《太阴图说》(1916)等二十篇,台北期间有《平子著述余稿》等一百一十二篇(见曹谟:《高平子先生传略》,收高准、蒋志明编:《镌刻在月球上的名字——天文学家高平子》,北京:中国轻工业出版社,2014 年,第 19 页),另有《马相伯先生印象的片段》一文,在台湾发表。

春,震旦学院正式招生开学后,马相伯亲自任课。除了编写拉丁文、哲学(致知学)教材,布置法文教学之外,还亲自担任物理、几何学的授课。

据高平子回忆:"物理及几何两门,则有马师亲授。物理马师称为'形究',几何则从徐光启之旧译。当时几何或译作'形学'。我初以为几何是一种计算长短大小的方法而已,乃开讲之初,只是从几何公理(Axiom)及几何界说(Definition)讲起,一支垂线即有如何界定之理,而绝不见数字。这使我于思想方法上顿悟有新境界而发生甚大之兴趣。此二门功课皆有油印讲义。"(高平子:《马相伯先生印象的片段》,氏著:《高平子天文历学论著选》,台北:"中研院"数学研究所,1987 年,第 362 页)

5月16日,马相伯以震旦学院院长身份主持上海商学会会议。会议就国家腐败、贫弱状况,研究商战之法。提出由个人结成团体,由小会而成大会,使商会遍布全国,以复兴民族商业。本年3月,旅沪绅商孙多鑫等创设商学会,"专以研究商学为宗旨",9月10日,经商部批准立案,社址设在垃圾桥塊原昌地。(汤志钧主编:《近代上海大事记》,上海:上海辞书出版社,1989,第582页)

7月,马相伯亲自出面,特招陕西举人于右任进入震旦学院为肄业生。于右任因反清言论得罪当地官府,罹获死罪,遭到通缉,流亡在上海租界,困顿无着。钱智修《马相伯先生九十八岁年谱》:"关中于右任先生以作诗讥时政,被清廷缉捕,避难走海上。先生闻之,招之入院,并免其学膳费,曰:吾以尽国民一份子之义务也。于先生原名伯循,右任其字,以避清吏耳目,乃以刘学裕之名著学籍。"按于右任自陈:"余以作诗讥时政,为清廷名捕,自开封间关走海上,因处吴仲旗(建常)寓中,几无为生。先生阅报知其事,使同乡祝三君雷招余入院,且特免其学费。余遂以'刘学裕'之名著籍。"(于右任:《为国家民族祝马先生寿》,《复旦同学会会刊》第8卷,1939年第2期)于右任入学日期没有明确记载,考开封"昌言革命"案发生在1904年春天,于右任即刻避死潜逃至上海,应该是在5月前后。他在英租界三茅阁桥(今河南中路、延安东路口)附近的小旅馆暂住数日后,搬到泾阳同乡吴仲祺家里秘密居住。马相伯获悉后委托震旦生雷祝三打探,"一个多月"后在吴仲祺家中发现,遂入学震旦学院,时间则应该在6、7月间。

《于右任先生六十岁年谱》"初,(于右任)先生尝印行《半哭半笑楼诗》,讥切时政。三原令德瑞杨白陕西巡抚升允指为革命党。升允遂奏令革去举人,严缉,有'无论行抵何处,拿获即行正法'之谕。电旨到陕,升允即派员赴汴办理。乡人李雨田先生洞知之,密遣人间道告先生,遂开关南下至上海,肄业于震旦学院马相伯先生之门。时适在苏报案之后,文网苛密,颇有以先生此举不利于学校者,先生独不惧。"刘延涛编《于右任先生年谱》(台北:台湾商务印书馆,1981年):"民国纪元前八年甲辰(公元一九〇四年),春,先生二十六岁,是年,先生赴开封登礼部试,已登录矣,因'昌言革命'案发,被革,乃亡命上海。马相伯先生乃招如震旦公学。"、"先生到上海后,身上只剩几元钱,住在三茅阁桥一所很小的旅馆内。不久就又搬到吴仲祺处住。吴是陕西泾阳人,有文名,擅技击,在地方上是为人所仰慕的。他家里还住有汪允中和张化臣。汪是革命党,张是古文家吴汝纶主讲的莲池书院高才生,是张溥泉先生的父亲。住在吴仲祺斜对门的,是吴彦复的家。吴彦复与丁叔雅、陈三立、谭嗣同是当时有名的四公子,他有一篇震惊一时请太后归政的奏折。他很穷,但袁世凯给他送钱,他不要。章太炎先生入狱后,书籍都寄存在他的家里。先生自言,到上海后,'两目皆黑',苦无去处,所以常常到他那里聊天,并借机会多看一些陕西看不到的书籍……。这样的生活过了一个多月,被马相伯先生知道,才入了震旦公学。""马先生在清末,可以说是最富新思想的一位。听说先生到了上海,就托震旦的陕籍学生雷祝三找先生。一天在吴仲祺的家中相遇,遂把先生的情形告诉马先生。本来先生到上海后就把辫子剃掉,因为入震旦,又重新蓄下。先生在震旦的名字是刘学裕,马先生每隔些时日,重要预备一些面食,约在一起吃。同学们见马先生对刘学裕的关切,颇为惊异。实则马先生招待的不是刘学裕,而是通缉有案的于博循。"

8月,李叔同、穆藕初等人创办"沪学会",会址设在南市小南门外曹家湾董家渡教堂西副楼。沪学会"研究学术","以开通风气,交换知识,图谋学界之公益"为宗旨。(汤志钧主编:《近代上海大事记》,上海:上海辞书出版社,1989年,第583页)"1904年,李叔同毕业(南洋公学)后,与穆恕斋等在上海南市组织沪学会,宣传讲究卫生,移风易俗和广开风气等,并提倡办学堂,培养人才。"(熊尚厚等:《民国人物传(三)·李叔同》,北京:中华书局,1981年,第318页)马相伯指导"沪学"研究,明年3月,沪学会邀请相伯担任会长。

李叔同(1880—1942),名息,字叔同;又名婴,一字息霜。浙江平湖人,生于天津河东地藏庵陆家胡同李宅。父亲李筱楼为同治四年(1865)进士,与吴汝纶同在孙锵鸣门下。李叔同幼年在私塾研习训诂之学,治经学;同时学放焰口之术,好佛学。1897年,与天津俞氏女婚配。1898年底,因见"戊戌变法"失败而绝望,遂奉母南下上海。初在法租界卜邻里赁屋居住,后参与南市"城南文社"集会。1900年,许幻园(华亭人,俞樾学生)喜其文才和性情,特辟城南草堂一舍("李庐")给李氏母子居住,并与袁希濂(宝山吴淞人)、蔡小香(宝山江湾人)、张小楼(江阴人)义结金兰,称"天涯五友"。同年,许幻园、李叔同等在福州路组织海上书画公会,出版《书画公会报》周刊,黄宗仰(常熟人)、汤伯迟(德清人)及任伯年、朱梦庐、高邕之等俱入会。1901年,入南洋公学特班,师从蔡元培,与邵力子、洪允祥、王峨孙、胡仁源、殷祖伊、谢无量、黄炎培、项骧、贝寿同、穆藕初等人同学。1902年,参加浙江乡试,未中式。1903年,从南洋公学毕业,担任圣约翰书院国文教员。1904年,与穆藕初等人一起创办沪学会。1905年,李叔同母亲去世后,东渡日本留学,加入同盟会。李叔同是马相伯"二十四位拉丁文学生"之一,但未曾参与震旦学院和复旦公学。1906年,在东京组织话剧团体"春柳社",演出《茶花女》、《黑奴吁天录》等剧目,开创中国话剧史。1910年回到上海,参加南社活动。1912年在陈其美、叶楚伧举办的《太平洋报》任美术副刊主编。《太平洋报》停刊后,李叔同转至杭州担任浙江省立第一师范学校音乐、美术教员,遂在杭州、温州、泉州地区流连忘返。1918年,决意皈依佛教,在杭州虎跑大慈寺出家为僧,僧名"弘一"。1942年10月13日,在福建泉州温陵养老院圆寂。(参见林子青编著:《弘一法师年谱》,北京:宗教文化出版社,1995年;熊尚厚《民国人物传(三)·李叔同》,北京:中华书局,1981年)

10月9日,下午二时,南市董家渡沪学会举行演说会,五百余人到会听讲。马相伯首讲,其次袁希涛、杨月如分别演说。10日,《时报》刊登报道"记马湘伯君演说",对演说内容加以报道,其辞略云:"上海遂为中国商务之中央点,至于今日则又为学界之中央点,凡各省之游学欧美及日本者,无不取道上海。……今日竟有沪学会之设,既能联合沪上之学者,又可招待各处游学之士,何盛如此!"

11月2日(九月二十五日),英敛之与夫人,携子女英志贞、英申格(千里)乘坐马车,到徐家汇拜访马相伯、李问渔等人,并参观震旦学院。英敛之于九月二十日到达上海,十月二十三日乘船离沪。得马相伯的介绍,英敛之在上海期间先后见到了朱志尧、夏瑞芳、张元济、李伯元、狄楚青、邹翰飞、李问渔、叶浩吾、刘铁云、严又陵、于右任等。当日在震旦学院会见时,马相伯正负责筹建启明女中,因而询问英敛之是否可以代为邀请他所熟识的才女吕惠如担任启明女中校长,议而未决。据方豪藏《英敛之先生日记》抄本,本日,"午后,偕内人携志贞、申格及文彬,乘马至徐家汇,天气晴和。自至(教)堂,晤李问渔司铎、潘司铎。至震旦学院,候数刻,晤马公相伯。略谈,询予惠如可否来此为启明女学院女总长。予告以后商之"(方豪:《于右老与马相伯先生》,氏著:《方豪六十自定稿》,台北:学生书局,1969年,第1985页)。按《英敛之先生日记》记载,九月二十三日上午,英敛之约了马相伯外甥朱志尧一起,从市区去徐家汇震旦学院拜访马相伯,"候近午不至,想系误会。"

11月6日(九月二十九日),马相伯在董家渡教堂附近食堂设宴,招待来沪做客的英敛之夫妇,以及英千里和女佣等,同时出席的有于右任、贝季眉(寿同)、张小楼等。据方豪《英敛之先生日记》钞本,英敛之"同内人、申格及老娘役赴董家渡。至,马相伯先生及陕西于学裕、季眉、小楼俱在。饭时,备菜甚丰,然可口者甚鲜"(方豪:《于右任老与马相伯先生》,氏著:《方豪六十自定稿》,台北:学生书局,1969年,第1985页)。

11月26日(十月二十日),午后二时,商务印书馆高梦旦、蒋维乔一行来徐家汇参观震旦学院、天文台、博物院、徐光启墓地、土山湾工艺院等机构。一行人受到震旦师生的接待,马相伯或在场。

按蒋维乔当日记载:"午后二时,偕梦旦、伯俞、伯绶、朵山、馥如、幼渔同赴徐家汇天文台。台高十余丈,顶有大钟及测风器,下有屋数幢,中一室藏测候器甚多,中有大风雨计,能自指风之方向;又有寒暑计,能自指寒暑度分;又有经纬仪、象限仪等。左室贮藏各国测候书籍,右室有子午仪、测地震器。台下有无线电机,台外草地上有测云器等,类皆不知其名。又观震旦学院及博物馆,中藏大兽之骨干及皮甚多,又有鼋等介族,又有虫、鸟等,皆全身者。又至天主教所设之工艺院,中分油画、印刷、漆器、木作各项工艺,盖皆收贫苦之孩童,择其资质相近者,授以各项事业,使之自立。有一华教士领予等到处观览,殷勤真挚。又今日适为星期,彼中停工,有数教士领一班艺徒在操场教授军乐,甚热心。盖彼教中人其能实行博爱主义者,诚可敬可爱。而神父皆不娶妻,实行共产主义,团体团结教之,为用大矣。天文台之西南,有徐文定公墓在焉。盖徐本徐家汇人,而与西人交接最早,能深得泰西天文学者,而并其教亦受之,故教会中人常为之修缮坟山也。"(蒋维乔著,林盼等整理:《蒋维乔日记(一)》,上海:上海人民出版社,2021年,第180页)蒋维乔(1873—1958),字竹庄,江苏武进人,1895年入江阴南菁书院,1902年参加中国教育会,任教爱国学社,1903年到商务印书馆编译馆编辑小学教科书。当日一同参观徐家汇者高梦旦(凤谦,1870—1936),福建长乐人,时任商务印书馆编译所国文部部长;庄伯俞(俞,1876—1938),江苏武进人,时任编译所编辑;奚伯绶(若,1880—1914),江苏吴县人,时任编译所编译;沈朵山(颐,生卒年不详),江苏武进人,时任编译所编辑;马幼渔(裕藻,1878—1945),浙江鄞县人,时在中国教育会编订教科书。

本年,启明女校在徐家汇地区创办。

本年,马相伯去过日本。"记得光绪三十年,我到日本,看见他们补习学问的风气。在普通学校讲格物几何课时,有了不少岁数很大的,或许是学生的父兄辈,站在教室外的两廊,对那口讲指划的教师们侧耳点头,谛听出神。这种好学的情形,参观的我至今还有印象的。"(《乐善堂纪闻·商店和私塾,家庭和工艺》,朱维铮主编:《马相伯集》,上海:复旦大学出版社,1996年,第1041页)

1905年(光绪三十一年,乙巳),六十六岁

3月9日,震旦学院发生学潮。学生因接校方通知,"将头二班英文裁去,如不愿者听之,并令马君入病院养病,即命南(从周)往学院中管理一切"。颇觉委屈。本日,震旦学院学生集会,沈步洲发表演说,约谓学校已为教会所有,要夺回震旦只有退学一法。当时有130名学生签名退学,不签者仅二名。马相伯邀请耶稣会改革校政,接受南从周担任教务长,但又不愿学生退学。学生以签名簿逼迫,他唯有"对学生饮泣",并答应"将学生所缴学费退还"(《震旦学院学生退学始末记》,《大陆报》,光绪三十一年二月十五日)。学生不听劝告,"携校徽、校具、图书等项,离徐家汇旧地。以校舍未定,寄迁于沪市爱文义路、新闻路间之某宅,推叶仲裕、刘学裕(于右任)、邵仲辉(邵力子)、王侃叔、沈步洲、张轶欧诸君为干事"(《复旦同学会刊》第8卷,1939年第2期)。

震旦学院创办时,马相伯知道拉丁文是古典语言,并不将之作为第一外语。按《震旦学院章程》,本校的外语教学以英语为主,法语次之,德语第三:"速成以英国语言为最,法次之,德又次之。无论何种新书,有实理实用者,英、法无不争先译行,知其一国便可周览欧族群书,加以英、美同文,其用途甚广。"惟时任学院"总干事",兼授英语教师项骧出国留学,新任教务长法国籍耶稣会士南从周拟定学院改革方案,拟将本院外文教学从英语第一,改成了法语第一,引起学生不满。清末的朝廷、官场和商场,对于英语、法语的重要性有广泛的讨论,形成了英语第一,法语第二的共识。1878年,曾纪泽出使英、法之前,受慈禧太后召见,就讨论过英语法语,何者更重要的问题。"(西太后)问:通行语言,系英国的,法国的?(曾纪泽)对:英语为买卖话。外洋以通商为重,故各国人多能说英国话。至于法国语言,系相传文话,所以各国于文札往来常用法文。如各国修约、换约等事,即每用法文开列。"(曾纪泽撰《出使英法俄国日记》)从上海职场利害来看,公共租界官方语言英语的主导程度,超过法租界的法语。

按教会方面解释复旦分离之原因,则以马相伯本人邀请南从周加入震旦,而学生不明原委,且不愿意放弃自治而发生。"至 1904 年岁首,学生增至十倍,马公相伯谓锐进之时机已至,即请耶稣会尽力相助,安徽传教司铎南从周遂被荐至沪,而为震旦之教务长矣。南公尽考旧章,学生抗不从命。马公恐以一己之故,阻南公之施政,辞职而去。学生大哗,相率离校,震旦遂暂行停办。"(《圣教杂志》第 17 卷第 12 期,1928 年)陈传德《马师相伯先生创办震旦学院之特种精神》(《马相伯先生百龄大庆》,特刊,1939 年)描述二月初震旦学院学潮过程甚详细:"惟是教舍借用教堂,教授俱系外籍教士,而院务又属学生自治,彼此不无隔阂。有外籍某教授,又从而持短长于期间。乃于乙巳年至政月杪,学院开学,新旧生正在报到上课,各班教授忽令学生呈验学费收据,否则不准上课。新生出道,固属茫然,而旧生以为向来催缴学费系会计之责,今教授于上课时加以干涉,与学院行政发生权限冲突。一面学生推举代表谒见先生,欲询原委,而先生紧闭卧室,称疾不见。学生亦知先生实有隐痛,未便明言,因此扰攘者累日。最后某教授竟来院声称,先生有病,即送医院疗治,院务由伊暂代。学生观此情形,极为愤慨,推由沈步洲君主席,开会讨论办法,佥谓我辈学生与先生共同进退,情词异常坚决。末由主席取出信笺两卷,置于讲台两端,一为签留,一为签去,听凭同学自由决定。结果,签留者仅宋佩君一人而已,而签去学生,于散会后知先生已去,咸纷纷携带行李,悄然离院,竟以散学闻矣。"

南从周(Felix Perrin,1858—1911),生于法国北部滨海省金廷(Quintin),幼年入家乡本教区的圣若瑟公学学习,四年级时转入圣布里厄的圣嘉禄学校,学业出色,成就优异。后在瓦讷随神父进修,考入巴黎最著名的圣类思高中(Lycee Saint-Louis),在该校学习时决定加入耶稣会。后因法国关闭耶稣会机构,随年轻会士转入英王属地泽西岛学习,接受哲学、神学训练。1885 年 10 月 4 日,到达上海,在虹口圣方济学校任教,担任教师和学监。1895 年,南从周在上海完成神学博士毕业考试,成为一名耶稣会士学者,毕业之际他自我描述性格,说:"我希望审慎地安排所有的人和事,以达到某周规范。然而我发现很难实现,我很少会感到高兴,或者说的好听一点,我几乎从未感到满意。我是个很难相处的人,到哪里都会抱怨,很少赞美别人,始终闷闷不乐,无论是物质方面,还是精神层面。"毕业后,南从周被先后调到徐州府、宁国府的堂口传教。1897 年担任宁国府总本堂;1899 年担任颍州府总本堂;

1903年震旦学院建立后,耶稣会召他来徐家汇协助院长马相伯,担任教务长,兼授法文和数学。1905年,南从周向马相伯提出学制正规化的建议,蒙各方赞成,被任命为院长。震旦学制改革开始后,受到学生激烈抵制,发生学潮。学潮后,马相伯等人另建复旦公学,震旦院长由李杕出任,南从周任回教务长,不久又回到芜湖教区。1911年5月,安徽发生饥荒和瘟疫,南从周在赈济活动中照顾病人,11日因染病去世。(参考《南从周神父讣告》,载《中国通讯》(Relation de Chine)1912年4、7月刊,译文由上海思源编译馆提供;《耶稣会士在华名录(1842—1955)》,台北:利氏学社,2018年)

3月9日,下午,马相伯在小南门外曹家湾沪学会会所发表演说,蔡元培等人作陪。沪学会及马相伯呼吁昨日散学的震旦学生尽数归来,由胡慕超、叶藻庭接待。因震旦学院发生学潮,沪学会人士及马相伯、蔡元培即在一起协商解决方案。

按蒋维乔日记:"徐家汇震旦学院创设至今,已第三年,忽于昨日学生一律解散。其原因则因天主教中视为教会所办之学堂,而学生则视为学生所办者。昔则含混不甚分清界限,今年法教习南某欲裁去英文,尽用法文。院长马相伯亦无能为力,故至决裂。而马亦教中人,虽有另行创办之意,惮教会干涉,不肯出首。是时,严又陵(复)尚漫游欧洲未返,渠本有在沪组织一学校之意。今(光绪三十一年二月初四日,1905年3月9日)晨与元济菊翁(张)谈及此事,张谓乘学生未散,驰函于严,嘱其回来办一学校,以使震旦学生无失所。因今日马相伯至沪学会演说,遂怂恿鹤卿君蔡(元培)往与马计议此事。是晚,蔡君归,言震旦学生代表人某某欲仍向教会商议,要求英、法文并重,而以马相伯依旧总持教育权,故蔡公未将此意宣布。"(《蒋维乔日记》,北京:中华书局,2014年,第194页)沪上教育界友好对解决震旦办学争议存有两种方案:一吁请教会妥协,保留马相伯校长,并以法、英文教学并重;二则以震旦学生为主,邀请严复主持,另立新校。

3月21日(二月十六日),下午二时,沪学会推举马相伯担任会长,邀请他在小南门曹家湾会所发表演说。沪学会得知震旦学院散学生19日在张园集会、合影,表示"吾辈团体,决不可解散",便邀请震旦退学生出席此次演说会,并拟在此时请回马相伯校长,商议恢复震旦事宜。沪学会在传单中称:"本会敦请马相伯先生为会长,顷闻贵院散学,诸同志劳燕东西,能无离群之感?同人深愿联络声气,特属本会干事慕超君胡、藻庭君叶为招待员。会所现设小南门外曹家湾,倘蒙签名入会,不胜欣盼。明日(21日)午后二下钟,相伯先生到会演说,发表意见。"、"沪学会此举,系欲保全该校,并请马君出教云。"(《震旦学院学生退学始末记》,《大陆报》,光绪三十一年二月十五日)

震旦学潮是多方误会造成的,而另立复旦是由学生发动的。1904年初,马相伯年老力不从心,遂同意由耶稣会管理校政。1905年初,南从周担任震旦教务长,学生不能接受南氏的教改方案,马相伯决定让政于耶稣会,以助改革。然而,追随校长多年的学生们不能接受马相伯的辞职,遂起罢课、退学、迁学之学潮。《震旦大学二十五年小史》:"千九百零四年岁首,相伯先生请耶稣会尽力襄助,安徽传教司铎南从周被召至沪,而为震旦之教务长。南公尽改旧章,学生抗不从命,相伯先生恐以己故,阻南公之施政,辞职而去。学生大哗,相率离校,震旦遂暂行停办。而离校学生于吴淞复创一校,曰复旦。"(上海:震旦大学,1938年)从震旦学生自治的办学机制来看,学潮有其必然性。钱智修《马相伯先生九十八岁年谱》:"震旦学院之创立也,外籍传教士担任义务讲座,学校行政则由学生任之,养成自治之风。是年(乙巳)春,先生微疾养疴,外籍教员改革校政,别定规制。违创办时之初意。先生谓避免师生冲突计,乃率全体学生离徐家汇旧址,谋另觅新校舍。侯官严又陵先生复、南昌师复季廉先生熊、宝山希涛观澜先生袁闻其事,咸来相会。维时校址未定,而报端忽然发现徐家汇震旦招生广告,先生因与严、熊、袁三先生联名启示,更名为复旦公学。此'复旦'二字与社会上相见之初一次也。海上缙绅如张季直、曾少卿诸先生亦助之甚力。先生则请于两江总督馥玉山周,拨吴淞营地七十余亩,备建校舍。同时发开办费一万元,又拨借吴淞提督行辕为临时校舍,于是年中秋节正式开学。此先生创办复旦公学之经过也。"(《中央日报》,1938年5月16日)

3月22日(二月十七日),张謇应马相伯邀请担任复旦公学董事,承诺尽力帮助复校。"徐汇故震旦学院请为董事,复支其学事,许之。"(《张謇全集·柳西草堂日记》)3月29日(二月二十四日),张謇"为震旦已散学徒筹款得万元"(《张謇全集·柳西草堂日记》,江苏古籍出版社,第548页),或即与马相伯从周馥处筹得一万元同一来源。另据张謇《致沈曾植》(1905年5月31日)透露他所知道的复旦公学办学方案,"马相伯所移之学院,欲仿早稻田例,设法制、经济、专科高等学课"(《张謇全集·函电》,上海:上海辞书出版社,2012年,第140页)。

震旦学院学潮之后,江苏学务总会背景的教育界人士欲邀请严复主持复旦校政。时拟担任复旦公学董事的共有28人,均为办学人物一时之选,惟没有马相伯,他们是:严复、汤寿潜、萨镇冰、王清穆、张謇、沈桐、蒯光兴、曾铸、庞元澄、熊希龄、沈卫、方硕甫、陈季同、施则敬、陈涛、黄公续、陶在宽、熊元锷、叶景葵、刘仲琳、况仕任、汪诒年、袁希涛、姚文枏、李锺珏、吴馨、王维泰、狄保贤。严复拟稿,28位董事联名,发表《复旦公学募捐公启》,称:"诸公而独无感乎?震旦学院者,丹徒马君相伯之所创立也,于壬寅开课。当是时,无经费,无师资,徒以少年求学之殷,本其诲诱不倦之意,草创缔合,谈艺分科。惟拙经费,故不得不借地于教门;惟乏师资,故不得不借才于会友。然而三载之间,卓有成效。其所课者,皆微至朴属之学,为他校之所无。既有以厌学者之怀来矣,而有朋自远,日益加盛。盖开课之始,就班者不过二三十人。至于今春,乃百四五十人而未已。乐与饵,过客止,兹非其验欤?所不幸者,以经费、师资之拙乏而借地借才,以借地借才而教育之权界不清,遂终于相激而解散。此今者复旦公学所以继震旦而求立。而募捐之举,所不得已而望。"(转见自校史编写组:《复旦大学志》,上海:复旦大学出版社,1985年,第53页)

  1905年,上海及江苏已有兴办大学风气,张謇、严复等人积极筹款之外,两项主要资助来自马相伯的故旧,时任两江总督周馥。周馥拨款两万元做开办费之外,另拨给吴淞镇提督行辕衙门作为校舍,此举令江苏人士推举严复接管复旦公学的筹议中止,而仍由马相伯担任校长。复旦开办因赖地方公款和众人捐助,故称为"公学"。马相伯《一日一谈·从震旦到复旦》:"复旦初办的时候,经济非常艰窘,校址又没有。我们在吴淞看好了一座房子,是吴淞镇台的旧衙门,地方很宏敞。既远城市,可以避尘嚣,又近海边,可以使学生多接近海天空阔之气。大家决定了,我便打了一个电报给两江总督周玉山(馥),请他把这个旧衙署拨给我们,并请他帮助些许经费。他回电很鼓励我们,吴淞镇衙署照拨,并汇了两万两银子给我们作经费。周玉山之所以如此慷慨,还是李文忠的一点关系,因为周氏本是淮军出身,我们弟兄也与淮军有关系。所以他对我们的要求很爽快地答应了。"(朱维铮主编:《马相伯集》,上海:复旦大学出版社,1996年,第1107页)

  "公学"两个含义:办学款募自于公,集资以公;招生不限地籍,聚贤于公。盛宣怀《奏南洋公学历年办理情形折》(1902):"公学无籍贯畛域之分,自愿儒学者遂群至,各省人士承流仰风,多士向学之诚。"复旦是清末概念的"公立"学校,即地方人士从各方筹款集资设立的学校。周予同《中国现代教育史》(上海:良友图书公司,1934年)定复旦公学、中国公学为最早的"私立大学":"1905年,因日本取缔中国留学生,发生归国风潮,于是在上海吴淞成立中国公学。同年,上海震旦大学学生因反对法国教士的无理干预,发生退学风潮,上海另组复旦大学。这两校是中国最早的私立大学。"(周予同著:《中国现代教育史》,上海:良友图书公司,1934年,第219页)此之"公学",指地方公立学校。作为与国立大学对应的私立学校(含教会学校)概念是民国学制确定后才出现的。

4月2日(二月二十八日),经两江总督周馥安排,复旦公学(仍名震旦学院)借得吴淞镇提督行辕120间房屋,作为开办校舍。"杨军门(金龙)允以行台假震旦学院:江南提台杨军门札饬吴淞营参将张炳泰参戎,略谓:顷接江督周玉帅电,将淞镇行台暂假上海震旦学院所住,外海营哨各弁,即速迁让等情,由张参戎即遵照,于昨日传谕各弁员,一律迁移。"(《时报》,乙巳年二月二十八日,1905年4月2日)

3月15日(二月初十日),震旦学院解散后,马相伯吁请两江总督周馥帮助办学。周馥托请上海道台袁树勋(1847—1915,湖南湘潭人)寻觅校舍,并命令江南提督杨金龙(1844—1906,湖南邵阳人)让出军事要地吴淞镇的提督行辕:"马相伯先生电请南洋大臣周玉帅援助,兹觅得昨日周玉帅电饬上海道袁观察电文一通,略谓:顷据上海马良电云:震旦生因两界争竞退学,痛学生无归,请援手等语。弟茫然不知,望派员查明情形,代筹办法,以尽地主之义,云云。"(《时报》,乙巳年二月初十日;1905年3月15日)阅月余,马相伯及江苏兴学官绅、士绅、震旦学院退学生在吴淞镇建立复旦公学,"杨军门覆函已允将提镇行辕暂借,昨日又闻沪道与各绅会商,亦愿慨助资,以竟厥事"(《时报》,乙巳年三月初十日;1905年4月14日)。又十日,经曾铸、施则敬等校董秉请,袁树勋又拨给公学田产若干,以作基金,供常年经费之需:"将西门外老营地七十余亩,又华泾芦田数百亩,拨作校产,以图永久,而免经费支绌等情。昨奉观察批准,并饬上海县汪大令查覆议办。"(《时报》,乙巳年三月二十一日,1905年4月25日)

5月10日(四月初七日),上海总商会因1905年4月27日美国国会通过排华法案(The Chinese Restricton Act)召开董事会并通过决议。决议案第二条提出:"限美国政府在两个月内改良排华法案,公平对待华侨,否则即实行抵制报复。"上海总商会首席董事,福建商人,从事中欧贸易的德法洋行(行址法租界大马路)经理曾铸(1849—1908,福建同安人)号召抵制美货。

6月3日(五月初二日),上海总商会发动抵制美货运动,上海、广州、福建等地出现抗议风潮。马相伯担任会长的上海沪学会支持"抵制美货",但他主张理性对待,策略行事。本日,召开五月份月会,"商办对付美约之策"。马相伯、严复等出席。马相伯在演说中,"痛陈白种人之欺凌华人,及华人籍白势以自害同胞,悲壮慷慨,声泪俱下,四座为之挥涕"。商学会王行是、商会学堂吴公之、义务小学堂尤惜阴、沪学会龚子英、二十三铺小学堂穆藕初、务本女塾吴畹九、人镜学社何剑华、沪学会附属义务小学堂李叔同、时习学堂吴隽季、文明小学堂董懋堂、利济学堂祁季英、民立上海小学赵子衢、广方言馆邹混清、民立南洋中学堂徐凤石、教育普及会私塾改良社沈戟仪、中英学社戈鹏云、嘉定学会及南翔学会许稚梅、教育研究会袁观澜、工艺学堂吕小珊、敬业学堂姚梦垠、民立上海中学堂龚子英、梅溪学堂徐跂洲、太仓普通学堂管封千、师范研究会闻冠丞、正谊学堂陆古君、速成师范讲习所项莲生、法文书馆苏汝钦等出席演说会。(《时报》,乙巳年五月初二日,1905年6月4日)

6月25日(五月二十三日),下午,中国教育会召开每月例会,选举蔡元培担任会长,钟宪鬯(观光)任副会长。会毕,马相伯发表演说,讲授名学。"会长蔡子民占多数,副会长钟宪鬯。评议员举六人,余与焉。会计金伯晬,书记吴丹初,庶务孙勉斋、胡慕超。五时至六时,听马相伯先生讲名学。"(蒋维乔著,林盼等整理:《蒋维乔日记(一)》,上海:上海人民出版社,2021年,第208页)

6月29日(五月廿七日),马相伯等人在上海《时报》发表《前震旦学院全体干事中国教员全体学生公白》,标志复旦公学与震旦学院脱离关系,正式诞生。按此次"公白"中透露的决议,震旦学院是全体师生一起退出,学校解散。除了校舍转留给耶稣会继续办学使用之外,"凡公备一应器具,暨书籍、标本,早经迁出,毫无轇轕"。另外,师生"全体"宣布:震旦学院撤出徐家汇之后,"暂借吴淞提辖,定七月下旬开学,更名复旦公学"。

此前,退学学生试图保有"震旦"之名,本次公告决定新建公学以"复旦"为名,"与旧时震旦,丝毫无关。"马相伯择定"复旦"之名,取《尚书大传》"日月光华,旦复旦兮"的古义和恢复震旦学院办学的新义。校名择定"复旦"之前,众人曾拟名"乐群",业经报道。"震旦学校近由各官助力,已经成立,拟名'乐群公学'。"(《时报》,乙巳年三月初十日;1905年4月14日)按于右任的说法,"复旦"之名是他建议的,取"复兴中华"之意。"在开学前集议学校命名,(于右任)先生建议'复旦'两字,表示不忘震旦之旧,更含复兴中华的意义,为众所接受,定名为复旦公学,推马相伯为校长。"(刘延涛编:《于右任先生年谱》,台北:商务印书馆,1981年)"复旦"三种意蕴均有根据,一并为用。

复旦公学脱离母校,自行创校的全过程中,马相伯起了引导作用,内在推动力则来自原震旦学院学生,江苏省官绅、士绅的赞助亦颇为关键。从震旦到复旦的撤校、建校工作由马相伯主导,具体事务则委托于右任、叶仲裕等学生。"民国前七年乙巳,震旦学院以外籍教士干涉校事散学,(于右任)先生奉马相伯命,与同学叶仲裕等,别组复旦公学于吴淞,海内名流群相赞助,遂为后来东南学府之重镇。"(《于右任先生六十岁年谱》)在罢课、离校和筹建复旦公学的过程中,震旦旧学生中于右任和叶仲裕起主要作用。"很多学生要脱离震旦,另外组织一个新学校,推举先生和叶仲裕、王公侠、张轶欧、沈步洲、邵力子作筹备人。后来,王公侠走比,张轶欧走美,沈步洲走英,邵力子走陕,实际负责的,只有先生和叶。在罢课初期,先生没有去处,曾给马先生当了短期的秘书,就住在马相伯那里。"(刘延涛编:《于右任先生年谱》,台北:台湾商务印书馆,1981年)马相伯把所有财产都捐给了震旦,对复旦则倾注了所有热情,两校是他的手心手背之肉,并无情感上之对立。马相伯晚年秘书徐景贤说:"震旦、复旦犹如马先生之一男一女,男性较强,女性较优。所谓父亲偏向爱女,究其甚因,震旦固长子耳!"(徐景贤:《马相伯先生百年生活》,载《中央周刊》,1946年,第8卷,第23期;赵中亚编:《徐景贤文存》,南京:江苏人民出版社,2016年,第543页)

7月19日(六月十七日),上海沪学会及学界、商界1 400余人假西门外务本女塾大讲堂集会,讨论抵制美货办法。当时江苏、浙江士绅张謇、汤寿潜、周廷弼、汪康年等主张文明抵制,福建旅沪同乡会首领曾铸则主张激烈行动。上海各厂商向美国定货,或数月之前已经发货,或正在运输途中,或已到达仓库。张謇等人以"现在未售及定续到之货值银约六七千万两,决当维持"(《时报》,乙巳年八月初九日,1905年9月7日),故请马相伯以沪学会会长身份出面转圜,协调上海商界、学界,谨慎处理。当日,杨月如宣布会场规则,吴畹九宣布开会宗旨,杨月如、吴畹九、穆抒斋、徐凤石等先后研究。会长马相伯发表演说:"言中国数千年未结团体,今日因外患,学界、商界遂能联络一气,尚未中国不幸之幸。""其实不用美货系我人自主权利,无论美人不能干预,政府亦不能禁止。故此为最容易之事,无须商量者。又痛言天下只有自立,绝无依赖他人之道。有人以为不用美货有大不便,于我国者谗言耳。是故我人如能协力实行,则日本尚可胜俄,安知我国不能挽回美约?云云。"大会议决,即日起不用美货,但要求各界能够区分续定美货与现存美货,对两者按不同办法处理,并呈送商务总会,致电外交部、商部。最后"由

马君相伯三呼万岁而散。"(《申报》,1905年7月20日)

7月23日(六月廿一日),复旦公学在《时报》发布广告,宣布新筹建的复旦公学诸项事务。广告提示"震旦旧名,有人袭用,嗣后海内外寄本学函件,请径寄吴淞提辕,或英界张园北爱文义路二十二号复旦公学事务所,以免误投"。广告还透露,复旦公学的教学管理由严复、马相伯两人评定,并有熊季廉(元锷)、袁观澜(希涛)分任管理之责。从震旦学院退学转至复旦公学的"旧生"注册至"七月初六日截至"。另外,根据空出的学生余额,将补招新生,在上海招考。

袁希涛(1866—1930),号观澜,江苏宝山县吴淞镇人。生于杭州板儿巷,父亲袁霓孙,曾在浙江淳安、德清、临安、嘉兴、东阳等地任巡检司员,1886年补上海县学生,肄业龙门书院,研习宋儒性理、汉儒经学,兼及天文、历算、舆地等新学。1897年(丁酉),应瑞安黄体芳之聘请,担任安庆经古书院襄院,提倡实学,为从事新式教育之始。同年秋闱,袁希涛中式为举人。1898年(戊戌),应江南制造局聘请,担任广方言馆教习,讲授天文、地理、历代政治,六年之间造就学生众多,影响遍及上海、宝山、嘉定和太仓。1903年,袁希涛在宝山创办县学堂(中学)、蒙学堂(小学)多所,并在各镇劝学,设立新式学校,二年间在宝山一县创办小学就达30多所。1904年(甲辰)秋,议改龙门书院为师范学堂,受汤寿潜、袁树勋赞助,与沈恩孚、叶景澐、夏璇等赴日本考察教育。1905年,复旦公学脱离震旦学院,袁希涛力邀马相伯等人到家乡吴淞镇炮台湾营地建立新校址。除帮助马相伯向两江总督周馥申请到吴淞提督行辕旧址作为复旦临时校舍外,还协助公学获得炮台湾土地七十余亩,以备建立永久校址。袁希涛还协助马相伯校长襄理校政,担任教务长,实为复旦公学创建初期之重要功臣。1912年,袁希涛应教育总长蔡元培邀请,担任普通教育司司长,力主将北京、南京、武昌三所高等师范学校改为国立,重点发展。袁希涛在北京教育部担任次长、署理部长达七年之久。1918年,因中国对德宣战,袁希涛主持将同济大学收归江苏,并迁校吴淞;1922年,袁希涛回到上海,出任江苏教育会会长,"当时谈教育者必推江苏,而言江苏教育者必争识先生"(黄炎培、汪懋祖、沈恩孚:《袁观澜先生事略》,载《中华教育界》,1930年8月)。1930年8月29日,因劳累过度,在上海突发疾病去世。

江苏省宝山县吴淞镇地处东海、长江和黄浦江交汇处,地势扼要,为鸦片战争后上海通商、兴业、练兵的要冲,曾为上海租界怡和、太古、旗昌、大北、等洋行外商觊觎,1876年筑修淞沪铁路。清末洋务运动后期,李鸿章、张之洞、刘坤一等通商大员相继谋划吴淞"自开埠",以图利权自握,据时任两江总督刘坤一《吴淞官地暂设公司召售折》(1899)报称:"上海吴淞一带,滨海沿江,历年涨出滩地,皆系繁盛冲要地方,久为市侩、地保隐匿,私租私售,每滋轇轕。经前署督臣张之洞委员设局清查,召售变价,归还纺织局纱机垫款,均经奏明在案。上年(1898)春间,吴淞自开口岸,奏准总理衙门咨行,作为江海关分卡,即经关道会同税司勘定界址,自炮台迤南,以迄牛挤角,作为通商场,准各国商民公共居住。维时旅沪各商,争往觅地,议购纷纷,磅确悉变膏腴,价值日益腾涌。所有通商场内官地,先经淞沪铁路公司将海滩紧要之处圈为建造车栈、码头等用,拟照官定价格,每亩给银五十两,往返争执,议售未谐。"(刘坤一撰:《刘坤一遗集(三)》,"奏疏卷三十",北京:中华书局,1959年,第1153页)复旦公学(1905)是江苏学人在吴淞镇创办的第一家高等教育机构,其捷足先登得到的官舍、官地并非一片荒芜,而是清政府和江苏省谋划已久,华洋商人热衷转售的热土。复旦公学移入后,又有中国公学(1909,后并入北京中国大学)、吴淞商船学校(1911,后大连海事大学、上海海事大学)、江苏水产学校(1912,今上海海洋大学)、同济医工专门学校(1918,今同济大学)、国立政治大学(1925,北伐军占领上海后停办)、上海医学院(1927,今复旦大学上海医学院),吴淞镇遂成为上海和中国高等教育机构最早建立,最为集中的区域。

《复旦公学章程》:"纲领及宗旨:一,本公学由各省官绅倡捐,并牒准大府檄拨吴淞官地,择宜建校,兼借提督行辕,先行开学;二,本公学之设,不别官私,不分省界。要旨乃于南北适中之地,设一完全学校,俾吾国有志之士,得以研究泰西高尚诸学术,由浅入深,行远自迩。内之以修立国民之资格,外之以栽成有用之人才。《诗》曰:'高山仰止,景行行止;虽不能至,心向往之。'宗旨正鹄,固如是已;三,除备斋本国历史、舆地、数学诸科,须用汉文外,余皆用西文教授。以正法论,中国学校固宜用汉文,今本公学定以西文教授者:一以西国历史、舆地诸名目,虽以音传,各函意义,今若纯用汉文,传授此等名义,叶音聱牙,不便记忆。二以科哲法典所用名词,大抵祖希腊而祢罗马,经学界行用日久,一时势难遍译,不如径用西文,较为简便。三以英儒约翰孙有言:'言语文字者,所以取一国典章,一民智慧之价值也。'东西成学之士,当国之家,国文而外,鲜不旁通三四国者。况世界竞争日亟,求自存必以知彼为先。知彼者必通其语言文字;四以西籍浩繁,非逐译所能兼收。

若置不窥,于学问之道便有所缺。又况泰西科学制造,时有新知,不识其文,未由取益,必至彼已累变,我尚懵然。劣败之忧,甚为可惧;四,本公学英文班生于入正斋后,任择法、德文一种兼习。已习法文者,另班教授,亦任择英、德文一种兼习。期于文字应用,得以肆应;五,本公学于考取学生时,皆取文笔已通达者。既入校后,以时日之有限,学业之多门,于讲授国文时间不能过多,于校中多度中籍,每月抄考试国文一二篇,榜列甲乙。其每学年浏览何书,讨论何学,即由正教指示用功途径,庶几以专攻而精,心以致一而逸,不致博而寡要,劳而少功;六,本公学徽章,拟用金制黄玫瑰,以明黄人爱国之义。"(下略。全文见朱维铮主编:《马相伯集》,上海:复旦大学出版社,1996年,第50页)

8月6日(七月初六日),上海沪学会假务本女塾召开大会,继续讨论和协调抵制美货办法,到会者2 000余人,马相伯、张謇、严复、曾铸等发表演说。马相伯提出"疏通定货论",主张将已定美货与美货存货分开处理,不定美货和不用美货不可混淆。最后,马相伯提出一个妥协决议,宣布:"前所定美货一律以七月初十划清界限。凡初十以前未经美国报关出口者,一律退去。然后由商会及各帮商量调查。美货存货作为国人公认之货,监贴印花销售,并请商会实力办理。"(《申报》,1905年8月7日)

8月10日(七月初十日),马相伯提出温和处理抵制美货的主张,受到激进行动人士的反对,他们以集会、演说的方式表达对上海总商会决议的不满。"(上海)徐园召开公忠演说会,是为特别大会,到会者亦达二千余人。会长戈忠认为(马相伯)先生系受苏葆笙情托,意在疏通存货,只为苏等少数人之利益,不顾四万万人的大众得失,并认为疏通即是破坏抵制。"(方豪:《马相伯先生年谱新编》,李东华编:《方豪晚年论文辑》,台北:辅仁大学出版社,2010年,第207页)

8月12日(七月十二日),震旦学院刊登《震旦学院简章》,公布录取学生名单,震旦复学。本日,《申报》刊登广告,新开学的震旦学院,由耶稣会派遣李问渔担任校长,法籍司铎南从周担任教务长。学制规定有两年制本科,已通西文者进入;三年制本科,含一年预科,未通西文者进入。"以西国普通学校课程为预科,以中学校及高等学校程度为本科,以立能入大学之基础。""第一年用中文上课,第二年使学生习惯于听用法文讲的课程,第三年起全部课程都用法文讲授。"

8月12日,马相伯(良)、沈仲礼(敦和)、曾少卿(铸)、虞洽卿(和德)因上海市面借"戒烟"为名,滥行各种假药,联名致书盛宣怀,请求在上海慈善机构广仁堂内辟出一二间房屋,建立一所戒烟药品查验机构,即名"广仁查验戒烟药品公会"。马相伯等倡议,该会会长仍由盛宣怀担任,公会所需费用由公款拨给一百元之外,"所缺之数,则由职道等担任"(马相伯等《致盛宣怀函》,上海图书馆藏盛宣怀档案原件)。盛宣怀亲笔回复,对担任查验戒烟药品公会会长不感兴趣,广仁堂内也无法辟出房间给公会办公。惟提出每月承担30元捐款,象征性地支持该项事业。

  筹议建立查验戒烟药品公所:1905年,上海租界严厉禁食鸦片,市面上出现各种戒烟药品。有以次充好,有假冒良药,甚至有以吗啡代作戒烟药。马相伯、沈仲礼、曾少卿和虞洽卿等人发起,要对戒烟药品公同查验,堵塞漏洞。四人联名向受到清廷委派的地方大员盛宣怀建议,提议在由他创办的民间慈善团体广仁堂内附设查验戒烟药品公会。为此,盛宣怀复信称:"相伯、仲礼、少卿、洽卿仁兄大人阁下:接奉惠函,敬悉一是。诸公发起戒烟医院,并设立查验戒烟药品公会,其宗旨在分托各处暗中购买各种戒烟药,寄会中公同化验。如有吗啡即照会该地方官禁售。除积毒而起沉疴,强种富国,此其首图,甚成甚盛。吗啡毒人,较鸦片尤重。是以鄙人与英国订立商约时,已先垂为厉禁。至广仁堂房屋,饬据驻堂董事查复,堂中现设医局,每日就医者总在二百人以外。甚形拥挤,实无闲屋可以挪腾。所禀确系实情,查验公会办事处只可另借公所,或即就长人庙医院开办,均请尊裁。每月月费本处月捐洋三十元,聊尽绵薄。会长一节,非所敢承。诸公如有见教之处,力所能行者,必当遇事竭力,相然用副盛意。肃及,敬请台安。亚弟,顿首,己,即日。"(上海图书馆藏盛宣怀档案原件)

  8月18日(七月十八日),复旦公学在《时报》发布广告,正式宣布学校招生定额为160人。按此次广告,复旦公学学制定为预科四年,专科二年。预科毕业后分别可以升入"实业专门"、"政法专门";专科毕业后,即可获得大学文凭。复旦公学学费收受标准,按寄宿方式不同分为三种:校内寄宿生每年收取120元,校外寄宿生(由学校代租)为每年100元,仅在学校午餐者每年60元。按本次广告宣布,八月初二日(9月22日),为复旦公学吴淞行辕校园的开学日。

  8月20日(七月二十日),下午二时,上海爱国女校开学,马相伯莅校发表演说,极富感染力。蒋维乔"在女校闻马相伯先生演说,真所谓嬉笑怒骂皆成文章,可谓第一演说家页"(蒋维乔著,林盼等整理:《蒋维乔日记(一)》,上海:上海人民出版社,2021年,第212页)。

  8月24日,复旦公学事务所在公共租界张园北面的爱文义路(Avenue Road,今北京西路)22号临时校舍招考新生。试卷和判分、录取均由招考官马相伯、严复两先生亲自担任。马、严中西学养相比当年南洋公学特班招考官张元济、福开森犹有过之。复旦公学学额160人,其中从震旦学院退学加入复旦的转学生有120人,另外招收40名新学生。马相伯等人超出名额,挑选了50名新生,他们是:"沈孝儒(仲朴)、孙复民(成伯)、董晏球(洲伯)、李涛、金问洙、何廷秀(文焕)、金问泗、徐佩璜、金问源、郁埏、帅勤、蒋肇英、张文木、陈翼、徐鼎臣、朱鹤皋、陈致谦、龚震盘、陈寿筠、黄锐、金志瀛、吴训腾、沈熊、陆兆鹓、林崧盘、曹承履、钟养斋、吴旭初、卢武、郑健、郭文、舒家鹍、鄢迪周、李苏同、张修鲁、黄颐、徐鼎、盛世乾、杨思忍、彭隽士、周振宣、彭魁士(佩青)、伍正钧(特公)、沈鸿照、侯震吉、李方恒、沈文杰、陆汝同、朱鹤翔、蒋恩钧。"(《复旦公学考取新生全案》,《时报》,1905年9月8日)录取新生一律在南京路荣昌祥定制操装、操靴,八月初四、初五日(9月22、23日)上午十点集体乘坐火车前往吴淞入学。

9月2日(八月初四日),清廷颁布上谕《停科举以广学校并妥筹办法》,宣布废除科举制:"科举不停,民间相率观望,推广学堂必先停科举等语,所陈不为无见。著即自丙午科为始,所有乡、会试一律停止,各省岁科考试亦即停止。"上谕紧急"严饬府、厅、州、县赶紧于城乡各处遍设蒙、小学堂,慎选师资,广开民智"(朱有瓛主编:《中国近代学制史料》第二辑上册,上海:华东师范大学出版社,1987年,第113页)。此际,马相伯与耶稣会以及江苏士绅们,已经合作创办了震旦学院、复旦公学。

9月14日(八月十六日),复旦公学成立,本日于吴淞正式开学。复旦公学筹建得到在沪绅商的共同支持,而马相伯仍然起了最主要的作用。马相伯除了自任校长外,还邀请严复任校董、评定官,熊元锷、袁希涛任教务长,李登辉任教习。

《复旦公学开学记》:"复旦公学借吴淞提辕为校舍,昨日开校。先由淞沪铁路公司特允在校旁轨道停车,以便来宾往返。是午,学生先谒校长、教员。午后二点开会,奏军乐毕,首由校长马湘伯先生演说,继由校董严又陵、教习李登辉次第演说。复奏军乐,散会。是日学生到学者凡一百六十人云。"(《时报》,1905年9月15日)

复旦公学在吴淞开学之后,因师资匮乏,马相伯亲授多门课程。"马老先生看见校中经费困难,对于教员束修等措为难,他便自告奋勇,像从前任创办震旦学院同样,自己担任教授法文。你们试闭目想一想,一位六十六岁的老人,兀坐在高台上,他鼻端架了一副粗边的铜框眼镜,终日口讲指划,不以为苦。这是多么动人的一幅图画!"(张若谷:《苦斗了一百年的马相伯》,氏著:《马相伯先生年谱》附录,上海:商务

印书馆,1939 年)

　　高平子《马相伯先生印象的片段》:"乙巳之春,由教会襄助之教务长与师在教育政策上意见相歧,师乃乞假养疴。学生大哗,共迎师离校。海上缙绅如张季直、曾少卿等助之甚力。侯官严复、南昌熊季廉、宝山袁观澜等闻之,相聚谋创新校,更名为'复旦'(拉丁名EOS)。由两江总督周馥拨借吴淞提督行辕为临时校舍。以是年中秋节开学。其时法文班学生渐少,教师更不易得。马师乃自上堂亲授法文,间或以邵仲辉为助教。此时于右任先生及迟一学期入学之平湖人金怀秋等皆在同班,但他们二人国学极有根基,常帮助马师办一些文墨,可算是师的私人秘书。后来又找到一位法国太太来教法文,然后她教得很难满意。其时已请来了李登辉先生当校长,他是留美博士,注重英文,法文班益无生气。而我不愿改学英文,于是到次年我就回到了老复旦,因此我的英文始终没读好。于右任等几位大弟子似乎不久也出去办报了。"(氏著:《高平子天文历学论著选》,台北:"中研院"数学研究所,1987 年,第 362 页)

　　李登辉(1873—1947),字腾飞,祖籍福建同安,生于荷兰殖民地爪哇巴达维亚郊外红巴村(Parmera)。(失名:《李登辉先生哀思录》,收《民国人物碑传集》,北京:团结出版社,1995 年,第 346 页)1887 年就读于新加坡英华书院;1892 年赴美入学俄亥俄威斯雷阳(Wesleyan)大学;1897 年,转入耶鲁大学;1899 年,获学士学位。1900 年,到槟榔屿英华书院任英文部主任;1901,在巴达维亚创办英文学校。1905 年,李登辉来上海,协助同乡人曾铸组织抵制美货运动。同年,发起成立"寰球中国学生会",担任会长。1906 年,经颜惠庆、于右任介绍,受聘担任复旦公学英文部主任,旋担任教务长,协助马相伯管理校务。"马老先生离开了徐家汇后,把校具图书先寄顿在租界爱文义路和新闸路间的某宅中,后来在吴淞看好了一座房子,是吴淞镇台的旧衙门,他便打电报给他的旧交两江总督周玉山(馥),圈拨下七十多亩营地,备建校舍,同时还授给开办费一千多两。又指定借拨吴淞提镇行辕为临时校舍。等到临时校舍修缮既竣,规模粗具,恰巧颜惠庆先生介绍李登辉先生去见马老先生,便礼聘他担任总教务,在光绪三十一年的中秋正式开学。"(张若谷:《苦斗了一百年的马相伯先生》,氏著:《马相伯先生年谱》附录,上海:商务印书馆,1939 年)李登辉加入复旦,还因为福建籍巨商曾铸的介绍,马相伯参加了他号召的"抵制美货"运动。据记载,曾铸在 1905 年给复旦公学有大额捐款。张存武《光绪二十一年中美公约风潮》记载:"马良于光绪十二年到过美国,对华侨之不幸遭遇知之颇详。他所创办的震旦学院,这时因外籍教士的把持而分裂,他正筹设复旦公学,得到抵制运动领袖曾铸的巨额捐款。"(转见自方豪:《马相伯年谱新编》,李东华编著:《方豪晚年论文辑》,台北:辅仁大学出版社,2010年,第206页)复旦公学白手起家,经费困难,有限的公费和学费之外别无收入,校务、教务多由马相伯和骨干学生兼任,李登辉一周授课27小时。当年冬天,马相伯上书两江总督周馥,拨给常年经费,开支各项,校务得以维持。钱智修《马相伯先生九十八岁年谱》:"复旦既成立,先生被公举为校长,以李登辉先生主教务,而行政则由先生派同学叶仲裕、于右任、邵力子诸先生分任之。时经费绌,教员束修且不继,先生乃自授法文班各课,以望七之高龄,终日高坐讲台,口授指划,不以为苦。是年冬,先生复请于江督,月拨经费二千元,于是复旦公学之基础始固。"(《中央日报》,1938年5月16日)1907年,李登辉与上海牧师汤仁熙之妹佩琳结婚,此后除英语、闽南语之外,亦学会使用沪语和普通话,融入本地社会。1911年,辛亥革命后南北议和时,李登辉担任伍廷芳的助手和顾问。1912年,复旦公学迁至徐家汇,李登辉出任校长,主持将复旦升级为大学,设文、理、商三科。1917年冬,赴南洋筹款,回国后陆续购入江湾地皮70余亩,并于1922年开工建造新校区。1924年,再赴南洋捐款,回沪设立复旦大学附属中学;1929年,扩展复旦大学为文、理、法、商四院,后又加建农学院、土木系。1937年,通过吴稚晖的活动,荣德生为复旦大学捐赠无锡太湖边千余亩土地,用以建造新校园,因抗战爆发遂寝。"八一三"之后,李登辉率领复旦大学部分师生在租界赫德路继续办学。1945年,国立复旦大学回到江湾校区办学,李登辉辞去校务,担任私立复旦中学、私立复旦实验中学董事长兼校长,继续服务复旦事业。1937年11月19日,因中风后更染肺炎,不治辞世。李登辉校长安葬于八字桥长老会公墓,与汤夫人合葬。(《李登辉传略》,校史编写组编:《复旦大学志》,上海:复旦大学出版社,1985年,第247页;佚名:《李登辉先生哀思录》,《民国人物碑传集》,北京:团结出版社,1995年,第346页)

叶仲裕(1881—1909),字景莱,浙江仁和人。1903年,入震旦学院读书,得到马相伯欣赏,为学生自治代表之一。1905年,与于右任、邵力子等人一起抗议徐家汇耶稣会办学人员改变学制,推动建立复旦公学,厥功至伟。1904年夏,他发动同学捐款,自己还到南京、扬州、淮阴筹款,帮助复旦公学渡过初创难关。"苦心经营,时历三载,复旦之得有今日,君与有力焉。"(《复旦公学追悼叶仲裕纪事》,《时报》,11 月 16 日)1906 年,叶仲裕参加光复会,又与沈瓞民一起创建浙江旅沪学会,还与于右任一起创办《神州日报》。1908 年,叶仲裕被推举为速开国会浙江请愿代表,赴京请愿。1909 年,叶仲裕在杭州创办《全浙公报》,兼任杭州安定中学监督。同年,叶仲裕参加领导浙江保路运动,因为忧愤和积劳,染上重疾。病情稍好之后,叶仲裕前往郑州探望父亲。六月间,途径镇江江面,因在船上慷慨激昂演说,情绪过于激动,竟投江自尽,年仅 29 岁。

邵力子(1882—1967),字仲辉,初名景奎,又名闻泰。浙江绍兴人,父亲邵霜,曾任吴县知县。1902 年 9 月参加浙江乡试,为举人,径入南洋公学特班学习。追随蔡元培,从马相伯学习拉丁文,为"二十四子"之一。次年,南洋公学学潮后,加入马相伯在徐家汇发起创立的震旦学院。1905 年,又追随和协助马相伯辗转吴淞,创立复旦公学。1907 年,与震旦、复旦同窗于右任一起,在上海创办《神州日报》,在日本东京筹款期间会见孙文,加入同盟会。1910 年,与于右任一起在上海创办《民立报》,任编辑。1913 年,《民立报》停刊后,回到复旦公学担任教员。1915 年,上海创办《民国日报》,叶楚伧主编,邵力子任经理和编辑,仍兼任复旦大学国文系教授。1919 年,"五四"、"六三"运动开始后,邵力子倾向激进,加入国民党,宣传社会主义。1920 年,邵力子又加入了陈独秀组织的"马克思主义研究会",将自己主持的《民国日报》副刊《觉悟》作为共产主义小组宣传刊物,但不经常参加活动。1922 年,邵力子联合国民党、共产党干部,将私立东南高等师范专科学校改组为上海大学,与于右任一起担任副、正校长,邓中夏任总务长,瞿秋白任教务长。1925 年,"五卅运动"后,因受《民国日报》稳健派排挤,亦因上海大学师生活动被公共租界当局查封,邵力子南下广州,转投蒋介石,担任黄埔军校秘书长兼政治部副主任。1926 年,国民党"二大"被选为中央监察委员,后又担任国民革命军总司令部秘书长。同年 8 月,因代表中国参加莫斯科第三国际第七次扩大会议,接受两党安排,以纯粹国民党代表身份参会,退出共产党。1927 年 5 月,邵力子从苏联回国,在国共决裂的情况留在国民党。1932 年,出任甘肃省政府主席;次年,出任陕西省政府主席。"西安事变"时,邵力子仍在任上,1937 年免去陕西省主职,出任国民党中央宣传部部长。担任宣传部部长期间,参与组织马相伯百岁诞辰和逝世公祭等活动。1942 年至 1944 年,邵力子出任中华民国驻苏联大使。1945 年 10 月 10 日,邵力子、张治中代表国民党与中国共产党在重庆签订停战协议。1949年4月1日,张治中、邵力子代表国民党与中共在北平作最后的和平谈判,失败后留在北平,转投共产党。中华人民共和国成立后,担任中央人民政府委员、政协常委、民革中央委员会常委。1967年12月25日在北京去世。(袁钟秀:《民国人物转(七)·邵力子》,北京:中华书局,1993年,第1页)邵力子曾说,马相伯和蔡元培对他是"四十年来最有影响的两位老师"(邵力子:《我所追念的蔡先生》,《中央日报》,1940年3月24日)。

9月14日(八月十六日),本日,马相伯校长就江苏省支持开办复旦公学,致电两江总督周馥,表示感谢,称:"两江制台钧鉴:复旦十六日开校,仰赖成全,敬电谢,全校公叩。"两江总督周馥于16日复电复旦公学,称:"复旦公学开学伊始,愿教员实心训导,诸生锐意潜修。谨为全校贺,并为学界贺。馥,巧。"按《时报》记者评论,赞曰:"上下交相爱,交相勉,立国之道也。古语有云:人之欲善,谁不如我,信哉!"(《时报》,乙巳年八月二十日,1905年9月18日)

9月15日(八月十七日),马相伯为首代表上海士绅商人,致电两江总督周馥,要求暂缓调离上海道台袁树勋,以便留沪处理"抵制美货"运动。电文说:"抵约事方资镇摄,恳恩暂缓饬赴升任,免失事机,谨电事秉。"在电稿上署名的还有:沈恩孚、龚杰、姚文枏、吴馨、王植善、袁希涛、夏清贻等。(《时报》,乙巳年八月十七日,1905年9月15日)

10月8日,上海各界促进新式的有志人士一百多人在愚园集会,决议建立江苏学会,选举张謇担任总协理(会长)。(《纪议江苏学会情形》,《申报》,1905年10月9日)该会址设闸北酱园弄(今新昌路432弄),由恽祖祁、王清穆等召集,马相伯为发起人之一。同年12月,江苏学会改名江苏学务总会,仍由张謇任会长。

《江苏学会章程》:"宗旨:专事研究本省学务之得失,以图学界之进步,不涉学界外事。甲,注重示范;乙,考求实业;丙,提倡尚武教育;丁,预备地方自治;戊,联合本省学界。"本会"因交通之便利,设总会于上海。职员:会长一人,副会长二人,评议员以各府各直隶州所辖厅州府县多寡之数为差,不拘何厅州县人。会董:每厅州县各一人,干事员全会共二十人。"(载《东方杂志》,1905年第二卷第十二期,第333页)江苏学会成立后,马相伯担任丹阳学会会长和总会的干事员。马相伯出生在丹徒,一直是以"丹徒马良"署称。这一次接受祖籍地的职务,开始与丹阳县交往。

1905年"废科举"前后,上海新式教育事业兴起,为江苏省书院改良相对成功之区,故而取代南京、苏州的科举地位,引领全省教育。"江苏省有江宁提学使,有江苏提学使,一驻南京,一驻苏州,同是管辖全省学务,时时发生职权上的争执。在这种情况下,1905年很自然的产生了江苏学务总会(后改名江苏教育会),主要成员沈恩孚(信卿)、姚文楠(子让)、袁希涛(观澜)、杨廷栋(翼之)、雷兴(继兴)、方还(惟一)、刘垣(厚生)、孟昭常(庸生)和我。这一群人推举张謇为会长。各县纠纷发生新旧冲突,我常被推为调查干事,实地调查,具一书面报告,根据理论和事实,判明曲直,解开症结。……同时号召各省同样设立学务总会,每年每省轮流举行一次教育总会联合会,第一年在江苏举行,江苏很自然地做了全国领导。"(黄炎培:《八十年来》,北京:中国文史出版社,1982年,第54页)"苏人士就上海创江苏学务总会,网罗全省新人物,而南通张季直謇、吴县王胜之同愈、太仓唐蔚之文治诸老辈迭被选为会长,对全省新教育保障其生存,平停其纠纷,同时利用上海地缩中外海陆交通,恣吸世界新思潮,以为全国绍介。"(黄炎培:《沈信卿先生传》,沈恩孚著,薛冰整理:《沈信卿先生文集》,南京:凤凰出版社,2015年,第600页)

秋,两江总督周馥邀请马相伯到南京演说,讲题为"君主民主之得失及宪法之真精神"(张若谷:《马相伯先生年谱》,上海:商务印书馆,1939年,第216页)。按徐景贤《马相伯先生百年生活》记录,马相伯"六十七岁,曾至南京,讲宪法之真精神,日后倡导休闲真,始终不懈"(《中央周刊》1946年第8卷,第23期;又见赵中亚编:《徐景贤文存》,南京:江苏人民出版社,2016年,第543页)。所述为马相伯同一次演说。

11月2日,日本文部省鉴于中国留学生骤增至8 000人,且有组织各种盟会、预谋革命的动向,以及一些风俗品行的社会问题,发布《关于允许清国人入学之公私立学校之规程》,严格学籍管理。《规程》中的第九条"受选定之公立或私立学校,其供清国学生宿泊之宿舍或由学校监管之公寓,须受校外之取缔。"第十条"受选定之公立或私立学校,不得招收为他校以性行不良而北饬令退学之学生",最为严厉,引起留日学生的巨大反感,称此为《清国留学生取缔规则》。《规则》颁布后,中国留学生以罢课、退学方式抗议,引起学潮。留日学生中江苏籍学生占大部分,两江总督周馥遂责成江苏省学务处和会,派遣中西学识兼备,处理学潮经验丰富的马相伯,偕李宗棠一起前往日本,处理该事件。"是年(张若谷编年谱为"光绪三十二年"),留学日本诸生以抗议日政府取缔令,相率归国,先生奉命东京办理善后。"(张若谷编著:《马相伯先生年谱》,上海:商务印书馆,1939年,第216页)在日期间,马相伯除了处理学潮事件之外,还在东京、京都、大阪、神户考察了日本新式高等教育事业。

11月6日(十月十日),马相伯、朱志尧介绍法国商务部特使德隆格与张謇会晤,商量建立中国国民实业银行事。据张謇日记:"(当天下午)二时,相伯、子尧晤法人德隆格(法商部专使),说建立中国国民实业银行事。"(《张謇全集·张謇日记》,南京:江苏古籍出版社,1994年,第560页)子尧,乃志尧之误,即马相伯外甥朱开甲(志尧)。

11月22日,马相伯在吴淞主持复旦公学事务,下午得暇与张謇、郑孝胥等旧友见面。"季直邀赴吴淞观渔业屋畀,遂观复旦学校。同行者陈伯谦、王季樵(锡蕃)、樊时勋(棻)、赵竹君(凤昌)、王旭庄(仁东)、刘步溪(鸿寿)等。在复旦晤马相伯。"(郑孝胥:《郑孝胥日记(二)》,北京:中华书局,1993年,第1018页)

12月23日(十一月二十七日),南京各新式学堂学生响应上海沪学会提出的主张,为争取更多本地生名额而罢课,形成学潮。25日(二十九日)江苏教育总会张謇"请(马)相伯往宁抚慰诸生,劝之上课"(《张謇全集·张謇日记》,南京:江苏古籍出版社,1994年,第563页)。马相伯不负所托,以出色的演说才能说服了学生,平息了这次学潮。"诸生等乃相悦以解。"(《学界纪闻:记苏绅莅宁劝谕学生事》,《时报》,1905年12月11日)另据1905年12月27日《申报》载,张謇、沈同芳致南京两江师范监督李瑞清(梅庵,1867—1920)电,当南京学潮兴起时,乃由张謇等人"兹请马相伯先生到宁,与各校接洽一切"。说服学生以大局为重,平息运动。可见马相伯与张謇已经捐弃前嫌,相互合作。

12月29日(十二月初四日),两江总督周馥亲赴上海,在总督行辕召集苏、皖、赣三省士绅暨各处要员,协商处理留日学生退学、归国学潮。本日,周馥任命"马道良(相伯)、梅道光远(斐漪)前往察看情形,妥为劝导"(李宗棠撰:《东游纪念》第七"劝导留学生日记",铅字印本,上海图书馆藏)。马相伯、梅光远(江西南昌人)、李宗棠(安徽颍上人)代表苏、皖、赣三省巡抚和士绅处理学潮事务。三人当天"住东和洋行,候船东渡",周馥还在总督行辕和第二批出国"考察政治大臣(泽)载公、李常卿(盛铎)、尚方伯(其亨)"一起讨论学潮处理事宜。载泽等三大臣于12月11日赶到上海,准备继戴鸿慈、端方二大臣先期出发之后,带领"参随各员"46人一起放洋,完成"五大臣出洋考察"。

本年,马相伯辞复旦公学校长,聘严复继任。

本年,马相伯担任祖籍地江苏省丹阳县商会名誉会长。马相伯经遗产继承和资本经营,在上海保有财产。马相伯帮助外甥朱志尧及其家族经商,在清末获得成功,间亦在丹阳从事商业活动。故此,丹阳旅沪商人推举他为本乡商会名誉会长。张若谷编著《马相伯先生年谱》:"是年,丹阳设商会,公举先生为名誉会长。"(上海:商务印书馆,1939年,第216页)

本年,上海商界、学界和天主教界成立学行赞襄会,以研习科学为宗旨。学会推举马相伯外甥、著名实业家朱志尧为会长。学行赞襄会成立于1905年,恰逢清廷废除科举制,新式高等教育从上海普及全国之时,故意义重要。

《学行赞襄会章程》为"宗旨:人生两大间,各有成己成人之责。成己以立行为先,成人以积学为要。故学行务必兼修,而非借助他山,难免孤陋之慨。同人等由是决计合会,以进学厉行为宗旨,因名学行赞襄会。"该会主要活动为演说,内容均关于科学(分象数科、理化科、政治科、宪法科、经济科、哲学科、西文科、音乐科)。学会设会长一人、副会长二人、评议员八人、书记员四人、会计员二人,庶务员六人,干事员不定。另设监会员一人。一年一任,连举连任。正会长为朱志尧,李穰君、庄允升为副会长,陈成章为名誉会长,沈澄伯为会计员。清末立宪运动渐次开展之后,学行赞襄会会员大多成为地方自治运动的拥护者和参与者,按1910年本会年度报告:"本会成立以来于兹五年矣。凡所为'集众而决事,合力以从公',实即地方自治之雏形,亦可为自治之起点。"(《学行赞襄会庚戌年终报告·序》,上海:学行赞襄会自印本,1910年)马相伯一直指导学行赞襄会会务,曾多次莅临会场,发表演说。演说内容从普及科学知识,到提倡地方自治。

1906年(光绪三十二年,丙午),六十七岁

1月8日(十二月十四日),午后一时,马相伯、梅光远、李宗棠一行三人,与出洋考察政治大臣载泽、李盛铎、尚其亨,以及"参随各员"等43人(载泽等出洋考察46人中,另有荣升、乌拉、熙椿三人留沪)一起,在虹口英国码头乘坐小火船,行90分钟,到吴淞口登上美国公司商船"卡纳号"。"戌初二刻"(19:30),载重6 000吨的"卡纳号"起航开赴日本。"卡纳号"船员中,除船长是美国人之外,日籍、粤籍各一半,船舱和甲板管理颇为松懈,"室内吃酒、吸烟,皆所不禁,殆即所以有待华人"(李宗棠撰:《东游纪念》,铅字印本,上海图书馆藏)。

载泽、徐世昌带领随员,考察访问英、法、比、日等国,与戴鸿慈、端方分工考察美、俄、德、意、奥等国。据李宗棠《东游纪念》第七"劝导留学生日记",随载泽一行放洋的43名人员名单是:"头等参赞左子兴观察(秉隆,广东驻防)、二等参赞吴挹清观察(宗濂,江苏嘉定)、周少朴侍御(树模,湖北天门)、刘惺安给谏(彭年,直隶天津)、陈幼庸观察(恩焘,福建福州)、钱念劬太守(恂,浙江归安)、三等参赞冯孔怀太守(国勋,广东番禺)、柏峻山商部(锐,广东驻防)、严伯玉观察(璩,福建侯官)、随员关竹明太守(景贤,广东番禺)、曹云清(复庚,江苏元和,美国留学生)、李符曾驾部(昆瀛,直隶高阳)、赵仲宣水部(从蕃,江西南丰)、杨仁山商部(道霖,江苏无锡)、戢元成外部(翼翚)、杨味云商部(寿枏,江苏无锡)、钱念慈商部(承志,浙江仁和)、段芝普太守(庆熙,江苏萧县)、夏穗卿直刺(曾佑,浙江钱塘)、姚柳屏明府(鹏图,江苏镇洋)、杨子书明府(灿麟,江苏丹徒)、刘朴孙明府(锺琳,江苏宝应)、刘文泉郡佐(恩源,直隶河间)、黄筠腴庶常(瑞麟,湖南善化)、钱泽农太守(锡霖,浙江嘉兴)、文勤(尚,知府,汉军)、王侃叔主政(慕陶,湖北宜春)、德文伯笔政(奎)、张季才孝廉(允恺,直隶丰润)、葆伯萱明府(椿)、文小奇(澜,知府职衔,内务府汉军旗)、周子荣(蕴华)、欧阳如山(祺,美国留学生,广东香山)、杨叔壬孝廉(守仁,湖南长沙)、沈簪基广

文(觐宸)、蒋范五(履福)、徐赞廷(世襄)、刘冠亭译官(长礼,顺天宝坻)、赵儒楷中翰(保泰,江苏长洲)、供事韩宗瀛护卫。"前此,去年12月19日(十一月二十三日),戴鸿慈、端方已率伍光建、施肇基等随员"凡三十三人"(戴鸿慈撰:《出使九国日记》,长沙:湖南人民出版社,1982年,第48页)已在上海搭乘"西比利亚"(Sibilia)轮,前往美国。

1月10日(十二月十六日),"午初二刻"(11:30),"卡纳号"经过40小时的颠簸航行,到达日本长崎港。时,长崎阴天,有雨,马相伯一行在此办理海关手续。李宗棠等为马相伯安排行程,先行下船,赶到下关乘坐早上六点二十分钟的火车,经广岛、兵库,于10日凌晨四点三十分到达神户。

李宗棠(1870—1923),字柏荫,安徽颍上人。曾在淮军系统中办理洋务,通日语,于教育、留学、警务、矿务多所留心。后参与承办地方留学事务,仅1902年到1905年间就五次东渡日本,专门处理留学生事宜。11日,马相伯乘坐的美国轮船"卡纳号"到达东京港。李宗棠尊称马相伯为"相伯老",安排相老人与其他人员分开租住。经长崎、神户到达东京后,马相伯先在"中央馆住一宿,即迁筑地法国饭店"(李宗棠撰:《东游纪念》第七"劝导留学生日记",铅字印本,上海图书馆藏)。"中央馆"位于东京中央火车站,即东京中央车站饭店(The Tokoyo Station Hotel,1915)前身。"筑地"位于银座附近,是江户时代填海区,东京本愿寺移建。明治维新后,明石町划为外国人居留地,天主教会在此建立教堂,时有"法国饭店"。

1月14日(十二月二十日),午后,马相伯、梅光远、李宗棠拜见清朝驻日公使杨枢。杨枢向马相伯等人出示《学界风潮始末记》及清日政府为留学生学潮事之往来公牍,以便让马相伯等人了解情况。(李宗棠撰:《东游纪念》第七"劝导留学生日记",铅字印本,上海图书馆藏)

1月17日,《时报》刊登复旦公学学生致江苏学务处公开信,事为留校学生为某校董"以私人意见,登报明年停学,深骇听闻,祈鼎力维持复旦"。复旦学生另有专电,急请东京清国驻日公使杨枢转致马相伯,告知"校事有变,众情愤激,乞公毕速归"(《复旦学生电马湘伯观察》,《时报》,1906年1月17日)。按两江学务处当日电复:"复旦设立甚费经营,湘伯先生赴东,不久即归,断无停学之理。已禀督宪竭力维持,望诸君努力勤学,以光学界。桐。"复旦学潮遂平复。

1月21日(十二月二十七日),马相伯在离东京九十公里外神奈川县的温泉胜地箱根游玩。李宗棠于本日傍晚时刻,去住地法国饭店"访马相伯,已往箱根游日光去矣"(李宗棠撰:《东游纪念》第七"劝导留学生日记",铅字印本,上海图书馆藏)。

1月25日(正月初一日),春节,东京大雪,日本接待官员前来贺年。下午一时,马相伯、梅光远、李宗棠等人以东京两江会馆的名义,"假座东京牛込区赤城元町清风亭开新年恳亲会。先期遍邀(苏赣皖)三省同乡,到会一百余人。先由干事王君庚报告本会之缘起"(李宗棠撰:《东游纪念》第七"劝导留学生日记",铅字印本,上海图书馆藏),随后马相伯等人先后发言。

1月28日(正月初四日),晴冷。申刻(下午三时),马相伯、梅光远、李宗棠等处理清国留学生学潮代表赴东京本乡座(东京大学附近)日华学生会,"会晤大隈伯爵、青木子爵、长冈子爵、小笠原子爵、嘉纳治五郎、尺秀三郎、根津一、寺尾亨、福本日南、高桥秀臣诸人来宾约五十余人,两国学生到者千五百名。干事曾鲲化、周家彦、赵保泰、姚震等周旋期间"(李宗棠撰:《东游纪念》第七"劝导留学生日记",铅字印本,上海图书馆藏)。大隈、青木对到会的中日学生发表演说,酉刻(下午五点)散会。大隈伯爵,即日本宪政倡导者,改革家大隈重信(1838—1922);青木子爵,即日本宪法起草者青木周藏(1844—1914)。这两位同时代人,领导了日本民族的改造计划,而"西学"一度领先的上海学者无此幸运,却转而落后,马相伯曾多次感叹。

实藤惠秀(1896—1985)《中国人留学日本史》:"1月28日,日华学会于本乡座举行成立典礼,来宾约五十人。日本方面有大隈伯爵、青木子爵、长冈子爵、小笠原子爵、嘉纳治五郎、尺秀三郎、根津一、寺尾亨、福本日南等要人。中国方面有李宗棠、马相伯等要人。两国学生有1500人参加。登台演说者有大隈、青木、嘉纳、马相伯、李宗棠、程家柽等。大隈指出:日本在四十年以前,也和中国一样,曾派人到外国留学,或聘请外国人到本国任教。又谓中国人留学于一个同文同种而与本国道德本源祥运通的国家——日本,较远赴西洋为有利。大隈也提醒日本学生应善待中国留日学生,不要苟且。大隈的演说,博得中国人热烈的鼓掌。李宗棠对此事有详细记录。苏高曼只记得大隈的演说词。中国来宾方面,马相伯的演说中有下面的名句:爱国不忘读书,读书不忘爱国。为此,他赢得了张之洞'中国第一位演说家'的赞誉。演说后的余兴节目则有日本学生表演剑舞和放映幻灯照片,中国留日学生表演中国音乐和朗诵诗歌等。"(北京:生活·读书·新知三联书店,1983年,第405页)

实藤惠秀著,刘殿林译《评马相伯先生年谱》(《上智编译馆馆刊》,第一卷,第53页)根据一位当时倾听马相伯演说的学生苏公满(译音)日记《琐琐录》记载:"正月初四日,即明治三十九年一月二十八日,记是日于本乡区春木町本乡座举行中日学生演讲会,略称去年(明治三十八年)颁布'留学生取缔规则'后,即引起中国留学生之不满。留学生将及万人,相继返国,至是年一月十三日,始行复校。此次演讲会之举,盖为缓和因取缔规则所引起之恶感,并籍以重复旧好。中国学生方面之发起人有屠察、赵宝泰、李祖虞、夏道南、韩如庚、姚震、曾鲲化、寒念益、吴永珊、承明喆、周宗彦。日本学生方面之发起人(从略)。当日出席演讲者,日方有嘉纳五郎、大隈伯爵、青木子爵;中国方面为马相伯、李宗棠及程家柽。"

在日本,为江苏省留日同学会发表演说。马相伯告诫学生们要破除"省界、府界、县界",追求真正的学问,"学问者,宙世之光,光与光相照,但相辉映,无甲乙光界之可分"。同时,他还号召学生们像日本那样好学、善学,"学欧美则去其奢靡,学中国则去其简陋。无事无学无人不学"(《马观察良上江督秉》,《江苏学务总会文牍初编》上,上海:商务印书馆,1906年)。按《马相伯先生国难言论集》中的回忆:"光绪三十三、四年间,留日学生发生学潮,余又重渡扶桑,以抚平之。当时尝以'爱国不忘读书,读书不忘爱国'一语,蒙湖广总督张之洞之称扬,以为中国第一名演说家。当时梁启超尝谓余记录。"(徐景贤编录笔记:《马相伯先生国难言论集》,上海:文华公司,1933年)东京学潮发生在光绪三十一、二年之间,记录却说"三十三、四年间"。这是马相伯晚年记忆有误,或者是记录者笔误,把1906年为处理学潮赴日与1908年任职政闻社赴日混淆了起来。另外,按徐景贤记录的《马相伯先生百岁生活》:马相伯"六十八岁,赴日,发表'爱国不忘读书,读书不忘爱国'演说,抚平留学生风潮,时彦称:'中国第一演说家!'老先生演说固惊人,其功夫颇不易,尝告我:'要人哭一回,自己先哭一千回;要人笑一回,自己先笑一千回,此季宰六成功秘诀!'"(《中央周刊》1946年第8卷,第23期;又见赵中亚编:《徐景贤文存》,南京:江苏人民出版社,2016年,第543页)

2月23日,中国公学开学,马相伯被聘为教员,两江总督端方以每月1000元襄助。中国公学临时址设虹口北四川路横浜桥租赁民居,分高等、普通中学、普通师范和理化科,郑孝胥任监督,实际主持人为姚宏业、李搏沙。公学教员除马相伯之外,还有马君武、陈伯平,日籍教员5人,英、法、德籍教员3人。(汤志钧主编:《近代上海大事记》,上海:上海辞书出版社,1989,第612页)

3月12日,郑孝胥欲在徐家汇购地建屋,考察地亩,顺便访问土山湾工艺院、徐家汇藏书楼等处。郑孝胥与画师刘德斋(1843—1912,江苏常熟人)、修士张韵琴(乃昌,一字杏笙,江苏南汇人,震旦学院拉丁文教师)交谈并获参观。本日,马相伯不在徐家汇,郑孝胥因得其介绍而结识在场诸位。

《郑孝胥日记(二)》:"(本日)午后,沈耕莘来邀同往徐家汇观地址八亩,在南洋公学之右,天主堂之左。又观一宅,在河滨,楼房五幢。遂入工艺厂,观教木匠、漆匠、油画、铅字各艺。各生徒约二百余人,又有女工艺厂,皆天主教会收留无家之僮,教且养之,艺成娶室,能自给乃听其所往,信善举也。有油画教习刘德章(斋),出家入教,年六十余矣。复至天主堂,神甫张韵琴引观藏书楼,中西书籍数十万卷,道释经典,各省方志皆略备。徐家汇为徐光启旧居,今为巨镇,居民多奉天主教。教会中所建又有天文台、印字局、震旦书院及女修士院。重楼叠阁林立,相望数里,其财力亦大矣。张韵琴自言入教二十余年,今为拉丁文教习。"(北京:中华书局,1993年,第1034页)

春,继续在日本游历,在江户遇见留学生顾琅、周树人(鲁迅),订文字交。本年7月(五月),"江宁顾琅、会稽周树人合纂"《中国矿产志》出版。顾、周两位作者因慕马相伯精通"矿学",故请为本书撰写序言,由上海普及书局发行。

马相伯应顾琅、周树人请,于"光绪丙午仲春"在日本东京撰写序言:"顾、周两君学矿多年,颇有心得。慨祖国地大物博之无稽,爰著《中国矿产志》一册,罗列全国之所在,注之以图,陈之以说,使我国民深悉国产之所在自有,以为后日开采之计,致富之源,强国之本,不致家藏货宝为他人所攘夺,用心至深,积虑至切,绝非旦夕之功所能致。"(据《中国矿产志》,上海:普及书局,1906年)序言中对顾琅、周树人亟表欣赏。鲁迅1902年春去东京留学,其间只在1906年夏秋间因回乡经过上海,其时马相伯已经从东京回沪,去南京参与预备立宪活动。因此,鲁迅和顾琅见到马相伯,并向他求序,应在东京,时在"丙午仲春",即如马相伯完稿后所署。本序文在《鲁迅全集》(北京:人民文学出版社,2005年)未收,刘运峰编《鲁迅轶文全集(上)》(北京:群言出版社,2001年)收入。

4月25日,马相伯与张謇、李平书、曾铸、朱开甲(志尧)等人列名,联合发起"中国图书有限公司",为废科举、兴学校之后编写、翻译和出版新式教材事务,"以求编辑、印刷、发行、书局之发达,以巩护书籍而保教育之权"。中国图书有限公司拟"设总局于上海,编译、印刷两部,应于租界之外购地建造,地价既属便宜,房屋亦可宽敞。发行、收支两部设于租界内交通便利之处。并于南北繁要各埠逐渐添设分局,期遍各行省而止"。

中国图书有限公司总局办事处设大马路泥城桥东 52 号（一说小南门外教场地），招股启示当天刊登于《时报》，发起人为：周晋镳、樊棻、孙廷翰、施则敬、恽祖祁、李锺珏、严信厚、朱开甲、马良、谢伦辉、周廷弼、席裕成、张謇、席裕光、刘树屏、汪锺霖、曾铸、夏清诒、李厚祐、狄保贤、胡琪、俞复、朱佩珍、席裕福、陈作霖、黄继曾、胡焕、连文澂。（《中国图书有限公司招股缘起启》，朱维铮主编：《马相伯集》，上海：复旦大学出版社，1996 年，第 64 页）另据记载，1906 年，"张謇等发起中国图书公司，吴县沈恩孚任编辑长。所出各书，以高小之史地为最著名。惜进行太缓，书未出齐，该公司已以周转不灵，不能不缩小范围。勉强支持至民国二年（1913），盘与商务印书馆"（陆费伯鸿：《论中国教科书史书》，张静庐辑注：《中国近现代出版史料·中国近代出版史料初编》，上海：上海书店出版社，2003 年，第 212 页）。马相伯、朱志尧发起和入股中国图书公司，带入了土山湾印书馆先进的印刷技术，如从欧洲新引进的石印、彩印法等。土山湾工艺院上海籍技士邱子昂"助朱志尧等开创图书公司于上海小南门外教场地"（《江南育婴堂记》）。

5 月（四月），马相伯报请两江总督周馥，提议疏浚和开发丹阳县练湖，以"曲"字形兴筑圩田，疏通运河。湖面从事渔业，田埂种植桑树，农业、蚕业、工业并举，以股份公司方式经营，所得部分利润用以兴办学校。周馥总督奖励工商，亟表赞成，札饬常镇道陶森甲会同地方官绅调查、测绘，开始办理。马相伯等人在周馥批复后，立即在上海、丹阳招商集股，注册了一家"富润公司"从事经营。

按马相伯禀文，"窃以为与其委地于水横决堪虞，不如多开河道杀其水势，且因深培高筑为圩田，以收其利。田即如井字，河如曲字。外环中贯，宽五六丈，深二三丈，临运河处置过山龙。龙下置水轮，借用马力，以开工厂，俾一举而数善备焉。……一切开筑事宜准予招商集股，领办湖田。垦熟照例升科，则公益、私益，两俱便利矣"。镇江"富润公司"已经集资，拟拆除镇江城垣，兴建马路，以利交通。马相伯的建设方案随即受到丹阳守旧官绅的抵制，"马良拟就练湖筑田种桑之议，查核情形于民田水利大有关碍，实属误计。即未开办，应即将所禀原案注销，以备旱潦而利农田所有。镇江富润公司被参各款，遵旨查明办理情形"。（《丹阳续志》卷二"水利"）马相伯设想开辟交通，以工代赈，救济家乡灾民，开办丝业，发展家乡地方工业的设想遭到挫折。

6 月 9 日，马相伯为在上海设立大学预科（"高等学校豫科"）事宜，致书两江总督周馥，请求仿行"日本东京第一高等学校公立专门豫科"的学制，为各地至上海的求学青年开办新式大学预备班。本日,天津《大公报》发表《马相伯观察续禀两江总督稿》,透露他如何应对废除科举制以后兴起留学热潮的想法,即"今如设一高等豫科,无益之费自可节省,即出洋游学亦只学其高等专门之学科,人数有限,以视习外国文,习普通学,一切皆须学之于出洋后者,其孰省孰费,自必有间。是豫科之设,虽增一费,实则所省为甚多也⋯⋯"。在上海和江苏设立一所专为准备出国留学生设立的大学预科学校,将教育经费留在上海,提升本地高等教育规模和水准。

7月23日,郑孝胥获悉,马相伯已经将复旦公学事务委托叶仲裕、于右任、李登辉等人,等待新任校长。为此,郑孝胥将马相伯从两江总督府为复旦筹集的一笔款项中止执行,搁置不发。

郑孝胥当日与晋益升钱庄老板熊藤保(石愚)见面,谈及本庄从扬州盐运使处汇到2 000两复旦资助款,郑孝胥建议中止执行,留庄不发,并适时退回。"(本日),晋益升熊藤保石愚来见,谈复旦公学款事,出示扬州运使与马相伯一件,并银二千两,乃南洋协助复旦公学之款。马相伯已不理复旦事,余告石愚曰:此款可存晋益升,令复旦账房书批回,以归运使,一月后无异论,即听其提款可也。"(《郑孝胥日记(二)》,北京:中华书局,1993年,第1050页)

8月1日,据上海《时报》本日报道,因南京发生征兵与警兵之间的肇事事件,马相伯负责处理,组织宪兵维持秩序。"初九日为星期日,各营概未放假,并采用马相伯观察之议,组织临时宪兵,以安军心。惟警兵至今尚未惩办。"

8月18日(六月二十九日),朱志尧创办之求新船厂遇到经营困难,上海法商欲加以收购。张謇、魏蕃实当日在求新船厂参观,劝告朱志尧不要将此产业转让给法商,并表示求新船厂的经营如有困难,他们愿意支持。"至朱子尧求新厂,厂有法人欲得之,劝勿为动,必与赞成,魏蕃实亦许协助。"(《张謇全集·张謇日记》,南京:江苏古籍出版社,1994年,第576页)

秋,蔡元培受聘担任京师大学堂译学馆(监督章梫)教习,为授课作《国文学讲义》,在"叙言"中推崇《马氏文通》,称"丹徒马氏《文通》一书,义证该洽,尤鳌然有当于人心。自刘氏《文心雕龙》、章氏《文史通义》以外,纯正文学之书,虽不可多得,而论文之作,散见于别集,选本者颇多,选取而思理之,于作文之法,亦当十得其九矣。"(《蔡元培全集(一)》,北京:中华书局,1984年,第391页)

9月1日(七月十三日),清廷发布《宣示预备立宪谕》,开始"预备立宪",待数年后正式实行宪政。"⋯⋯时处今日,惟有及时详析甄核,仿行宪政,大权统于朝廷,庶政公诸舆论,以立国家万年有道之基。但目前规制未备,民智未开,若操切从事,徒饰空文,何以对国民而昭大信? 故廓清积弊,明定责成,必从官制入手。应先将官制分别议定,次第更张。将各项法律详慎厘订,而又广兴教育,清理财政,整顿武备,普设巡警,使绅民明晰国政,以预备立宪基础。"

9月,为了宣传和落实"预备立宪",两江总督周馥特邀请马相伯到南京商量立宪筹备事务,并发表公开演说,以动员民众参与。"清室颁预备立宪诏,先生应两江总督聘,赴南京讲演君主民主政制之得失及宪法之真精神。听众数万人,鹄立数小时无倦容。"(张若谷编著:《马相伯先生年谱》,上海:商务印书馆,1939年,第216页)本次演说由周馥邀请时间定为9月,因清廷于本月颁令任命出洋考察大臣端方担任两江总督,周馥卸任。该次演说的内容摘要,于本年10月21日至26日在《大公报》发表。

9月5日(七月十七日),据本日《时报》披露,马相伯在南京与黄思永等一起上书两江总督,请求在南京、镇江境内,将荒山、荒地、荒田拨归当地学界经营,以其收益充兴学之费。(《宁镇绅士黄思永马良等请将荒田荒地拨归学界经理禀》,《时报》,1906年7月17日)

9月7日(七月十九日),常州府金坛县士绅冯煦首署,马相伯次署,并连同常州籍士绅"王士杰、杨立本、吴元恺、冯锡光、徐高年、虞植基、于敬铭、王贯、冯寅绶、于中林、潘志、于㵆、王家干、虞向荣"等致书同乡商绅盛宣怀,为金坛县灾情严重,请求他出面号召筹款,予以赈济。"凤仰宫保提倡义振垂四十年,生佛何止万家,仁声播诸六合,金坛近接珂里,灾情又实重大,际此库储支绌,官振断难多求,非得宫保登高一呼,筹集巨款,并遴选办振熟手来坛查放,不能消此沉灾,出民水火。"(《致盛宣怀函》,上海图书馆藏盛宣怀档案)

9月8日,江苏学务总会为本会附设法政讲习所召开会议,雷奋报告设立讲习所缘起,马相伯出席会议并指导讲习所事务,指出:欲实行预备立宪,国民首先应当明白义务。法政教育就是研究主任翁的道路。11日,法政讲习所正式开讲。(汤志钧主编:《近代上海大事记》,上海:上海辞书出版社,1989年,第619页)按《郑孝胥日记(二)》记载,当天郑孝胥参与演讲,出席者还有白振民(作霖,江苏南通人,澄衷学堂总管)、翁寅臣、刘厚生(垣,1873—?,江苏武进人,张謇幕僚)等人。(北京:中华书局,1993年,第1056页)

9月16日,下午,为庆祝清廷发布仿行立宪上谕,上海《时报》、《同文沪报》《中外日报》《申报》《南方报》联合,在味莼园(张园)召开庆贺会。马相伯在会上讲演,称:"我中国四五千年破坏旧船,当此过渡时代,列强之岛石纵横,外交喜欢风波险恶,天昏地暗,民智未开,莫辨东西,不见口岸。何幸一道光明从海而生,立宪上谕从天而降。试问凡我同舟,何等庆幸。"(《马相伯观察演说词》,《时报》,1906 年 9 月 8 日)另据蒋维乔日记,上海各报馆"恭祝立宪","首主席宣布开会祝词,次郑苏堪演说,次马相伯演说。演说毕,丹桂优人演戏二出,所演潘烈士投海一出,出神入化,足以改良风俗"(蒋维乔著,林盼等整理:《蒋维乔日记(一)》,上海:上海人民出版社,2021 年,第 258 页)。

9 月 28 日,上海《时报》刊登江苏学务总会《告全体会员书》,告知以"因学部新颁教育会章",为推动江苏省新式教育发展,拟决定改江苏学务总会为江苏教育总会,会所仍设在新昌路酱园一弄。(汤志钧主编:《近代上海大事记》,上海:上海辞书出版社,1989 年,第 620 页)11 月 6 日,总会在上海愚园召集会员大会,200 余人出席。大会修订了章程,宣布改名为江苏教育总会,并在上海设立会长一人,南京、苏州各设立副会长一人。干事员 28 人,调查部员 12 人。马相伯仍在江苏教育总会任事,为骨干成员之一。

9 月 29 日(八月十一日),震旦学院在徐家汇重新开学,本年仍有学生毕业。本日在徐家汇举行震旦学院毕业典礼,因马相伯的友朋关系,张謇等校董"至震旦学院给修业凭"(《张謇全集·张謇日记》,南京:江苏古籍出版社,1994 年,第 578 页)。

9 月,马相伯在上海报馆公会发表演说,庆祝清廷颁布预备立宪谕令。演说词略谓:"我中国以四、五千年破坏旧船,当此过渡时代,列强之岛石纵横,外交之风波险恶,天昏地暗,民智未开,莫辨东西,不见口岸。何幸一道光明,从海上而生,立宪上谕,从天而降。试问凡我同舟,何等庆幸!留学生发起于前,诸报馆鼓吹于后,乃有今日之上谕,不禁为四万万同胞赞美我留学诸生,恭维我报馆诸君。其恭维之实,一则以报馆之天职尊崇,二则以报馆之天职重要。"(《上海报馆公会开会恭贺立宪演说·马湘伯观察演词》,《北洋官报》,第 1141 册)

10 月初(八月中),鉴于震旦学院、复旦公学、中国公学、爱国学社等学堂陆续创办,华人举办新学事业渐成风气,江苏省各学堂与教会学校形成竞争态势,清朝开始对外人办学加以限制。本日,两江总督学务处印行《学务杂志》(第六期)刊布清朝中央政府谕令《学部咨各省督抚为外人设学无庸立案文》。该文改变了清朝学部原先鼓励在华外人举办学校的态度,对外方人士新办"西学"机构不予登记,即不予鼓励:"普通司兼办专门、实业两司案呈：照得教育为富强之基，一国有一国之国民，即一国有一国之教育；匪惟民情国俗各有不同，即教育宗旨亦实有不能强同之处。现今振兴学务，各省地方筹建学堂，责无旁贷，亟应及时增设，俾国民得有向学之所。至外国人在内地设立学堂，奏定章程并无允许之文。除已设各学堂暂听设立，无庸立案外，嗣后如有外国人呈请在内地开设学堂者，亦均无庸立案，所有学生，概不给予鼓励。"

10月21日至26日，天津《大公报》以《马相伯先生兵警商学界庆祝立宪说》为题，连载马相伯在南京各界庆祝预备立宪大会上的演说。清廷预备立宪有官制改革、设立议会和地方自治等内容，核心为民主。马相伯在演说中说："自秦始皇以天下之土为皇帝之土，以天下之民为皇帝之民，人民其奴隶也，国土其私产也。私产非公益，奴隶无名分，无权利，无幸福，顽钝亡耻，免死而已矣，故不知义务为何物，公益为何事。宪法之制则不然，天下者，天下之天下，非一人之天下；国土者，通国人民之土地；人民者，通国土地之主人，其管理通国土地之宪法，不与我君民上下之共为土地人者共立之而谁与立之？"马相伯对士兵、警察、商人、学者在预备立宪中能起的作用做出阐述。他引经据典，解释民主原理，说理充分，逻辑严谨。他还引用了华盛顿不欺父亲的故事，听者大快。

10月27日，应马相伯、朱志尧邀请，郑孝胥参观求新造船厂。"赴马相伯、朱志尧之约于南市求新厂。"（劳祖德整理：《郑孝胥日记（二）》，北京：中华书局，1993年，第1062页）

12月8日（十月二十三日），吴淞复旦公学于召开运动会，为复旦在新校址举行首届运动会。（《时报》，1906年11月23日）复旦公学友人，如蒋维乔、韩靖龛、严练如、庄伯俞等，特从上海乘汽车来吴淞校园观摩。（蒋维乔著，林盼等整理：《蒋维乔日记》，上海：上海人民出版社，2021年，第270页）

12月8日（十月二十三日），由马相伯担任总干事，由雷奋主持的"宪政研究会"在松江城内明代园林颐园内举行成立大会。该会以研究宪政为宗旨，刊印《宪政杂识》，以《时报》为宣传机构。上海宪政研究会的性质为学术团体，研究宪政。学会加入稍后由张謇、汤寿潜、郑孝胥等人发起的政治结社团体"预备立宪公会"，从事宪政。（《新民丛报》第四年第十五号，第96页，1906年十月廿四日《上海宪政研究会成立》报道）十一月一日，《宪政杂识》（一卷一号）出版，刊登《宪政研究会暂定章程》、《宪政研究会会员名单》（第一次）；十一月十六日，《宪政杂识》（一卷二号）出版，刊登《宪政研究会纪事》、《宪政研究会会员名单》（第二次）。

12月16日,为推动宪政建设,江苏、浙江、福建士绅、商绅在上海筹组的预备立宪公会宣告成立,"马相伯、柯贞贤、雷继兴(奋)、伍昭扆(光建)相继演说"(劳祖德整理:《郑孝胥日记(二)》,北京:中华书局,1993年,第1068页)。

预备立宪公会事务所设在静安寺路54号,该会"以江苏、浙江、福建三省为中心,而以根据清廷立宪上谕所宣示之旨趣,开发地方绅民之政治知识为目的。自其思想上之系统观之,与当时康梁一派之保皇党颇表深厚之同情,但表面上又力避与康梁之关系,故清廷未便于压迫。加以参加之社员,多为江、浙、闽知名之士及实业界及政界之闻人,声势颇盛"(杨幼炯:《中国政党史》,《民国丛书》第二编,上海:上海书店出版社,1990年)。郑孝胥担任预备立宪公会会长,张謇、汤寿潜担任副会长,会员有朱福诜、张元济、沈同芳、李钟珏、王清穆、陆尔奎、刘垣、李厚祐、周晋镳、许鼎霖、周廷弼、沈懋昭、赵凤昌、陈宝琛、瑞澂、谢远涵、庆山、伍光建、高凤岐、胡琪、王震、孟昭常、张广恩、王同愈、李家鏊、高凤谦、沈林、章宗元、刘厚生等274人,籍贯以江苏、浙江、福建、广东、满洲为主(张玉法:《清季的立宪团体》,《"中研院"近代史研究所专刊(38)》,台北:"中研院"近代史所,1971年,第367页)马相伯没有列为预备立宪公会发起人,但会长、会董和会员中有不少是他的同僚、学生和同道,故亦参与活动。

本年,发表"神我宪政说",主张用神学支撑宪政,组织政党。

1907年（光绪三十三年，丁未），六十八岁

1月29日，马相伯正式卸任复旦公学监督（校长）之职，由两江总督端方延聘严复（1854—1921）继任。时，端方表示可以"月拨经常费二千元，依高等学堂章程，改校长为监督"（金问泗：《母校大事记》，《复旦同学会会刊》第7卷，1938年第3期）。严复是清末重要新学家，与马氏兄弟并称"严马"，以翻译英国近代哲学著名。严复参与复旦公学的初期筹备与新生招考，至此正式到复旦履职，担任第二任校长。

严复办理复旦事务尚属认真，"据当时复旦高等班毕业的张季量先生（1949年后曾任上海市文史馆馆员）早年说过，1907年严几道先生任复旦监督时，办事非常认真，学校每处布告，严先生总亲笔写一篇辞藻古雅，书法端整的古文，极为学生重视。张本人曾用老式摄影机把它拍照珍藏，而有些同学竟在深夜里把它偷揭了去，视为一时墨宝"（朱仲华、陈于德：《复旦大学杂忆》，全国政协文史资料委员会编：《文史资料存稿选编精选（9）昔年文教追忆》，北京：中国文史出版社，2006年，第228—229页）。

马相伯辞去复旦公学校长，由严复接任后，学校财政状况开始出现问题。按严复《与端方书》："复旦公学蒙月饷二千饼金，加以诸生百五六十人之学费，期六十元，又旧有募款，若综核撙节经用，即有不敷，当亦为恨有限。乃本年（1906）岁暮，竟亏短至于五六千金之多。此其故有二：一则学生短缴学费，两学期至三千五六百元；一则庶务叶景莱借用三千元存款，至今屡催不能照缴。复为监督，原有理财用人之责。虽经费出入，向系张、叶二庶务手理，而稽查无方，致令纠纷如此，诚无所逃罪者也。"（王栻主编：《严复集》，北京：中华书局，1986年，第582页）此际，公学已拖欠教师二月薪水，严复不得已向两江总督端方申请另拨二千元，并开除庶务员叶景莱、张桂辛。

2月8日，庚子"勤王"大帅，前两广总督、邮传部大臣岑春煊（云阶，1861—1933，广西西林人）称病，辞职来上海寓居，马相伯等人前往探望。事

见《郑孝胥日记(二)》记载:当天,"尹绶仁、马相伯来邀余同谐云帅,辞不往"(北京:中华书局,1993年,第1077页)。郑孝胥不与马相伯一同前往,而是在本月12日独自拜访了"云帅"。

3月2日(一月十八日),上海私塾改良总会借仁济堂召开特别大会,该会"领袖董事"陈润夫邀请马相伯发表演说,出席者还有工部尚书、大清红十字会会长吕海寰(镜宇)。马相伯演说失传,吕海寰贺词略谓:"上海一区为各省之冠,吾愿贵学会日渐扩充,联络各省会绅士,各设私塾该两会,必有闻风而起者,由南而北,而东而西,将见天下之大,无一处不有学堂,无一人不有学人之资格。彼时我中国之气象当何如耶?"(《时报》,光绪三十三年丁未正月二十二日,1907年3月6日)

3月15日(二月初二),马相伯与朱以增(新阳人)、顾肇熙(吴县人)、张謇(南通人)等江苏士绅联名致电两江总督端方,请求允许江苏地方截止北上漕粮,赈济苏北受灾饥民,电稿:"南京衙门督帅鉴:江北灾重,春汛难望。江南亦民食奇绌,斗米千钱,且将不继,岌岌可虑。请公吁恩续准截漕二十万石,大局幸甚。朱以增、顾肇熙、张謇、王同愈、刘树屏、李锺珏、任锡汾、马良、王清泰。江。"(南通市档案馆藏件)

春,陈寅恪"插班考入复旦上海吴淞复旦公学"(蒋天枢:《陈寅恪先生编年事辑(增订本)》,上海:上海古籍出版社,1997年,第25页)。陈寅恪于1902年春,随长兄陈衡恪(师曾)游学日本,入弘文书院。又于1904年"冬初",考取官费留学,与兄隆恪(彦龢)再赴日本,就读庆应大学、东京帝大财商系。1905年因患脚气病回国,在南京家中休养。本年春,插班入学复旦公学1906年秋季招生之班级。时,严复继任复旦公学校长,马相伯校长仍未离开校园,且担任拉丁文等课程,则陈寅恪曾亲得马公之教诲。

陈寅恪(1890—1969),江西修水人,著名历史学家。湖南巡抚陈宝箴孙,著名诗人陈三立子。生于长沙,迁居南昌、南京。1902年春,留学日本,就读于弘文书院;1904年冬,考取官费,作为"江南派送日本留学生百二十人"之一,入学日本庆应大学、东京帝大财商系。又按陈寅恪另一学生的回忆,陈寅恪留学日本,"就读于东京巢鸭弘文学院,只读了一年多,因患脚气病于1905年秋回国。病好以后,虽然没有再到国外学习,仍选择一所新学堂,进入上海吴淞复旦公学,著名的地质学家李四光(此误,应为竺可桢)便是当时的同窗。在复旦公学读了四年,陈寅恪因得到亲朋的资助,乃于1910年到欧洲留学,先后在德国柏林大学、瑞士苏黎世大学读语言文字"(胡守为:《历史学家陈寅恪》,全国政协文史资料委员会编:《中华文史资料文库·文化教育》,北京:中国文史出版社,1996年)。其间或有误记,故此以蒋天枢《陈寅恪先生编年事辑》为准。1906年春到1909年冬,陈寅恪在吴淞复旦公学求学,因他是插班入学,则理推应属于公学在吴淞办学后第一次招生的年级(1906),并与后来的著名科学家竺可桢(1890—1974)同班。马相伯曾于1905年12月离开吴淞复旦公学,去南京、东京处理学潮事件。但他从东京返回后,仍回校主持复旦教务,并于1907年卸任复旦公学校长,由严复继任。在此期间,陈寅恪、竺可桢等新班同学都曾在吴淞镇复旦公学受到马校长教诲。1909年夏,陈寅恪从复旦公学毕业;1910年,入学德国柏林大学,从此游学瑞士苏黎世大学、法国巴黎大学、美国哈佛大学,其间学习梵文、巴利文、藏文,研究敦煌文献。1925年回国,次年担任清华大学国学研究院导师,与王国维、梁启超、赵元任、李济、吴宓一起主持本院教学。此后,陈寅恪先后在西南联大、岭南大学和中山大学任教,教授和研究魏晋南北朝史、隋唐史、蒙古史、唐代和清初文学,尤精于梵文、突厥文、西夏文等古文,在历史学、古典文学和宗教学领域造诣深厚,为国内外学界推崇。1969年10月7日,因病在广州中山大学寓中去世。

4月2日,于右任、邵力子、杨笃生、叶仲裕等人在上海福州路创刊并发行《神州日报》,马相伯为之题词:"以热心毅力鼓舞国民,恢复我神州二万余里之权利,完成我神州四百兆同胞之责任,扫除三代以降小康之事业,而跻斯世于大同之景运。"(校史编写组:《复旦大学志》,上海:复旦大学出版社,1985年,第223页)

复旦公学在吴淞建立后,于右任"旋约杨笃生、叶仲裕、金怀秋、王搏沙、汪寿臣、张俊卿、黄桢祥、谭价人、邵力子等组织日报,以图振作士气,发扬正论。议定后亲赴日本,向留东诸同志募股。秦陇豫晋学生协会特开会赞成,为集款二千数百元。时同盟会成立甫经一载,孙总理适住东京,右任由同乡会员介绍,加入党籍。未几,事毕归国,而《神州日报》遂于丁未二月二十日出世。《神州日报》之成立,颇得当代名流如章太炎、马相伯、黄晦闻等之赞助,题报眉者为南通张季直(謇),盖张时任复旦、中国两公学董事,与右任有师友之关系也"(冯自由著:《中华民国开国前革命史》,上海:良友印刷公司,1928年,第183页)。《神州日报》摒弃光绪年号,用公元和干支法纪年月日,为全国第一家宣传革命思想的日报。但是《神州日报》"主张较《苏报》、《国民日日报》为和平",标志着东京同盟会和上海立宪派的合作。该报"刊行未及一载,即毁于火。事后于右任辞退,仍由杨守仁、叶仲裕、汪德渊等续办"(冯自由著:《中国革命运动二十年组织史》,上海:商务印书馆,1948年,第137页)。

5月（四月），端方自上年9月接替周馥，再次担任两江总督，大力支持江苏人士创办复旦公学。本年3月（二月），复旦公学干事员叶景莱、张桂辛以办学经费支绌，请求常年补助。本月，端方派道员夏敬观至吴淞校园查实办学成绩，因该校改以英文教学，可作留学英美之预备学校，故决定由江苏省"财政局每月筹拨银一千四百两，作正开销"，并以此奏报清廷。

端方《筹拨复旦公学经费折》透露复旦公学在吴淞初创期间，二年内达成的成就和遇到的困难，略谓："查上海复旦公学自光绪三十一年八月开校，系考取中学较深之学生，以英文教授高等普通科学，使能直入欧洲专门大学为宗旨。经前署督臣周馥拨一万两以为开办经费。本年二月，该公学干事员叶景莱、张桂辛等禀称，开校以来学者日众，籍收学费，勉力支持。惟各科皆用西文教授，教员薪水岁需二万数千元。伙食杂用，亦近二万元之谱。除收膳学费外，尚不敷二万数千元。而甲班教习亟须添聘西人，尚未列入预算表内禀请拨给常年经费等情。当由臣派江苏候补道夏敬观，会同宁学司所派课员桂植，前往该校逐件详查。兹据复称：'连日在改公学参观教授考验所用课本，皆系英文，取径直捷，成就高尚，实为现在言高等教育者唯一之办法。学生共一百七十五人，分为甲、乙、丙、丁、戊五班，戊班又分甲、乙级。所授科学，有已过高等普通程度者。惟教习未能延聘西人，学科不能极臻完备。又专以英文程度为高下，各班科学致不能齐。是须详审教科，严定班次，添聘教习，大加整理。膳学两费，每月约收洋一千七百五十元。绅商捐助无多，经费不敷甚巨。倘蒙岁给关宽二万两，则可增延西员，广招学生，庶成立一完全学校。其校舍系假用提督署，管理卫生皆不合法。前在吴淞口拨给官地，若兴工建筑，约需洋十万元'等语。伏查往岁各省派遣学生游学欧美，大半先在校外预备英文，耗费财力，殊属可惜。若使英文全通，高等普通毕业，再行送往欧美，直入专门大学，可收事半功倍之效。该公学开校两年，办理尚为合法，据呈各班教科所用书目，皆系英文课本，若再改良进步，成绩必有可观。查有候选道严复，淹通中西，学识阔达，已派充该公学监督，管理教授，一切由其主持。现在江南财政支绌异常，建筑校舍，力有未逮。至于常年经费，为养成游学人才起见，不能不勉筹的款，力任其难。已饬财政局每月筹拨银一千四百两作正开销。仍当由臣随时督饬，认真办理，以期日费缘由。谨会同江苏巡抚臣陈夔龙恭折具陈，伏乞皇太后、皇上圣鉴训示。"（端方：《筹拨复旦公学经费折》，《端忠敏公奏稿》卷八，沈云龙编：《近代中国史料丛刊》，台北：文海出版社，1973年，第15—16页）

4月18日,夏敬观观察、桂大令道台在复旦公学考核办学详情,以确定江督增拨每月经费:"初三日(15日),侵垒莅淞,遍阅校舍及寄宿,并详询历年办理情形。复至各课堂陪同听讲,极形认真。午后,由全校学生开会欢迎。夏、桂二君备述江督期望之殷,勖诸生努力向学。傍晚,至拨定校地勘看一周,归沪。初四日(16日),复往查考竟日。闻该校已将预算表及一切册籍呈请,回宁转递矣。"(《时报》,丁未年三月初六日,1907年4月18日)

6月,清政府经由盛宣怀与英商达成协议,停止原议由英商怡和洋行建造江浙铁路陈案,江浙间苏杭甬铁路由华人招股自办,惟应向英商银行、洋行借款购货兴建。马相伯对"借款修路"表示反对,并致函苏、浙当局。

马相伯的反对函略云:"顷读中外日馆载盛大臣函,有苏杭甬草合同……(一)按右约函有假设义,假设之件未行,断无效力。(二)按两国和约未经批准之前,犹无效力,况以私的法人与公的法人所订之草约,未经奏准,如何作数? (三)按奉使者不能逾使者之权限,总理衙门犹不能以未奏准作有效,况盛大臣所订,譬之代笔账房,请起约稿,稿已签名,但田主未押之前,业作分产,据交子侄,佃之代笔及账房能夺之于子侄否?(四)按此乃银公司有求于我,我并无益。此等之约无益者见有载明之一端,未符法理,便可毁约。(五)按草约不可废,又何须正约为哉?"(《马相伯致函苏路函》,罗家伦主编:《江浙铁路风潮》,台北:中国国民党中央委员会党史史料编纂委员会,1983年,第107—108页。)

7月(六月),马相伯为北京满族天主教徒英敛之(安蹇主人)所著《也是集》撰写序言。是年正当预备立宪高潮,《〈也是集〉序》开宗明义便讨论宪政问题:"举世争言立宪,惟百蛮及诸属国无国民权利者乃不敢言,言也不能行也。自余知有国民权利者,强如俄国,弱如波斯,亦无不勉强而行之。故我国不言立宪则已,言立宪而不虚心预备,言预备而不实力奉行,虽如纶如綍以言之,究与不敢言者,相去几何? 其或言程度未到,归罪于民,民不受也。譬之预备秋操,而不先训练,是谁之过欤? 惟训练可以造程度,宪法亦能造国民。"马相伯对在上者以为民智未开,立宪繁难的说法加以驳斥,而认为未有先行宪政,方能训练国民之未觉者成为公民,而不是相反。

《〈也是集〉序》中叙述英敛之的生平及成就,称:"吾友安蹇主人,自幼以求道为心,每弃家遍访宗教,是非不敢苟同,已如此。及长,游海外,挟所闻所见,归创《大公报》,为民耳目,思破其迷;为民喉舌,思宣其隐者。迄今五年,所更东方大事,疑以传疑,信以传信,是非不敢苟同于强国强权,又如此。因自选论说若干,诗若干,为一集,歉然若不敢自以为文也者,而命之曰《也是集》。"文本后自署"光绪丁未季夏南徐马良撰",可知作于 1907 年 7 月。

英敛之(1867—1926),姓英,名华,字敛之,号安蹇斋主、万松野人。生于北京,满洲赫佳氏,正红旗人。三十岁方结婚,夫人亦满族,为爱新觉罗氏。英敛之自陈"仆家世微寒,先代无达者,生长陋巷,耳目所逮,罔非俗物"。(英敛之:《金锡侯君年谱叙》,收《也是集续编》)早年如一般贫穷满人出路而习武,"石可掇三百斛,弓能挽十二力,马步之射十中其九。"另有一说是"七岁,从塾师读,……年至十六七,遇乔霁轩于西山,霁轩导先生谐家,已复绍诸彭蓼渔、志克庵之门,骨一时名士也"。(吴杰民:《英敛之先生学案》,《青年会季刊》,第二卷,第二期)后浸染于儒、佛、回、基督教教义。成年后接受西方文化,入北京西堂听道,受本堂法国人艾公感染,阅读汤若望等在京传教士事迹、著作。1889 年,二十三岁时受洗入天主教,圣名 Vincent。入教后,到河北涿州、良乡等地讲道,入教颇众。后有机会出游欧洲,回国后努力结交津、沪、澳、港知名人物,活跃于天主教界。1899 年在《知新报》上发表《党祸余言》,干预抗言朝廷废行新政,逐渐著名。《清史稿》卷四八六有传,称:"(英华)博学善诗文,工书法。著书立说,中外知名。"1902 年,英敛之在天津创办《大公报》,以"开风气,牖民智,把彼欧西学术,启我同胞聪明"作为宗旨。1912 年,雷鸣远创办《广益录》(后改刊《益世报》),英敛之任主编。1914 年,英敛之得马相伯支持,在北京筹建一所天主教大学,即此后的辅仁大学。1916 年 1 月 10 日,英敛之在北京去世。英敛之的文章刊登于《益闻录》、《大公报》。著作集为《也是集》、《也是续集》、《安蹇斋残稿》、《安蹇斋剩墨》、《万松心画》、《安蹇斋随笔》、《罪言》、《敝帚千金》、《万松野人言善录》、《春蚕集》等。英敛之还曾获得过教宗颁发的"大额我略骑尉勋位"。(参徐致远:《英敛之先生行迹》,《中华公教青年会季刊》,1930 年,第 1 卷,第 2 期;吴杰民:《英敛之先生学案》,《青年会季刊》,第二卷,第二期;方豪:《英敛之先生创办〈大公报〉的经过》,氏著:《方豪六十自定稿》,台北:学生书局,1969 年)

7 月 18 日,马相伯在第一义务学校演说,指出当今教育落后,人才缺乏,乃因义务学堂太少。马相伯称赞本校创设最早,成效显著,且号召各慈善团体捐资举办义务教育。(汤志钧主编:《近代上海大事记》,上海:上海辞书出版社,1989 年,第 634 页)

8 月 3 日,曾铸、马相伯、王熙普邀请商、学界和各报主笔,以及各团体代表 30 余人举行会议,讨论戒烟善后办法。会议决定设立戒烟医院,由李平书、刘德生、李厚祐负责筹建，并调查各种戒烟药品。（汤志钧主编：《近代上海大事记》，上海：上海辞书出版社，1989 年，第 635 页）

8 月 15 日（七月初七日），陈去病、吴梅、刘季平等人在豫园集会，成立神交社。本年冬，柳亚子偕刘师培、杨守仁、邓实、黄节、高旭、陈去病在某酒楼聚餐会饮，并约定结社，是为"南社"群体雅集之始。（汤志钧主编：《近代上海大事记》，上海：上海辞书出版社，1989 年，第 635 页）高旭为震旦学院初期生高平子叔父，为南社盟主之一。项骧、于右任、邵力子、谢无量、李叔同等震旦生多有加入南社，马相伯亦与南社人员频繁交往。

9 月 21 日，前此，马相伯校长从两江总督端方处为复旦公学申请到常年办学经费每月 1 400 两，惟其离任以后，端方对学校财务不甚信任，故派员核查。据本日《时报》披露："复旦公学常年经费，前经江督奏准由江南财政局每月拨银一千四百两，并批饬自正月起赴局具领，核实开支，按月造报在案。兹午帅以迄今八阅月未据该学造送清册，究竟支用是否核实款阅奏拨，未便听凭该学干事各员任意开校，漫无稽考。特派夏敬观观察赴沪，会同上海道前往彻底清查，以重公款云。"

9 月 26 日，马相伯出席苏杭甬铁路路权交涉集会，力陈"江浙人如欲保全路权，必当联合一气，组织团体。岂惟江浙，凡有路权交涉各省，皆当互相联络，合成一大团体，以图将来之补救，我苏人当先立机关，徐图联合"（《江苏铁路协会成立》，罗家伦主编：《江浙铁路风潮》，台北：中国国民党中央委员会党史史料编纂委员会，1983 年，第 124 页）。号召成立路权保护组织。

10 月 8 日，震旦学院学生纪念孔子诞辰，教务长李杕（问渔）稍加阻止，便引发抗议。最终校方以开除为首的罢课学生平息事态，不久复学，名誉校长马相伯并未干预此事件。"马相伯先生创办震旦学院，名为监院（即今之校长），实则不管校务，一切都归天主教徐家汇耶稣会办理。当时的教务长是华籍传教士李问渔。1907 年 10 月 8 日，逢孔子诞辰，学生们准备举行谒圣礼，为天主教神父所阻。晚上学生在宿舍悬灯庆祝，灯上写了'大哉孔子'四个字，李问渔见了就不以为然，怒谴学生不应该写这四个字，定要抹去。学生们对此物理干涉当然不理，李遂命校工强行把灯除去，学生们遂以罢课以示抗议。双方相持不下，校方竟然蛮横地开除了几个为首的学生，于是同学更为愤怒，继 1905 年而再次发生学潮。"（张云龙：《震旦学潮和马老的无私》，丹阳市政协文史资料研究委员会编：《爱国老人马相伯（1840—1939）》，丹阳，1990 年，第 54 页）

10 月 19 日（九月十三日），光绪皇帝发布上谕，敕令各省设立咨议局，推行预备立宪。"钦奉慈禧皇太后懿旨,前于京师设立资政院以树议院之基础,各省亦应有采取舆论之所,俾指陈通省利病,筹计地方治安。着各督抚在省会速设咨议局,慎选公正明达官绅,创办其事。即由各属合格绅民各举贤能,作为该局议员。凡地方因革事宜,议员公同集议,候本省大吏裁夺施行。"

10月15日,马相伯、沈仲礼等人支持王熙普(钟声)发起成立戏剧团体"春阳社",发起通告《春阳社意见书》于本日在天津《大公报》刊登。"春阳社"是继日本东京留学生成立"春柳社"之后成立的戏剧团体,宗旨在于用戏剧演出启蒙"下等社会",《春阳社意见书》云:"日本学者有言曰:开通国民之利器有三,曰印刷,曰演说,曰戏剧。盖印刷者所以开通上等社会者也,演说者所以开通中等社会者也,戏剧者所以开通下等社会者也。诸君纵观吾国,抑下等社会居其多乎?"马相伯擅演说,常以绘声绘色的演说启发民众。另外,春柳社创办人李叔同则是马相伯曾所教授之南洋公学学生之一。这两点,或是马相伯资助春阳社的原因。

10月17日,梁启超、蒋智由、徐公勉、陈景仁等人发起成立政闻社,本日在日本东京神田区锦辉馆举行成立大会,社员到会者二百人,与会者千余人。政闻社主张君主立宪,推动预备立宪运动,其《宣言》中宣布"四大政纲":"一,实行国会制度,建设责任政府;二,厘定法律,巩固司法权之独立;三,确立地方自治,正中央、地方之权限;四,慎重外交,保持对等权利。"《宣言》另外布告各方称:"政闻社虽未足称政党,而固俨然为一政治团体,则亦政党之椎轮也。"(《政闻社宣言书》,转见自《中国近代史资料丛刊·辛亥革命(四)》,上海:上海人民出版社、上海书店出版社,2000年,第105—120页)宣言书刊于政闻社新创刊之机关刊《政论》(蒋智由主编),梁启超主持之《新民丛报》同时停刊。

政闻社为清廷预备立宪谕令发布后建立的最大政党团体,由梁启超实际操控。时保皇党康有为在海外控制保皇党,建立"中华帝国宪政会",由梁启超负责在东京筹建政闻社,与上海的"预备立宪公会"呼应。政闻社成立时已经有社员1500人,大部分为清国留学生,而社务层面以广东、湖南、江苏和浙江人为主。除马相伯担任总务员之外,徐公勉(湖南)、麦孟华(广东)为常务员,张嘉森(江苏)、张寿波(广东)、戴彬(江苏)、隆福(京旗)为评议员。政闻社分为六科,庶务职员有:侯元爽(山东)、彭渊恂(湖南)、赵灼(广东)、陈高第(广东)、何天柱(广东)、金保樨(浙江)、荣生(京旗);书记职员:黄可权(湖南)、范治焕(湖南)、梁锦汉(广东)、钟宝华(广东)、卢柱生(广东)、陈国镛(广东)、陈文起(浙江)、赵正印(山东)、徐湛源(湖南);会计职员:彭渊恂(兼)、范治焕(兼)、陈官桃(广东)、张寿坤(广东);编纂职员:蒋智由(浙江)、黄可权(兼)、张嘉森(兼)、陈介(湖南)、汪恺宪(湖南)、刘冕执(湖南)、麦鼎华(广东)、叶衍华(广东)、吴灼昭(广东)、张伯桢(广东)、罗普(广东)、郑浩(广东)、陈智镛(广东)、谢晓石(江西)、黎祖健(广东)、张寿坤(兼)、陈高第(兼)、陈官桃(兼);调查职员:陈介(兼)、余名铨(浙江)、鲍荣(广东)、谭学夔(广东)、胡晴崖(广东)、桂陞(京旗)、张寿波(广东)、张浩(广东)、汤叡(广东)、徐尔音(四川)、刘颂虞(湖南)、何维道(湖南)、黄敦怿(湖南)、彭兆璜(湖南)、萧仲祁(湖南)、刘肇唐(江苏)、陆定(江苏)、甘得中(不详)、锡宝(京旗)、康诰(湖北)、汪恺宪(兼);交际职员:雷奋(江苏)、向瑞琨(湖南)、郑启璜(湖南)、谭锡镛(广东)、谭学慈(广东)、林奎(广东)、李实(云南)、林上楠(福建)、隆福(京旗)、杨文洵(浙江)、李耀忠(贵州)、杨承毂(湖南)、马宗援(河南)、徐尔音(兼)、金保樨(兼)、狄保贤(江苏)、吴肇祥(广东)、卢颖衢(广东)、荣陞(吉林旗)。(《中国近代史资料丛刊·辛亥革命(四)》,上海:上海人民出版社、上海书店出版社,2000年,第119—120页)

  梁启超出面操办政闻社,依靠广东、湖南两省人士,但江苏、浙江人士,尤以马相伯之加入,表明康、梁在长江流域省份找到了变法基础,如同孙文的同盟会在江、浙籍留学生中急剧扩展一样。保皇派试图借助马相伯的学识和名望,以及他在官场的资历与关系,挖掘更多资源。马相伯本当参加成立大会,因为在上海沪杭甬铁路建造路权抗争活动演说而缺席。大会之后,梁启超派政闻社员汤觉顿专程来上海迎接马相伯出任总务员。政闻社暂不设社长,总务员即为名义上之领袖,另设常务员处理社务。梁启超在本年十二月二十九日《致徐佛苏》中,交代了立宪派需要请马相伯出来担任总务员,因康有为、梁启超不便出面,亦恐怕不足以服众:"现在党之发生,既应于时事之要求,刻不容缓,而本社亦既告天下以成立矣,而南海与弟之地位皆不能出现,故万不得已,以马先生领袖之。马先生肯对吾社负责任,既为社之前途莫大幸福。虽然,马先生则既老矣,虽其热心不让少年,而精力固有所不逮。无佐之之人,则亦同于虚悬此席。"政闻社日常事务由梁启超指派徐佛苏料理,担任常务员,则为马相伯之助手。马相伯接受政闻社总务员职务之后,认同梁启超的立宪、维新主张,不顾年事已高,奋力工作,并不以名义领袖为限。梁启超在给政闻社常务员徐佛苏的信中评价说:"此公

（马相伯）之持积极主义,其勇更愈吾辈。今日与畅谈一日,已承许以全力担任社务,此真吾社前途最大之幸福也。"

徐佛苏(1879—1943),湖南善化人,字运奎,一作应奎。戊戌后留学日本,入东京高等师范学校。后回国担任长沙学堂日文教员,1904年参加华兴会,因刺杀王之春案被捕。后再东渡日本,转投保皇党康有为,任《新民丛报》撰述。1907年1月,受梁启超派遣,与革命党调谐,任政闻社常务员,辛亥革命时参与南北和议,曾任北平民国大学代理校长。徐佛苏在《创办政闻社之主义及其源流》一文中说:"乙巳、丙午年间,吾国留学生达二千余人,对于祖国救亡之主义,分'种族革命'与'政治革命'两派。所谓种族革命者,欲以和平手段运动政府实行宪政也。梁先生者,久在日本横滨主办《新民丛报》,鼓吹革命者也。此时,见留日学界主张立宪之人渐多,又悯心于国内历次革命牺牲爱国志士过多,而仍未能实行革命,乃亦偏重于政治革命之说,发挥立宪可以救国之理。于是于丁未年间与马良、徐佛苏、麦孟华、蒋智由、张嘉森及留日学界三百余人创设政治团体于日京,名为政闻社。当时除吸收社员刊行《政论》杂志外,并派员归国,劝告清室,速颁立宪之诏。迨社员增多,立宪主义倡明之时,曾在日京锦辉馆开大会,发表主张,并柬邀日本维新元勋大隈重信、板垣退助两伯爵及犬养毅、矢野文雄、尾崎行雄诸君与会演说。会事甫毕,突有激烈党学生数十人,入场狂呼,几至互殴,经日本警士劝阻无事。此为吾国立宪党成立团体之始期,亦为革命党与立宪当交哄之始期也。丁未冬间,政闻社迁居上海,会员更增。旋因联络各省志士发起国会期成会,警告政府速颁宪法,并电劾亲贵权奸丧权辱国,致大触当时南北两洋大臣张之洞、袁世凯之愤忌,竟奏恳请清主下令解散政闻社。于是社中同志秘议,劝导各省咨议局联合呈请政府限期召集国会,而民众参政思想由此勃兴,致有辛亥年各省咨议局反抗铁路国有而酿成革命之结果。此政闻社之源流也。"(转见自丁文江、赵丰田编:《梁启超年谱长编》,上海:上海人民出版社,1983年)

11月9日,马相伯在张园江苏铁路协会集会上挥泪演说,指江、浙人非仅争取沪杭甬铁路建造权,而且争取人权。"今非仅铁路问题,乃民权问题,从民权问题上可合二十二省开国会,以争还我民权。"(《时报》,丁未年十月初七日,1907年11月12日)11月20日,江苏省预备立宪公会等组织在愚园集会,马相伯再次为争取路权而演说。

郑逸梅记辛亥革命前后上海人的集会地点张园和愚园:"愚园在上海静安寺东北半里左右,和张园同为沪西佳处。张园以空旷胜,愚园以缜密胜。张园为西方式的,愚园却为我国传统的东方式。现在先谈愚园,园建于清光绪十六年。所筑假山,大都取给于松江的啸园。啸园为沈绮云啸傲之所。绮云夫人曹泮香,是王惕甫室曹墨琴的妹妹,颇有渊源的。园内有杏花村、云起楼、倚翠轩、花神阁等。那花神阁且有辜鸿铭所书的英文诗,刻石其间。吴友如画家把它作为画材,收罗在《吴友如墨宝》中,有好多幅。当时上海尚没有动物园,愚园开风气之先,已蓄着虎、豹、猩猩、孔雀、仙鹤等动物,供人观看。又备着茶点酒肴,供人饮啖。所以春秋佳日,游屐甚众。四方人士,来到上海,游愚园为一重要节目。后屡次易主,民国五六年间改建市廛,现在只有愚园路的名称,没有真正的愚园了。"(郑逸梅编著:《南社丛谈》,上海:上海人民出版社,1981年,第282页)

11月10日,江苏省发行《南洋官报》(旬报)第九十九册刊登《镇江府职绅马良茅谦等创设镇江法政讲习所议章请饬立案禀(并批)》,为马相伯在故乡镇江推进预备立宪,上书两江总督端方,申请建立镇江法政讲习所的内情。端方批复:"该绅等拟仿江南法政讲习所办法,设立镇江法政讲习所,系为普及法律知识起见,深堪嘉尚。所呈章程亦属妥洽,应准照办。除饬苏学司常镇道立案外,仰即迅速开办,认真经理,务收失效。"(《南洋官报》第九十九册)

11月27日(十一月初四日),马相伯去东京赴任政闻社总务员,到达神户。时隔25年重访神户,晚间六时,神户、大阪各省官绅、华侨商人及同文学校教职员等百数十人,在本地中华会馆集会欢迎马相伯,并邀请其发表演说。马相伯略谓:"今日重至日本,观其政治之修明,国势之强盛,与二十五年前大相悬绝。彼区区三岛何以骤能如是,推原其故,由采用宪政,故能上下一心致强盛。"(天津《大公报》,1907年12月3日)

马相伯东京演说情况又记,如下:"丹徒马相伯先生东游至神户,寓神户各华侨于本于初四日午后六时开会欢迎大会于中华会馆。各省官绅、神阪商人及同文学校职员教习与会者百数十人。酒酣,主席起致颂词,言相伯先生二十五年前曾任神阪领事,遗爱在人。近年在沪,凡一切公益之事,无不尽心提倡。此次东来,一则为江苏教育调查事,一则为政闻社事。以先生耆年宿望,为国民力谋公益,不辞劳瘁,实为吾人所钦敬。与同人共举一觞,敬祝先生健康。次,马先生起立致谢同人,继乃演说,大略言:今日重至日本,观其政治之修明,国势之强盛,与二十五年前大相悬绝。彼区区三岛,何以骤剧能如是,推原其故,皆由采用宪政,故能上下一心,骤致强盛。我国自前年宣布预备立宪,上谕年来,谕旨尤复谆谆及此。薄海内外欣忻鼓舞,盖宪法者国家之根本。根本既固,枝叶乃茂。然木之根也,非植之于下,则其根不固。立宪亦犹是也。苟在下着无立宪国民之资格,无拥护宪政之能力,则上虽立宪,必不能举宪政之实。故今日立宪之事,不能专望之政府,而其责实,专在我国民。次复言国民皆当自尽国民之责,以厚培宪政之根云。演说约二时许,情辞慷慨,闻者感奋。演说毕,宾主酬酢,备极欢洽。宴毕终会,已十一时矣。"(天津《大公报》,1907年12月13日)

12月4日(十一月十一日),马相伯到达东京,寓帝国旅馆。当天,政闻社在东京中华会馆举行欢迎大会,演说中称赞马相伯"道德学问为当世所尊仰","硕德懿行,皆足为吾国人表率"(转见自方豪:《辛亥革命时期之马相伯先生》,氏著:《方豪六十自定稿》,台北:学生书局,1969年)。马相伯在欢迎大会上发表就职演说,有演说记录稿《政闻社演说词》,略谓现今当以建立政党,推动国民运动,从事宪政建设:"以鄙人观之,居中国现今时代而为头痛医头,脚痛医脚之举,是断不得为医国手也。……我辈果由何道而可以得民选议院欤?窃尝鉴于各国成例,当其未得民选议院也,常于民间有一极大之国民运动。此运动谁任之?曰:政党任之。"(天津《大公报》,1908年3月13日)

12月8日,江苏铁路公会推举马相伯为总干事,时马相伯已经赶赴东京参加政闻社活动。江苏铁路公会宗旨:"代表舆论对于公司以国民之资格,尽保持之义务。其活动方法为:力拒外款;劝集股份;协助本省铁路公司;联络各省路政机关。"(《江苏铁路协会暂行章程》,《申报》,1907年11月18日)自1907年夏沪杭甬铁路建造权之争爆发以后,9月间浙江铁路公司副总工程师汤绪听说清政府将与英资财团签订专项借款协议,认为清政府要出卖路权,便回到家乡湖州开始绝食抗议,唤起浙籍人士的支持与效法。10月12日,浙江预备立宪公会汤寿潜等人在沪召开浙江铁路公司大会,主张筹集民资民股,抵制英资借款,并成立浙江保路运动组织"浙江国民拒款会"。马相伯本着江浙一体的态度,参与沪杭甬铁路路权争取运动,出力甚多。

12月29日,由马相伯外甥朱志尧创办的求新造船厂承建上海标志性建筑,外白渡桥钢桁梁新桥竣工。求新厂还陆续承建了沪宁、沪杭铁路上的几十座钢架桥梁,成为上海华人企业之翘楚。

本年,马建忠、马相伯的老朋友,退休英国商人汉璧礼在意大利那不勒斯寓所去世。汉璧礼对上海的经济、文化、教育事业贡献极大,晚年致力于中欧关系建设。

汉璧礼(Thomas·Hanbury,1832—1907),英国人。1853年来华,经营丝、绸、茶叶等进出口贸易。恰逢上海租界房地产业兴起,投资其中成为巨富,为上海租界早期成功商人之一。1865年,担任上海英租界工部局董事;1871年退休离开上海,去法国定居。汉璧礼参与上海文化事业建设,数次回到上海资助学校及各类文化机构,为此公共租界工部局把虹口的一条马路命名为汉璧礼路(今汉阳路)。1889年,捐资创办汉璧礼养蒙学堂(Thomas Hanbury School and Children's Home),后又创办水手饭店(Hanbury Institute and Sailers' Home),并赞助亚洲文会、广学会等机构。汉璧礼推动清朝改良事业,与洋务官员关系密切。1879年,汉璧礼在意大利居住,特意于11月7日(九月廿四日)赶来伦敦,专程拜访出使英法俄国大臣曾纪泽一行。据曾纪泽《出使英法俄国日记》记载:当天午饭以后,"韩伯理(即汉璧礼)来,谈极久。其人在上海多年,贸易致富,房产在洋泾浜者极多。郭筠仙丈游意大利,曾宿其家。近者黎莼斋、马眉叔亦曾住焉"。此条信息透露1879年2月,马建忠和黎庶昌曾陪同郭嵩焘访问汉璧礼在那不勒斯的豪宅,受到热情接待。光绪三十三年(1907年),汉璧礼在那不勒斯寓所去世。

本年,上海主教姚宗李(Prosper Paris,1846—1931)在震旦近旁创建广慈医院(Hopital Sainte Marie),委托法国仁爱会修女管理。广慈医院依托震旦大学医学院,引进法式医疗技术和制度,发展为上海最好的医院之一。马相伯、朱志尧、陆伯鸿等家族以及上海地区教友为之贡献亦巨。

1908年(光绪三十四年,戊申),六十九岁

2月(正月),马相伯随政闻社总部迁沪,在日本居留数月之后回到上海,设址于英租界大马路(南京路),仍由马相伯担任总务员,徐佛苏担任常务员。梁启超、陈景仁等人在东京配合和遥控。政闻社计划在各省设立分支机构,决定在汉口开办《江汉日报》和江汉公学,宣传主义,培养人才。筹备过程中,因经费筹措不足,报纸和学校均未能成立。(参见丁文江、赵丰田编:《梁启超年谱长编》,上海:上海人民出版社,1983年,第441页)

2月25日,本日发行之《民报》(东京)刊登章炳麟《致马良》,"比闻梁启超、蒋智由辈将以立宪俙张天下,戴先生为祭酒,舍天爵而植朋党,先生不其然"。章炳麟对马相伯出任政闻社总务员,为立宪派站台表示遗憾和愤懑。

3月3日(二月一日),马相伯、徐佛苏、雷奋等在六家春番菜馆请客,陈述政闻社宗旨是组织政党,推行宪政,造就国会。"二月一日,该社在沪开招待会,宴请沪上学界,报告该社宗旨和成立经过。"(丁文江、赵丰田编:《梁启超年谱长编》,上海:上海人民出版社,1983年,第441页)又据《梁启超年谱长编》,政闻社总部迁沪后,成为立宪运动中坚,除领导人马相伯、徐佛苏、麦孟华(孺博)外,积极于社务还有一批干才,如社员雷奋(继兴)、范治焕(秉钧)、侯延爽(雪舫)、黄可权(与之)、邓孝可(木鲁)、熊崇煦(知白);另有非社员而赞助社务者,如徐子休、熊沅生、向杓甫等;留在东京从事社务者,还有罗普(孝高)、陈介(蔗青)、向瑞琨(淑予)、张嘉森(君劢)、彭渊恂(熙民)、陈高第、陈官桃等。政闻社总部迁到上海后,基本班底仍然是以梁启超在东京时期交往的人员为主,马相伯仍然只是名义领导人。

雷奋(1877—1912,江苏华亭任),字继兴,诸生。南洋公学开班后即入学读书,1898年从公学派遣赴早稻田大学学习法政;1900年参加励志会,创办留学生杂志《译书汇编》(月刊),刊登卢梭《民约论》、孟德斯鸠《万法精理》、穆勒《自由原论》、斯宾塞《代议政体》等译文。回到上海后,雷奋担任《时报》编辑,并在城东女学、务本女塾任教。1906年

12月,宪政研究会成立,雷奋任副总干事;1907年,上海发起收回江浙路权运动,他被推举为北上代表之一;1908年,他担任政闻社交际科长。雷奋在这些运动中,与马相伯密切交往,协助工作。1909年,雷奋被选为江苏咨议局议员,研究会主任,资政院议员;1910年8月,第一届咨议局联合会召开,雷奋担任审查员,审查议案;1911年2月,当选为预备立宪公会董事;1911年5月,陪同张謇北上,中途在彰德下车,劝说袁世凯在即将到来的变局中支持南方。雷奋告诫张謇,"切勿因为自己是清朝状元,要确守君臣大义,而躲避现实。须知皇帝与国家比较,则国家重于皇帝"(刘厚生著:《张謇传记》,香港:龙门书店,1965年,第180页)。"辛亥革命"爆发后,雷奋加入江浙联军活动,组织临时政府。南京政府成立后,雷奋被推举为松江自治公所总董,为服务乡梓,贯彻自治,亦因肺病需要治疗,屡次拒绝出任政府省、部要职。1919年,因肺病不治,在家去世。(参见侯宜杰著:《逝去的风流:清末立宪精英传稿》,北京:北京师范大学出版社,2013年,第78—84页)

3月19日(二月十七日),徐佛苏致信梁启超,透露马相伯健康状况良好,且饮食习惯并不异于常人。"丹徒(马相伯)何以见矍铄?饮食丰腴,寝食有节也。原注:此老每餐必食大块肉,每夜必于十时就榻。先生岂未之见耶?"(徐佛苏:《致梁启超》,转见自丁文江、赵丰田编:《梁启超年谱长编》,上海:上海人民出版社,1983年)

4月6日,上午,马相伯在张謇处与之会面,与前来探访的郑孝胥不期而遇。"晴,(郑孝胥)过张季直,遇马相伯于座。"(《郑孝胥日记》(二),北京:中华书局,1993年,第1136页)

4月(三月),马相伯在泗泾镇开设汇源米厂,为松江县内首家使用电力和机器碾米的工厂,一方称便。(上海市松江县地方史志编纂委员会编:《松江县志·大事记》,上海:上海人民出版社,1991年)马相伯及其家族在泗泾经营有年,后改籍入为松江(华亭)县泗泾镇。据马氏周围熟人说:"马原籍丹徒,而屡世徙居泗泾,故对外恒称青浦人,以泗泾镇属青浦县管辖也。"(令龙:《马相伯与修道院》,《力报》,1939年4月7日)泗泾镇原属江苏省娄县,清代后并入华亭县,民国时华亭县又改称松江县。

4月,震旦学院在上海法租界卢家湾吕班路建成新校舍,徐家汇老天文台临时校址弃用,迁入。《震旦大学二十五年小史》:"震旦草创,初无校舍。其始业,由相伯马先生假徐家汇天问题旧址,暂作课室,以资弦诵。门邻土山湾,邻孤儿院,规模固至简也。迨一千九百零八年春四月,震旦乃由徐家汇迁卢家湾,购地百零三亩,地当吕班路两旁,处上海、徐家汇之间。"(转见

自张若谷编著：《马相伯先生年谱》，上海：商务印书馆，1939年，第218页）

《震旦学院源流考·上海震旦学院新校舍图》（《协和报》，1911年，第16期）则记录为卢家湾校区建成于本年秋天，南从周校长出差后，韩绍康代理校长和教务长："(震旦学院)老天文台课堂不敷分设，宿舍亦难安置。不得已，遂由教会集款及马公原助之项，购地于上海西门外罗家湾，建筑校舍，并与对面另筑楼房一座，为学生寄宿之所。戊申(1908)秋，始行落成，因迁焉。时以南公从周因公他出，总理之任归诸韩公绍康，而庶务亦由韩公一人兼之。"

4月10日，政闻社总务员马相伯在机关刊物《政论》上发表就任演说文章，题为《政党之必要及其责任》。马相伯就"政党之必要及其责任，为诸君一言"。认为：政党政治并非最好的政治，但相比专制政治有明显的益处，因为专制维护的是少数人的私欲。"天下虽无绝对的良政治，而有绝对的恶政治。何谓绝对的恶政治，则徇最少数人之私欲，而反于大多数人之所同欲者是已。质而言之，则曰专制。专制政治，束缚人人之神我，使不得申，故有国家曾不如其无。故生为专制之国民者，必当以排除专制为唯一之义务。此非我对于人所当尽之义务，实形我对于神我所当尽之义务也。"（朱维铮主编：《马相伯集》，上海：复旦大学出版社，1996年，第70页）

马相伯向梁启超和政闻社提出"神我宪政说"，作为清末宪政的思想和信仰基础。马相伯为政闻社社员提议一整套道德主张，"一曰忠实，……二曰忍耐，……三曰博爱。"关于"博爱"在政党政治中的重要性，马相伯以为："此国家所以能容两政党以上之对立也。故吾侪忠于本党，而不嫉视他党，可以为光明正大之辩难，而不可谓阴险卑劣之妨害"。马相伯按个人与群体，家族、国家与政党之关系，论述"凡有血气者，莫不自爱我，然所谓我者，有形我焉，有神我焉。禽兽知有形我，而不知有神我，故永世不能以为群"。即号召国人摆脱人的动物性（"形我"），专以人的精神性，扩充人类之"神我"，组织政党，领导社会，保障个人和家庭之权益，以进入文明国家。"人类之能为国家也，恃有神我也。人类之乐有国家也，所以求常保神我之愉快也。使有国家而不能保神我之愉快，甚或其愉快反缘有国家而为之灭绝减杀，则吾之乐有国家者果安在？故欲完国家之责任，莫要于使国内之人各得所欲，此犹家族之责任，在使家内之人各得所欲也。"至于一国之内，有不同的人群，不同欲求，不能统一，则需要有不同政党来表达。"于是乎一国之中，必不止一政党，而常有政党与政党对立。"其中"最大政党所主张者，即国民最大多数所同欲"。"国家恒采最大政党所主张，为国民最大多数所

同欲而与国利民福最相近者以施政。"(朱维铮主编:《马相伯集》,上海:复旦大学出版社,1996年,第76页)

章炳麟根据"政教分离"原则,以《驳神我宪政说》反对马相伯宪政理论:"罗马教高僧马良自吴淞抵日本,说宪政事,以神我为国家根本,视阘茸者稍念。马氏治法兰西哲学,初祖笛伽尔,言思即我在,与数论所云我是思者相类,故马氏亦传会数论神我之说以为本氏。详其所论,求神我之愉快者,愉快不与神我相应,其在佛乘则为受阴,其在数论则为萨垂喜德,求愉快亦不与神我相应。"(《章太炎全集(三)》,上海:上海人民出版社,1985年,第311页)马相伯站台梁启超一派的立宪派,章炳麟则代表在东京组织的革命派,两人的宪政主张对立,章在文辞上的针砭烈度仅次于他批判康有为。辛亥革命以后,两人关系修复。1914年,马相伯与章炳麟合作筹建"函夏考文苑",关系融洽。1928年以后,章炳麟和马相伯在政见上达成一致,即都主张地方自治,反对党国政治。1931年"九一八"事变以后,两人联合宣言,呼吁全民抗战。

6月22日(夏至),"戊申长至后",马相伯挥汗作《〈墨井集〉序》,是为李杕编辑吴历《墨井集》所作的序文。李杕,字问渔,马相伯幼年时在徐汇公学同学,耶稣会士,著名天主教学者。马相伯称赞"吾友问渔,玩物之戒素严,虽言满天下,要皆布帛菽粟之文,而乃于墨井之诗,既哀辑之,复及其书其画"。对于吴历,马相伯则称赞道:"墨井道人则更儆乎远矣!随闻随行,行年五十有一,犹舍其有以干世之具,不惮从事辣丁,即此区区向学之勇,求之于今提倡西文之世,能有几人乎?"马相伯、李问渔最早披露清初遗民画家吴历为天主教徒,耶稣会士司铎。

吴历(1632—1718),江苏常熟人,字渔山,著名画家,师从王时敏、王鑑。又因家居里巷有言子(偃,子游)墨井,自称"墨井道人"。吴历自幼受洗,入天主教。四十岁以后信教,出家修道,在嘉定娄塘天主教堂隐居长达十余年之久。吴历修行天主教,先后受鲁日满、柏应理影响,在上海附近从事教务活动。康熙十九年(1680)松江府柏应理偕吴历及沈福宗等五人去澳门准备去罗马,吴历遂滞留澳门小三巴教堂(圣保禄学院)三年,学习拉丁文及神学课程,努力修铎。二十二年(1683)从澳门回到上海,在上海、浦东和嘉定地区传教。康熙五十七年(1718)在上海去世,葬于南门外耶稣会士墓地,墓碑题为"天学修士渔山吴公之墓"(参见吴历撰,章文钦笺注:《吴渔山集笺注》,北京:中华书局,2007年)。

春,马相伯愿意为政闻社做出实质性贡献,他主张"我社主义在改良社会",即以储蓄法建立一种信用组合(合作社),达成发展产业的目的,以致经济自主,推动立宪。因为"社会不足以养人,人将群赴官界,赴官界则断不肯立宪。"他推荐英敛之担任筹备中的《江汉日报》主笔;他为改变政党空说主义的作风,他还自告奋勇去南京、镇江购置江边荒地,举办实业,增为本社资产;他获悉政闻社欲在汉口开设法政学堂而不获张之洞允许,便主张将此私立法政学堂设在上海,"于社会必大有鼓动";关于政闻社本身,他主张在上海总部发展到"二三百社员,必当再定社名,"因为最近流行的××社、××党等"二字党"名称已经引起社会人士的反感。(《光绪三十四年春马相伯致梁任公先生》,丁文江、赵丰田编:《梁启超年谱长编》,上海:上海人民出版社,1983年,第457页。)

5月17日,马相伯召集江苏士绅在南京集会,研究本省推进速开国会之办法,决定以一月为限,推举代表入都请愿。"人民请求一次不成,二次三次,至于必成而后止。政府与人民日处战争之地位,政府气盛则政府胜,人民气胜则人民胜,俱在我人民自为之耳。"(《江苏绅士预备开设国会纪事》,《申报》,1908年5月8日)会后,南京士绅并未积极响应,马相伯又作文推动,称:"要求民选议会,各省均已上书。江南为人文荟萃之区,风气早开,不可不赞成此举。"(马相伯:《宁垣请开国会之缘起》,《盛京时报》,1908年7月1日)

6月,在东京的满洲留学生恒钧、乌泽生等人创刊《大同报》,宣传预备立宪。马相伯应邀为之题词,略谓:"在东京晤宗室及在旗留学生数十人,皆能坚苦研习法政。项乃设《大同日报》于京师,以其所学,发为文章,吾知其必能觑破我国衰危之根源,而得其救济之法,以视无宗旨、无统系之报章,其收效自不能并论。"(马相伯:《〈大同日报〉祝辞》,《大同报》1908年第7期)

6月,马相伯致函南京学务总会,提议江苏士绅向清廷请愿召开民选议会,谓:"要求民选议会,各省均已上书。江南为人文荟萃之区,风气早开,不可不赞成此举。"(《宁垣请开国会之缘起》,《盛京时报》,1908年7月1日,转见自侯宜杰著:《逝去的风流:清末立宪精英传稿》,北京:北京师范大学出版社,2013年,第61页)

6月18日,复旦公学在吴淞开办后,为首届结业学生举行毕业典礼,为方便家长、朋友和官员们前来祝贺,淞沪铁路公司为此次典礼调整时刻表,开出来宾专车,由复旦赠送来会车票。"吴淞复旦公学定于今日午后三句钟举行毕业礼式,已经商明铁路公司于本日午后一点四十分由上海开往炮台湾六点五分,由炮台湾开回上海火车,均在该校前面暂停,来宾车票由该校敬赠。"(《新闻报》,1908年6月18日)这一批学生应该是当年从震旦学院退学，加上在市区临时招生的学生。次年在吴淞招生的学生则称为"第二班"，一共十六人，于 1909 年毕业。

7 月 3 日（六月五日），马相伯以政闻社总务员名义致电清廷宪政编查馆，以《请速开国会》一文敦促清廷限期三年召开国会，实行宪政。马相伯《请速开国会》为言："近闻有主张十年、二十年者，灰爱国者之心，长揭竿者之气，需将贼事，时不我留，乞速宣布期限，以三年召集国会，宗社幸甚，生灵幸甚！"（转见自太炎：《马良请速开国会》，《民报》第廿三号）另，7 月 11 日（六月十三日），郑孝胥、张謇、汤寿潜等以预备立宪公会名义，致电宪政编查馆，亦要求于二年之内召开国会。（汤志钧主编：《近代上海大事记》，上海：上海辞书出版社，1989 年，第 654 页）

马相伯发表《请速开国会》后，章炳麟在《民报》上发表《马良请速开国会》。对马相伯的立宪呼吁大加叱骂。或因马相伯在文中提到清廷将召开国会推迟至十年二十年以后，是"灰爱国者之心，长揭杆者之气"，言语冒犯了革命派，章炳麟回击说："马良本罗马教神父，身有祖祢不祀，何有于他人之宗庙？家有五祀且不奉，何有于他人之社稷？易牙蒸子，开方奉父，而云为其父效忠，此识者所以致惑。良且不顾马氏之宗社，乃为政府言曰：'宗社幸甚'，此违心之言耶？……吾所为良忧者，七十老秃翁，危如朝露，旦夕将入天宫，若无上帝耶，一瞑不视亦已矣。若有上帝耶，见其'宗社幸甚'之言，惧将斥之为老魔，责之为背叛正教，不蒙谴于生前，而或蒙谴于死后，则上议院之乐未得，而又丧气天宫之乐也，悲夫！"（《民报》第廿三号，转见自《中国近代史资料丛刊·辛亥革命（二）》，上海：上海人民出版社、上海书店出版社，2000 年，第 430 页）章炳麟在文章中抓住天主教教义，以为马相伯的"速开国会"主张是维护清朝，效忠帝制，且违犯天主教"无君、无父"的戒律。

7 月 11 日（六月十三日），江苏铁路协会事务所召开第一次职员会议，选举曾朴为总干事，沈缦云为副干事，马相伯、雷奋、孟森、吴馨、杨千里、沈恩孚等为评议员，袁希涛、方还、张蔚西为调查员，调查江苏路政。协会事务所设于上海法政讲习所内。（汤志钧主编：《近代上海大事记》，上海：上海辞书出版社，1989 年，第 655 页）

7 月 12 日，上海举行国会期成会成立大会，同时公祝江苏、安徽两省代表入都请愿速开国会。会间，雷奋介绍本会发起经过，王敬芳、贺邵章、叶惠钧、范秉钧等演说，讲题围绕速开国会、地方自治、国民教育和政党建立等问题。马相伯在会上发表祝辞，称："请开国会，乃我全国人民之生命所关，财产所关，人格所关，岂仅个人之功名富贵而已。此所以必须欢送也。"（《国

会期成会成立大会纪事》,《时报》,1908年7月13日)

7月13日,江苏绅商在上海开会欢送雷奋、孟昭常启程入都,请愿速开国会,代表签名者万余人。马相伯在送别大会上演说,代表上海民众致祝词。雷奋答曰:此次请愿有效,则以议会履行职务;如请愿无效,则应该对于此后"作若何之观念"加以研究。(《江苏请愿国会代表北上送别纪事》,《时报》,1908年7月15日)

7月25日(六月二十七日),清廷严厉禁止政闻社的活动,查办负责人员。按《申报》报道,风传梁启超等人有"保皇帝不保太后,保中国不保大清"的说法,清廷甚为疑虑,故勒令解散政闻社,缉捕其社员。本日,清廷以政闻社社员法部主事陈景仁在东京电奏全国,请速开国会并请将出洋大臣于式枚革职等为罪名,下达谕令,通电全国,加以处分。次日,《申报》刊登上谕:"政闻社法部主事陈景仁等电奏,请定三年内开国会,革于式枚谢天下等语。朝廷预备立宪,头绪纷繁,需时若干,朝廷自须详慎斟酌,权衡至当。应定年限,该主事等何得臆度率请?于式枚为卿贰大员,又岂该主事所得擅行请革?闻政闻社内诸人良莠不齐,且多曾犯重案之人。陈景仁身为职官,竟敢附和比匪,倡率生事。"陈案发生后,政闻社企图挽回局面。

8月23日(七月二十六日),《申报》刊等由梁启超等人拟定《政闻社通告全体社员》,认为陈景仁奏电仅为个人意见,而以马相伯为本社官方代表:"本社对内外,皆以总务员马君良为代表,屡次建议发电,皆用马君名义。其余社员政治上之行动苟不悖于本社主义,固所欢迎,但只认为社员个人之行动,不能代表全体。"政闻社在关键时刻,把总务长马相伯推出来,想让老人顶缸。

对于政闻社面临的危机事件,梁启超等人曾想到自首投案,即"自请召讯",到衙门申辩。还曾有想法请马相伯出庭,"自请召讯之议,诚为现在唯一善法,但有一难焉,则应召讯之人是也。以形式上论,马先生当最宜,但以七十高龄当此冲,殊所不安。其次则佛苏与孺博(先生亦可,然先生亦有嫌疑可供其罗致)……此实宜以弟挺身任之,乃为适合清理,而弟之地位又万不能出此,奈何?"(光绪三十四年七月,梁启超《致蒋观云(智由)先生书社中诸同志书》,转见自丁文江、赵丰田编:《梁启超年谱长编》,上海:上海人民出版社,1983年,第471页)都不可行。因与清廷没有回旋余地,梁启超等人只得解散政闻社。七月二十八日,《申报》揭秘政闻社遭到清廷严令解散,真实原因"系南洋二百埠华侨请愿书所致,上月中,旧金山中华帝国宪政会总长康有为、副长梁启超联合海外二百埠侨民上请愿书,主张十二大请愿,内有撤帘归政,尽裁阉宦，迁都江南，及改大清国号为中华国数款，最为政府骇怪。……某中堂谓中华帝国宪政会远在海外，难于解散，惟沿海各省分设政闻社与梁启超有关系，不如先查政闻社为下手之地。各堂多以为然，越数日，即拟严拿社伙之旨。"(《严治政闻社详志》，《申报》，光绪三十四年七月二十八日)

8月27日，清政府公布《钦定宪法大纲》二十三条，宣布从本年起，以九年为期，开始预备立宪。江浙士绅闻之欢欣鼓舞，遂行地方议事，筹备宪政。

9月19日(八月二十四日)，江苏咨议局研究会在江苏教育总会会所(址在新昌路酱园一弄)成立，二百余人出席。张謇、马相伯分任正、副总会办，许鼎霖、王清穆、王同愈、魏家骅、蒋炳章、仇继恒为会办。其时，清廷大员奕劻、张之洞、袁世凯等人吁请朝廷尽早颁布"预备九年立宪"之上谕，并以宪政编查馆等机构从事预备立宪。(汤志钧主编：《近代上海大事记》，上海：上海辞书出版社，1989年，第657页)

9月19日，本日出版之《新世纪》第56号刊登作者"非马良"的文章《马良》，因反对康梁立宪，故对马相伯出长政闻社表示愤慨。该文言辞无措，既崇拜马相伯之学识，又对他决定出山参与保皇和立宪活动痛心疾首，大肆谩骂。

《新世纪》为世界社张静江、李石曾、吴稚晖等人于1906年在巴黎创办的杂志，提倡政治革命和无政府主义学说，由吴稚晖任主编，与东京《民报》相呼应。《新世纪》本号发表之抨击文章《马良》，对马相伯出任政闻社总务长做出激烈反应。"马良者，信道极笃，不肯为虚伪；治学极真，不务于浮夸。其弟马建忠，亦才俊多识之士也。……方吾初见之也，正震旦学院初开之时，其人精神矍铄，肌肤作赤色，相见其卫生之合法，一望即知为有道之士。其言温温然，厚重而不夸妄。……心念此公一出，中国之科学学校定有成立之望，故觉中国数千年以来最可爱重者，莫如马相伯先生，所谓狗屁之周旦、孔丘者，直代吾马相伯先生涤尿器耳！"赞扬之后，作者对马相伯参与立宪派活动非常不满："乃今知良实梁启超之傀儡，所谓政治家也，否则何以东京、江宁，用其不完全之政治智识，动辄登台高演，岂科学中竟无一物可再研究，而乃有工夫随一班狗日忘八，乱放臭屁乎？而又知良乃张謇之是慕，所谓实业家也。否则何以镇江、上海，用其拍卖之面目查账调查，一任狗头资本家至驱使，岂聍蓄建设完全科学学校之基本金，故不惮风雨布袍，如健驴之奔嘶乎？"从《马良》一文涉及到的个人经历和认识，如曾参与震旦学院开学典礼，并对马相伯学术贡献的一贯认定，作者"非马良"应为吴稚晖。

9月25日(九月初一日),孙家鼐上书,奏准"筹办咨议局须兼顾民力",即开办咨议局应有效利用民间资源,节省费用,防止增加民众负担。"以江苏论,各属调查,多自任经费,造成人名册而后送官,则司选员之用甚少。建筑一项,多谓议员人数多不愈百余人,为公开准人旁听计,择较宽敞之廨宇暂借用之,俟开局后议筹,亦无不可。"日(初二日),上谕准礼部奏请将顾炎武、王夫之、黄宗羲从祀文庙。礼部原有顾虑王、黄有非君、反清之言论,故奏有以顾炎武从祀,并询"王夫之、黄宗羲应否一体从祀?"得谕旨回复:"三人均从祀。"(《东方杂志》,第五卷第十期,转见自孟森著:《孟森政论文集刊》,北京:中华书局,2008年,第155页)

11月25日(十一月二日),下午,江苏教育总会在酱园街会所举行大会,改选正副会长,张謇、王同愈、许鼎霖当选为正副会长,马相伯任干事员。按章程,原任正副会张謇、王同愈"照章得自行辞职"。惟因苏属苏州、宁属南京地区人士多年为学额、学校和学会总部会址等事分歧,相持不下,会务为难。本次选举,张謇、王同愈仍以最多票数当选继任,许鼎霖代表宁属,出任副会长。(王同愈撰:《栩缘日记》,收《清代日记汇抄》,上海:上海人民出版社,1982年,第369页)王同愈(1856—1941),字胜之,晚号栩缘老人,江苏元和人,光绪甲午进士,翰林院编修,官至江西提学使,1895年以后居上海。许鼎霖(1857—1915),字九香,江苏赣榆人,光绪八年亚元,曾任内阁中书,秘鲁领事,1903年调任浙江洋务总办,后加入国民党,任江苏省议员,1915年在上海去世。

按本次大会选举结果,除马相伯(干事员)、张謇(会长)、王同愈(副会长,苏属)、许鼎霖(副会长,宁属)当选外,江苏教育总会干事员还有:雷奋、沈恩孚、袁希涛、田北湖、孟昭常、黄炎培、方还、仇继恒、王清穆、蒋凤梧、杨天骥、夏蔼如、陆寿山、刘永昌、龚杰、吴馨、陆瑞清、程先甲、赵鉦铎、张曾壁、周鋐顺、王义成、夏曰璈、严保诚、包公毅、费元煜、王景曾。(上海地方志办公室、上海博物馆编:《民国上海市通志稿》第三册,上海:上海古籍出版社,2013年,第338页)本次会议决议购置林荫路(近南市老西门)一亩九分六厘基地,建造独立会所。1910年3月,新会所建成,江苏教育总会迁入办公。

1909年(宣统元年,己酉),七十岁

3月31日,下午,中国公学董事会在福州路(广西路)一品香西餐馆召开,马相伯、郑孝胥、熊希龄等出席。"午后,赴一品香,中国公学董事会议事,晤马相伯、熊秉三。"(劳祖德整理:《郑孝胥日记(三)》,北京:中华书局,1993年,第1183页)

3月,清廷正式开始"预备立宪",谕令各省在年内开设咨议局。江苏省咨议局正式成立,局址设在南京城内丁家桥。马相伯以原籍丹阳县名额,当选为江苏省议员,张謇当选为议长。

4月(三月),马相伯作《〈古文拾级〉序》。《古文拾级》为李杕(问渔)为震旦学院学生修读中文课程编写的教材,与马相伯《拉丁文通》中西并重,是震旦学院同等重要的两门课程。马相伯认为:"一国之语言,一国之心志所籍以交通也;一国之文字,一国之理想所籍以征验也。……此其所以尊为国粹也欤?"马相伯把《古文拾级》编选的古文名篇与古罗马西塞罗的拉丁文名篇相提并论,高度评价李问渔的编选成就。"余同学问渔,所选《古文拾级》凡百篇。先今后古,以其与我并世者今也。耳目有同濡焉,自卑自迩,尤合现今之教授,足为逮古之津梁。"(《〈古文拾级〉序》,朱维铮主编:《马相伯集》,上海:复旦大学出版社,1996年,第101页)

5月4日(三月十五日),江苏省苏南各属完成咨议局议员选举,按定额选出66人,又专额2人。马相伯作为镇江府属代表当选,朱开甲(志尧)则作为松江府属代表。此外,马相伯的学生、朋友和故旧如雷奋(松江)、穆湘瑶(松江)、黄炎培(松江)、姚文楠(松江)、孟森(常州)等在各州府当选。

按光绪三十四年九月十三日谕旨:"朕钦奉慈禧皇太后懿旨,前于京师设立资政院,以树议院基础,各省亦应有采取舆论之所。"各省舆论之所,即本省咨议局。江苏省本次选出议员名单如下:苏州府:金祖泽、钱崇威、方还、孔昭晋、费树达、王同愈、余亮、丁祖荫、蔡璜、江衡、陶维坻;松江府:金咏雷、张家镇、雷奋、朱祥黼、穆湘瑶、张开圻、谢源深、黄炎培、朱家驹、盛之骥、顾忠宣、黄端履、姚文楠、朱开甲、秦锡田;常州

府：朱溥恩、储南强、孟昭常、庄殿华、于定一、胡丽荣、孙静圻、顾鸣冈、孟森、钱以振、蒋镛、吴鸿基、蒋士松、黄应中、刘廷炽、赵衡、苏高鼎、谢保衡、瞿树榕、王楚书、秦瑞玠；镇江府：狄葆贤、马敬培、马良、吴佐清、何恩煌、王士杰、陈庆年、陈允中、史耀堂、赵瑞豫、姜光辅；京口驻防：崇朴、延祥；太仓州：陆祖馨、洪锡范、夏曰琦、顾瑞、林可培、苏云章、潘鸿鼎、严师孟。(《东方杂志》,第六卷第五期,转见自孟森著:《孟森政论文集刊》,北京：中华书局,2008年,第326页)

与马相伯同时当选的镇江府议员中,狄保贤(1873—1941,楚青、平子),属溧阳县,在上海创办《时报》,任经理,为保皇党喉舌；吴佐清,属丹徒县,在上海从事变法舆论宣传,曾编辑出版《海国尚友录》；何恩煌,曾任宣城知县,查《汪康年师友书札》,有一通；王士杰；陈庆年(1862—1929,善余),属丹徒县,在教育界从事,协助缪荃孙筹建江南图书馆,著有《中国历史教科书》(上海：商务印书馆,1909年)；陈允中,史耀堂；赵瑞豫,属丹阳县；姜光辅,属丹阳县。

5月15日(三月二十六日),"《民呼报》在上海出版,于右任主办。因攻击官场,被拘禁月余,驱逐出境,出刊仅九十三天"(《清季重要报刊目录》,张静庐辑注：《中国近现代出版史料·中国近代出版史料初编》,上海：上海书店出版社,2003年,第77页)。《民呼报》即《民呼日报》,由复旦公学毕业生于右任任社长兼撰述人,因政论敢言,以"大声疾呼"、"为民请命"为办报宗旨,初创后发行量即猛增。后因抨击甘肃总督毛庆番在西北造成灾荒的报道和评论,反受诬告。上海道台蔡乃煌提交会审公廨,拘捕和审讯于右任达一个半月之久。经数次开庭,以诬告罪将于右任驱逐出租界,《民呼日报》于8月14日(六月二十九日)停刊。《民呼日报》事件过程中,于右任获得上海民众及《时报》、《神州日报》、《东方杂志》等报刊的声援,声名鹊起。出狱以后,不久又举办《民吁日报》,继续抨击清朝政治。

6月5日,南洋劝业会在南京开幕,马相伯应邀到南京参加南洋劝业会研究会,并在会场多次发表演说,受到好评。(《近代中国历史大事年表》,北京：近代中国出版社,1982年,第664页；《南洋劝业会文汇》、《南洋劝业会报告》,鲍永安主编,苏克勤、陈泓校注：《南洋劝业会报告：中国首届博览会——南洋劝业会百年回望》,上海：上海交通大学出版社,2010年,第244—252、300页)

南洋劝业会筹备与召开期间,马相伯在镇江创建工程公司,计划拆除城墙,在城厢内外修建大马路,开辟商务。工程因受到当地士绅抵制,功败垂成。(端方：《公司参款查明办理折》,转见自野丰泽：《辛亥革命和产业问题：1910年的南洋劝业会与日美实业团访华》，《纪念辛亥革命七十周年学术讨论会文集》，北京：中华书局，1983年，第2475页）

6月13日，江苏在南京开咨议局研究会，各县与会者有马相伯等230余人，推张謇为会长。（《近代中国历史大事年表》，北京：近代中国出版社，1982年，第655页；韩信夫、姜克夫主编：《中华民国大事记》第一册，北京：中国文史出版社，1997年，第87页）

7月7日（五月十四日），复旦公学在吴淞校区正式招生的学生（"第二班"）临近毕业，于五月初六日至十四日大考，由两江总督端方派员监考，成绩合格即发给文凭。"复旦公学第二班学生十六人，升入正科肄业，现届三年期满，照章应行考试毕业礼式。兹悉该学监督观察定于五月初六日起，至十四日止，由该学教务长按日考验，照章给发文凭。因特请江督端方派员莅校，会同考验。"（《新闻报》，1909年6月19日）陈寅恪、竺可桢、钱智修等于1905年入学，均为本届毕业生。马相伯担任复旦公学校长期间，曾亲授本班学生课业。

7月7日（五月十四日），震旦学院迁入吕班路校舍后首次放暑假，兼而举行毕业典礼，马相伯莅临发表以"光阴之宝贵"为主题的演说，大受欢迎。《震旦学院记事珠》："五月十四日，本院行给发文凭兼暑假礼。先由马公相伯演说'论光阴之贵'，勖诸生于暑假时须温习所学各科。娓娓动听，举座击节。"（张若谷编著：《马相伯先生年谱》，上海：商务印书馆，1939年，第218页）

7月22日，南洋劝业会在丁家桥劝业会公议厅召开会议，马相伯与袁梓青作专题讲演。（见《南洋劝业会文汇》，鲍永安主编，苏克勤、陈泓校注：《南洋劝业会报告：中国首届博览会——南洋劝业会百年回望》，上海：上海交通大学出版社，2010年，第247页；《南洋劝业会报告》，第2页）25日，又在丁家桥劝业会公议厅召开农业讲演会，马相伯、黄炎培均在会上发表演说。（见《南洋劝业会文汇》，鲍永安主编，苏克勤、陈泓校注：《南洋劝业会报告：中国首届博览会——南洋劝业会百年回望》，上海：上海交通大学出版社，2010年，第248页）

7月26日，晚，张謇、李瑞清等召集江苏代表马相伯，湖北代表马刚候，江西代表刘宇珊等，商讨成立《全国农事联合会》事宜，后改名《全国农务联合会》。（见《南洋劝业会文汇》，鲍永安主编，苏克勤、陈泓校注：《南洋劝业会报告：中国首届博览会——南洋劝业会百年回望》，上海：上海交通大学出版社，2010年，第248页）

8月9日，南洋劝业会上海协赞会聘马相伯先生为劝业会协赞会评议长。马相伯有"意见书",评论并建议上海工厂主人制造铅笔,"故宜多造炭笔,以代毛笔"。逐渐在小、中学生练习图画、书法中代替毛笔。(见《南洋劝业会文汇》,鲍永安主编,苏克勤、陈泓校注:《南洋劝业会报告:中国首届博览会——南洋劝业会百年回望》,上海:上海交通大学出版社,2010年,第240页)

9月23日,清廷成立资政院,召集第一次会议,到会议员154名。于10月3日正式开院。是为预备立宪机构,旨在培养锻炼议员的能力,为成立两院制的正式国会奠定基础。马相伯是其中一员。(见《近代中国历史大事年表》,北京:近代中国出版社,1982年,第666页;韩信夫、姜克夫主编:《中华民国大事记》第一册,北京:中国文史出版社,1997年,第119页)

9月,江苏咨议局正式成立,马相伯代表丹阳县,当选为省议员。"宣统元年八月,江苏咨议局成立,邑人马良、赵瑞豫、姜光辅、林懿均当选为江苏咨议局议员。"(《丹阳县续志》卷二十三"地方自治")马相伯用丹阳县的名额,被选为江苏省咨议局议员。此为马相伯从出生地丹徒回到祖籍地丹阳,以议员身份从事各项社会活动之开始。按马相伯外甥朱志尧则为松江府五位代表之一,与马相伯共同参与江苏省预备立宪活动。

10月3日,"于右任、谈善吾主办《民吁报》,在上海出版。因攻击日本,由日本领事致函上海政府查封,出刊仅四十二天"(《清季重要报刊目录》,张静庐辑注:《中国近现代出版史料·中国近代出版史料初编》,上海:上海书店出版社,2003年,第77页)。《民吁报》即《民吁日报》,于右任等在《民呼报》被查封后接续举办。因刊登朝鲜义士安重根刺杀伊藤博文的消息和评论,被日本驻上海领事指责为"煽动破坏"、"有碍中日邦交"。11月19日,上海道台蔡乃煌会同公共租界会审公廨加以查封,实际出刊43天。

10月14日(九月初一日),各省咨议局联合会在上海召开第一届会议,组织国会请愿同志会。政闻社虽在名义上解散,马相伯、徐佛苏等人仍然积极活动。由于马相伯的斡旋,成立于东京,具有浓厚康梁色彩的政闻社和上海及江、浙立宪派合流,开始合作。同日,江苏省咨议局议长张謇发表《请速开国会建设责任内阁以图补救书》,号召各省咨议局代表到上海开会,敦促清廷尽速建立国会和责任内阁。

11月13日,"南社"成员陈去病、高旭、庞树柏、柳亚子、朱少屏等17人在苏州虎丘张东阳祠雅集,宣布条例十三条。此次雅集,是继1907年8月陈去病等人在豫园成立神交社,筹备结社之后,标志着南社的正式成立。是年冬,《南社丛刊》第一集编辑出版,陈去病、高旭、庞树柏为编辑员,柳亚子任书记,朱少屏任会计。南社是借清末预备立宪运动推动,在上海形成的一个松散文人组织,社友分布在学校、报刊、书局、商务和党团各界,其中有不少是马相伯在震旦学院、复旦公学的学生,以及南洋公学、爱国学社等学校出来的师生。

按记者后来的统计,"南社"社友分布在上海报刊、书局为多,"当时上海为全国文化中心点,各种报刊,大都由南社社友主持笔政,如《民立报》为宋教仁、于右任、范鸿仙、谈善吾、叶楚伧、徐血儿、陆秋心、景太昭、朱少屏、陈英士。《神州日报》为黄宾虹、王无生、范君博。《大共和报》为汪旭初。《时报》为包天笑。《申报》为王钝根、陈碟仙、周瘦鹃。《新闻报》为郭步陶、杨千里、王蕴章。《太平洋报》社友更多,为姚雨平、陈陶遗、苏曼殊、胡朴安、胡寄尘、李叔同、陈蜕安、邓树楠、陈无我、梁云松、林百举、余天遂、姚鹓雏、夏光宇、王锡民、周人菊。柳亚子本主《天铎报》,也被拉进《太平洋报》,亚子自称'跳太平洋'。《民国日报》为吕天民、俞剑华、邵元冲、沈道非、林庚白、陈泉卿、陶冶公。《民声日报》为宁太一、汪兰皋、黄季刚、杨性恂、刘昆孙。《天铎报》为邹亚云、李怀霜、俞语霜、陈布雷。《民权报》为牛霹生、蒋箸超、戴天仇、刘铁冷、徐天啸、徐枕亚、沈东讷。《中华民报》为邓孟硕、管际安、程善之、刘民畏。《民国日报》为邵力子、于秋墨、闻野鹤、成舍我、朱宗良、朱凤蔚、陆咏黄。《时事新报》为林亮奇。《生活日报》为徐朗西、陈匪石、姜可生等。其它各种杂志,也大都是南社社友的地盘,成为南社的一统天下。当时柳亚子很得意地开玩笑说:'请看今日之域中,竟是南社的天下。'"(郑逸梅编著:《南社丛谈》,上海:上海人民出版社,1981年,第2页)在参加南社活动的社友中,如项骧、于右任、邵力子、叶楚伧、李叔同、谢无量、马君武与马相伯早有师生关系;沈缦云、朱少屏、沈钧儒、陈陶遗、吕碧城、韩景琦等社友,后来与马相伯也有了交往关系。

11月(十月),马相伯到南京参加江苏省咨议局大会,向市民公开演说。按演说见证人时南京江南高等学堂学生施养勇(1891—1981)回忆,江苏省咨议局大厅在南京城内丁家桥,"仿佛是个一大大戏院,前面居中设议长台。台前为各议员席次,一人一席,编号入座。后面有楼,楼上设旁听席,供中外人士和新闻记者来会旁听之用。议长为张謇,议员都是各县的知名人士。马相伯先生是咨议局议员之一,他开会时发言虽不多,但平日长于演讲"。马相伯在演说中抨击清廷腐朽无能,边讲边演,激动人心:"他们平日作威作福头戴红顶子,身坐大轿子,一肩轿子杠到东,一肩轿子杠到西。只知压榨老百姓,残杀老百姓,从没给老百姓做一点儿好事。试问他们的顶子是怎样会得红的?难道是从他们妈妈肚子生出来的时候就红的吗?这都是那老百姓的血来染红的。"(施养勇:《辛亥革命时期的拾零》,收上海市文史研究馆编:《辛亥革命亲历记》,上海:中西书局,2011 年)

11 月(十月),马相伯在南京,与江苏咨议局议员、教育改革者陈庆年商议组织镇江府教育联合会并筹办初级师范学堂事宜。

冬,复旦公学校政因财务困难难以维持,严复、夏敬观、高凤谦先后辞校长职,马相伯再次出山,重新担任校长一职。于右任受聘复旦教授,辅助马相伯治校。钱智修《马相伯先生九十八岁年谱》:"严又陵先生掌复旦公学未一年即辞去,继之者为夏剑丞先生敬观、高梦旦先生凤谦。至是年冬,高先生复力辞,乃由众请先生复任。延于右任先生授国文,师生切慨,民族革命思想日益滂沛,清吏为之侧目。先生不顾也。"(《中央日报》,1938 年 5 月 16 日;校史编写组:《复旦大学志》,上海:复旦大学出版社,1985 年,第 224 页)

是年,震旦学院重订学校章程。韩绍康院长参照欧洲学制,将预、本科共四年改为六年,设文、理两科,卒业"领有文凭",相当于法国的学士。这一改革标志着震旦已迈上正规大学的轨道。(《震旦大学建校百年纪念》,第 42 页)

本年,马相伯始学中国画。按于右任秘书张文生《怀念于右任先生》记,于右任 60 岁寿辰时得到马相伯赠《秋收图》,"于先生对我说:马先生学画时年已 70,我才 60,我如果学画还来得及。又说,我每次见到我们马先生,我就感到我的年纪轻了。先生一生积极,故其言论如此"(全国政协文史资料委员会编:《中华文史资料文库·军政人物篇》,北京:中国文史出版社,1996 年)。

1910年(宣统二年,庚戌),七十一岁

4月11日,上海报界欢迎南洋华侨国会请愿运动代表陆乃翔,马相伯应邀作演说,其辞略谓:"世界有两大权,一兵权,一言论自由权。今海上报界以言论自由权公送代表北上,将使人人有言论自由权,则可参与政治,翼护国家。"(《本埠报界欢迎华侨国会代表纪事》,《申报》,1910年4月12日)

5月22日,午后三点,预备立宪公会、江苏咨议局研究会、华商联合会、商学公会、商业研究会、福建学生会、江苏教育总会、上海劝学所、上海教育会、上海城自治公所、上海商务总会、沪南商务分会、南市商学会、南市商团公会、国会请愿同志会等团体,在上海预备立宪公会举行茶话会,欢送江苏请愿代表沈缦云北上,继续要求速开国会。马相伯在会上发表演说,略谓:"今日各团体热忱欢送,可见爱戴国家,爱戴朝廷,爱戴帝王。使国家、朝廷、帝王不爱此爱戴之民心,犹不速开国会,恐他日虽欲哭送,而不可得矣。"(《沪上各团体欢送国会代表之特色》,《申报》,1910年5月23日)

6月4日,为推动"速开国会运动",各种政党纷纷成立。第二届全国咨议局联合会在北京开会期间,各省议长谢远涵(江西)、梁善济(陕西)、汤化龙(湖北)、李文熙(四川)、孙洪伊(直隶)发起组织"宪友会"。江苏代表以马相伯为首,沈恩孚、黄炎培、汪秉忠、雷奋等人参与,发起建立宪友会。宪友会"以发展民权,完成宪政为目的。"其政纲为:"一,尊重君主立宪政体;二,督促责任内阁;三,整理各省政务;四,开发社会经济;五,讲究国民外交;六,提倡尚武教育。"(《宗方小太郎关系文书》,收汤志钧著:《乘桴新获:从戊戌到辛亥》,北京:北京师范大学出版社,2018年,第209页)

6月29日(五月二十三日),1906年入学复旦公学的第三班正科学生毕业,本日在吴淞校区举行毕业典礼。该班学生在学期间,马相伯担任复旦公学校长,并任教授课。该班学生在学期间,马相伯奔走于徐家汇、吴淞之间,两地教育日见发达,于右任说:"徐家汇与吴淞,皆学生社会也,使易淞沪火车为电车,则沿三十里间,其发达不可限量。"(于右任:《上海之百面观》,《民立报》,1910年12月25日;傅德华编:《于右任辛亥文集》,上海:复旦

大学出版社,1986年,第104页)

《新闻报》本日刊登复旦公学正科第三班毕业生的名单、籍贯和学业成绩等第:"第一类学科:最优等七名:金问泗,浙江秀水;吴葭,河南祥符,原籍江苏阳湖;孙祖烈,浙江余杭;郭云衢,浙江玉环厅;张宗翰,浙江平湖;牟启中,浙江玉环厅;俞肇熙,浙江平湖。优等四名:吴兆恒,浙江仁和;徐鼎,江苏常州;陆守经,江苏青浦;朱澄,浙江钱塘。中等三名:郑孝亢:广东潮阳;廖启煌,四川巴县;伍崇慎,江苏上元。第二类学科:最优等五名:金问洙,浙江秀水;杨维桢,四川新津;金振,浙江仁和;毕治安,江苏金山;郑达宸,江苏江阴。优等一名:陈承栻,福建闽侯。中等一名:董劢,浙江慈溪。"

6月(五月)中旬,马相伯在南京从事政务。政暇应江苏著名学者陈庆年邀请,至江南图书馆鉴赏馆藏图书。1907年初,日本政府拟将东沙诸岛列为琉球属地,划归日本。陈庆年以江南图书馆藏陈伦炯著雍正五年版《海国闻见录》中的记载,帮助两江总督端方挫败日本谈判代表矢野志三郎。

6月30日(五月二十四日),震旦学院放暑假兼毕业典礼,马相伯按例莅临,并以"古之学者为己,今之学者为人"为题发表演说,大受欢迎。《震旦学院记事珠》:"五月二十四日,行给发文凭兼暑假礼。先由马公相伯演说,以'古之学者为己,今之学者为人'二义,反复推论,淋漓尽致。"(转见自张若谷编著:《马相伯先生年谱》,上海:商务印书馆,1939年,第219页)

7月3日(五月二十七日),马相伯在上海学行赞襄会演说,时值清朝"预备立宪"高潮,各省代表赴京请愿,要求"速开国会",演说扣住这一主题发表看法,辞曰:"今日之中国,其现象果何如乎?列强环伺,国步艰难;内讧频兴,外患迭起。此诚危急存亡之秋也。居今之时,论今之势,非速开国会,断不足以补救而争存于世界。自国会大问题发现以来,草野庶民,几近人而知国会为当今之急务,一日不开国会,即一日不得治安。然试问国会二字,究竟是何解说,其宗旨何在?目的何如?其于国计民生有何关系,有何影响?吾恐各直省咨议局议员中,能道其中之造因结果者,殆未居多数也。今者学行赞襄会成立以来,曲指四载,会员济济,不可谓不盛;会章煌煌,不可谓不富。然一会之成立,必有一会之宗旨。凡属会员,应知其义。试问贵会之宗旨,究竟如何?或曰:汇学同窗,散居各处,立一会说,可以籍此聚首也;或曰:星期休业,无事赋闲,群居相聚,庶免无谓之往来,不耗有用之财物;或又曰:寒士谋生,往往不易,入此赞襄会,可以互为联络,相与扶持。各据一说,莫衷一是。"马相伯提到各省士绅不懂政治,在京所行并不称职。各地代表中间,江苏省代表表现较好,犹以松江府代表沈缦云(懋昭)、姚子让(文枬)、雷继兴(奋)最为成熟。"闻各代表到京之后,纷纷会议,有主张上公共请愿书,有主张各上一请愿书。维时主合者少,主分者多,遂奔走夤缘,自投门路。今日叩阍,明日请谒,乃见出入于王公大臣之门者,多一班摇头摆尾之宿儒老朽,期期艾艾,或所问非所对,或所对非所问,怪怪奇奇,难以尽述。惟松江府三位代表,最为卓杰,如沈缦云先生之娴于辞令,姚子让先生之卓于识见,雷继兴先生之精于法律,纵横议论,压倒群侪。江苏之代表,可谓出类拔萃者矣。"(《学行赞襄会庚戌年终报告》,上海:自印本,1910年。李强博士提供)

7月10日(六月初四日),上海徐汇公学举行暑期毕业典礼,特邀沈信卿演说,马相伯作评语。沈信卿在演说中鼓励年轻学生追求进步,赶上二十世纪进步思潮,"近观二十世纪新世界,欧美进步之速为何如耶?当初人想代步之法,两马一车而已。今则火轮车、电气车,又用单轨火车,以节省其经费,增加其速率矣。当初人想航海之法,帆樯舟楫而已。今则火轮船、汽油船,又得空中飞船,以减少其助力,增进其驶行矣。种种新法,笔端难述,惟见其日进不已而已。我中国瞠乎其后,不知前进,世界上几无立足之地,可耻孰甚。项闻贵学校之报告,谓诸生于半年中,大有进步,非常迅速。不但为鄙人所乐闻也,当为诸生之父兄所深喜也。一朝毕业,连步高翔。作建造栋梁之用,组织经纬之需,也当为中国前途预贺。勉哉诸生,勉哉诸生!"马相伯在评论中引用《圣经》人名"玛纳"(希伯来语Manna,原意为一颗供人随心所欲享用的果子),比喻"学问",鼓励徐汇公学学生讲求道德,善用天主恩典,如饥似渴,随心所欲地追求学问,以期成为社会有用之才。"今中国学堂林立,想各学堂也必有一二特别美味,存乎其间。敢问汇学特别美味何在?曰:有道德。夫道德为学问之本,有道德而学问更有生色,如蹄子上一虾,可观可食,莫不注目于此。有此根本,出而问世,或作盐梅之和,或为鼎鼐之调。不独为社会上所共赏也。今老夫耄矣,无能为也。诸生年富力强,正有无穷之希望,千万猛着祖鞭,一奋千里。青云直上,是鄙人今日所祷盼者也。"

沈恩孚(1864—1944),字信卿,号辇梧,晚号若婴,斋名渐学庐。江苏吴县人,初寄居嘉定,后定居上海。早年肄业于上海龙门书院,师从刘熙载、孙锵鸣等名师,同学则有华亭沈祥龙(约斋)、宝山袁康(竹一)、上海李钟珏(平书)、上海姚文枬(子让)、上海孙照(子明)、青浦黄恩煦(镜涵)、上海赵履福(志熙)、宝山袁希涛(观澜)等(参见沈恩孚:《祭瑞安孙渠田师文》,沈恩孚著,薛冰整理:《沈信卿先生文集》,南京:凤凰出版社,2015年,第426页),均一时之俊才。光绪二十年(1894)

成举人,参加"公车上书"。后担任宝山县学堂教习,张家森(君劢)、张嘉璈(公权)、金其堡(侯城)皆为其门生。光绪三十年(1904),沈信卿与袁希涛(观澜)倡议改龙门书院为师范学堂,并一起去日本考察教育,以改造科举、教育体系。1905年,科举制既废,沈信卿参与创建江苏教育总会,研究教育改革。又应张謇之邀,与马相伯等人一起创建中国图书公司。同时,研究地方自治和实业发展,被推举为上海城自治公所议事会议长。1911年,沈信卿参加辛亥革命,后被选举为江苏省民政司次长。1916年,与黄炎培一起发起成立中华职业教育社。此后,一直从事教育事业,直到抗战期间在上海去世。沈信卿一生治学不辍,"先生既淹通经史,尤精于文字学,亦尝治西北地理,刊行《渐学庐丛著》"(黄炎培:《沈信卿先生传》,收沈恩孚著,薛冰整理:《沈信卿先生文集》,南京:凤凰出版社,2015年)。编有诗文集《趋庵诗存》、《奉梧轩文存》。今人新编为《沈信卿先生文集》(南京:凤凰出版社,2015年),较为易见。

7月26日(六月二十日),江苏士绅在南京发起成立全国农业联合会,该联合会缘起上海,"因马相伯苗种介绍会放大者也"(《张謇全集·张謇日记》,南京:江苏古籍出版社,1994年,第637页)。

9月23日(八月二十日),清廷召集资政院会议,预颁钦选各省议员,预备立宪正式开始。马相伯列在名单,获选担任江苏省咨议局议员。钱智修《马相伯先生九十八岁年谱》:"是年,各省设咨议局,以先生为江苏省咨议局议员,仍领复旦公学事。"(《中央日报》,1938年5月16日)

10月20日,晚上七时,马相伯在南开中学堂监督张伯苓发起的中国政局演说会上演说。(《新闻报》,1910年10月20日)

10月29日,朱志尧致书盛宣怀,代表东方汇理银行总经理安利华建议成立华法合资银行,或在中国通商银行中注入法国资本,以利实业。"东方银行总理安利华,前返法国时曾面呈华法合资银行办法,就通商旧业添入法资本家巨款,专放与实业家,兴办工厂路矿者皆可商借。"(《朱开甲致盛宣怀函》,上海图书馆藏《盛档》,转见自夏东元编著:《盛宣怀年谱长编(下)》,上海:上海交通大学出版社,2004年,第911页)盛宣怀不同意在通商银行内加入外资,但愿意就法华合资另建一兴业银行进行商谈。

11月4日,清廷发布上谕,规定召开国会期限缩短为三年,并不许各地继续请愿。马相伯在反对此上谕的集会上演说,略谓:"国家乃人民集合而成,同属国民分子,本无轻重之分,人人当然为国家谋幸福。今人民呈请速开国会,是人民自谋幸福,亦系为国家谋幸福。"、"朝廷不允即开国会,是不使人民谋幸福,亦不欲人民为国家谋幸福。"、"我中国国民欲谋幸福,必人人有以自立,不倚赖于人,则不受制于官府。"(《政治大演说》,《大公报》,1910年12月4日)

12月,中旬,马相伯往来于南京和上海,经过苏州,拜访了到任不久的江苏巡抚程德全。程德全以盐政繁难,"清理调查,颇形棘手",请教于马相伯,"有何善法可施?"马相伯答曰:"外洋有盐政,东洋亦有盐政,就日本临场抽税之法,弊病可除,丝毫无漏。进款既多,出款反少,岂不一举两得?抚帅谓:日本仅有海盐,而中国内地有河盐、山盐、井盐。地方既广,门路又多,不无漏网之虞。鄙人告以海岸河山与井,大小悬殊。大而难者,既可临场抽税;小而易者,岂不可依此办耶?况河盐、山盐、井盐,不外摊晒煮熬,势不能遮头盖面,按图以索,调查自易。"(马相伯:《十一月二十四日圣诞瞻礼学行赞襄会通常会期马公相伯演说》,载《学行赞襄会庚戌年终报告》,上海:自印本,1910年)马相伯在赞襄会演说中提到:"日前,道经苏省,谒见程抚帅。"演说日为12月25日圣诞节,则"日前"应为本月不久前,姑定马相伯在苏州见程德全的日期为本月中旬。

程德全(1860—1930),字雪楼,一字纯如,四川云阳人。早年随父亲习儒业,后以诸生入留安徽候补知县;1890年,入国子监肄业,专攻满洲事务;1898年,入黑龙江副都统寿山幕府;1900年,中俄交战,督师御敌,"曾为议和事,身塞炮口,以阻俄师,得全省生灵无数"(《程德全逝世》,《时报》,1930年5月1日)。又曾"具朝衣朝冠,横卧轨道,俄火车乃停止开入"(禺生《世载堂杂忆》,《新闻报》,1946年10月14日)。战后,蒙特旨召见,西太后亲笔著以直隶州知州用。逢缺,得升任齐齐哈尔副都统(1903);旋又升为黑龙江将军(1905),为清代第一位汉人将军。此后,历任黑龙江巡抚(1907)、奉天巡抚(1909)、江苏巡抚(1910)。1911年辛亥革命时,程德全被张謇、马相伯等人推举为苏军都督,在苏州起义,是第一位宣布独立,加入共和的行省大员。12月3日,就任江苏都督,为江浙联军总司令。光复之役,程德全维护苏民利益,维持境内安全,甚得民心。革命成功后,程德全被任命为南京临时政府内务总长,未赴任。后与章太炎等人合作,组织中华民国联合会、统一党、共和党。袁世凯就任大总统后,担任江苏都督,处理"宋案",反对"二次革命"。此后辞职,寓居上海,潜心佛学。1926年,受戒于常州天宁寺,法名先慧(一说寂照),为全国佛教界主干人物。1930年4月29日在上海去世,在苏州安葬。程德全著有《程中丞奏稿》、《抚吴文牍》等。

12月23日,据《民立报》、《上海之百面观(九)》一文透露,复旦公学筹建的董事会,即将成立。"复旦公学董事会将成立,几经辛苦,始有今日。海内达人,其可不助之乎?"(傅德华编:《于右任辛亥文集》,上海:复旦大学出版社,1986年,第103页)

12月25日,马相伯在上海学行赞襄会借圣诞节举行的年会上演说。其时,全国各地代表进京请愿,请速开国会。马相伯呼吁清廷摒弃独断独行,让百姓参政,而在立宪运动中辞退捐班出身,使用学堂出身的新学生。

马相伯的演说辞,略曰:"今中国人所为何如耶?曰立宪,曰改良,曰立宪,是庶政公诸舆论。非速开国会,宪政万不成行。乃今之国会请愿者,已被朝旨申饬矣。开国会之年,上有所待。如孟子所谓攘鸡不已,'以待来年者'也。况立宪之国,君民并权。今之一切宪政章程,仍由政府颁定,独断独行,百姓不得预闻。即颁定之立宪章程,执政柄者,尚不能一一遵守,以致反覆其言,违背其令。致劳我百姓监察其非,争回其命,立宪之国,有是理乎?所谓行政改良者,即以学堂而论,腐败已达极点。夫设立学堂宗旨,专为人才起见。然学堂出身者,常不见用。捐班出身者,依旧握权。是乃效颦之假立宪,与人生共同之幸福,丝毫无关痛痒。故外人观之,反形其丑态。夫隔靴搔痒,痒虽不去,尚不失搔之之意。今中国之立宪,如乡人之见官长,手足无所措,搔头摸耳以文饰之。非为自己之痛痒也,非为百姓之痛痒也,神经病耶。所谓神我、形我之灵明何在耶?"(马相伯:《十一月二十四日圣诞瞻礼学行赞襄会通常会期马公相伯演说》,载《学行赞襄会庚戌年终报告》,上海:自印本,1910年)

本年,马相伯代替高凤谦,再次担任复旦公学监督(校长)。高凤谦于宣统元年(1909)秋任监督,此前的监督为夏敬观,光绪三十三年(1907)继严复之后担任校长之责。(金问泗:《母校大事记》,《复旦同学会会刊》第7卷,1938年第3期)

本年,马相伯与福开森在镇江正式定交,两位教育家此后有密切交流。据福开森回忆:"在1910年金山相近马府上举行之欢迎美国商务参观团席上,马先生代表镇江商会致欢迎词,因代传译词,始与马先生相识。"(《各界昨举行追悼马相伯大会》,《总汇报》,1940年1月28日)

1911年（宣统三年，辛亥），七十二岁

1月1日，中国精武会体操学校举办运动大会，特邀请马相伯、沈缦云两先生在南市十六铺新舞台演说，同时也向社会各界出售戏票，募集资金。"本校自霍元甲先生组立以来，诸同学讲述武本，日昃不遑。开校至今，成绩粗著。特于十二月初一星期日，假座沪南新舞台开会运动，恭请演说名家马相伯先生，沈缦云先生演说。自午正十二时起，下午五时止，并由新舞台各艺员助演好戏，作开幕之纪念，振尚武之精神。入场券资与平常戏价一样，凡百君子，务请驾临赐教为幸。四马路望平街秋星社、民立报、火车站进行社、通信报馆均有入场券急售。"（《民立报》）本次集会组织者为上海精武体操会农竹（劲荪）会长、蔡钟骏副会长，到会者千余人。1908年，新舞台由潘月樵、夏月润、夏月珊、沈缦云等人集资创办，上演文明新剧如《黑奴吁天录》、《黑籍冤魂》等。潘月樵（1869—1929）在京剧表演中呼喊口号，马相伯在演说中诙谐、传神，沪上遂有"潘月樵演戏像演说，马相伯演说如做戏"（《上海掌故》，上海：上海文化出版社，1982年，第29页）美谈。

2月5日，立春日，马相伯居松江泗泾镇马宅"清漪轩"，作《〈求新厂出品图〉叙》。1910年江苏省为鼓励农工商事业，在南京举办"南洋第一次劝业会"，上海求新船厂参加展览。会后，求新船厂主人、马相伯外甥朱志尧将本厂的产品目录及照片汇录成册，请序于相伯。本文叙述朱志尧创办求新船厂的经历，并借此说明"哲学"对于社会各界及工业发展之重要性。"求新厂主者，吾甥也，幼从余学，而家以航海为业。造船时，习闻于其父'木匠一工，不及铁匠一烘'之说，因悟铁工之胜利，于造帆船犹如此。矧易帆，而力与西欧、东美争制造权乎？故倾心西学，佐其亡弟开第，刊《格致报》行世，辛以帆航不及欧美船，而家道中落。及主家政，乃就余定计，舍举业，兴今厂，而颜以'求新'。"该序文原稿由方豪收藏，携至台北。

3月11日，中国保界会上海分会成立，假座张园安垲第举行庆祝大会，邀请马相伯发表演说。马相伯说谓："吾人成于世，须以土地为根据。现在风云日紧，非群策群力不可。"上海信成银行协理沈缦云同场演说，略谓："前

保矿会、保路会等都无实力,以致未能收效。此次应准备实力,庶几收获巨效。"(沈云荪:《马相伯与沈缦云的交往》,丹阳市政协文史资料研究委员会编:《爱国老人马相伯(1840—1939)》,丹阳,1990年,第52页)

4月10日,全国商团联合会假座沪南新舞台举行新会友大会,沈缦云主持大会,略谓:"今日之会,最要关键在联络全国商团,约束会友规则,扫除畛域陋习,则有利无害,将来发达正未有艾也。"马相伯随后发表演说,说谓:"破除迷信,吾国迷信二字,深印脑筋牢不可破,其迷信之原因,皆为求保护也。迷信保险行而不赔款,迷信保镖客而不却盗,可知求人保护而不可靠,不若自相保护之为得也。泥塑木雕迷信者,亦有所求也。今试以泥木之物使御外侮,敌强邻可乎? 故当破除迷信,求人保不如自保,精神肢体所以保吾也。精神奋发,肢体强健,即所自保之道,尚何迷信之有哉?"(沈云荪:《马相伯与沈缦云的交往》,丹阳市政协文史资料研究委员会编:《爱国老人马相伯(1840—1939)》,丹阳,1990年,第53页)

4月16日(三月十八日),马相伯在上海商学会南市毛家弄会址演说之后,被信义银行存款户数十人起哄,"因信义倒盘案之嫌疑,将其阻留至工程局,转送县署,禀请道宪归案质询"。(《马湘伯终被信义银行牵累》,《时报》,辛亥年三月十九日)尹克昌,镇江商人,信义银行总经理。1909年因经营不善破产,马相伯任名誉总董,有连带责任,今日竟至被存户拥至县衙拘押。按《时报》资讯,信义银行案去年呈报江苏咨议局,经咨议局调查,马相伯并无责任,"此案为尹克昌一人所误,应由尹克昌一人担其责任。今各存户又复向马交涉,尹克昌之害人不浅矣"。

信义银行,即信义工商储蓄银行,"总行设于镇江,开办于1906年(清光绪三十二年)。次年10月(清光绪三十三年九月)即于上海北河南路鹏程里镇江造纸公司设立代理处,嗣又改为分行。总董马良,总经理尹克昌,沪行经理郑善瑜。该行除经营商业储蓄等业务外,亦得发行钞票。1909年5月4日(清宣统元年三月十五日)该沪行发生提存挤兑风潮,虽经商务总会竭力设法,结果至6月4日(四月十七日)无法维持而停业。所有在上海发行的钞票,由沪道蔡乃煌移请商务总会筹垫银三万两,于6月18日至20日(五月初一日至初三日)在公共租界会审公廨照兑"(《上海停歇各内国银行略史》,上海通社编:《上海研究资料续集》,上海书店,1984年)。尹克昌,镇江人,内阁中书,时衔候补道,称"镇江府士绅"。信义银行成立时在农工商部注册,资本金10万两,设上海、汉口、武昌、北京、长沙、湘潭、芜湖、宜昌、扬州、南昌、重庆分行。银行急剧扩张同时,大量发行债票、钞票,却因经营不善,亏累严重,终致于1909年4月在上海、汉口发生挤兑。危机发生后,上海道收监尹克昌,商务总会等机构协助清偿储户和持钞人的权益。两江总督端方呈文,判称"马湘伯、李辅清两人均难置身事外",但鉴于马相伯仅为挂名总董,并不严究。1911年4月16日,马相伯在演说后,先被拥至县署,后又转去道署,反对上峰提出的交保方案,实施拘押。据《新闻报》4月17日报道:"总董马湘伯昨日午后在南市商团演说,被信义银行存户数十人将其扭住,蜂拥至工程局,由局派警察一并解送县署,由县禀请道宪,立刻提讯。"17日,拘押事件经一夜酝酿,一百多名复旦学生从吴淞校区前来道署,责问何故拘押马相伯,要求讨回校长。上海知县田宝荣开始还呵斥复旦同学,"尔等系学生,不能与闻此事。有某君向(田)令略语数言,令即变色,翻然改语,曰:马先生押在此处,系道宪之意,非干我事。又语曰:道宪今日谕,明日亦将马君释放。诸君既来,可即送归。因备轿将马送出小东门,换乘马车北往"(《时报》,1911年4月19日)。上海知县、道台即于此机会,将马相伯释放,回校。

4月23日,复旦公学、中国公学等高等学校在上海斜桥西园召开"中国学界联合会"成立大会,号召全国民间教育团体联合,承担社会职责,领导全国运动。马相伯出席大会。

5月4日(四月初六日),各省咨议局代表赴北京,拟召开第二次联合会,筹组一个大的政党,推动宪政。据徐佛苏在信中透露,马相伯与张謇、杨廷栋一起被推选为江苏省咨议局代表出席。"各省人士多欲联合来京,扎一硬寨,故此次代表皆各省之议长,副议长,江苏代表除张謇、杨廷栋外尚有马先生,并此相告,可谓集一时之盛况。"(徐佛苏:《致荷、任两学长书》,宣统三年四月六日;转见自胡绳武、金冲及著:《论清末的立宪运动》,上海:上海人民出版社,1959年,第48页)

春,复旦公学教务长李登辉一度脱离学校,出任《共和西报》主笔,并任教于中国公学,1912年还兼任中华书局英文部主任。据1911年《复旦公学章程》附教职员名单,本年无李登辉名字,教务长改由胡敦复担任。(校史编写组:《复旦大学志》,上海:复旦大学出版社,1985年,第249页)

春,马相伯以身体欠佳为由,向两江总督张人骏提交呈文,请辞去复旦公学监督(校长)之职。张人骏以马相伯复任校长以来成绩可观,未便遽去,加以拒绝:"该监督办理复旦公学,历三学期,成绩可观,学生感情亦好,正盼其照常经理,养成多数人才。未可因稍有疾病,遽萌退志。所请辞职一节,碍难照准。仰即转移该监督遵照,毋得再辞缴。"(《南洋官报》,1911年,第173期)

6月11日,上海沪西张园召开中国国民总会成立大会,5 000人到会,马相伯被推举为副会长,沈缦云为会长。中国国民总会受留日学生组织国民会影响,与同盟会有联系。上海总会成立后,即在南京、江都、江西设立分会,"以提倡尚武,兴办团练,实行国民应尽义务为宗旨"。该会虽称为同盟会在上海的外围组织,实乃江浙人士建立民间武装,维护社会秩序,为接收满清政权之预备。15日,上海成立民治公会,马相伯亦为发起人之一。(沈云荪:《马相伯与沈缦云的交往》,丹阳市政协文史资料研究委员会编:《爱国老人马相伯(1840—1939)》,丹阳,1990年,第53页)

6月30日(六月初五日),震旦学院放暑假兼毕业典礼,马相伯按例莅临,宣布考试成绩,颁发毕业文凭,并发表演说,"大意谓:诸君为学,犹掘井人也。掘井九仞,而不及泉,犹学之未成也。及乎及泉,是泉也取之不尽,用之不竭。此德一立,吾人何在不可立身?何在不可立家立国?揆之往古中外之豪杰,其成也,无不从立德始。今人不重立德,往英美,而英美弃之;往德法,而德法厌之。虽本己之国土,亦将为人所厌弃者而不得,可不畏哉?"(《震旦学院记事珠》,转见自张若谷编著:《马相伯先生年谱》,上海:商务印书馆,1939年,第219页)

《震旦学院毕业记盛》记录马相伯在辛亥革命定局以后,回到上海,亲自督导震旦学院教学质量,以便日后向中华民国政府申请备案:"现届院中高等文理两科学生六年毕业之期,教育部即令马相伯先生监视一切。电云:'震旦学院马相伯先生鉴:查前清学部卷内,震旦学院以系中西合立,未经核准。今据来示,该院办理多年,程度尚优,候暂予立案,俟本部学制颁行后,仍候尊重办理。本届毕业考试,请先生代行监考,将各科成绩送部覆勘。毕业文凭,毋庸由部盖章。嗣后各校均系自行给凭,校长负完全责任,该院自未便独异云云。'"当天,陪同马相伯督导震旦学院毕业考试的上海民政总长李平书,代表江苏都督程德全发表演说,称:"震旦名誉,昭昭在人耳目间。科学程度,视欧美同等学校,初无愧色。兹新元六月三十号,理、文两科学生举行卒业礼,大部派员郑重将事,诚盛典也。自民国肇始,世变相寻,吾人日夕所接触者,财源胥同。"(《圣教杂志》第1卷第8期,1912年8月)

7月1日(六月初六日),全国性立宪团体宪友会在北京正式成立,孙洪伊、汤化龙、谭延闿、徐佛苏、雷奋、浦殿俊、林长民等组织,马相伯等负责江苏事务。该组织以国会请愿同志会为基础,总部设在北京,支部达于十省。(谢彬撰:《民国政党史》,荣孟源、章伯锋主编:《近代稗海》第六辑,成都:四川人民出版社,1987年,第82页)

宪友会承续政闻社的基本主张,江浙咨议局(江浙派)起主导作用。宪友会以国会请愿同志会为基础,在北京设立总部。宪友会政纲为:"一,尊重君主立宪政体;二,促进责任内阁;三,整理各省政务;四,开发社会经济;五,讲究国民外交;六,提倡尚武教育。"(杨幼炯著:《中国政党史》,上海:上海书店出版社,《民国丛书》第二编,1989年影印本,第46页)宪友会由孙洪伊在京津地区负责直隶总支部,各省设立支部多达十个。除了谭延闿召集湖南支部,汤化龙、张国溶、胡瑞霖、郑万瞻召集湖北支部,梁善济、李素召集山西支部,袁金铠召集奉天支部,宋名璋、谢远涵、黄为基(远庸)召集江西支部,刘崇佑、林长民、林志钧召集福建支部,周树标召集山东支部,朱国珍召集安徽支部,蒲殿俊、罗敦融、陈登山召集四川支部之外,江苏支部由马相伯、沈恩孚、黄炎培、汪秉忠四人负责。该团体是辛亥革命前夕唯一的全国性松散政党团体,取公开活动方式,非同于同盟会、光复会等秘密团体。宪友会于1911年之后停止活动,转变为共和促进会、中国民主党等政党组织。宪友会与政闻社的宗旨后前相继,又称"民党",梁启超暗中指导该会。(见《申报》1911年6月10日《宪友会开大会纪事》)方豪以为1908年政闻社被解散后,"相伯先生与任公(梁启超)之政治关系亦告终止,而相伯先生一生与政党之缘亦仅昙花一现,为时尚不足一年"(《马相伯先生年谱新编》,李东华编:《方豪晚年论文辑》,台北:辅仁大学出版社,2010年,第215页)。据上海宪友会事实来看,马相伯在辛亥革命之前虽不是各主要政治团体的关键人物,但仍被梁启超等立宪派人物推崇和邀请。

秋,江苏江阴金港镇后塍天主教堂朱季球(开敏)创办的崇真学堂开学,马相伯应邀参加开学典礼,发表演说,并书写楹联:"学而习之,已百已千进而往;校者教也,语大语小用其中。"

7月3日(六月初八日),马相伯同学、同事、好友,协助马相伯创办震旦学院,1905年以后担任教务长的李问渔去世。八月十二日,李问渔主编之《汇报》停刊。

8月6日(闰六月十二日),商务印书馆编译所编辑、中国教育会成员蒋维乔和妻子鲁兰受马相伯女儿、爱国女校学生马宗文邀请,到徐家汇、土山湾作客。上午九时,蒋维乔、陶少南乘电车,马宗文、鲁兰等乘汽车前往徐家汇。马宗文姊母即马相伯姊马建淑,马建忠次子马少眉(幼眉)与一位日本友人,亦至徐家汇。"十一时至徐家汇,步行至马氏祠堂,相伯先生已先在等候,与之谈天。午刻以西餐,余等男女分坐,共十四人。宴毕,复散步于田野,天忽雷雨。五时始霁,遂分乘小车。余与相伯先生先到土山湾,引余参观徐汇藏书楼。楼上为西籍,楼下为中籍,分经史子集四大类,规模颇大。五时半乘电车回家。"蒋维乔称自己"喜得与相伯先生畅谈哲理、文学,实获益不鲜也"。(蒋维乔著,林盼等整理:《蒋维乔日记(一)》,上海:上海人民出版社,2021年,第513页)

9月3日(七月十一日),下午,马相伯在徐家汇接待蒋维乔夫妇来访。"午偕鲁兰乘马车送寄女王时敏至徐家汇进启明女学,便道往访马相伯先生。"(蒋维乔著,林盼等整理:《蒋维乔日记(一)》,上海:上海人民出版社,2021年,第517页)

10月10日,湖北武昌新军发动起义,发动辛亥光复之役。时上海租界为立宪、革命两派的大本营,南京则为光复大业之关键。马相伯的家乡丹阳、丹徒处上海、苏州到满清在江南驻军重镇南京之间的要冲,在辛亥革命中居重要地位。

10月12日,辛亥革命在武昌爆发后,地处上海沪西南阳路的赵凤昌私宅"惜阴堂",骤然为上海、江苏、浙江的商、学、军界要人云集,是秘密商议全国局势的重要据点,后来更成为"南北和议"的谈判场所。

马相伯没有亲身去惜阴堂参与商议,但通过于右任、黄炎培等学生,他与张謇、赵凤昌等人沟通,同是惜阴堂筹议中最为积极的活动人之一。"各省咨议局与旅沪人士公私交往,因展转约各省籍友好,无论其赞许共和与否,均来惜阴堂集商。奔走最力者,苏人黄炎培、沈恩孚、孟森、刘垣、冷遹、雷奋,浙人褚辅成等。时张謇为咨议局长,人望所属,函电四出,各省多闻声相应,旅沪人士又纷函至亲,转达地方耆彦,请求来沪计事,或遣代表来议。于是,先后至者十余省,晨夕相见于惜阴堂。"(赵尊岳:《惜阴堂辛亥革命记》,《近代史资料》,第53号,北京:中国社会科学出版社,1983年,第74页)黄炎培等南洋、震旦、复旦旧生,与相伯情同父子,在政治上也视其为尊长。黄炎培说:"我在上海有一群政治意识不完全相同而一致倾向于推翻清廷,创立民国的战友。中间教育界为主力,包括新闻界、进步的工商界和地方老辈如马良(相伯)、张謇、赵凤昌(竹君)、姚文楠等。在上海很自然地成立起几个据点来,经常集会。教育总会是一处,工巡捐局是一处,望平街报馆上层'息楼'是一处——《时报》是当时最进步的报纸,负责者狄葆贤(楚青)。有一处是赵竹君的家'惜阴堂',张謇来上海,时时会集在那里,而奔走联络这几个据点的是我。马相伯老人还时时招我去徐家汇问大局情况。"(黄炎培著:《八十年来》,北京:文史资料出版社,1982年,第60页)

10月28日,马相伯在南京,准备响应武昌、苏州起义。其时,南京新军第九镇统制徐绍桢向两江总督张人骏要求发放弹药,遭到拒绝。江宁将军铁良、江南提督张勋及其部下疑忌徐绍桢,反而得到子弹、枪械,并以缴械相威胁。徐、张争执,形势危殆。马相伯与张人骏有旧谊,决定救援新军。

10月31日,他联合名士伍兰荪、江宁布政使樊增祥向张人骏建议:"将新军暂时调驻城外,俟武昌乱平,再调回。"张害怕新军在城内激变,遂接受建议,于当日以"秋操"为名,将第九镇驻宁各标编成一混成协,移居城外六十里秣陵关附近。(见许有成:《马相伯救援新军》,《新民晚报》,1984年11月2日)

另据程家模《南京陆军第九镇起义始末》记载:"当时江防军以三营之兵力,日夜布防三十三标附近,且架炮于标房后之猫儿山。狮子山炮口又复对准三十三标营房,大有山雨欲来之势。会第九镇统制徐绍桢与张勋议于制台衙门,各不相下。徐绍桢对张勋言:欲缴九镇全部枪械,请张帅自任之,如有意外,绍桢不负责也!会议遂成滞局。幸当时金陵名士伍兰荪先生曾充前任江督端方之军政幕宾,对革命深表同情,建议于张人骏制军之前,谓江防军怀疑新军既深,可命新军驻城外,免激事变。而藩台樊公增祥、宁绅马相伯复赞其说,遂下令。于是第九镇全部新军于旧历九月初十日开拔出城,驻于秣陵关。当日保全九镇新军,即保全革命之元气,伍兰荪、樊增祥、马相伯三公之功不可没也。"(转见自方豪:《辛亥革命时期之马相伯先生》,氏著:《方豪六十自定稿》,台北:学生书局,1969年,第2017页)马相伯利用他在淮军和江苏地方的人脉关系,保护了第九镇三十三标新军,成为日后光复南京最重要的兵力。

10月,上海立宪、革命两派要人联名联合发表《组织全国会议团通告书》,邀请全国各省咨议局、都督府派员来沪共商国是,仿照美国独立,建立共和政体。签署该公告书的各省代表,多数为马相伯的门生、故旧,书称:"……,吾国上海一埠,为中外耳目所寄,又为交通便利,不受兵祸之地,急宜仿照第一次会议方法,于上海设立临时会议机关,磋商对内对外妥善之方法,以期保疆土之统一,复人道之和平。务请各省举派代表,迅即莅沪集议,盼切盼切!集议方法及提议大纲如下:甲,集议之方法:一,通告各省旧时咨议局举代表一人常驻上海;一,通告各省现时都督府举代表一人常驻上海;一,有两省以上代表到沪,即先行开议,续到者随到随议;乙,会议之要件:一,公认外交代表;一,对于军事进行之联络方法;一,对于清皇室之处置。发起人:鄂:樊云门;湘:宋渔父;陕:于右任;晋:(缺);赣:夏剑丞;苏:唐蔚芝;苏:张季直;苏:赵竹君;苏:庄思缄;浙:汤寿潜;浙:张鞠生;

浙：姚悟冈；皖：江易园；闽：高梦旦；粤：伍秩庸；粤：温钦甫；桂：（缺）；黔：汤寿彤；蜀：程雪楼；豫：王搏沙。"（上海社会科学院历史研究所编：《辛亥革命在上海史料选辑》，上海：上海人民出版社，1981年，第1051页）

11月3日，江苏巡抚程德全宣布江苏省独立，为全国第一个脱离清政府，加入辛亥革命的行省。马相伯与他熟识的朋僚、学生们，如张謇、杨廷栋、沈恩孚、雷奋、黄炎培一起都参加了江苏都督府的组织活动。张謇、程德全等人起草了《拟会程德全属杨廷栋进说袁世凯》，江苏人士合力劝告袁世凯放弃清朝，参与共和。

11月，上旬，当四川、湖北、湖南、江西、陕西、东北纷纷宣布独立，清廷皇族内阁陆军大臣荫昌南下镇压，被袁世凯部下拖延。海军大臣、留学生萨镇冰则率领舰船在武昌、汉口，至南京的长江江面上游弋，随时听命镇压各地民军。此际，有程德全《致萨镇冰书》，大义凛然，劝告萨氏认同汉族，加入共和："窃惟世界竞争，至二十世纪而益烈。共和、平等主义灌输于人人血脑中。佥思享文明之幸福，其犹有专制黑暗，醉生梦死，不足以立国于地球之上，朝鲜、埃及为殷鉴。中国自迩年以来，祸患迭乘，国势陵替，灭种之惨，逼于眉睫。知非政治改革，不足图存，而清廷不悟，以懿亲为内阁，集大权于中央。托为立宪之名，阴行专制之实。铁路国有，强夺商权。虽经绅民痛苦力争，冀为和平之解决，而残忍成性，益肆野蛮，以致人心涣散，民党起而抗争，川、鄂告警，湘、赣、秦、奉次第响应。未及两旬，天下大势，土崩瓦裂，盖汲汲不可终日矣。本都督自任疆寄，迭次陈请速开国会，实行立宪，组织责任内阁。前后不下数十万言，类皆留中不发，此固中外人士所共见闻。近见淞沪为民军占领，扼长江之咽喉，失苏省之门户。进退维谷，行将坐困孤城。不欲以一己之私，使我士民子女，共遭涂炭。爰徇民军之请，宣布独立，改江苏为共和军政府。万众欢悦，秩序安然。将士服役，兵不血刃。旗满一体，各属归诚。二三日来，凡向不隶属苏省之海陆各军，均皆投顺，联合进行。惟念贵部统所辖各军舰，逍遥江上，首尾梗阻民党以攻汉。结恨愿得，而甘心一旦粮饷告匮，子弹不继，前途危害，为今之计，莫如合同本军政府，组织海陆全军，协图进取，光复汉业，以达共和目的，免致中原糜烂，大陆剖分。想贵都统游学欧西，深明大义。当此危机存亡之秋，必以种、国为重，而思有以挽救之者，断不至于固执己私，至清廷气运已如元末，不待智者而知也。今特派吴景英为本军政府代表，前来招抚，就近接洽，愿大君子有以教之。其海容、海筹、海圻、海琛各巡洋舰及运输、炮舰各支队长，有能率领所部舰队，翻然来归，共图大功者，本军府当极力欢迎,录为上功。一切粮饷军需,悉由本军府拨款接济。我海军将校各兵士,均皆通晓义理,志切同仇,当亦必乐从之也。为此通告,望速图尔审处之。识时务者为俊杰,勿再迟疑观望,致失事机。军政幸甚,国民幸甚。"(《民国报》,1911年第2期)福州萨氏为元朝色目人,得蒙古贵胄封姓。萨镇冰身介于共和大义和族裔认同及职业守则之间,于11月1日称病回到上海,退出指挥,并且拒不就任袁世凯内阁海军部长一职。

11月4日,新军第九镇统制徐绍桢率军起义,从秣陵关直逼南京城南门,试图攻占两江总督府。遇挫兵败后,新军退回马相伯的老家丹徒、丹阳一带休整,等待沪、苏增援。徐绍桢一筹莫展,来上海商议对策,见到于右任,又接洽到马相伯,马相伯遂决定支持革命军,推翻清朝。于右任、陈英士等人在上海租界福州路一枝香番菜馆宴请徐绍桢,徐当场剪断辫子,议决组织江浙联军,再攻南京。"(徐绍桢)晤陈英士,痛哭曰:大敌当前,赢师不济,有何面目见江东志士耶?陈与于右任力慰之,宴之于一枝香,陈持剪在手曰:今日为固公剪断烦恼丝,以示再接再厉之决心,徐怡然。"(陶菊隐著:《近代轶闻·南京光复史》,上海:中华书局,1945年,第98页)

11月4日(九月十四日),同盟会陈其美在上海起义,光复会李燮和在吴淞起义,江苏省毗邻租界的淞沪地区宣告光复;次日,苏州光复;再次日,松江、青浦、嘉定、金山、南汇等地都归向革命党,马相伯家乡镇江也于当天宣告独立。5日,革命党人在上海南市教育会开会,推举陈其美为沪军都督。6日,李燮和率部队在吴淞镇称吴淞都督。上海光复之日,马相伯不在上海。这一段时间,他奔走于南京、镇江和上海之间,与徐绍桢接洽,参与组织江浙联军。

11月4日,黄汉湘等在吴淞镇起义,占领复旦公学校舍。李燮和、黄汉湘开始组织武力,讨伐袁世凯。部分复旦公学、中国公学学生参加起义,两校办学大受冲击,陷于崩溃。

新成立的光复会李燮和以复旦公学所用原提督行辕校舍为清朝资产,并且当初办学只是"暂借"为由,将之占领,把北伐司令部设在复旦公学校舍内。练兵、筹饷、会议、交际等活动均在校园内进行,图籍设备毁去,学子流离失所。公学在吴淞办学已有七年之久,至此遂告结束,马相伯无可奈何。"复旦开学未几,便遇着了辛亥革命,上海经过了一次光复。复旦学校被军队占领,大家就带着全校学生跑到无锡,暂借李鸿章的祠堂做校址。我们在无锡住了一个月光景。革命后,我们又把学校搬回了上海。"(《一日一谈·关于震旦与复旦种种》,朱维铮主编:

《马相伯集》,上海:复旦大学出版社,1996年,第1110页)另据熊希龄《为中国公学常年经费呈大总统文》(1913),复旦、中公两校瘫痪,亦因学生投身革命而星散:"前年革命事起,学生大半往投义军,校舍亦为江南军队借用。"(熊希龄:《明志阁遗著》,上海:上海远东出版社,1995年,第561页)

11月7日,扬州光复。扬州光复以后,张勋退居在江苏徐州一带,招兵买马,候机反扑。江、浙、沪各都督则酝酿保卫南京、上海,组织兵力北伐。位于扬州的江北北伐军司令徐宝山致电"黄大元帅暨各都督、伍外交总长、李平书、于右任、宋渔父、马相伯诸公及各报馆",请求马相伯及上海各界人士筹措军费,"速发饷械"(《革命文牍类编》第六册,转见自方豪:《马相伯先生年谱新编》,台北:辅仁大学出版社,2013年,第221页)。

11月9日,上海光复之后,陈其美大闹公堂,夺得了"沪军都督府"都督的头衔,要求控制上海租界周边的华界地区。上海地区起义临时总司令李燮和代表光复会,兵力强于陈其美代表的同盟会,便在自己控制的闸北、吴淞地区建立"吴淞军政分府",自任总司令。按章炳麟回忆,当时江苏一省,便有五个军政府。"九月,东南初定,独江宁未下。……时江苏有五都督,苏州、江北、镇江、上海、吴淞也。其他军政分府又不与。"(章炳麟:《章太炎自订年谱》,台北:台湾商务印书馆,1980年,第15页)

11月11日(九月二十一日),上海各界及江、浙、粤旅沪团体决定攻打南京,江浙联军(镇军、苏军、浙军、淞军)在镇江前线组成,徐绍桢任总司令,下设十个部门,马相伯任外交部长。先此,11月7日,林述庆率新军在镇江京岘山起义,镇江光复,成立都督府,任都督,与退至镇江的新军第九镇徐绍桢并立。本日,抵达镇江的各军代表在江边大观楼旅馆开会,成立江浙联军总司令部,公推徐绍桢为总司令。林述庆与徐绍桢心有隔阂,不愿发兵,经马相伯调停后终于接受。(见茅乃登、茅迺封:《辛亥南京光复纪事》,中国科学院历史研究所第三所编:《近代史资料》,第12号,北京:科学出版社,1957年,第75页)

11月12日(九月二十二日),下午,江苏、浙江和上海各路军队在丹阳城南门会师。"因沪宁铁路借款关系,尚守中立,不允运兵。故(部队)由轮船拖至丹阳登陆。沿途均白旗飘荡,观者甚众。二十二日下午4时30分抵丹阳南门,分驻大王庙和大士庵等处。"(全国政协文史资料委员会编:《中华文史资料文库·政治军事编·辛亥革命》,北京:中国文史出版社,1996年)马相伯利用其祖籍丹阳的人脉关系,协助江浙联军与当地人士的联络及军需品供应,出力甚多。同日,马相伯在江浙联军司令部,对南北和谈斡旋人赵凤昌从上海委派来的密探南华发表谈话,表达自己对解决当前时局问题的主张:"一,先集热心国士开国会(无薪资),共举临时总统(所以华盛顿为法者,天下共殛之);二,假定政府既成立,即派专使要求列强承认,并宣布清政府僭权僭位,一面磋商赔款及借款。"此外还有"财政"、"军国民政策"、"宪纲"等具体主张。南华于次日将"马相伯先生说"作为情报,呈送惜阴堂主人赵凤昌,为其调停"南北和议"提供依据。(国家图书馆善本部编:《赵凤昌藏札》第107册"辛亥要件",北京:国家图书馆出版社,2009年)

11月12日,下午,江亢虎(1883—1954,江西弋阳人)在惜阴公会发起成立中国社会党,会员到会者四十余人,蒋维乔及爱国女学学生马宗文(马相伯女儿)等出席。"江(亢虎)君被举为总长,余(蒋维乔)被举为副长,干事员六人。"(蒋维乔著,林盼等整理:《蒋维乔日记(一)》,上海:上海人民出版社,2021年,第530页)中国社会党暂借惜阴公会址办公,作本党机关;出版会刊《社会报》,经费由党员认捐。

11月13日,江苏都督程德全、浙江都督汤寿潜、沪军都督府陈其美等人组织江浙联军一万多人攻打南京。马相伯、于右任在联军总指挥部中担任要职,设前线指挥部于镇江洋务局,仍以徐绍桢为总司令,马相伯为总部内务司长,于右任为秘书长,孙毓筠为副秘书长,兵力最强。江浙联军属下各部队统一编为一混成协,各部分指挥为:宁军司令柏文蔚、镇军司令杜述庆、苏军司令刘之洁、沪军司令洪承点、浙军司令朱瑞、辅军司令黎天才。(陶菊隐著:《近代轶闻·南京光复史》,上海:中华书局,1945年,第98页)

　　江浙联军总司令部在上海建立,江浙旅沪各团体推举徐绍桢为总司令。总司令部设金鸡岭下洋务局,马相伯任外交部长。据总司令部一共人员为:总司令徐绍桢,顾问史久光、陶逊、于右任、范光启、翁之麟、龚维疆、沈靖、邓质彝、伍崇仁;军事参谋孙毓筠,参谋部长陶骏保、顾忠琛,副长茅廼封,参谋钟毓琦、余壮鸣、田芷田;经理部长陈懋修、军械郑为成、被服曹继泰、粮饷柯森;执法部长吴忠信、副长王吉檀;军医部长梁国栋、副长周邦俊;秘书部长孙毓森、副长茅乃登、秘书汪韬、伏金门;外交部长马良、副长马君武;交通部长郑赞成、副长瞿钧;庶务部长徐涛、副长谭道南;警备队长杨炎昌、副长周应时;上海总兵站总监李厚祐、副监陶逊、军械被服陈味腴、粮饷庶务叶兆崧、特别担任筹款沈缦云及于右任、特别担任交通及筹款范光启。(见茅乃登、茅廼封:《辛亥南京光复纪事》,中国科学院历史研究所第三所编:《近代史资料》,第12号,北京:科学出版社,1957年,第75页)

　　于右任(1879—1964),陕西三原人,原名伯循,字诱人,取"夫子循循然善诱人"之意。后在《新民丛报》作文,改名为右任;晚号太平老人。1897年取为本县监生,入学三原宏道书院、泾阳味经书院、西安关中书院。光绪二十九年(1903)中乡闱,成举人。当年,所作《半哭半笑楼诗草》印行,其中有"爱自由如发妻,换太平一腔血"句,遭到三原知县德锐密报,由陕甘总督升允下就地正法令追捕,于1904年潜逃来上海。马相伯获知情况后,秘密收留于右任,谓之曰:"闻汝乃关心国事者。今日书读不好,他日做事必不成。汝安心在震旦读书。"(于右任:《浴日楼诗集序》,《项骧集》,北京:中国文史出版社,2019年,第5页)于右任化名"刘学裕"(取"留学于"之意),在震旦学院学习。1905年,于右任和仁和叶仲裕、绍兴邵力子、平湖金怀秋等人一起,协助马相伯另行创办复旦公学。同年,联络复旦公学、中国公学同仁,在上海福州路创刊《神州日报》。1907年春,于右任去东京加入同盟会,回上海又相继创办《神州日报》、《民呼日报》、《民吁日报》和《民立日报》,报馆成为同盟会的宣传和行动总部。1912年,参加组织江浙联军,和马相伯并肩作战,攻克南京。1922年,创办上海大学,担任校长,邵力子代校长,允准李大钊(讲座)、邓中夏(教务长)、瞿秋白(社会学系主任)等共产党员进入学校。1924年,在广州国民党第一次代表大会上当选为中央执行委员。1924年,奉孙文之命,带领李大钊等人去北方策动西北军队响应广州政权,并拒绝参加国民党中元老派组成的"西山会议"及内务部长之职。1926年,说服冯玉祥参加国共合作,被任命为西北国民军驻陕总司令,占领西安。1927年以后,开始和马相伯一起反省苏维埃思潮的影响,说:"年轻人要学西瓜的样子,内里通红,外面可是绿的。"(周伯敏:《记于右任》,上海市政协文史资料委员会编:《上海文史资料存稿汇编》,上海:上海古籍出版社,2001年)于右任曾说:"到上海以后,受恩最重,得益最多的是亡师马相伯先生。从此即以学校和报馆为基础,尽力国事。"(于右任:《怀恩记》,傅德华编:《于右任辛亥文集》,上海:复旦大学出版社,1986年,第273页)1928年,出任国民政府审计院长。于右任虽然长期担任国民政府闲职,惟因曾经亲近共产党人,与蒋介石、宋氏家族和CC派情感不协等原因,未有政治作为。但他利用国民党元老的身份,帮助复旦办学,每每鼎力相助。1941年复旦在重庆由私立改国立,于右任出力甚多。于右任终身事马相伯如再生之父,敬礼有加,超过他所佩服的孙中山。

于右任在《〈神州日报〉三十周年纪念特刊词》中记复旦公学和中国公学同仁在吴淞邻校时,受马相伯的影响,合作创刊日报事:"肆业于震旦学院丹徒马相伯先生之门,同学诸友,多卓荦负才之辈,而山阴邵力子、仁和叶仲裕、平湖金怀秋尤与余暱。愈年,震旦与外籍教员龃龉散学,诸同学别创复旦公学于吴淞。会留日诸同志亦以取缔风潮归国,设中国公学于炮台湾。两校同仁,相处密迩,哀时念乱,志事相同。而余以复旦学生兼中国公学国文讲席,师生切劘,关系益切。讲学之余,深忧切叹,以为清政穴蠹腐,外患频仍,国亡无日。上海为全国舆论重心,顾自《苏报》案后,士气消沉,正言不作,迄无起而振刷之者,亦吾辈之耻也。于是,遂有创设日报之议。其发起人者,除余及力子、仲裕、怀秋外,如河南王抟沙、安徽汪寿臣、四川张俊卿、湖南黄祯祥、谭介人等,皆复旦、中公两校之同学与同事。其在当时,盖皆不名一钱之穷书生也。"(转见自张若谷:《我所见闻的马相伯先生》,氏著:《马相伯先生年谱》,上海:商务印书馆,1939年,第270页)

徐绍桢(1861—1938),字固卿,广东番禺人,光绪二十年(1894)乡试举人,历职福建武备学堂总办、江西常备军统领。两江总督李兴锐慕其廉洁、干练之名,招至江南,调为两江兵备处总办,督练新军第九镇。他在全国首用征兵制,严格治军,培育出一批新式军人,如柏文蔚、冷遹、赵声、叶开鑫、徐源泉、方振武、孙殿英、张宗昌等皆出自麾下。不久,调任苏松镇总兵,又代理江北提督,在江苏、上海及东南一带,以为重镇。武昌首义后,柏文蔚、冷遹、赵声暗推徐绍桢,谋以驻扎在南京的新军第九镇响应。两江总督张人骏、将军铁良早有察觉,严加提防,经马相伯设计斡旋,方得保全。江苏光复后,各地兵力组成江浙联军,攻打南京,共推徐绍桢为总司令。徐总司令在神策门下盟誓,军士因而奋勇,一举攻克南京,占领总督行辕。后司令部驻扎城内劝业场江苏咨议局址,即马相伯发表演说,安抚各军士,迎接孙文莅任临时大总统处。中华民国临时政府组阁时,各军公推徐绍桢为南京卫戍总督,马相伯为府尹,共治金陵。孙文在南京时临时驻节西箭道宝华庵,即两江总督款待外宾处。徐绍桢、马相伯等民国功臣前往慰问,孙文端然以临时大总统身份,"谨代表四万万同胞向诸君致谢"(陶菊隐著:《近代逸闻·南京光复史》,上海:中华书局,1945年,第101页)。南北和议后,黄兴留守南京府,徐绍桢放弃巨额奖金,拒绝袁世凯邀为首任参谋总长之职,寓居上海,发起成立扶风社,"昌明礼教"。后曾接受北洋政府蒙古专使,又南下担任广州军政府建设部长、广东省长、广东卫戍总司令等职。1925年,回到上海,挂职国民政府委员,不接当道,不闻政事。1938年9月14日在上海寓所去世。

11月14日,江浙联军各首领聚集在江苏教育会,程德全、黄兴召集全国共和联合大会,马相伯、黄炎培等参加。"该次会议公电孙中山回国主持大局,公举黄兴为大元帅,黎元洪为副元帅,国名定为中华民国。黄兴等还建议以红黄蓝白黑五色国旗,象征汉满蒙回藏五族共和。"(《忆念吾父黄炎培》,收《八十年来:黄炎培自述》,上海:文汇出版社,2000年,第219页)

11月16日(九月二十六日),徐绍桢(固卿)、宋教仁(渔父)、孙毓筠(少侯)聚集在镇江军政分府,商量攻打南京,以及镇江与上海之间的航路开通问题。镇军都督林述庆曾制定轮船停驶规则,以切断沪宁联系。因难以实行,特向马相伯请教。马相伯在招商局办过事,对轮船事务娴熟,甚愿指导:"固卿同马君相伯来视余,是日宋渔父、孙少侯亦到,互谈一时许。当时余定有轮船停驶规则,多未实行,因商诸相伯。相伯为余指导一切,且云有重要事可电上海,我即来。"(林述庆:《江左用兵记·镇军援宁记》,转见自方豪:《辛亥革命时期之马相伯先生》,氏著:《方豪六十自定稿》,台北:学生书局,1969年,第2019页)按此日志记载,马相伯回到了上海,承担了江浙联军与南京前线之间的联络事务。

11月17日,受林述庆委托,马相伯作为镇江军都督府代表,出席在上海江苏教育总会会所召开的各省都督府代表联合会,商讨组织临时政府。25日,再次出席各省都督府代表联合会。林述庆致江苏教育总会委派代表马相伯电文由《民立报》在1911年11月21日刊出。

11月19日,林述庆与徐绍桢仍有隔阂,再次借口徐"主张立即进攻",而"镇军因准备未完成,不能成行"。按兵不动,并通电反对徐任总司令。对此局面,联军有识之士都焦急万分,范鸿仙与柏文蔚请马相伯出面调停。马相伯任职联军外交部长,与林述庆又有同乡之谊,并已由林述庆指定为镇江代表,参加在上海举行的各省都督府联合会。马相伯劝解有效,林不再坚持换帅,同意出兵。

11月,下旬,马相伯、胡敦复等人及复旦公学全体师生到达无锡,以太湖边李瀚章祠、昭忠祠作为临时校址,筹建复旦学院。"复旦学校被军队占据,大家就带着全校学生跑到无锡,暂借李汉(瀚)章的祠堂做校址。我好多年不上家乡的茶馆了,在无锡时,又常和二三友人在茶馆里吃了几次茶。……我们在无锡住了一个月光景,革命后我们又把学校搬回上海了。"(《一日一谈·关于震旦与复旦种种》,朱维铮主编:《马相伯集》,上海:复旦大学出版社,1996年,第1110页)吴淞军政府11月4日起义,遂占领校园;马相伯在此前已经离开吴淞,在江苏各地参与组织光复活动。复旦公学在无锡教学只持续了一个多月,次年1月即回到上海,则马相伯在无锡参与复旦公学复学事务,应该在 11 月下旬。

12 月 2 日,经过七天激战,江浙联军攻占南京。此前,因马相伯熟悉南京、镇江军政界的情况,和镇江都督府督军林述庆(1881—1913,字颂亭,福建闽侯人)、新军第九镇都督徐绍桢都是旧识,便在其中斡旋、调停,组织兵马,颇为关键。

马相伯协调组织了攻克南京的前锋部队之"镇军",建有奇功。江浙联军攻打南京时,柏文蔚率镇军、徐宝山率扬军,10 点攻入太平门,拔得头筹,10 点半即占领两江总督府。苏军攻占雨花台南门,粤军攻占仪凤门,张勋残军退出南京。"上午十时,镇江都督林述庆率兵数千,由太平门入城,另一队由仪凤门入城。两队步武堂堂,未遇任何抵抗即将南京占领,全城悬起白旗。官军之大部已于前夜逃往浦口,余者全部投降,死伤甚少,但亦有少数惨死者。林述庆立即被推为都督,在总督衙门内部署一切。傍晚,徐绍桢入城,程德全亦将于日内入城。"(中国社会科学院近代史研究所编:《日本外交文书选译:关于辛亥革命》,北京:中国社会科学出版社,1980 年,第 39 页)攻城胜利后,江浙联军外交部长马相伯,以江苏省议会的名义犒劳将士们牛 50 头,酒 1 000 瓶。(《张謇全集》第一卷,南京:江苏古籍出版社,1994 年)林述庆自称江苏都督,引起徐绍桢反感。12 月 5 日,经马相伯、张謇等人斡旋,原江苏巡抚程德全从上海来南京,担任江苏都督。因南京城内立宪、同盟、光复派系林立,军政、民政施展,程德全愤而离开,称病回到上海。1912 年 1 月 1 日,江苏省议会(咨议局)推举庄蕴宽代理都督,接替程德全。

12 月 3 日,林述庆入城后,率镇军住进总督府,自称江苏都督。徐绍桢不得已将司令部迁往咨议局,在北极阁架起大炮,可轰击都督府。浙军朱瑞也想当江苏都督。已被众将推为南京府尹(市长)的马相伯审时度势,推荐资望较高的程德全出掌江苏政权,并在将领会议上举太平天国内讧之事告诫大家,要顾大局,不做"太平天国第二"。同时,上海都督陈其美也致电徐绍桢,推程德全为江苏都督,林述庆为出征临淮总司令。当天深夜,林述庆通电,接受马相伯与上海方面意见。取消镇军都督名义,督师临淮。

12 月 3 日,马相伯受各方推举担任南京都督(代理),在市区召集大会,发表演说,排解各方纠纷。按与会者盛成目睹之情形:"群英大会于三牌楼第一舞台,到会者有镇军都督林述庆、浙军司令朱瑞、苏军司令刘之洁、沪军司令洪承点、辅军司令黎天才、粤军统领李福林、皖军统领某,以及光复军总司令徐绍桢。只有苏军都督住进了总督衙门(即后来国民政府),变成了南京都督。未来的江苏都督程德全(雪楼)未到,他曾于九月二十六日会同浙江都督汤寿潜致电沪军都督陈其美,提议召集临时代表会议,组织临时政府。"(盛成:《为相伯大师服心丧》,《逸史》半月刊,1940年第1期,第9卷)

据盛成所见,当天"众怒的集矢在他(马相伯)身上。南京自太平天国以来,以南洋劝业会时期为最富,南京人有钱,南京藩库尤其充实。程德全以清廷江苏巡抚而响应革命,率师北伐,不敢出席,恳请老人代表参加。我(盛成)即在这个机会第一次认识了'马相伯'。他上台之后,说道:'程都督今天因事不能来,教兄弟来代诸位赔罪了。'他刚说完,即连掴其左右颊,大声叫道:'马相伯,你有什么资格代表程都督,来替诸位开国元勋赔罪!'又自掴其颊道:'马相伯,你是什么东西,敢来向劳苦功高的都督们、统领们、将士们赔罪呵!瞎说八道,混蛋,该打!'这样经过五分钟之后,会场哄堂大笑,自然怒气烟消而云散了"(盛成:《为相伯大师服心丧》,《逸史》半月刊,1940年第1期,第9卷)。

盛成另有回忆,当时"各路军队进入南京,各自为政,互不统属。在群龙无首的情况下,各路军队的头领只得把马相伯先生推出来做江宁府尹,准备定都南京。在此危难之际,他挺身而出,当务之急是把南京的局面稳定下来。这时黄兴也到了南京,形势非常险恶,诸将争功,都想做江苏都督,大有相互残杀之势。按军功,应由镇军都督林述庆担任,可是浙江都督朱瑞也想任此职,陈其美没有做成,还杀了陶成章。马老年高德昭,身居高位,又因镇军关系,说话有力量。他劝林述庆不要争江苏都督,让苏州都督程德全来做,张謇等江苏绅士也赞成。于是,在三牌楼大戏院内召集各路将军开会。"马相伯在演说中使用苦肉计,稳住了争功的将领们。当时,"在三牌楼大戏院内召集各路将军开会,黄兴要我(盛成)随他同去。在这次会上,我认识了马相伯先生。马老一看到我,很高兴地说:'我们一老一小在一起,正好!'马老在会上演讲,他说:'兄弟我今天代表程都督来向诸位道贺,大家合力打下南京,劳苦功高。'忽然停顿了,连续用左右手自打嘴巴,打得两腮通红,激动地说:'马相伯,你是什么东西!你凭什么资格代表程都督向这些劳苦功高的将领们来道贺?'说着又自打嘴巴,全场惊诧哗然,随即沉静,争功的气氛立即缓解。这时,马老才慢慢地讲太平天国失败的经过。"(盛成:《神州一老马相伯》,丹阳市政协文史资料研究委员会编:《爱国老人马相伯(1840—1939)》,丹阳,1990年,第60页)马相伯这次演说起了一语定乾坤的作用,"一百多来个气势汹汹的鸡毛帚儿竟被我安然敷衍过去了,替程雪楼唱了一出空城计!"(《一日一谈·辛亥革命后南京政府第一个黄花岗纪念日》，朱维铮主编：《马相伯集》，上海：复旦大学出版社，1996年，第1094页）安定了南京的局势，孙文借广州黄花岗起义先声之功劳，坐稳了临时大总统。

马相伯于1935年10月21日与王瑞霖笔述的《一日一谈·和几百个鸡毛帚周旋》："武昌起义后没有好久，江苏的党人联合新军，也驱逐了盘踞南京的张勋。江苏巡抚程雪楼便丢了纱帽，做了本省的第一任都督。但是当时江苏（其他革命的省份想来也大致和江苏一样）的头一任都督实在不容易做，因为一些革命党人的下级将领都荣升了高级将领，在那时，还了得！自然都是天之骄子。有一天不晓得因为什么事，有百十来个革命的军官，都穿着礼服，头上个个都戴着礼帽，帽儿上都高高地插着一个白鸡毛帚儿，在都督府的"马相伯是赤手空拳一老人，并无兵马粮草，要驾驭住涌入南京城内的各路将士，安抚住市民，难度很大。此次演说，以太平军占据天京的历史教训为戒，令"革命军"反省，遽收一言退兵之效，至少把攻克南京后的初期纷乱给暂时稳定了下来。（《一日一谈·和几百个鸡毛帚周旋》，朱维铮主编：《马相伯集》，上海：复旦大学出版社，1996年，第1092页）

12月4日，复旦公学改称复旦学院，宣布在无锡复学。本日，马相伯、胡敦复在《民立报》刊登《复旦学院广告》，宣布在无锡惠山，借李公祠、昭忠祠旧址复校。辛亥革命以后，马相伯委托留美归国、在北京担任清华学堂担任教务长的胡敦复回沪主持校政，担任教务长。胡敦复为实现建立一座私立全科大学的理想，遂决定在复旦初期办学的基础之上，扩建系科。马相伯、胡敦复以原有的课程为基础，筹建哲学、文学、法律、数学、物理、化学等文、理科专业，并拟增加开设工程、制造、交通、驾驶等工科系科，并为此而广招人才。

复旦改称"学院"，脱离江苏地方公立，决议私立。为谋发展，校址亦转移到无锡太湖边上，《复旦学院广告》称：因学校的"讲舍、操场为吴淞民军借用辍课，业经匝月，……兹幸锡金乡达慨借惠山李公祠及昭忠祠。昭忠祠为课宿之所，地带太湖，距无锡车站六七里许，一苇可航，风景清幽，尘飞不到。同人等拟仿鹿洞、白鹅之遗轨，推而广之，为哲理、文学、政法、象数、理化各科大学，旁及制造、驾驶等门。惟兹事体大，端赖先达扶翼，同志应求。凡海内高材，愿来讲学者，与之探讨，窃欣慕焉。爰定十月二十四日开课。旧生于二十二、二十三两日莅院。新生于二十日后来无锡惠山本院。或上海沪宁车站对门庆祥里东二弄底本院事务所报考。随带报名费五元，新生学膳宿费年内共收十六元，于入院时一律交清。马相伯、胡敦复同启。"

胡敦复(1886—1978),江苏无锡人,生于桃源(今泗阳)。祖父胡和梅,任桃源县教谕,曾任江苏咨议局议员,与马相伯同事。父亲胡尔平(字洁修,改字一修),母亲薛氏,生子三:敦复、明复、刚复(出嗣三叔雨人),女七:彬夏、蔚兰、小兰(早夭)、范若、淳五、六英、芷华。胡氏居无锡县北,以圩田起家。家族注重教育,维系私塾。胡氏家塾由胡雨人及夫人周氏建立,提倡女学,初时设在无锡乡间,胡氏兄弟姐妹均入学。和一般家塾不同,胡氏公学校规新派,教授新学,"为习外国文便利计,迁上海徐家汇"。胡敦复兄弟熟悉外语、算学等新派学术。"敦复幼时,受业于先叔雨人先生。先叔为吾国首倡变法之人,国学而外,兼授新学。至光绪丁酉,吾年十二,南洋公学开办,即令考入肄业。"(《胡一修先生行述》,陆阳、胡杰主编:《胡敦复、胡明复、胡刚复文集》,北京:线装书局,2014年)胡敦复为南洋公学开办后首届学生,且年龄最小。后升入南洋公学师范特班,为当年向马相伯学习拉丁文的 24 个学生之一。1905 年入学复旦,再次成为马相伯学生。1907 年 9 月,参加两江总督端方选派的官费留学生抵美国留学。1909 年,从美国康奈尔大学数学专业毕业回国,获学士学位,回国主持归还庚款留学考选事宜,并筹建清华学堂,担任教务长。因不满美国同事将学堂定位为大学预科水准,胡敦复于辛亥年前后回到上海,决意兴办一所全学制的私立大学。经与复旦公学方面接洽,遂受马相伯校长委托,出任教务长,共谋振兴复旦。他踌躇满志,决心提升复旦公学至英、美正规大学水准,"按科分班"(《复旦公学开学记》,《民立报》,1912 年 9 月 9 日),即按专业分班级、年级,"循名核实",为将来"改称大学"做好准备。胡敦复退出复旦公学后,与立达学社同仁协力,按自己的意愿创办大同学院(大学)。大同大学为上海最早,全国最好的私立大学之一,有"南有大同,北有南开"之称。

12 月 4 日,各省军政府代表决定将南京作为中华民国临时首都。5 日,东南政局已定,南方革命军谋划北伐,在上海张园成立"北伐联合会",程德全被推举为会长。

12 月 6 日(十月十六日),上海《新闻报》披露"复旦公学迁至无锡原因",乃为自愿放弃,以支持辛亥革命。"吴淞光复时,复旦公学全体首表欢迎,即将校舍操场借与吴淞军政分府驻扎校中。师生分投各处效力者颇不乏人。现因停课日久,有荒诸生学业,拟即日迁至无锡惠山李公祠开学。校中各职员均愿尽义务,力任其难,并拟聘专科教师设法扩充,以不负当年缔造之艰难云。"

12月6日,程德全从上海来到南京,组建江苏都督府,马相伯出任外交司长。次日委任名单通电全国。任命下来之后,有百来个军官身着礼服礼帽,聚集到都督府,向程德全邀功行赏,还在大礼堂上斗骂喧吵,推搡动手。程德全没法应付,请马相伯调和。马相伯向他们讲述了"皇太后抚养皇帝,皇后抚育太子不计较功劳",诸位要做中华民国的"皇太后"、"皇后",不要做抢功劳的"老妈子"。(《一日一谈·和几百个鸡毛帚子周旋》,朱维铮主编:《马相伯集》,上海:复旦大学出版社,1996年,第1093页)众将官受情理触动,先后散去。

12月6日,复旦公学教职员在《民立报》发表公告,愿意在此艰难时刻,追随马相伯校长和胡敦复教务长,前往无锡校园,并暂以义务教学,维持学校各项事业。"自金陵负隅以来,所有补助经费丝毫无著,现校中各职员均愿尽义务,力任其难,并拟设法扩充,以不负当年缔造之艰难。"(《复旦职员之热忱》,《民立报》,1911年12月6日)

12月9日,马相伯以江苏都督府外交司长的身份访问英国驻南京领事伟晋颂(Frederick Edgar Wilkonson),知会他将处理江苏都督府与英国之间的外交事务。按伟晋颂描述:"马先生从前是李鸿章的幕客之一,现在是江苏咨议局的一名成员,能说很流利的法语,而且有很好的声誉。"(胡滨译:《英国蓝皮书有关辛亥革命资料选译》上册,北京:中华书局,1984年,第300页)马相伯还告知伟晋颂,各省咨议局代表将在十天内到达南京,投票决定中国国体采用共和制,还是立宪制。

12月12日,马相伯参与筹划北伐,通过函电交驰,说服镇江同乡、扬州都督徐宝山取消都督名义,加入北伐。(见《民立报》,1911年12月12日、20日、25日刊出的《南京电报》及《扬州电报》、《淮上治兵策——马相伯致徐宝山书》)

12月17日,英国驻南京领事伟晋颂访问江苏都督府,就革命军人在滁州劫持津浦铁路火车进行交涉。马相伯(程德全都督外交秘书)向领事保证说:"在停战协定继续有效期间,该铁路将不再用于军事目的。"(胡滨译:《英国蓝皮书有关辛亥革命资料选译》上册,北京:中华书局,1984年,第301页)表示革命军会制止部下的莽撞行为,而清军统领张勋也不会允许铁路劫持。

12月18日(十月二十八日),程德全离开南京回上海,当天与张謇、马相伯、徐绍桢会商,对民军攻占南京后城内秩序深表忧虑。按张謇记:"程去沪,闻程悲愤之言,马相伯、徐固卿亦述种种危相。"(《张謇全集·张謇日

记》,南京:江苏古籍出版社,1994年,第661页)

12月21日,上午,伟晋颂又一次拜访马相伯,探听各省咨议局代表大会的讨论结果。马相伯参加了大会,他告知英国一些重要内情,说:"(南京)会议没有作出任何决定,然后接着谈到上海的议和谈判。他(马相伯)向我(伟晋颂)保证,该谈判将达成一项双方都很满意的解决办法而告结束,将给予清帝年俸。为了中国边远地区各藩属如西藏、蒙古等地起见,允许他保留他的名号。不过,政府将是共和政府,皇帝作为一个挂名的首脑而没有任何权力。为了尽量摆脱满清的一切影响,首都很可能从北京迁往武昌。革命派的首领黄兴、黎元洪、程德全及其他人都赞成这个解决办法。会议代表都是有头脑的人,他们肯定不会反对该办法。革命派的普通成员们,特别是军方人士,可能会感到一些不安,但他们终将被说服而表示同意。"(胡滨译:《英国蓝皮书有关辛亥革命资料选译(上册)》,北京:中华书局,1984年,第304页)马相伯透露的南京方案(12月)是:一,迁都武昌;二,优待清室;三,帝衔共和制。

12月25日,上午,孙文乘坐英国轮船"德瓦娜"号从香港秘密抵达上海,黄兴派人到码头迎接。陪同孙文同船到达的还有胡汉民,美国人李赫迈(Hemer Lee),日本人池亨吉、太田、宫崎、山田、郡岛等也同船来上海。孙文于次年1月1日从上海乘火车到达南京,参加临时大总统就任典礼。(中国社会科学院近代史研究所编:《日本外交文书选译:关于辛亥革命》,北京:中国社会科学出版社,1980年,第193页)

12月29日(十一月初十日),中华民国临时大总统选举在南京举行,候选人为孙文、黎元洪和黄兴。马良(相伯)作为江苏省代表,与袁希洛、陈陶遗、雷奋一起代表江苏选举团,共同决定投票给被选举人。其余各省代表为:山西景耀月、李素、刘懋赏;陕西张蔚森、马步云、赵世钰;安徽许冠尧、王竹怀、赵斌;江西林森、赵士北、俞应麓、王有兰、汤漪;浙江汤尔和、黄群、陈时夏、陈毅、屈映光;福建潘祖彝;广东王宠惠、邓宪甫;广西马君武、张勤士;湖南谭人凤、廖名搢、邹代藩、刘揆一、欧阳振声;湖北马伯援、杨时杰、王正廷、胡瑛、居正;四川肖湘、周代本;云南吕志伊、段宇清、张一鹏;山东谢洪焘、雷光宇;河南李盤、黄可权;直隶谷锺秀;奉天吴景濂。议长汤尔和,副议长王宠惠,监选刘之洁。到会十七省代表全体共议,每省一票,共十七票,袁希洛兼任选举大会秘书和书记员。选举结果为孙文以十六票当选,黄兴得一票。(《辛亥各省代表会议日志》,《辛亥革命回忆录》第六册)

12月30日,下午,法国驻华公使葛格(Francois Georges-Pecot)从沪来宁,恰逢程都督在上海医病,而马相伯与徐总司令赴沪开会未归,改由通阜司长沈缦云前往接待。

12月,江苏省临时议会议长张謇公开致书代理南京事务的马相伯,质询江浙联军占领南京以后不能制止抢掠的行为,称"南京甫下,民军中占住民房,掳夺财物者,指不胜屈,口不胜述,今且勿论。最可痛者,两江师范学校之军队。该校被占后,所失仪器、木器甚多。仪器有流至上海者,木器有摧而为薪者,图书册数,触地狼藉,致旧监督李梅庵痛哭诉人,谓能保全于张勋,而不能保全于民军。嗣闻图书馆亦被掠取蹂躏,比在宁时,两江师范庶务员吴逸一再来告,闻之心恻。嘱其面诮教育总长,妥商办法。吴行绝食矣,以十元资之,并属坚守残缺弗去,别请于孙总统严令保护图书馆书籍。……我公明达,同有是心,闻者必同有是感。幸赐行之,无任祈祷"(《张謇全集·函电》;另见《时报》,1912年2月3日)。张謇为南京城市治安问题质询马相伯,可证马相伯在南京光复以后担任了南京的重要职务,还具体管理市政要务。

张謇(1853—1926),字季直,号啬庵,江苏南通人。早年担任吴长庆幕僚,1882年,随庆军赴朝鲜弹压"壬午军乱",因起草《朝鲜善后六策》得到潘祖荫、翁同龢等同乡京官的赏识。1885年,考中举人,会试接连失败;1894年,成甲午恩科状元,座师翁同龢,被"清流党"收纳为干员。1895年,受张之洞命编练通海团练;1896年,受张之洞派遣开建通州商务局,创办大生纱厂;1905年,陆续担任江苏学会会长、上海江苏教育总会会长、中央教育会会长;1908年10月,全国各省咨议局联合会成立,张謇担任江苏咨议局议长;1909年9月,张謇和江苏咨议局议员发起请愿运动,希望清廷在1913年之前召开国会,建立责任内阁;辛亥革命爆发后,张謇会见江宁将军铁良、两江总督张人骏,建议增援武昌,平定叛乱。11月上旬,张謇改变政治态度,致电袁世凯,劝说赞成共和,逼迫清帝退位。马建忠、马相伯弟兄共事于李鸿章幕府,早期曾在朝鲜事务上与张謇有所交结。其时,张謇对马氏兄弟并不友好,对马建忠策划《济物浦条约》(1882),朝鲜对日赔款50万元十分不满。金昌植《东庙迎接录》:"壬午七月二十六日见张季直共谈,……我曰:'万国公法未书有不战而便给兵费者。吴(长庆)大帅、马(建忠)观察何不一争于花房(义质)乎?其数何其众多也?'张曰:'阁下所见极明,熟看公法者只知有例中照据,未晓无例可勿论。花房此次张大声势,即恐吓之伎俩耳,马眉叔未免有错。'"马相伯和张謇在创建震旦学院、复旦公学时关系密切。张謇在1905年曾捐助复旦公学一万元,并担任校董。1908年,马相伯主持政闻社与张謇领导的预备立宪公会合作,发起宪政公会、宪友会等。马相伯曾协助张謇处理南京学潮；马相伯和朱志尧还介绍法国商人协助张謇筹建商业银行。张謇出任中华民国南京政府实业总长，北洋政府农商部长时，与马相伯分别在国务院、总统府大楼办公，遂有密切交往。

12月，南京光复后，军事、经济、商务、安全事务繁剧，因派系纠纷，江苏都督程德全（不久即弃任，称病回上海），继任都督庄蕴宽（驻苏州，明年3月亦辞职）均不视事，马相伯以代理都督之名，处理南京（同江宁府城）市政。

历来记载有马相伯此际担任的职务是南京市"府尹"，相当于"市长"之说。其实，府尹为江宁府衙的旧称，市长则是中华民国后来才实行的制度，此两项头衔均为比喻，为俗称。马相伯是在辛亥革命后第一位负责南京市政事务的官员，但正式的身份是代理都督。当时，江苏军政府都督程德全称病到上海就医，其权职由革命党人和旧军人都能够接受的庄蕴宽（1866—1932，常州人）代理。庄蕴宽因苏、常局势不稳，留驻苏州，便再以南京事务交由马相伯代理。按《中国革命记》："（辛亥光复）未几，程都督（德全）病，就医于上海。军界发起公推庄蕴宽代理都督。庄赴宁后，苏垣迭有抢劫之事，商民屡电庄都督仍驻省垣，以资震慑。庄不得已允其请，而以江宁事暂付马良（字相伯，镇江人）代理，宁人亦称为马都督，实则未有正式之推举。旋江宁都督宣布裁撤，改南京为市区焉。"（转见自方豪：《马相伯先生年谱新编》，李东华编：《方豪晚年论文辑》，台北：辅仁大学出版社，2010年，第206页）

本年，徐家汇圣依纳爵教堂翻建落成，成为上海天主教会的信仰、活动中心。徐家汇"旧堂建自清道光末年，光绪三十二年另建新堂于其右。宣统三年落成，旧堂遂改作他用。按新堂钟楼高一百六十九英尺，长二百五十英尺，最阔处得一百三十七英尺，最狭处得九十一英尺，可容二千五百余人。设祭台十又九座，每日行祭，以申昭事之诚。堂内大小楹柱共六十四根，悉用金山石精刻垒成。建筑至六年之久，始行告竣，实沪上第一巨制也"（张璜原著，佚名增补：《徐汇纪略》，上海：上海社会科学院出版社，2006年影印本）。

1912年(民国元年,壬子),七十三岁

1月1日,中华民国临时政府成立,设都南京。临时政府改江宁府为南京府,首都南京市,隶属于南京府。因江苏代理都督庄蕴宽沿袭江苏巡抚制,留驻苏州,不能来南京视事,故暂由马相伯代理都督府在南京的各项事务,遂有称为"马都督",后亦有以"府尹"、"市长"相称者。

1月1日,下午5时,孙文从上海抵达南京,马相伯出城门迎接。夜11时,在旧两江总督衙门举行中华民国新政府成立大会。临时大总统在军乐声中步入会场,各省代表欢迎。山西省代表景耀月被推举为各省代表会议主席,致欢迎辞,略谓:"方今满清专制政府已除,共和曙光乃见。吾人欢庆莫置。孙先生为革命奔走多年,几经艰险,出死入生,不屈不挠,方有今日之成效。我革命的首功,应推孙先生,等等。"11时45分,南京狮子山炮台鸣礼炮21响。礼炮声后,景耀月再次主持,向孙文授大总统印鉴、绶章。继之,孙文在誓词(汪兆铭起草)上签名盖章,由胡汉民唱读,即谓:"倾覆满洲专制政府,巩固中华民国,图谋民生幸福,此国民之公意,文实遵之,以忠于国,为民服务。至专制政府既倒,国内无变乱,民国卓立于世界,为列邦公认,斯时文当解临时大总统之职,谨以此誓于国民。"(孙文:《临时大总统誓词》,《孙中山全集(二)》,北京:中华书局,1982年,第1页)徐绍桢代表陆、海军将士致辞,效忠中华民国。1月2日,凌晨二时,"在万岁声中宣告闭幕"(中国社会科学院近代史研究所编:《日本外交文书选译:关于辛亥革命》,北京:中国社会科学出版社,1980年,第198页),马相伯出席了典礼。

1月3日(十一月十五日),临时大总统孙文提出国务员名单,获得临时参议院通过。中华民国临时政府在南京组成,国务院总长(部长)、次长(副部长)以革命党人员为主,还有不少江、浙、上海士绅,其中多有马相伯的学生、同僚和朋友,名单如下:"陆军总长黄兴,次长蒋作宾;海军总长黄锺英,次长汤芗铭;司法总长伍廷芳,次长吕志伊;财政总长陈锦涛,次长王鸿猷;外交总长王宠惠,次长魏宸组;内务总长程德全,次长居正;教育总长蔡元培,次长景耀月;实业总长张謇,次长马君武;交通总长汤寿潜,次长于右任。"(《致陈

其美电》,《孙中山全集(二)》,北京:中华书局,1982年,第7页)

1月5日(十一月十七日),马相伯以南京民政府的名义,给上海各国领事发布通告,"宣统三年十一月十七日,南京民政府通告驻沪各国领事,请其各将此项通告转达本国政府。此项通告系经民政府总统暨外务部大臣署名,通告内详述民政府必欲推到清朝之原因,并云该政府允许凡于革命起事之前,中国政府与各国政府所订一切条约暨路矿、租地、借款各合同均一律承认,并允许保护外人生命财产暨服从新政府之满人。又允许修改法律,整顿财政未云。甚望各国承认公认此新政府云"(《南京民政府致各国领事推倒清朝保护外人生命财产通告》,王彦威辑:《清季外交史料》,北京:书目文献出版社,1997年,第3979页)。

1月7日,中国社会党总书记江亢虎以社会党南京本部的名义,电"转各报馆,平民公学事,现请马湘伯先生主持"(《时报》,1912年1月7日)。马相伯被邀请担任中国社会党所属办学负责人。

1月9日,因苏州迭出抢劫事件,已在南京建立的江苏都督府移驻苏州。程德全不在南京,原都督府事务交由马相伯代理,因有"马都督"之称。《申报》1月10日、11日对此变故作了连续报道。

1月12日,临时大总统孙文致信临时政府教育总长蔡元培,对蔡总长申明对康有为、章炳麟的不同态度表示谅解,表示将与章炳麟捐弃前嫌,且不会袒护康有为的政治立场。孙文称:内阁建立和组织用人之事,"惟才能是称,不问其党与省。但此时则不能不收罗海内名宿,来教所论甚的。然其间尚有当分别论者。康氏至今犹反对民国之旨,前登报之手迹,可见一斑。倘合一炉而冶之,恐不足以服人心,且招天下之反对。至于太炎君等,则不过偶于友谊小嫌,决不能与反对民国者作比例。尊隆之道,在所必讲,弟无世俗睚眦之见也"(中国第二历史档案馆编:《中华民国史档案资料汇编(第二辑)》,南京:江苏人民出版社,1981年,第12页)。2月11日,中华民国临时政府刊布临时大总统公告,"敦聘章太炎为枢密顾问"(同上引书,第27页)蔡元培区别看待章炳麟、康有为的态度与马相伯同,马、蔡、孙、章就"民国之旨"达成一致。

1月21日,下午二时,中华民国工党在小西门内尚文路北原一粟庵(改上海劝学所)本党事务所开会,宣布成立。会议选举朱志尧为正党长,徐企文、钟衡臧为副党长,龙璋、王宝仑、谢玉、陆树春、孙广泰、朱焕章、邱树盈、周金生、王阿发、钱锦华等共同发起。中华民国工党办公地址暂设上海小西门内,与中华共和宪政会会堂合署。

马相伯帮助外甥朱志尧创建民族工业,朱家时在上海董家渡南黄浦边经营求新船厂。中华民国建立后,朱志尧从事政党政治,建党宗旨为谋求"劳动界自求自助"(《民立报》,1912年1月20日、22日报道)。民国元年立党热潮中,在社会政治理想上最接近马相伯主张的是朱志尧等上海工商界社会贤达倡议的工党。"自朱志尧发起工党,入会者已有数千人。今则支部流衍,及于锡、宁。社会多一食力之人,即少一分利之人,不禁为工党前途贺。惟劳动工人往往易受大资本家之压制,激起联盟罢工之恶。感欧美先进,年盛一年,中国预防之策,惟有伸张个人之自由,参酌生活之程度,以两剂相平而已。"(《新闻报》,1912年1月29日)工党总部设在上海,南京、杭州、芜湖、苏州、汉口、西安、唐山等地设立支部。(张玉法著:《民国初年的政党》,长沙:岳麓书社,2004年,第474页)

按《中华民国工党总部第一次改正草章》(1912年2月21日),工党"宗旨:甲,促进工业发达;乙,开通工人知识;丙,消改工人困难;丁,提倡工人尚武;戊,主持工界参政。"工党事业包括组织品物陈列所、劝工场、模范工场、工业赛会、工业学校、调查各国实业等;建立补习所、星期学校、发行杂志、定期演讲等;开办劝业银行、工人储蓄银行、议定工作时间及职工优待等;组织工团等;在国会上提出关于工业之议案等。(中国第二历史档案馆编:《北洋军阀统治时期德党派》,北京:档案出版社,1994年,第57页)按现存档案《中华民国工党成立宣言及简章》(1912年7月),"纠合工界同志组织工党,以改良工业、扩张国货、开通工人知识、灌输爱国思想为宗旨。从此共相研究,新理愈加发明,振刷精神,制造益臻精巧,本世界之趋势,为商业之竞争,庶于吾国工业前途不无裨益尔"(中国第二历史档案馆编:《北洋军阀统治时期德党派》,北京:档案出版社,1994年,第74页)。上海工党主张发展现代工业,提倡劳资合作、个人权利和自由,接近欧洲各国的社会党理想,惟"提倡工人尚武"一条延续了"辛亥光复"精神,实属特殊。

中国工党立党不久即由徐企文等人借助帮会人士,逐渐发展为下层工人的紧密团体。1913年1月,工党在河北德州兵工厂活动,"上海工党徐企文招工入党,提倡实业,有二匠入,……(学徒马啸)在外间遍请工徒结党,欲为上海支部"。引起北京政府不满,陆军部段祺瑞以军事人员不得入党为由,批示:"此风不可长,马啸不法,去之可也。"(中国第二历史档案馆编:《北洋军阀统治时期德党派》,北京:档案出版社,1994年,第59页)同年5月,上海部分工党成员加入国民党活动,秘密参与"讨袁"运动。29日,徐企文率领"中华民国国民军"一百多人攻打江南制造局,事败被杀,连累工党。此后,工党在上海停止活动。

1月,马相伯担任南京府知事期间,与临时政府教育总长蔡元培一起,多方设法,勉力保护江南图书馆馆舍及藏书。时,民军徐绍桢部驻兵馆内,馆长缪荃孙写信请求教育部保护。蔡元培回复:"适马相伯先生代理江宁都督,询之则言此图书馆当属地方政府权限内,故一切事仍请马先生主持之。"教育部要求徐绍桢部撤出不果,后由"马(相伯)先生因请丹徒茅子贞君入馆任事。因子贞之子在宪兵司令部,有约束军人之权也"(《蔡元培致缪荃孙》,《艺风堂友朋书札(下)》,上海:上海古籍出版社,1981年,第530页)。经马相伯安排,图书馆顺利保全。1月31日,蔡元培亲赴检查,全馆安然无恙。

> 江南图书馆于光绪三十二年(1906)创办于南京,由两江总督端方聘请著名学者缪荃孙筹建并担任馆长。缪荃孙(1844—1919,江苏江阴人,字筱珊,号艺风)生江阴申港缪家村,长避兵淮阴,后迁学成都。光绪二年(1876)进士,授为翰林院编修,投在张之洞门下。1888年,任江阴南菁书院山长;1894年,任南京钟山书院山长;1902年,钟山书院改江南高等学堂,任学堂监督,并与徐乃昌、柳诒徵等考察日本学制,负责筹建三江师范学堂。1907年,缪荃孙担任总办,筹建江南图书馆;1909年,担任正监督,创办京师图书馆。江南图书馆设清凉山下龙蟠里惜阴书院旧址,新建书库两幢,购藏钱塘丁氏"八千卷楼"藏书六十万卷和武昌"月槎木樨香馆"全部藏书。辛亥革命爆发后,缪荃孙从北京南归,寓居上海,遂致信南京领事政府教育总长蔡元培,要求保护江南图书馆。

2月1日,因马相伯固辞,南京留守府改任方潜担任"南京府知事"。本日,南京地方绅商挽留马相伯,以"南京人无人不识马良,而南京人无人乃识方潜,不忍其去"为辞。留守府因而决定"拟开议会,呈请大总统仍委任马良,以孚众望"(《时报》,1912年2月3日)。

> 南京民众爱戴马相伯殆有原因,一为其善演说,二则其口音依然有镇江乡音,与江宁略近,听众颇感亲切。一日,南京回教联合会在府东街庆升戏院举行大会,邀请南京留守府总务长马相伯发表演说,男女宾客,听众到场"不下数千人"。马相伯登台演说,甫在淋漓酣畅之际,"猛然一声,而演说台倒矣。当将马君扶起,该时楼上下人等异常鼓噪,秩序大乱,马先生则受惊不少矣"(《民强画报》,1912年第5期)。

2月3日,中华民国临时政府成立之后,南京承担首都功能,原江苏都督府各机关陆续裁撤。本日,外务司长、代理都督马相伯带领各部门离开南京,抵达苏州。时,苏军先锋队抵达苏州,进入胥门马路及道前街时,见行人中有发辫者则强行剪去,秩序大乱,以致商户一度罢市。本日,江苏省议会议长张謇分别致电总统、陆军部、财政部,申明江苏省与中央政府之界限,并要求权利不可相侵夺,义务不可相推诿。(《时报》,1912年2月4日)

2月3日,江浙立宪派人士和部分革命党成员合流,组成统一党,准备参加中华民国政党政治,发起人有章炳麟、张謇、程德全、熊希龄、唐绍仪、汤化龙、庄蕴宽、林长民、温宗尧、蒋尊簋、汤寿潜、唐文治、王印川、孟森、黄云鹏等。(郭廷以编:《中华民国史事日志(一)》,台北:"中研院"近代史研究所,1979年,第19页)本年4月24日,统一党决定与国民协进会、国民公会、国民党合组为共和党。马相伯与统一党这个江浙新群体关系密切,政见相近,但始终不在其列。

2月12日(宣统三年十二月二十五日),清朝隆裕皇太后发表"清帝退位旨",称:"今全国人民心理多倾向共和,南中各省既倡议于前,北方诸将亦主张于后,人心所向,天命可知。余亦何忍因一姓之尊荣,拂兆民之好恶。是用外观大势,内审舆情,特率皇帝将统治权公诸全国,定为共和立宪政体。"(中国第二历史档案馆编:《中华民国史档案资料汇编(第二辑)》,南京:江苏人民出版社,1981年,第72页)《清室优待条例》同时公布。

2月13日,孙逸仙临时大总统向中华民国参议院辞职;次日,经参议院投票,袁世凯被选为第二任临时大总统。3月13日,唐绍仪担任国务总理;25日,唐绍仪从上海抵达南京;30日,国务院各部十位总长名单发布,陆徵祥在参议院以39票全票通过,在内阁中担任外交总长,"陆徵祥现在出使,未到任以前,外交总长任命胡维德署理"(《民立报》,1912年4月1日)。其余各部总长为:内务部总长赵秉钧、财政部总长熊希龄、陆军部总长段祺瑞、海军部总长刘冠雄、司法部总长王宠惠、教育部总长蔡元培、交通部总长施肇基、工商部总长陈其美、农林部总长宋教仁。

2月19日(正月初二日),马相伯以南京代理都督兼参议院选举检票员名义,致电袁世凯,祝贺他当选大总统。"南京议场十七省全体一致共举我公为亚洲五千年第一次第一共和国大总统,良得躬与其盛,为检票员,不禁为中华共和国三呼万岁。着此重任系公之肩,公其以毅力竟厥功,良此后余年拜公之赐,欣幸何如!谨贺,马良咸印。"(马相伯:《致袁大总统电》,《临时公报》,1912年7月19日正月初二日,第26页)

马相伯在参议院总统选举和定都表决中,担任南京政府发言人。按马相伯向各国外交官发布的信息:19日参议院选举中有"十三省赞成袁世凯,三省赞成孙文,一省赞成黎元洪。马良先生是南京政府的公开发言人,他曾因此事向参议院发表演说,指出在这个(仍然推举袁世凯接任临时大总统——引者)问题上保持一致的重要性"。马相伯还告知外界:"参议院在接受孙博士的辞职后,进行了投票,以十六省对一省的多数,通过了北京为临时首都,只有一省(广东)支持以南京为临时首都。"(胡滨译:《英国蓝皮书有关辛亥革命资料选译(下册)》,北京:中华书局,1984年,第491页)至2月中旬,南方代表已经改变主张,不再拒绝把北京作为中华民国的首都。

2月29日,袁世凯下属在北京、天津、保定策动兵变,拒绝中华民国定都南京,反对袁世凯南下就任临时大总统。临时政府北迁后,袁世凯设置了南京留守府,马相伯被委任为留守府政务厅厅长。(李书城:《辛亥前后黄克强先生的革命活动》,《辛亥革命回忆录》第1集,北京:文史资料出版社,1981年,第202页。)

此前,蔡元培以同盟会会员身份北上,代表中华民国政府全体内阁成员要求袁世凯总统南下。北京兵变之后,蔡元培在北京不得已加入重新建立的"混合内阁",仍然任职教育部长,新加入同盟会的唐绍仪担任总理。"孙中山既辞总统职,欲派员迎袁项城来南京就职,其资格须同盟会会员而又现任阁员者,以孑民为合格,故派之。此行人人知必不能达目的,然南京政府必须有此一举,遂往迎。及北京兵变,知袁氏绝无南来之望,乃承认其在北京就总统职。孑民有宣言,见当时北京各报。唐少川君在北京拟南北混合内阁名单,仍以教育总长属孑民。"(新潮社编:《蔡孑民先生言行录》,北京:北京大学出版部,1920年)6月15日,唐绍仪内阁总辞职,蔡元培亦同时离任,教育部职由次长范源濂代理。

2月,马相伯针对南京城内以革命党之名义,发生多起抢夺公地、公舍、公费的恶性事件,遂以代理都督的名义发布《劝勿为盗》文告,严厉禁止。各团体、个人不得以开学会、立学堂之名义,侵夺清朝地方政府留下的各项遗产。所有公产,其归国有、省有,或地方所有者,必待以后各级议会表决裁定。

《劝勿为盗》(布告):"为通告事:照得光复以来,百端待理,诸君子热心公益,以开会、开学诸名义,来请指拨公地、公舍、公费者,几于日不暇给,其志诚堪嘉也。不知专制之君,可以领土为私有;专制之官,可以所辖为私有。民国不然,行政各厅,无论有实权,抑假定,既为大众之公仆,只有为大众保存公产之权。其应归国有者,必待国会议决;应归省有者,必待省会议决;应归一地方有者,必待一地方会议决,非行政各厅所得擅行予夺支配者也。即欲勉从诸君子所请,无如国会省会一地方会,皆得以预算决算追算者责问之,取消之。此无他,盗个人之物谓之盗,盗大众之物谓之大盗,而支配予夺,乌能有效?语云'窃国者侯',侯则侯矣,窃终窃也。《鲁论》患盗章,受盗与为盗等。故不敢勉从诸君子所请者,正不欲诸君子陷于盗伙耳。谅之!恕之!谨忠告。"(原载天津《广益录》第五号,1912年3月23日)

3月,江苏教育总会决定出面筹建"辛亥革命战争纪念馆",此事由会员袁希洛动议。张謇、马相伯、黄炎培等赞同建立纪念馆,责成袁希洛、时保共(宝山人)、黄钧培(黄炎培堂弟)担任征集员,着手筹建。

袁希洛(1876—1962),字俶畬,号素民,江苏宝山人,袁希涛弟弟。少年为本县贡生,曾就读上海龙门书院。1906年留学日本,毕业于大学高等师范专业。1911年10月,积极参加辛亥光复之役,在"各省都督府代表联合会"中,与马相伯、陈陶遗、雷奋同为江苏省代表。在南京丁家桥江苏咨议局会场举行的中华民国临时大总统选举大会上,袁希洛担任秘书和书记员,负责选举程序和选票格式的设计,并宣布选举结果。1912年1月1日,在临时大总统就任大典上,袁希洛作为各省推举的"授印代表",将由江苏都督府刻制的"中华民国临时大总统印"授予孙文。大典之后,袁希洛将各省选票各17份复制、签署、盖章后保留,分别由各省都督府保存。1912年3月,袁希洛提议建立"辛亥革命战争纪念馆",以定民国乾坤。为此致信孙文,向他建议建立纪念馆,征集藏品,其辞曰:"中山先生赐鉴:革命功成,共和建立。对于民国前途不可不留一大纪念,以为后来国民知建国不易,而发动爱国热心。盖环球文明之国,罔不以国民教育为立国之本。我民国之武昌起义迄于今日,统一共和政府成立,其间之种种事实,皆我民国建国之精神,亦即国民教育之好材料也。故江苏教育总会创议建立一革命战争纪念馆于上海,特派希洛为征集员,赴各地征集关于此次革命战争之品物。若战利捕获之枪械废弹,战地之各种写真,及战死者、有志者之遗物、写真、纪传,以备陈列之用。(后略)敬颂伟安,革命战争纪念馆征集员袁希洛谨上,奉上征集书一纸。"(广东省中山市翠亨村孙中山故居馆藏档案)1912年,民国临时政府北迁后,袁希洛曾设法将紫禁城"大清门"(已改"中华门")额摘下运沪,未果。辛亥革命战争纪念馆征集到的文物藏品一度存放在上海南市林荫路165号江苏教育总会会所,后因久不建馆而散失。

3月,复旦公学重组校董会,以谋在吴淞校园已然失去,无锡校区建立未果之后,以徐家汇李公祠旧址复校。马相伯等人联名签署,邀请甫辞任的临时大总统孙文担任校董,借助他在南方各省的名声,恢复复旦。

校董邀请信原文如下:中山先生执事:缅惟复旦创自乙巳,几经艰辛,始克成立。贤士大夫实宏其赐,乃成林木。百世乱繁,兴旧有胶庠,化为壁垒。公币既绝,度支以穷,三百青年,一时星散。继复卜室惠山,略图完聚。终以竭蹶,未能久之,言之痛矣。迩者国是大定,作育是谋。复旦为东南巨校,坐视沦替,情所不安。良等用是奋兴,力谋振董。今已秉准教育部立案,并由苏督指拨上海李公祠改作庠舍。兴复不易,亟待扶持。伏以先生学林泰斗,薄海倾心,敢为吾徒乞赐栽植。倘荷不鄙,许为复旦校董,时时督教,以所不及,不胜大愿。敬谨陈白,伫候德音。春寒为道,自卫不宣。马良、胡敦复、于右任、邵闻泰、钱智修、叶永鎏、郑允拜启。(全文录自上海市松江区泗泾镇马相伯故居陈列室真迹影印件)

3月,复旦公学在无锡复校失败,马相伯广邀社会贤达人士,襄助在沪复学事宜。马相伯携于右任、胡敦复、邵力子、叶永鎏、钱智修、郑允等复旦公学校友,邀请沈缦云担任复旦校董,继续努力复校。

辛亥革命中出资最力的上海信成银行协理沈缦云,应允担任复旦公学校董,马相伯等拟定聘任邀请函,全文如下:"缦云先生执事:缅维复旦创自乙巳,几经艰辛,始克成立,贤士大夫实宏其赐。乃成才未百,世乱繁兴,旧有校庠,化为壁垒。公币既绝,度支以穷,三百青年一时星散。继复卜室惠山,略图完聚,终以竭蹶,未能久支,言之痛矣。迩者国是大定,作育是谋。复旦为东南巨校,坐视沦替,情所不安。良等用是奋兴,力谋振董,今已禀准教育部立案,并乞苏督指拨李公祠改作黉舍。兴复不易,亟待扶持。伏以先生学林泰斗,薄海倾心,敢为吾徒,乞赐栽植。倘荷不鄙,许为复旦校董,时时督教,以匡不及,不胜大愿。敬谨陈白,伫候德音。春寒为道,自卫不宣。马良、于右任、胡敦复、邵闻泰、叶永鎏、钱智修、郑允拜启。"本邀请函未署年月,按函中提及复旦公学从无锡回沪办学,由江苏都督程德全拨给李公祠充作校舍,应在1912年2月以后。文尾以"春寒为道"相慰问,则时间定为3月。(沈云荪:《马相伯与沈缦云的交往》,丹阳市政协文史资料研究委员会编:《爱国老人马相伯(1840—1939)》,丹阳,1990年,第51页;另见傅德华编:《于右任辛亥文集》,上海:复旦大学出版社,1986年,第235页)

沈缦云(1869—1915),字懋昭,江苏无锡人,生于吴县。原姓名为张祥飞,父亲张桐龄,因入赘无锡沈氏,改姓改籍。张氏于太平天国动乱时移居上海,张桐龄任塾师,妻子郭氏在基督教长老会清心书院任教。张祥飞12岁时随母亲郭氏信仰,受洗入教,得培雅书院(后圣约翰大学)校长颜永京允许,入校为插班生。又经颜永京介绍,张祥飞在12岁时入赘为无锡富商沈金士的孙女婿,遂改姓名为沈缦云。进入沈家后,沈缦云仍然学习举业,20岁应江南乡试,考中举人。此后,转入实业界,从事家族铁工厂的经营。1906年,与无锡实业家周舜卿合资,在上海南市创办信成银行,并在南京、天津、无锡、北京等地设立分行。1910年5月,江苏商会推举沈缦云北上赴京,请速开国会。会见中,奕劻称:"谈何容易。"沈缦云对:"釜水将沸,游鱼未知之也。"返沪后,遂决计加入同盟会,投向革命。1911年辛亥革命时,沈缦云受同盟会陈其美、宋教仁、于右任、叶惠钧等指派,联络好友李平书商团武装参加起义,于11月3日攻打江南制造局,建立"光复沪江之主功"(孙文赠匾)。护军都督府建立后,沈缦云担任财政总长,信成银行垫款达30万两。孙文辞去临时大总统后,实施实业救国计划,沈缦云受命为筹备主任,组建中华实业银行。1913年,孙文"二次革命"失败后,沈缦云逃亡到大连。1915年7月23日,被原同盟会会员张复生设计宴请,毒死于大连寓所。(汪仁泽:《民国人物传(九)·沈缦云》,北京:中华书局,1997年,第55页;侯宜杰著:《逝去的风流:清末立宪精英传稿》,北京:北京师范大学出版社,2013年,第93页)

3月8日,上海《时报》有"马良有推为江苏都督之消息"之报道。同日,本报还发表"马良不宜为江苏都督"之评论,称"马相伯先生哲学家也,其学问为世所崇拜;马相伯先生宗教家也,其道德更为世所称颂。我爱之,我敬之,而独不愿牵率之以入政界旋涡之中。今闻江苏有举马相伯先生为都督者,我反对之。我知马相伯先生实不耐其烦剧也"。此评论风格和语气酷似梁启超,应为其所作。3月19日,《新闻报》正式发布消息,披露坊间所谓马相伯代理江苏省都督之经过及原委:"苏垣八大绅士前以苏属地面紧要,乏人理治,坚请庄(蕴宽)都督由宁驻苏。办事两月,颂声载道。现拟仍回江南,所有苏属都督府一切事务,已公举马湘伯代行、代诉。"

3月9日,中国社会党党员符作霖(江西南丰人)在南京电致上海本党总部,转致各大报馆暨马相伯先生,以及江苏都督庄蕴宽、南京卫戍总会徐绍桢、中央实业部总长张謇、实业部次长马君武、江苏省句容县民政长等人,报告自己在辛亥革命为振兴实业,安抚民心,以工代赈,在句容县龙潭镇开办复兴煤矿遭遇挫折的经历。"经营三月,辛苦备尝,幸已成立,惟前承举霖为驻矿总经理。因有同党争执,愿即辞退,已函告总协理,另举代者。值此共和时代,首戒意气用事,今洁身引退,以为同党息争者倡。"(《时报》,1912

年3月10日;《新闻报》,1912年3月9日)此电主致马相伯,或因老人时正以南京代理都督职调停各方争权夺利之纠纷。各大报馆发表此电,则意在呼吁革命后共同建设,应行"同党息争"。

3月19日,胡敦复率立达学社同仁,在上海南市肇周路南阳里租屋,开办大同大学(Utopia University)。大同大学以"研究学术,明体达用"为宗旨,取《礼记·礼运》"大道之行也,天下为公。选贤与能,讲信修睦。故人不独亲其亲,不独子其子,使老有所终,壮有所用,幼有所长……是谓大同"之意为校名。马相伯应邀担任大同大学校董。是日,为校长胡敦复生日,仿效马相伯,为上海创办一所好大学的理想终于实现。

4月1日,中华民国临时政府宣布《临时大总统解职令》:"于四月初一日,本总统即于是日解职,是用宣布周知。此后国中一切政务,悉取决于统一政府。"(《孙中山全集》,北京:中华书局,1982年,第302页)中华民国定都北京,府院机构北迁。临时大总统袁世凯任命黄兴为南京留守府留守,马相伯在南京署理的"府尹"职位亦告结束。6日,黄兴就任南京留守,任命马相伯担任留守府政务处处长。政务处之外,留守府的职位另有总参谋长、秘书长、军务处长、参谋处长、副官处长、总务处长、军械处长、军需处长等。6月4日,袁世凯核准黄兴辞职,南京留守府由程德全接收,继续办公。(李云汉:《黄克强先生年谱》,台北:中国国民党党史委员会,1973年,第265页;左舜生:《黄兴评传》,台北:传记文学,1981年,第146页。)

4月初,复旦公学在无锡惠山复校失败后,叶藻庭、邵力子等五六位创校旧同学在上海市区爱而近路(今安庆路)设立筹备处,再谋复校。

按《民立报》发表《复旦公学始业志盛》一文,叶藻庭、邵力子等人在无锡复校:"吴淞复旦公学自去年秋冬之间,其校舍为军士占据,随即散学。后由校长等设法迁往无锡李公祠开校,又以该处接近花市,萧鼓花船不宜建设学校,直至今年四月初,始由复旦旧同学叶君藻庭、邵君仲辉等五六人设立筹办处,着手布置,始在本埠爱而近路赁得民房一所为校舍,报名录取之学生约百人。又订聘复旦旧同学中留学欧美毕业回国分任教科,昨为其开校之期,记者亦与其盛焉。"(《复旦公学始业志盛》,《民立报》,1912年5月11日)复旦公学于5月在上海爱尔近路复学,停课半年,有说"革命军兴,复旦公学吴淞校舍充光复军司令部,校事停逾一年"(钱智修:《马相伯先生九十八岁年谱》,《中央日报》,1938年5月16日)。此说未确。另,按叶、邵等校友透露,无锡复校属主动放弃,乃因毗邻花街柳巷,"不宜建设学校"。

4月15日,前清学务大臣、袁世凯临时大总统继续任用的管学重臣唐景崇(1844—1914)在上海创办神州大学,马相伯列名为发起人之一。同列为发起人者另有唐文治、张謇、严复、熊希龄、汪荣宝、吴鼎昌等42人。神州大学于本年3月27日先期开学。(方豪:《马相伯先生年谱新编》,李东华编:《方豪晚年论文辑》,台北:辅仁大学出版社,2010年,第224页)

4月20日,复旦公学以"校长马相伯"名义发布《复旦公学招生广告》,宣布已经获得徐家汇李公祠,用为校舍。惟沪军、学生军占用人员撤出之前,复旦公学借市区爱而近路(今安庆路)3号民舍先行复学。马相伯运用他在江苏都督府的地位,在取得徐家汇李公祠校舍过程中起了关键作用。他与于右任、胡敦复、邵力子、叶藻庭等复旦旧日师生组成"复旦筹办事务所",在《民立报》报馆二楼办公,负责复校事宜。于右任等人公推马相伯担任校长,聘请陈英士、沈缦云等人担任校董;因马相伯政务繁忙,不克现场办公,复校事务由教务长胡敦复、庶务长叶藻庭实际从事。"本公学业经呈准教育部照大学办理在案。校舍已奉苏都督令,准借徐家汇李公祠开办。兹以该祠尚驻有兵队,暂租定本埠爱而近路第三号先行开课。"(《民立报》,1912年4月20日)

按马相伯回忆,复旦公学申请李公祠为校址,是向江苏都督庄蕴宽提请,并获得批准。"革命后,我们又把学校(从无锡)搬回上海。回到上海没有校址,于是我就写了一封呈文给江苏都督庄蕴宽,请他把李文忠公祠拨给复旦做校址。庄很好,马上批准了。"(《一日一谈·关于震旦与复旦种种》,朱维铮主编:《马相伯集》,上海:复旦大学出版社,1996年,第1110页)李鸿章嗣子李经方曾对复旦公学使用李公祠大光其火,惟马相伯是"辛亥革命"元勋之一,且事经江苏都督府批准,临时大总统孙中山允为校董,更因李公祠用公币建造,原属于地方公产,复旦是公校公用,李家的抗议当时无效。"李文忠公的儿子伯行先生对我大发其少爷脾气,说我不该强占文忠公的祠堂。我答道,并不是我强占它,而是庄氏批准的。同时我允他,凡于纪念李文忠的碑记、塑像、牌位皆丝毫不动,一律保存。大家也很能尊重我的意思,一直保存到今天。复旦在中国的教育上,总算尽了相当的作用,用李文忠祠堂来做它的校址,不但不辱没李文忠,实在是看得起他老先生。"1938年3月31日,李鸿章幼子李经迈和颜惠庆在李公馆喝茶,"他对复旦占用李公祠深感痛恨,那是花园中的祠堂,非常精致,拍了一些好看的照片。"(上海档案馆译:《颜惠庆日记(三)》,北京:中国档案出版社,1996年,第96页)可见李氏后人对马相伯耿耿于怀,并且于1926年又提出诉讼,要求收回李公祠。

4月23日,庄蕴宽任职江苏都督四月余,今日发表辞呈,宣布自己离任,由前任都督程德全回任该职,称:"大总统、副总统、唐总理、各部长、黄留守、各军长、师长、都督、各报馆公鉴:蕴宽不自度量,谬权要职。兹以病甚,蒙大总统许以解任。程(德全)公于即日回苏受事,军民欢迓。蕴宽负疚四月,至是幸驰。谨于本日扶病离苏。谨闻蕴宽叩祈。"(《时报》,1912年4月23日)

庄蕴宽(1866—1932),字思缄,号抱闳,晚号无碍居士,江苏武进人。少负才名,早年受业于虞山曾君表(孝廉,俞樾门人,肄业紫阳书院,居常熟),1890年得中副贡。光绪年间,任职浔阳书院、梧州知府,并设立广州武备学堂。为练兵事业,曾赴日本考察士官学校,结识纽永建等同盟会员。宣统年间,回到江南,为两江总督端方器重并延揽,任上海商船学校校长。一时与江苏张謇、浙江汤寿潜、湖南熊希龄等交游。某日宴谈,语及满汉,"端方曰:汉人患不能同心,苟同心,满人犹有天下耶?蕴宽则应曰:同心之期,当不在远。于是举座愕然,方亦乱以他语而罢。(宽)出语人:陶斋为名督抚,镇日摩挲鼎彝书画以自娱,何尝能及民谟?方后知之,不罪也。"(镇岳:《庄蕴宽外传》,《好文章》,1948年,第1期)上海和江苏官场心态于此可见一斑。辛亥光复之役,庄蕴宽投身其中,与马相伯一起,平定江苏境内诸种骚乱。1912年1月至4月,因程德全辞职,庄蕴宽受多方信任,出任江苏都督。1912年4月辞任江苏都督。1913年,在南京担任浦口商埠督办;1914年,在北京政府担任平政院总都察;1916年,任审计院院长;1926年,负责接收清廷遗产,创建故宫博物院。1928年,南京政府建立后归乡养老,主编《江苏通志》,曾向马相伯约稿。庄氏为武进大族,庄蕴宽与盛氏为姻亲,姑母为盛宣怀夫人。惟生前非但无求于盛氏,还曾上疏盛宣怀贪墨。1929年,南京政府又以盛宣怀贪污、侵吞为由籍没盛氏家产,庄蕴宽则有抗言:"宣怀一身事,若义庄,若苏州留院,均宣怀父勋人置为公产,非宣怀所有。封建帝王,有罪不及孥之训,今民国乃罪及高、曾耶?语闻政府,遂给还之。"其公正不偏又如此。庄蕴宽好书法,宗法北魏,参以隶、篆,为时人所喜。1932年(壬申)正月十五日,因患急性肺炎去世,葬于武进公墓。同乡吴稚晖挽辞称:"自穷而达,清白之志不渝;由壮而老,姜桂之性弥辣。"(《吴稚晖私谥庄蕴宽》,《东方日报》,1932年10月23日)民国上海市立图书馆馆长庄芸(1898—?)是庄蕴宽女儿;民国才女陈衡哲(1890—1976)为庄蕴宽抚养之外甥女。

李公祠在辛亥革命后先后被学生和军人占用的事件经过:据上海公共租界工部局警务处《警务日报》,1911年11月9日,"11时左右,南洋公学的一批学生占领了徐家汇路李鸿章花园（祠堂），他们说这是当地革命党首领安排的，打算将该地用作学生军的操场。夜间，花园大门口和院内场地有武装卫队和哨兵站岗"。工部局静安寺捕房另外还接到格致书院的申请，因李公祠作为中学学生军的操场，请求捕房允许学生带枪经过徐家汇路的租界地段。（上海档案馆编：《辛亥革命与上海：上海公共租界工部局档案选译》，上海：中西书局，2011年）又据《时报》1911年11月13日《徐家汇之保障》报道，上海光复后，各地各处组织义军，"南洋大学堂编练学团，驻扎李公祠，昼间操练，夜则巡逻"，南洋公学150名学生实际上已经抢先占用了李公祠。为此，沪军都督府陈其美、上海县民政总长李平书联合发出告示："即日禁止游人入内，法华、徐家汇一带居民、铺户，幸勿误会，特此晓谕，其各勉持公谊，共保治安。"南洋公学占用李公祠的举动受到了沪军都督府的干预，1912年1月8日，沪军从安徽招募到1 000名新兵，乘轮船招商局"江孚"轮从芜湖来上海，宿营在李公祠。半年时间内，李公祠一直是沪军都督府的兵员要地，后来才转移到江南制造局。（上海档案馆编：《辛亥革命与上海：上海公共租界工部局档案选译》，上海：中西书局，2011年，第96页）沪军都督府于1912年7月31日撤销，由江苏都督府接管上海政权，行使地方权力。马相伯通过与庄蕴宽等人的关系，得到江苏都督府的许可，由复旦公学使用李公祠。按1912年9月4日《民立报》"丞相祠堂作学堂"报道，马相伯等人"于三月间禀准苏都督以徐家汇李公祠拨作校舍，并经苏都督令知上海民政长在案。该祠驻有二十三师某营，现师长黄膺白君自请取消裁并。又知复旦开学在即，饬该营于上月底一律迁移。复旦本学期能在该祠开办，不能不感谢苏都督与黄师长之热心兴学也"。最终，南洋公学学生军、皖籍新兵营、黄郛二十三师相继退出，复旦公学取得李公祠的使用权。

4月24日，据南京25日专电，江苏都督程德全于本日挽留马相伯，仍然担任都督府内务司长，"暂缓裁撤"（《时报》，1912年4月26日）。27日，马相伯受任留守府政务处长，"已到府视事"（《时报》，1912年4月28日）。

4月27日，南京各界民众举行黄花岗起义一周年纪念大会。马相伯以代理南京都督的身份发表演说，主题为"富贵不能淫"。马相伯在演说中警戒革命胜利后将官们不得骄奢淫逸，晓之以理，动之以情。

《一日一谈·辛亥革命后南京政府第一个黄花岗纪念日》："辛亥革命后第一个黄花岗纪念日，南京政府开了一个盛大的纪念会，各界人士参加的很多，而军人到的尤多。会场上的鸡毛帚儿一簇一簇地，压到了一切,据说有千把。这些鸡毛帚儿的人物都自居革命的功臣,人人都自以为功高赏薄,心中'怏怏',于是就形之于辞色,而'拔剑击柱',籍端生事的情形便时有所闻。南京政府大有'粥少僧多',应接不暇之势。纪念会时孙中山亦在座,我向来喜欢躲在人后面的,但是到了开会时,他们定要我说话。我当时看了那成千的鸡毛帚儿的革命将领,感叹万端,也想乘这个机会,一泄心中的块垒,于是我就不客气走到演说台前,我说:孟子说:'富贵不能淫,贫贱不能移,威武不能屈。'又说:'人必有所不为,而后可以有为。'这两节话皆是做革命党的必要条件。但前一节的三句话,并不是并排的,而是说要不为威武所屈,就要贫贱不能移。然后贫贱不能移,我们还可以做得到,至于富贵不能淫,便非有伟大的精神不能,所以这一层工夫最难。以上三者都是消极的革命精神,但是若果不具这三种精神,便休想积极奋斗,所以'人必有所不为'就是这三句的注脚。有了这三种'不为'的精神,才可以做有为的革命奋斗。黄花岗七十二雄鬼,就是这种精神的最好榜样。"(朱维铮主编:《马相伯集》,上海:复旦大学出版社,1996年,第1094页)

4月29日,南京留守府留守黄兴、政务处长马相伯在留守府内对坐闲谈,忽然有飞弹破窗而入,击中院内庭柱,幸未伤及人员。据查,确有刺客逃去,未能捕获。(《时报》,1912年5月1日)

5月2日,江苏都督府代理都督马相伯致电袁世凯总统,反对在首都南京设立军港,以及在省城市中心驻扎陆军。"力陈都市不能兼作军港,请将全国省城驻兵分遣边境。"(《时报》,1912年5月3日)

5月初,马相伯和朱志尧以参议员身份参与临时政府参议院活动,其间商谈购买一块江边滩地,计划用作教育基金,在南京、上海举办学校。两人以参议院薪水投入作为定金,不期然受骗,损失近万元。

马相伯、朱志尧对南京江边滩地投资失败经历,见于他晚年的回忆:"民国初元,南京临时参议院时代,我与我的外甥朱志尧皆被选为临时参议院议员。当时有人告我说,距南京不远的江边,有一块芦洲地,面积万亩,售价不过一万数千元,若购得此地,每年所出芦柴便可获利数千元,以之兴办学校,何施而不可?我听了这话,很快活,便设法筹款。但此一万数千金者,焉能咄嗟立办?于是我便同外甥朱志尧商量,把两人每月参议院所应得的薪金夫马费各数百元一律凑起来,不够又从它处设法,一齐总凑了万余金,凭着前次来说话的某人,立契讨价,便把他说的那块地买下来了。有一天,一位朋友知道了我做这桩笨事,跑来告诉我说:某人靠不住,当时朱甥在招商局任事,我便教他派一只小轮载着我们到我所买的那块洲上去看一看,哪知道我们坐了小轮,照着我买的芦洲的地契所注明的地段去找,找了一天也不曾找到,才知道是真正被人骗了。"(《一日一谈·谈屑二》,朱维铮主编:《马相伯集》,上海:复旦大学出版社,1996年,第1151页)

5月初,马相伯在"民国初年赞助家乡商人组织商会,以发展本地工商业,被聘为名誉会长"。应故乡丹阳县民政长姜证禅邀请,他从南京到丹阳视察社会建设事宜,并提出一项疏浚、开垦练湖计划。"辛亥革命后,我的舅父姜证禅担任丹阳民政长,曾经邀请马老回家乡商谈地方建设计划。他根据王可庄太守引河遣法,将丹阳练湖全湖面积计划划成一个大'井'字,一面浚,一面垦。……沿湖农民当时思想保守落后,群起反对,聚众要烧我舅家房子。马相伯看到这种情况,也只好叹息而归。"(韩希愈:《我所知道的马相伯先生》,丹阳市政协文史资料研究委员会编:《爱国老人马相伯(1840—1939)》,第121页)考马相伯在本年5月后离开南京,回到上海,秋中更转去北京,他以南京府尹名义考察镇江府民政事务的日期,当在本年春天,或即5月初。

5月7日,马相伯与章炳麟、王正廷、田桐、张謇、于右任、张继等一起,发起成立"通俗教育研究会",总机关设在上海。鉴于"革命未成之前,当注力于通俗教育,而期多数人民之能破坏;革命成功而后,当注力于通俗教育,而期多数人民之能建设"。通俗教育研究会"以研究通俗教育设施方法,为普通人民灌输常识,培养公德,并发启有关社会教育之各事物为宗旨"。该会提出在"卫生、谋生、公众道德、国家观念四主义"上注重培养公民意识(《发起通俗教育研究会宣言》,《民立报》,1912年5月7日、10日)。时任教育部长蔡元培即在全国推广"通俗教育"理念,于教育部新设"社会教育司",以教育民众,培育"民国民"(非帝国民)精神。"孑民在教育总长任,于普通教育司、专门教育司外,特设社会教育司,以为必有极广之社会教育,而后无人无时不可以受教育,乃可谓教育普及。"(新潮社编:《蔡子民先生言行录》,北京:北京大学出版部,1920年)

蔡元培在教育总长任上任命严复署理改名为北京大学后的第一任校长,令"暂行管理大学堂总监督"(严复:《严复集·与熊纯如书(一)》,北京:中华书局,1986年,第602页)。此消息在本年春节期间发布,实际履任在稍后。3月18日,严复到任后厉行改革,"时学生八百十八人,每科各置学长一人,先生兼任文科学长。以张祥龄为法科学长,吴乃琛为商科学长,叶可梁为农科学长,胡仁源为工科学长,于五月十五日开学。校中一切规模颇有更张"(王蘧常著:《严几道先生年谱》,上海:商务印书馆,1939年,第81页)。严复署理北京大学校长期间,对于兼任监督的文科有不同办学主张。他主张保留京师大学堂期间的儒家五经之学,与蔡元培、马相伯等北上学者提出来的要废除"经科"教学的主张不合。蔡元培主张把京师大学堂的"经科"与"文科"合并,把"五经之学"分派到文、史、哲各分科,严复对此建议并不赞同。"比者,欲将大学经、文两科合并为一,以为完全讲治旧学之区,用以保持吾国四五千载圣圣相传之纲纪彝伦,道德文章于不坠,且又悟向所谓合一炉而冶之者,徒虚言耳,为之不已,其终且至于两亡。故今立斯科,窃欲尽从吾旧,而勿杂以新;且必为其真,而勿循其伪,则向者书院、国子之陈规又不可以不变。盖所祈向之难,莫有逾此者。"(严复:《与熊纯如(三)》,王栻主编:《严复集·与熊纯如书(三)》,北京:中华书局,1986年,第605页)

5月10日,复旦公学由叶藻庭、邵力子等旧同学出面维持,在爱而近路3号租赁民房作为临时校舍办学。本日,报名学生约百余人,下午2时30分举行开学典礼,叶藻庭庶务长主持,马相伯校长演说:"演说于民国建立之急需趋重教育,理由阐发无遗。又及此次各军队行动之比较,亦以教育与否而判其文野,尤极痛切。终谓复旦开办已十载,初由震旦更名,即有希望光复之意,今幸达目的,益当名副其实,以为吾民国光华云云。"

马相伯主讲之后,校董陈英士代表汤济沧、来宾柳人环演说。代理教务长沈步洲随后宣布教课大纲,称复旦公学的办学设想并非一般的"国民教育",而是专业的"人才教育",为欧美大学教育水准。此次复旦复学,不跟时髦,"以近日社会一般好高之心理,急急易以名称",仍保留"公学"名称。复旦取"人才教育主义,但现在仍不更名'大学'者,因'大学'二字国内尚无比较之准绳,必与外国之大学相比较。复旦学期原定六年毕业,一切授课程序,必期毕业后可直接至欧洲各大学听讲,他时课业日进,完全为大学之课程,然后改为复旦大学,亦未为迟也"。教员汪汝舟继而演说,略谓:"革命未成,为学生者一方面读书,一方面又欲关心国事,故恒不能专一。革命既成,则专为造就建设人材,为学生者亦得一心一志向业云云。"(《复旦公学始业志盛》,《民立报》,1912年5月11日)

叶藻庭,震旦学院第三年级学生,为复旦创校时期活跃学生之一,与于右任、叶仲裕、邵力子、沈步洲、王侃叔、张轶欧等人同为马相伯另立复旦之干事。1911年,曾追随马相伯到无锡尝试复校;1912年,复旦公学在徐家汇复校后,马相伯北上从政,叶藻庭与教务长胡敦复合作,担任庶务长,协助校长李登辉。期间因筹款不利,经费支绌,校务艰难。又因学生与工友冲突,导致罢课,沪上舆论一时汹涌,被所归咎。此后,叶藻庭仍担任庶务长多年。

5月24日,马相伯致书中华民国南京临时政府交通部参事陶逊,提议在镇江、扬州、淮阴之间建造铁路,通行火车,以振兴当地商务。马相伯致书陶逊(宾南),建议由他出面筹建淮扬镇铁路,"欲救淮、扬、镇,非此物不可。欲用此物,非三郡人合力不可,而欲三郡合力,亦非先生莲花妙舌不可。救人即以自救,惟先生图之"(《致陶宾南》,上海图书馆藏《陈其美赵伯先等书札》,登录号3172)。《致陶宾南》署"廿四日",无署年月。惟信中称"共和统一已七、八月于兹",则应定为1912年5月24日。

陶逊(1871—1918),字宾南,镇江人,1903年在南京创办新式学校——思益学堂,任校长;1904年,担任新军第九镇医官;1906年参加同盟会,辛亥革命时负责财政,在镇江地区筹集军需品,与马相伯熟识。1912年担任南京临时政府交通部职,又任津浦铁路南段局长。后被北京政府选为国会议员,1916年袁世凯称帝后,南下广州,加入护法国会。1918年去世。

5月31日,马相伯以中国公学董事的名义,与张謇、陈三立、叶景葵、谭心休、郑权、钟文恢、梁维岳等人联署,致电中华民国国务院财政部,要求将"前清沪道刘燕翼贮存比领事署之源丰润等户财产契据,……请大总统拨充中国公学存充经费"(《张謇全集·函电》,南京:江苏古籍出版社,1994年)。在中国公学董事名单中,马相伯列张謇、陈三立之后,叶景葵之前。另据1912年8月22日张謇、黄兴、蔡元培、王正廷等《复财政部电》,沪道抵押在源丰润的财产,一共是三百七十余万。

6月23日,中华民国工党代表徐企文和中国社会党领袖江亢虎在上海宣布跨党联合,共谋发展。"社会党员与工业有关系者,同时为工党党员;了解且信从社会主义者,同时为社会党党员。社会党或工党对外交涉,两党并力行之。"(《民立报》,1912年6月23日)马相伯与江亢虎等人有所接触,但工、社两党联合撇开朱志尧等发起人,表明徐企文已经控制本党,独自行事。工、社两党联合,上海和各地党员实计超过20万人,为新中国最具民众基础之政党。

6月,下旬,马相伯担任震旦学院期末大考监考期间,北京政府临时大总统袁世凯电致江苏都督程德全,请他转邀并劝告马相伯北上"参议国政"。按时人记载:"当马公在院监考时,适电局送电音至,盖马公在去年光复时,南京政府中得其赞襄之力甚多。袁大总统知之,除特电马公外,并电程都督,嘱令劝驾入都,参议国政。未识马公如何答复也。"(《圣教杂志》第1卷

第 8 期,1912 年 8 月)

7月3日,《民立报》以"校长马相伯"的名义,刊登本年度秋季开学广告,其中透露复旦公学下半年度开学日期为阳历"九月四日",即 1912 年 9 月 4 日。15 日、23 日、28 日为学校报名日;学费每学期 24 元,宿膳费 36 元;本学期临时校址设在上海公共租界爱而近路 3 号,等到下学期正式开学时再移入徐家汇李公祠。按本次广告所列,复旦公学预科开设英文、德文、史学、数学、理化、政治等科;补习科设国文、英文、数学、地理、历史等科。

7月,高平子从震旦学院毕业,志愿进入佘山天文台工作,师从法国天文学家蔡尚质(Stanislaus Chevatiev,1852—1930)。本年,高平子翻译英国物理学家麦克斯韦尔(James Clark Maxwell,1831—1879)的光波理论("耀能论"),马相伯为之激赏,极力推荐。(参见方豪:《马相伯先生年谱新编》李东华编:《方豪晚年论文辑》,台北:辅仁大学出版社,2010 年,第 224 页)

8月初,马相伯接获中华民国临时大总统袁世凯聘书,邀请担任总统府高等政治顾问。此项任命参见《江苏文献》(新第七期)朱沛莲所著《民国江苏大事记》,转见自方豪《马相伯先生年谱新编》(李东华编:《方豪晚年论文辑》,台北:辅仁大学出版社,2010 年,第 224 页)。南京临时政府已"敦聘章太炎为枢密顾问",北京政府除延聘章炳麟为高等政治顾问外,再聘马相伯担任此职,章炳麟先于马相伯离沪赴京。"余复被任为高等(政治)顾问,四月,入都。"(章炳麟:《章太炎自订年谱》,台北:台湾商务印书馆,1980 年,第 18 页)

马相伯、章炳麟担任高等政治顾问期间的办公室,设在北京铁狮子胡同 1 号(今张自忠路 3 号)大总统府内,高等政治顾问办公室设于总统府西院大楼内。铁狮子胡同 1 号光绪三十二年(1906)拆除府第园林,建为两幢西式砖木结构建筑,分别为海军部(东部)、陆军部(西部)办公楼。东部原为康熙第九子允禟府第,后赐予雍正第五子弘昼,称和亲王府,清末曾改为贵胄学堂;西部原为顺治第五子常宁的恭亲王府,清末传至镇国公承熙,称承公府。袁世凯在此宣誓就职后,大总统府设于西院原陆军部,国务院设于东院原海军部。1924 年,中华民国临时政府临时执政段祺瑞在此设立执政府;1926 年,因学生请愿抗议遭到镇压,死 47 人,伤 200 余人,"三一八惨案"发生于此;1950 年,中国人民大学组建后,铁狮子胡同 1 号旧址拨给该校使用,至 1966 年起校部机构陆续迁出。现该院址内各楼,西院及大楼由中国人民大学清史研究所使用;东院及大楼由中国社会科学院俄罗斯东欧中亚研究所、美国研究所、日本研究所、拉丁美洲研究所等机构使用。

大总统高等政治顾问一职在1912年1月南京临时政府已经设立，章炳麟任此职。2月，袁世凯政府继续设立，初仅任命马相伯、章炳麟两人。章炳麟于本年5月初日北上京都参政，"寓蒙古实业公司"；统一党于5月7日即假湖广会馆开欢迎会，并筹备将"国民协进会等六政团在沪联合为一大共和党，开成立会"(《统一党开会记事》，《民立报》，1912年5月9日)。然章炳麟行踪不定，于7月下旬离京赴鄂，9月初由鄂回京，居贤良寺；至1913年1月又被袁世凯支到东三省筹边使任上，驻东北数月。1913年5月初，章炳麟又离京都赴武昌见黎元洪，下旬回到北京；6月4日，即离京回沪，15日在上海哈同花园与汤国梨举行新式婚礼；直至8月11日"早，入京，住化石桥共和党本部"(张钰翰编注：《章太炎家书》，上海：上海人民出版社，2020年，第7页)，遭到袁世凯部将严密看管，以至幽禁于龙泉寺、钱粮胡同，则民初元、二年内章炳麟与马相伯在大总统府高等政治顾问室聚首共事日甚少，如"函夏考文苑"筹建等事，均由稍后到达北京之马相伯与总统府、国务院相关人员面议、函商。

8月5日，马相伯从上海乘"新铭号"轮船北上就任，昨晚到达天津。本日午间，在天津的友人英敛之等数十人在裕中饭店设宴招待马相伯。席间，马相伯发表演说"改良社会必须注重道德主义"(天津《大公报》，1912年8月6日；《圣教杂志》第1卷第9期，1912年9月)

8月8日，天津同人七、八十人于当天午间11点半，"假座李公祠，再开欢迎大会"(天津《大公报》，1912年8月7日)，祝贺马相伯来北方从事民国政治。马相伯从裕中饭店乘马车到达李公祠，12点开始大会。王伯辰(天津同盟会会员)主持，蔡志庚(直隶提学使)致欢迎词。马相伯发表演说，有记录稿。

又按天津《广益录》报道："丹徒马相伯先生耆年硕德，久为当世所推仰，更遂于法政、哲理、格致诸学，旁通拉丁、罗马、英、德、法各国文字。诚吾国先觉先知之泰斗……此番以古稀高年，冒数千里之风波，远涉京津，实为考察此方情形，挽救中国前途起见，津门人士凡识与不识，莫不深仰之，特于本月八号开会欢迎。"按同期《广益录》透露，马相伯此次赴京，是因"大总统拟派马相伯先生为教育政治顾问"，又称"袁总统钦仰先生数十年，前月曾数函礼聘先生与张謇、汤寿潜、伍廷芳诸先生共为高等顾问。"(《广益录》，1912年8月17日)则袁世凯初定大总统高等顾问时，马相伯、章太炎之外，尚有张謇、汤寿潜、伍廷芳。

9月初，应唐绍仪函询，为民国政府招致"欧美留学生五十名"事，马相伯复信唐绍仪,举荐罗士升担任北京政府邮政司任职。罗士升,法国人,与四国银行的法国籍总经理熟悉,原在中华民国南京临时政府邮政司任职,已转为北京政府录用。"其人极诚笃,于美术、印刷等事项颇有研究,……如有所需,容能为指臂之助。"(马良:《致唐绍仪》,《上海图书馆藏唐绍仪中文档案》,上海:上海人民出版社,2020年,第11201页)原函未署日期,按唐绍仪本年4月将内阁总理府迁往北京,而马相伯于8月底到京任职,则本函应作为当年8月底、9月初。

9月7日,中华民国北京政府工商部长刘揆一发电报,邀请朱志尧、聂云台担任本部顾问。乃因"民国肇造,庶政待兴,共和初基,实业为重。本部志在提倡,保护允当,计划周详,拟将丝茶磁棉铁认为立国基本产业",故邀请两位先生担任顾问。本日,朱志尧、聂云台联合复电,表示接受任命,"大部提倡,如有尘壤涓流之补,敢不竭尽愚诚,励副盛意"(《时报》,1912年9月7日)。

9月8日(七月廿七日),复旦公学继5月10日在爱而近路临时校舍开学后,复经马相伯校长力争,并得到江苏都督府庄蕴宽都督允准,终获徐家汇李公祠用以办学。8月底,江苏督军府黄郛(膺白)二十三师所部某营安徽籍士兵撤出李公祠,复旦公学移入徐家汇校区。因房屋颇有损坏,"日内并雇匠修缮一切,……展期至八号(开学)"(校史编写组:《复旦大学志》,上海:复旦大学出版社,1985年,第61页;《丞相祠堂作学堂——本学期之复旦公学》,《民立报》,1912年9月4日)。

按《复旦公学开学记》:9月8日下午2时,复旦公学行开学礼,学生二百数十人出席,马相伯校长赴北京未归,教务长胡敦复、校董于右任、教员沈步洲、来宾邵仲辉、庶务长叶藻庭先后演说。胡敦复阐明复旦公学的新学制设立专业系科,改为"按科分班,务求学生习一科造一科之深邃,并谓预科三年、补习科三年。较前清中学五年,高等三年,其时间短而学科更期精进"。于右任诠释"复旦"含义,以为"复旦命名,即含有光复祖国之意"。沈步洲以师生当发扬公德心及学问,并以爱公学、爱教师、爱同学为勉励。邵仲辉则以民国为"建设时代",学生当刻苦治学作要求。最后,叶藻庭报告捐款及校舍获取情景,对帮助复旦公学复校的师生表示感谢。"礼毕,摄影散会。"(《民立报》,1913年9月9日)

9月15日,晚七时,马相伯友人及震旦同学在北京德昌饭店欢迎老人。三十余人到会,张君劢主持,林长民祝词称:"马先生以宗教、道德、文学改革我国之精神,是真国家命脉之所在。"(《广益录》,1912年9月21日)

9月20日,马相伯甫到北京,即发起筹建中国天主教会的世俗大学。本年8月,罗马天主教会为中华民众福祉专门祈祷。本日,马相伯、英敛之遂联合发起,有《上教宗求为中国兴学书》,请求教宗庇护第十(Pius X)组织、资助和派遣一教会团体,继承明末"学术传教"传统,在北京开设一所大学,以与基督宗教新教各教会所办教会大学竞争。

马相伯、英敛之《上教宗求为中国兴学书》称:"明末之传布福音,则奔走先后,专籍学问,此固无上圣智对于我华特别之作用。既无大圣如方济各·沙勿略者,以圣迹为开教之先声,则仿利、艾、汤、南,用学问为诱掖之具,断不可无。况圣学与科学,俱根于天主物理之有伦有脊,在在证明唯一真理,固与教旨不相刺谬也。乃在我华提倡学问,而开大学堂者,英、德、美之耶稣教人都有,独我罗马圣教尚付阙如。即以北京而论,我圣教不独无有大学业,无中学也,并高等小学而无之。只有一法文小学,学费之巨,只可招教外人求学而已。学成之后,只可依法国人谋生而已。前清亦尝以京师大学堂托我传教士矣,讵竟辞而不受,致使耶稣教人代之。"马相伯请求罗马教廷帮助中国"于通都大邑如北京者,创一大学,广收教内外学生,以树通国中之模范,庶使教中可因学问辅持社会,教外可因学问迎受真光"(朱维铮主编:《马相伯集》,上海:复旦大学出版社,1996年,第115页)。1945年,方豪在北京收集马相伯遗著,得旧辅仁社社友魏君远录赠这份上书,署名马相伯、英敛之,并署日期"九月二十日"。另有《辅仁生活》一卷二期刊登稿,有"纳爵君"(疑为英千里,圣名依纳爵)称"殆出于英公之手"。方豪判断:"谈文气,必马先生起草,英先生或曾加修改。"(方豪:《马相伯先生年谱新编》,李东华编:《方豪晚年论文集》,台北:辅仁大学出版社,2010年,第226页)

9月25日,中华民国各省议员名额表公布,各省代表人数为:直隶180人,奉天64人,吉林40人,黑龙江40人,江苏160人,安徽108人,江西140人,浙江152人,福建96人,湖北104人,湖南108人,山东132人,河南128人,山西112人,陕西84人,甘肃56人,新疆40人,四川140人,广东120人,广西76人,云南88人,贵州52人。(郭廷以编著:《中华民国史事日志(一)》,台北:"中研院"近代史研究所,1979年,第66页)马相伯以江苏省丹阳县代表担任议员。

9月28日,据《广益录》报道:北京西安门内培根女学开学,办家长茶话会。马相伯到会演说,有演说词发表。

秋,马相伯与英敛之在北京议论明末抗清义士金声的事迹,并告知他发现金声为天主教徒的考证线索。据英敛之《安蹇斋丛残稿·安蹇题跋·题金忠节公文集》，"幼时读书，即钦金忠节公道德文章。至今年壬子秋日，始闻马相伯先生言金公中年奉天主教甚诚笃云云"。

金声（1598—1645），字正希，一字子骏，号赤壁，休宁瓯山人。天启四年（1624）因廷试入京，与徐光启、艾儒略、毕方济等交往。崇祯元年（1628）进士，为翰林院庶吉士。在京期间随徐光启习西学，当在此际受影响而入教。崇祯三年（1630），即乞归故乡。五年（1632）、六年（1633），徐光启曾两次疏请起用金声修历，不果。隆武元年（1645），清军攻陷南京后，金声与门生江天一在徽州起兵抗清。失败后被俘，坚不投降，在南京与胞弟金经、总兵范云龙一起就义。金声遗著有《金正希先生文集辑略》、《尚志堂集》，传记有熊开元《金忠节公传》（收入《熊渔山先生文集》），年谱有李宗焜《金正希先生年谱》。自马相伯提出金声"中年奉天主教甚诚笃"的结论后，英敛之、陈垣续有详细考证。英敛之《与某公论金正希奉教事》（见英敛之：《安蹇斋丛残稿》，第197页）以为金声与徐光启书，"真诚恳切，岂有饰词？"（英敛之：《安蹇斋丛残稿》）陈垣则据熊开元传，指出"君（金声）休妾，及率子弟从事泰西，不礼佛菩萨像"（陈垣：《休宁金声传》），为天主教徒无疑。更详细的考证，见于黄一农《金声与天主教》一文，收入氏著《两头蛇：明末清初第一代天主教徒》（新竹：清华大学出版社，2005年，第323—332页）。

10月15日，中华民国北京政府工商部召开全国临时工商会议，著名实业家、求新船厂主人、马相伯外甥朱志尧作为特邀代表出席。会议正式代表152人，全国各商会代表77人（包括国内商会64人，华侨商会13人），其他工商团体代表46人。其他受到特邀的代表还有张謇、周晋镳、聂云台、朱葆三等。上海总商会代表提议成立中华全国商会联合会，通过《中华全国商会联合会章程》，工作内容为：一，编查商务；二，发展商业；三，振兴商学；四，维持商务；五，补助商政；六，议定商律等；联合会总事务所设于上海。会期一月，至11月15日结束。（《上海总商会办事报告》，1913年2月15日全体大会上贝润生协理的发言。转见自徐鼎新、钱小明著：《上海总商会史（1902—1929）》，上海：上海社会科学院出版社，1991年，第191、417页）马相伯作为总统府高级顾问列席会议。

10月18日，马相伯在总统府高等政治顾问职务之外，另受教育部任命担任北京大学校长之职务。1912年10月29日发布之《政府公报》（第181号），"临时大总统令任命马良代理北京大学校长……，本校长遵于月之二十一日到校接印视事"。本令10月18日发布，23日公布。中华民国建立后，严复(1912年2月至10月)担任北京大学首任校长,马相伯为第二任。此后,继任北大校长的还有何燏时(1912年12月至1913年11月)、胡仁源(1913年11月至1916年12月)、蔡元培(1916年12月至1927年8月)。

马相伯由袁世凯任命为高等政治顾问到北京,数月后才临时出任北大第二任校长。钱智修说"是年(1913),先生至北京,任国立北京大学校长,从教育部长蔡孑民先生之请也。旋辞去,任总统府高等顾问"(《马相伯先生百岁年谱》,《复旦同学会会刊》第8卷,1939年第2期)。按此说法,则马相伯北上是为担任北大校长一职,后才转而担任高等政治顾问。实际上,马相伯北上担任总统府高等顾问在先,受聘北大校长在后。严复辞职和马相伯接任北大校长都是临时发生,均在10月。先是,南京临时政府决定继续开办京师大学堂。惟该校因循守旧,不思进取,积重难返,需要整顿。本年2月,教育总长蔡元培任命总监督严复整理校政。5月15日,京师大学堂改称北京大学,总监督改称校长,分科监督称学长,校长由各科学长中推举一人担任。严复担任文科学长,署理校长。八个月之后,严复因与教育部意见不合辞职。"十月,严复辞职,任命马良(相伯)担任北京大学校长。"(《国立北京大学沿革(1918)》,中国第二历史档案馆编:《中华民国史档案资料汇编·教育》,南京:江苏古籍出版社,1991年)。另据《国立京师大学校沿革略(1928)》(中国第二历史档案馆编:《中华民国史档案资料汇编·教育》,南京:江苏古籍出版社,1991年),因教育部重新任命的北大校长章士钊南下未到任,才改由马相伯代理北京大学校长。按公时《北京大学之成立及其沿革》(载1919年《东方杂志》第十六卷第三号)记:"严复于本年(1912)十一月辞北京大学校长职。"马相伯于本年10月21日接任北京大学总监督(校长)一职,此见于上海《民立报》10月23日报道。可见马相伯是临时受命,接替严复担任北京大学校长,委任者应为蔡元培、袁世凯。此后多年,马相伯滞留北京,在教育、政治和天主教等事务中发挥作用,称为京中耆老。

10月22日,马相伯甫就任北京大学校长,当天即在景山东街马神庙(原京师大学堂)校园发表演说,略云:"大学者,非议校舍大,学生年纪大及教习修金大,乃以学生有高等之程度及高尚之道德而大。"据报道,听闻于此,"诸生愧赧汗下"(《时报》,1912年10月24日)。

10月23日,马相伯在北京法学会演说,尖锐批评中华民国政治,舆论界为之震动。其演说词略云:"兄弟自江南来,眼见无法律之现状,实为痛心。今来北方,意以北方为建设之中枢,法律现象,必有可观者,乃其现象之可悲,不异于南国。"(《时报》,1912年10月29日)据次日天津《大公报》报道:"丹徒马相伯先生,日前在北京法学会演说,痛言人类之不能合群,官场之不能尽职,并直揭南北败坏之状。语语是血,言言是泪,不啻为诸勋贵当头棒喝。彼日日以国利民福为己功者,不将闻先生之言,而诧为不详乎?"当时,北京、天津舆论仍然充斥着对于民国政治的溢美之词,高官们每出演说,概以民国缔造者自傲。《大公报》作者"梦幻"评论说:"近来民国诸勋贵,对于社会上演说,不日革命成功,即日共和底定,甚且铺张扬厉,谓国利民福,皆由彼辈缔造而来,何吉祥文字之多。……呜呼! 外患纷乘,内讧竟起,我中华民国之病深矣! 先生之言,起死回生之药石也。彼等勋贵讳疾忌医,吾恐扁鹊仓公,必将望而却步矣。"(梦幻:《闲评二》,天津《大公报》,1912年10月24日)

10月23日,马相伯呈报袁世凯总统,称自18日奉令,21日起履职北京大学代理校长。"中华民国元年十月十八日奉临时大总统令,任命马良代理北京大学校长,此令等因奉。此本校长遵于月之二十一日到校接印视事。理合呈报大总统俯赐鉴核施行,须至呈者。中华民国元年十月二十三日。"(《政府公报》,第八十一号,10月29日)

10月24日,中华民国教育部公布《大学令》二十二条,其中"第一条,大学以教授高深学问,养成硕学宏才,应国家需要为宗旨。第二条,大学分文科、理科、法科、商科、医科、农科、工科。……第六条,大学为研究学术是蕴奥,设大学院"(《大学令》,《中华民国史档案资料汇编·教育》,南京:江苏古籍出版社,1991年,第108页)。此办学理想合乎马相伯等人在上海震旦、复旦等校的办学实践,即创设文、理、法、商、医、农、工等专业和学院,以及研究生院("大学院"),建立欧美式样的综合性大学。

10月24日,据《时报》当日报道,中华民国政府任命马相伯为外交部顾问。"京师大学代理校长马良将委任外交部顾问。"马相伯在原陆军部大楼(西院)总统府顾问室,邻近设在东院原海军部的国务院外交部。

10月31日,代理校长马相伯邀请梁启超莅临北京大学,受到教师、学生的欢迎。马相伯致欢迎词,将北京大学建立之功绩归之于戊戌变法,与梁启超等一代人相关。"略谓戊戌新政所留存于今日者,惟大学校,先生与此校有关系。"(载《中华民国史事纪要初稿》,见于方豪:《马相伯先生年谱新编》,台北:辅仁大学出版社,2010年,第227页)

10月,马相伯担任北京大学校长期间,教育部公布《大学令》,为北大规定了办学宗旨和教学方案。《大学令》虽然是由教育总长蔡元培组织起草,但其中某些主张与马相伯等人的教育思想吻合。此命令不再提"以忠孝为本","以经史之学为基"(《奏定大学堂章程》),决定取消"经科"教学,儒家经典的教学内容分拆到"文科"的"史学"、"哲学"和"文学"各分科中。"改大学八科为七科,以经科并入文科,谓《易》、《论语》、《孟子》等已入哲学门,《诗》、《尔雅》已入文学门,《尚书》、三礼、大戴记、《春秋》三传已入史学门,无庸别为一科。"另外,强调大学设立原则是强调基础教育,尤其需要重视文、理两科,专科学院(如法科、商科)不得称为"大学"。"大学为研究学理之机关,宜特别注重文理两科。设法、商等科而不设文科者,不得为大学;设医、工、农科而不设理科者,亦不得为大学。"(新潮社编:《蔡孑民先生言行录》,北京:北京大学出版部,1920年)

10月,马相伯与章炳麟、梁启超等人发起筹建"函夏考文苑"。"函夏",出自《汉书·杨雄传》:"以函夏之大汉兮。"颜师古注:"函夏,函诸夏也。"指包涵诸夏,意为大汉、中国。

"考文苑",即模仿法兰西科学院建制,合称即为中国科学院的意思。当袁世凯指定徐树铮协助举办之后,马相伯有《致徐又铮书》,告知筹办原由,并称:"此事(函夏考文苑)经太炎、任公先生及良三人发起后,正苦入手艰难,无由进行,兹有执事主持,定可即日举办。"(《致徐又铮书》,朱维铮主编:《马相伯集》,上海:复旦大学出版社,1996年,第133页)马相伯等人仿照法国制度,立院士,秉承学术自由,思想独立的原则,建设中国的科学院。马相伯和章炳麟商量,把"说近妖妄"的夏曾佑、廖平、康有为等"今文经学家"排斥在外;对"春秋公羊学"的王闿运,亦取其文辞,"不取其经说"。康有为等人"今文经"主张与信仰自由、政教分离原则相异,马相伯亦不能同意,故附议于章炳麟,加以排斥。

马相伯为筹建"函夏考文苑"事,正式向袁世凯临时大总统递陈方案,其中内容有:"敬将仿办函夏考文苑事,条呈钧核。一,法国路易王十四时,五六文人,聚研文艺,王即以其王宫假予叙会,殊得风气之先。欧地至今称之。论者至谓法国斯文之盛,于变之休,政与教胥于此苑基之焉。一,该苑不干政治,上不属政府,下不属地方。所事者,一校定古大家文字,一以《说文》释名法,编字类,一收罗著作之有用者,评题之,又预约有用者,悬奖以待之,一齐民幽德,必设法表彰之,奖助之。一,该苑定额四十名,由苑公举。所举须有精当佳作已行于世者,乃可。无其人,不如虚其位。禄极微,志不在此也。惟奖励金则甚巨,非富有基本金不可。一,古道德即国魂也。魂寓于文,考之我国尤信。故振兴古道德,以提倡古学为宜。创办不如仿办,仿办一不见疑,二不贻误,以有经验良方可循故也。际此破坏之余,似以仿设函夏考文苑为要事,即仿第二条悬赏与表奖二事,容于收放心、化野心,不无稍济。一,基本金非筹官荒千顷,似不足用。开荒之法,先少开。少开则需费少,辗转以开得之利,赓续之,则事易举。荒愈难,尤易举,且使学者知开荒之利,与开荒之易,于举国皇皇然无官则□之习庶有豸乎?一,苑址须大,以日后须设附苑故也。苑屋须不太陋,以外人研汉学者,必来就访故也。目前以悬奖为最要,但登报足矣,无须先有额员及院务员驻苑也。惟请预为指定相当公产,腾移待用。特此肃陈饬准施行。"(《为函夏考文苑事致袁总统条呈》,朱维铮主编:《马相伯集》,上海:复旦大学出版社,1996年,第130页)

"函夏考文苑"苑员名单:发起人四人:马良,湘伯;章炳麟,太炎;严复,几道;梁启超,卓如。苑员十五人:沈家本,子敢(法);杨守敬,惺吾(金石地理);王闿运,壬秋(文辞);黄侃,季刚(小学、文辞);钱夏,季中(小学);刘师培,申叔(群经);陈汉章,倬云(群经史);陈庆年,善余(礼);华蘅芳,若汀(算);屠寄,敬山(史);孙毓筠,少侯(佛);王露,心葵(音乐);陈三立,伯严(文辞);李瑞清,梅庵(美术);沈曾植,子培(目录)。说近妖妄者不列,故简去夏穗卿、廖季平、康长素。于壬秋亦不取其经说。(马相伯:《考文苑名单》)按马相伯回忆,函夏考文苑由马相伯建议和筹备,但并不由他负责。一俟"函夏考文苑"建立,则将由章炳麟担任主职。"在熊秉三先生做总揆(总理)时代,我曾建议利用北京团城旧址,设一个'考文院',聘章太炎先生主干。"(《乐善堂纪闻·新娘子、鼠尾衣、考文院》,朱维铮主编:《马相伯集》,上海:复旦大学出版社,1996年,第1044页)按上海《新闻报》稍后透露,马相伯、章太炎、梁启超三人商定的苑员名额为四十人,但第一批推举的苑员仅为十二人,他们是:"刘师培(群经)、沈家本(法)、陈庆年(礼)、杨守敬(金石)、陈三立(文辞)、黄侃(文辞、小学)、陈汉章(群经)、沈曾植(目录)、李瑞清(目录)、屠寄(史)、钱夏(小学)、王露(音乐)。"(《推定考文苑之姓氏》,《新闻报》,1912年12月15日)比较马相伯等人初拟的苑员名单,少了王闿运、华蘅芳(已殁)、孙毓筠三人。此首批十二位苑员,有权利各举所知"以科学专家,而又博古,长于著述者",宁缺毋滥,"以充余额",仍以四十人为限。

章炳麟(1869—1936):字枚叔,名学乘、炳麟,因慕顾炎武、黄宗羲学行,改名绛,号太炎。生于浙江余杭仓前镇,父濬,本县秉生。自陈少年时从外祖父海盐朱有虔读经,闻"夷夏之防,同于君臣之义","国之变革不足患,而胡人入主中原则可耻"(《口授少年事迹》,《太炎文录补编》,《章太炎全集(十一)》,上海:上海人民出版社,2018 年,第 938 页)之说,萌生革命思想。1890 年,入杭州诂经精舍,从俞樾(1821—1907,浙江德清人)研习古文经学。俞樾曾讲学苏州紫阳书院、上海求志书院,融合乾嘉考据和近代经世学风,主"通经致用"说,为章炳麟早期学术之来源。1896 年,来上海参加强学会,结交名流,参与汪康年、梁启超等主办的《时务报》之编辑。同时,在杭州编辑《经世报》,提倡改良。1898 年,章炳麟曾游张之洞幕府,因表露反满主张被斥走;1900 年,在上海张园中国国会集会时,剪去辫子,倡言革命,震动全国。1903 年,因《苏报》案入狱,在提篮桥监狱服刑。出狱后,即东渡日本,在东京与孙文合作,编辑《民报》,宣传革命。1908 年,因与马相伯分属革命、改良两派,撰文批评马相伯代表政闻社提出的宪政主张。1911 年辛亥革命后,与马相伯一起在北京担任总统府高等政治顾问,政治观点趋于一致。1920 年代,马、章回到上海之后,在政治、教育、文化活动中合作频密,至 1931 年"九一八事变"后,两人屡次联名通电,号召抗战。1936 年,章炳麟在苏州去世时,马相伯深表哀悼,见于各刊物报道。

11 月 15 日,马相伯上书袁世凯总统,申请拨给旧清皇家园林静宜园,交由满族士绅英敛之开办"女工女学",兼以"保存胜迹"。静宜园地处北京西郊香山,乾隆年间建造。辛亥革命后被当地民人劫掠侵夺,园林多所破坏,财产岌岌可危。马相伯、英敛之设法保护,计划在此地筹建学校,开办辅仁社。女工女学项目得到前清皇太后隆裕(1868—1913,光绪帝皇后)同意,且联络到巴黎商人包销女工产品。教会慈善机构加工工艺品出口为上海徐家汇、土山湾各教会机构的成熟做法,马相伯借助上海商界的实力,为此事业出力出钱甚多。该项申请,"业蒙隆裕皇太后准行,外国夫人等闻而善之,允为函托巴黎巨商,以后订购该厂女工活计"。马相伯为静宜园女子工读学校的开办费用,呈请总统"饬下内务部,筹拨坐费若干,经费若干"(《上总统书》,朱维铮主编:《马相伯集》,上海:复旦大学出版社,1996 年,第 113 页)。马相伯此信专为申请开办经费。

11 月 24 日,据上海《时报》本日申刻北京专电,"大学校长马湘伯辞职"(《时报》,1912 年 11 月 25 日)。

11 月 27 日,上海《时报》后续报道,"京师大学校校长马良已辞去,大学校长一席恐将暂时缺任"。前此,14 日《时报》报道,云学生嫌马相伯年齿太高,欲严复回校再长而闹事。29 日,上海《新闻报》披露马相伯辞去北京大学校长的经过与原因,对"生徒气习嚣张,遇事捣乱"的做法加以谴责,称

此事件为"一场恶作剧"。而大总统和教育部对于事件之处理,有不可思议之蹊跷。此报道对北大学生驱除马相伯事件有如下描述:

> 北京大学校生徒气习嚚长,遇事搗乱。前者曾有留严拒章之风潮,今与马良则另演一场恶剧。近日情形兹志于下:刘廷琛为总监督时,人虽顽固,犹有老辈风格,对于学生管束尚严,故少冶游。滋事之恶习自严复为校长后,不甚管事,学生规矩渐坏,遇事争持。及任命章行严为校长后,学生籍端滋扰,月余不息。其朋辈又互有攻击,党派分歧,二三有识,莫不叹息。最高学府学风之坏,为不可救药云。马良代理校长,不过月余,而学生遇事欺凌,目无师长。时复推众,闯入私宅,无理要求。马言我耳聋,诸生所请,可用纸开示。学生即言:尔既聋聩,何以想在此赚五百元,不如由我辈每人醵金一元,打发尔去。其出言无状多类此。马自以七十老翁,他无所求,不堪其扰,遂毅然提出辞表。探其原因,多由办事诸人煽动学生,排挤马氏之故。马来京,别有所图,并非谆谆欲为大学校长。范源濂再三请求,复请总统,即下任命。马在总统面前力辞,言我实不能干此校务。袁总统起立拱手,要请老先生勉为担任。马亦遂安之,不便再辞。今受此种种刺激,不能安于其位,遂即辞职。而教育部亦无一言挽留。但至大学堂演说,二点钟之久,极力敷衍学生言:马氏已经辞退,以后有事可请学长至部面商,人皆以范总长敬礼老成,管理学生之态度为不可思议云。(《时报》,1912年11月29日)

北京大学学生不明事理,诬蔑马相伯的学校贷款计划为"盗卖校产",发动学潮。"11月底,因寒假将到,下学期经费尚无着落,马良便向比国银行商借款项四十万法郎,约定以学校地产作抵押。学生闻讯后,认为马良公然'盗卖校产',群起反对。年底,马良被迫辞职,由何燏时继任北大校长。"(萧超然等编:《北京大学校史(1898—1949)》,北京:北京大学出版社,1988年,第30页)此前,北大学生从本年春天起便因校长任命,以及校政混乱事宜大闹教育部,"全校学生宿于教部者二日"(徐崇钦:《八年回想》,收《北京大学卅一周年纪念刊》,1929年12月)。马相伯上任后,学生的矛头转向新校长,借口反对马相伯的借款方案,继续闹事。马相伯不得开展校政,遂辞去北京大学校长职务,继任者何燏时。"十二月,马良辞职,任命何燏时署北京大学校长。"(《国立北京大学沿革(1918)》,另《国立京师大学校沿革略(1928)》,中国第二历史档案馆编:《中华民国史档案资料汇编·教育》,南京:江苏古籍出版社,1991年)马相伯在北京大学任上仅仅两个月便离职。

北京大学于1912年5月整理开办之后,情况非常糟糕。返校学生数不足半数,其中理科4人,工科14人,法政科不足10人,合共仅百余人,教职员数超过学生人数。7月,教育部以经费短缺为由,拟将北京大学停办。严复上书教育部抗争,有《论北京大学不可停办说帖》。针对京师大学堂的落后学风,严复和马相伯主政北大期间要求教授不得在政府兼职,解除一些不合格的员工;使用外文教材,除国学之外的课程均用英语教学,也提倡课余交流使用英语。教育总长蔡元培,北大初期校长如严复、马相伯等,试图为北大引进上海和江浙地区的大学模式,按南洋、东吴、震旦、复旦等学校的教学经验,改造京师大学堂的腐朽积习,厉行改革。同时,针对北京政府教育部扣发京师大学堂每年二十万两(华俄道胜银行存款利息),北大财务严重困难的局面,严复向在道胜银行借款七万两,"借资洋款","幸已成议"(严复:《与熊纯如书(三)》,王栻主编:《严复集》,北京:中华书局,1986年)。用来为教授发薪水及开学费用。马相伯上任后,下一年的办学经费仍然没有着落。他通过与四国银行法籍总理的关系,筹划把学校的地产抵押给比利时银行,商借贷款。不料严、马两校长为学校长远发展的计划,被部分学生指为"盗卖校产",煽动学潮,遂致马相伯于年底辞职。

按"苍公"1939年11月16日在《东方日报》发表《袁世凯阴损马相伯》一文,马相伯任北京大学校长受挫,是中了袁世凯的损招,其事略为:1912年,"袁项城势盛,乃分别倩人网罗全国有名之文人硕彦,为公府之顾问。马氏时经多人之推荐,始充为参赞焉。厥后,适教育总长一席亟待物色人才,当时公府中人,咸主俾斯重任于马氏,乃袁必欲任其一亲信,以碍于众意,不便发表。当时对此事为目前之大敌者,厥惟马氏。为欲启众人之信起见,遂力言马氏之无能,以惑众听。适北大校长因事他调,袁立着马长斯校。事先乃运动学生及其教职员,待氏莅职之后,设法以难之,使其不能久留。故当氏莅校后,仅七八日,学生即籍事,群向氏质问。氏一时不及答,学生乃环逼其辞职。后项城乃揭于众曰:'以区区一学校,尚不能管理,遑论长全国教育事耶?'即而一事,可见氏生平为人忠厚之一般"。

冬,梁启超为"函夏考文苑"筹备事务,答书马相伯,表示愿意参与。"相伯先生几席,惠简抵悉,惟即日寝味多福。……考文苑系神州宏举,震烁古今,匡翊之责,谊不敢让。台谕以空言不如奖金办法,至为扼要。当以时咨告同人,浼其赞同尊旨,俾中原文献假借大贤之力而天壤长存,何其幸也。"(朱维铮主编:《马相伯集》,上海:复旦大学出版社,1996年,第137页)"函夏考文苑"事10月已经开始筹备,至"岁寒"时分的冬天梁启超方才受邀加入,则关于本苑筹建事宜,确实是马相伯与章炳麟商量为多,且先已下规制。

12月,某日,马相伯为申请拨给皇家园林静宜园事,从西院总统府大楼去东院国务院大楼,拜访了中华民国财政总长熊希龄,请他代为询问获取此园林的具体步骤。在拜访次日的通信中,马相伯称愿意先行垫付数百元保证金,以获取这块园林。他急切地提出:"静宜园一日不接管,一日多破坏,故拟先凑数百元,请(英)敛之先往照料。"鉴于北京在辛亥革命以后的社会动荡,马相伯还请求民国政府配给枪支弹药,护卫静宜园。"该园荒旷偏僻,守者非有枪支四、五为卫,则甚危险。并请示如何请领,费神代筹,幸甚。"(《致熊希龄》,朱维铮主编:《马相伯集》,上海:复旦大学出版社,1996年,第114页)静宜园后归入北京天主教徒之手,由英敛之等人管理,开办辅仁社。

12月15日,中华民国民主党在河北李公祠举行集会,邀请马相伯发表演说。集会午时11点开始,200余人出席。官员曹藩司、教育部蔡志庚司长主持集会,民主党汤化龙干事长、南京临时政府财政部胡子笏部长先行报告。马相伯担任大会主讲,演说大旨"以义务为人之职分,权利为人之名分。人人当尽其职分,政党尤当知为政党之职分"(天津《大公报》,1912年12月16日报道)。马相伯以特有的演说才能,罕譬曲喻,嬉笑怒骂,化解劝说,颇令人明澈而解颐。

12月15日,马相伯在《广益录》发布启示,因来京后居此未走,所有来信请寄天津《大公报》馆转交。

12月26日,复旦公学发生学潮。事因马相伯校长在北京任职,无法为学校筹集资金,薪水、教具缺乏。庶务长叶藻庭忙于筹资,未能及时处理学生与工友之间的纠纷("役夫侮辱学生之事"),导致校内多方冲突,以致从本月中旬起出现罢课。12月16日,"闻我最敬爱之上海某公学有罢课事",《民立报》发表文章《呜呼上海之学风》,批评"学生真意气用事,何尝以学业为前提哉?"本日,有人以"复旦公学全体学生"名义在《时报》发表公启,将矛头指向庶务长叶藻庭,称其"以庶务而侵及校长之全权耶。幸也得胡君敦复之主持,教务大理,炭炭向学之士子熙攘以来"。公启中提出的罢课目的是驱除叶藻庭,恢复复旦教务。

12月27日,天津《大公报》报道:"章太炎、梁任公、马相伯三先生所发起考文苑前有借东华门内摄政王新府开办之说,兹闻由马先生谒商世伯轩太保,略谓法国之考文苑,即由法王路易十四借予宫殿为会场,该苑之有功于文化巨,而法王之提倡,国人亦至今称之。摄政王府工程未完,与其荒废,何如借作考文苑，可籍以保存，又可永留纪念。所在士论同归，世太保颇为动容，而对于维持文化尤为赞成，已许为奏达内廷云。"

本年，因马相伯去北京从事政务，复旦公学校务由教务长李登辉代理。马相伯离沪前，已由"孙总理与陈其美、于右任、王宠惠等组织校董会"，王宠惠为副校长（金问泗：《母校大事记》，《复旦同学会会刊》第7卷，1938年第3期），帮助复旦筹集经费，维持校务。

本年，上海天主教徒筹建平信徒组织"公教进行会"。先是，受中华民国共和思想影响，甘肃王近仁（远志）、山西成捷三（玉堂）、天津刘浚卿（锦文）等司铎在北方筹建"中华教友联合会"，旨在发动教友参与教会活动，协助传教事务（方豪：《马相伯先生年谱新编》，李东华编：《方豪晚年论文辑》，台北：辅仁大学出版社，2010年，第244页）。另此，天津教区副主教比利时籍雷鸣远在华北建立平信徒组织"传道会"，他决定将华北教友的民主运动纳入世界天主教平信徒运动公教进行会，设"中华公教进行会"总支部设于天津。

本年，至1912年底，全国"公教徒的数字为一百四十三万一千二百五十八人"。

另据统计，"1911年时，教徒最多的几个省份包括直隶（和蒙古一部分，360 460人）、江苏（160 280人）、四川（118 724人）和山东（104 790人）"。本年在华司铎数达到2 298人，其中外籍1 469人，华人729人。（均见于赖德烈著，雷立柏等译：《基督教在华传教史》，香港：汉语基督教文化研究所，2009年，第455页）

本年，法籍耶稣会司铎孔明道（La Lapparent）担任震旦学院院长，按法国学制改造震旦学院，称"震旦大学院"，同时在罗马教廷登记为天主教高等教育机构。

本年，中华民国临时政府教育部批复于右任、胡敦复等人"请将复旦公学立案并拨借校舍呈"，内称："呈悉该校开办以来，一切课程悉仿欧美，历届毕业成绩尚著，自应准予立案。至所请移咨江苏都督拨借校舍一节，业已如呈办理矣，仰即知照，此批。"（《临时政府公报》，1912年，第40期）

1913年（民国二年，癸丑），七十四岁

1月16日，马相伯因在北京从事政务，辞去复旦公学校长职务。稍后，教务长胡敦复亦离去，改由原教务长李登辉担任校长。本日，复旦公学宣布重组董事会，聘请孙中山、陈其美、于右任、王宠惠、曹成父、虞和甫、郭健霄等担任校董。王宠惠担任董事会会长，李登辉回归，重整复旦公学校务。（《复旦之卷土重来》，《民立报》，1913年1月17日）

1月，前财政部长熊希龄提交《中法合办实业银行》说明书，中法合资中法实业银行在北京筹建，"前总理陆徵祥，密商法国资本家卜夏及法商巴贝等，议办中法实业银行，秉承大总统允准，签立函约"（熊希龄：《中法合办实业银行说明书》，《明志阁遗著》，上海：上海远东出版社，1995年，第557页）。

1月25日，上海市政厅总董陆崧侯按照上海县知事吴馨公函，建议朱志尧出山，接续辛亥前建立的农会组织，开展农工商事业振兴活动。"本邑自讲求实业以来，凡农业、工商诸事，无不切实进行，以冀振兴。惟闻前次已由朱志尧君提倡农会，为农界事宜随时研究进步之法，乃光复后迄今久置漠视。现当振兴实业之际，农业尤为各界之先务，应即讲求完备。"（《函请朱志尧提倡农会》，《新闻报》，1913年）经此推动，陆崧侯总董于今日邀请朱志尧到厅，商量恢复农会事宜。

2月1日，马相伯向国务院报告，因章太炎、梁启超忙于政务，无暇顾及"函夏考文苑"筹建事宜，不得不独自承担所有工作，有《致赵总理书》：关于函夏考文苑，"本苑发起人章、梁二君，各以事牵，不遑兼顾矣"。马相伯要求国务院拨给河北遵化、天津、山海关南海滩等处荒地，"化无用为有用"（朱维铮主编：《马相伯集》，上海：复旦大学出版社，1996年，第131页），作为考文苑基本金。

2月2日、16日，马相伯在天津《广益录》第50、51号上发表《北京法国文术研究会开幕词》。他提出要以"以道问学"、"以尊德性"之宗旨，继续明末徐光启、李之藻等翻译《几何原本》、《名理探》的事业。同时要坚持中文母语，且以西洋方法研究现代学术。

马相伯在演说最后,表达了建设现代中文,并以此为母语的强烈愿望,他不赞成因为某个西方文字中某些功能之强大,便用来替代本民族语言。"今我国自中学以上,不善国文犹可,不读西文则必以为程度不高,而群情反对。反对之故,以遇西人而不能与之接谈也。接谈之久,虽遇华人,而亦以西文为国语矣,彼西人之诵拉丁,诵希腊,诵犹太、埃及之古文字者,又将谁与接谈乎?吾不敢曰:在某某势力范围圈内,不应读某某文字。如在山东者应读德文,但竟奉为国语,则期期以为不可。近且有创论者,谓读法文者必以读法律为归,岂英人政治家必读法文乎?读英文者必以读机器为归,岂德人之精机器,由于读英文乎?又读医学,读哲学,读理化等则皆曰必读德文,岂法国之医哲等学,得自德国乎?上以是求,下以是归,纷纷者未见其一当。夫大同之世,诚不能不通列邦之语,顾何必通国学堂,必专以某文为主课?相问为用,力除主客易置之嫌,藉破势力范围之说,是在诸公有以昌明其说。文自文,问学自问学,德性自德性,出奴入主,甚无谓矣!故利用法文则可,倾心法文则不可,盖吾自有吾国文在,虽法国公使,亦必以吾言为是。"盖此种以更新中国语言文字,发展汉语学术来吸纳西方文化之精粹的思想,延续了马相伯在戊戌变法时期筹办"译学馆"之思考,亦为马相伯动议创办"函夏考文苑"之发心。(《北京法国文术研究会开幕词》,朱维铮主编:《马相伯集》,上海:复旦大学出版社,1996年,第142页)

2月18日(正月十三日),马相伯致书教育部次长董恂士,请求拨给经费,以利用京郊香山旧皇家园林静宜园开办女学、女工。先此,大总统袁世凯、财政总长熊希龄都曾口头答应资助马相伯、英敛之。教育部学务局彦慧承诺办理,称一旦得到教育部长批准,即可拨发补助经费。

熊希龄(1870—1937),字秉三,湖南凤凰人,祖籍江西丰城。熊希龄少年聪颖,有"湘西才子"之名,24岁成进士,旋入翰林。1895年,妻廖氏病故后,沅州知府朱其懿将小妹朱其慧许配为妻,"江苏朱氏有干才,能治生,秉三赖之"(马叙伦:《石屋续沉》,上海:建文书店,1949年,第121页)。熊希龄参与变法,拥护共和。民国初年,任财政总长;1913年7月,任中华民国总理,与梁启超、张謇、汪大燮等人组成"第一流人才内阁"。1914年,因热河行宫盗宝案引咎辞职;1916年,反对袁世凯称帝;1917年,受命督办水灾河工,赈济直隶灾民无数。1920年,与夫人朱其慧一起在北京西山静宜园创办"香山慈幼院"。1937年,"八一三"淞沪抗战爆发后,在上海"设临时医院四所、难民收容所八处,救出伤兵六千,难民二十万。上海沦陷,先生偕毛夫人赴港,拟转道返湘,办理慈幼院迁院及抗日救亡事业"(《熊希龄先生墓志铭》,《熊希龄先生归葬纪念册》,北京:北京香山慈幼院校友会,1992年,第2页)。因积劳成疾,于1937年12月25日突发脑溢血,在香港病逝,暂葬于华人永远坟地。1992年,由香山慈幼院校友会与遗孀毛彦文主持,归葬于北京香山北辛村熊氏墓园。

马相伯《致董恂士》(1913):"近因同仁等组织香山静宜园女学及女工厂,虽经政府诸公,允为筹拨开办经费,但至今尚不名一钱。至于女学开办经费,虽属无多,惟常年经费,尤关紧要。前晤学务局彦君惠,极口允为设法补助,意欲借重大部定言,则筹办较易。想大君子成人之美,不吝以函指示一切。"按马相伯在《致董恂士》中透露的开办计划,静宜园女学"拟招初等生六十名,用教习两员,管理一员,堂役二名。一切教法,悉遵部章"。《致董恂士》未书日期,根据书信内容判断,应是马相伯担任总统府高等政治顾问时,有机会在临时大总统府大楼见到总理府部员时反复商讨所为。据方豪编订《马相伯先生文集》时所见,《致董恂士》一书收入英敛之学生席宾臣辑录《请领静宜园始末记》(稿本),注明日期为"正月十三日,二月十八日"。

3月1日,复旦公学在徐家汇海格路(今华山路)李公祠校区开学,李登辉校长,于右任、邵力子、王宠惠等校董出席典礼。据校友回忆,本年哲学、心理学、社会学、拉丁文、法文、德文等课程教学由李登辉担任;王宠惠、薛仙舟、林天木、何林一、李松泉、曹惠群等二十余人任教授;外籍教师则有英国人梅奠华,美国人戴维司、柯盛、甘泊登夫人、何活,德国人白耶唐,奥地利人罗廷格等。(朱仲华、陈于德:《复旦大学杂忆》,全国政协文史资料委员会编:《文史资料存稿选编精选(9)昔年文教追忆》,北京:中国文史出版社,2006年,第229页)

3月19日,据《时报》北京专电,研究宪法委员会当天举行第四次会议,推举杨度担任会长,马相伯任副会长。(《时报》,1913年3月20日)另据《宪法新闻》(第一期,1913年)公布研究宪法委员会"会员录",本会委员有李家驹、卢弼、杨度、王正廷、马良、章士钊、梁启超、肖堃、范源濂、严复等五十人。"研究宪法委员会迭经国务院、各省都督推举,内中有自行辞职者,有另委别差者,故更动者甚多。"按《宪法新闻》同期所刊《研究宪法委员会宣言书》,研究宪法委员会不同于宪法起草委员会,并无宪法提议和提交权,而是"以研究为名,但有学术关系而无政治关系,研究之结果能否实现于宪法,非本会之所问"(转见自刘晴波主编:《杨度集》,长沙:湖南人民出版社,1985年,第556页)。因杨度态度消极,马相伯以副会长主持研究宪法委员会事务。

3月19日,北京传来消息,袁世凯答应给马相伯筹建的"函夏考文苑"拨款三万两。据本日上海《大共和报》"北京电"报道:"马相伯所办考文苑,保存国粹学,大总统允先拨助经费三万两。"

3月30日,江南公教进行会在上海宣告成立,会址设在董家渡天主堂,首批会员65名。公教进行会为天主教平信徒组织,江南公教进行会后改名为上海公教进行会,首任会长陆伯鸿,副会长朱志尧。

会长、副会长之外,江南公教进行会首批会员为:王赞臣(丹阳)、李棠(江都)、周文祥(青浦)、周桂生(上海)、苏仁钦(上海)、陆伯鸿(上海)、沈伟人(上海)、周春生(青浦)、韦月顺(上海)、沈志贤(上海)、周锦屏(上海)、谭长春(上海)、沈青标(上海)、沈顺生(上海)、沈麟生(上海)、宋国梁(上海)、朱德章(青浦)、朱凤章(青浦)、朱志尧(青浦)、朱季琳(青浦)、周锦元(上海)、施风声(上海)、朱孔嘉(上海)、蒋沐月孙(上海)、陈成章(南汇)、刘长荫(汉阳)、张柏林(山阳)、许介锡(无锡)、周振庭(上海)、尤毓麟(金匮)、徐彬文(上海)、李瑞棠(华亭)、王文卿(上海)、沈志高(无锡)、顾进善(上海)、彭嘉树(宝山)、黄友梅(上海)、艾静孙(上海)、吴奎宝(常熟)、何理中(南海)、姚惠亭(无锡)、张文彬(上海)、张耕渔(上海)、金焕章(上海)、张国衡(上海)、金文忠(上海)、钱子荫(南汇)、钱安伯(南汇)、张志瀛(南汇)、张志麟(南汇)、梁树滋(奉贤)、杜学诗(奉贤)、沈世豪(奉贤)、陈惟善(川沙)、龚竹筠(川沙)、庄以荋(川沙)、庄元升(川沙)、王小云(华亭)、贺儒宗(上元)、顾秋江(上海)、张坤元(杭州)、许明云(邠县)、徐宗勉(青浦)、吴述先(天津)、宋廷翙(崇明)。(《江南公教进行会成立史》,《圣教杂志》第2卷第5期,1913年5月)

4月6日,马相伯就制定中华民国宪法诸问题,有"答客问",本日及次日之7日、8日,在天津《大公报》连载。

4月11日,马相伯主持宪法研究会(研究宪法委员会)第十一次会议,李景龢、萧堃、王世澂、林行规等19人出席。该次会议选举马相伯为本会会长,李景龢为副会长。会议还决议未来组阁时,阁员不得兼任议员。(《宪法新闻》第三期,1913年,第20—24页;张玉法著:《民国初年的政党》,长沙:岳麓书社,2004年,第415页)宪法研究会初名"宪法起草委员会",由国务院、各省都督推荐人选担任。职责为研究宪政,并负责起草中华民国约法。

4月15日,马相伯主持召开宪法研究会第十二次会议,章士钊、伍朝枢、杨度、史宝安、严复、黎渊、张煜全、林行规、萧堃等21人出席。会议议定:阁员不得兼任议员一条应写入宪法(章士钊提议);内阁应对国会负责。

(《宪法新闻》第四期,1913年,第2—8页)

4月18日,马相伯主持召开宪法研究会第十三次会议,严复、王世澂、吴勤训、顾维钧、萧堃、荣孟枚等16人出席。会议讨论:内阁对参众两院负责,抑或仅对众院负责。表决结果为票数对半,相持未决。(《宪法新闻》第五期,1913年,第18—28页)

4月25日,马相伯主持召开宪法研究会第十四次会议,出席者有陈介、樊耀南、陈琪、韦绍皋、吴勤训、荣孟枚、顾维钧等。讨论问题为总统候选资格,通过决议为:年40岁以上;在本国居住14年以上;具中华民国国籍;由国会议员投票通过。(《宪法新闻》第五期,1913年,第18—28页)

4月29日,马相伯主持召开宪法研究会第十五次会议,出席者有顾维钧、吴勤训、陈琪、林行规、陈介、李景龢、张国溶等。会议议决:国会开幕后一月内选出总统。(《宪法新闻》第七期,1913年,第8—12页)此后一个多月内,马相伯多次出面邀请众多学者,合议中华民国宪法条例起草事务。他广采博纳,兼顾中外,酌定宜正,允为中国宪法之父。

5月1日、2日、3日,天津《大公报》连载马相伯文章《宪法之昨今》。马相伯在本文中借鉴美国宪法学者拉艾士《史学法学考》的研究,认为:"中央政府权力过大,势必动辄谁何。又以外交权过重,迎拒皆足致寇,而举国危矣。设成构兵,败则共和亡,胜则必须维持现状,不独军需有妨财力,而遍地军人,大妨居民自由。人实为之,岂天实为之哉?不可逃也已。"对北洋军阀集权政治提出警告。

马相伯当时阅读的"美人Blyce拉艾士,史记大家",即美国宪法研究专家詹姆斯·布赖士(James Bryce,1838—1922),又译白赉士,英国自由党人,政治家、历史学家和法学家,曾长期担任下院议员、海牙国际法庭法官。布赖士以研究美国法律著称,有《美利坚共和国》(*The American Commonwealth*, Macmilan & Co. 1888),另有《英国宪法研究入门》(*Introductory to the Study of the Law of the Constitution*, Macmilan & Co. 1885)。其著作《历史与法学研究》(*Studies in History and Jurisprudence*, Oxford University Press, 1901)为其研究美国法律的文章合集,马相伯引用了其中论述美国联邦制集权与分权关系的篇章。他在借鉴美国联邦和共和制度的经验后,认为民国初年强化立法权,弱化行政权、司法权,必将导致集权:"未革命前,日日言共和,言三权鼎立,何以既共和后,反主张不共不和,而惟欲以立法权笼罩行政与司法。岂立法权为国民所委托,其他二权非国民所委托乎?"

5月2日,马相伯主持召开宪法研究会第十六次会议,出席者有吴勤训、伍朝枢、李景龢、黎渊、陈琪、张煜全、史宝安、荣孟枚等。议决问题：总统选举两院出席投票人数应超过议员人数之半数；总统选举须得到超过半数议员人数之票，方能当选。(《宪法新闻》第七期，1913年，第8—12页)

5月9日，马相伯主持召开宪法研究会第十八次会议，出席者有陈介、吴勤训、陈琪、乌泽声、史宝安、王印川、林行规、严鹤龄、樊耀南、严复等15人。议决问题：总统对国会通过之法律有暂时中止执行并交还复议之权；总统有召集临时国会之权。(《宪法新闻》第九期，1913年，第10—19页)

5月16日，马相伯主持召开宪法研究会第十九次会议，出席者有严鹤龄、陈介、樊耀南、陈琪、史宝安、郭则沄、严天骏等14人。讨论问题为总统有无停止国会之权，无决议。(《宪法新闻》第九期，1913年，第10—19页)

5月20日，马相伯主持召开宪法研究会第二十次会议，出席者有乌泽声、陈介、史宝安、吴勤训、项骧、樊耀南、邓孝可等15人。议决问题：总统有停止国会之权，但每会期不得超过两次，每次不得超过15天；总统有解散众院之权。(《宪法新闻》第十一期，1913年，第1—16页)

5月23日，马相伯主持召开宪法研究会第二十一次会议，出席者有史宝安、樊耀南、陈琪、卢弼、籍忠寅、郭则沄、张国溶、张煜全、陈发檀、萧堃等15人。通过决议：总统有紧急命令权、授勋权；经国会同意有宣战权；总统有缔约权，但若加重人民负担、变更领土则须经国会同意；总统经最高法院同意有宣告减刑、免刑和复权之权力。(《宪法新闻》第十一期，1913年，第1—16页)

5月27日，马相伯主持召开宪法研究会第二十二次会议，出席者有伍朝枢、林行规、史宝安、樊耀南、吴勤训、王世澂、严复、张国溶、乌泽声、王维琛、籍忠寅等。议决问题：总统得依据法律宣告减刑、免刑及复权；总统任期七年，可再选连任一次。(《宪法新闻》第十一期，1913年，第1—16页；张玉法著：《民国初年的政党》，长沙：岳麓书社，2004年，第417页)

6月22日，袁世凯临时大总统在中华民国文教方案实施中，对马相伯、章炳麟、梁启超等人提出的"函夏考文苑"(以法兰西科学院为模本)方案倍加冷落，十分推诿；相反，对康有为等人以"孔教会"推动中华民国建立思想一统的主张很感兴趣，积极布置。本日，发布《尊崇孔圣令》称："我中国之尊孔子始于汉武帝，摒黜百氏，表章六经。自是学说遂统于一尊。顾孔学博大，与世推移，以正君臣为小康，以天下为公为大同。其后历代人主专取小康学派，巩固君权，传疏诸家，变本加厉，而专制之威，能使举世学者不敢出其范围。近自国体改革，缔造共和，或谓孔子言制大一统，而辨平戚，疑其说与今之平等自由不合。浅妄者流，至悍然倡为废祀之说。……天生孔子为万世师表，既结皇煌帝谛之终，亦开选贤任能之始。所谓反之人心而安，放之四海而准者。"(《尊崇孔圣令》,签署者国务总理段祺瑞、内务总理赵秉钧,教育总长(缺),中国第二历史档案馆编:《中华民国史档案资料汇编·文化》,南京:江苏古籍出版社,1991年)

6月下旬,众议院议员陈燮枢、胡翔青等为总统府颁行祀孔典礼事质询袁世凯:"查孔子大同主义,实为共和学说之祖,宗仰时圣,率土同情。本员亦曾宣扬孔道,维持社会。惟孔经注疏,多与民主国体背驰,必须收集古训,维持社会,证以世界大义,重新笺释,方足焕发共和精神。若先儒故注,未经订正,依旧推行,而共和时代复讲专制学说,恐于国家行政阻碍丛生。近日各省孔教会设立如林,普通心理已视孔学为宗教。孔教应否作为国教,政教应否合一进行,民国万世之基,关系至大且重,乃不交由人民代表法定机关正式讨论,通电各省,征集意见,本员百思不得其解。"联名发此质询的,为众议院议员褚辅成、司徒颖、张耀曾、徐傅霖、张浩、俞炜、杜士珍、戚嘉谋、陈燮枢、胡翔青、张传宝。(《众议院议员陈燮枢、胡翔青等质问书》,中国第二历史档案馆编:《中华民国史档案资料汇编·文化》,南京:江苏古籍出版社,1991年)

6月25日,按本日发布之国务院《政府公报》(第四百九号)载本年国务院批文第二十七号回复"原具呈人马良",原"请将山海关南海官地沙滩划归函夏考文苑,事属可行,已由院函交内务部核给执业信凭,俾资管理"。则马相伯等人为函夏考文苑争取获得一块土地,作为办苑基金。

春,临时大总统袁世凯聘请马相伯为总统府高等政治顾问,与章炳麟待遇相同。马相伯从此和年龄、经历、学见并不相同的章炳麟有很多合作。马相伯以总统府高等政治顾问身份参与"宪法起草委员会"工作,并由他出面聘请英国法律顾问毕格得、法国法律顾问巴和,一起处理宪法各条起草事务。马相伯高年,且不能自主许多条例的制定,惟因英、法语文和法律知识娴熟,不得不每天出席并出力贡献,"日余蒙准聘英、法顾问各一,英即毕格得,法即巴和。日日讨论,日日翻译,颇自寻苦也"(《致英华(1913年)》,朱维铮主编:《马相伯集》,上海:复旦大学出版社,1996年)。

毕格得(Francis Tylor Piggott,1852—1925),一译毕葛德,英国人,毕业于剑桥大学,为律师。专业为殖民地法、国际法等。曾担任日本明治维新时期伊藤博文的宪法顾问。1913年,受聘担任中华民国司法顾问,参与宪法起草,与马相伯共事。毕葛德负责起草的宪法草案被称为"毕葛德宪草",见于当时《法学会杂志》、《宪法新闻》等公布之《宪法上之纲要》,如其阐释宪法原则,有云:"夫立宪根本之原则有二,一宪法当构造实在强有力之政府;二宪法当置设防范机关,以防其权之滥用。"

(《法学会杂志》,1913 年第 1 卷,第 8 期;《宪法新闻》第九期,1913 年)按《宪法新闻》"名人国宪谈"栏目发表之《马良君与毕葛德君之宪法一夕谈》,即以马相伯采访毕葛德的形式,发表二人对于中华民国宪政治理的观点和看法。另外,毕葛德还有一份《华封老人宪法意见书》(《宪法新闻》第十五期,1913 年),或即专门与马相伯商讨中华民国宪法问题的作品。

巴和(Julien Barraud),法国人,马相伯又呼作"宝道"。"法学博士,精通法学,向在北京大学充当教授多年。我国政府以其热心教授,给以三等嘉禾章,以为热心教育者劝。"(《时报》,1918 年 4 月 7 日)1908 年获巴黎大学法学博士;1913 年,巴和应北京大学之聘,来华担任该校法学教授,与马相伯结识。1917 年底,巴和博士即来上海,在震旦大学法学院("法政科")教授法学;同时,在法租界公馆马路(金陵东路)71 号开设律师事务所。1918 年 7 月 25 日,因其服务中国法学,获中华民国大总统令,得授三等嘉禾章。巴和曾担任《申报》馆法律顾问,亦曾担任陈独秀辩护律师。1933 年 1 月,法国政府因其海外服务成绩,授予军团骑士勋章(Chevalier of the legion)。

马相伯回忆道:"袁世凯做总统时,一位法顾问宝道,上一个建议书。据相老人转述,大意如次:……'我宝道来华,充总统顾问,月领薪奉,应有贡献。不然,难道在伦敦或巴黎没有吃饭的地方?以前在暹罗服务十九年,已经助它修明政治。现献一策,请求采用。最好在中央直辖区域,如直隶、河南等境,划一特区,大如日本;人口数目,略等日本。让我们顾问团贡献政治设计,施行新政,提倡自治。如此实行三五年后,成效不敌日本的政绩,请惟我们顾问团是问!'想老人赏识这番话,对人提过好多次。"(《法顾问宝道的献策》,朱维铮主编:《马相伯集》,上海:复旦大学出版社,1996 年,第 1031 页)可证马相伯的"民治"思想是与宝道顾问一起讨论,相互影响。

春,马相伯致书英敛之妹妹英贞淑,商谈北京培根学堂办学,以及一些亲戚、朋友往来事宜。《致英贞淑》(1913)未书日期,惟信中提到"其母再三致意,今夏苟能驾临,定当扫榻以待",则此信应作于稍早时间无疑,姑定为春季。

6 月 30 日,中华民国宪法起草委员会组成,马相伯为委员之一。8 月 19 日,宪法研究会将起草的《中华民国宪法》草案大纲交由宪法起草委员会审理。10 月 31 日,宪法草案在起草委员会三读通过,并于 11 月 3 日提交宪法会议。11 月 10 日,因国民党籍议员在参议院、众议院遭遣散,宪法会议结束,宪法草案遂流产。

6月30日,下午,复旦公学开始放暑假,并于当日举行毕业典礼,颁发文凭,蔡元培、陈英士、温宗尧等校董出席。蔡元培发表演说,鼓励复旦学生中西并重,"吸收他国之文明,及输送本国之文明于他国"。马相伯去北京后,仪式活动由李登辉校长主持,叶藻庭庶务长报告。按叶藻庭的报告,复旦公学本年度没有得到政府补助,办学经费异常拮据。

据《民立报》1913年7月1日报道:"昨日徐家汇复旦公学暑假之期,并为中学第四年毕业,行给凭式,本埠如民国法律学校,南洋路矿学堂,南洋大学均有代表莅会。校董如蔡子民、陈英士、温宗尧先生等亦均到校。下午二时入席,先由校长李登辉先生报告本学期大要,及此后公学进行之方针,又由庶务长叶藻庭报告本学期,并言本校未得公款补助,经费异常困难,深谢董事会热情维持。继请蔡先生演说,大旨勖学生应当以学问为自身之责任,勿为干进之器具,并阐习外国文者,当以吸收他国之文明及输送本国之文明于他国为莫大之志愿;历举周秦诸子、各国学者互相转运,而成学说,与现在各邦学者考求历史人类等学,亦无不取材于东方古代文物,旁及中鼎绘画。举例因详,演说至四十分钟之久,堂上掌声如雷,皆谓有益学者不浅,继即给凭。计中学四年班共十二人,毕业者九人,姓名等第如下:甲等三人,张度,江苏仪征;陈清华,湖南;阳周述,浙江萧山。乙等四人:陶声庚,浙江绍县;张漪,浙江永嘉;郑德元,江苏甘泉;恽济,江苏武进。丙等二人:徐图,四川重庆;宋仁,浙江平阳。尚有丁乐年、薛庆麟、汤兆均三人,因分数稍差,候下期补考后,补给文凭。"

8月21日,原属于南方民军系统的浙江都督朱瑞倾向于袁世凯,本日发表通电赞成以孔教为国教。此前,6月18日,四川都督尹昌衡致电袁世凯,建议恢复"祀孔典礼"。此后,9月1日,康有为、陈焕章筹建的孔教会通电要求立孔教为国教。种种舆论,令正在组建全国性宗教团体和组织的佛教、道教、回教、天主教、基督教人士们恐慌,马相伯即传讯回上海,发动天主教徒出面抵制"国教",要求"信教自由"。

8月27日,中华民国国会选举袁世凯为正式大总统。为挟持参众两院议员在京参加选举,当日,众议院议员褚辅成等八人在离开北京南下途中被捕,送到安徽关押。此前,张耀曾(1885—1938,云南大理人)、褚辅成(1873—1948,浙江嘉兴人)等五人小组协助马相伯,负责执笔《天坛宪法草案》。沈钧儒(1876—1963,浙江嘉兴人)协助起草草案,他与马相伯等人观点相同,反对"祭天祀孔案"。(参见沈谱、沈人骅编:《沈钧儒年谱》,北京:

中国文史出版社,1992年,第38页)

9月29日,众议院议员罗永绍、郑人康等反对袁世凯推崇的"孔教会"方案,以祀孔典礼违背《临时约法》中"信仰自由"原则为由,质问总统府:"夫信教自由,载在《临时约法》,断不能以总统命令稍加裁制。若云事关民国前途,不厌详征民意,则代表民意机关之国会,理应正式交议。今于两院开会期间,忽发命令,变更上年交院之通令,是名为征集各省官厅之意见,而实欲妄逞政府独断之威权也。蔑视约法,蔑视民意机关,莫此为甚。"联名发此质询的,为众议院议员罗永绍、郑人康、于洪起、王杰、周之瀚、黄格鸥、童启曾、徐秀钧、吴寿田、卢元弼、张于涛、陈策、张士才、古钟秀、魏肇文、高杞、吴景濂、易宗夔、詹润元、周钰、张治祥、罗家衡。(《众议院议员罗永绍、郑人康等质问书》,中国第二历史档案馆编:《中华民国史档案资料汇编·文化》,南京:江苏古籍出版社,1991年)另外,时任国务院总理熊希龄亦有呈文,反对树立孔教:"定孔教为国教一事,海内士大夫之交请,赞同者缠焉不可终日,而反对者流则谓:国教定于一尊,有损个人之信仰自由,必启宗教之纷争惨祸,……窃以为,神权作用既不宜于人类进化之时期,而政教分离又已成为列强所行之政策,则与其定国教于宪法,实不如许国民以自由。此非仅示政府以大公无我之心,而其实即为维持世界和平之用。"(熊希龄:《定孔教为国教问题呈大总统文(1913)》,《明志阁遗著》,上海:上海远东出版社,1995年,第671页)

9月,徐梦鸥联络南社社友,主张拥护康有为建立"孔教会"的主张。柳亚子表示反对,加以阻拦。(郑逸梅编著:《南社丛谈》,上海:上海人民出版社,1981年,第22页)

秋,马相伯协助英敛之创办的辅仁社在香山静宜园开办。辅仁社办学目的原为培养教内人才,故"奉函国内各主教,请遣有志青年,前来攻读。当时首先赞成此举而遣人就学者,为山东:兖州韩宁镐主教;河南:卫辉梅占魁主教;四川:成都杜主教、重庆舒主教。余属河北各教区,皆系自动入学。全社学生,仅二十余人。……公乃修缮屋宇,购置图书,日与其徒扬榷古今,所拟考索之题,曰'唐景教碑考',曰'元也里可温考',曰'四库总目评论较重先辈著述辨'。肄业期定为二年,惟学生随来随去。临别,赠辅仁社同学纪念书一纸"(纳爵:《辅仁大事记》,《辅仁生活》,1940年第3期)。

10月,本月由上海惜阴公会发行之《社会杂志》(第2卷,第10期)刊登马相伯在时任工商总长刘揆一召集的工商界座谈会上的演说稿《马良君演说》。其辞略谓:"欲要维持现在之工商业,谋其发达,不外乎忠恕两字。中国之商界与工界,实不恕之工商业,所以无进步。"(上海图书馆藏本)

10月,孔教会在北京活动,欲借袁世凯总统之势将孔教确立为国教。京城有年轻学人名陈垣者发表反对意见,且为基督徒声张,遭到孔教人士通电威胁。马相伯因此事件注意到陈垣,从此注意辅助其成为学术专才,专研中国天主教历史。"(陈垣)君即民国二年反对孔子为国教,而狂夫某电京,嗾明正典刑者之一也。度君之意,殆以腐儒论孔子教,不外以礼饮食,以礼男女而已,与其举国奉此国教,养此食色之身,十年亦死,百年亦死,死则腐骨,富贵贱贫,皆一丘之貉,何如奉也里可温,为战胜三仇之勇士。"(马相伯:《〈元代也里可温考〉序》)马相伯在《致江南公教进行会支部书》中提到"津京教友"抗拒孔教会而势单力孤,要求江南教会以为奥援,应当就是指陈垣等人反对孔教之言论。按此时事,则马相伯、陈垣等人最晚在10月份已经采取行动,反对孔教会。

10月下旬,马相伯有《致江南公教进行会支部书》,敦请天主教公教进行会江南支部通电本省督抚及国会议员,抗拒孔教会,指责"教育部率司员行礼,及男女学堂均拜孔,实非信教自由也"。10月31日,公教进行会江南支部发表通电,响应马相伯号召,反对立孔教会为国教。天主教徒以"中华天主教全体"名义,推举艾知命、魏子轩、刘守荣、李春华、英实夫为总代表,进京请愿,表示抗议。艾知命有《上国务院暨参众两院信教自由不立国教请愿书》,认为中华民国倘以孔教为国教,则会导致诸多祸害:一,激起宗教之纠纷;二,破坏五族之共和;三,违背民国之约法;四,阻碍政治之统一。(《民国经世文编》)。天主教教徒反对以孔教为国教运动,见于《反对国教始末记》记载,方豪《马相伯先生年谱新编》亦载。

11月13日,马相伯在政治会议筹备会议上会见新任美国驻华公使芮恩施(Paul Samuel Reinsch, 1869—1923)。芮恩施来华前为威斯康星大学政治学教授,1919年辞职担任中华民国法律顾问。当天,芮恩施评论说:"政府宣布将设立咨询性质的政治会议,很明显那是想用这个机构来代替国会。任命名单中大多属于清廷的文人和旧官员,都是些中国人称之为'老朽'的人物,是一群有很高地位和声望但很难指望他们会有什么建设性行动的人。其中有一位很有本领的演说家,天主教徒马良。他是一位态度庄严的老人,他曾来看过我,并且谈起在边区植林和移民的问题。他通过徐家汇耶稣会修道院和西方文化接触。"(芮恩施著,李抱宏译:《一个美国外交官使华记》,北京:商务印书馆,1982年,第43页)

12月15日,北京政府成立政治会议,马相伯以总统府高等政治顾问职,被任命为"总统府特派"议员之一。民初政治会议议员(代表)均由推举和任命产生,议长为李经羲,副议长张国淦。国务院及全国各省代表共79人,其中总统府特派议员共 8 人,为李经羲、梁敦彦、樊增祥、蔡锷、宝熙、马良、赵惟熙、杨度。(徐友春主编:《民国人物大辞典》,石家庄:河北人民出版社,1991 年,第 1704 页)另据 11 月 26 日发布消息:总统府特派议员 10 人,马相伯等人之外,又加饶汉祥、杨士琦,许世英代替蔡锷。(郭廷以编著:《中华民国史事日志(一)》,台北:"中研院"近代史研究所,1979 年,第 124 页)

本日,"政治会议议员 69 人在新华门集合,由内阁总理熊希龄、内务总长朱启钤导入中南海居仁堂恭谒袁大总统。当天下午,政治会议就在北海团城承光殿举行开幕典礼"(陶菊隐著:《北洋军阀统治时期史话(二)》,北京:生活·读书·新知三联书店,1957 年,第 14 页)。12 月 26 日,政治会议开会,马相伯以总统府特派议员身份出席;1914 年 3 月 18 日,约法会议开会,马相伯以议员身份出席;5 月 24 日,参政院开会,马相伯以议员身份出席。以上会议均议及帝制问题,被列入"帝制运动"系列。(谢彬著:《民国政党史》,荣孟源、章伯锋主编:《近代稗海》第六辑,成都:四川人民出版社,1987 年,第 169 页)

本年,因马相伯北上参政,辞去复旦公学事务,学校董事会邀请教务长李登辉接任复旦大学校务,任校长。

本年,清室接受袁世凯临时大总统推荐,聘请马相伯、郑孝胥担任溥仪师傅,负教导责,未就任。时,马相伯"提议溥仪应出洋留学,开拓眼界,徒以清室没有人能以见到此层必要,溥仪自身又是庚事未多,不能自主。而且那时民国政府也不愿他离开京津,远途出国。我的建议不为他们所采纳,我也就敬谢不敏,让郑孝胥一人去耍"(《一日一谈·郑孝胥与溥仪》,朱维铮主编:《马相伯集》,上海:复旦大学出版社,1996 年,第 1118 页)。1914 年 8 月,赵尔巽(次山)致信郑孝胥,请来北京担任"清史馆名誉总纂"。郑以"不愿以委质之名,再见于行政之地"(劳祖德整理:《郑孝胥日记(三)》,北京:中华书局,1993 年,第 1528 页)为辞推却,未曾离开上海。1923 年,郑孝胥入京任勤懋殿行走,为溥仪进讲。

本年,历时十数年的努力,马相伯翻译的《新史合编直讲》由江南教区主教姚宗李批准,交由徐家汇土山湾印书馆印行出版。《新史合编直讲》(*Les Evangiles unistraduits et commentes*)是费来弟(Mastai Ferretti)主教编写的《新约》四福音书的注解本,它把书中的耶稣事迹合并起来,按时间先后排列,仔细考订,删去重复,加以注释,用浅显文字叙述,称为"直讲"。"《新史合编直讲》蓝本为费来弟所编,引用典籍至五十六种之多,是圣经学中的一部名作。经相老由文言译经,以白话讲经,得二十卷,由上海土山湾印书馆发行。"(张若谷:《苦斗了一百年的马相伯先生》,氏著:《马相伯先生年谱》附录,上海:商务印书馆,1939年)"书为费来弟主教原著,合新约及四大史记而成,先生精心移译,并于每章之末,加以讲疏。正文仿《尚书》典、谟,而疏解则力求显达,雅俗共喻,于教会译经中,别开新面。"(钱智修:《马相伯先生九十八岁年谱》,《中央日报》,1938年5月16日)

  本年,马相伯《复丁义华》答复万国改良会如何在中国开展移风易俗教育诸项问题。丁义华为美国长老会传教士,1910年与张伯苓一起在华建立"万国改良会"(International Reform Bereau, Washington DC, 1895)北洋分会。他在来信中告知马相伯,本会"以戒烟、戒赌、戒嫖,与官戒贪、民戒惰者为第一义"。马相伯针砭该会成立三年来并无成就,"未审成立三年,劝戒者几人?全戒者几人?区区期望,不敢以虚词贺"。马相伯以为万国改良会在华成效甚微的原因,盖在于当前的中国民人不知"预算",即目光短浅,不懂得规划人生,以及预备自己的生前死后。他希望改良会能够在"国法"和"宗教"范围内拿出一套办法,解决中国文化危机。"贵会所云,赖国法之范围,宗教之化导者,将何以范围斯?何以化导斯?举国其若狂矣,斯文与道德尽扫地矣!故区区期望之殷,不敢以虚辞为贵会贺,亦不敢为贵会祝,而特举此疑案,向贵会一询。丁君丁君,具大神通,幸示所得,以启我蒙。"(《复丁义华》,朱维铮主编:《马相伯集》,上海:复旦大学出版社,1996年,第122页)

  丁义华(Edward Waite Thwing, 1868—1943),美国北长老会牧师,生于波士顿,毕业于普利斯顿神学院。1887年受"学生志愿传教运动"影响,来华传教。父母爱德华·佩森(Edward Payson)和苏珊·玛丽(Susan Marie)随他来华,1893年在华去世,葬于广东白云山,故而称中国为"祖国"。丁义华曾投资唐山煤矿,参加同盟会,辛亥革命前后在天津与张伯苓合作发起成立"万国改良会"北洋分会。万国改良会在上海、广州等城市均有分会,用书籍、画片、广告、明信片等宣传教育。万国改良会在美国是以基督教教义劝化大众,增进道德与风俗。北洋分会结合儒家宗旨,走"大学"修齐治平路线,即"一是改良自己,二是改良家庭,三是改良社会,循序渐进,以改良自己为起首,联合众力,改良不善之风俗,出去无益之嗜好,黜邪崇正,益世济人,造社会之幸福,助世界之进化,使天下万国同登文明至善之域"。北洋分会提倡戒烟、戒酒、戒鸦片、戒纳妾、戒赌博、戒观淫书和戒做有害身心健康之生意,对京(平)津各界有影响。1912年1月23日,临时大总统孙文曾为开展禁毒运动作《复丁义华函》,承诺:"一俟大局稍定,即当尽全力除此不良之毒物。"(《孙中山全集(二)》,北京:中华书局,1982年,第36页)

丁义华反对袁世凯称帝,其反对帝制的观点被编为《名流之言论》,收入《袁氏盗国记》;丁义华也反对尊孔读经,有《教祸其将发现于中国乎》一文,收入《民国经世文编》(均见方豪:《马相伯先生年谱新编》,李东华编:《方豪晚年论文辑》,台北:辅仁大学出版社,2010年,第229页)。

1914年(民国三年,甲寅),七十五岁

1月8日,教育部任命胡仁源担任北京大学校长。胡仁源为上海南洋公学特班学生,曾经追随马相伯学习拉丁文。1902年,胡仁源进入京师大学堂;辛亥后从事教职,担任北京大学工科学长。1913年11月13日,胡仁源暂行代理北京大学教务长,直到1916年12月6日辞去校长,由蔡元培接任,担任北京校长达三年之久。在此期间,胡仁源继承蔡元培、马相伯的办学理念,改革校政,发展校务,为北大的初期发展奠定基础。

胡仁源(1883—1942),字次珊,一字仲毅,浙江吴兴人。1899年至1901年在南洋公学师范班肄业,师从蔡元培,曾向马相伯学习拉丁文。1902年,经科举考试获得举人衔,进入京师大学堂学习。后留学日本仙台第二高等学校、英国推尔蒙大学学习造船技术,回国后担任江南制造局造船厂工程师。1913年,胡仁源回到北京大学,先后担任预科、工科学长。1914年11月13日至1916年12月6日担任北京大学校长。胡仁源主持北大校政时,聘请教授,整顿课程,拆并科系,贡献很大。以文科为例,北大原来聘请旧学家,有辜鸿铭、刘师培、姚仲实、陈石遗等。1913年期间,胡仁源从日本、上海引进"章门弟子"马裕藻、朱希祖、黄侃、沈兼士、钱玄同、马叙伦、沈尹默等教授来北大授课,奠定北京大学文科注重考据学的风气。胡仁源提出大学要造就"专门学者",在《北京大学计划书》中说:"大学设立之目的,除造就硕学通才以备世用而外,尤在养成专门学者。""我国创立大学垂十余年,前后教员无虑百数,而其能以专门学业表见于天下者,殆五人焉,不可谓非国家之耻矣。"(北京大学档案馆藏件)胡仁源提倡教授不做官,多做研究,并且鼓励带薪出国访学,北大学风遂得到初步改变,向南方诸大学靠近。胡仁源在任期间,袁世凯酝酿称帝,曾先授予胡仁源"中大夫"封号,后又由袁克定"使人说仁源率大学诸教授劝进",文科教授马叙伦表示抗议,并辞职出走。胡仁源据此向总统府表示北京大学不能"劝进","本诸教授之意持不可,谢使者"(《国立北京大学史略(1933)》,转见自萧超

然等编：《北京大学校史（1898—1949）》，北京：北京大学出版社，1988年，第33页）。

1月16日，袁世凯大总统向政治会议提出《祭天祀孔案》，马相伯认为此举将引起国民间的宗教冲突，孙毓筠则认为与宗教无关，因而发生激烈争议。"马相伯、艾知命抗议最力，均言天字界说须先研究孔子为神，抑为人之问题须先解决。议长李经义、秘书长顾鳌设法镇定。会众均言此事须从实际上研究，不可专谈理论。又谓近年来道德堕落，欲恃救于万一而已。"（《时报》，1914年1月17日）29日，政治会议通过《祭天祀孔案》；2月7日，颁布祭天祀孔典礼。

马相伯在国会中反对袁世凯大总统主持祭天祀孔典礼，并在2、3月间发表长文《一国元首应兼主祭主事否》，详细论证中华民国的政教关系，反对以孔教为国教，反对以国家元首代为祭天。马相伯该文主要观点有："元首不兼主祭"，"亦不兼君与师之职"。马相伯并不反对根据信教自由、宗教平等的原则，按照《临时约法》将儒教列为现代中华民国"五教"之一，"夫五族共和，儒、释、道、回、耶，非世所称五教耶？耶、回、释、道，世既认为宗教，而《临时约法》又许人民以一律平等，无种族、阶级、宗教之区别，乃惟儒家者流，不得为宗教，孔子不得为宗教家，岂非不平等之谓，但由不信回耶，不信释道者观之，则不情孰甚"。惟因为中华民国大总统是全体国民之元首，不能只代表某一教之主张和礼仪。"元首乃五族、五教人唯一元首，非一族一教人所得而入主出奴之。"所以必须反对以儒教（孔教）为国教。该文正式发表于民国三年（1914）3月上海的《圣教杂志》上，此前已有传播，而写作日期当在1月到2月间。

1月25日，癸丑年除夕日，民国礼仪改革，改称旧历元旦日为"春节"，施行公教界春节放假。本日，马相伯和张謇一起到北京西郊香山，即英敛之接手管理的静宜园内度岁，入住韵琴轩。正月初一（1月26日），马相伯、张謇、张相文、管国柱、许振和英敛之等人一起游览西山名胜，登梯云山馆，吟咏不已。此见英敛之《安蹇斋丛残稿·癸丑年除夕与马湘伯张季直两先生登梯云山馆》："癸丑除夕，丹徒马相伯、通州张季直两先生同来山中度岁。甲寅元旦，相与登梯云山馆。张蔚西成七绝一首。"《张季直自订年谱》："阳历一月二十五日，有例假，偕马良、张相文、管国柱、许振至香山静宜园，住韵琴轩。……与马、张、管、许遍游静宜园诸胜。"同日，《张謇日记》记："午刻，偕马相伯、张蔚西、管石臣、许泽初、伏被由玉泉山至香山静宜园女子初等学校。"（《张謇全集·张謇日记》，南京：江苏古籍出版社，1994年，第687页）

1月，马相伯有复扶风社函，本月经《扶风月报》（1914年第1期）发表。马相伯与扶风社社长徐绍桢为故旧好友，因而作复。他对世风陵夷颇有同感，但对昌明礼教持保留意见，有说："今欲齐之以礼，能不推本于天乎？故空言礼法，不如宗教之十诫焉。"

扶风社，又称"昌明礼教社"，1914年1月在上海建立，由徐绍桢担任社长。该社以"昌明礼教"为宗旨，主张尊孔、祭孔和祭天等礼制，以消弭党派之争，维持世道人心。《扶风月报》为昌明礼教社机关刊，通讯处设于上海英租界福州路外滩通商银行王子展处，本期为创刊号。《扶风月报》第一期刊登美国前传教士李佳白致《颂词》及《尊孔书序》。李佳白颂词称："哀此中国，现象如斯；未来命运，不可前知。道德坠落，谁将维持；潜移默化，端赖鸿词。将倾大厦，摇动待支；如椽有笔，急起扶之。一洗浇风，涤瑕荡疵；崇论宏议，传诵一时。"另外，还有吴中闿《宣言书一》、毛中健《宣言书二》、子展《说礼》、官一《保守礼俗为救国之本论》、英国人威士赫有《教育当以孔子为主》、味农《论孔教之关系》、味农《尊孔须知论》、官一《曲阜修缮圣庙议》、碧庐（译）《祭天问题之解决》、任福黎《呈请规复文庙议》、艾知命《对于祭天祀孔咨询案之意见书》、英国高葆真《道德原始说》等文章。除马相伯之外，还征集到伍廷芳、宋教仁、唐绍仪、范增祥、章炳麟、易顺鼎、冯煦、陈树屏等人的贺信发表。

1月，马相伯、英敛之在静宜园所办之辅仁社开始作业。由马相伯资助，在全国各省青年中征集论文，专事研究中国天主教历史。

本次征文是马相伯为推动中西文化交流研究长期设想的尝试，辅仁社共收到论文二三十篇，编为《辅仁社课选萃》共十四篇。各篇文章为王典彬《太古中西同源说》、杨葆初《唐景教碑考》、徐希德《记宋沈存中论用阳历事》、徐希德《元代也里可温考》、王典彬《元李翀论佛理书提要》、徐希德《读金正希集书后》、徐希德《读魏叔子地狱论书后》、徐希德《读魏叔子杂说书后》、徐希德《读二曲集书后》、夏云峦《阅四库提要评论教中前辈所著书有感》、杨葆初《拟重刊主制群徵序》、夏云峦《广扬圣教刍议》、夏云峦《送同学诸友回津序》、杨葆初《辅仁社参考书籍目录略记》。未记录在《辅仁社课选萃》中的社友还有张秀林、陆伯辰、陶觉民、徐致远、宁迩理、杨佑廷等。（转见自方豪著：《马相伯先生年谱新编》，台北：辅仁大学出版社，2010年，第256页）以上课题，均发表在《中华公教青年会季刊》（1930年，第二卷，第二期）马相伯将耶稣会士在徐家汇从事的汉学研究引到北京，此为辅仁社设题研究中国天主教历史之开始。

3月17日,约法会议在迎宾馆欢迎朱启钤。马相伯发表致谢答辞,前交通部总长朱启钤发表演说。(《时报》,1914年3月19日)

3月18日,北京政府成立约法会议,马良名列议员名单,为江苏省"选出议员"。马相伯之外,另一江苏省议员为庄蕴宽。约法会议是袁世凯总统"改造约法",修改内阁制,推行总统制的举措之一。按《临时约法》第十四条规定,"大总统为国之元首,总揽统治权",参议院、临时大总统、国务员、法院共同行使国家权力。约法会议议长孙毓筠,副议长施愚,各省加全国商会及大会选出议员,如宝熙、袁金铠、齐耀珊、王揖唐、严复、柯劭忞、王印川、顾鳌、梁士诒、傅增湘、张其煌、李盛铎、赵惟熙、王树枏、许世英、陈国祥、任可澄、龙建章等,共65人。(徐友春主编:《民国人物大辞典》,石家庄:河北人民出版社,1991年,第1704页;郭廷以编著:《中华民国史事日志(一)》,台北:"中研院"近代史研究所,1979年,第137页)

3月18日,中华民国政府约法会议正式举行,马相伯担任会议临时主席,并发表演说词。大总统袁世凯发表"颂词",以为"此实全国政治刷新之机,亦即五大民族人民幸福增进之初步也"。马相伯演说词原题为"约法会议开会临时主席马良演说词"与袁世凯演说词一并刊登在西北大学编辑、发行之《学丛》(1914年5月1日,第5、6期合刊)上。

3月,下旬,马相伯原本计划在阴历年底回上海过春节,因"考文苑"筹备和《宪法草案》起草未结不能脱身,不得不向侄子朱志尧致信抱歉,要在北京"再留二月"。1914年的探亲假,要到半年后的9月份方克成行。

> 马相伯曾计划在此际向总统府参政院请假,回上海探亲。"余本拟阴历年底回南,一则以考文苑须筹基本金,一则以宪法行当起草,故又须再留二月。"(《家书选辑(八)》,朱维铮主编:《马相伯集》,上海:复旦大学出版社,1996年,第610页)据此判断,马相伯发出此信的时间应在3月下旬。马相伯的探亲计划在3月底仍然未完成,不久又致信朱志尧,"宪法文章尚未完篇,完后余亟思返也"(《家书选辑(九)》,朱维铮主编:《马相伯集》,上海:复旦大学出版社,1996年,第610页)。马相伯《家书选辑(十九)》也交代了他本年度探亲假不断推迟的原因:"余本拟阴历年前回沪,无如痔血懒动;且宪法起草在即,南而复北,不胜奔驰,故只得国会开后再南矣。近仿法国设函夏考文苑,领屋领荒,荒非千有余顷为基本金,不足以供奖励才德之用,应与内务部直接商领者也。又开办费三四万金,应与财政部商领者也。以故一时又难以回南,而老身病因日增,虽以卅六点钟之火车,海上亲友可望而不可及

矣!"(朱维铮主编:《马相伯集》,上海:复旦大学出版社,1996年,第613页)

3月26日,按上海《时报》本日透露的"考文苑筹议之内容",教育部总长蔡元培执行的筹建计划,是准备在北京"南苑勘地,兴筑屋宇"。

按1914年3月26日《时报》透露,教育部负责筹建的"函夏考文苑",其"苑制"是:"设掌院一人,综揽院务;秘书二人,掌记录、文牍及总务之事;办事员若干人,襄助秘书分理会计、庶务等事;修撰员十人,皆须常川到苑,研精学术,并掌考订、评议、撰述等事。惟中国人文聿盛,于额定职员外,别设修撰十名,不必时常到苑,以为收罗人才之计。(苑外修撰不支薪俸,只给车马费)"其各员"职务"是:"一,研精学术。前年曾分为中外文学、中外史学、地理学等,其子目有宋元明清理学、经学、小学、金石、史学、正史、编年、纪事本末等。兹闻苑内人士,各就平日专长之学,间在苑研精探讨,其于百家、六艺,遇有心得,随时论著成篇,公同参订。如认为有俾后学者,即出版流布。泰西学术,无论为精神、物质诸学科,亦均在研究之列云;二,评奖新著。是项为提倡学风,厘正群言之要端,除俗书小说,无关宏旨者,得送苑审核,如有裨益风化者,即宠以评题,籍广传播。择其尤者,酌给奖金,以示鼓励;三,旌劝节行。国内人民有奇节卓行,并为社会矜式者,得由地方官或绅民呈请文苑,锡以旌扬。如遇此项事实,而无人代请表彰,为文苑见闻所及者,亦得移牒地方长官调查报告,由苑著为文辞传记,或碑碣之类,以资兴劝。"其用度"经费"为:"各项俸给及车马费,每年支六万元,奖金年支三千元,出版费三千元,共年支七万一千二百元云。"按教育部蔡元培接手筹划之"考文苑"计划,已经与马相伯在1912年10月拟定之以法兰西科学院为蓝本的方案有所不同。"修撰员"以专职、兼职各十名,共二十名,则比马相伯前期所定之苑员四十名缩减一半;另外,在考文苑"职务"中纳入"旌劝节行"之功能,则是马相伯原来设计所无有。

3月31日,因国务院拖延办理,经费和场所无着落,一直不能成立,"函夏考文苑,创议至今,苒荏半载。虽经国务院允与各部直接以免避延,而得道路传问,所未呈请者,而财部已有批驳之说"。为此,马相伯致书李孟鲁(景龢),请他帮忙递送文件至国务院,再作转圜。按本书信所附内务部5月3日复信,国务院"拟将北海之阅古楼、漪澜堂两所,拨给应用等因。惟查北海地方,前据京饰总议事会呈请开放,改设公园等情,当以三海地方,既经总统府接收,是否可行,业已函致国务院,核办在案"(《函夏考文苑文件·致李孟鲁》)。北海阅古楼、漪澜堂终究没有划拨给"函夏考文苑",马相伯计划落空。

3月，上海徐家汇天主教老堂大修，马相伯留在堂内的图书、资料和文稿需要清理。因在北京参与《宪法草案》起草，不能脱身返回上海处理，马相伯便委托女婿徐子球、外甥朱志尧帮助整理，或搬迁到土山湾寓所，或放到朱家、徐家、公教进行会处暂存。

从马相伯与朱志尧、徐子球的多次通信来看，包括多年著述手稿在内的这批图籍、文献整理搬迁事宜并不顺利，或有重大损失。马相伯询问徐子球："子球弟鉴：志尧来信，谓老堂翻造，余所存书物非移放不可。但离老堂时，仓猝并未收拾，以故片纸片条，稿与非稿，皆愿保存。存报亦不少，皆有用物也。书籍则东一本，西一本，零落于南京、土山、泗泾等处，更不可因其零本也而忽之！倘弟能代我收辑，移至尊府更好，请与志尧接洽而行可也。"(《家书选辑（四）》，朱维铮主编：《马相伯集》，上海：复旦大学出版社，1996年，第609页)"老堂之物能存尊处否？（已请泗泾蔡也白帮同料理）除积存报纸外，务设法保存，所最要者纸张耳！……书籍无甚佳者，然万不可存他人处。"(《家书选辑（七）》，朱维铮主编：《马相伯集》，上海：复旦大学出版社，1996年，第610页)又嘱咐朱志尧："志尧如面：老堂书物，因仓猝离开，未及点检，既不便移存尊府，则请移交徐子球可也。盖零本残条，容皆有用，而书籍皆徐汇所有者，移往土山，亦无甚意味，且路远，则散失更易，务请商之老堂是祷！土山所留者亦零本，阿生之长即在此，不零不过瘾也。又积存新报，可送公教进行会，为他日调查之用。"(《家书选辑（五）》，朱维铮主编：《马相伯集》，上海：复旦大学出版社，1996年，第609页)马相伯叮嘱徐子球、朱志尧："老堂尚有哲学稿，故片纸亦乞保存。"(《家书选辑（九）》，《马相伯集》，第610页)"老堂书物，非得吾弟代为料理，则遗失之稿必多；最好一抽屉归一抽屉（此以纸片言），一纸堆归一纸堆，用大洋布包之。所积报纸（《时报》全），公教进行会不要，则交他处可也。"(《家书选辑（二十八）》，朱维铮主编：《马相伯集》，上海：复旦大学出版社，1996年，第617页)

春，曾琦进入震旦大学学习，在本校结交李璜、左舜生、陈登恪、于斌等同学。这几位震旦校友先后去法国留学，在巴黎组建中国青年党。（参见《曾琦先生文集·年谱》下，台北："中研院"近代史研究所，1993年，第1548页）中国青年党总部迁回上海后，曾琦等人在上海活动。1932年，中国青年党领袖曾在土山湾寓所为抗战宣传，集体拜见老校长马相伯。

4月20日，天津总司铎雷鸣远于本月20日开始，举行为期三天的演说大会,每日午后 2:30 在天津广东会馆举行演说,出席者男宾七八百人,女宾百余人。雷鸣远于首日报告大会宗旨后,马相伯、艾达天、英敛之、聂醒吾、刘浚卿等人相继发表演说。(天津《大公报》,1914 年 4 月 21 日)

5 月 26 日,袁世凯政府废除"政治会议",成立参政院,按发布名单,马相伯,以及王闿运、熊希龄、梁启超、严复、杨守敬、柯劭忞、陆徵祥等 72 人为参政,黎元洪、汪大燮担任正、副院长。(方豪:《马相伯先生年谱新编》,李东华编:《方豪晚年论文辑》,台北:辅仁大学出版社,2010 年,第 250 页)

参政院自 1914 年 5 月 26 日成立,到 1916 年 6 月 29 日结束。马相伯于参政院建立之日起就任参政员,同日发布的 72 名参政员有:李家驹、瞿鸿禨、于式枚、周学熙、陆徵祥、张荫棠、唐景崇、熊希龄、梁士诒、联芳、李国杰、吕海寰、严修、梁启超、宝熙、施愚、黎渊、程树德、胡钧、蔡锷、蒋尊簋、王家襄、汪有龄、陈国祥、朱文劭、荫昌、徐绍桢、陈汉第、王世澂、邓镕、王印川、萨镇冰、王揖唐、赵尔巽、锡良、孙毓筠、宋小濂、姚锡光、阿穆尔灵圭、李经羲、袁树勋、赵惟熙、李盛铎、毛庆藩、刘若曾、丁振铎、冯煦、那彦图、樊增祥、饶汉祥、陈珏、李开侁、杨守敬、王树枏、马其昶、宋祎臣、李湛阳、塔旺布鲁克扎勒、劳乃宣、严复、张振勋、渠本翘、冯麟沛、王闿运、柯劭忞、马良、刘景藻、孙多森、李世伟、钱恂、杨度、高增爵、秦望澜、增韫、孟铁笙。马相伯仅在 1914 年担任参政院参政,1915 年、1916 年的参政员名单中就不见他的名字。(徐友春主编:《民国人物大辞典》,石家庄:河北人民出版社,1991 年,第 1705 页)马相伯正式担任参政院参政员,还兼有大总统高等政治顾问职,则从国务院领取薪水,具体数额不详。惟据方豪称,在"民国三十五年春,余在南京天主堂先生寓室中,获见一先生薪水包纸,外书:'马良先生 八月分薪水 银圆六百元 依照部章按四成拨发公债票洋贰百四十元 一俟票到再行补发。'"(方豪:《马相伯先生年谱新编》,李东华编:《方豪晚年论文辑》,台北:辅仁大学出版社,2010 年,第 272 页)按此某年八月的薪水通知,马相伯在京任职期间月薪 600 元。因国务院支用短缺,常以国债代发,比例甚至高达"四成",并无现金工资发放,即等于每每亏欠发放。

5 月 27 日,在北京政府参政院与同为参议员的王闿运(1833—1916)再次见面,曾谈及筹建"函夏考文苑"事宜。惟王闿运似已不记得 1889 年 5 月他曾在上海因马建忠引见,见过马相伯。本年三月,中旬,王闿运到京就任国史馆馆长,当时京中正议论开设"鸿儒院",遇见马相伯。王闿运《湘绮楼日记》五月二十七日:"参议(政)院,见马良,字相伯。或云眉叔,眉叔已死,此其兄,请开'鸿儒院'。"(王闿运撰:《湘绮楼日记》,长沙:岳麓书社,1997

年,第3313页)负责筹建"函夏考文苑"的马相伯、章炳麟认可王闿运的文辞,而对其用今文经学趋炎附势的做法印象不佳,在筹议"函夏考文苑"过程中将他的名字仅列在文辞之列。

王闿运好臧否人物,他到北京任职后,评价参政院参议员同事,"其言曰:五张,季直(张謇)人格最高;六李,柳溪(李家驹)的是可儿;二赵(赵尔巽、赵惟熙),均道德高尚;云门、书海、相伯、又陵,各有所长;吾门杨晢子亦不弱,余则非吾所知也"(陈灨一著:《睇向斋秘录·王闿运之嬉笑怒骂》,上海:上海书店出版社,1998年,第116页)。王闿运概称参政院之"五张",为张謇、张凤台、张振勋、张镇芳、张元奇;"六李",为李家驹、李经羲、李国杰、李国筠、李盛铎、李开侁;云门,为樊增祥;叔海,为江瀚;相伯,即马相伯;又陵,为严复;晢子,为杨度。马相伯被王闿运列在文人、学者之列,称为"各有所长"。

8月5日,《时报》刊登记者从北京发来的消息:"马相伯(良)患痢疾颇剧。"此次患病,马相伯竟入医院治疗,在京亲朋好友探访络绎。马相伯书信告知家人:"余虽来病院,而谒者仍众,明、后日便出院。目今研究宪法颇忙,仍拟回南著我书矣。"(《家书选辑(二十四)》,朱维铮主编:《马相伯集》,上海:复旦大学出版社,1996年,第616页)

9月18日,上海《时报》按北京17日来电报道:"(政事堂参政)马良呈请政府拨吉林官荒千晌为考文苑基金。"马相伯仍在为"函夏考文苑"筹措建苑经费,再做努力。按中华民国《政府公报》(九百三十三号,1914年12月3日)公布案情,内务部经调查回复大总统,称:"函夏考文苑请领吉林虎林县荒地一案,查该处现无大段余荒,无从拨给。"

9月19日,马相伯南下回沪途中,在天津法租界圣功女校参观,并向学生们做了演说。演说以亚里士多德"人为万物之灵"设论,勉励女生幼年读书为人。"西儒阿利刀得云:人无一事不会。而学生,可以学方言,学文字,学天文,学地理。而狗也,猫也,目不能辨五色,耳不能分五声,舌毕具而不能发一言而出一语。"(天津《大公报》,1914年9月28日)

9月20日,马相伯拨冗推冗,向参政院请得一个月假期,从北京回上海探亲。据马相伯《致英贞淑》(1914)中的内容,自陈他回到上海家中后的健康状况不是太好,"旧病复发,一月之假,已去三之一,仍卧床上,不能动弹,惟到时得见老姐一面而已"(《致英贞淑》,朱维铮主编:《马相伯集》,上海:复旦大学出版社,1996年,第175页)。此信写作日期为"九月廿七日",按信中透露的假期,马相伯是在本月二十日左右获供职机构参政院允准,从北京回到上海,休假一月。据推断,马相伯告假回南的原因有三:一,探视病中的儿子马君远；二，探视病老之中的姐姐马建淑；三，准备迎接马君远、邱任我的孩子，即他的孙辈长子出生。

10月4日，中秋节下午四时，马相伯受陆伯鸿之邀请，在董家渡天主堂对面之上海公教进行会址三楼会场发表演说，题目为"宗教之关系"。演说稿整理为《宗教之关系》，略谓宗教信仰与科学、社会之诸种关系，即论"宗教非他，使人无迷失而已矣！"（《宗教之关系》，朱维铮主编：《马相伯集》，上海：复旦大学出版社，1996年，第155页）上海《时报》在10月2日作了预告，在沪绅、商、学界人士多有出席。

> 按《时报》1914年10月23日报道：马相伯"此次由京南下，系奉梁士诒委托，来沪劝募内国公债。兹劝得教中朱、陆二君认定若干。马君即于今晚（廿一号）偕同朱、陆二君乘坐火车北上，谒见梁君。闻朱、陆二君另有京师公教进行总会特开大会致举，相邀伊等，故顺道首途云"。该报道还提到马相伯在董家渡公教进行会的演说内容为"演说欧洲战端，希望早日和平解决等情"。

10月18日，马相伯在上海公教进行会发表演说，题目为"信教自由"。马相伯解释说："何为信教自由？即人人各按良心，认明当敬奉之造物主，遂遵其所颁之诫命、规仪，而行我当行也。非今日进孔教，明日入道教，异日投佛教，又奉耶教，渺渺茫茫，不知归向之谓也。"（马相伯：《信教自由》（残稿），方豪编：《马相伯先生文集续编》，台北：文海出版社，1972年，第28页）

10月21日，《时报》发表马相伯日前在中西报界同人大会上的演说稿，对"操有言论权"的华人报界同人提出"医国手"的倡议，对国家、社会和民众的恶习做出诊断和治疗。马相伯指出："我国自孔孟以来，论国家不知提倡社会，并社团与群体之名称而无之。但知提倡个人之道德，曰：'穷则独善其身，达则兼善天下。'视天下之善，不善一人之责而已矣，百姓无与也，机械而已矣。孟子曰：'一正君而国定矣'者，一若国与家之间无所谓社会也。"

10月21日，马相伯随上海天主教界人士陆伯鸿、朱志尧等人一起，从上海出发，到达天津，参加全国公教会议。"九月廿七日"，马相伯在《致英贞淑》（1914）中提道："（朱）志尧及（陆）伯鸿下月二十内外当先后赴津大会，余当随之往也。"

10月24日，在天津广东会馆演说，阐发"政教分离"的宗教主张。马相伯后又有《信教自由》（1914）、《保持约法上人民自由权》（1916）等文章，坚持政教分离、信仰自由的主张。

10月27日（九月初九日），马相伯孙女，即马君远、邱任我之女出生，取名马玉章。"玉章"含"璋"之意，取引儿代男之意。因马玉章生于"重阳日",又取字"颂九"。君远早逝后,邱氏看护马家,未有再嫁,而以玉章承嗣马氏血胤。马相伯未等到玉章出生,就离开上海去天津、北京履职。但"玉章"之名,是他亲自选取的,此事在1987年采访时经马玉章本人确认。

12月中旬,马相伯因丹徒、丹阳连年遭受旱灾、虫灾。据两县灾民报呈,丹徒县"去年雨泽愆期,秋收大减,犹赖春熟勉强支持。今春麦收既歉,益以三时三伏,雨泽毫无,田塘皆如龟拆,秧种无从栽插,闻有改种旱谷者。复因秋雨连绵,茎叶俱乱,是以被灾甚重"。丹阳县灾情亦为严重,"为数十年来所未有,兼之金融阻滞,商业萧条,饥民待哺嗷嗷,四乡盗贼蜂起,危险情形朝不保夕"。马相伯以"约法会议议员参政院参政"的名义,与参政院参政姚锡光(江苏丹徒人)联名上书中华民国大总统,请在江、皖灾民赈济项目下,兼为丹徒、丹阳两邑受灾民众赈济。联名附签本呈的还有:主计局帮办金建侯、约法会议员主计局参事恩华、平政院评事贺俞、肃政史云书、约法会议秘书厅科长殷松年、蒙藏院佥事何宾笙、教育部佥事杨奎儒、教育部视学王家驹、交通部佥事张恩寿、农商部佥事吴在章、高等师范学校教务主任王祖训、蒙藏学校学监陈凤章。(《呈为乡里重灾吁饬并案赈济》,上海图书馆藏原件)

  姚锡光(1857—1923),字石泉,号石荃,江苏丹徒人,光绪十四年(1888)江南乡试举人。曾先后在山东巡抚李秉章、两江总督张之洞、直隶总督李鸿章幕府担任幕僚,处理政务和洋务。按其甲午战争时所见,著为《东方兵事记略》;甲午后参与编练新军,配合德国顾问,在吴淞、江阴、镇江修筑炮台,著有《长江炮台刍议》。二十七年(1901)担任陆军部左丞,后出任怀宁知县、和州知州等职。三十一年(1905)考察蒙古垦牧、茶盐,著有《筹藏刍议》《筹蒙刍议》。宣统元年(1909)迁陆军部右侍郎。1911年参与组织宪政实进会,1912年合并加入国民党。1912年8月25日在北京被国民党推举为中华民国首届参议院参议,被临时大总统袁世凯任命为五族国民合进会会长,又出任中央政府蒙藏事务局总裁、口北宣抚使、查抚津保被灾商民专使等。1914年5月,袁世凯总统筹建参政院,与马相伯同时担任参政。此后因厌倦政治,逐渐淡出政坛,1921年后回到南方,终老于家乡。著作另有《姚锡光江鄂日记(外二种)》(北京:中华书局,2010年)。

12月21日,参政院参政姚锡光、马相伯上书总统府,要求合力赈济江苏省丹徒县及江苏、安徽境内先因去秋大旱,后生今年伏涝,导致粮食歉收的重灾。(《政府公报》,第九百四十九号,12月25日发布)

12月23日,马相伯于本月21日获得袁世凯大总统对丹阳、丹徒两县赈灾活动的批复,同日从北京培根学堂致书寓居在上海斜桥的常州官绅盛宣怀,请求帮助丹阳、丹徒两县灾民。"此次倘邀格外矜全,俯赐设法,俾数十万生灵皆沾厚惠,不独身受者衔结已也。"(马相伯:《致盛宣怀手札》,上海图书馆藏盛宣怀档案原件)

12月25日,上海《中法新汇报》仿照欧美大报编例,出版圣诞节专刊,庆祝新年即将到来。征集文章广泛,刊登照片众多,为上海报刊界的创新之举。马相伯接受记者采访,发表《答客问一九一五》。因见欧洲大战德国军队凶猛作战,马相伯则预言战后人心必然回归,天主教及梵蒂冈主张和平,主持人道主义的权威地位会增强,各国政府都会向梵蒂冈通使。"夫罗马教宗之主持人道,死可也,囚可也,华地冈有一言之违人道不可也。劝免欧战,既不能,复继之以交俘,则见于华地冈。塞使专使矣,土使专使矣,日本亦使专使矣,并由专使声明山东教务后归日本矣;英国之耶教,教法国法,专在不认罗马教宗为教宗,故与华地冈不相闻问者垂四百年,乃今亦使专使矣。其使专使者,岂以教宗而使之,毋抑伊古以来以主持人道称而使之?"(《答客问一九一五》,朱维铮主编:《马相伯集》,上海:复旦大学出版社,1996年,第173页)马相伯以此新年答记者问的方式,敦促中国政府与梵蒂冈建交、通使。

12月31日,马相伯为赈济丹徒、丹阳两邑灾情,再次致书盛宣怀,请求加力赈济。书称:"惟两邑灾区甚广,丹阳尤形窘迫,仍恳大德栽培,继续设法。"(马相伯:《致盛宣怀手札》,上海图书馆藏盛宣怀档案原件)

  盛宣怀(1844—1916),字杏笙,号愚斋,江苏武进人。生于本邑龙溪盛家湾,父盛康,曾任湖北粮道。太平军占据江南后,随父母避兵盐城、武昌,与湘军将领交往。同治五年(1866)回籍应童子试,入县学。九年(1870)入李鸿章幕,办湖北矿务。1879年,署天津兵备道;1884年,署天津海关道;1885年,任轮船招商局督办,前此已参与创建电报局、织布局等筹办。1889年,转为张之洞谋划奔走,创建大冶铁矿、汉阳铁厂。1895年,负责筹建天津北洋公学;1896年出面筹建上海南洋公学;1897年筹建上海中国通商银行。此后,担任汉冶萍煤铁厂矿有限公司总经理。1911年担任清朝邮传部大臣,拟将邮政、铁路归为中央建设和管理,其"收路"政策引发"保路运动"。"辛亥革命"后因受追究,潜往日本避祸。1912年底,中华民国临时政府建立后,应邀回到上海,主持商办招商局和汉冶萍公司等实业。1916年去世,在公共租界大出殡轰动上海。盛宣怀与马氏兄弟在天津、上海共事,相互谙熟。曾共谋整顿轮船招商局,并曾在马氏兄弟落难时作不实之辞,关系错综复杂。

12月,马相伯代江南主教姚宗李(Prosper Paris)撰《宋氏山庄碑记》,事为徐家汇圣衣院修女宋李氏去世后,安葬于修院墓地。按宋李氏遗嘱,她名下遗有已故丈夫所葬之宋氏山庄墓地捐献给教会,立碑为记。(参见《宋氏山庄碑记》,朱维铮主编:《马相伯集》,上海:复旦大学出版社,1996年,第143页)

本年,马相伯获中华民国二等嘉禾勋章。据《圣教杂志》(第3卷第7期,1914年)报道,马相伯因"襄理政务,卓著勋劳,近蒙大总统特予二等嘉禾章,以示崇异"。另外一位天主教徒艾知命也因民国参政有功,得授三等嘉禾勋章。

马相伯发表《宗教在良心》一文,回复了社会上对宗教和信仰问题的看法。"署年以来,社会上莫不疾首相告,曰:风俗浇漓,纪纲废弛,世道人心,大坏大坏!关心国事者,思从而补救之,以为非有宗教不可,遂殷殷相劝,大声疾呼,曰:提倡宗教!提倡宗教!"(朱维铮主编:《马相伯集》,上海:复旦大学出版社,1996年,第149页)马相伯认为解决当前道德危机的方案在于讲"良心",即"人必有好良心,然后可有好宗教,良心为宗教之本"(朱维铮主编:《马相伯集》,上海:复旦大学出版社,1996年,第154页)。

本年,马相伯继续向后任总理熊希龄商讨筹建"函夏考文苑"一事,后因局势变化而搁置,计划胎死腹中。

本年,马相伯积极参政,向大总统袁世凯提出多项政治主张,如地方自治,废除省制,中华民国行政体制以县、府、郡为组织单位;反对建立以孔教会为形式的国家宗教,维护信仰自由原则。"先生居北京凡四年,以前游朝鲜时与袁世凯雅故,故袁氏亦优礼甚至。……先生主持正义,阴折奸谋,严气正性,同列敬惮。尝著《华封老人宪法谈》,主废省制,改郡县,立乡甲保,普遍征兵,读者欣服。时有主国教者,先生以违信仰自由原理,印小册子多种驳正之,议遂不起。"(钱智修:《马相伯先生九十八岁年谱》,《中央日报》,1938年5月16日)

1915年(民国四年,乙卯),七十六岁

2月13日,旧历元旦,张謇、张蔚西、秦晋华、许泽初、薛秉初等人一如往年,在"香山静宜园度岁"。马相伯因南归处理家事,"约而未偕"(《张謇全集·张謇日记》,南京:江苏古籍出版社,1994年,第701页)。

3月,马相伯独子马君远因病在上海去世,儿媳马邱任我带养孤女马玉章,承嗣马氏。于右任、邵力子等复旦旧生校友为马相伯捐助抚恤费一万元,大部被转捐给启明女校办学。

马君远去世的日期并无记载,亦尚无文献能够直接证明。按马玉章回忆:"相伯公七十五岁时,我父君远病故,我母年方十九,我刚出生六个月。"马玉章出生于1914年10月27日,如此说则马君远在1915年3、4月间去世。"学生们看到我爷爷毁家兴学,家无余资,乃凑送一万元作为我教养之用。爷爷将该款交陆伯鸿移作上海启明女中(现市四中学)办学经费。"(马玉章:《怀念先祖父相伯公》,丹阳市政协文史资料研究委员会编:《爱国老人马相伯(1840—1939)》,丹阳,1990年,第65页)

5月7日,在北京中央公园演说,阐发"信仰自由"的主张。

5月23日,马相伯又在北京中央公园演说,过于投入,以致喉音沙哑。按计划,马相伯连日演说,不辞疲惫。不几日内,马相伯还去天津演说,讲题为"救国储金用途防范流弊之问题"(《时报》,1915年5月26日)。

6月1日,马相伯以大总统高等政治顾问的身份,在已迁往中南海的总统府会见来自天津的古生物学家桑志华(Emile Licent, 1876—1952)司铎。中法实业银行行长佩尔诺特(Pernotte)引荐和陪同了桑志华进新华门拜访马相伯。桑志华介绍了他在华北地区的古生物学考察计划,希望得到政府支持。马相伯当即带桑志华去见国务院农商总长周自齐(1871—1923),请他支持这项计划。周自齐表示愿意聘请桑志华担任华北资源调查工作,农商部各部门支持地质、矿藏调查和化石等收集工作,提供场地安置和收藏各类标本。(见 Emile Licent, Dix Annees 1914—1923, de sejour et d'exploration dans le basin du Fleuve Jaune, de Paihe et des autres tributaries du Golfe de Pei Tcheu Ly, Tientsin, La Librairie Francaise, 1924;转见自于树香:《法国"进士"逐梦东方》,北京:人民出版社,2020年,第84页)

6月19日,天津公教进行会在城内鼓楼南广东会馆召开中国社会改良会,邀请马相伯等人发表演说。本日上午,马相伯从北京搭早车赶到天津,下午二时发表演说,男女来宾达千余人。(天津《大公报》,1915年6月20日)

6月,马相伯与法国古生物学家、耶稣会士桑志华再次见面。本月,桑志华司铎访问了英敛之在北京西郊的住所静宜园。静宜园原为皇家园林,园丁向桑志华介绍了西山各种植物,如栗子树、银杏树、松树等。第二次会面中,桑志华告诉马相伯静宜园有几种草本植物,正是明末耶稣会士、罗马学术院士邓玉函(Johann Schreck,1576—1630)向欧洲学术界介绍的。

马相伯追忆此次会面,记在《徐文定公与中国科学》(1933)中,"又据天津北疆博物院创办人桑(志华)司铎 P. Licent 语余,邓玉函等曩在北京西山所发现四种药草,伊近亦于静宜园中得之。静宜园者,余与英君敛之等设旗人女学之所在,愈证邓等曩驰名德、奥亦施在我国有新发现"(朱维铮主编:《马相伯集》,上海:复旦大学出版社,1996年,第554页)。桑志华回忆录中记载他访问静宜园的时间为1915年6月,未有日期。查桑志华回忆录中再无马、桑两人在其他地方见面的记载,而马相伯在《徐文定公与中国科学》文中说桑志华"伊近亦于静宜园中得之",则马、桑两人此次相会是在桑志华访问过静宜园以后不久,姑定为6月。

7月3日,中华民国参政院(由73位参政组成)成立本院宪法起草委员会,马相伯参与其中。该委员会十名委员为,院内七人:梁启超、杨度、严复、马良、施愚、王世澂、李家驹;院外三人:汪荣宝、达寿、曾彝进等。(《时报》,1919年7月5日)据《时报》7月31日报道,一月之内,如上十名起草委员中,仅曾彝进、马相伯、施愚、杨度、王世澂五人报到,仍然不能开会。又据《时报》9月5日报道,宪法起草委员十人中,仅梁启超、汪荣宝、马相伯、李家驹四人"似有反对变更国体问题之意。又国体变更论者中,梁士诒氏之一派与杨度氏忽生内讧,有分离之势"。

袁世凯在本年6月20日成立参政院,该院在立法院成立之前被授予代行修宪的职能,意在本版宪法修订中将国体改为帝制。参政院73位参议员均由袁世凯任命,马相伯在列。该院宪法起草委员会中有杨度赞成帝制,多位资深委员如梁启超、马相伯行软性抵制,严复不置可否。于是,袁克定等人便决定放弃以参政院宪法起草委员会修改宪法,改以杨度为首,动员孙毓筠、严复、刘师培、李燮和、胡瑛等六人参与,发起建立"筹安会",推进帝制自为。筹安会之名,由杨度建议。时,"袁(世凯)曰'此研究会名义奈何?'皙子(杨度)曰:'去乱即安,在此一举,某意宜名筹安。'袁大悦,立命国库支十万金与皙子,充开办费"(许指严著:《新华秘记》,荣孟源、章伯锋主编:《近代稗海》第三辑,成都:四川人民出版社,1985年,第321页)。

袁世凯称帝,最想延揽的文士为梁启超、严复、章太炎和马相伯。梁、章暗中反对,马相伯亦无意加入。杨度筹备筹安会,数次到西城旧刑部街严宅邀请严复出面领衔,严竟表示默许。"老朋友马相伯跑来规劝他:'又陵,像杨皙子、孙少侯那班人,年纪都还轻,他们想往上爬是可以理解的。你偌大年纪,又何必多此一举。像我七十老翁,早已无意于攀附权贵了。'此时严已名登黑榜,要想挽救他也来不及了。"(陶菊隐:《筹安会"六君子"传》,北京:中华书局,1981年,第107页)

7月21日(六月初十日),因国会开会,张謇从南通到达北京。本日,与马相伯等人见面,同时会见者还有美国公使参赞、丁家立、施省之、沈爱苍、杨杏城。(《张謇全集·张謇日记》,南京:江苏古籍出版社,1994年,第706页)

8月14日,袁世凯在咨询马相伯等参议员的意见不果之后,仍然成立筹备恢复帝制的"筹安会"。袁克定拉拢到文人杨度、孙毓筠、李燮和、刘师培、严复、胡瑛等"六君子"加入。加上与袁氏亲近的官僚朱启钤、段芝贵、周自齐、梁士诒、张镇芳、雷震春、袁乃宽等七人,又称"十三太保",出面支持袁世凯称帝。马相伯也被袁世凯和袁克定请教,谋求支持,遭到断然拒绝。

马相伯晚年述此经历,说:"袁氏之为人如此,其头脑始终不出封建帝王思想,其视民国也本如无物,故对于总统丝毫不感兴趣。且彼之左右又皆攀龙附凤、封妻荫子。于是便千方百计拥袁做皇帝。当时余为参议员,袁命其长子克定宴余及侯官严复等,征求余等意见。余告之曰:项城果称帝,国民对之是否帖然姑且不论,外交方面必有强邻籍此百端要挟,以遂其大欲者。袁克定唯唯不敢决。未几,彼又宴余等,欣然相告曰:'外交已无问题,日本方面表示赞成。余知非口舌所能争,遂不多言。而严几道遂与孙毓筠、杨度诸人入其网罗,组织筹安会,鼓吹帝制。'"(《一日一谈·袁世凯之为人》,朱维铮主编:《马相伯集》,上海:复旦大学出版社,1996年,第1076页)按《袁世凯窃国记》,马相伯对严复列名筹安会很不以为然,并为之可惜:"六人中,只有严复较冤。……因走脱了梁任公,就把他抓来凑数。当他列名为筹安会发起人时,马良调侃他说:晳子、少侯年纪很轻,前途无量,又陵(严复)偌大岁数,又何必多此一举?像我七十老翁,早已无心干禄了!"(《袁世凯窃国记》)

8月22日,上海报纸据北京21日酉刻专电,马相伯等人拒绝出席袁世凯的帝制筹议活动,"袁总统昨日(二十日)延见宪法起草委员等,而梁启超、严复、马良均未与"(《时报》,1915年8月22日)。

9月11日,复旦公学同学会成立。此为复旦第一个校友会,会址设在本校上海徐家汇校址李公祠内,会长张季量,副会长钱智修。同学会下设3个办事机构:编辑部,理事长邵力子,理事胡敦复;通讯部,理事长毕治安,理事叶秉孚;庶务部,理事长叶藻庭,理事张锡酥。

9月21日,马相伯在北京为刊刻明清天主教旧籍,致书上海徐家汇藏书楼主任张渔珊司铎。信中所述都是关于京沪之间图书商借、刊刻事宜。马相伯因在北京寓中找不见旧刻本《大秦景教流行中国碑》和《开封犹太碑》,问张司铎是否已经寄还上海;请徐家汇藏书楼代购一本新教刊印的《古新经》送来核对,因猜测为明清天主教士所译;汤若望《主制群征》抄本到京,友人英敛之表"欢迎";李之藻译《名理探》尚未得到明清原本,故"尚未从事校对"。(马相伯:《致张渔珊(一,1915)》,朱维铮主编:《马相伯集》,上海:复旦大学出版社,1996年,第180页)

9月24日,马相伯为刊刻明清天主教旧籍,再致书张渔珊司铎。书中提及:"徐汇藏书楼既有《天学(初)函》理编十种,甚善!藏书内有艾儒略所撰《利玛窦行实》,烦从速饬抄一本寄京,为感。"(马相伯:《致张渔珊(二,1915)》,朱维铮主编:《马相伯集》,上海:复旦大学出版社,1996年,第180页)马相伯、英敛之计划在北京刊印《天学初函》,故请张渔珊司铎查看藏书楼是否有藏。另外,马相伯还把在京得到的新书,如京师学务局印行《通行文牍汇存》,以及《中央气象台丛报》等寄回上海,供徐家汇藏书楼收藏。

张璜(1872—1929),字渔珊,耶稣会士,曾任《圣心报》、《汇报》、《圣教杂志》副主任,兼任徐家汇藏书楼主任。著有《欧亚纪元列表》等(方豪《马相伯先生文集·致张渔珊司铎六书》编者按)。1947年,徐宗泽去世后,王方司铎继任藏书楼主任,王昌祉司铎担任专职编译。

10月25日,复旦公学举行创建十周年纪念大会,本日下午三时,在本校礼堂举行。李登辉校长首先报告了历年进步状况,次由王亮畴代表校董,邵力子代表同学会,蒋梅笙代表教员,沈元鼎代表全体学生相继演说。最后,由马相伯在南京临时政府中的小友朱少屏发表演说,论及复旦公学与中华

共和之关系,以及办学之艰难卓著。(《时报》,1915年10月26日)

12月,为英敛之、陈垣等合作刊印事,作《重刊〈辩学遗牍〉跋》。"《大公报》主任英敛之喜见《天学初函》,亟为重校,刊报尾广布。计余所见重刊,此其四矣。然则是非自有大公。纪氏之言佛教非天主教所可辟云云,特徇势位为是非,何足沮人特刊而不一刊哉?一千九百十五年十二月,相伯马良题于北京培根学校。"

12月3日,《时报》以"江苏京官马良等致苏巡按请免加赋"为题,公布马相伯致江苏巡按使齐耀琳(震岩)的公函,反对在江苏增加赋税,内称:"(江苏)久困重赋,已有不可终日之象。终岁勤动,颗粒无余。今日完租,明日乞贷。野闻啼饥之声,人丧乐生之念。方闻酌改旧赋,以抒残喘。奚堪议增新额,转促生机。兹者部电嘱公重行复议,谆谆以平均负担为词。"

12月11日,中华民国代行立法院推戴袁世凯为本国皇帝。15日,袁世凯册封原副总统黎元洪为武义亲王。20日,袁世凯申令以徐世昌、赵尔巽、李经羲、张謇为"嵩山四友"。23日,蔡锷、任可澄、唐继尧、戴戡等在云南起义反袁,要求将筹安会杨度、孙毓筠、严复、刘师培、李燮和、胡瑛等六人,以及通电各省拥护帝制的朱启钤、段芝贵、周自齐、梁士诒、张镇芳、袁乃宽等七人"明正刑典",以谢天下。31日,袁世凯定次年为"洪宪元年"。马相伯在参议院修订宪法,议论国体、政体时一贯反对袁世凯的帝制图谋,曾劝告严复不要加入"筹安会"。但袁世凯称帝前后,马相伯并没有离开北京。

钱智修《马相伯先生九十八岁年谱》:"先生居北京凡四年,以前游朝鲜时与袁世凯雅故,故袁氏亦优礼甚至。历任参议院参议,参政院参政,平政院平政等职。先生主持正义,阴折奸谋,严气正性,同列敬惮。尝著《华封老人宪法谈》,主废省制,改郡县,立乡甲保,普遍征兵,读者欣服。时有主国教者,先生以违信仰自由原理,印小册子多种驳斥之,议遂不起。及帝制议起,先生力争,不听。方解职南下,而密探已周布寓宅,谋不利于先生,遂不果行。"(《中央日报》,1938年5月16日)马相伯虽欲和其他国会议员一样离开北京,但并未果行。他在培根学堂住所被袁世凯重兵看守,遂不得南归,因而得见袁世凯在北京称帝。据方豪1946年4月在南京天主堂先生书房内所见,马相伯收到袁世凯登基典礼的邀请函"新华宫朝贺典礼礼节","红色厚纸,黑字印刷,用折叠式,共六折"。邀请内容为:"一月一日上午十点钟朝贺礼节,届期上午九点钟以前朝贺各官偕新华宫门递臣名柬入门券,由伴引官验券,引入,乘汽车至丰泽园门下车,换乘人力车,至宝光门下车,进宝光门至景福门,收入门券,来熏风门承宣官收臣名柬,经更衣室入礼堂,文武侍官班立,掌仪官引各官署文官在礼堂东,武官在礼堂西,各排定班次,北向肃立,奏乐,承宣官入奏,礼官恭请皇帝临礼堂,升宝座,乐止,朝贺各官向皇帝便朝贺,行三鞠躬礼毕,奏乐,礼官恭请皇帝入休息室,乐止,掌仪官引朝贺各官退。"(方豪:《马相伯先生年谱新编》,李东华编:《方豪晚年论文辑》,台北:辅仁大学出版社,2010年,第261页)

12月18日,袁世凯"帝制自为"计划已定,本日颁布总统令,由他开列一份名单,即一些耆老人物可以在他登基之后免于称臣,马相伯名列其中。"凡我旧侣及耆硕故人,均勿称臣。时难方殷,要在协力谋国,无取仪文末节也。"他所开列的免于称臣跪拜的人物有:"旧侣黎元洪、奕劻、载沣、世续、那桐、锡良、周馥七人;故人徐世昌、赵尔巽、李经羲、张謇四人;耆硕王闿运、马相伯二人。"(陶菊隐著:《北洋军阀统治时期史话(二)》,北京:生活·读书·新知三联书店,1957年,第133页)

12月19日,中华民国设立洪宪皇帝登极典礼筹备处,朱启钤任处长,梁士诒、周自齐、张镇芳、杨度、孙毓筠、唐在礼、叶恭绰、曹汝霖、江朝宗、吴炳湘、施愚、顾鳌为处员。筹备处改太和殿为承运殿,修缮费470万元;另制御座、御玺、龙袍,仅龙袍就耗费数十万元;全部帝制筹备费用约达3 000万元。(郭廷以编著:《中华民国史事日志(一)》,台北:"中研院"近代史研究所,1979年,第210页)

12月25日,圣诞节,下午二时,上海公教进行会邀请沪上绅、商、学界著名人士举行联欢,出席者有孟莼孙(森)、陆崧侯、孙小风、张伯初、臧廉逊、张逸槎、黄任之(炎培)、叶桐叔、沈信卿(恩孚)、郁屏翰、袁希涛(观澜)、莫子经、吴怀疚、宋汉章等(《圣教杂志》第4卷第2期,1915年),多为马相伯的门生、故旧和朋友。

本年,与北京天主教徒英华一起,商议重刊《天学初函》。

本年,马建忠(眉叔)子小眉(筱眉)在杭州去世。(方豪:《马相伯先生年谱新编》,台北:辅仁大学出版社,2010年,第261页)马建忠有二子,即小眉、幼眉。长子马小眉从事实业,曾在昆山办电灯厂。次子马幼眉亦投资实业,主要产业位于上海青浦朱家角镇。

1911年,马幼眉在朱家角镇开办余丰碾米厂,附设发电厂。因兼营家庭、工厂和公共照明生意,亦称光华电灯公司,1919年改名珠浦电灯厂。马幼眉在朱家角镇的公司兼住宅位于漕河街港滩279—281号,为一幢"仿欧式建筑,砖木结构,坐南朝北,面对漕港河,占地面积约350平方米,建筑面积400多平方米。二进,中间有走廊相接。一进为三开间,门面二层楼房,面宽13.6米,进深6.5米。底层中间为豁圆大门,门面用青、红砖相间砌成,上原有'珠浦电灯厂'字样"(编纂委员会:《朱家角镇志》,上海:上海辞书出版社,2006年,第158页)。

本年,复旦公学建立了稳定的课程体系和文、理分科学制,与欧美课程(Curriculum)基本一致。按上海《时事新报》、《国学杂志》等刊登的《上海学校调查记》,复旦公学的中学,大学预科、本科的文、理专业课程内容如下:"中学科:国文、英文、算术、代数、世界地理、平面几何、世界史、立体几何、平面三角、地文、吴历、几何画、图画、兵操;大学预科(文科):国文、文学、修词、德文、法文、名学、公民学、欧洲近世史、弧三角、英文演说、兵操;大学文科:国文、文学、文学史、德文、法文、拉丁希腊、经济、十九世纪史、心理学、国际公法、法律原理、民法、天演学、社会学、政治学、时事选读、法学通论、刑法宪法、哲学、伦理、人种学、理财、东方诸国史、高等代数、高等物理、解析几何、微积、生物学、英文演说、兵操;大学预科(理科):国文、文学、作文、德文、法文、名学、高等代数及弧三角、化学、公民学、几何画、英文演说、兵操;大学理科:国文、文学、德文、法文、化学、解析几何、物理、心理学、经济学、器械画、微积、重学、实验物理、地文学、化学、矿物学、伦理学、社会学、应用算学、电光热学、格致化学、有机化学、分析化学、植物学、动物学、地质学、测量、哲学、英文演说、兵操。"(《国学杂志》,1915年第4期)

1916年(民国五年,丙辰),七十七岁

1月1日,袁世凯改今年为"洪宪元年",改总统府为新华宫,策令孔令贻继续沿袭衍圣公封号,并加郡王衔。同日,云南都督唐继尧反对"帝制",发布讨袁命令;次日,北洋将领李纯电请袁世凯早登帝位。上年年底,马相伯收到总统府发布的一份"洪宪月份牌"。仍然留京在培根学堂居住的马相伯,发现其收藏价值,托人从北京寄到上海,交由徐家汇藏书楼,由书楼主任张璜(渔珊)题跋,并负责收藏。

据上海媒体报道,2015年11月18日上海图书馆举办"生前身后:上海图书馆藏人物文献展",展出了这份珍贵的《新旧历对照表》(1916),"复旦大学哲学学院教授李天纲表示,这份月份牌不仅是洪宪纪念的佐证实物之一,且存世罕见。马相伯一路见证袁世凯的政情起伏,目光敏锐,视野开阔,一眼就看出其文物价值"(《新闻晨报》,2015年11月18日)。

1月8日,为配合云南、广州的讨袁运动,上海的小股革命党人攻击漕河泾警察分所。另外,交通银行上海分行总理张绍莲被刺身亡。(郭廷以编著:《中华民国史事日志(一)》,台北:"中研院"近代史研究所,1979年,第216页)

2月5日,马相伯在香山辅仁社暂居,本日完成长篇跋文《书〈利先生行迹〉后》的撰写。《利先生行迹》为明末艾儒略所作,此次在北京重刊,由马相伯发动。他"从上海徐家汇藏书楼邮借所藏抄本,抄手甚劣而多误,亟与友人英敛之共读共校,亟付手民"。本文作于"丙辰日本三圣致命日",即1597年本长崎26位天主教徒殉教之日。1862年,教宗庇护第九时封圣长崎致命教徒,定2月5日为亚洲天主教纪念日。1919年,陈垣主编天主教旧籍重刊,将《大西利先生行迹》与《辩学遗牍》、《明浙西李之藻传》合为一册,铅印发行。

2月25日,外交总长陆徵祥将中华民国将变更国体的照会底稿,咨送各国驻华使节存底,俟袁世凯正式即位洪宪皇帝后,再照会各该国政府。(郭

廷以编辑：《中华民国史事日志（一）》，台北："中研院"近代史研究所，1979年，第224页）

3月19日，圣若瑟主保日，马相伯为英敛之《万松野人言善录》作序。序中介绍英敛之事迹，"万松野人者，与余同教，尤与道有宿契。自幼天性沈毅，独惶惶然以求道为己任，遍求之于三教弗慊也，于耶稣新教亦终未慊。弱冠后，始得耶稣旧教之书而读之。读之既久且多，因多而疑，而问，而思，而辨。弗慊，弗信，信岂苟然已哉？当其在天津《大公报》，凡救灾劝募等，必首首然不辞。近则与夫人爱新觉罗氏隐迹香山，共襄教育"（《〈万松野人言善录〉序》，朱维铮主编：《马相伯集》，上海：复旦大学出版社，1996年，第226页）。

《万松野人言善录》中多有英敛之就信理、信德，理解和诠释中国哲人警世通言之心得，亦有与马相伯切磋学理之记录。英敛之在书中记录："马相伯先生尝为学生演说，示其为学之方，曰：诸君读书固贵渊博，然务须效蜜蜂，不可似苍蝇。盖蜜蜂终日勤勤，专采百花精华而酿成美妙之蜜。若苍蝇则终日营营，无香无臭，无垢无净，无不丛集，一事无成，不过浊秽卑污，招人憎厌而已。学者切记，务效蜜蜂之精采，无为苍蝇之滥嗾。"（《〈万松野人言善录〉再版序》，乙未三月，京师再版，香港中文大学崇基学院图书馆张祝龄藏本，第48页）

3月25日，马相伯任职所在的参政院，收到袁世凯命令登极大典筹备处办事员长朱启钤退还本院所上之"皇帝推戴书"。参政院（立法院）遂议决：因推戴皇帝案失效，本院恢复行使中华民国约法之各法令条款。26日，前国务院内阁总理唐绍仪通电，斥责袁世凯不得再担任原职，应依照约法规定之程序，改选大总统。27日，沪、京报道称袁世凯"愧愤成疾"，日本消息则称"袁病失音，疑系中毒"（以上均据郭廷以编著：《中华民国史事日志（一）》，台北："中研院"近代史研究所，1979年，第229页）。

4月23日，马相伯响应各界反对袁世凯帝制自为，辞去参政院参政职务，以逼迫他一并辞去大总统。上海《新闻报》4月24日报道，昨日北京专电，中华民国"参政严复、王印川、孙武、马良均呈请辞职"。5月4日，康有为发表《为国家筹安定策者》，倡议复辟；5月5日，梁启超发表《辟复辟论》，反对帝制。（郭廷以编著：《中华民国史事日志（一）》，台北："中研院"近代史研究所，1979年，第236页）

5月7日，北京各界铭记上一年中日签订"二十一条"协议，举行"国耻纪念日"，又为美国圣经公会成立一百周年纪念，特邀请马相伯在北京中央公园以"圣经与人群之关系"发表演说。同场演说者还有雍剑秋、美国驻华公使芮保罗、著名传教士丁韪良等,发放演说预备券数千张,北京各界人士前往听讲。

马相伯以"圣经与人群之关系"为题发表演说,演说稿经过整理,成2万4千字的长篇论文《圣经与人群之关系》,全面论述了基督宗教和《圣经》对人性的正面影响,以及它对中国人及中华民国可以起到的积极作用。"圣经与人群之关系"系根据雍剑秋拟演说题目"圣经与国家之关系",变其意而定。演说当天,美国著名传教士丁韪良(William Alexander Parsons Martin,1827—1916)在中央公园现场为雍剑秋举行受洗仪式,雍则"购《圣经》五千二百余部,分赠政、学界友朋,附印介绍词,盛称《圣经》之有益于世道人心"(《兴华》,1916年5月3日)。马相伯演说稿,亦由雍剑秋出资在天津公记印书局印行。(朱维铮主编:《马相伯集》,上海:复旦大学出版社,1996年,第185—221页;《公教周刊》,1932年,第157期;《大公报》,1916年5月7日)袁世凯称帝期间,马相伯持反对帝制自为的态度,并表示要辞职,但并没有回到上海,而是在北京继续活动。张若谷《苦斗了一百年的马相伯》称:马相伯"正想南下,而密探已经把他的住宅四周包围。他终不屈服,好容易等到一个机会,他化妆扮作一个买菜的老人家,带了一只竹篮,逃出了北京城,隐居上海徐家汇土山湾"(张若谷编著:《马相伯先生年谱》附录,上海:商务印书馆,1939年)。这段话不确。马相伯回南,不在袁世凯称帝期间,而是在张勋复辟以后。

5月8日,孙文在上海发表讨袁宣言,表示尊重约法,与全国各地讨袁军合作,逼迫袁世凯退位。孙文仍使用五色旗作为国旗,提出民族、民权、民生三大主义,谋求变革中华民国宗旨。(郭廷以编著:《中华民国史事日志(一)》,台北:"中研院"近代史研究所,1979年,第238页)

6月6日,上午十时十五分,中华民国大总统袁世凯因病去世,黎元洪副总统以袁世凯遗令,按民国约法代理大总统职,后即正式继任。次日,长江巡阅使张勋通电张作霖,主张由宣统复辟,恢复帝制。6月28日,袁世凯灵柩出京,归葬家乡河南彰德。

6月25日,章太炎获释后,离开北京南下。章太炎是1913年7月遭到袁世凯囚禁,至本年6月20日解除看守,恢复自由。7月5日,章太炎回到杭州。(郭廷以编著:《中华民国史事日志(一)》,台北:"中研院"近代史研究所,1979年,第249页)

6月30日,袁世凯死后,中华民国政府重组,一直在北方反对帝制的段祺瑞,推举黎元洪继任大总统,自己担任国务总理。本日,发布各部总长名单：外交唐绍仪、内务许世英(后转任交通)、财政陈锦涛、海军程璧光、司法张耀曾、教育孙洪伊(后改任内务,范源濂任教育)、农商张国淦、交通汪大燮(后由许世英改任)、陆军段祺瑞(兼)。马相伯所在之参政院作为立法机构仍行保留,继续运作。

7月6日,北京任命各省军务长官为督军,民政长官为省长,名单发布：奉天督军张作霖,署省长；吉林督军孟恩远,省长郭宗熙；山东督军张怀芝,省长孙发绪；河南督军赵倜,省长田文烈；山西督军阎锡山,省长沈铭昌；江苏督军冯国璋,省长齐耀琳；安徽督军张勋,省长倪嗣冲；江西督军李纯,省长戚扬；福建督军李厚基,省长胡瑞霖；浙江督军吕公望,署省长；湖北督军王占元,省长范守佑；湖南督军陈宧,署省长；陕西督军陈树藩,署省长；四川督军蔡锷,署省长；广东督军陆荣廷,省长朱庆澜；广西督军陈炳焜,省长罗佩金；云南督军唐继尧,省长任可澄；贵州督军刘显世,省长戴戡；直隶省长朱家宝,署督军；黑龙江省长毕桂芳,署督军；甘肃省长张广建,署督军；新疆省长杨增新,署督军。陈宧未到任,陆荣廷暂署湖南督军；陆荣廷未到任之前,龙济光暂署广东督军。(郭廷以编著：《中华民国史事日志(一)》,台北："中研院"近代史研究所,1979年,第251页)

8月1日,马相伯以中华民国首届参政院参议员的身份,参加袁世凯死后恢复举行的国会("第二次常会")。按6月29日北京政府发布恢复民元约法的政令："共和国体,首重民意。民意所寄,厥为宪法。宪法之成,专待国会。我中华民国国会自三年一月十日停止以后,时越两载,迄未召复,以至开国五年,宪法未定,大本不立,庶政无由进行。亟应召集国会,速定宪法,以协民志而固国本。宪法未定以前,仍遵行中华民国元年三月十一日公布之临时约法,至宪法成立为止。"(转见自陶菊隐著：《北洋军阀统治时期史话(三)》,北京：生活·读书·新知三联书店,1977年,第8页)马相伯此前参与修改宪法《天坛草案》工作亦告结束。

10月,马相伯再次参与讨论宪法修订事宜,为《临时约法》中的争议问题,作《宪法向界》一文。"今于民国五年八月,复开过会,继续进行,其宪法制定之权,与起草不同,与会外之草议更不同。"(朱维铮主编：《马相伯集》,上海：复旦大学出版社,1996年,第277页)

11月20日,原国务院秘书长徐树铮因深度介入"府院之争"被免职,准备去欧洲考察,本日"偕林琴南、马湘伯等游公园,意态娴雅"(《时报》,1916年11月21日)。马相伯、林琴南陪同徐树铮散心,畅谈国外政情、风情。

12月26日,马相伯发起组织之"信教自由联合会"在北京中央公园举行新年俱乐会,继续讨论中华民国国教问题。蔡元培从上海到京,在履任北京大学校长之前,应马相伯邀请莅会,发表专题演说。演说稿预先发表于《新青年》(第2卷第5号,1917年1月1日发行)和《东方杂志》(第14卷第3号,1917年3月15日发行)上,其言辞略谓:"据鄙人今日因信教自由会新年俱乐会之机会,得与国会及学界、报界诸君相聚一堂,诚为鄙人之幸。窃闻今日论者旺旺有请定孔教为国教之议,鄙人对兹问题,深感骇异。据鄙人观之,孔子是孔子,宗教是宗教,国家是国家,各有范围,不能并做一谈。"、"孔教不成名词,国教亦不成名词,然则所谓'以孔教为国教'者,实不可通之语。"(高平叔编:《蔡元培全集(二)》,北京:中华书局,1984年,第490页)

本年,马相伯在京期间多病,常去西郊香山疗养。英敛之招待益勤,交往益多,了解愈深。"余顷岁因病时往(香山),往必与野人(英敛之)共晨夕,益用悉其生平。"(《〈万松野人言善录〉序》,朱维铮主编:《马相伯集》,上海:复旦大学出版社,1996年,第226页)

本年,陈垣编《中国分合一览表》,讨论联邦制问题,请序于马相伯。马相伯作《书〈分合表〉后》,介绍陈垣及其著作,称:"陈君人才表,以译经为比数者,盖以文学则无标准,以政学、军学,则大都时局所造成,反不如译经者,有世界眼光,不拘拘于一先生之说也。"(《书〈分合表〉后》,朱维铮主编:《马相伯集》,上海:复旦大学出版社,1996年,第284页)即与年轻学者陈垣正式订交。

陈垣(1880—1971),字援庵,号励耘,广东新会人,出生中药材家庭。初就学于私塾,曾就试1897年北京顺天乡试,落第后回广州任教馆。1904年主编广州《时事画报》,与高剑父合作,图文并茂。1907年考入博济医学堂,2年后参与创办广州光华医学专门学校,毕业于该校。在广州期间,与石室天主堂巍司铎相过从。1911年,主编《光华日报》,参与辛亥革命。1913年4月,当选为第一届国会众议院广东省议员,从此定居在北京从政、治学。1913年10月,陈垣参与"民国二年"反对孔教会提案活动,受到威胁,引起马相伯的注意。(见《〈元代也里可温考〉序》,朱维铮主编:《马相伯集》,上海:复旦大学出版社,1996年,第299页)1916年,马相伯为陈垣《书〈分合表〉后》作序,为陈马订交之始。此后,两人谈论中国天主教史,提供、交换和整理相关史料和文献。陈垣因同乡关系,结识交通系首领梁士诒,入全国税务处工作。1917年10月,曾随梁士诒访问日本。陈垣在北京入基督教,参与西四缸瓦市教堂(伦敦会创建,后属中华基督教会,今西城区西四南大街574号)礼拜。(刘贤:《陈垣基督教信仰考》,《史学月刊》,2006年,第

10期)1917年,陈垣得马相伯介绍,从西山英敛之处取用明清天主教历史资料,又为英著《言善录》作序。"至西山访英敛之先生,英先生乃将所蓄公教旧藏尽与之。时,英先生方主办辅仁社,有社课曰也里可温考。氏出其研究所得,遂一鸣惊人。"(《研究中国天主教史迹之教外学人·陈垣》,《上智编译馆馆刊》,第1卷,第1期)陈垣以《元也里可温教考》(1917)一文成名后,脱离政界,专心治学。1922年,担任北京大学研究所国学门导师、京师图书馆馆长;1924年,任清室善后委员会委员;1925年,任故宫博物院图书馆馆长;1926年,任天主教辅仁大学校长;1928年,任燕京大学国学研究所所长;1929年,任北平师范大学史学系主任;1935年,被选为中央研究院评议员。1950年,中华人民共和国教育部接管辅仁大学后,陈垣继续担任校长;1953年,全国高等院校院系调整,陈垣担任北京师范大学校长;1954年,任中国科学院历史研究二所所长;1955年,任全国哲学社会科学学部委员;1959年,加入中国共产党。1971年6月21日在北京去世。(陈智超:《民国人物传(十一)·陈垣》,北京:中华书局,2002年,第383页)

1916年,陈垣在众议院结识马相伯,后又获识英敛之,得明清教史资料,进入中国天主教历史研究。1917年,马相伯亲自拟题,征集研究中西文化交流史论文,陈垣以《元也里可温教考》应征,一举成名。此后,陈垣一直从事教会史、宗教史和中国历史研究,以考证精详,断案明晰,视野开阔著名。陈垣学术地位建立后,一直与马相伯、英敛之交往。陈垣的作品还有:《火祆教入中国考》、《摩尼教入中国考》、《回回教入中国史略》、《元西域人华化考》、《明季滇黔佛教考》、《中国佛教史籍概论》、《史讳举例》、《校勘学释例》等。中国学术界并称陈垣与陈寅恪为"史学二陈",为著名历史学家和宗教史学者。(参见:陈智超撰《出版说明》,收《陈垣早年文集》,台北:"中研院"中国文哲研究所,1992年)陈垣对马相伯异常感恩,视同父辈,曾说:"垣游京师十年,父事者二人,曰丹徒马先生相伯,曰梅县黄先生均选。"(《黄均选先生暨罗夫人七十双寿序》)马相伯在京期间,两人常聚在培根学堂谈学问。马相伯回上海以后,仍然记得"援庵先生住西安门大街六十五号"(《致英淑贞》,《马相伯集》,上海:复旦大学出版社,1996年,第437页),距府右街北口培根学堂仅一二里,与西什库教堂(北堂)同属一个街区。马相伯曾将梁启超与陈垣作学术比较,对后者的史学造诣评价甚高:"北平辅仁大学校长陈垣先生,寄一篇宗教史的论文,乞正于相老人。相老人看后,连称:'好极!是一位天生的史学家!好极!'有人问:比较梁任公如何？相老人答：'梁任公长于撰述政论，他对于史学一门是很粗疏的。想来留东时期，稍浏览些书籍。任公的新文笔很足以惊到老辈，像援庵才是一个史学家。'"（《乐善堂纪闻》，朱维铮主编：《马相伯集》，上海：复旦大学出版社，1996年，第1019页）

本年，马相伯在北方从事反对孔教会，维持宪法上信教自由权利的活动，多与天津实业家雍剑秋合作。他们在津、京地区发起成立"信教自由联合会"，召开天主教、基督教、伊斯兰教、佛教、道教徒联合大会，抵制袁世凯立孔教为国教。"与雍剑秋等在北京联合天主教民开会，反对孔道修身，定为国教。发表《书〈请定儒教为国教案书〉后》，长一万五千言。又撰《保持约法上人民自由权》一文，与雍剑秋等发起成立天津信教自由会，联合天主、耶稣、回、释、道各教徒，拥护完全信教之自由。"（张若谷编著：《马相伯先生年谱》，上海：商务印书馆，1939年，第222页）

雍剑秋（1880—1948），名涛，英文名 Franklin，江苏高邮人。1888年随母亲移居上海，1895年始学英文。后去香港教会学堂读书，不久到新加坡学堂读书。1898年毕业，回到上海。1900年，任盛宣怀等人在上海组织的"救济北方难民慈善团"翻译，在天津与都统衙门等机构合作，处理义和团事变灾民的善后事宜，与德璀琳、汉纳根等人熟悉；1901年，捐纳成直隶省候补道员，担任京奉铁路丰台站站长。1911年，获任天津造币总厂副厂长，后辞职担任德商礼和洋行、捷成洋行买办。因代理经销克虏伯军火，帮助北洋军事系统采办武器装备，遂为北方富豪。1918年，移居天津，投资实业，经营房地产，拥有"西湖饭店"和大量住宅建筑。雍剑秋参与众多慈善活动，担任天津江苏会馆、广仁堂、汇文中学、南开中学董事等。（参见徐友春主编：《民国人物大辞典》，石家庄：河北人民出版社，1991年，第1296页）雍氏宅邸在天津今马场道60号，雍剑秋在1917年在北京加入基督教会，曾捐巨款，"遍竖五角石柱于（北京）都中通衢，上刻圣贤遗训"（《兴华》，1916年5月3日）。1919年5月，捐助北京东柳树井中华基督教会2 350元，建造教堂。后更捐助天津教会，担任基督教青年会会长。1925年，在天津建立养真社，自任社长，并于本年10月回上海从事慈善活动，于26日晚在上海大东旅社演说"养真社主义"，"提倡废娼、废妾、废赌"。10月27日中午，雍剑秋向中华民国拒毒会捐款1 000元。上海各界在都益处川菜馆设宴，商讨禁毒运动。复旦公学校长李登辉及赵晋卿、罗运炎、钟可托、黄嘉惠等出席。（《兴华》，1925年第22卷，第43期）雍剑秋在北京时期与马相伯建立关系，邀请他和蔡元培等人在北京、天津青年会发表演说。马相伯则将雍剑秋介绍给上海社会各界,从事慈善活动。

孙绳武《从念记马相伯先生回忆到信教自由会》(《回教论坛半月刊》,1939年,第2卷,第8期):"我最初认识相老在民国六年,当时洪宪之乱刚告结束,议会重开,参、众两院合组宪法会议。议员中有人提出以孔教为国教的议案。在京各教认识采听到是项消息,很不以为然。于是大家组织了一个信教自由会,共筹对策。参加者天主教有马相伯先生,暨莫实夫、艾达天、王子真诸先生;耶稣教有徐季龙、陈铁生、雍剑秋、刘芳、钟可托、徐凤人诸先生;佛教有王兴楫先生等,回教只有我一人。年高德昭的相老当然是居于领导地位。大家所信仰的宗教虽不一致,但是对于信教自由,都认为天经地义。在所有的民治国家里,人民没有不相授信教自由的,何况我国共和的基础甫经重新奠定,民治的精神亟待发扬。若有限制信教自由的一举,起步又是背道而驰?"

本年,应北京基督教青年会邀请致开幕词,演说"中国今日之需要"(《青年会开会演说词》,朱维铮主编:《马相伯集》,上海:复旦大学出版社,1996年,第184页)。

本年,马相伯以金坛、常州县农户的名义,呈请中华民国政府农商部总长允许设立"农业改良社"。此举作为试验,以便在全国推行现代国家之农业进步事业。农业改良社宗旨为,"一改良种子,二改良养料,三改良农牧方法"。有田百亩以上可成为社友,缴纳会费;每年集会两次,推举正副社长各一名,聘用书记员、调查员。农业改良社为自治组织,不须行政经费,而向农商部申报、备案之目的,全在推广,"请由大部(农商部)提倡,行知各省仿办,实为公便"(《呈设农业改良社》,朱维铮主编:《马相伯集》,上海:复旦大学出版社,1996年,第288页)。

1917年(民国六年,丁巳),七十八岁

1月12日,继任大总统黎元洪邀请梁启超、汤化龙、梁善济、蓝公武、徐佛苏、王家襄、吴景濂、王正廷、孙洪伊、谷锺秀、张耀曾等会商修宪问题,希望早日制定中华民国宪法。马相伯为大总统高等政治顾问、宪法天坛草案起草人未被邀请。1月16日,黎元洪授孙文大勋位,以示与革命党合作;1月19日,又特授李烈钧(恒威)、胡汉民(智威)、柏文蔚(烈威)、陈炯明(定威)、李鼎新(曜威)、陈宧(毅威)、汤芗铭(信威)、周骏(翊威)、吕公望(怀威)为将军。(郭廷以编著:《中华民国史事日志(一)》,台北:"中研院"近代史研究所,1979年,第279页)马相伯南归后与恒威将军李烈钧关系密切,后者在宁、桂、渝等处照顾老人,以父事之。

4月20日(闰二月二十九日),本日,英敛之复函陈垣,约定在北京城内马相伯寓居的培根学堂见面,函称:"援庵先生道鉴:华回山后得读赐示,虚怀下问之诚,令人钦佩曷极。华刻复进城,拟趋聆雅教,不知何时尊便,乞电话示知。如大驾能来培根,尤为方便。特此奉布,敬候定夺。匆匆,专此,顺颂钧安。弟英华顿首。丁巳闰月二十九日。"马相伯4月20日《致陈垣》函中透露,英敛之顷接陈垣来函,便马上安排回到城内,一俟陈垣空出,即刻会面。会面处定于培根学堂,则马相伯一定在场。为方便陈垣随时来访,英敛之将马相伯在培根学堂所用的电话号码付给,称"培根电话,南局一五九四"。此次三人相聚,应为马相伯、陈垣、英敛之为研究中国天主教历史订约之始。

4月30日(三月十日,丁巳辰建十日),马相伯为陈垣《元代也里可温考》作序。丁巳,即1917年;辰建,辰月,即三月。"丁巳辰建十日",为1917年4月30日。陈垣作《元代也里可温考》,本年初版,由英敛之安排印行。1917年8月本书再版,改名为《元也里可温考》;1918年1月至5月,《东方杂志》(月刊)连载《元也里可温考》;1920年10月,增订后出版第三版,英敛之跋仍附,马相伯序则未刊出;1923年12月商务印书馆列入《东方文库》,书名仍为《元也里可温考》。1934年9月最终定名为《元也里可温教考》。

马相伯《〈元代也里可温考〉序》，透露了他赏识陈垣是因为在国会反对以孔教入宪，陈垣通电阻止独尊孔教。"君即民国二年反对孔子为国家，而狂夫某电京，嗾明正典刑者之一。"此后，陈垣作为广东省议员来京，政余从事宗教史研究，颇有所得，马相伯愈加欣赏："向余只知有元十字寺为基督旧教堂，不知也里可温有福音旧教人之义也，知之，自援庵君陈垣始。……今君广辑考证，亦犹此意也夫？君真余师也！余谓也里可温为旧教者，盖以时计之，德之路德犹未生故，法之加尔文亦未生故，英之亨利第八俱未生故。时丁巳辰建十日，丹阳马良叙于京师培根学校之南轩。"（《〈元代也里可温考〉序》，朱维铮主编：《马相伯集》，上海：复旦大学出版社，1996年，第299页）陈垣亦在《元也里可温考》中透露本文写作与马相伯关系："关于大兴国寺记一事，凤闻马相伯丈言，镇江有是十字碑，中多音译。"可见"也里可温考"之题的提出，实与马相伯相关。按马相伯本序言所署住址为"京师培根学校之南轩"，则序成之日（4月30日）他是住在北京由天主教徒英贞淑女士开办的培根学堂中，与陈垣（时西安门大街）望街而居。

陈垣撰写《元也里可温教考》的起因，是应征马相伯、英敛之等人为北京辅仁社拟定的研究课题，为参与中国天主教历史所做的投稿之文。陈垣说："此辅仁社课题也。辅仁社者，英敛之先生与其门弟子讲学论文之所。余尝一谒先生，先生出示辅仁社课，中有题曰：'元也里可温考。'余叩其端绪，偶有所触，归而发箧陈书，勾稽旬日，得佐证若干条，益以辅仁社诸子所得，比事属词，都为一卷，以报先生。先生曰：'善！愿以付梓。'……余乃重理其稿，并经马相伯先生为之点定，乃付刊。"（转见自方豪：《马相伯先生年谱新编》，李东华编：《方豪晚年论文辑》，台北：辅仁大学出版社，2010年，第273页）陈垣作《元也里可温教考》，题目得自辅仁社系列课题，先前并无准备。陈垣研究得到辅仁社同事的启发，利用了学社积累的成果和资料。关于将中国天主教划分为"唐代景教"、"元代也里可温教"、"明清天主教"三时段，出于马相伯、英敛之为辅仁社设立研究计划。按英敛之《〈元也里可温考〉跋》中的说法，情况确实如此。"仆与二三子立辅仁社于京西香山静宜园中，抱残守缺，日惟故纸堆中讨生活。数年中所拟考索之题，曰唐景教碑考，曰元也里可温考，曰清四库全书总目评教中先辈著述辨，皆东鳞西爪，略得梗概。丁巳春，忽承陈援庵先生以搜求教中三百年前之著述走简相询，仆喜不自胜，因倾筐倒篋，供其一得。乃承先生以敏锐之眼光，精悍之手腕，于也里可温条旁引曲证，源源本本，将数百年久晦之名词，昭然揭出,使人无少疑贰。回视仆辈所挟,真兔园册子矣。因亟为付手民,以公诸世。呜呼! 安得先生于鄙人所拟各题,一一为之针膏起废,则截伪续真,发聋振聩,不独鄙人之私幸矣。丁巳三月,英华敛之识于培根南楼。"(英敛之:《〈元也里可温考〉跋》)1924 年,陈垣根据马相伯、英敛之拟辅仁社课题,提出"基督教入华四期说"(《真理周刊》,1924 年 7 月)。英敛之、马相伯对陈垣参与天主教史研究甚为兴奋,以为幸得其人。

5 月 2 日,新一届政府组阁,同人中有推举马相伯担任教育部总长。上海《时报》据北京 1 日专电消息,"范源濂荐马良长教育,黎总统、段总理已表示赞同意"。5 月 5 日,《时报》又有报道,称"内务夏寿康、教育马良,司法、农商亦拟有人。交通皖、粤两派竞争不下,黎总统、段总理意属汪大燮,尚未承诺"。

5 月 6 日,马相伯应邀参与发起中华职业教育社,成立大会本日在上海南市林荫路 165 号江苏教育总会召开。中华职业教育社为职业教育团体,为培养职业人才的机构,按《中华职业教育社募集社员启事》(《东方杂志》第十四卷第七号),主要发起人为伍廷芳、袁希涛、张寿春、邓萃英、聂云台、梁启超、张元济、周诒春、于定一、陈容、张謇、江谦、杨廷栋、朱友渔、蒋梦麟、蔡元培、陈宝泉、史家修、庄俞、顾树森、严修、宋汉章、刘恒、刁信德、沈恩孚、唐绍仪、陈辉德、穆湘玥、朱庭琪、余日章、范源濂、陆费逵、蒋维乔、郭秉文、汤化龙、朱胡彬夏、张嘉璈、龚杰、贾丰臻、黄炎培、王正廷、穆湘瑶、刘以锺、朱叔源等 44 人。全部发起人则包括马相伯等 48 人,马相伯担任评议员。

中华职业教育社由黄炎培长期主持,"民国六年五月,全国南北教育家发起创设中华职业教育社于上海。社章第二条规定目的:甲,推广职业教育;乙,改良职业教育;丙,改良普通教育,俾为适于生活之准备。第三条,事业:第一类分调查、研究、劝导、指示、讲演、出版、表扬、通讯、答问;第二类设立职业学校等;第三类设职业介绍部"(黄炎培:《三十五年来中国之职业教育》,本馆编:《最近三十五年之中国教育(上)》,上海:商务印书馆,1931 年,第 142 页)。本次会议选举沈恩孚为干事会干事;后通讯选举黄炎培、沈恩孚等 12 人为议事员。10 月 6 日,南洋富商陈嘉庚向职教社提供首笔赞助 2 000 银元,后连续五年捐赠。10 月,职教社创刊《教育与职业》,蒋梦麟担任总编辑。次年 6 月 15 日,中华职业教育社在上海建造中华职业学校奠基,址设陆家浜(今陆家浜路 918 号)。

5月9日，据上海《时报》本日从北京发出的专电报道，马相伯在中国是否应参加协约国与同盟国作战的争议中态度谨慎。"马湘伯（良）云：与协约国人知交甚多，问以入战保障，不答一辞，故应慎重。"时，马相伯仍居住在北京。

5月，马相伯上书国务院总理段祺瑞，请求北京政府拨款，赎回已经由东方汇理银行拍卖、被法商购买的求新船厂。上海求新船厂为朱志尧创办，1913年7月因"二次革命"中军人攻打江南制造局，殃及工厂。经营困难后，曾向上海东方汇理银行抵押，财政总长周自齐承诺担保。本年5月，担保期止，抵押款未至，汇理银行收走求新船厂，以50万元作价卖给法商。马相伯、朱志尧以求新船厂能生产潜艇等军工产品，关系国防，向段祺瑞申请由政府按约拨款，赎回船厂。

马相伯《致段祺瑞》："去春曾以朱志尧所设求新厂能制潜艇等国防利器，上渎崇听。该厂因上海二次革命，所受无妄之灾，及贷助南市借项之故，致欠东方汇理银行银三四十万。以此民国三年，禀蒙前总统俯念该厂颇得风气之先，准由部长周自齐担保作抵，延至今年五月到期，遂为法商购去，价银仅五十万元。吃亏之巨，债权所逼，无可言者。所幸买据批明，限四个月后方生效力成交。窃思朱志尧近蒙政府奖以四等嘉禾章，诚异数也。厂之不用西人，而能见赏于西人者，似惟求新。美国方来订造数千顿大船，只以钢铁如何运济从未议决，而厂中化铁炉所出在汉阳之上，大动中外视听。中外人士方责该厂不应出售，徒贻中国之羞。使政府不重实业，不肯提倡，则已矣！使楚弓楚得，虽甚吃亏，亦已矣！今政府虽困，困不在四五十万金也。或购或贷，收回自办，内以护实业之萌芽，外以顺天下之政轨，轨在保民而已。欧美闻之，更相起敬，流声闻于遐迩，此所望于大君子者。"（朱维铮主编：《马相伯集》，上海：复旦大学出版社，1996年，第297页）上书中提到担保"今年五月到期"，即行拍卖后，法商于"四个月后方生效力"，则马相伯、朱志尧必定是在求新船厂刚刚易手之后就向政府求援，故定此上书作于5月。

6月30日，凌晨四时，张勋偕陆军总长王世珍、步军统领江朝宗、警察总监吴炳湘、第十二师师长陈光远、第十三师师长李进才，以及文人康有为、刘廷琛、沈曾植、劳乃宣等拥戴前清皇帝溥仪复辟。封黎元洪为一等公；授张勋、王世珍、陈宝琛、梁敦彦、刘廷琛、袁大化、张镇芳为内阁议政大臣，万绳栻、胡嗣瑗为内阁阁臣；授梁敦彦（外务）、雷震春（陆军）、朱家宝（民政）、张镇芳（度支）、王世珍（参谋）等部尚书；授徐世昌、康有为为弼德院正、副院长；授张勋为直隶总督、北洋大臣，冯国璋为两江总督、南洋大臣，曹锟等人

为各省巡抚与提督。(郭廷以编著:《中国民国史事日志(一)》,台北:"中研院"近代史研究所,1979年,第312页)

7月4日,段祺瑞于马厂誓师讨逆,并与冯国璋一起联名通电张勋八罪,檄文由梁启超撰写;7月6日,冯国璋在南京就任代理大总统,段祺瑞在天津设立国务院办公处。南方势力代表孙文、陈炯明、章太炎、朱执信等则在上海集结(后即南下广州),仍然推举原大总统黎元洪任事。(郭廷以编著:《中国民国史事日志(一)》,台北:"中研院"近代史研究所,1979年,第318页)

7月中旬,马相伯因为张勋复辟,北方政情混乱,遂离开北京,回到上海。从1912年8月到京担任总统府高级顾问,到本月离开,一共在京连续居住了整五年。钱智修《马相伯先生九十八岁年谱》:马相伯"居北京凡四年,历任参议院参议,参政院参政,平正院平正等职"(《中央日报》,1938年5月16日)。掐头去尾,前后少计一年。

7月21日(六月初三日,未建三日),马相伯从上海致书英敛之,表明他曾在夏天张勋复辟前后回到上海。马相伯在本信中,建议英敛之访问遣使会士汤作霖(Fr. Antoine Cotta),给他安排生活补助款。汤司铎由罗马派来,与法国耶稣会士的态度有所不同,故常常同情中国教务。马相伯安排用自己的薪水,长期资助汤司铎的生活。"汤公日用无缺否?拟由堂长处划送百元。须做几起,送一回怕他转送人也。"(《致英敛之》,朱维铮主编:《马相伯集》,上海:复旦大学出版社,1996年,第302页)"堂长",即培根学堂校长之谓,即英淑贞。

9月10日,马相伯从上海致信北京培根学堂主人英贞淑女士,信中谈及从国务院领取每月薪水分配处理的诸项事宜。马相伯计划将此后的薪水,每月交给培根学堂50元,既作房租,亦是捐助。另外,他还捐助英敛之在北京西山所办静宜园女子工读学校共300元,以纾解该校的财政困窘。

因本月国务院并未足额支给近几月的薪水,马相伯嘱咐将余下的欠款,径直由交通银行分行汇给外甥朱志尧,由他转行处理。"国务院款本不该受,居今之世,亦只好既予之,斯受之而已。若能予至年终,而中交略有起色,除照例培根扣五十元外,径由东方行汇志尧可也。静宜甚窘,代助三百元为盼!"(《致英贞淑(一)》,朱维铮主编:《马相伯集》,上海:复旦大学出版社,1996年,第295页)不久,马相伯又追有第二封信,仍致英贞淑,关于马相伯女儿马宗文(哲谛)欲使用马相伯在培根学堂寓所家具,并需要三百元的事宜。马相伯请英贞淑女士代为处理,除了付给静宜园三百元之外,在月薪中付三百元给哲谛女士,家具也令她自取使用。"前书请于月薪下付三百元票与静宜,又付三百元票与哲谛女士。若未付,请就近以付焉。又,哲谛欲借用椅、桌、浴盘等,老人心力怕烦,不能一一报账,听其取之可也。"(《致英贞淑(二)》,朱维铮主编:《马相伯集》,上海:复旦大学出版社,1996年,第295页)

9月30日,马相伯再次致信英贞淑女士,仍然请她代为处理在北京的钱款和产业事宜。其中,有请交给某"五小姐"国债票四千元,有请英贞淑关照在吉林置产一百二十顷等事项。另外,还请将余款通过东方汇理银行寄回上海,作为儿媳马邱任我抚养孙女马玉章的生活费用。"今启者:五小姐处已交过国债票四千,买房二千。但邱媳(任我)亦大可怜,颂九(玉章)亦多病,见男子则躲,大有爱姆姆之遗风。倘步其后,亦自佳也!不识除上项以外,我名下尚有余否?能分润及之,颂九之代母,定表同情。须俟中、交由起色,然后请东方汇志尧耳。吉林百二十顷当催美代耕。可代,尚有望。否则,如约,契银互退,存培根。"(《致英贞淑(三)》,朱维铮主编:《马相伯集》,上海:复旦大学出版社,1996年,第296页)从此信函可见,马相伯在北京期间,把自己的薪水收入盈余委托给英贞淑等人打理,曾在北京"买房",在吉林购地。马相伯致英贞淑本函,署为"三十日,相白",不署月份,则应为与上一函同月,故定为9月30日。

10月,下旬,马相伯在沪居住期间,陈垣来上海,拜见马相伯、朱志尧。按陈垣1917年11月8日自日本奈良的致英敛之信函,他于10月24日到达上海,29日离开。留沪期间,拜见了沪上前辈人物,"别后,廿四日到上海,访朱(志尧)、马(相伯)两先生,起居均适,可以告慰"。陈垣到上海的主要目的是访求图书,为写作和研究中国基督教会史收集材料。陈垣此行"在徐汇藏书楼阅书四日,颇有所获。明末清初名著存者不少,恨无暇暑遍读之也。廿九日离上海,现在奈良游览,尚未能到东京"。(陈垣:《致英华》,陈智超编:《陈垣往来书信集》,上海:上海古籍出版社,1990年,第3页)按陈垣《重刊〈铎书〉序》:"去年(1917)冬,道出海上,见此书于徐汇书楼,急欲写副,匆匆东渡,未果。"(陈垣:《重刊〈铎书〉序》,氏著:《陈垣学术论文集》第一集,北京:中华书局,1980年,第58页)陈垣在上海见过马相伯,访书徐家汇之外,还计划去东京访求。

10月,美国加州大学致信李登辉校长,对历年来复旦公学预科生和二、三年级本科生升入本校学习后的优秀成绩表示感佩,并要求建立课程交换联系,函称:"腾飞先生足下,敬启者:近三年来,贵校学生入敝校正科肄业者,实繁有徒,类皆成绩优良,根柢深厚,良足感佩。该生等不但于英语各科具有深造,且于德、法文字,均擅其长。现敝校对于贵校学生有贵校长之证明书者,当予以特别之信任。惟鄙人对贵校学程,虽略知一二,尚以未窥全豹为憾。可否将贵校学科年限组织等种种,详细惠示,俾鄙人对于贵校学生得于相当之班次,无任感荷。"(《复旦公学声誉之洋溢》,《时报》,1917年10月20日)

秋,马相伯回到北京述职,途中目睹本年夏、秋季节里泛滥于华北平原津浦线一带的洪灾仍在延续。马相伯在北京致书朱志尧,告以灾情,并以为赈灾政府不可靠,而教会可重。"津浦路仍有水患,月前渡江船,竟全船覆没。已到家而葬身鱼腹,人生何一可靠?此我圣教之所以可重也夫!"针对北洋皖系政府,实行专制,压制南方工商事业,马相伯提出南北分治,如奥匈帝国二元自治的主张。"今日时局最和平办法,莫如南北学匈奥,容与民治,得以互相观感,互相竞争。不然,国会与国务,以习惯专制而相忌,皆可于无意中而现诸事实也。"(《家书选辑(四十六)》,朱维铮主编:《马相伯集》,上海:复旦大学出版社,1996年,第622页)

12月(十一月),马相伯在北京患轻微中风,右手食指不能活动。"丁巳子建,余年七十有八,食指中风,观文徵明墨迹有感,因以中指代之。书虽无似,而徵明颇能道余意也。马良,培根学校跋。"(马相伯:《跋文徵明〈怀归诗〉》,朱维铮主编:《马相伯集》,上海:复旦大学出版社,1996年,第298页)马相伯因小中风,书写时不能用食指握管,字迹稍逊。据此条可知,马相伯1917年12月在北京发生了一次小中风。本年,马相伯曾请假南归,处理事务。但是,应该是在当年11月内又回到了北京,仍然住在培根学堂学校。张若谷《马相伯先生年谱》记马相伯于1917年结束在北京居住,"南下,隐居徐家汇土山湾"(张若谷编著:《马相伯先生年谱》,上海:商务印书馆,1939年,第223页),不确。

本年,某月初九日,马相伯回复英敛之的询问和邀请,答应回应"比国某教士所著书"时对中国人的丑化批评。因"此间大司牧均不准公看,故至今尚未觅得其书"。马相伯以为中国人在目前的世界上已经被轻视,"中国屡战屡败后,几以能訾中国民者为有识。然出于传教者之口,似非福音之训"。马相伯能接受外国教士批评中国人骄傲,但不能"以势力压之,压以势力,非傲乎?"马相伯承诺他的反击文章将在《黄报》发表。《黄报》(la Revue Jaune),清朝驻比利时公使李盛铎赞助,获外交部津贴,由公使随员黄慕陶、王侃叔在1908年于比利时创办。《黄报》是一家法文通讯社,在上海聘有通讯员如陈景韩、雷继兴等,专门向欧洲提供中国消息。马相伯在《致英华》中提到了一个重要信息,即英敛之在上信中谈及发现俄罗斯皇家图书馆内藏有《永乐大典》若干册。马相伯复信称:"可否函询驻俄萨使臣,于俄御书房一求之,盖中国已无其书矣!"(《致英华》,朱维铮主编:《马相伯集》,上海:复旦大学出版社,1996年,第336页)"俄御书房",即莫斯科俄罗斯皇家图书馆,"十月革命"后改名苏联国立列宁图书馆。马相伯既提到俄罗斯旧制,民国还有"驻俄萨使臣",则此《致英华》应作于1917年11月7日之前。方豪《马相伯先生文集》(北平:上智编译馆,1947年)定为1918年,有误,今移至1917年。

本年,李登辉仍然担任复旦校长,"始改称复旦大学,设文、理、商三科"(金问泗:《母校大事记》,《复旦同学会会刊》第7卷,1938年第3期)。

1918年(民国七年,戊午),七十九岁

1月1日,在北京出刊之《新青年》杂志发表胡适《文学改良刍议》,主张白话文;2月1日,《新青年》又发表陈独秀《文学革命论》,开始了以白话文运动为标志的"新文化"运动。1月9日,北京大学开学,蔡元培正式就任校长,当天发表演说,称"大学者,研究高深学问者也"。并以"抱定宗旨;砥砺德行;敬爱师长"。三项要求学生放弃"做官发财"想法,孜孜求学。(蔡元培:《就任北京大学校长之演说》,高平叔编:《蔡元培全集(三)》,北京:中华书局,1984年,第5页)

3月1日(正月十九日,建寅十九日),马相伯作《重刊〈真主灵性理证〉序》、《重刊〈灵魂道体说〉序》,重刊二书,均由上海土山湾印书馆印行。《真主灵性理证》,作者为明末来华耶稣会士卫匡国(Martino Martini, 1614—1661),原为《天主理证》一卷,《灵性理证》一卷,马相伯重刊时合并为《真主灵性理证》。《天主理证》用推理法证明上帝实有。《灵性理证》用推论证明灵魂不死不灭,人的灵魂异于禽兽。马相伯借此书批评儒"孝"之局限,称:"不知推爱所生以上,曰人本乎祖,祖本乎在天大父母者,其甘自侪于不灵之禽犊,何以异此?此卫公匡国所以有《真主灵性理证》之述也。"(朱维铮主编:《马相伯集》,上海:复旦大学出版社,1996年,第306页)《灵魂道体说》作者为龙华民(Nicolas Longobardi, 1556—1654),全书主旨在于阐释"灵魂,神明之体,有始无终者,天主造之,赋予人身。道体,有体无为,造先莫先,一物不物;本无心意,本无色相,而万形万相"(卫匡国著:《灵魂道体说》,上海:土山湾印书馆,1918年)。龙华民主张人的灵魂为天主所造,并非理气所生,与宋明理学抗辩。马相伯据徐家汇藏书楼藏清初刻本重刊此书,表明民国初年对于中国天主教会神学建设的责任和义务。

4月20日,马相伯从上海回到北京,继续任职。本年,为在天津购买地图、图轴之事,给英敛之连续写信。前一日,马相伯曾发快信,与英敛之讨论购买此二物的付款方式。本日想到"地图之价可向天津崇德堂代付,图轴亦交崇德堂代寄"(《致英华》,朱维铮主编:《马相伯集》,上海:复旦大学出版

社,1996年,第337页),再由上海教区洋泾总账房付款给崇德堂。崇德堂为天津天主教房产经营机构,有托付财务的能力。马相伯一日前给英敛之的"昨发快信",次日"当已收到",可见马相伯人在北京,与英敛之同城居住。

5月2日,据本日《时报》报道,马相伯又从北京返回上海,预定于5日在中华职业教育社第一届年会(会场江苏省教育会)上发表演说,演说题目为"教育与实业为救国根本"。报道称:"老演说家马湘伯先生学问道德素为邦人士所钦仰。十年以前,时在本埠各团体发抒伟论,清辩滔滔,闻者无不心折。后以事离沪日久,兹已回里。"

夏,北京政情变化之后,马相伯结束在北京总统府高级顾问一职,正式回到上海。本年初,马相伯仍然在北京参与组织民治学会,并参加总统府各项活动。钱智修《马相伯先生九十八岁年谱》:"先生居北京,凡四年。以前游朝鲜时与袁世凯雅故,故袁氏亦优礼甚至。历任参议院参议、参政院参政、平政院平政等。先生主持正义,阴折奸谋,严气正性,同列敬惮。尝著《华封老人宪法谈》,主废省制,改郡县,立乡甲保,普遍征兵,读者欣服。时有主国教者,先生以违信仰自由原理,印小册多种驳正之,议遂不起。及帝制议起,先生力争,不听。方解职南下,而密探已周布寓宅,谋不利于先生,遂不果行。"马相伯在1912年10月去北京,1917年7月张勋复辟时回上海,1918年初又北上办事,并于本年夏回到徐家汇。如此,马相伯在北京居住总计近六年。钱智修或不确知马相伯于1912年趋京,1918年回沪的确切月份,称"居北京,凡四年"(《中央日报》,1938年5月16日),实误。

马相伯曾在给外甥朱志尧的家书中述及这次回南居住的原因,亦是对于北京强人政治横行的失望和厌倦,不愿同流合污,为后世唾骂。"我之离北,盖亦鉴于天道恶盈耳!文武圣人即能再出头,亦必为后世所唾骂。英之Cromwell,法之Napoleon,其用武力,施以公心,虽暂治而终败,况不及英法远远者耶?"另外,马相伯回上海时,托人把他在北京使用的书籍、资料带回上海,或航运寄沪。"所有在京之书,省三能带则带,不能带烦交英实夫由轮船寄沪为盼。"(《家书选辑(五十三)》,朱维铮主编:《马相伯集》,上海:复旦大学出版社,1996年,第625页)马相伯家产全数捐作震旦办学后,北京政府发给的薪水收入成为全家生活费来源。回上海失去收入后,马相伯自食其力,从事翻译,节俭生活。"余所有,尽送震旦;今所有,恃笔耕,不从事翻译不可,非有实权,未便辞谢,亦无颜以见美、法等使者(西方人,西方报,往往谣余为某某某某部长或公使云云),故不能来北听鼓。至余在京五年,极其所得,不过三万;一万舆哲,一万作善举,一万自用,所余亦有限矣!"(《家书选辑(三十三)》,朱维铮主编:《马相伯集》,上海:复旦大学出版社,1996年,第619页)

钱智修(1883—1947),字经宇,浙江嵊县人。钱智修为震旦学院学生,学法文。后加入复旦公学,成公学吴淞时期毕业生。钱智修与陈寅恪同级,比俞颂华高一级,比梅光迪高二级。(见俞颂华:《悲忆钱经宇(智修)先生》,《东方杂志》,第四十三卷,第八号)复旦公学毕业后,校长高梦旦赏识其文才,延至商务印书馆编译所任编辑。后在馆内参与编辑《东方杂志》,编译和撰写了大量关于时事、政情、科学、文化和教育的文章。后接续杜亚泉,长期担任《东方杂志》主编。辛亥革命后,复旦公学遇办学危机,钱智修曾多次参与复校、组校的活动。1922年,因对母校贡献,荣获复旦大学名誉文学士。钱智修初从马相伯校长学法文,后改从李登辉校长学英文,故长于西文。亦擅国学,被上海学界推为"国学渊深,久为士林所重"。1932年,《东方杂志》和商务印书馆遭到"一·二八"战火毁坏,一度停刊停业,遂转入政界,应于右任聘请,担任中华民国监察院监察委员。1933年,改任监察院秘书。1937年,随中央政府内迁重庆。抗战胜利后返回南京,1947年2月11日在大杨村寓所因病逝世。(《新闻报》,1947年2月12日)著有《马相伯先生百岁年谱》。(《马相伯先生百龄大庆(特刊)》,1939年;《复旦同学会会刊》第8卷,1939年第2期)

夏,马相伯复信培根学堂校长英贞淑,就离开北京之后的一些存款及其利息,还有零散票据处理做出安排。"无论存出未存出各票,票亦无多,悉数归培根可也,不必再言。"马相伯把自己最后留在北京的票据、存款都捐给了培根学校。马相伯告知英贞淑上海的情况,如1917年8月14日中国政府参加"一战",宣布德国为敌国之后,上海各界排拒德国在沪势力,殃及一般侨民。"何理中不过学德医,因'德医'二字,遽增其房租八十两,意欲逐之于租界。何不得已,乃去'德医'二字,而租则仍增也。"上海的法国人也有认为教廷拟派出的驻华公使刚恒毅有"亲德嫌疑"(《致英贞淑》,朱维铮主编:《马相伯集》,上海:复旦大学出版社,1996年,第338页),因而借口对他加以排斥。

5月5日,马相伯出席中华职业教育社首届年会(社员大会),上海总商会会长朱葆三任大会主席,黄炎培致"年会词",阐释职业教育三大目的。马相伯为中华职业教育社评议员,在本次大会上发表演说。(《大事记》本书编纂委员会编:《上海中华职业教育社志》,上海:上海古籍出版社,2007

年,第9页)

6月,震旦大学毕业典礼,马相伯出席并演说。据震旦大学预科1918年毕业生盛成回忆,"我记得是在卢家湾大礼堂,马老在大会上讲,现在世道日衰,人心不古。教会和军政府全是强盗,一天到晚抢。春光一刻值千金,你们多少春光被他们抢去啦!教会抢春光,政府抢钱。他骂北京政府也是强盗政府,在台上的军政界人士听了脸都红了。在场的有上海县知县沈宝昌、外交特派员杨小川、上海沪军使卢永祥等,院长又不敢不让马老讲"(盛成:《神州一老马相伯》,丹阳市政协文史资料研究委员会编:《爱国老人马相伯(1840—1939)》,丹阳,1990年,第61页)。

盛成(1899—1996),江苏仪征人。聪颖好学,1910年在金山江天寺师从黄宗仰(乌目山僧);1911年参与"辛亥革命"各路联军攻克南京战役,曾在总指挥黄兴身边,被称为"辛亥革命三童子"之一。南京光复后,盛成作为黄兴的通讯员,第一次见到军政府任命的南京军政府都督(代理)马相伯。"会场上,徐(绍桢)总司令将我介绍于老人,'这就是藏印童子'。他很赏识我的胆量,问我:'你几岁了?'我答:'十三岁。'他说:'我今年七十二了,我的革命精神还不及你呢!好极了,还要用功念书啦!'"(盛成:《为相伯大师服心丧》,《逸史半月刊》,1940年第1期,第9卷)民国建立后,来上海参加各项活动,追随黄克强,交接章太炎。1914年,考入震旦大学法文预科,遂常去土山湾,请教马相伯。1918年,震旦毕业后考入京汉铁路长辛店车务见习所。1919年,参加"五四运动",以长辛店铁路工会代表,与北京大学等校学生领袖交往,参与"火烧赵家楼"。1919年11月,从上海去欧洲勤工俭学,同船者四十余人,其中有张道藩、王若飞、何长工等。到欧洲后,初在意大利帕多瓦大学学习,旋入法国蒙彼利埃大学,获得硕士学位。盛成爱好文学,参与政治,同情法国社会党,协助罗曼·罗兰组织的各项活动,曾有通信;1928年,在巴黎大学获得教职,主讲中国科学与文化。同年,出版自传体小说《我的母亲》,获得成功,翻译成多国文字。游历中曾以《我的母亲》持赠埃及国王福阿德、土耳其总统凯末尔。另外,他还在《东方杂志》等刊物发表游记、评论等作品,创作力旺盛。1930年回国,马相伯曾向蔡元培秘书杨杏佛推荐加入中央研究院,未果。后经蔡元培介绍,在北京大学、广西大学、中山大学、兰州大学任教。抗战爆发后,到上海担任十九陆军政治部主任、全国文艺界抗敌联合会常务理事等职。1938年作为31师战地记者,采访台儿庄战役。1948年从兰大到台湾大学任教,因被控左倾,失去教职。1965年获准去美国探亲,不久又定居在法国南部。1978年秋,经时任国家领导人安排,回大陆定居。在北京外国语学院任教,指导多位学生的毕业论文。1985年,获得法国总统密特朗颁发的"法兰西荣誉军团骑士勋章"。1996年在北京因病去世。盛成作品除《我的母亲》之外,还用英文写了《欧阳竟无传》,用法文翻译了《老残游记》,作品编为《盛成文集》(合肥:安徽文艺出版社,1998年)。2007年,按手稿整理的《盛成台儿庄纪事》(北京:北京语言大学出版社)出版。1980年至1984年任复旦大学党委书记的盛华(1913—1997,江苏仪征人)为其侄子。

7月17日,中华民国政府任命派驻罗马教廷特命全权公使,以驻西班牙公使戴陈霖兼任。后因法国政府和教会存有异议,教廷拟派驻的驻华大使刚恒毅不克如期来华,戴亦奉命等待,暂不到任。(郭廷以编著:《中华民国史事日志(一)》,台北:"中研院"近代史研究所,1979年,第389页)

7月29日,大姊马建淑八十六岁诞辰庆祝,并朱开敏晋铎二十周年纪念,马相伯率朱氏家族全体族人在朱志尧老宅聚会留影(朱氏家族后人编:《百年忠贞:纪念西满朱开敏主教》,香港:九八编辑,2013年)。

7月30日,中华民国驻美公使顾维钧与美国管船部及木耳款公司(J. P. Morgan & Co.)订立造船借款条约,为在上海建造四艘万吨轮施放贷款。(郭廷以编著:《中华民国史事日志(一)》,台北:"中研院"近代史研究所,1979年,第391页)江南制造局造船所为美国建造四艘万吨轮,命名为"官府号"(Mandarin)、"天朝号"(Celestial)、"东方号"(Oriental)、"国泰号"(Cathy)。1920年6月3日,"官府号"建成下水,船长135米,宽16.7米,深11.6米,排水量14 750吨。包括朱志尧创建的求新造船厂在内,上海的造船行业大量参与出口船只建造,大大提升了工业综合能力。

8月1日,据《新闻报》报道,马建忠儿子幼眉因实业经营涉及债务纠纷,本日"森记机器厂与宏顺煤号及姚伯鸿、王俊杰等在公共公廨环控马幼眉不理欠洋一千五百七十余元,银一百三十七两等情一案"。马幼眉当日未到庭,由巡捕再发传票,并派员弁提到公廨,由中西宪员会审。

9月3日,马相伯为侄孙主持婚礼。婚礼在肇周路憩园举行,上海县知事沈宝昌等人,以及震旦、复旦二大学校友有多人前往祝贺,报道称为"车水马龙"。据闻,女方出自福建闽县林家,"亦望族也"。(《时报》,1918年9月4日)

秋,马相伯从徐家汇藏书楼借出《铎书》原本,抄录一过,寄给在北京的英敛之,交由陈垣,供他整理和刊布。此见1918年12月陈垣《重刊〈铎书〉序》:"去年冬,道出海上,见此书于徐汇书楼,急欲写副,匆匆东渡,未果。今年秋,马相伯先生乃以抄本寄京。"(陈垣撰:《陈垣学术论文集》第一集,北

京：中华书局，1980年，第58页）

秋，马相伯为英敛之《万松野人言善录》再版作序，记"《言善录》之初出也，海内君子以为能以华言言教理，故不胫而走"。引雷鸣远话语，赞本书以汉语讲神学之妙，"经既言信，德由耳闻，闻必由言，在华言华，此通例也。析辞擅作，是不华言也，恶望其声入心？通华言则虽诵诗书，村妪必加敬，此华与不华之别矣。不独在华然，在别国亦然"（《〈万松野人言善录〉再版序》，乙未三月，京师再版，香港中文大学崇基学院图书馆张祝龄藏本）。

10月11日，复书英敛之，英敛之前书以收到马相伯所寄《铎书》抄本为告。月前，英敛之染有微恙，马相伯在信中加以慰问。"敛之二哥大人有道：承示《铎书》已达，清恙亦瘥，慰甚！但年过知命，总以忘忧为第一要义。"此信还透露了马家长兄建勋之妻（"家嫂"）病逝的消息，马相伯在信中附了上海教会所作祷词（"通功单"），并请北京教友为之代祷。"家嫂故后，倘长侄在，亦当禀命家长而后行，乃此义虽陆府亦有所不知，惜哉！此奉上通功单十余，交热心者为祷。覃祺均吉，均此问候不另。若石良顿首。双十次日。"马相伯9月9日致书英敛之，提到大嫂病情："现家嫂患胃癌，中西医皆束手，由医院移至寓中，见孙媳颇慰。但饮食不能进，惟较在广慈略好耳。"10月14日，又有信致英敛之，内中告知大嫂临终时的情景："家嫂病在呼吸，惟为孙授室，心颇慰。听念经，亦慰。得领主更慰。自先兄之殁，嫂守清斋已三十余年矣！"马建勋、建忠兄弟去世后，马相伯及姊建淑为马家长辈，代行家族事务。大嫂去世后，马相伯安排马建勋孙子鹄章去北京，拜英敛之为义父，请代为教导。本年末，马相伯曾有书致英敛之，询请"鹄章于文章德行二者，望哥不以不肖而不教也。并请饬其每来复至少一函到沪。伊有毓华干父，至今未致一书，大非礼也。孙媳可教否？"

11月21日、22日、23日，上海法租界、公共租界和华界民众，连续三天举行庆祝活动，纪念英、法、比、俄、意、美等协约国取得大战胜利。上海的胜利纪念活动随欧洲日程进行，中外市民亦以欧洲方式庆祝。马相伯目睹群众"纸糊德皇而悬之竿头，夜乃焚之"。而"一二月前天下能杀人者莫德皇若，今则求免杀者亦莫德皇若"，遂觉得人间惨烈，世事无常，"人对于人，国对于国，终无人道也"（《家书选辑（三十八）》，朱维铮主编：《马相伯集》，上海：复旦大学出版社，1996年，第620页）。

11月28日起，中华民国各地连续三天举行协约国战胜庆祝大会。在北方，曹锟、张作霖、倪嗣冲要求徐世昌仍请段祺瑞出面组织内阁；在南方，岑春煊、伍廷芳、陆荣廷、唐继尧则电请徐世昌，力主在上海租界召开和平会议，反对徐世昌建议在南京召开善后会议。（郭廷以编著：《中华民国史事

日志(一)》,台北:"中研院"近代史研究所,1979年,第411页)

11月,马相伯致书张謇,随信附寄民治通信社组织缘起及大纲,邀请各界人士参加并襄助。张謇在复信中赞成马相伯发起民治通信社,说:"诸君子宏此志愿,沟通中西,秦国固未尽无人,处材亦堪为晋用。甚胜,甚胜!惟聘请翻译、编辑诸员,须以确能由世界目光之人,方可胜任。此等人才,颇不易得,至经费问题,犹其次耳。"(张謇:《复马相伯函》,杨立强等编:《张謇存稿》,上海:上海人民出版社,1987年,第209页)张謇复信寄出地址为:"(上海)英界白保罗路YA+号。"白保罗路(Barchet Road)在虹口,中文名为新乡路,代收者为何人待考。

12月29日,梁启超、蒋方震、张君劢、刘崇杰、丁文江、徐新六从上海出发,开始对欧洲文艺复兴以来的文化进行考察。此行结束后,梁启超有《欧游心影录》、《清代学术概论》,蒋方震有《欧洲文艺复兴史》等作品发表。同日,孙文在上海完成《孙文学说》,为其《建国方略》之"心理建设"部分,其中推崇《马氏文通》为中国文法开创之作。"自《马氏文通》出后,中国学者乃始知有是学。马氏自称积十余年勤求探讨之功,即后成此书。然审其为用,不过证明古人之文章无不暗合于文法,而文法之学为中国学者求速成、图进步不可少而已。虽是为通文法者之参考印证,而不能为初学者之津梁也。"(孙文:《建国方略》,沈阳:辽宁人民出版社,1994年,第32页)

本年夏,马相伯南归上海,再居徐家汇,在土山湾孤儿院院舍筑"绿野堂",批阅宗教书籍,翻译《圣经》,阅览国内外杂志,临池习书,自娱晚境。"马老土山湾寓所是在孤儿院中一座楼房的三楼,一排五间。东头一间是客厅,也兼做饭堂。第二间是他卧室兼书房。第三间是中间一间,一所小教堂,以为他每日做祈祷的场所。第四间是秘书室,第五间(西头一间)为储藏室和厨房。……客厅本名'绿野堂',后改为'乐善堂',厅上有横额,左右悬挂陆徵祥写的'乐乎天命,善于人同'联。两壁挂的是于右任手书王了一(徵)的《和归去来辞》八幅。陈设简单,他会客、吃饭都在这里。"(韩希愈:《我所知道的马相伯先生》,丹阳市政协文史资料研究委员会编:《爱国老人马相伯(1840—1939)》,丹阳,1990年,第112页)

本年,"绿野堂"又易名为"乐善堂",起意于陆徵祥题写的联句:"乐乎天命,善于人同",而非《史记·乐书》所谓"闻徵音,使人乐善而好施;闻羽音,使人整齐而好礼"之意。有说马相伯在土山湾居住是重回修道院,对此天主教方面解释是:"老人年愈九旬,归真返朴,颇思重入徐家汇土山湾天主教修道院,其间一度经人接洽。惟天主教修道院方面以老人之道德操行固无间言,奈教律修士出院,例不得再入,如佛门之'出家容易返俗难'然。因拟就一适中办法,在土山湾修道院贴邻,建置一小洋房,为老人下榻之所。"(令龙:《马相伯与修道院》,《力报》,1939年4月7日)1900年前后,马相伯翻译《圣经》、教授南洋公学生拉丁文、创建震旦学院、复旦公学,均在土山湾居住,直到1912年8月,离开上海,前往北京。从北京返沪后,仍然住在乐善堂,直到1936年12月离开上海,前往南京。马相伯常年住在乐善堂,一般不回市区家里。据土山湾孤儿李成林(1919—2009)回忆:"我们读书的时候,听到外面高跟皮鞋的声音,就知道她(马相伯儿媳马邱任我,李成林回忆说是'侄媳妇',误)来了,每周她总是来看马相伯的。"(《李成林老人访谈录》,张伟、张晓依著:《遥望土山湾——追寻消逝的文脉》,上海:同济大学出版社,2012年,第216页)

马相伯友人林骀《土山湾乐善堂旧闻》描写乐善堂情景:"上海徐家汇土山湾孤儿院第三层楼,系天主教会优待现任国府委员……就把老人马相伯夫子隐居之所,名曰乐善堂。堂有洋房一排五间,一为会客厅,二为老人卧室,三为小圣堂,四为秘书处,五为厨房。老人每晨四点钟即起,着衣盥漱毕,端坐于卧室与圣堂之中间门首,右手握圣经,左手持念珠,闭目默想天主。六点钟,徐西满神父即来做弥撒,老人望弥撒领谢圣体后,即用早膳。膳极简单,不过一盂半乳咖啡茶,与两块饼干而已。膳后即暂时搁置默祷读经之生活,而入于常人态度。纵观经史子集,博览群书,颂唐宋诗文,而尤喜读四书。逐日必翻圣经一二段。此外,或临各名人草帖,或应人之求,书匾额、堂幅、屏条。……老人喜作字画,亦喜他人之字画。客厅四壁,已为他人之字画补无余白。如于右任、章太炎之墨宝最多。"(《文藻月刊》,1937年,第1卷,第5期)

马相伯秘书张若谷《马相伯先生年谱》描写乐善堂概况:"对着三楼升降机的出入口处,是一间阳光充足的小厅,厅中设长桌一,椅十数,食具储柜一。四壁挂满字画,这便是马老先生的会客室,也是他的餐厅。逢到他谈话兴致浓厚的时候,往往留客吃饭,继续滔滔不绝地同来客畅谈天下大事。会客室中昔年悬有'乐善堂'横额,左右为陆徵祥氏所集'乐乎天命,善与人同'的联句,相老曾自命其寓所为'乐善堂'。堂的四壁,有于右任先生手书王了一(徵)的《和归去来辞》八幅。陆、于两氏都署款称'相伯夫子'。前年起,又添章太炎氏拜祝九十五寿联'鲁连抗议足完赵,烛武老年犹退秦'。又有段祺瑞氏手录文字寿语,冯玉祥氏手笔'福如东海长流水,寿比南山不老松'的寿联,署款称'相老前辈'。冯氏又向都锦生定织相老绣像,款称'国之大老'。马老先生九十大庆时,吴稚晖氏送联:'得天独厚,应寿一万八千龄,才经过两倍百分之一;其道大光,曾传三千七百子,皆能立两间一是于三'。于右任氏联:'先生年百岁,世界一晨星'。马老先生自己也写了一副自寿联:'有生可悟常生乐,今世当知后世因'。乐善堂会客厅有门户可通相老的卧室。卧室的光线也很明朗,同时也是相老译经、读书、写字、阅报的一间大书房。在这间寝室兼书斋的隔室,是一座布置很精致的小教堂,每天清晨有神父到堂举行弥撒祭礼,是相老晨夕祈祷默思的一个幽静场所。"(张若谷:《我所见闻的马相伯先生》,氏著:《马相伯先生年谱》附录,上海:商务印书馆,1939年)

乐善堂悬于右任书王徵《和陶靖节归去来辞》,应在 1930 年,即马相伯年九十之岁。全书分为十幅,装裱后一并悬挂,马相伯给人题辞时经常采用其中字句。按朱志尧《新注了一道人〈和陶靖节先生归去来辞〉》:"晚明陕西大儒王了一先生《和陶靖节先生归去来辞》,国民政府监察院于院长得之于温氏《海印楼名贤词翰》中,而录呈吾舅者。吾舅以九旬老叟,爱惜此载道之文,因嘱于院长代抄一份,承其亲书成十大幅字,吾舅喜集辞中字句书对。初,吾每过乐善堂,辄亦喜观此幅字。后因抄归,宿儒借读,人人称善,因撰新注。求道君子,幸浏览焉。朱志尧年七十有一识。"

本年,撰《民国民照心镜》,宣传民本,主张:"天下万国,无不先有人民,后有君主。凡民所有物主权、自主权,至此悉行剥夺之者即军人。……是天下之大道,莫大于大君主。"随后,马相伯又一次提出"仿照奥匈"、"南北分治"的主张。"不如且仿奥匈政体而两予之。彼以皇帝者,我以总统为统一之关纽,而予南北国会各一,国务院各一。其南北之分,不重在土地,地虽可以黄河为界,今姑以长江之省为界。须知即以长城为界,北方之土地仍大过长城以南,而地面地腹之利,亦多过长城以南,惟赋税则南多于北。然使如上所陈,各归地方自治,多多少少,与政府无关也,中央无预也。故南北之分,所重者理想与政见之新旧,或次新次旧。"

1917 年前后,马相伯除了在《民国民照心镜》中公开提出仿照奥匈分治的办法,实行联邦制,完成地方自治的主张外,还在与亲戚、朋友的通信中不断提出个人见解,见于《致英贞淑(1916)》:"洹上武力政治,不用匈奥法,分南北,必亡中国。"《家书选辑(三十三)》:"不学匈奥之分糅两异质而强合之,终不能持久。"《家书选辑(四十六)》:"今日时局最和平办法,莫如南北学匈奥,容与民治,得以互相观感,互相竞争。不然,国会与国务,以习惯专制而相忘,皆可于无意中而现诸事实也。"《家书选辑(五十)》:"不师匈奥兮,内哄无已时。"《家书选辑(五十三)》:"窃以为不法匈奥,必为人奴。"《家书选辑(六十四)》:"总是不法匈奥,糅两不相容之点为一原质,终不成立。"《民国民照心镜》:"秦汉以下,曰三国,曰五代,曰六朝,近世之南北宋,明末清初,与清季之太平,固显分南北也。惟彼之分也如敌国,我之分也如奥匈。如南北洋总督,如数省经略,使不过行政区域之范围。前清治汉,异乎蒙,蒙异乎藏回等也,踵而行之,有何不可?艾士萌有言:今后国体超于联邦,英之南澳,北之加拉大,皆以联邦而属于英者也。"马相伯认为自治是宪政、民主和人权的基础,应该首先实行。

本年,马相伯回到上海后在广慈医院安装假牙,效果不佳,饮食仍需酥软。"牙齿虽装,仍是欺软怕硬,土山湾的西洋菜嚼不动也。"(《家书选辑(二)》,朱维铮主编:《马相伯集》,上海:复旦大学出版社,1996年,第608页)

本年,马相伯在中华职业教育会发表演说,略谓:"实业足以救国,可知救国之本在实业,实业之本在道德。教育者除脑力运用之外,而复以道德为依归,所谓职业教育者,如是而已。"(林文钧:《教育与实业联络为救国根本》,《教育与职业》,1918年第7期)

本年,马相伯与法国驻华公使、驻上海总领事商量,邀请在法华人空军战斗英雄朱斌侯回国,建立一支空军部队。

朱斌侯(1885—1944),字允章,号迎生,法文名 Ethienne Tsu,上海人。朱志尧次子,为马相伯侄外孙,"幼年在上海徐家汇受业于某神父"(《新闻报》,1916年10月7日),即得到马相伯的照顾。1898年毕业于徐汇公学,随即前往法国留学,学习工程机械制造五年。1903年,回上海协理家族事业,从事摩托车、船只研发制造。1910年,因受法国飞行员环龙(Velon)环球飞行表演热潮的影响,决心投身航空器研发和制造事业。1910年,再赴法国留学,先后入比利时列日机械学校、法国微拉库柏来飞机厂研究航空。1914年,朱斌侯加入法国外籍兵团航空队;次年2月,在对德作战中机智勇敢,击落敌机2架,逼降2架,击伤1架。1916年2月,受到法军司令部嘉奖,"法政府锡以勋章"(《朱志尧公子在法国立功》,《新闻报》,1916年10月7日)。1918年,马相伯和法国驻华公使、驻沪总领事商谈,引进朱斌侯,中法合作在求新船厂制造飞机,发展中华航空事业。"此有一事,须与梓方谋者:弥甥朱斌侯,西报称为朱艾丁者,飞机队少佐,兼学造营用各式新飞机毕业,近余告知康悌莫,如法政府使朱回申,且督造,且训练飞空。上海好奇子弟极多(尽有二三千),身轻如飞燕,练习不三四月,即可毕业,较往法学习,而有不成之虑者,易得人矣。法使惟虑开办造厂费大,然语以求新厂可借法使言,彼必条陈政府,难者在费耳(费仍言开办费)。但造飞机,编细筏为干最良,比运筏往法,所省多矣。故法总领事极为赞成,伊盖深知沪上,颇多奇年少耳。法使则不知。"(《家书选辑(六十五)》,朱维铮主编:《马相伯集》,上海:复旦大学出版社,1996年,第630页)

本年,复旦大学校长李登辉决计在南洋华侨中筹集经费,谋求本校发展,"赴南洋募款,始在江湾购地"(金问泗:《母校大事记》,《复旦同学会会刊》第7卷,1938年第3期)。

1919年(民国八年,己未),八十岁

1月21日,中华民国政府特委派陆徵祥、顾维钧、王正廷(广州政府代表,由北京政府任命)、施肇基、魏宸组成赴欧和谈全权委员,参与巴黎和会谈判。27日,顾维钧、王正廷参加中、美、英、法、意、日十人代表组成的最高会议,讨论山东半岛归属问题。日本代表牧野升显要求无条件继承德国在山东的利益,顾维钧以此问题需要听取中国代表申诉为由,要求休会。(郭廷以编著:《中华民国史事日志(一)》,台北:"中研院"近代史研究所,1979年,第419、420页)

震旦学院旧学生项骧(曾任民国财政部次长)从新闻中侦知英、美和中华民国参加巴黎和会名单后,有《致徐东海书》,向徐世昌总统建议邀请马相伯出任巴黎和会代表,辞曰:"我国今日迫于国运之穷盛,难得丰功巍望之选,而耆年硕学为世界推崇者,尚有其人。异军特起,亦何尝不可与英美雁行,其人惟谁?既丹徒马相伯先生良是也。先生之学无俟骧赘叙,独其具有议和代表之资格,实为我国今日唯一之人物。"、"各国代表其勋业出马氏之上者诚有之,至于学问、年龄,就今日路透名单所已发表者,殆莫与马先生伦。"、"马先生行年七十有九矣,耳聪目明,履安行健,年等耄耋而精神如婴儿,遁迹空山而所志在宙合。当其少年留学法兰西,尚及见拿破仑三世在位时也(此为拿破仑五世之误)。"另外,项骧提出马相伯外甥朱允章(斌侯)因参加法国空军对德作战,大战中击落敌机多架,在欧洲家喻户晓,"马先生果得衔命出征,朱允章必率其前故同列,共致欢迎,乃祖若孙(甥)共尽其忠勤于中法二大民国"。(洪振宁等编:《项骧集》,北京:中国文史出版社,2019年,第134页)于是,巴黎和会谈判时中国代表团必奏奇效。惜民国政府未采纳此建议,马相伯终未能尽其外交才干,以挽回利权。

1月22日,本日出版之《政府公报》第1067号(上海图书馆藏)刊登马相伯、冯煦、熊希龄、荣宗敬等人代表粮食研究会致大总统和财政部、农商部长的电文全稿,题为《粮食研究会马良等来电》,内陈:"上海已组织粮食研

究会,收集舆论,并派员赴各属调查存米状况。农商艰苦,随时报告政府,俾得为有限制之开禁,民食、商市,两方兼顾,无使苏人独蒙国家之虐待。"要求北京政府合理收税,放松米市。

2月5日,马相伯所在之江苏省教育会,以及上海洋货业公会、出口公会等团体致电北京政府,请求拒绝2日日本驻京使节小幡的外交要挟,坚持巴黎和会的应有态度。9日,李登辉所在之上海寰球学生会及中华国民策进永久和平会致电巴黎和会代表顾维钧、王正廷,勉励坚持山东权益到底。

2月20日,南北和会第一次正式会议在上海举行。南方代表唐绍仪,北方代表朱启钤展开谈判。唐绍仪提出陕西督军陈树藩拥兵自重,镇压于右任回陕统编的靖国军部队事,要求撤换督军,并命令皖系军阀停战,否则不作进一步谈判。

3月1日,报载,中华民国北洋政府江苏巡按使李纯回复粮食研究会马相伯等,表示"不主张弛米禁"(《新闻报》,1919年3月1日)。

3月1日,马相伯本日从上海郊区回到徐家汇,知陈垣日前持所作《铎言》序文来见,不遇。遂作书致歉,并另约见面时间。"顷自乡间回,始悉枉临未遇,歉甚。快读《铎言》,大序详博而赅,不识可图一晤否?"(马相伯:《致陈垣》,陈智超编:《陈垣往来书信集》,上海:上海古籍出版社,1990年,第11页)

4月11日,上海国民外交协会成立,马相伯任会长,章炳麟等人为名誉会长。因得上海商会、学生会等支持,是为巴黎和谈期间全国最强大的外交协会之一。此前,2月16日,马相伯友人张謇、熊希龄、范源濂、林长民、王宠惠、庄蕴宽等人发起北京国民外交协会。4月8日,张謇等人以国民外交协会名义致电在欧洲的梁启超,请就近主持向巴黎和会请愿事。(郭廷以编著:《中华民国史事日志(一)》,台北:"中研院"近代史研究所,1979年,第432页)

4月12日,马建忠子马幼眉与商务印书馆英文部主任张叔良(南通人,南洋公学毕业生)商谈《马氏文通》版权事务。幼眉或因急需用款的原因,以为《马氏文通》租约期只剩二年,愿意出售或转让权益,换取资金。商务总经理张元济以"(版权)契约系民国二年所定,共十五年,为期尚远,现不可谈"(张元济:《张元济日记》,石家庄:河北教育出版社,2001年,第753页),未予以支持。

4月17日(三月十七日),马相伯南归后第一次寿庆,恰逢八十诞辰,上海各界仍以4月17日马相伯受洗日作为诞辰纪念日,在上海沪西徐园庆祝,亲朋学生并来贺寿。张謇为马相伯书写的寿联为:"扶风得徒,声闻之寿;伏波亡老,矍铄是翁。"(《张謇全集·柳西草堂日记》"三月二十五日"记)。《张謇全集·张謇日记》三月二十五日仅记:"以联寿马相伯。"(南京:江苏古籍出版社,1994年,第746页)无联句存录。

4月20日,马相伯作复昨日收悉之英敛之北京来信。去年夏季张勋"丁巳复辟"(1918年7月1日—12日),北京极度混乱,马相伯一度失去英敛之的消息。本年春天,收到英敛之来信,内有语称"共和真共乱",知其在战争刚结束就从西山回城办事,"至炮声停后始进城,可谓大胆"。马相伯在复信中告知本年六月将有江南教区主教会议,并对教区仍由欧洲传教士主导,而保定教区仍是要通过大量外来赈济皈依民众入教的情况表示了不满,"大抵仍不外舶来者为主",而号召中国天主教徒"为吾党自爱,以期他日之相见"(《致英华》,朱维铮主编:《马相伯集》,上海:复旦大学出版社,1996年,第337页)。本信署复信日期为"升天日",即当年的复活节日。复活节为每年春分月圆后的星期天(主日),即1919年4月20日。方豪《马相伯先生文集》,以及复旦大学出版社版《马相伯集》均误将本信系于1918年。

4月29日,马相伯弟子门生和复旦大学师生集资,在沪西康脑脱路(今康定路)徐园为马老八十大寿祝嘏,并摄影留念。按报刊披露之照片,统计出席者,除震旦大学、复旦大学、丹阳同乡代表各两名失名外,计有:金通尹、吴勋初、吴云樵、席汉伯、胡敦复、马幼眉、高君平、李仲端、董觉伊、邵仲辉、黄毅之、陆达权、张轶欧、方叔远、张则民、赵成中、张季量、钱智修、周锡荪、陆冠春、周越然、曹梁厦、伍特公、叶季纯、叶藻庭、毕静谦、盛灼三、洪吉人、邵诗舟。人物秩序按照片原注明的姓名从后到前排列,载上海商务印书馆《英语周刊》(*Englishi Weekly*),第195期,1919年6月28日发行。

另据1919年4月30日《新闻报》报道,震旦、复旦众弟子在徐园为马相伯举行八十诞辰时,先生乘汽车而至,学生列队欢迎。《新闻报》分列门人弟子和来宾名单,均与《英语周刊》参差,如下:"门人到者有:张轶欧、胡敦复、陆达权、方叔远、钱经宇、席汉伯、黄毅之、曹梁夏、周越然、陆冠春、伍特公、吴旭初、赵成中、金通尹、叶季纯、叶藻庭、毕静谦、张季量、洪吉人、张则民、李仲端、吴云樵、高君平、周锡荪、盛俊、邵诗舟、邵仲辉等数十人。来宾则有狄楚青、赵竹君、赵叔雍、刘柏生、刘仲融、荣宗敬、杨白民、王骏声、聂墨林、郭履生等。又复旦大学全体学生公推贺芳、范肇基,震旦学院公推顾守熙、曹德三等致贺。颇极一时之盛。"

另据《申报》次日报道:当日来宾还有狄楚青、赵竹君、赵叔雍、刘柏生、刘仲融、荣宗锦(敬)、杨白民、王骏声(熊希龄代表)、聂墨林(丹阳同乡会代表)、郭履生(丹阳商会代表)等。又复旦大学全体学生公推贺芳、范肇基,震旦学院公推顾宋熙、曹德三等致祝。当日下午,众友人入席,马相伯致答辞:"愿诸君及子孙咸如鄙人寿至八旬,但不愿其如鄙人之备见战祸。……希望大家向民治方面做去……。惟望诸君专努力于民治主义,则诸君及其子孙必可于国民同享幸福之中,共庆遐龄。"(《申报》,1919年4月30日)马相伯致答辞后于右任等人致寿序两通,众人奉联语数幅,中有张謇撰书:"扶风得徒声闻已寿,伏波忘老矍铄是翁",叶景葵撰书:"言满天下,行满天下;八千为春,八千为秋";熊希龄撰书:"南极老人与无量寿,东方曼倩具大辩才";杨白民女雪瑶撰书:"一代耆英耀南极,百年人瑞寿中华";刘树森撰书:"以福禄寿为祝,通天地人曰儒。"

5月1日,由郭秉文(1880—1969,江苏青浦人)提议,陶行知(1891—1946,安徽歙县人)联系,胡适附议邀请,美国哲学家、教育家,纽约哥伦比亚大学著名教授杜威(John Dewey, 1859—1952)来中国讲学,本日抵达上海,胡适等人从北京专程前来迎接。5月12日,杜威由胡适、蒋梦麟陪同,前往孙文住宅会见前临时大总统。(郭廷以编著:《中华民国史事日志(一)》,台北:"中研院"近代史研究所,1979年,第441页)

5月3日,北京国民外交协会熊希龄、王宠惠、庄蕴宽、林长民等全体职员开会议决,如巴黎和会不能伸张中国政府主张,则请撤回专使,中断谈判。本日,北京学生代表亦在北京大学开会,决定明日举行示威活动。次日,北京大学等十三校学生三千余人欲往东交民巷公使馆区抗议;受阻后,示威群体转向赵家楼交通总长曹汝霖住宅,焚之,并殴伤驻日公使章宗祥。学生被捕32人,学生郭钦光被殴,后卒。(郭廷以编著:《中华民国史事日志(一)》,台北:"中研院"近代史研究所,1979年,第437页)

6月1日,全国各地学生代表在上海集会,决议建立中华民国学生联合会。上海学生代表则要求商界罢市,参与爱国。6月3日,上海学生得到商界支持,全市罢市、罢工运动开始蔓延,是为"六三"行动。(郭廷以编著:《中华民国史事日志》(一),台北:"中研院"近代史研究所,1979年,第446页)

6月5日,上海商界、学界举行联合大会,支持北京学生运动,主张拒签和约,维持收回山东半岛的权利。南京路等马路商会举行罢市,日资纱厂等工人工会举行罢工,配合学生罢课,"三罢"活动要求释放各地学生,罢免曹汝霖、陆宗舆、章宗祥。次日,包括上海公共租界、法租界电车公司工人也参加罢工,苏州、镇江、扬州、无锡、武进、松江各郡府城市均作罢市,"三罢"活动蔓延全国。(郭廷以编著:《中华民国史事日志(一)》,台北:"中研院"近代史研究所,1979年,第448页)

6月24日,马相伯所在之上海江苏教育会率全市15个团体通电,反对签署巴黎和约,主张解散北京国会。天津、汉口、湖南等地响应通电,其他南方各界代表亦发表类似主张,反对签约。6月29日,上海国民大会通电全国,宣布与北京政府脱离关系,即时停止纳税。(郭廷以编著:《中华民国史事日志(一)》,台北:"中研院"近代史研究所,1979年,第452、453页)

  8月3日,马相伯在上海致书英敛之,亟表收到三包21本《铎书》后之感想。《铎书》为明末山西教徒韩霖所作,陈垣、英敛之本年在北京重新刊印。马相伯感于当前教会受法国文化影响过大,对中文著述重视不够,以致华人信徒、司铎多不熟悉利玛窦、徐光启著作。

  《铎书》为马相伯订购,书到之后仅有少数华人司铎前来取阅。马相伯为此抱怨:"西铎讲道,大都不懂。予始尚能猜度,今则并此而不能。除非华人尽能法语,无受教之日矣。"令中国教会用华人司铎,读中文书,讲本土化道理,此即马相伯、英敛之委托陈垣整理利、徐等人所撰明清天主教史籍之内衷。马相伯信中请英敛之代为致意他所熟悉的北京教区诸位司铎们,问"陆、贾、石、王诸铎康健否?"(马相伯:《致英华》)按方豪提供的信息,陆司铎,名铎,宛平人,1930年在北平去世;廷埜司铎,姓贾,宛平人,1932年去世,享年81岁;静山司铎,姓石,武清人,1947年72岁,时与方豪在北平结识;君山司铎,姓王,任邱人,1913年2月7日已在北京去世,时年76岁。(参见方豪:《马相伯先生年谱新编》,李东华编:《方豪晚年论文辑》,台北:辅仁大学出版社,2010年,第287页)马相伯1912年到北京担任大总统高等政治顾问时,曾与诸位司铎交往。或许是因为计划再次北上,马相伯念及老友们的近况。

  8月7日(立秋日),马相伯为陈垣撰《明浙西李之藻传》作序。马相伯以"三柱石"中徐光启、杨廷筠已有小传,李之藻独缺,如今由陈垣补之而赞赏其钩沉史料文献的出色工作。"吾友陈援庵心志于古,敏求而强记,既考天教之兴于元,复考天教之兴于明。异哉!即就之藻所著钩其要而为之传。传由英君敛之寄读一过,不禁报英君曰:吾与汝,弗如也。惟其弗如,则盼盼然期于陈君者,岂徒志古而已哉!"本序自署"民国八年己未立秋日丹阳马良年八十谨序",为所见马相伯第一次正式注明祖籍丹阳,盖以江苏省议员代表县邑之原因。

  8月24日,张謇致信江苏省长齐燮元,声援马相伯组织的民治学会,"现有马良等主制民治学会,宗旨正大,请准予立案"(《时报》,1919年9月24日)。

  10月11日(中秋后三日),马相伯在上海居住,其间与陈垣合作,帮助他校勘和出版明末清初翻译作品。本日作《〈童幼教育〉跋》成,邮寄到北京。《童幼教育》为高一志所著,段衮、韩霖校阅,韩霖作序,1620年刻本。

徐家汇藏书楼收藏有该刻本。马相伯用张渔珊提供的抄本作底本,用心用力,加以校阅。《〈童幼教育〉跋》作成之后寄送陈垣,方豪在1948年在北京从陈垣处获得手稿,发表于《上智编译馆》第三卷第六期。马相伯本序既是邮寄给陈垣,则本日仍在上海居住无疑。

《童幼教育》作者高一志(Alphonsus Valignoni,1568—1640),曾名王丰肃,字泰稳,意大利耶稣会士。1605年来华,1616年"南京教难"时受关押,被递解出境,在澳门居住。1624年返回大陆,转去山西传教,易名高一志。高一志在山西得韩霖、段衮等帮助,编著、翻译了许多重要作品,如《修身西学》(卫斗枢、段衮、韩霖同校,1630年刊刻),首次用中文介绍了亚里士多德《伦理学》概念和伦理思想体系,是为西方伦理学首次。余如《西学治平》、《西学齐家》、《达道纪言》、《空际格致》、《斐录答问》、《推验正道》(徐光启校稿,王一元、泰稳序题)等,均为向儒家士人介绍亚里士多德、托马斯·阿奎那哲学的作品。高一志神学作品则有《教要解略》、《圣母行实》、《四末论》、《则圣十篇》(孙元化序)等。马相伯认为《童幼教育》之重要,在于它介绍了"厄弟加"(Ethica),即伦理学,而伦理学是组织群体生活之工具。"此古人所以言治国,必先言保赤,次言宜家,而后始言教国人。"马相伯还主张把明末清初推介的亚里士多德伦理学应用到"地方自治"运动中来,"亟应取韩序所谓'厄弟加者,由家而乡,由乡而县,由县之小团体合成数县、数百县之大团体,而后共和庶有望乎?"马相伯应陈垣请求校勘此稿。因从上海带来的抄本错误较多,马相伯花费了好几天工夫才校订下来。"宜陈君之亟欲付刊也已。所惜徐汇书楼钞本甚劣,有因形似、音似而讹者,更有因妄改而讹音者,费数日之心目力,校阅一过,粗粗可解。爰跋数语,邮寄陈君。岁己未,中秋后三日。'"(马相伯:《〈童幼教育〉跋》)

10月,陈垣用马相伯从徐家汇藏书楼获得的抄本,重印汤若望所著《主制群征》,在跋文中提及马相伯从徐家汇藏书楼抄录、整理明清旧籍的贡献。"(《主制群征》)万松野人深喜之,一九一五年重印于天津。近以爱读者众,复谋重印,末附赠言一帙,则清初诸文士赠若望之作,其诗为前印所未有,新从徐汇书楼抄得者。录而存之,亦可想见当年之盛也。"(《陈垣全集(第二册)》,安徽大学出版社,2009年,第423页)

10月,下旬,马相伯再一次北上,事由之一是帮助陈垣、英敛之刊印古籍,还有其他政务、教务等活动。从马相伯与英贞淑的通讯看,他在北京仍然住府右街培根女堂。此际,震旦大学停发马相伯每月300元生活费。"据先生媳马邱任我致才尔门函,是年秋,先生又北上,震旦月拨先生之生活费三百元停付。"(方豪：《马相伯先生年谱新编》，李东华编：《方豪晚年论文辑》，台北：辅仁大学出版社，2010年，第287页)

马相伯10月11日尚在上海，11月1日已从北京致信给徐家汇藏书楼张渔珊，且信中提及他在北京访书，已有收获，可知他到京日期当在10月中、下旬之间。方豪根据马邱任我与震旦大学校长才尔门的往来信件，获知马相伯于"是年秋"离沪去京。又根据英敛之信函，获知次年"十一月底，先生南归"。此两件信函均为方豪收藏，但未曾披露原件情况。

11月1日，马相伯从北京致书上海徐家汇藏书楼张渔珊司铎，透露在北京北堂图书馆访求图书，有发现明末手稿的情况。"近于故纸底中拾有阳玛诺以洋笔涂改之《天学举要》凡十二疑，惜有一二疑缺首尾。"(马相伯：《致张渔珊》，朱维铮主编：《马相伯集》，上海：复旦大学出版社，1996年，第374页)

11月11日，教宗本笃第十五派遣广东宗座代牧光若翰(Jean Baptiste de Guebriant)主教为中国教务视察员，本日到达北京，调查中国教务，以及调整与中国政府关系，谋求建立外交关系。主导中国教会外交事务的法籍会士没有详细公布此项事务过程，马相伯从遣使会汤作霖(Fr. Antoine Cotta)处获知情况，通报英敛之等人，以便向光主教特使陈情。

11月30日，教宗本笃第十五发布通谕，号召各国教会实行本地化。马相伯在1920年译为中文，正文首句为"夫至大至圣之任务，其为吾主耶稣基利斯督言归圣父之项，所托付门弟子者，曰'汝其往普世，传布福音于万民'也"。后该通谕的中文名字即定为《夫至大》。通谕内容中如"当施圆满之功，陶成本地铎曹"、"当精熟传教处国语国文"(《〈教宗本笃十五世通牒〉译文》，朱维铮主编：《马相伯集》，上海：复旦大学出版社，1996年，第390页)等条，回应了中国教会提出的本土化要求，马相伯、英敛之等人十分兴奋。

12月16日，夜十二时，土山湾孤儿院木工场失火，"(大楼)北首方面毗连之数十间房屋已尽成焦土，内除小堂及木工、雕刻、松漆各工场外，尚有一陈列古董室，共计损失约值三十万金"(《土山湾孤儿院大火纪略》，《圣教杂志》第9卷第1期，1920年)。马相伯寓所与学生宿舍同在工场间之三楼，幸无恙。

本年，马相伯在北京与慕学勋交往，为慕氏收藏的瞿式耜(伯略)辑录《魄林漫录》明刻本题辞。马相伯以为瞿式耜"文名颇早，奉教颇晚"，《魄林漫语》辑在早年，而其自序中"以万劫之苦而抵百世之债云云，似为奉教后悟道语"(《题〈愧林漫录〉》，朱维铮主编：《马相伯集》，上海：复旦大学出版社，1996年，第358页)。慕学勋(1880—1929)，字玄父，另字元甫，山东蓬莱人。1912年毕业于北洋大学堂，随后在北京办洋务、经商，收藏图书，有《蓬莱慕氏藏书目》，曾应邀担任中国大学董事，与马相伯、英敛之、陈垣、王正廷、王宠惠交往。

1920年(民国九年,庚申),八十一岁

2月,马相伯时在北京,作《代拟〈北京教友上教宗书〉》,因北京相关教友中无精通法文且熟悉中国教务者,此答复书由马相伯翻译成法文。上书以北京教友王学臣、魏子轩、赵乘喆、埃达天、王子真、郑景全名义,直接呈递给教宗。上书起因是1919年11月教廷特使光若翰主教访问北京时,华人教友未曾见到教廷代表,故而根据光主教在别处调查教务的问卷回答问题,直接呈递给教宗。"远东教务,夙荷哀怜,今所另遣巡阅使光主教,于去年十一月间安莅北京。北京教友等虽请见无由,但光主教去后,由别处抄来法文二十八条,谓系圣座垂询之件,并准教友据实陈情。故敢具书,择其考虑佥同者依次奏答,其归主教商定者则谨付阙如,壹本信仰之诚,用副哀怜之意云尔。恭肃,跪请圣安,统祈慈鉴。"

按马相伯原拟上书,附呈奏答以法文撰写,共二十八条,保留下来的是中文本底稿,中缺第七、八、九、十二、十四、十五、十七、十八、二十、二十四、二十五、二十七、二十八条,未知是原稿缺失,还是马相伯只挑了二十八条中的十五条加以回答。从回答内容看,此十五条出于马相伯之手无疑。今将马相伯答复条文附录,如下:

一问:圣教会应用何法以免华人疑忌,不再视为西来之客教,与西国官员之教务?答:中国教务,自来主教会长等等,皆西来教士,近则西官每多干涉,凡属某国修道会者,且必用某国主教与会长矣。乃欧战既开,西来教士且充兵役矣,何怪体面外教人,亦疑问教友随去当兵否?从知所谓吃教者正指吃粮耳。能无疑虑中外一旦失和,以教友为汉奸,西来教士为坐探耶?但反此以觇回、佛,亦属西来客教也,拜墓求经不绝,经像皆非中国文、中国法,……而中国人不生疑虑心者何欤?非以管理其教之人皆中国籍,故不立于国际对待之地位耶?由此以推,主教与会长等等,既甘断绝俗情,来华传教,何妨按国籍法,亦改为中国民籍?改为中国民籍,则不含各该教士本国政府之臭味,益以证明教宗良十三,于中法战时所与光绪书,在华传教士,悉归宗座派来之语矣。窃

谓果能行此,则一切疑忌心,不待烦言而自解。大抵人见强权与之谈道,心怀利用者有之,心先不服者有之。此无他,口教不如身教,身教之开端,毋抑改为中国籍欤?《经》记天主降生,尚愿报名注籍矣!

二问:教友应设何等会社,以便感化国人?答:各堂口应先培植人才,或仿古所设讲道会,或仿今所设公教进行会,皆可。

三问:传教有何种方法?有保守院否?应用何法,俾收实效?答:北京教区,尚无真正保守院,亦无宣讲所、看书处,以及与外教人接待等事。

四问:能否统一教理问答及经文等?答:旧有经言问答,本来统一,新译之书,能采用旧译名词更妙。但中外修士不观旧译之书久矣!

五问:誓反教如何传布?其重要处何在?何以大奏功效?应如何防制之?答:誓反教颇能迎合现今社会,结交官长,征集会友,广立学堂,培养科学适用之人才,重要之点其在斯欤?似不宜徒托空言,"彼无天主圣宠,传教终无大益";换言之,即听其下地狱可也。

六问:主教区域分合之规画?答:主教管辖之区,往往因本国或本会修士不多,徒占地盘。又不准他会或他国修士,设立高等学堂,及关于科学等种种建设,而又不能抵制誓反教人,殊属无谓,徒令区内外教人,少许多改邪归正之机会耳!窃以为大城市,居民至六七十万之多,则学堂与善举,凡可以引人入教者,理应多多益善。为此,断非一国、一会、一主教之精力所能胜任。况如北京与天津,尤为绅商所辐辏者乎?故大城市主教区域,虽分数会数国,各尽其长以管理,不为多也。

十问:有大区域尚未传教否?答:外蒙古、西藏、伊犁,以及内地无堂口之区,尚颇大颇多。

十一问:教中会所,应如何改良,以诱进教外?答:见第二问。

十三问:自来选举传教神长是如何?本地司铎有选举权否?答:本地司铎向无选举权,更无被选权。

十六问:该传教士学习华语否?其举动能将就人民之习尚否?勉力诱劝外教否?能亲口讲道否?不但借助讲要理先生及教友等否?答:中国亦有普通语言。语言通,而后社会情形,往来礼俗,始能不隔膜,不猜疑;文字通,而后与士大夫交际有道,观感有方。可惜西教士十无一二可说普通语言,华教士十无一二可写普通文字,至令教舆教外,判然两国,格不相通。由此所著之书,所讲之道,惟老教友之明白者,尚可勉强会意,而主教由此则更深居简出矣。

十九问:本地男女修会之建设,其维持之也如何?答:北方向无本地男女修会,只有名为女修会者,因无真正会长,似难发达。

二十一问:关于修道院,有何热心以选取高等子弟?院内用何方法及何课程,以提高神品之教育?答:颇闻修道院内,中国文程度本不甚高,而辣丁文程度则较前更低。圣教历史且不讲求,科学更无论矣!但中国现今批驳教友者,不独教外人与誓反教,诚以游学欧美,能英语者有数万人,能法语者有数千人。或于报纸,或于杂志,译有欧美教育家、政治家、社会家、历史家、科学家等等名姓书籍,以批驳圣教会者,往往而有。传教之士,学问不高,何以开启华人,维持教务?

二十二问:应合许多教区,设公共之修道院否?何以不遴选学生遣送罗马?答:苟不选送罗马,则修道院中,中国司铎永无真正教授资格。能选送中国文已通者更妙,盖读辣丁文更易。然中国人十六七岁中文举者,往往而有,则使十六七岁已通中文,亦不难也。要在遴选者,加之意耳。

二十三问:本地司铎其才能若何?令其担承各等职权否?与闻主教之会议否?派充传教各等职权否?其待遇之也较之西洋教士若何?答:颇闻西国教士,同会而不同国,同国而不同会者,彼此尚有微言,其书信往来,苟无一二言嘲笑中国人、中国官、中国事,则以为不足动听,有石印铅印可证。故其待遇本地司铎,能令外教人,一望而知为小小当差耳。

二十六问:有大学院否?有为上等社会之学校否?可设立一教会中央区域,研究学问,刊发报章否?学校兼收教外生否?其利其害?答:窃以为刊发报章,研究学问,诚今日诱进教外人之急务,然非众主教通力合作,则人才不足,钱财不足。(《代拟〈北京教友上教宗书〉》,朱维铮主编:《马相伯集》,上海:复旦大学出版社,1996年,第360—363页)

马相伯以为办好中国教务,应该处理好外籍传教士与该本国政府的关系,最好是入籍中国,讲汉语,读中文,培养中国人司铎,建立公教进行会等平信徒组织。还应该提倡明清利徐传统,像新教教会做的那样,与教外、外教人士结交,并参与上层社会的改革活动。另外,应整理教区划定原则,在北京、天津等大教区设立高等学堂,推行慈善事业,兴办报社、出版社,改变传教方式。关于教会人才培养,马相伯等人赞成向罗马派送神学生,唯应挑选已经精通中文者,俾更易学习拉丁文等,方便造就。

4月21日,马相伯为庄蕴宽藏《黄兴信函》题跋。跋文称赞黄兴在辛亥革命关键时刻管束革命党人,不居功自傲,不贪恋权位,并功成身退的高风亮节,说:"已悟事之成,由己由人等,乃不自私自利。不自私自利,乃可与言革命。革命岂革去民命之谓?毋亦革去前此弊政,足雪民命之谓。"、"黄公非仅言革命,又实行革命之贤者也。"(《〈黄兴信函〉题跋》,收中国社会科学院近代史所近代史资料编辑部:《近代史资料》,第53号,北京:中国社会科学出版社,1983年,第53页)《黄兴信函》后由庄蕴宽之子庄循义收藏并公布,其中收录黄兴致张謇、汤寿潜、唐绍仪、赵凤昌、伍廷芳、庄蕴宽等人书信。信函尾处除有马相伯题跋之外,另有庄蕴宽、赵凤昌、唐肯、李书城、张一麐、蔡元培、钮永建跋文手迹。

5月3日,美国哥伦比亚大学哲学教授杜威到上海访问,应江苏教育会邀请到会演说,陶行知出席,蒋梦麟翻译。杜威在演说中劝告学生"但求于实际有用之学,至于政治,让政府负责,学生勿与闻。这就是实用主义教育"。主持人黄炎培在演说后与杜威对话,就美国实用主义教育思想与江苏教育会职业教育思想进行比较和讨论,"我们所主张的实用主义教育,已具体化为职业教育了。请看中华职业学校,学生上课,同时参加劳动,'劳工神圣'、'双手万能',是我校的主要的标语"(黄炎培:《八十年来》,北京:中国文史出版社,1982年,第89页)。

当天,在上海参与中国共产主义小组筹建工作的毛泽东也在会场。此据1945年7月1日黄炎培访问延安时毛泽东等人来接飞机时所言:"前曾见过,尚是在上海江苏教育会欢迎杜威博士会场中。"(黄炎培:《黄炎培日记(9)》,北京:华文出版社,2008年,第55页)

秋,马相伯在北京与陈垣交往频密,谈学甚欢。应陈垣要求,马相伯为他所购藏的明末清初书法家王铎(1592—1652,觉斯,孟津人,明崇祯朝东阁大学士,清顺治朝礼部尚书)赠汤若望诗手迹作跋,并亲笔手书抄录,留作纪念。王觉斯书法手迹称赞:"道未先生学通天人,养多玄秘,心服其为人中龙象也。"马相伯题跋则曰:"即此可见当时学者,初不以天学诸公所谈算学哲学之经纬,形下形上为宋儒所不谈而薄之。学举世所不学,好举世所不好,殆亦人中之龙象也。"马相伯对陈垣的明清天主教史研究十分欣赏,称赞说:"新会援庵先生于史学有特长,而于天学之流传中土史尤三致意焉。"马相伯晚年书法笔力愈健,索者渐多。"八十有一,手不甚颤,(陈垣)力索余书,为他日之纪念。"(《王觉斯赠汤若望诗翰跋》,朱维铮主编:《马相伯集》,上海:复旦大学出版社,1996年,第380页)

10月18日,在北京与出差到汉口办事的英敛之通信,商谈在汉口买地、建堂,聘请教士建立堂区的事情。马相伯建议在汉口市区之外的伯牙台(古琴台)附近的怀原寺山坡购买土地。时,夏寿康(1872—1923,仲膺,黄冈人,原为平政院院长)新任湖北省长,愿助力汉口教会。马相伯在信中表示虽已委托夏省长到汉口后照顾建堂事宜,但又恐怕他被湖北督军势力纠缠,"无暇相助"。不得已,马相伯建议请洋教士出面顶事斡旋,"为今之计,若有美教士,莫如请美教士出名。为天主办事,最好莫有我的名字,圣若翰所谓他(吾主)应长,我应缩也"(《致英敛之》,朱维铮主编:《马相伯集》,上海:复旦大学出版社,1996年,第399页)。

10月12日,英国著名哲学家罗素(Bertrand Russell,1872—1970)应梁启超等人邀请到中国讲学,本日到达上海。本年9月,梁启超联络汪大燮、蔡元培、王宠惠、熊希龄、范源濂、王敬芳、张伯苓、严修、张謇、张元济、黄炎培、郭秉文、胡汝麟、林长民等人,组织讲学社,计划邀请国外著名学者到中国讲学。

10月24日,下午一时,江苏同乡会在湖广会馆召开江苏旅京同乡会成立大会,到会者五百余人。同乡们公推马相伯担任大会主席,并就各省联合发起"废督运动",始兴自治一事,首先发表演说。马相伯略云:"我此次来京,得一新闻,便是江苏也组织个同乡会了。……省自治这一点,我不能不指望诸今日的本会,愿列位群起图之。"(《新闻报》,1920年10月27日)

另据《时报》报道,江苏同乡会在北京湖广会馆开会,与湖北、山东同乡会一起,共商"实行废督,发扬民治"事宜。"马相伯君先代主席,精神矍铄,形态诙诡。登场以后,四座生春。马先演说,有譬如熨斗,烙破一洞,硬要补成一领,以喻补放督军,时通场已忍俊不禁。后又演说督军制根本当废,因前清无此庞然大物,民国国会亦向无此制通过。无论现在武人,即孔圣人、关夫子做督军,亦不赞成。无论孔、关,即使项城复活,我们亦不要他做督军,因须根本废除云云。台下大拍掌。"(《时报》,1920年10月27日)马相伯演说毕,请杨千里代读江苏旅京同乡会简章。除第三条略有修改之外,简章其余条款均得通过,开示如下:"第一条,本会定名为江苏旅京同乡会;第二条,本会以敦睦乡谊,增进公益为宗旨;第三条,凡江苏旅京同乡有公民资格,经同乡二人以上介绍者,即为本会会员;第四条,本会设干事七十人,其职务及办事细则另定;第五条,本会干事由大会公推,任期一年;第六条,本会会期常会每半年一次,临时会临时定之;第七条,本会会议事件,以到会人过半数决定之;第八条,本会经费,由本会会员负担之;第九条,本会会所设于江苏会馆;第十条,本简章如有应行增改处,经会员二十人以上之提议,得付大会修改之。"章程通过之后,随即选举出干事70人。在大会报告中,王玉树代表报告:"苏省年来受官吏、武人蹂躏,甚于清末,司法、教育、实业皆由督军包办,陈彰义闻言,在场大哭。"马相伯报告结束后,"以年老不胜劳乏,请先行。乃公推张一麐代为主席"。张一麐报告他在本月11日江苏督军李纯将军陡然去世后,即于13日向陆军总长靳云鹏建议,此后"不设苏督,以各师旅长直辖于陆军部。设军需监,省中应担经费直接送部,由军需监分发各师旅长,以树军需独立之基。而靳则以时机未熟答之"。江苏同乡闻之失败,均抱遗憾,益以废督自任自励。晚七时,全体代表"三呼废督运动万岁、江苏万岁、中华民国万岁"(《新闻报》,1920年10月27日),大会结束。

11月11日,马相伯致信英敛之,请安排吴经畬夫妇在后天即13日(礼拜六)来香山赏玩风景。另外,还介绍法国东方汇理银行董事圣比艾尔夫妇给英敛之,因其夫妇酷爱香山,愿意利用山上废弃的庙基砖石木料,帮助修建一幢新建筑。"敛之二哥鉴:吴经畬(即讲养蜂者)偕其夫人及友准于十三日(礼拜六)早游香山。其夫人能骑,吴及友恐不能骑也,请发山轿,至少一二乘。昨日其夫人特来相恳如此。昨日又见东方银行大板名圣比艾尔者,伊与夫人最爱香山,来时请为招待。伊言香山(双泉处)庙基多砖石,能盖屋,最妙,修葺事请先雇小工,运砖削砖,无论包工点工,此着绝不可少。又木料能检得三间梁木否?请放置一边为要。此颂道安!若瑟顿首。十一日。"马相伯此信写于11日,未署月份。信中又提及本月13日为"礼拜六"。查1920年13日为礼拜六者,只有在3月和11月。3月北京仍在寒冬,不适合赏玩。11月为香山红叶烂漫之时,游客纷至沓来,则本信应作于11月11日。

11月12日、13日、14日,徐汇公学举行创校七十周年纪念大会。12日为本校教员、学生内部庆祝会;13日为招待大会,各界来宾到会者有:淞沪护军使何丰林、上海县长沈宝昌等,上海各天主堂司铎四百余人出席。上午十时,招待大会在大礼堂举行,徐汇公学校长崇泰致欢迎词,何丰林致词。会后,各界首长参观公学办学成果展览,再转到大操场阅操。中午十二时,来宾会餐;下午二时半,游艺大会由学生表演法语短剧 L. avocet patyelin。何丰林在祝贺演说中说:"当代年高望重之马湘伯先生,即为徐汇早年毕业之一,此其成效之显然可睹者也。"(《时报》,1920年11月14日)

11月17日(立冬日)后,马相伯撰《跋〈造花园新法序〉》,按此跋文为方豪所藏手稿,且有删改,为未定稿,或为序文的一部分。现不知《造花园新法》是何种著述,唯马相伯借此序文全面陈述了他对地方自治的主张。马相伯的主要观点为:仿上海等地租界工部局、公董局董事制度,试行自治:"非以官治之，非以绅治之，亦非以大工、大商、大农治之，甚且非以国会议员治之，亦非以各派政党治之。惟宜使人民自动，仿租界法以自治，由各县之各乡举长于赀财、知识、无害群事迹者，轮推年董三人，或五人，其短于知识，或不愿充者，可担保一人以代之。"仿照欧洲、日本做法，丈量国土，划定县域，厘定税收，以定自治之基："大抵县方一二百里者多，不及百里者少。记方百里，面积五万四千顷，去山、泽、道路、桥梁等各大半，其可种谷之地，应有二百万顷。……方二百者应四倍，假如每亩征半元，或再减半，地基可加征数倍有差。房捐之征，城市多而乡村少，岁征总可得百万元以外。以地方税供地方自治，其理由太多，在中国尤非此可不。"地方自治以县为单位，令其成为真正的民权实体："自治当以县为本位。地小则团体易结，而易治，且可使野心家掉头不顾。"按人口规模在县、府、合府规模上设立小学、中学、大学："凡满千户之区，设初等小学，县设高等小学，郡设中学，合数郡然后乃设大学。"以府为单位，"一郡一师"，设立地方军事部队，为子弟兵："必用本郡、本县人为教练，与小学校教员必用本县人同。盖使音容相习，他日皆为子弟军也。帜各用郡帜，阅二十年，亦可一郡一师。"概之而言，马相伯主张地方自治当以民为本；以县为自治单位；以县为单位收税，立董事局自治；按县、府、合府规模，逐级设立小、中、大学系统；以府为单位组织军队，一府一师。

11月底，马相伯从北京回到上海，张若谷编著《马相伯先生年谱》："南归，仍居土山湾。"（上海：商务印书馆，1939年，第224页）方豪《马相伯先生年谱新编》："十一月底，先生南归，据英敛之先生函。仍居上海土山湾。"（李东华编：《方豪晚年论文辑》，台北：辅仁大学出版社，2010年，第299页）

本年，马相伯在京期间，试图推广上海各界的办学方法，帮助英贞淑建立培根学堂教育基金。基金筹议的具体情况不明，惟马相伯有《教育培根社募捐小引》一文，未曾发表，今存残稿，可窥见宗旨一二。"窃闻民族之文蛮，视教育。……然教育无基金，观于首都之现象，事既不能持久，则基金于教育，亦进行之根本矣。……而基金之为教育根本，本诸匹夫有责之心，则不敢不勉。"（《教育培根社募捐小引》，朱维铮主编：《马相伯集》，上海：复旦大学出版社，1996年，第398页）

本年，几乎全年在北京居住。张若谷《马相伯先生年谱》："是年，寓居北方。"马相伯第二次在北京居住，为期一年左右。此次去北方，不知是否有政治原因，但仍和上次一样，马相伯为教会做了大量工作，主要是从事明清旧籍整理、出版事宜。钱智修《马相伯先生九十八岁年谱》："民国九年，罗马教宗本笃十五世先一年颁《夫至圣至大之任务》通牒，先生以通牒王旨在训令教士注重当地国文字，并努力栽培当地教士，从速完成由当地人主持之教会,故亲为翻译。文笔优异,一时教内家弦户诵,叹为得未曾有。又为英敛之先生《万松野人言善录》及陈援庵先生刻教中名著撰序跋,谆谆以提高教中文风为念。"(《中央日报》,1938年5月16日)

本年,复旦大学建设江湾校区,南洋商人简照南兄弟捐建教室,为简公堂;南洋商人黄奕柱捐建奕柱堂,初为办公楼,后加建两翼,为图书馆。(金问泗:《母校大事记》,《复旦同学会会刊》第7卷,1938年第3期)

本年,母校徐汇公学建校70周年纪念,马相伯在北京求得大总统徐世昌题匾"名媲汤南"一方,以为贺礼。(《上海徐汇中学卅一年度学业成绩展览纪念册》,转见自陶增佩:《校史》,顾裕禄:《天主教纵横谈》,上海:自印本,2018年,第145页)

1921年(民国十年,辛酉),八十二岁

1月1日,马相伯回到上海,接到北京培根学堂校长英贞淑来信。次日,在复信中告知在上海生活近况。本年上海冬天寒冷,马相伯痔疮发作。"上海圣诞后已大冷,余拥炉重裘而不暖,加以痔漏,恐漏水将近矣。"(《致英贞淑》,朱维铮主编:《马相伯集》,上海:复旦大学出版社,1996年,第364页)则马相伯在上海仍然畏寒,且伴有痔疮在身。马相伯在复信中,请英贞淑代问"贾、陆二公"安好。贾公,贾廷堃;陆公,陆铎,均为马相伯熟识的北京教会内任事朋友。

1月20日,马相伯复信英贞淑,述及在北京收入款项的处理问题。本年,马相伯仍然从中央政府财政部领取薪水,职事不详,或为议员补贴,甚或仍有"高等政治顾问"之名。薪水中有现款,也有以一年期债券付给,马相伯请英淑贞代为取兑,并详细交代其用途。"去夏,财政长有票一千五百元,仍于今夏六月可取,烦代取焉。五月、六月所可取者,取到否?培根所应取者,祈取之,无让!前拟买圣母堂地,尚存若干?时局京产当廉,可移此款以买之。又×××尚须千元,凑付之。外余下若干,余拟于徐汇购地三四亩焉。"

马相伯拟为北京教会购买地产,捐建圣母堂。又拟将此年收入的余款带回上海,在徐家汇购买三四亩土地,以备后用。马相伯在北京居住,得一众教会人士照顾,饱有情谊,故叮嘱英贞淑代向"所有贾公、陆公处,祈代问好,与宜问好者,亦烦问好,此恳"(《致英贞淑》,朱维铮主编:《马相伯集》,上海:复旦大学出版社,1996年,第365页)。按:本信署日"廿日",未署年。时马相伯人在江南,信首有"别来将及四旬"句,则应是他从北京回到上海后的30多天。按马相伯1920年11月下旬与英贞淑分别,离开北京计算,复信日应为1921年1月20日。方豪《马相伯先生文集》将此信系于1919年,误。

1月20日,马相伯以另纸再复英贞淑,专门谈论培根学堂办学和教友之间的事务。就修女脱离修道院前来培根学堂读书,英贞淑侄子修道如何处理中国风俗习惯,外国教会阻扰罗马教廷与中国通使建交等问题,一一作

答。参见马相伯《致英贞淑》(1921)。

按：方豪将此《致英贞淑》二信系在1919年，即马相伯第二次去北京居住之前。从马相伯复信情况看，马相伯这两件复信作于从北京回上海40天后。方豪从英敛之函中得知"十一月底，先生南归，……仍居土山湾"，则应为1921年1月20日左右。方豪在《新编年谱》中用马邱任我致才尔孟信定马相伯于"是年(1919)秋"去北京；用英敛之函定"(1920)十一月底，先生南归"。从书信内容判断，这里致英贞淑四通，致英华八通，均为从北京回来后在上海书致，应定为1921年。方豪将之定为去北京之前书写，显然没有注意到一些事项。例如，一，此函是在与英贞淑"别来将及四旬"，回上海后，委托她处理在北京的债券兑现，以及各项用途；二，函中还提到法国阻扰中梵通使事，"中央有意遣使至教廷，而某国阻之，此岂好教友所当为哉？"这件事情并不发生在1919年初，而必待1919年11月11日教宗派遣光若翰主教访问北京之后。综上数项，可定方豪原系于1919年的《致英贞淑》、《致英华》数书，均为马相伯回到上海后书写，即作于1921年。

英贞淑(1868—1952)，名杖，北京人，满族，编在正红旗。英杖是英敛之三妹，天主教教育家。英杖担任校长，终身未嫁，专事教育。1907年召集满人女眷读书，为北京培根女学堂前身。培根女校初设于英杖的寓所，在西安门内真如镜17号。1912年，马相伯帮助英杖等人向内务部申请，请拨给府右街北口永佑庙（明代为云机庙）为校址，靠近中南海。马相伯、熊希龄等担任该校董事，并捐资建造校舍。(《培根学校四十纪念英杖校长八秩大寿》，《上智编译馆馆刊》，1947年，第2卷，第6期)1937年，北平沦陷后坚持办学，1939年停办中学部，其时累计毕业生已达三千余人。1947年8月27日，培根学校举行建校四十周年、英杖校长八十诞辰纪念活动，于斌主教有《培根学校四十周年暨校长八秩大寿纪念碑》一文，内称："英校长杖创办本校垂四十年，其间擘划经营，苦心孤诣，宏包涵于万类，殚精力于一身。风雨晦明，不辞劳瘁；山河变易，不避险艰。以学校为家庭，视生徒如子女。本修道以为教，因固本而培根。"(《上智编译馆馆刊》，第2卷，第6期)英杖担任培根学堂校长达40年之久，1947年时校董为于斌、高标、张怀、丁际平、杨铭轩、夏景如、礼迩身。1949年以后，英杖继续担任学校校长，1952年因传染病去世。(参见雷立柏：《中国天主教史人物辞典》英文本，未刊稿)

培根学堂，位于北京西城府右街北口街西，为明代云机庙、清代永佑庙旧址，靠近中南海。1912年，英敛之妹妹英贞淑1907年创办之女子学校移此,又称培根女校。马相伯到京从事政务后,寓居在该校校舍之南轩。他与熊希龄等人一起担任该校董事,并捐资建造校舍。

3月,《圣教杂志》从第10卷第3期开始,连载"渔人"摘译的史式徽《江南教务近代史》,按其"引言"称:"本书专录一千八百三十九年起,至一千八百四十八年止。其时江南传教事务仍由耶稣会修士继续管理,两省并为一主教之传教区域,幅员人数及开教情形,略举一二,以醒眉目。"《江南教务近代史》为史式徽(Joseph de la Serviere,1866—1937)《江南传教史》(Histoire de la Mission de Kiang-nan;上海:译文出版社,1983年,天主教上海教区史料译写组译本)的内容摘要,记载江南和上海教区,以及马相伯到达徐家汇前后的情况甚详细。

4月13日,上海南市新普育堂落成十周年庆祝典礼,马相伯出席并见证。本次典礼上,本地慈善家、实业家陆伯鸿获得教宗授予的西尔物斯德勒骑士勋爵,盛赞陆伯鸿为"中国(天主教)第一人"。次日,马相伯在《致英敛之》描述上海的冷暖交替,世态炎凉。"西山天气何如?此间则自封斋迄今,已变数十寒暑,可谓极意摹仿世态之炎凉矣!"另外,马相伯还在信中通报了朱志尧母亲,即马相伯姊建淑的健康状况堪忧(脚肿至胸,尿糖与蛋白,胃胀);还有,马相伯上次赴京曾将徐家汇藏书楼藏《天学明辨》二十册中的第一册遗留在北京,此函告英敛之"请寄回上海是祷"(《致英敛之》,朱维铮主编:《马相伯集》,上海:复旦大学出版社,1996年,第405页)。

新普育堂:上海县城大南门外原有普育堂,收养残疾贫困儿女,俗名"叫化病院"。1912年,上海县议会公推天主教徒陆伯鸿接手,在陆家浜畔普安亭义冢(今普育西路、普育东路之间)拓展扩建,取名新普育堂。建造费用除县署拨给外,市民、教友和教会多有捐助。建堂所用建材,取用上海城墙拆除后的砖木石土。1912年春,建成5排两层楼房,以后陆续扩建,1949年时已建成楼房20余幢。新普育堂由上海公教进行会拥有,聘请法国仁爱会修女管理,开设男女贫病院、老人院、残疾院、贫儿院、疯人院,附设女寄养所、育婴院、传染病院、施诊所,开设小学、习艺所。收容名额达到1 500人,惟创办第一年即接纳了6 021人。1919年夏,上海霍乱流行,新普育堂腾出房间,收留病人达336人,死亡116人。据统计,至1937年,新普育堂共收容老幼贫病者10.2万人,施诊病人达到219.4万人次。新普育堂常年经费10万余元,多由陆伯鸿个人捐献,并发动中外各界筹款。1937年陆伯鸿被刺杀后,上海天主教各机构和个人勉力维持。1949年以后,上海市民政局接管新普育堂,改为上海市儿童福利院。(编纂委员会:《上海宗教志》,"天主教·

社会事业",上海:上海社会科学院出版社,2001年)

5月11日,上海各马路商界总联合会及各公团,假河南路桥北堍天后宫址市总商会大厅欢送宋汉章、谢永森、穆藕初、陈光甫、余日章等五位工部局华人顾问就职。欢送会特请马相伯演说开埠以来的租界历史,以资激励。演说结束后,马相伯与五人合影,另有秘书梁耿孙、严谔声、朱赓石一起留影纪念。(据《市民公报》摄影题鉴,原载1921年第10期)

6月15日,马相伯致书英敛之,因《申报》讨论中国有无哲学,故在信中发表对于中国语言、文字、思想和哲学的看法。"近见《申报》载德人论中国亦有哲学,闻者哗然。论者曰:彼能立国四五千年之久,夫岂无真正学说之所能?彼果野蛮也,自灭久矣!盖今之欧人,皆欲以文化化吾,甚欲以彼文彼语,以化吾文吾语,殆不知文字语言之为物,最专制,不畏枪炮也。"(《致英敛之》,朱维铮主编:《马相伯集》,上海:复旦大学出版社,1996年,第399页)马相伯以为语言、文字不可能被替代,而只能有进化。

马相伯以为一民族文化中的语言、文字是最为稳固的因素,而中华有国四五千年,必有"真正学说"存在,而中国有无哲学的命题,实不恰当。此信作于上海,从信内提及"梅雨"、"朱志尧"等可以证明。既在上海致书北京,则作书时间应为1921年从北京返沪之后。方豪记此信为1920年作,当年马老尚在北京,显误。此信只记日期,未署月份,现据上海梅雨季节的常规,定为6月。

6月15日,马相伯复信英敛之,谈论天主教会事务。因武昌有一位司铎去欧洲途经上海,与朱志尧谈,两人都对爱尔兰教会欲来汉口传教表示不快。马相伯在信中向英敛之打听汉阳司铎进京报告中是否谈及此事?华人信徒对欧洲殖民者傲慢态度很是不屑,"特以爱德为重者,而辞气气象之间,亦时时流露,何也?"本信署"十五日",未署月份。惟信中有"梅雨不止,未审西山如何?"(《致英华》,朱维铮主编:《马相伯集》,上海:复旦大学出版社,1996年,第400页),江南梅雨季节在6、7月之间,则写信时间应为1921年6月15日。

6月30日,马相伯致信英贞淑。英贞淑述及在培根学堂办学之烦恼,马相伯以熟识的上海教友何理中医师的修行经验加以宽慰。何理中"近供屋顶圣心像,顶高七八丈,意在凡瞻像者咸蒙圣佑。……培根事烦,学何理中,即不烦,心且常静。世俗尚知安心任运,况吾侪乎?"(《致英贞淑》,朱维铮主编:《马相伯集》,上海:复旦大学出版社,1996年,第408页)

7月初,位于徐家汇的启明女校(今上海市第四中学)按例举行毕业典礼,马相伯应邀参加。(方豪:《马相伯先生年谱新编》,李东华编:《方豪晚

年论文辑》,台北:辅仁大学出版社,2010年,第299页)

7月,马相伯为未名刊物拟有文稿,对中华民国建立十年来的政治状况提出一系列责问,严加批评。马相伯按照宪政国家标准来衡量,认为"今日政府行为,大都犯罪行为,此不更正,无可救药"。批评内容包括:个人僭夺民主国主权;民贼窃取国家土地;军阀视民如寇,大背人道;哲学上有战争罪,主战者为罪犯岂能主政;军人对外用兵于犯公法,对内用刑于犯国法,岂得有权恣意杀人,以虎豹豺狼立国;用兵、收税不先商民意,岂是宪政国家;国家统一到底是法律统之,还是兵力统之,抑或径以北洋某些军阀统之。马相伯以袁世凯手下悍将王占元在"洪宪帝制"中劝进袁世凯为例,谴责北洋军阀将宪法国家沦为的个人统治。

本文稿原无题目,未刊,方豪所见为手稿,并另有两张修改稿,题为《无题(残稿)》,收入《马相伯先生文集》,定此无题残稿的写作时间为1921年。今根据残稿中提及王占元"诱杀乱兵者,亦非法也,法无诱术故。且在王占元之杀也,一则迹近于杀降,一则丧带兵威信"(《无题(残稿)》,朱维铮主编:《马相伯集》,上海:复旦大学出版社,1996年,第404页)内容判断,本文应作于7月间。1921年6月8日,王占元将驻宜昌、武昌因欠饷而哗变的部下士兵诱骗至孝感,以机关枪扫杀。哗变士兵抢劫汉口商民,引发外交事件,造成全国影响,时在6月;各省军人发动"倒王运动",并令其辞职,弃鄂寓津,时在7月及以后。马相伯在文稿语句、语气中均未提到"倒王"及结果,故可以定写作时间为7月间。

8月16日,马相伯致书英敛之,通报夏季以来上海教会内外的近况。马相伯的侄孙,朱志尧的四侄赴美学习工科。另据朱志尧日前转告,"汉阳之高公及比国之吕公,均在沪,不知其何干也?"吕公,比利时圣心会士,与朱志尧谈及比利时人口比法国少很多,但国民热情高涨,故能立国。又以爱尔兰对比英格兰,也是如此情况。马相伯以此谈话为激励,勉励英敛之,"我国人所最缺者,即奋斗心,抵抗力耳!"(《致英敛之》,朱维铮主编:《马相伯集》,上海:复旦大学出版社,1996年,第406页)

本月14日,上海经受强台风袭击,各项活动大受影响。马相伯此信只记"十六日",未署月份。据气象学家竺可桢在《申报》(1921年8月28日)"本月江浙滨海之两台风"中的综合报道,"本月第十四日"在浙江台州登陆的台风烈度很强,上海社会生活一度停顿。马相伯之侄孙二百余人搭乘之"中国号"刚出发就受到台风影响,在吴淞口抛锚滞留。据此判断,定本信为8月16日所作。

11月12日,下午四时,因南京高等师范学校商科本年9月迁改,为上海商科大学,校长郭秉文邀请马相伯莅临作开学演说。时,马相伯驱车至霞飞路290号尚贤堂(商大临时校址),郭秉文校长致辞,马寅初教务主任主持。演说历时一小时,大致以为:"近世文明不外衣食住之程度增高,而欲享受此文明,非有学问道德不可。今人往往不肯耐劳,想快发财。先圣教训,却须先难而后获。往诸生勤俭有恒,发奋力学。"(《新闻报》,1921年11月13日)

本年,马相伯应校长陆礼华(1900—1997,江苏青浦人)邀请,担任上海两江女子体育师范学校董事长。此事情节之披露见于1935年8月8日《时报》,内称:"马老对于女子教育更诚心赞助,自任两江女子体育学校董学长,已十五载于兹。"两江女子体育师范学校于1922年开学,则马相伯于1921年筹建时就任此职务。

本年,因家产尽数捐去兴办震旦公学,北京政府高等政治顾问和议员津贴也时断时续,上海天主教会商定马相伯的个人生活费用由震旦大学补助发给,执行有年。今年的震旦津贴得继续领取,"据马邱任我致才尔门函,今年先生又南归,震旦照旧支付每月生活费三百元。后朱相公作古,改由郭、竺两修士凭收据支给"(方豪:《马相伯先生年谱新编》,李东华编:《方豪晚年论文辑》,台北:辅仁大学出版社,2010年,第298页)。

本年,为准备参加"华盛顿和会",发起成立"外交后援会",国务院秘书、参加华盛顿和会中国代表团咨议杨天骥邀请马相伯为发起人。马相伯慨然应允参与发起,并在复信中借机发表自己对于地方自治问题的意见。马相伯复信中提到的"太平洋会议"尚在筹备,并未召开,而"太平洋会议"(华盛顿和会、九国会议)举行日期为1921年11月12日至1922年2月6日,故此信应作于1921年11月前的某月"十日"。

杨天骥(1882—1958),江苏吴县同里镇人,初名锡骥,字千里、骏公,号天马。父亲杨敦颐(1859—1927,字粹卿),进士出身,曾任江苏学政。1899年入学南洋公学,1903年资助邹容刻印《革命军》。1904年任澄衷中学教员,胡适曾从学于他。1909年,加入同乡陈去病发起成立的南社,参加同盟会。曾担任《民呼》、《民吁》、《民立》等报编辑,与于右任、陈其美、宋教仁交往,一度担任孙文秘书。辛亥革命时,参加上海光复之役,协助陈其美指挥攻打江南制造局。1917年在广州加入国民党;1920年担任北京政府国务院秘书;1921年底任中国代表团咨议,参加"太平洋会议"(华盛顿和会)。1925年担任无锡县长;1927年担任吴江县长。1933年担任监察院监察委员,一度代理本院秘书长。抗战爆发后避居香港,战后回上海。1949年以后,经柳亚子推荐担任中国国民党革命委员会委员,并出任上海市徐汇区政协委员、华东文物管理委员会顾问。1958年因脑溢血,在上海愚园路寓所去世。杨天骥著有《茧庐吟草》《茧庐长短句》《茧庐印痕》等。杨天骥排行第二,姐姐杨纫兰(1880—1927,名锡纶)入学上海务本女校,曾作《〈女界钟〉序》,提倡女权。杨纫兰嫁费璞庵(曾游学日本,曾任吴江县议事会议长),得四子一女,女儿费达生(1903—2006),曾入省立女子蚕业学校,游学日本,创办本县开弦弓村生丝合作社;幼子即为社会学家费孝通(1910—2005)。今吴江同里镇东溪街杨氏宅邸作为杨天骥故居保留,为吴江市文物保护单位。

本年,马相伯与英敛之继续讨论在北方设一公教大学的可能性,提出的方案是由英敛之出面,"约所知绅董,仿震旦,设以公学于天津等处",而由上海陆伯鸿、朱志尧等教绅遥相支持。马相伯告知,陆伯鸿最近热心办学,"拟创一贫民女学",朱志尧的侄子"(朱)鲁异最崇拜学堂者,今亦欲设一贫民学堂",开展平民教育。马相伯认为天津有实力像上海一样办大学,而由比利时遣使会士雷鸣远向罗马申请最为合适。遣使会总部和总会长在巴黎,受法国影响,而雷鸣远又"于西开事,大忤该(法)国"。马相伯提出由英敛之"函嘱千里(敛之子)将设学之要,向罗公一再言之。……先与爱尔兰商定,请其教授(前者英国司铎拟就北京大学之聘,仿是以聘之,想无不可)"(《致英华(二)》,朱维铮主编:《马相伯集》,上海:复旦大学出版社,1996年,第432页)。方豪将此信系于1921年,马相伯则仅署此信"十八日",今不能考证其月份,姑定为本年之作。

本年,陆伯鸿在江苏、浙江交界处某镇建一天主教堂,奉圣若瑟为主保,并向马相伯征集一副主联。马相伯拟为:"在生时代天主理天家无更崇高之天位代天上圣父管地下圣家;临终日左圣母右圣子泰然托付其圣灵左救世之母右判世之主。"(《致英华(二)》,朱维铮主编:《马相伯集》,上海:复旦大学出版社,1996年,第432页)

1922年(民国十一年,壬戌),八十三岁

3月,马相伯应《申报》创刊五十周年纪念专刊约稿,撰写《近五十年之宗教》(后正式发表为《五十年来之世界宗教》),近日内完成后。《申报》馆在月内便交来校样,进入校对阶段。据马相伯1922年3月15日《致英华》,草稿完成后曾录副本,正本被英敛之学生张秀林阅读后携去北京。"高足张秀林将予所草《近五十年之宗教》稿携去,但抄本已交《申报》,倘须校勘,良无底稿,何以取正?可否嘱秀林将底稿寄还我否?"(《致英华》,朱维铮主编:《马相伯集》,上海:复旦大学出版社,1996年,第433页)

马相伯在《近五十年之宗教》中以中、欧文字对"宗教"一词加以定义,指出中文本无"宗教"一词:"国文'教'字,大都'教训''教令',作'教之'之义,无宗教解。解宗教,起于释氏东来,其《圣教序》解之曰:'真如圣教者,诸法之玄宗,众经之轨躅也。'意者,以其为诸法之玄宗,而名之为宗教欤?欧文字义,religion 宗教者,一再束缚也;谓既束缚以性法。"但并不是说中国人本无信仰与宗教生活。马相伯以为中国人所敬之"帝"、"天"与欧洲人信仰之天主为同一实体:"世人皆知别有一大能者,主张一切,一大智者,主持一切,一大有者,主一切,体一切,弥纶一切,如在其上,如在其左右,可呼而应,可感而通也,或呼曰'天',或呼曰'帝',皆一声之转,或呼曰'神',曰'天神',曰'天鬼',名称虽异,而中外古今贤愚之心理,固无不同也。"另外,马相伯区别宗教与迷信,宗教为信徒对于身后、来世生活之信仰,相信人生有因果关系;"迷信者,迷于非果之因,非因之果,而认为因果也"。马相伯的主要观点是认为19世纪下半叶以来的50年历史表明,科学与宗教并行不悖,法、德、英、意等国的科学家中,信仰宗教者不在少数。"统计十九世纪中,以化学名家者,约五十一人:无神派仅贝德禄一人;不关心宗教者三人;调查其宗教不甚明了者八人(一为陔君,余皆未录)。除此十二人外,余三十九人,皆笃信宗教者也。"马相伯还将宗教与科学加以比较,认为科学结论是实证、实验的结果,与宗教不同。但是,新知识越多,无知的范围反

而越多,因而终极阶段的科学理论不能不加以假设。在这一点上,科学与宗教相同。"第人之知识以为新。新愈多,益征人之知识有穷;穷则变,变则通,变其常也。通只假定,物相距,不相触;相触必须相接。日星距地,而光接于地,其凭相接者,以脱耶? 其所以相接者,原子耶? 电子耶? 力道之作用耶? 殆非人力所能征实,而假定之者耶? 人之力能扛鼎,而身无鼎重也;斯力也,何物也? 电耶,热耶? 身内之物,知其功用,而不知其性质犹如此。此科学之理,有不能不假定者矣。"(《五十年来之世界宗教》,朱维铮主编:《马相伯集》,上海:复旦大学出版社,1996年,第409—429页)

3月11日,上午十时,法国霞飞(Joseph Jacques Joffre,1852—1931)上将应上海耶稣会总院邀请,参观徐家汇大教堂。参观前,在徐汇公学"新校舍"(今崇思楼)大礼堂前小广场举行欢迎仪式,中、法军人列队,学生铜管乐队奏乐,教内外各界人士陪同霞飞将军检阅。(参见上海图书馆编:《国际名流与近代上海》,上海:上海科学技术文献出版社,2011年,第154页)

3月13日,马相伯从上海致信英敛之,讨论中外司铎,以及法文、中文之间地位不平等的问题。马相伯述及教会内法文地位实际上高于中文,如二位华人司铎不识中文,只懂法文,而西教士却对他们特别欣赏。马相伯抱怨海外法国人不及英国人尊重当地文化,"英人据印度,不改造印度方言;法人据安南,竟改造之,彼殆欲改造我华文耶?"他还讥讽当代耶稣会士,说他们把自己不能像利玛窦那样从事汉语著述的原因归咎于中国学者不配合。"回忆京中某铎所言,其心理盖谓利玛窦西洋人,予亦西洋人,苟有华人助我,我所著作,将远胜利玛窦,然则予不著作,尔华人之过也!"(《致英华》,朱维铮主编:《马相伯集》,上海:复旦大学出版社,1996年,第431页)

3月15日,马相伯致信英敛之,报问安好之后,谈及两件重要事情,一为告知最近完成之《五十年来世界之宗教》书稿写作、校阅情况;二即谈到中国天主教会内部事务问题。马相伯根据最近与方济各会士曼布里尼(Mambrini)的交谈,提出建议:促进中国通使梵蒂冈,建议由陆徵祥担任驻教廷大使;向教宗请求在中国办一所天主教大学,建议由中国人主持大学事务。"近有一方济各会监铎 Mambrini 过申,盖由汉而京而至者,调查颇透切。东堂之用爱尔兰,其学堂颇发达,林牧盖知不用爱尔兰,恐为耶稣会所夺故。又谓山东德国司牧颇知中国情形,且谓余中朝何不遣使教廷? 余曰:遣使书至今尚在驻欧使臣之手,陆徵祥即愿充斯职者。"、"今教宗被举之前,正筹办大学院,大学院乃其所最注意者。况在中国传教,惟一法门,在开大学,由中国人素重学校故。今不速开,后将如日本,政府不准开矣。惟教宗能命各地各会各国之人前来合办。"(《致英华》，朱维铮主编：《马相伯集》，上海：复旦大学出版社，1996年，第433页)马相伯主张新办天主教大学由中国人主持，而由各国教士协助，则不会如新教办大学那样招本国士绅之嫉妒。

3月24日，马相伯再次致信英敛之，报知其张秀林携去的《五十年来世界之宗教》底稿抄本已经由《益世主日报》主任刘少坪寄还并收到。信中提到朱志尧因为替别人做财务担保，引发债务纠纷，多年来赔累甚巨，经营困难。"志尧太好人，不顾性命，替人担保，两个大难关，积十余年方脱身。今言尚有一个担保，至五十余万，方从事求免涉讼，人力已穷，只看上主之仁何如耳？"(《致英华》，朱维铮主编：《马相伯集》，上海：复旦大学出版社，1996年，第434页)马相伯向英敛之言及朱志尧企业经营状况困难，或因筹款为教廷使臣刚恒毅主教驻节府邸，在北京购买房产事宜。

5月7日，上午十点，全国八个团体联合筹备的"国是会议"在上海举行。本日各省、各机构代表在上海总商会会场举行开幕式，程式为奏乐，向国旗行三鞠躬礼。"会场布置甚为精致，场内有童子军维持秩序，颇觉严肃。并先时由该会预派招待员招待来宾，亦殊周到。"出席者有江苏省代表黄炎培、沈信卿、张一麐、秦联奎、杨春绿、李昌、徐瀛、戴天球、黄立；湖南省何积煌；江西省龙钦海；山东省魏景祥、瞿藩、乔金泽、刘茂相；侨埠蔡俊卿、李登辉、韩希琦；四川省胡懋昭、温嗣康、都怀尧；北京邱醒旦；广东省林大魁；湖北省陈问鼎；陕西省张季鸾；河南省闻学箴；浙江省毛雍康；福建省吴弦、陈秉钊等29人。正式代表之外，还有重要来宾张一鹏、马相伯、赵正平、张元济、陆达权、徐国梁和工巡监局代表三十余人，总计六十余人。(《八团体国是会议开幕记》报道，《时报》，1922年5月8日)

"国是会议"于1921年11月商教联席会议决议筹备，由黄炎培(任之)担任筹备主任，凡经12次预备会议始成。上海总商会、银行公会、江苏教育会各筹资一千元，奉天商会交二百元，海口商会一百元，共三千三百元为川资、场租、食宿费用。黄炎培推举林大魁为本次会议临时主席，并邀请马相伯、赵正平、邱醒旦发表演说。按国是会议主张的基调是，"全凭良心主张，公开会议，绝不为一党一派利用"。会议指定三人演说之后，有工会代表童理璋擅自登台，称有意见发表，"谓国是事繁责重，非少数人所能成功。并谓今后操纵国是之实际能力，舍劳动阶级莫属"(《八团体国是会议开幕记》，《时报》，1922年5月8日)。马相伯《国是会议演说词》略谓："今日国是会议开幕，余将以老民之资格，一抒所见。惟余诚不知国是二字，当做数种之疑问。即今日中国，是真共和,抑系假共和;今日中国是真民国,抑系假民国。余无以解答此二疑问。而思之殊堪痛心。又自一方面言之,今日之总统,是真总统,抑系假总统。以余所见,则今日之总统,不过皇帝之变相而已。"、"人类有自私之冲动,亦即谓有专制之天性。联邦即能减杀此种自私之天性,而使人民得较多之自由。譬如在一中央政府统治之下,政府钳制言论,则人民将无所幸逃,而完全失却其自由。"(《八团体国是会议开幕记》附录《马相伯演词》,《时报》,1922年5月8日)

5月14日,马相伯有函信《致英贞淑》,是收到英女士近期来函之后的复信。马相伯在复信中祝贺北京培根学堂教务日盛一日,对该校采用清代教士南怀仁所作《教要序论》作为该校学生教材表示赞赏,称"浅近明了,于识字最有补益"。马相伯还在信中对学校教育中的宗教与科学之关系表示独特的看法,他认为:"宗教讲身后,科学讲生前,说有了现前,不须问日后,可乎?今乃谓有科学,不须宗教,此中国人所以只顾眼前也。古有言'功成身退',今乃功未成而身不肯退者。民国已阅十一年矣,对内尚以不人道相加,无怪乎外人以不人道加诸我矣!"(《致英淑贞》,朱维铮主编:《马相伯集》,上海:复旦大学出版社,1996年,第437页)马相伯在信中称:"复活(节)后曾通一信,想被石头断送矣。"英贞淑没有收到上一通信函,故有此来函。马相伯在此信末署"十四日",未署月份,应该就是1922年复活节(4月16日)后的5月。故此,确定马相伯此通复信的日期为5月14日。马相伯在信末顺便询问英贞淑"援庵先生住西安门大街六十五号否?"则透露了陈垣先生在京住所地址。西安门大街65号离马相伯在北京的寓所培根女校一二里路,两人时相过从。

5月中旬,马相伯出沪,在常州、无锡一带休憩疗养,期长逾半月,至圣灵降临节前回到上海,仍住土山湾。"往无锡,继往江阴及江阴之后塍,小息毘陵半月。"(《致英华》,朱维铮主编:《马相伯集》,上海:复旦大学出版社,1996年,第434页)

6月6日,马相伯致信英敛之,告知圣灵降临节日庆典时,在徐家汇土山湾遇见朱志尧。朱志尧告诉马相伯:由上海教徒们筹集的教宗使署府买地建楼费用已经支付,需要继续筹集的是使署府在北京常年开销之费用。马相伯在信中与英敛之商量,能否由北京教区王学臣、魏子轩等人帮助使署府赵秘书在全国教友中筹集这笔经费。

按马相伯致英敛之书:"过降临,遇志尧,言及驻使府价已付,所应筹者府内之基本金耳。然则来稿易之为贵。然则盍商之秘书赵公乎?基本金之照料,皆教长自任之。征取苟,固致有贪名,此爸爸通牒所戒也！……"马相伯还代拟了一份捐启,其如:"《经》喻圣教会统归一羊栈,一牧人,自宗徒长伯多禄为圣教宗主,四裔接统,一脉相承者,迄今二百六十有六人。无遐迩文蛮,不归一栈一牧,可得耶稣基利斯督圣教之真传也。中国之得其传,时断时续,虽自明季迄今,由利氏而传者逾三百年,而国有实缺司牧之教会,可直隶教宗者,尚付阙如!以致称为客教,反不如回、佛之原属异邪也。当今教宗比阿第十一,既任命刚总司牧为中国驻使,代表教宗,使我国教会可以直接教宗,幸何如之!但教宗见困已久,则所以供奉驻使者,非我国教众之任乎?设驻使府于北京,需款若干,供奉之费,月需若干,则所以筹基本金者,不可以不亟亟矣!特立捐册云云。"(《致英华》,朱维铮主编:《马相伯集》,上海:复旦大学出版社,1996年,第435页)本信末署日期为"副降临日",应为圣神降临节之次日。圣灵降临节在复活节后第50日(五旬日),即耶稣复活后第40天升天,第50天差遣圣灵降临之纪念。本年复活节为4月16日,则圣灵降临日为6月5日,"副降临日"即为6月6日。

6月20日,大同学院举行毕业典礼,马相伯、章炳麟俱往祝贺。章炳麟以民国以来军阀混战,秩序不稳,询诸马相伯法国大革命以后之乱象何以得治,"联省自治"知否可行?马相伯答以"与其言自治,则不如言南北分治"(联合通信社消息,《时报》,1922年7月6日)。

7月15日,英敛之有恙,"不能作书",马相伯闻讯后致信问候。信中亦通报自己"近两月来,痔不我舍,颇苦其纠缠也!"(《致英华》,朱维铮主编:《马相伯集》,上海:复旦大学出版社,1996年,第435页)信中还谈及两人著述,及为友人所撰稿件修改、发表事宜。

7月30日,上海公共租界会审公廨发出传票,为"英商扬子保险公司,在公共公廨控朱志尧不理担保海州轮船公司押款,请追本利银六十五万九千三百十五两等情,由廨准词,饬传朱志尧到案"(《新闻报》,1922年7月30日)。因朱志尧是上海总商会会员,会审公廨准其免于担保,签字具结后在家听候开庭,到场询核。

扬子保险公司诉朱志尧担保不理案,乃是他不慎为海州轮船公司担保,以"美利"、"吉华"两轮船作抵押,借得扬子公司款项。因本利合计达65万多两,未作清偿,转而诉讼保人朱志尧,要求赔偿。12月3日,会审公廨开庭,由华人大法官关炯之与英国包副领事会审。朱志尧辩称:"当时西人台维司以电话将伊邀至扬子公司,该公司大班杰克生即取出该项保单,谓两轮船价值百余万金,而海州公司之创办人顾棣三等又皆富厚,尔为之担保,不过成为一种契约上之形式,不负责任云云,故伊遂未详究保单内容,即行签字盖章担保,亦不知其时海州公司已转为英国有限公司等语。原告代表律师向朱驳诘一过,即称以朱志尧之经验,不应于签字时不调查保单内容,殊属可异。法律规定,凡人签立担保契据,应负责任。"(《时报》,1922年12月3日)此即马相伯在本年3月24日致英敛之信中提到的"志尧太好人,不顾性命,替人担保"一事。

8月12日,天主教教宗庇护十一世任命刚恒毅主教(Cardinal Celso Contantini,1876—1958,字高伟)为教宗驻华代表。11月8日,刚恒毅到达香港;12月下旬,刚恒毅到达上海;29日,刚恒毅抵达北京,开始直接管理中国教务。马相伯和英敛之、廖辅仁等人发动集资,购赠北京定阜大街三号为宗座代表临时公署;后又买定乃兹府甲六号的恭王府为正式公署。

8月中旬,中国科学社在南通举行第七次年会,马相伯出席。本次年会中国科学社修改社章,成立董事会。经选举,第一任董事为九人,有蔡元培、马良、张謇、熊希龄、梁启超、严修、范源濂、胡敦复、汪兆铭;理事十一人,包括竺可桢、胡明复、王琎、任鸿隽、丁文江、秦汾、杨杏佛、赵元任、孙洪芬、秉志、胡刚复。(任鸿隽:《中国科学社社史简述》,全国政协文史资料研究委员会编:《文史资料选辑》第十五辑,北京:中华书局,1961年)

8月23日,丁文江与商务印书馆总经理张元济见面,言马相伯"谈及数十年中有关中国掌故之事,如洪杨之乱,随李文忠办高丽之事,创立江南制造局之事,足备史料"。因马相伯年老力衰,不能亲自从事,丁文江主张"秉笔者为之记述"。张元济表示"此人甚为难得,果能有人,自可办理"(张元济:《张元济日记》,石家庄:河北教育出版社,2001年,第1106页)。

《丁文江先生年谱》(欧阳哲生主编:《丁文江集(七)》,长沙:湖南教育出版社,2008年,第319—547页)记:1922年8月13日,丁文江尚在北京某公园与胡适、王徵一起吃饭,他出京考察,参加中国科学社在南通的年会,遇见马相伯应在本月中旬晚日,或即下旬初日。

10月27日,暨南大学迁至上海真如镇,暨南学校商科(后升为商学院)设在徐家汇地区。下午三时,无锡籍教育家,时任暨南大学商科主任高践四邀请马相伯莅校发表演说,全体学生及教职员吴倚沧、何震生、傅复天、朱可久、魏守衡等百余人出席。马相伯略谓:"前清暨南学校开办时,余亦为发起人之一。因见侨胞散处南洋,寄人篱下,缺乏团结力,恐不久将无以图存也。今幸暨南学校规复数载,诸君自南洋各属,回国求学,相聚一堂。得诸君父兄所不能得之机会,速宜联络感情,结合团体,始可以与外人争平等之地位云云。"(《时报》,1922年10月29日)

12月17日，伍廷芳追悼大会在上海举行。伍廷芳1882年入李鸿章幕府，即与马建忠、马相伯在天津、上海共事。1896年，曾与马相伯、马建忠一起随李鸿章赴日本马关谈判和约。伍廷芳生长海外，学成后服务内地，学界时以"严马辜伍"列"西学"翘楚，与严复、马氏兄弟、辜鸿铭并称。

伍廷芳(1842—1922)，字文爵，号秩庸，广东新会人。生于新加坡，早年入香港圣保罗书院。后留学英国，入伦敦大学学院攻读法律，获博士学位。1876年，在英国与出使大臣郭嵩焘和留学生严复结识，并受青睐。18年，回到香港，担任法官，为华人律师之始。1882年，应召到天津，进入李鸿章幕府，与马建忠、马相伯一起参与中朝、中法、中日交涉事务。1911年，辛亥革命时担任沪军都督府外交长，与马相伯分任苏、沪。他在沪西爱文义路(北京西路)100号的住宅，曾接待孙中山，酝酿南北和议，马相伯亦参与。马相伯、伍廷芳相约长寿，伍廷芳曾有《延寿新法》(伍廷芳：《延寿新法》，上海：商务印书馆，1914年；收入《伍廷芳集》，北京：中华书局，1993年，第537页)。

12月25日，徐家汇大教堂循例举行圣诞节子夜弥撒。罗马教廷派遣首任宗座驻华代表刚恒毅总主教从香港到达上海。本日，刚恒毅与上海教友见面，在徐家汇大教堂主持子夜弥撒盛典，亲送圣体。马相伯出席并见证此重要事件。

刚恒毅总主教在徐家汇大教堂主持子夜圣诞弥撒的消息，见于马相伯与英贞淑的通信："宝仑君王于圣诞前日受洗，子时弥撒在教廷代表刚恒毅公手上初领圣体。吾谓王君：'君自今得一至亲至友。'……"(《致英贞淑》，朱维铮主编：《马相伯集》，上海：复旦大学出版社，1996年，第446页)当天，上海著名金融家王宝仑受洗入教，由刚恒毅亲授圣体。

马相伯信中提到"言财政不难"、愿意出力的王宝仑，是上海金融家，天主教徒(1922年圣诞节前受洗)。1917年，与宋子文、宋汉章、叶琢堂、钱新之、冯耿光、陈光甫等人一起担任中国银行常务董事；1920年，与叶鸿英、朱孔嘉一起创办正利商业储蓄银行，总行设在南市。1928年，王宝仑与宋子文、陈行、叶琢堂、姚泳白、钱永铭、陈光甫、荣宗敬、周宗良一起，担任中央银行理事；1933年，与宋汉章、朱孔嘉一起创办至中商业银行，任董事长。(《国民政府公报(南京)》，1928年第99期)合作创建息焉公墓。1925年，正利银行因财务危机而结业。

本年，有《康墨林〈戒弟书〉书后》，为应酬之文。康墨林，生平未详，持所著《戒弟书》来，求马相伯一序。该书为民间劝戒类的善书，在湖北、河南、山东人士的捐助下刊刻印行。马相伯以为该戒书的可贵之处是"既不言利禄,亦不用圣贤门面语,一味以骨肉至情出之"。人人具骨肉,骨肉之间在在具有至情,"譬之弥漫天空,无往非电,电以无线,故能顷刻而达地东西"。马相伯以此"骨肉至情"为四海之内"难兄难弟"之间的普遍性,即为一种"心同理同"的超越性。

本年,李登辉继续担任复旦大学校长,南洋募款计划成功。江湾校区建成教室楼、简公堂、奕柱楼之后,本年又有"简公堂办公处、第一宿舍落成,大学部迁江湾,以李公祠原址为中学部"(金问泗:《母校大事记》,《复旦同学会会刊》第7卷,1938年第3期)。

1923年(民国十二年,癸亥),八十四岁

1月初,马相伯拟信致英华,谈及去年12月底教廷驻华代表刚恒毅到达上海引起的反应和议论。方豪所见本信为残稿,夹在英敛之日记中。信中感叹历届教宗实施本土化之决心,"教宗之待吾华厚矣!"马相伯记录了他近来听闻的一个故事,从中获悉罗马几十年前早就有计划遣使中国。"江苏人前在罗马圣司铎之金若瑟语余曰:'四十四五年前,教宗良曾遣如刚公者一位来华。金司铎代表华人与众绯衣主教公饯,后竟被阻。'……良初以为刚公之才,而不知乃宗座严命。"马相伯本信稿未署年月,按信内说及最近有两位美国籍来华访问会士赶来上海迎接刚恒毅,而主教已经于12月29日离开上海,前往北京上任的情况,"美国会士来二人,惜刚公已北,故今晚六时亦附车北上"(《致英华》,朱维铮主编:《马相伯集》,上海:复旦大学出版社,1996年,第445页)。据此判断,本信稿拟于1923年1月初。

马相伯信中所称"美国会士来二人",应即美国本笃会受教宗之命,负责筹建北京辅仁大学后,派员来华考察的会士。按1922年6月,教宗庇护第十一和传信部正式要求全美各地本笃会筹款建造北京辅仁大学,继续委托本笃会总会长斐德(Rt. Rev. Fidelis)和宾夕法尼亚西顿学院(Sedon Hill College)哲学教授、本笃会士奥图尔(Rev. George Barry O'Toole,1886—1944)博士负责工程建设费用募集。辅仁大学的建立,除了提升天主教在北京高等教育格局中的地位之外,还有改善北京舆论对美国文化在华负面印象的作用。按1923年底北京大学举办的"民意测验",其中一题"俄国与美国谁是中国之友?为什么?"测验结果,在受测社会各界842人中,认为俄国为中国之友的有497票,占59%;认美国为友者107票,占13%;认俄、美均非中国之友者226票;或均是者12票。认俄为友的理由是俄国不侵略,与之联合可以抵制英、美,以及苏俄同为被压迫民族。(李云汉:《从容共到清党》,台北:中国学术著作奖助委员会,1966年,第89页;转见自李健民:《五卅惨案后的反英运动》,台北:"中研院"近代史研究所,1986年,第13页)

1月8日,马相伯拟复英敛之,兼致新年问候。信中告知英敛之,自己"守岁前,右肩痛,不能动,用电(疗)数日,始复元",盖亦劝导近年身体欠佳的英敛之保重身体,注意治疗。马相伯在信末更祝英敛之"新岁康强,俟君七十,吾当北来祝寿也"。英敛之年前给马相伯寄来书法作品《心画》十本,借扬雄《法言·问神》:"言,心声也;书,心画也。声画形,君子小人见矣",马相伯发表议论称:"字为人造致美术,而难则更甚于天造。盖天造者人不能胜,而人造者人能胜之,故无一定之美。然而矫揉造作,如画鬼,鬼之美,终不得为美也,只足以吓俗人耳!"转从书法论述文章,马相伯对当时文风之驳杂提出批评,"句句有新名词,似可解,而实不可解,以视利、南,相去不知几千万里"。另外,马相伯对时下流行之科学万能说法,也以实例表示怀疑:"南方秋冬无雨,芜湖以上,大轮不能上驰。年尾以来,又雨不止,彼以科学为万能者,何不救济之也?"(《致英华》,朱维铮主编:《马相伯集》,上海:复旦大学出版社,1996年,第444页)马相伯此信恐没有寄出,所以21日又有复信,称"年前两辱教言,懒而未复。"

1月21日,马相伯称"年前两辱教言,懒而未复",故在新年后又一次拟信回复英敛之。信中言欲求信仰,亦必须要有真见识。"无真谦逊者,无真见识。无真见识者必自是。人到自是,便无可与言矣。"马相伯在信中提到上海著名金融家王宝仑一家皈依的故事。王的幼子已经入教,另一为寄女也是著名教徒何理中的寄女。"何理中寄女,终前求司铎领洗,语所生曰:毋哭我,我即升天享无疆之福。死后面容,欣然含笑。缘此三族皆逢七到堂做大追思,愿奉教者有十家。"(《致英华(一)》,朱维铮主编:《马相伯集》,上海:复旦大学出版社,1996年,第443页)

1月21日,马相伯出席朱爱姆姆大愿银庆纪念,聚会后摄影留念。(朱氏家族后人编《百年忠贞:纪念西满朱开敏主教》收录)朱爱,马相伯外甥女,由大姊马建淑和朱朴斋所生,出家为拯亡会修女。中国天主教会以二十五周年为"银庆",则朱爱入会于1898年。

2月,下旬,马相伯春节后致书英敛之,因复年前寄赠礼品《心画》,并言及当今教内文风不及利玛窦时代融会贯通。"见于《主日报》者,句句有新名词,似可解而实不可解。以视利南,相去不知几千万里。我苏之《圣心》与《杂志》,其误人子弟,殆不可量也。"马相伯在新年发愿,准备在英敛之六十寿庆时去北京致贺,"俟君七十,吾当北来祝寿也"(朱维铮主编:《马相伯集》,上海:复旦大学出版社,1996年,第444页)。"七十",当为六十之误。因英敛之生于1866年,逝于1926年。

2月,马相伯致书英贞淑。信中透露第一次到上海的刚恒毅主教在去年圣诞节子夜弥撒中向本地教徒送圣体。信中又以本年旱灾为例,批评学生界流行的片面科学观点,指出科学并不万能。"闻北方天旱,今江浙亦天旱。中国之学者,拾西人科学之唾余,动曰迷信,试问我国水旱沴灾,科学有法以救济之否?无法,是科学非万能也。"马相伯在信中还透露徐谦(季龙)将于"将于本月初七开宗教救国会,余亦与焉"(《致英贞淑》,朱维铮主编:《马相伯集》,上海:复旦大学出版社,1996年,第446页)。

3月6日,马相伯致信英敛之,信中对天津《主日报》发表教宗代表刚恒毅主教批评中国传教现状表示赞赏,并说:"大哉刚公之言,颇中肯,今日学堂及大小修院所造成者,皆一不中不外之废料。"马相伯表扬《益世主日报》编辑刘少坪敢于刊登不同意见,"而不托老人之说,竟敢照登,少坪真可教也!"马相伯对当前天主教会的文字风格很不满意,以为有官书之嫌。"近者吾教喜说官话,须知县官判语,亦官话也。《红楼梦》叙大观园,其路径院落之分明,河间府之小说,有一篇有此笔力否?意国小说有写渔家事者,先作渔翁数年,而后写之。法之写乞丐者亦然。"马相伯近来常感困顿。"近颇觉精神不足,多谈多写,便如害病一般。"(《致英华》,朱维铮主编:《马相伯集》,上海:复旦大学出版社,1996年,第433页)本信作于刚恒毅1922年12月到任,并对中国事务发表言论之后;亦在胡适《五十年来中国文学》、《申报》纪念刊发表(1923年2月)之后。胡适文章与马相伯《五十年来之世界宗教》一起发表于《申报》馆《最近五十年》专刊中。马相伯读到胡适文章,有感而发,用以举例,故定为1923年3月6日。方豪错系此信于1922年,今改正。

4月23日(三月初十日),马相伯受著名实业家荣宗敬邀请,访问无锡,下榻在北门外三里桥天主堂。在锡期间,马相伯踏看了东林书院遗址。应无锡县立第二高等小学邀请,就师范教育问题向无锡各学校师范生发表演说。马相伯略谓:"前两年,我们江苏小学教员大家舍去教职,往上海交易所去就产业。可见得教育经费竭蹶,就累得小学教员不能安心在教育界。这不是可叹的事吗?小学教员固然不应该注重金钱,但是国家也应当顾到小学教员生计,替学校宽裕经费,才是正办。"演说历时两小时,听者称道不置。演说前,竞志女学校长侯骥叟请教马相伯。事后,演说稿经侯校长整理,以"记录马相伯先生在无锡各学校之谈话与演讲"为题,刊登在《竞志周刊》。

4月24日,连日以来,马相伯一直在无锡游览、参观、演说。本日上午九时,访问无锡县立第二高等小学,并做演说。十二时,访问省立第三师范学校,午餐后在该校演说。(《无锡新报》,1923年4月25日)

4月25日,马相伯继续在无锡访问,本日上午在苏家弄县立第二高小参观,该校校长辛伯森招待,并邀请马相伯演说。马相伯演说内容,略分三大段:"一,克己:略谓我国近时之所以扰攘不宁,全国尽是争权夺利之人,实原因于不知克己,尽任自由;二,好问:略谓求学问,其患在不好问,但好问亦不限于求学问;三,向志:略谓凡事须立志求学问,更须立志不移。志已立定,虽威武不能屈,贫贱不能移。"中午,荣德生派汽船迎送马相伯,在梅园公宴马相伯一行。下午三时,马相伯到第三师范学校大礼堂演说,第三师范学校校长陈谷岑致欢迎词,竞志女子师范、县立女子师范的教职员及学生共八百余人一起参加听讲,陪同马相伯在无锡游览的蒋遇春、胡雨人、徐允希、侯保三、张渔珊、辛伯森等人一起出席。(《无锡新报》,1923年4月26日)

4月26日,马相伯应荣德生邀请,前往荣巷观看公益竞化联合运动会,随后去无锡梅园、万顷堂、鼋头渚等处游览。中午,由荣德生在梅园内设宴招待,马相伯及陪宴者有许少宣、钱竞生、蒋遇春、陶达三、钱子潜、顾霭人、蔡荫阶、顾彬生、辛伯森、胡雨人、杨干卿、蔡松如等十余人出席。(《无锡新报》,1923年4月27日)

4月28日,连日来,马相伯在无锡参观各大工厂和各学校;本日,在三里桥天主堂类思学校演说。到会者有县署沈代知事、三科主任许少宣、三师教务主任钱子潜、第一国民学校校长陶达三及教职员、学生和教友一百数十人。演说内容关系天主教与儒、道、佛教关系。本日演说结束后,马相伯"不能再作勾留,已定于今日离锡"。(《无锡新报》,1923年4月29日)

夏,马相伯与《益世主日报》编辑刘少坪通信,请报馆邮寄土山湾所缺的三册报刊,补齐收藏。马相伯本信署为"廿一日",未明月份。惟信中有说到"今夏老夫多病",则姑定为本年夏季所作。信中又提及北京辅仁社经费募集之事,英敛之正为发愁。马相伯则认为,以上海天主教友的实力,辅仁社经费应有着落。马相伯担心北京教会缺乏人才,以及教界对于办学之迫切缺乏认识。"敛翁有信来,仍欲为辅仁社之组织。王君宝仑言财政不难,难无人才耳。试问修道中,有曾读十三经者否?五经四书者否?即有之,有得贤师益友者否?有愿受熏陶者否?在上者有知此为华人所必要者否?刚公容或知之,而前后左右反对者众矣!"(《致刘少坪》,朱维铮主编:《马相伯集》,上海:复旦大学出版社,1996年,第447页)

12月14日,本日在上海出版的《兴华周刊》(圆明园路23号)刊登马相伯的意见书,主张设立"国民义务捐与国难特别捐","日日一铜元,一年三百六十铜元,适合一银元。是一年可捐出四万万两银元"。此为义务捐。另外再课收特别捐,包括游艺捐、拒毒捐、奢侈捐、节省捐、烟酒捐、佛事捐,向特别人士征收。

12月22日,徐谦(季龙)在上海基督教景林堂发表演说"中华基督教自立与救国之关系",提出"基督教救国主义"之想法,其称:"教会自立,本为近年来吾华一般信徒之觉悟,惟由教会自立而言救国,则为从来所罕闻。今日中华监理公会教友大会特别研究此问题,实为希有。"(《教友》,1923年第7期)

本年,江南教区华籍神职人员共有66人,其中耶稣会士16人;外籍耶稣会士101人;大修院修士48人,小修院修士26人,徐汇公学拉丁文学生100人。(史式徽著:《江南传教史(二)》,上海:上海译文出版社,1983年,第356页)

1924年(民国十三年,甲子),八十五岁

5月15日至6月12日,全国天主教各教区主教在上海徐家汇召开第一次中国全体主教教务会议(又称"中国天主教全国会议"、"上海公会议"),由刚恒毅总主教主持召开,与会主教、监牧48人,其中2人为中国籍监牧。(《上海宗教志·大事记》,上海:上海社会科学出版社,2001年)会后,刚总主教率领15位主教赴佘山朝拜,向佘山"中华圣母"敬献圣礼。会议决定从传统教区内划出六个代牧区,由国籍司铎担任主教,并宣布了梵蒂冈对六位中国籍主教的任命。孙德桢(河北安国教区)、成和德(湖北蒲圻教区)、赵怀义(河北宣化教区)、陈国砥(山西汾阳教区)、胡若山(浙江台州教区)、朱开敏(江苏海门教区)晋升为主教。马相伯外甥朱开敏(西满)被任命为海门代牧教区主教,为首批国籍六位主教之一。海门教区在1926年10月28日,即圣西满宗徒瞻礼日宣布成立,朱开敏主教就位。(朱氏家族后人编:《百年忠贞:纪念西满朱开敏主教》,香港:九八编辑,2013年)

朱开敏(1868—1960),名希孟,字铭德,号季球,又号开敏,圣名西满(Siman)。祖籍青浦,生于上海董家渡。1883年入董家渡小修院为修士,学拉丁文。后并入徐家汇大修院学习神学、哲学。朱开敏在修院期间的导师为晁德蒞司铎,与马相伯同。1888年加入耶稣会,1898年晋铎,在上海及附近各会口担任本堂,亦曾在徐汇公学担任教师。1926年,先后在上海、常熟、无锡、江阴、海门、南通等地传教,后任通海传教区总铎。1926年,海门代牧区从南京教区划出;8月11日,朱开敏被任命为海门代牧区主教,管辖海门、通州、启东、如皋、泰兴、靖江、崇明等堂区,为中国天主教首批六名华人主教之一。本代牧辖区内共有19名司铎,其中2名耶稣会士,1名法国籍传教士。"开敏十五岁弃家修道,二十岁进耶稣会,三十岁晋铎。晋铎后曾在上海浦东,江苏江阴后塍、崇明、海门等地传教,是第一位被任命为通海总铎(教区主教)的国籍司铎。"(参见朱氏家族后人编:《百年忠贞:纪念西满朱开敏主教》,香港:九八编辑,2013年;《中国通讯》,1926年10月号)

与朱开敏同时被任命的其他五位中国籍主教简历为：孙德桢（1869—1951），圣名默尔爵，北京人，自幼修道，1899年晋铎，加入遣使会，在天津、仓县、盐山、京东等地传教。1924年受任命为蠡县堂口监牧，1926年升任为蠡县代牧区主教。成和德（1873—1928），圣名奥多利各，湖北襄阳老河口人。1894年在拉维纳（La Verna）加入方济各会，1900年晋铎，1903年回国传教，1924年担任湖北蒲圻地区监牧。陈国砥（1875—1930），圣名类思，陕西路城夜阳人。出生农家，14岁入小修院，1896年加入方济各会。1903年在太原洞儿沟晋铎，1911年担任太原主教本堂司铎；1915年调任太谷堂口。后担任太原明原学校校长，1926年5月被任命为亚都达教区主教，兼领汾阳代牧区主教。赵怀义（1878—1927），圣名雅各伯，北京人，自幼修道，晋铎后担任北京毓英中学校长，后担任刚恒毅总主教秘书。1926年5月被任命为宣化代牧区主教，一年后因慰问战争伤员感染风寒去世。胡若山（1881—1962），圣名若瑟，浙江定海人，幼年入定海修院，宁波、嘉兴大修院修读，1906年加入遣使会。1909年在嘉兴晋铎，后在台州传教，并担任若瑟学院校长三年。1926年教廷任命他为亚尔美尼亚德·阿多西城堡教区主教，兼领台州代牧区主教。1962年在杭州监禁中去世。（赵庆源：《中国天主教教区划分及其首长接替年表》，台北：闻道出版社，1980年）

史式徽《江南传教史》记载："1924年的5月、6月之间，江南教区有其最光荣的日子，它有幸接待了来自全中国参加全国主教会议的中国各地主教。大会开幕式、闭幕式，以及追悼已亡传教士的隆重大礼，都是在徐家汇圣依纳爵大堂举行的。目睹这些盛况的人，是永远也不会忘记的。"（史式徽著：《江南传教史（二）》，上海：上海译文出版社，1983年，第357页）

秋，震旦大学二十年纪念庆后，马相伯《致知浅说》刊印，由商务印书馆出版。本书作为课堂讲义在1903年撰成，曾在震旦学院、复旦公学与《拉丁文通》一起使用，为现存最早的中国大学西方哲学教材。惟二十多年里《致知浅说》讲稿并未完全，还历有散失，"《原有》编尚未竟，而《原言》、《原行》等稿所存亦无多。兹不胜良友箴规，昏黄愈逼，愈宜鞭策，何敢以耄老自宽？爰自去秋从事辑散补亡，勉续未成者，录付排印，以质诸好学深思之士"（《〈致知浅说〉付刊叙》）。

《致知浅说》是震旦学院的首要教材，也是国人办学最早开设的西方哲学（"爱知学"）课程。按马相伯晚年叙述编撰缘起："吾为震旦编了一部讲义，叫做《致知浅说》。后来吾整理一下，由商务出版。这部

《致知浅说》是吾根据几种最浅近的拉丁作家而编纂成的。吾译的种种名词,往往用佛学或道家言。《致知浅说》只说了名学部分,但是看了这本书,就可以知道中国文字上不通的地方。"(凌其翰:《九三老人马相伯语录》,《申报》,1932年5月)"初,先生长震旦学院时,尝循门弟子之请,有《拉丁文通》、《致知浅说》之作。编次未竟,存稿亦都散失,还未付剞劂,将《致知浅说》第一卷《原言》篇付印。其《原行》、《原道》以下,尚待继续整理也。"(钱智修:《马相伯先生九十八岁年谱》,《中央日报》,1938年5月16日)按马相伯《〈致知浅说〉付刊序》(1924),《致知浅说》原为马相伯在震旦学院教授爱知学"致知门"的教材。"致知门"教材有《原有》(本体论)、《原言》(逻辑学)、《原行》(伦理学)三部分,《致知浅说》为《原言》编之残稿。"《原有》编尚未竟,而《原言》、《原行》等稿,所存亦无多。"马相伯自1923年秋天起,"从事辑散补亡,勉续未成者,录付排印,以质诸好学深思之士"(马相伯《〈致知浅说〉付刊序》)。本序作于"民国甲子(1924)秋",商务印书馆将之付印出版的时间则为1926年。

10月20日,陆军检阅使,驻军南苑的冯玉祥将军在第二次直奉战争混战之际,倒戈回北京发动政变,软禁曹锟在中南海,驱除溥仪出紫禁城。后数日,冯玉祥便电请孙文北上议政,从速召开"国是会议",马相伯也收到邀请电函,请他重新参政议政。马相伯对冯玉祥的政变举动表示赞成,但对南北军阀维持元首寡头政治,不愿恢复民主宪政制度则不抱和平之希望。"此番冯焕章先生等阴使屠戮人民者放下屠刀,为功不细。然使助长野心之元首制,政争之总统制,不敢代以公事公开之委员制,可必野心终不死,政争终不息,而民国内乱亦终无已时。"(《覆徐季龙先生电》)

11月20日,上海各大报纸发表马相伯《覆徐季龙先生电》,本复电就如何结束中华民国军阀混战局势发表意见。马相伯在复电中对十年来的军阀政治表示极大愤慨,"眼见(上海)龙华一带,苏军、鄂军,挨户搜抢,再梳再篦,其不能携去市场公然贩卖者,则尽行毁坏之。西人愤谓区区曰:德法深仇,大战中亦无如此行为。中国武人,一无人性气味矣!"马相伯提出的救国方案是"民治",即:"民国民为主,亟应收回支配地方税之主权,俾出入相友,为大规模的农工商学,大规模的守望相助,及扶持灾难疾病等等。一面仿租界,治道路之交通,使皆愿出其途,愿藏其市。如此则各县志警费、学费、实业、卫生等费,中央不须过问。"(朱维铮主编:《马相伯集》,上海:复旦大学出版社,1996年,第450页)本通电致徐谦寓所,地址是北京西城东太平街15号。

徐谦(1871—1940),字季龙,安徽歙县人,生于江西南昌。光绪二十九年(1903)进士及第。入译学馆肄业,授翰林院编修,任法部参事,主持法律编查馆。1910年,参加华盛顿国际司法会议,与许世英一起考察欧美各国司法制度。回国后倾向革命,思想渐趋激进。1912年,中华民国建立,在北京担任唐绍仪内阁司法部次长;1916年,再任段祺瑞内阁司法部次长;1917年,追随孙文,南下广州,担任护法军政府参议。1919年,代表广州政府参加巴黎和会;1920年,孙文南下在广州创建军政府,徐谦担任司法部长、孙文兼任内政部长、陈炯明任陆军部长、唐绍仪任财政部长、唐继尧任交通部长。(严如平、宗志文主编,李新校阅:《民国人物传(五)·徐谦》,北京:中华书局,第112页)1922年,在广州组织基督教救国会;1923年2月,徐谦又在上海组织基督教救国会,自任会长,钟可托任副会长。在上海,他按孙文意见为培养南方干部,与张一鹏、黄镇磐、刘邠、沈铭昌等创建上海法政大学(1924),担任首任校长,校址法租界蒲柏路。1924年10月,冯玉祥在北京发动政变后,北上参与"国是会议",以基督教义影响冯将军部下;另外在北京担任俄文法政学校校长,中俄庚款委员会主席,开展文教活动。1926年,被选举为国民党中央执行委员,随冯玉祥访问苏联。1927年,徐谦出任武汉政府司法部长,"四一二"事变后通电反对蒋介石。"宁汉合流"后,流亡海外达六七年之久。1933年,曾参与福建人民革命政府;1937年,抗战爆发后到达南京,担任国防委员会委员,随即因身体原因回到香港休养。在香港,他和夫人沈蒨玉(仪彬)从事慈善,在新界粉岭创办难童工艺救济院,收容了一百多名儿童。1940年9月26日在香港九龙塘寓所去世。关于徐谦加入基督教的原因,按当时说法,是他因反对袁世凯称帝,打赌他天谴袁死,如上帝显灵如愿,自必躬身入教。1916年,他受洗入教,参加圣公会,圣名佐治(George)。在中华民国宪法"天坛草案"起草过程中,他曾与马相伯一起维护"信教自由"原则,组织"信教自由总会",担任总会会长兼新教部代表,马相伯为公教部代表,东正教、回教、佛教、道教各部都有代表参加。(陆丹林:《徐季龙先生》,《大风(香港)》半月刊,第77期,1940年)徐谦皈依基督教以后,一直提倡"基督教救国主义",曾在各地演说,马相伯引为同调。1924年,马相伯有《复徐季龙先生电》,讨论如何还政于民,结束北洋军阀专制问题。

12月23日,北京民国大学邀请马相伯(星期二)下午2时半来本校大礼堂演说,"题为'国技与自强'"(《民大周刊》第七期,1924年12月17日出版)。

本年,马相伯为海门黄辉烈、黄诚烈司铎的祖母百岁寿辰作记念文《二黄司铎辉烈诚烈祖母刘太夫人百岁记》。海门天主教黄氏居县境东乡,刘氏居南乡。康熙十六年(1677),比利时耶稣会士柏应理在海门、崇明开辟传教。雍正、乾隆、嘉庆、道光年间遭遇低潮,黄氏、刘氏仍持有信仰。至道光二十五年(1845)法国耶稣会士葛必达重振教务,至民国年间黄氏有辉烈、诚烈兄弟担任教区司铎,本年为他们的祖母刘太夫人作百岁生日纪念。刘太夫人19岁嫁黄显邦,夫妇两人在80年中培植了一个奉教大家族,"子八人,现存二;媳八人,现存三;女二,一适陈氏,一进献堂会;孙男四十,司铎二,现存十四;孙媳十四,均存;孙女三十六,献堂会三,安老会一,守贞者五,现存十九;曾孙三十七,现存十八;曾孙媳三;曾孙女三十三,现存二十一;玄孙四,玄孙女一。振振绳绳,绕膝下者几百人"(《二黄司铎辉烈诚烈祖母刘太夫人百岁记》,朱维铮主编:《马相伯集》,上海:复旦大学出版社,1996年,第448页)。黄辉烈、黄诚烈司铎为刘太夫人摄照,马相伯题写的记文印在照背,派发以作纪念。1926年,朱开敏担任海门代牧区主教后,崇明归入海门教区,黄辉烈司铎于担任崇明县天主教总铎,驻港沿乡大公所天主堂。

本年,马相伯又一次回到土山湾居住,很少出门,终日练习写大字。"终岁居绿野堂,足不出户,日临池习字"(张若谷编著:《马相伯先生年谱》,上海:商务印书馆,1939年,第225页)。

本年,由马相伯、英敛之上书教宗,倡议设立的北京中国公教大学(后改称辅仁大学)进入筹备阶段。罗马教廷决定委托美国本笃会援助筹建公教大学,仍与英敛之、马相伯商量。马相伯在此际致书英敛之,对办学方针和策略提出最后之意见,其如:"美士拟办之大学,专为教众乎?抑兼为教外乎?若兼为教内外,一,宜召愿读华文子弟,如此则旧家子弟必来;二,读华文须聘真读书人,略变通古法;三,读西文亦须问过来人,近今试问南北华铎及欧美游学生,皆谓宜改教法、读法(教十六、七岁华童,不应用教十岁以内之西童。前读英文,皆用印度课本,余已革命一次,但应革命者尚多也);校基不应在京城内,若长辛店或更南,以能召致南方学者为妙。"(《致英华》,朱维铮主编:《马相伯集》,上海:复旦大学出版社,1996年,第456页)

本年,李登辉校长请假,再赴南洋筹款,复旦毕业生、留美归国的心理学家郭任远担任代理校长。广东潮州籍上海实业家郭子彬"捐建科学馆,是为子彬院,增设心理学院"(金问泗:《母校大事记》,《复旦同学会会刊》第7卷,1938年第3期)。

1925年(民国十四年,乙丑),八十六岁

1月24日,江苏绅民调和齐卢战争,发表宣言,马相伯列名其中。时,江苏督军齐燮元属北洋直系,浙江督办卢永祥属北洋皖系,而卢部下淞沪沪军使何丰林占据上海,控制税源。齐燮元以上海租界及松江、苏州各县均属于江苏省,决心夺回,而卢永祥则坚决不愿退出,因而爆发战争。在沪江苏士绅张謇、张一麐发起组织"江浙和平协会",在南京、杭州之间调停冲突,消弭战火。本日,江苏士绅发表宣言,主张齐、卢二督军同时下野,由江苏方面另推首领收拾乱局,马相伯也参与其中。(见方豪:《马相伯先生年谱新编》,李东华编:《方豪晚年论文辑》,台北:辅仁大学出版社,2010年,第310页)

3月,马相伯参与申请、筹建和资助的北京辅仁大学宣告成立。英敛之欲马相伯再次来京,"请先生主持,任校长。先生以年老多病,辞不就。然对校务仍多指示"(张若谷编著:《马相伯先生年谱》,上海:商务印书馆,1939年,第225页)。

3月,由英敛之起草,马相伯改定并翻译成英文的《美国本笃会士创设北京公教大学宣言》以"北京公教大学"之名公布于世。"教廷简派于时局最为适宜之美国本笃会士总揽其成,而本学组织之方针亦于是乎始定。……今之三月,实为中国历史增光之日,中国青年庆祝之日……。"(《美国本笃会士创设北京公教大学宣言》,朱维铮主编:《马相伯集》,上海:复旦大学出版社,1996年,第460页)

3月至11月,马相伯担任江苏省财政交代核算委员会委员,其间曾在南京居住和工作。张若谷编著《马相伯先生年谱》:"江苏省长韩国钧辞职,先生被举为江苏财政交代核算委员会委员,因至宁。迨孙传芳至,始返沪。"(上海:商务印书馆,1939年,第224页)张若谷记马相伯担任此职时在1922年。惟韩国钧2月辞去江苏省长职、孙传芳11月占领南京,均在1925年。故应更正后移于此。

5月8日,本日《时报》据常熟"守中子"通讯报道,马相伯近日在常熟教育研究会演说,称:"现在之中国,国家不成为国家,政府不成为政府,人民不

成为人民。"听众大呼直爽。

5月10日,马相伯与董康联合通电,吁请北京政府审计院长庄思缄,并转告颜惠庆(骏人)总理等在京江苏籍人士,就"江浙战争"以来江苏省财政危机进行处理。马相伯负责领导新成立的江苏省财政监算交代委员会,"以为苏省财政,确应由苏人一究其现状。乘此大乱之后,民政、财政第一次正式交代之时,将历来财政内幕正式公布"(《新闻报》,1925年5月11日)。

5月10日,上海《时报》按东南通信社的消息报道:监算江苏交代委员会已委任马相伯为审议部委员长,董康为执行部委员长,并派该会执行部副委员长杨春绿来上海,敦促马相伯、董康到南京视事。本日,马相伯、董康离沪赴宁履任。又据1926年11月9日先施公司娱乐报《先施乐园日报》报道:马相伯"近因担任监算江苏交代委员会委员长之职,携全眷寓南京梅溪山庄会所。每遇徒邑人士,必殷殷以家乡路政见询。因马氏于民国初年曾有开辟镇江新北门马路,及兴筑瓜清轻便铁道(由瓜洲至清江浦),以便振兴镇江北及本埠市面等计划"。

5月17日,马相伯在上海各报刊登"更正",称:"删(15)日沪报载有鄙人为东大事致郑省长函,查此函出自捏造,并无其事。特此声明。"(《时报》,1925年5月17日)

5月30日,"五卅运动"在上海爆发。当天,上海市民至南京路老闸巡捕房游行示威,要求释放上街抗议沪、青日资纱厂欺侮事件的大、中学生。公共租界外籍总巡捕下令开枪,令多人死伤,导致全沪商、工、学界罢工、罢课、罢市。

6月20日,马相伯应南京东南大学教授外交后援会的邀请,对于上海"五卅"事件发表演说。马相伯就如何持久、理智地争取华人权益"筹划个妥善的办法"发表意见。马相伯在演说中对抗议运动持稳健和谨慎态度,先问罢工、罢市、罢课能否持久?后又问如果租界收回该如何管理?治外法权废除后是否已有善法代替?因而认为:"兵不可靠,官尤不可恃,军械更缺乏,那么我们怎么办?怎样能够持久?原来强国强种的大任,不在于官僚,不在于军阀,而在于我们自身。"

马相伯在本日的演说中还加以论证,提出持久开展兴政强国运动的办法在于:"人人须受军事训练,……准许民立军械制造局,……召集国民议会,……制定宪法。"(马相伯:《讨论最后对英持久法》,《中国评论》,1925年,第1卷,第10期)马相伯此次演说,仍然主张协商解决"五卅"血案,并缓议"收回租界"。据演说稿所报道之演说日,正是报载英、美、法、意、日、比六国沪案调查委员会"忽然回京,交涉停止"之次日。查六国"五卅"之案调查团于6月18日晚上结束为期三天的调查回京,则此消息报道应在19日,而演说日即为6月20日。

7月1日,广州军政府外交部长胡汉民发表《告世界人民书》,要求"赞助我国废除不平等条约",内有谴责上海租界体制侵犯中国主权等说法,"上海是我们的商业所经由的主要出口,完全在外人之手。上海在中国境内自成一国,不受中国法律而受外国法律之统治。在我国境内的这块外国土地内所有重要工业,都免于中国的征税,外人所办理的法庭,只顾自己的利益,不顾中国的利益"(第二历史档案馆编:《中华民国史档案资料汇编·国民党政府政治制度(上)》,南京:江苏古籍出版社,1994年,第637页)。

8月15日,上海大同大学校长胡敦复致书《甲寅周刊》,表明"学术救国"立场,"学术救国,在实致其功。国之俊秀,或持议不合,本校无力强其赞同。若在一校以内,则本校蕲所以贯达斯旨,宜负全责。兹特重申信约:本校守定宗旨,仍照历年办法,孤诣进行。许以奋学救国,决不许以废学出位救国。人各有志,学校亦有自主政令,有不能遵守此约者,未来者不必来,既来者不必复来"(《胡敦复致〈甲寅周刊〉函》,《章士钊全集(五)》,上海:文汇出版社,2000年,第162页)。

8月19日,马相伯和江苏省议会分别致电教育部,要求妥善处理东南大学潮。(《时报》,1925年8月19日)前此,本年1月7日,教育部任命胡敦复担任东南大学校长,代替此前由江苏教育会认可的郭秉文,引起反弹,导致学潮。7月11日,前教育厅长蒋维乔到校接收校务管理,再度引起师生抗议。(见《甲寅周刊》第一卷第三号"通讯"栏记者报道,转见自《章士钊全集(五)》,上海:文汇出版社,2000年,第97页)

9月23日,上海《时报》发表通讯《北京创立公教大学与辅仁社》,报道辅仁大学创立概况:"北京公教大学系英敛之君发起,英君曩办天津《大公报》,民国以来专心教育,近乃请美国以教育著名之本笃会,创立公教大学于京师,英君为国学部主任。又商之该校校长奥尔图博士,于大学内另辟一部,为国学专修科,中分国文、历史、哲理三大纲,以便一般寒素及成年之好学者,得有钻研国学之机会。"辅仁大学由美国本笃会资助,北京天主教会和马相伯举荐陈垣(1880—1971)担任校长。

12月25日,上海南洋大学堂为明年校庆三十周年,由上海市民名义捐建的健身房(体育馆)、养成室(医务室)完工,举行"落成纪念日"活动。马相伯在开幕典礼上演说,起词便曰:"贵校虽系国立大学,而今日落成之二大建筑所需款项,均为上海人民所捐集者。即此一端,可见上海人民数年来之进步。"(《南洋月刊》,第7卷,第7期)

12月25日，南洋公学"反基督教同盟"二十五六位大学生，到徐家汇教堂散发传单并发表反对基督教的演说。次日，马相伯写信给大学生，说："中国亡国，不在天主教，不在耶稣教。可怕就是你们瞎闹瞎吵的学生。"数日后，非基学生有《驳马相伯先生的信》，说："徐家汇天主教堂自己有保卫团，一般警察都在他们的金钱势力、外交势力范围以下。地方绅士、巨商都仰仗他们的鼻息，以欺压良民。教士的一言一行比较段祺瑞出的命令要威严几千倍，这就是天主教、耶稣教的行政势力。"、"我还请同学们大家起来奋斗一番，加入非基督教运动中去实践你们爱国的热忱，不要站在旁边做一个旁观者。"(《南洋周刊》第7卷，1926年第10号)

本年，马相伯姊马建淑在上海董家渡家中去世。

本年，李登辉校长回国，代理校长郭任远改任副校长。"改国文部为中文学科，分文科为文科、社会科学；改理科为理、工科，商科及心理学院仍旧。八月，在教育部立案。"次年，改心理学院为生物学科。(金问泗：《母校大事记》，《复旦同学会会刊》第7卷，1938年第3期)

1926年(民国十五年,丙寅),八十七岁

1月5日,马相伯与唐绍仪、王省三出席光华大学大西路校舍破土动工仪式,并留影纪念。(《光华大学25周年纪念特刊》,1950年)光华大学是因部分师生参与"五卅"事件,受到不当处分,基于民族主义义愤,从圣约翰大学分立出来的学校。张寿镛、王省三等人领导建校。本日,马相伯还应邀给光华大学全体师生演说,演说词略谓:"可爱的青年啊,你们是中华民国的国民,你们要爱护你的国家,和爱你的家产、房屋、子孙、儿女一样。因为这个国,并不是军阀的国,也不是几个大人物的国,是你们祖宗遗传下来的国。"(赵小延:《马相伯先生给光华学生的几句话》,《晨曦》,第1卷,第1期)

2月17日,中国科学社上海社友会晚上七时在爱多亚路联华总会举行新春宴会,到会社员有马相伯、蔡元培、叶誉虎、周美权、凌鸿勋、席鸣九、宋梧生、张君谋、朱其清、王季梁、胡先骕等五十余人。社友会理事长周美权担任会议主席,马相伯、蔡元培、叶誉虎先后发表演说。马相伯在演说中称:"科学如路灯,为世界人类公有之光明,故人人当尽培植、提倡之责。科学会社异于学校者,在于研究之外,尤注重利用。今日中国人视科学机关不如乞儿,故求分余沥而不可得。欧美应用科学日益进步,无人应当努力。"(《时报》,1926年2月19日)

3月20日,李鸿章子孙李经方、李经迈、李国杰诉复旦大学校长李登辉,要求归还李公祠案开庭。李登辉的律师代表称:"复旦大学董事会长唐绅绍仪等函叙,该祠既系前清谕建,并由商、电两局拨款,当然为国家公产。李经方等认为李氏私产,请求收回,实属误差。且拨借之案,由庄前都督核准,李经方等尤未便径向该大学索还。"经审理,上海地方法院驳回李经方等人之请求,江苏省长亦表示未便径向复旦大学索回李公祠校舍。(《时报》,1926年3月24日)

6月14日,在芝加哥出席世界天主教枢机主教大会的中国公教徒代表陆伯鸿、朱志尧向罗马教宗代表彭柴诺主教赠送了由上海圣约瑟堂女童所织造的白金丝大弥撒法衣一套。(《新闻报》,1936年6月16日)

7月20日,上海高等法院判决复旦大学应向李鸿章后人李经方(李鸿章长子,1934年已故)、李经迈(李鸿章幼子,1938年去世)、李国杰(李鸿章长孙,1939年去世)等交还徐家汇李公祠。李经方等人提出诉讼:"以复旦大学租作校舍,本以一年为期,且又订有合同,迄已二十余年,竟久占不还,视为己有。"复旦大学应诉律师则以为:"该专祠系逊清时动用国币所建筑,既经动用国币,即系公产,复旦大学租作校舍,似无不合。"本日上午十时,上海市高等法院开庭,对上海地方法院一审判决结果作出修改,宣布:"原判决废弃,被上诉人(复旦大学)应将租借李文忠专祠交还上诉人(李经方等)执管。"(《时报》,1926年7月21日)上海高等法院判决对李氏家族有利,复旦大学继续谋求转圜方案。

8月11日,罗马教廷宣布划分建立海门代牧区,统辖海门、崇明、南通、如皋、泰兴、靖江六县天主教区,由马相伯外甥朱开敏任主教。(朱氏家族后人编:《百年忠贞:纪念西满朱开敏主教》,香港:九八编辑,2013年)

8月19日,据上海东南通讯社报道:求新造船厂经理朱志尧、华商电汽车公司经理陆伯鸿于本年5月中旬赴美国费城参加世界博览会,搭乘特兰总统号邮船,于本日清晨返回上海。(《新闻报》,1926年8月20日)本次博览会仅有江苏、浙江、福建、安徽、江西六个东南联省代表中国参加。上海总商会负责筹备和组织,虞洽卿、朱志尧、陆伯鸿等商界领袖出面。本次参会,一改过去中国馆仅以传统手工艺品示人的局面,开发出中文打字机、电器、纺织品、味精等大量先进工业制造品,获得各等奖项无数。

9月8日,在天主教上海教区董家渡教堂参加刚恒毅总主教召集的聚会,欢送首批中国籍主教去罗马领受祝圣,马相伯、朱志尧、陆伯鸿及朱开敏等出席。会后在朱志尧老宅正厅宝经堂前合影(见比利时圣安德鲁教堂藏照片)。宝经堂为朱志尧在宅第内旧式中堂,与小圣堂合并,位于沪南董家渡赖义码头街33、34号,贴近利川弄。1937年"八一三"战事爆发后,朱志尧先避居法租界绍兴路5号六弟季琳家,后搬入万宜坊(今重庆南路205弄)。

10月3日,本月3日至9日,为全国拒毒运动周,分宣传、教育、法律、戒烟、妇女、分会等六日主题。马相伯在运动开幕式集会上演说,李登辉、钟可托在主席台陪同。(《拒毒月刊》,1926年第6、7期;中华国民拒毒会会刊,社址上海圆明园路23号)

10月6日,章炳麟、于右任、蔡元培、褚辅成、沈钧儒等人创办上海法科大学,为校董。聘董康(绶经)、潘大道(历山)为正副校长,褚辅成任董事长。沈钧儒次年担任教务长,史良(1900—1985,江苏常州人)则由上海法政大学转学而来,为该校 1927 年届毕业生。(参见沈谱、沈人骅编:《沈钧儒年谱》,北京:中国文史出版社,1992 年,第 78 页)

10 月 28 日,教宗庇护第十一在罗马圣伯多禄大教堂为首批六位中国籍主教行祝圣礼,正式任命六位国籍司铎孙德桢(河北安国教区)、成和德(湖北蒲圻教区)、赵怀义(河北宣化教区)、陈国砥(山西汾阳教区)、胡若山(浙江台州教区)、朱开敏(江苏海门教区)为教区主教。马相伯外甥朱开敏在列,"遂揭开中华圣教会史之新页"(马相伯:《罗马祝圣国籍主教与提高国人在国际间之地位》,朱氏家族后人编:《百年忠贞:纪念西满朱开敏主教》,香港:九八编辑,2013 年)。

10 月,据《天民报》本年本月出版"图画副刊"的图片报道,马相伯在上海各界的禁烟戒毒大会上,为"十余大团体作大规模之拒毒运动"演说。马相伯是"本报总主事"。

12 月,震旦大学校友会假座南京路新新百货公司新开张之粤菜馆新新酒楼,宴请马相伯老校长及资深教师,聚餐后合影。"(民国十五年)聚餐二次,一次于六月,假座消夏别墅,公宴新毕业同学。一次在十二月,假座新新酒楼宴请母校诸师暨马相伯先生。两次均摄影以为纪念。"(震旦大学:《震旦大学二十五年小史》,上海:震旦大学,1938 年)

本年,马相伯当年为震旦学院、复旦公学学生教授之"致知门"(哲学系)教材之一《致知浅说》,由商务印书馆出版发行。

本年,张家树继承马相伯多年之前的职位,担任徐汇中学校长,且长达二十多年。张家树的祖父张雪香是马相伯同学及好友,毕业后曾担任法国驻上海总领事文书长达 50 年,与马家是世交。

张家树(1893—1988),原名端六,字庭桂,圣名类思,南汇横沔镇人,生于上海,世代为八灶天主堂口的教徒。祖父雪香,任职法国领事馆;父亲伯生,为贡生。1907 年入徐汇公学学习,1910 年入耶稣会。1911 年去英国泽西岛刚道培利耶稣会修道,留学文学、哲学,1918 年回国担任徐汇公学副学监。1920 年再赴英国泽西岛神学院学习神学,1923 年晋铎;1925 年回上海担任浦东玫瑰堂司铎,次年担任徐汇公学监学、校长,长期主持校政。此外,还担任天主教上海教区的各项职务,如上海教区学校督学、张家楼铎区总铎、胶州路教堂总铎、主母会神师、虹口圣心堂司铎等。1960 年以后,担任上海教区主教。1982 年,被选举为中国天主教主教团首任团长、中国天主教教务委员会主任、中国天主教爱国会副主席,以及天主教佘山修院董事长。1988 年 2 月因白血病去世。(顾梅青:《爱国爱教的张家树神父》,全国政协文史资料委员会编:《中华文史资料文库·民族宗教》,北京:中国文史出版社,1996年;沈毓元:《天主教历史人物小传》,上海市政协文史资料委员会编:《上海的宗教》,上海:上海市政协文史资料编辑部,1996年,第199页)

本年,上海天主教教友创办《天民报》,马相伯受邀担任总主笔,撰写《〈天民报〉发刊词》。(见张若谷:《马相伯先生年谱》,上海:商务印书馆,1939年,第225页)据上海《晶报》本年7月探出消息,"马湘伯先生将以天主教之名义开一报馆,资本先筹十万元"(《晶报》,1926年7月15日)。则《天民报》筹办和创刊应在7、8月间。

《天民报》:报名由马相伯命名,取《孟子·万章》尹伊所称"予天民之先觉者也,予将以斯道觉斯民也"中的"天民"之意。《天民报》另出办《图画副刊》,由上海北四川路《良友》画报社代印。每礼拜六出版,刊登高质量照片及时事报道。马相伯以为当今中国,自命先知先觉者众,而实际多为浅薄乏术,好为人师者:"凡今之人从事于教育界者、言论界者,孰不曰予先知觉后知,予先觉觉后觉者耶?且闻今之学校,拳有拳师,乐有乐师,跳舞有跳舞师,一切舶来之工艺文化等等,皆有舶来者为之师。甚而国语奉为师者,每以北方之产,但北方被五胡之乱最久,字有五胡之字,语岂能免五胡之语?虽有《洪武正韵》,而不能正其平仄之声,此明效大验也。然无论南北东西之产,一奉为师,师无不人人自命为先知先觉,而自任为觉后知,觉后觉者也。"马相伯在举例说明很多"先知先觉者"好为人师,而于世事情理不通,对许多乱象加以不合理的批评,正好表明他们不懂得通行之法理和法律。比如,"人谓租界制是中国所造,是中国之耻。但民国民苟能善师其制,亦晓盖其怼之道也。租界内地主权只准外国人有,不准中国人有,是明明教我民国内地主权只准民国民有,不准一切非民国民有也。彼于租界内,地有捐,屋有捐,码头马路皆有捐。有巡捕,有商团,有交通之便,使人安居而乐业焉;有病院,有学堂,亦件件主张公益焉。我民国州县可一千七百余,大率方百里,方百里内可得方六十里者一中区,方四十里者东、西、南、北四乡区,如此一方,仿租界制为之,不须官而自治矣"。马相伯借《天民报》发刊,对当时社会上的启蒙人士言论做出了深入的揭示和反省,同时提出中华民国宪法内的自治主张。另据《晶报》(1926年7月21日)报道:"前传马湘伯均办报事,据闻马仅为总编辑,且非日报。报拟定名《大成》,星期出版一次,每次三大张。"周泽春(1880—1963),湖北随县人,留德,主编《欧美法政介闻》,加入同盟会,辛亥革命后任法院院长,在天津创办《天民报》。

本年,马相伯为南通教区朱开敏主教筹建修道院,代拟《善果藏启事》,以便募集修建资金。该院为女修院,奉小德勒撒为主保,行诸种博爱善举,"如顾病、怜贫、抚婴、安老、讲要理、教经言,从幼学、幼稚园"(马相伯:《善果藏启事》,方豪编:《马相伯先生文集》,北平:上智编译馆,1947年,第421页)等。

本年,陈垣为《名理探》重印本作跋,在交代版本来源时提到马相伯倡议之功。"《名理探》为三百年前之名理学,原译十卷,此本仅五卷。丁巳(1917)间予得自英敛之先生,敛之得自马相伯丈。"(陈垣:《陈垣往来书信集(增订本)》,第65页)马相伯在1915年间委托徐家汇藏书楼张渔珊抄得《名理探》一本寄京,始在学界流传。

1927年(民国十六年,丁卯),八十八岁

1月15日,文学家邵洵美(邵友濂孙子)与盛佩玉(盛宣怀孙女)女士在卡尔登饭店举行婚礼,郁达夫、徐志摩、陆小曼、丁悚、刘海粟、钱瘦铁出席,马相伯担任证婚人。(《申报》,1927年1月19日)

1月27日,据《新闻报》报道,因"沪绅陆伯鸿系世代宗教,在社会经商有年,对于慈善事业尤能热心提倡。历办外交,亦有成效,回国后据情代达该国政府,驻沪比总领事署奉到政府,特赠陆绅奥豹(译音)第二都尉勋章"。本日,下午三时,比利时驻沪总领事馆举行授勋典礼,陆伯鸿前往受礼,中西来宾如云。(《新闻报》,1927年1月28日)

3月3日,海门主教朱开敏从罗马接受教宗祝圣后,游历欧洲,回到上海,大通轮船公司备仪仗队和军乐队在浦东大来码头欢迎。在董家渡教堂做过弥撒之后,马相伯、朱志尧并朱氏家族四代成员在朱季琳宅天井中合影留念。此后,为朱开敏荣任第一位华籍主教之一举行庆祝,7日,在陆伯鸿府上祝祭;8日,在震旦大学祝祭;9日,在安老院祝祭;10日,在徐汇公学祝祭;11日,在土山湾祝祭;12日,在徐家汇教堂举行大弥撒,马相伯均出席。13日,由马相伯、李平书、陆伯鸿、宋汉章等发起,邀请上海绅商、震旦和复旦校友三百八十多人在徐家汇集会,庆祝朱开敏荣任,上海道道尹,以及法、比、意、西、葡等天主教国家驻上海领事出席。(朱氏家族后人编:《百年忠贞:纪念西满朱开敏主教》,香港:九八编辑,2013年)

《圣教杂志》(第16卷第7期,1927年7月)亦有报道:3月13日(主日)上海绅商、教友和震旦、复旦、徐汇同学会欢迎朱开敏主教回国庆祝会上午八时在徐汇公学礼堂举行。出席者除马相伯之外,绅商李平书、顾馨一、虞洽卿,教友陆伯鸿、宋汉章、张文彬、刘长荫等,上海道尹、江苏交涉使和法、比、意、西、葡国总领事等三百八十余人到场参宴庆祝。

4月,马相伯在徐家汇土山湾会见时在北京师范大学就读的徐景贤,纳为学生。(徐志超:《四阅月来底徐景贤先生》,《徐汇师范校刊》,1927年第5期,第79页)

徐景贤(1907—1948),字哲夫,教名庐伽,江西省铅山县河口镇人。出生于当地的天主教家庭,长兄宗贤、三弟祖贤均为教友。在本镇立德小学、省立第十中学就读,毕业。1924年入私立北京民国大学文科预科,1926年转入国立北京师范大学学习。1928年,考取清华大学国学研究院,为该院第四批研究生。指导导师林志钧讲师,授课教授陈寅恪、赵元任、马衡、李济等先生。院中同届生有王静如、裴占荣,往届生还有罗根泽、侯堮、蒋天枢、储皖峰、姚名达等,至1929年毕业。1929年,回到北京师范大学获文学士学位。1930年,入北京大学研究所国学门深造,导师为陈垣先生,其他如朱希祖、黄节、马衡、沈兼士、刘半农、钢和泰、周作人、钱玄同等先生同为老师,同学则有方国瑜、傅振伦、蒋天枢、单士元、谢国桢、商鸿逵等。1931年1月,徐景贤辞去河北大学之职,南下九龙担任《中和日报》主笔和督印人;5月,徐景贤离开香港,回到上海,与在徐家汇谋职的长兄宗贤、三弟祖贤同寓徐汇师范,并担任马相伯私人秘书。(赵中亚:《徐景贤先生年谱简编》,《徐景贤文存》,南京:江苏人民出版社,2016年,第566页)受马相伯影响,徐景贤从事明清天主教会研究,在《磐石》、《益世报》、《我存》、《南星》等杂志上发表文章。在马相伯身边期间,徐景贤笔录、整理马相伯演说文稿,草拟文书,编辑旧稿。《马相伯先生国难言论集》出版、编辑,以及内中多种文章,赖徐景贤之笔力为多。1934年,徐景贤辞去秘书之职,到安庆安徽大学任教,主讲中国哲学史与新闻学。1935年曾获得担任意大利那不勒斯大学中国学院汉学教席机会,因阿比西尼亚战争爆发而未能成行。后即从上海转赴安庆崇文学校,担任校长达十年之久。于右任、邵力子、蔡元培等都曾推荐徐景贤担任学术职务。1930年,蔡元培曾向中央研究院历史语言研究所推荐担任研究员(见《公教周刊》,1934年第252期,第14页),11月13日,院总干事杨铨(杏佛)回复马相伯,因财务一时困窘不能安排,便推荐先去与铅山相邻的浙江衢县担任州长:"徐君景贤品学兼优,志尤远大,拟由蔡(元培)院长函浙江张(静江)主席推荐任衢县州长,结果如何,当再函告。研究院近因新屋未成,而经济复受大局影响,故一时尚不添人。"(《公教周刊》,1934年第252期)蔡元培的举荐,因为张静江被蒋介石撤职浙江省主席没有成功。1946年,抗战胜利后徐景贤为崇文学校复校奔走,因劳累过度得病。8月回老家铅山省亲、养病;11月22日,因不治病故。(参见赵中亚:《前言》,《徐景贤文存》,南京:江苏人民出版社,2016年)

夏,上海徐家汇启明女学校(Etoile du Matin, Morning Star School)出版

校友会杂志第三期,马相伯为撰序文《〈启明〉杂志序》。序文针对自提倡白话文运动以来流传的一些浮浅说法,表达了自己的看法。针对西文乃拼音文字,故作文简易的说法,略谓:"尝见外国名人之作,草皆删改,至再至三。彼谓外国皆通人,摇笔即是,皆欺人之说,不足信。"针对古文繁难,实为贵族垄断的说法,略谓:"我古人文字,始皆篆刻于竹简,篆既不易,刻尤不易。视蕉叶书、羊皮书,其难十倍。惟然,日得数百言而止耳。其应十言者,必简而又简,简至三四言而止耳。此吾国文字非故为艰深也。"针对古代民间文字不兴,印刷不发达的说法,略谓:"迨至秦汉之后,纸笔之用兴,而行文易;印版之用兴,而抄文易。今又代议排版与机印,则几无文不可发刊,无人不欲发刊。"(《启明女校校友会杂志》,1927年,第3期,上海图书馆藏)该杂志署1927年出版,未署月份和日期。据杂志内刊登秋季招生广告判断,定出版时间为夏季。

本年,马相伯较少出门,裹足于土山湾寓中,"不问时事,与徐允希司铎合译《灵心小史》"(张若谷编著:《马相伯先生年谱》,上海:商务印书馆,1939年,第226页)。

1928年(民国十七年,戊辰),八十九岁

2月4日(立春前日),原南洋公学学生、哈佛大学数学博士胡明复去世后,上海教育界为之纪念,出版纪念专集。马相伯为《胡明复博士纪念刊》作序。

胡明复(1891—1927),胡和梅(1840—1912)孙,胡壹修子。名达,字明复,江苏无锡堰桥镇人。少聪颖,1901年,与兄胡敦复(1886—1978)、弟胡刚复(1892—1966)同入南洋公学,由小学而中学。后入上海中等商业学堂、南京高等商业学堂。1910年,从南京考取清华学堂第二届庚款留美生,入学康奈尔大学,与胡适(农学)、赵元任(数学)等同学,研究解析几何。1914年,参与创办中国科学社和《科学》杂志。1917年,在哈佛大学数学系获博士学位回上海,帮助长兄胡敦复主持大同大学,创办数学系。同时,兼课任教于交通大学、东南大学、上海商科大学,在上海数学界门生天下。1927年4月,北伐军占领上海后,胡明复受邀担任上海政治分会教育委员会委员。二月后,因不满时政,以"个人思想落后"、"不愿附和苟同"为由辞去。6月12日,在家乡无锡溺水身亡。胡明复曾说:"一人若能为三人之事业,或一日能为三日之工作,如此则不啻将其生命延长三倍;若寿至三十而殁,亦与寿至九十无异。"(钱树玉:《胡明复传略》,卞孝萱、唐文权编:《民国人物碑传集》,北京:团结出版社,1995年,第572页)胡明复以数学为生命,马相伯亦曾深研数理,故在序文中赞叹说:"数理者,吾且以为不独科学之魂,而亦科学家之魂也。"(《明复(胡明复博士纪念刊)》,1928年)号召学习胡明复的数学精神。

4月17日,马相伯九十大寿,沪上弟子门生筹备祝诞。(金铸:《马相伯九旬记盛》,《琼报》,1928年5月11日)

5月6日,蔡元培、于右任、杨杏佛、吴稚晖等人提前一年,发起"马相伯先生九旬诞辰预庆"活动。当天,活动在徐家汇大教堂贺徐汇公学礼堂举行,遂开始了持续两年的马相伯九十诞辰系列纪念活动。当天,预祝寿活动

会场设在徐汇公学大礼堂,胡适亦发表演说。徐汇中学校董会、震旦大学校友会、中华拒毒会、丹徒旅沪同乡会参与组织寿宴。因突发济南惨案,蔡元培、于右任、吴稚晖留京召开紧急开会,未克前来,均派代表参加。

据《汇学杂志》等记载:当天上午九时,马相伯由外甥朱志尧陪乘汽车从土山湾寓所前来徐家汇。九时半,朱开敏主教在大教堂主持弥撒;正午时在徐汇中学礼堂聚餐,菜肴由岭南楼、鸿运楼两餐馆包办。蔡元培、于右任、吴稚晖本人因事不能前来,蔡夫人周峻女士代为祝贺。席间,不断有代表发表贺寿演说,"宴间演说者有胡适之、杨杏佛、徐谦、蔡于吴三位之代表某君、徐汇公学校友会会长沈叔眉、庄允升、震旦大学同学会顾守熙、马公令甥朱司牧及朱志尧、江苏耶稣会代表山宗泰、徐汇公学校长姚赞唐等十余人,皆口若悬河,歌功颂德。或称先生龙马精神,或称先生松鹤延年,或南山之寿。至三时余,席后摄影而散。演说中最有趣者为朱主教和朱志尧,自称小外甥,呼马公为老娘舅,不绝于口。且诸公演说时打开香槟,拼拼之声,不绝于耳"(金铸:《马相伯九旬记盛》,《琼报》,1928 年 5 月 11 日)。蔡元培、胡繁波、朱志尧、邵力子送来寿幛,杨杏佛代表蔡元培致贺词,有"先生无子孙,中国之青年皆其子孙;先生无财产,中国科学之发达皆其财产"一句。毕静谦代读于右任贺电:"徐汇公学传马相伯先生赐鉴:夫子九旬大庆,右任与蔡子民先生,本拟届期侨祝,惟日来牵于日本出兵事,徒有门墙奔觎之忱,深用怅惘。谨请同学毕静谦君代为介寿。右任因年亡命海上时,承夫子训诲万方,资以米食,并自谓我自尽国民之责耳,子将来当以学术自助,提命犹耳,转瞬二十余年矣。右任奔走无状,无补于国,而学殖荒落,尤复愧对夫子。每维旧事,益念来日之艰,甚虑负夫子之深期也。所祈嶓嶓国老,时加教益,有不胜感祷者耳。奉电通讯,敬祝万岁!学生于右任歌叩。"在徐汇公学会堂内外悬挂的贺寿联幛有:"相伯先生自寿联,曰:有生可悟常生乐,今世当知后世因。吴敬恒联,曰:得天独厚,应寿一万八千龄,才经过两倍百分之一;其道大光,曾传三千七十子,皆能位两间一是于三。于右任联,曰:先生年百岁,世界一晨星。张元济联,曰:博学多闻,鞮泽寄象;修道养寿,眉梨耇鲐。大同大学联,曰:耳顺心从,久通圣学;克己复礼,宜享天年。杨敦颐同子天骥联,曰:据鞍顾盼蘷铄援,敏帐雍容教授融。中国拒毒会横挂屏,曰:龙马精神。"(《马相伯先生九旬诞辰预庆纪》,《汇学杂志》,1928 年 6 月 1 日;《琼报》,1928 年 5 月 11 日;朱维铮主编:《马相伯集》,上海:复旦大学出版社,1996 年,第 1052—1054 页)

1928年春,胡适南来上海,5月4日,在光华大学、中国公学演说;6日,借寿辰庆祝之际,胡适前来徐汇公学大礼堂拜见马相伯,并上台演说。《胡适日记》(1928年5月6日)记:"正午到徐汇公学参与马相伯先生九十岁祝典,他们要我演说。我在演说中提议马先生留一部记录给我们,使我们知道这九十年的社会生活的片段。他生于一八三九(此误,胡适或不知是为预庆),这九十年为世界史上重要时期,更为中国史上最重要的过渡时期。"(曹伯言整理:《胡适日记全编》,合肥:安徽教育出版社,2001年,第76页)胡适(1891—1962),祖籍安徽绩溪,生于上海十六铺大东门外。父胡传,字铁花,贡生。1893年,胡传署理台东直隶州知州,胡适随父母去台湾,两年后回绩溪原籍。(毛子水:《胡适先生略传》,卞孝萱、唐文权编:《民国人物碑传集》,北京:团结出版社,1995年,第109页)1904年,复来上海,插班入梅溪学堂;1905年,进入澄衷中学;1908年,加入新组建的中国公学。1910年,参加庚款官费留美考试,以第55名录取。同年,入学康奈尔大学学农学,与胡明复同届同学。后转文学院,更迁至哥伦比亚大学学哲学,师从实用主义哲学家杜威。1917年1月,因在《新青年》发表《文学改良刍议》获得影响;6月,被陈独秀聘为北京大学文学院教授,回国任教,从事"文学革命"。马相伯不赞成"文学革命"提出的诸如拉丁化、白话文等激进主张。

6月9日,中华民国南京政府成立中央研究院,蔡元培担任院长。去年4月17日,李煜瀛向国民党中央政治会议第七十四次会议提议,设立中央研究院,议推李石曾、蔡元培、张人杰起草组织法。本年4月,蔡元培为首任院长。本日,第一次院务会议在上海南京路先施公司东亚酒楼召开,宣布中央研究院成立。至此,马相伯、章太炎、梁启超在民国初年试图建立的国家科学研究机构,因得到中华文化教育基金的支持,终于建立。

10月19日,国民党中央政治会议临时会议举行,议决中华民国南京政府首任内阁名单,谭延闿担任行政院长(总理),各部部长:阎锡山(内务)、王正廷(外交)、冯玉祥(军政)、宋子文(财政)、易培基(农矿)、孔祥熙(工商)、蒋梦麟(教育)、王伯群(交通)、孙科(铁道)、薛笃弼(卫生)、古应芬(文官长)。(郭廷以编著:《中华民国史事日志(二)》,台北:"中研院"近代史研究所,1979年,第399页)马相伯除了曾与王正廷在北京政府期间有所交往之外,因各人均系同盟会、国民党系统出身,并不熟悉。

10月30日,马相伯作《致陆徵祥》。前此,陆徵祥前曾寄赠《圣安德鲁修道院院刊》,马相伯则回赠土山湾刚出版的《灵心小史》。陆徵祥进入比利时圣安德鲁修道院之后开始和马相伯通讯,自称为学生。

陆徵祥(1871—1949,上海人),字子欣,或子兴,晚号慎独老人。父亲云峰公,曾在英国伦敦会工作。八岁丧母,十三岁入上海广方言馆,学习法语、英语和洋务,师从法国人阿尔方斯·博多(Alphone Bottu),1889 年毕业,入总理衙门。1891 年随许景澄出使俄罗斯、德国、奥地利,影响一生事业,其称:"神我者父母,助我者吾妻,教育与裁成我者吾师也。"(方豪:《追念许文肃公》)许景澄、陆徵祥努力践行国际法,称为"职业外交官"。1895 年升任三等翻译,后任使馆秘书,代理公使事务。1896 年,在圣彼得堡接待李鸿章访俄,参与中俄密约的签字谈判。1899 年,随杨儒参加第一次国际海牙会议;1900 年,代理俄罗斯公使;1906 年,任驻荷兰公使。1911 年辛亥革命时,陆徵祥率清朝外交使臣通电清帝退位。次年,担任中华民国首任外交总长(1912)和国务院总理(1916)。1915 年,与次长曹汝霖一起,参与"二十一条"对日谈判,后引为耻辱。1914 年,第一次世界大战爆发后,力主参战。1919 年,以首席代表身份率领中国代表团出席巴黎和会,提出取消"二十一条",收回山东权益;6 月 28 日,与王正廷、顾维钧、魏宸组一起拒绝在《凡尔赛和约》上签字,并为此引咎辞职。陆徵祥原为基督教徒,1899 年 2 月,与比他年长的比利时女子培德(Berth Bovy)结婚后,皈依天主教。1922 年,为陪护比利时籍培德夫人回欧洲治病,出任中华民国驻瑞士大使。1919 年,为看护病重的培德夫人,辞去官职,留居欧洲。1926 年 4 月 16 日,培德夫人去世后,陆徵祥即投身比利时布鲁日(Bruges)郊区的本笃会圣安德鲁修道院,成为修士,圣名"天士"(Pierre Celestin),以六旬高年始学拉丁文、希腊文及神学。1935 年 6 月由前教廷驻华代表刚恒毅主教祝圣晋铎。1946 年,教廷任命他为比利时根特(Gant)圣伯多禄修道院名誉院长。1949 年 1 月 15 日,在圣安德鲁修道院去世。(参见:沈毓元:《天主教历史人物小传》,上海市政协文史资料委员会编:《上海的宗教》,上海:上海市政协文史资料编辑部,1996 年,第 195 页)
1949 年 2 月 3 日,上海公教进行会在重庆南路伯多禄堂举行追悼会,海门教区主教朱开敏主持追思礼仪,陆徵祥亲属友好、教会领袖及政界名人出席。时有颜惠庆哀辞,曰:"陆总长以外交前辈,而服务教会,视荣华为敝履。余追随欣老最早,对于其谋国宏献,道德文章,素所深识。且待遇属下,执礼优容,奖掖后进,不遗余力。特书数语,表示钦佩。"另有田耕莘主教哀辞:"陆公徵祥前中国驻外大使,文学道德并臻完域,故其对中国之贡献自有人所不能及者。及其弃俗精修,晋升司铎以后所有之芳表,刻苦祈祷,更足增进全国之福利。噩耗传来,孰不云痛!"

(《圣心报》,1949年,第63卷,第3期)陆徵祥主张中西文化会通,认为:"集合中国基督化儒家之文化,与西方基督化希腊、拉丁之文化,两者汇合而产生的思想、伦理、精神,可成世界新动力。"(陆徵祥:《人文携手》)陆徵祥与马相伯宗教、文化、政治理念均是一致,视马相伯为清朝官场的前辈,对之非常尊重。马相伯则视陆徵祥为中国天主教会的重要财富,两人鸿雁往返。马相伯亟盼陆徵祥学成回国到沪,振兴中国天主教教务。1933年春,"小门生"张若谷到欧洲谒见教宗,马相伯托付他去比利时看望陆徵祥,此信原件已在圣安德鲁修道院陆徵祥故居再现。陆徵祥在1939年11月7日的日记中提到马相伯是"中华第一教育家"。

9月,震旦大学二十五周年庆典,马相伯以创办人身份莅临会场,发表演说。马相伯在演说中对震旦办学效果并不满意,有所抱怨。马相伯手创震旦,继应于右任、邵力子等原震旦生之请,创办复旦。辛亥年之后,震旦创校校友胡敦复留学回沪创办大同大学,故外界把震旦、复旦、大同三所大学以姐妹学校看待。马相伯在演说中批评震旦大学规模太小,因循保守:"大同、复旦皆震旦之分枝,今两校各有学生二千余人,震旦为二校之兄长,学生不满五百。若再不奋斗,行将为落伍者。如我辈老头子,反将为新进青年所打倒也。"(《祝贺华封老人九旬大寿社论》,天津《益世报》,1929年4月15日)

10月22日,马相伯等人对新建立的南京国民政府治理之下的江苏省政发表意见,提交新闻界。次日,江苏省政意见书以电文形式在《新闻报》、《时报》发表。马相伯、黄以霖、王清穆、张一麐等人对于江苏省地方治理提出四项建议,"一,省政府委员应尽本省人才选择;二,主席委员应选资深望重之文治人员;三,兼厅委员应选志趣纯正,能力丰富之人员;四,专任委员应选长于学识,富于研究之人员。"(《时报》,1928年10月23日)各项建议之宗旨均为地方自治之展开。《时报》发表马相伯等人的电文摘录,《新闻报》在23日、24日连载发表了电文全稿。

11月22日,马相伯为感谢刚恒毅总主教对他的关心,委托学生徐景贤寄赠圣心像,上书"耶稣圣心爱火之洪炉,矜怜我等"(《谢刚恒毅总主教书》,朱维铮主编:《马相伯集》,上海:复旦大学出版社,1996年,第496页)。

12月16日,马相伯收到胡朴安邀请函,商请参与发起成立"中国学会",马相伯欣然同意。"发起一中国学会,极好,尤妙在以出版部为生利之基本。基本有可久之道,会务当然可久。良虽耄,无著书工作之能,固愿附骥尾也。"(马相伯:《复胡朴安》,上海图书馆藏《胡朴安友朋书札》)胡适也收到胡朴安的邀请,他在12月17日的复信中拒绝列名,"我不愿加入发起这个会,因为我不能赞成草章的第一条,亦不认中国学术与民族主义有密切的关系"(胡适:《致胡朴安》,上海图书馆藏《胡朴安友朋书札》;《胡适来往书信选》,北京:中华书局,1983年,第497页,上图藏实发信和胡适自存稿个别字句有变动)。

中国学会,1928年底由上海各大学国学门文史学者高步瀛(1873—1940,河北霸州人)、胡朴安(1878—1947,安徽泾县人)、姚光(1891—1947,江苏金山人)、陈乃乾(1896—1971,浙江海宁人)等人联合部分北京同行学者筹建,于1929年1月1日在上海老靶子路(武进路)俭德会成立。学会以"研究中国学术,发扬民族精神"为宗旨,"使中国学术成为世界的公物,必须将中国旧有的学术加以整理、分析、综合,皆有系统之可循,世界学者各晓然中国学术的真相如是"(胡朴安《整理中国学术之意见》)。84位学者参与发起中国学会,马相伯之外还有于右任、蔡元培、戴季陶、杨度、王云五、何炳松、吴梅、陈垣、袁同礼、柳诒徵、孙人和、杨树达等参加发起,均为有学之士,皆非守旧之人。中国学会以《中国学术》为阵地,联系上海、北京学者,整理旧学,开启新知,提升学术水平。

12月9日,《新闻报·学海》第445期刊登马相伯在正风大学演说,题为《保存吾国文化》,署名"无闷述",则为近日演说之记录稿。马相伯在此演说中反对纯用白话文,废弃文言文:"吾人生于中国,长于中国,吾中国之一切学问、道德、精神、知识,皆吾生知之具。而含蕴于文化之中,其间虽经过无数之内讧外患,艰难困苦,而仍能屹然存在,其精神之不敝,灵性之永存可知。中国人如之何可以轻言舍弃吾国固有之文化耶?"正风文科大学设上海极司非而路,注重国学,沈彭年、沈信卿任教经学,朱香晚任教子学,赵瑞侯、朱大可任教史学,王西神任教词学,顾佛影任教诗学兼讲哲学,叶醴文批改作文、札记。

本年,"与徐允希司铎合译《灵心小史》"(徐景贤:《马相伯先生百年生活》,《中央周刊》,1946年,第8卷,第23期)。《灵心小史》(The Story of a Soul, 1907),即圣特蕾莎(又译"小德兰",马相伯译"小德肋撒")修女的著名自传体纪事作品,以她向院长姆姆坦陈心迹的文体写成,故译为《灵心小史》。圣特蕾莎(St. Teresede Lisieux, 1873—1897)原姓玛尔定(Martin),生于法国诺曼底,15岁时进入里修(Lisieux)圣衣院做修女,伴随她有很多神迹发生,故迅速列为圣品。"教宗本笃第十五于一九二一年八月十四日立为可敬者,庇护第十一继于一九二三年四月二十九日立为真福者,越二年,五月十七日列为圣品,距卒后才二十八年。计列圣品之早,近世无过于圣女者矣。一九二七年十二月十四日,又被列为普天下传教总主保,礼与方济各沙勿略大圣同。"(马相伯译:《灵心小史·导言》,朱维铮主编:《马相伯集》,上海:复旦大学出版社,1996年,第739页)

"小德兰"(小德肋撒),是为了区别十六世纪西班牙修女,圣衣会创办人"亚维拉的德蕾莎"(Teresa of Avila,1515—1582,"大德兰")而名。亚维拉的德蕾莎有作品《圣女大德兰自传》。阿尔巴尼亚人"加尔各答的特蕾萨"(Teresa of Culcutta,1910—1997),即获得1979年诺贝尔和平奖,2003年被封为"真福"的"德兰修女",因敬奉小德兰而取名。马相伯晚年特别崇敬"小德兰",赞美她说:"伊的德行如此高超,能翕合救世主的圣意。不像一般人物自尊自大!温良谦卑,倒成了现代世界已故伟人中最伟大的一位圣人呢!"所以,每逢宗教难题,马相伯常常会请这位著名的大圣人转求,马相伯在年近九十的时候还亲自动手翻译《灵心小史》,还曾书联一副,悬于书房,表示敬意:"祈尔万阵玫瑰雨,启予一片赤子心。"(徐景贤:《乐善堂纪闻》,朱维铮主编:《马相伯集》,上海:复旦大学出版社,1996年,第1030页)

本年,上海大同大学为适应教育部大学规程,成立校董会,马相伯被推举为董事长,呈请大学院立案。(上海市地方志办公室、上海市历史博物馆编:《民国上海市通志稿(三)·教育》,上海:上海古籍出版社,2019年,第232页)

本年,马相伯、徐允希合译《灵心小史》由土山湾印书馆出版。

1929年(民国十八年,己巳),九十岁

1月1日,中国学会在上海虹口老靶子路(武进路)俭德会举行成立大会,与会者胡朴安、姚明辉、谭禅生、胡惠生、闻野鹤、李续川、吕志伊、庞青城、徐蔚南、胡寄尘、郭步陶、严浚宣、伍仲文、陈乃乾、朱香晚、俞风宾、叶恭绰、丁福保、范子美、姚石子、周迪前、周予同、高君定、黄宾虹、田桐、陈柱尊。(《时事新报》,1929年1月10日)本次成立大会,马相伯因微恙,不克参加,已于12月26日复信胡朴安。"(中国学会)通过章程,谨如众意。惟赴席则力不从心,敢辞。"(马相伯:《复胡朴安》,上海图书馆藏《胡朴安友朋书札》)

3月3日,雷鸣远从天津到北平参加《益世报》股东大会,在面见宗座驻华代表刚恒毅枢机主教时提出庆祝马相伯九十诞辰的申请。商量决定按北平《益世报》记者从南京国民政府常委于右任处带回的建议,"依国俗,庆九不庆十,举行九旬大庆"。刚恒毅枢机主教还挑选了一幅耶稣像,签名后寄赠给马相伯。此次祝寿,平、津天主教圈率先以"华封老人"称誉寿星马相伯,取庄子"华封三祝"之意。按《庄子·天地》:"尧观乎华,华封人曰:'嘻!圣人,请祝圣人。使圣人寿',尧曰:'辞';'使圣人富',尧曰:'辞','使圣人多男子',尧曰:'辞'。封人曰:'寿、富、多男子,人之所欲也,汝独不欲,何邪?'尧曰:'多男子则多惧,富则多事,寿则多辱。是三者,非所以养德也,故辞。'"马相伯此后欣然使用"华封老人"称号,取生于忧患,"富则多事,寿则多辱"之意。

3月28日,国民党第三次全国代表大会闭幕,选举中央执行委员会委员蒋中正、谭延闿、孙科、戴传贤、于右任、丁惟汾、陈果夫、叶楚伧、何应钦、胡汉民、阎锡山、陈铭枢、朱培德、吴铁城、冯玉祥、宋庆龄、宋子文、汪兆铭、伍朝枢、何成浚、李文范、王柏龄、邵元冲、朱家骅、张群、刘峙、杨树庄、方振武、赵戴文、周启刚、陈立夫、陈肇英、刘纪文、刘庐隐、曾养甫、方觉慧等36人,其中前8人为常务委员;监察委员吴敬恒、张人杰、古应芬、林森、蔡元培、张继、王宠惠、邵力子、李石曾、邓泽如、萧佛成、恩克巴图等12人。(郭廷以编著:《中华民国史事日志(二)》,台北:"中研院"近代史研究所,1979年,第

442页)南京政府改变民国宪政制度,实行党国一体体制,国家权力归国民党所有。此核心群体中仅有于右任、邵力子、蔡元培等元老人物因与马相伯有师生之谊,比较熟悉。

4月15日,天津《益世报》以当天为马相伯九十周岁诞辰日,发表社论《祝贺华封老人九旬大寿》,刊登于右任手书贺联:"先生年百岁,世界一晨星。"次日,该报又刊登了中华公教学友联合会、中华公教青年会总部、北平辅仁大学公教青年会等发来的祝寿贺电。北平公教三机构的贺电分别为:"上海土山湾马相伯先生:恭祝九秩大庆!中华公教学友联合会主席暨全体叩。"、"上海土山湾马相老:敬祝九秩荣庆!中华公教青年会总部叩。"、"上海土山湾马相伯先生:恭庆九秩寿辰!北平辅仁大学青年会。"(天津《益世报》,1929年4月16日)

4月15日,北平《益世报》刊行"祝贺马相伯九十寿特号",内容"除印先生之玉照,给本报题字,及九旬预庆记外,择登先生一论文,即将先生所以寿世者,而为先生称寿耳。编辑同人,祝庆献词,并录古诗《淇奥》三章,原为卫国诗人美九十有五之贤叟而作,今依元儒态舆可《瑟赋》谱成新声"。

《益世报》编辑部所撰《贺马相伯先生九旬荣庆》:"华封老人丹徒马相伯先生,以宗教名宿,万流共仰,耆年硕德,为国之光。今年道德沦落,忧时之士每归军阀之战争,生灵涂炭,衣食不足,礼教何兴?不知古今治乱,循环不已。乱而治,治而乱,一部二十四史,都从治乱两事生出。若以历史眼光观之,无论大乱数十年,甚或数百年,亦不过一刹那间五分钟耳是,乱极终必至于治,不足忧也。所最可忧者,惟老师宿儒,世无其人,为人心道德,作中流砥柱。吾尝读史,至特立独行之传,未尝不废书而三叹也!何幸于人欲横流之日,独见有马相伯先生其人者,如鲁灵光殿,巍然独存,天将以夫子为木铎欤?敝社得先生明诲,锡以箴言,同人等敬书诸绅,并公诸世,欣逢百龄大寿,敢不效华封之祝,以祝我华封老人也哉!"

4月,蔡元培等人为马相伯九十寿辰,借址震旦大学礼堂举办庆典。按钱智修《马相伯先生九十八岁年谱》:"是年(1929)春,祝嘏于震旦大学,由蔡孑民先生主席。先生以南北统一、国民政府定都南京,门弟子如于右任、邵力子诸先生为国宣劳,得行其志,引以为乐。精神矍铄,兴会甚佳。"(《中央日报》,1938年5月16日)

6月7日,马相伯撰《教廷使署记》完稿。本日,致函北京天主教史学者陈垣,附以《教廷史署记》全稿,请他审读、笔削之后,转交在北京主持教廷使署(大使馆)募捐活动的天主教募捐会魏丕治(子轩)。马相伯信任陈垣对中国天主教史的识断,记文中有些微妙之处,还请陈垣加以修改。"此教宗新通谕所以称美华人欤?然碑文又不能明言,务请以春秋之笔削定,交子轩可也。"(马相伯:《致陈垣》,陈智超编:《陈垣来往书信集》,上海:上海古籍出版社,1990年,第12页)按教宗派遣刚恒毅总主教担任驻华大使,得到南京政府批准,并决定在北平筹建由刚主教驻节的教廷使署。另按罗马梵蒂冈国的传统,教廷驻各国使署均由所在国教徒捐款建造。教廷驻北平使署建造工程募捐负责人为天主教徒魏丕治(子轩),通过他的儿子、震旦大学学生魏尚勇持信邀请马相伯作《教廷使署记》,以便募捐会劝募,将来亦作为使署奠基碑文使用。教廷使署建筑包括主教府、大教堂,捐款者刻于使署记碑阴,以示天主教会非外国人传教士凭条约强加,实为中国天主教徒所自有。马相伯记曰:"当今教宗比阿有鉴于在华传教史,爱体前教宗本笃之迂谋,于一九二一年践位之秋,遴遣专使刚总牧履华。为釜底抽薪计,相度人地,分建华牧新区,以示圣而公会者,大公无我,素奉基多为元首,非凭和约为护身也。"(《教廷使署记》,《马相伯集》,上海:复旦大学出版社,1996年,第500页)

6月25日,马相伯复陈垣,感谢他寄赠《中西交通史料》。马相伯根据他早年出使旅行的经验,建议中国学者研究中西交通史,不但要懂得英、法、德、意、拉丁文之外,还要掌握中亚、小亚地区的小语种外语。没有大资金的投入,中西交通史便不能有一个完整的建设。此言是对陈垣等人开拓中西交通史研究的鼓励,也是对西域、南海研究兴起以后学者外语能力不足的针砭。"窃谓欲考交通史,小亚中亚一带方言不可不读,而读须有书有伴。无国力以助之,难矣!犹忆土人呼'亚巴郎'为海滨,音似heppin,意即彼海之滨人也。"(马相伯:《致陈垣》,陈智超编:《陈垣来往书信集》,上海:上海古籍出版社,1990年,第13页)

7月14日,马相伯出席在上海西藏路(汉口路)一品香茶社于望德、胡英二人婚礼,并且担任证婚人。于望德为于右任长子,胡英为胡仁源三女儿。王开疆、陆仲渔担任介绍人,于、胡两位家长分立两边,为主婚人。王一亭书写对联,邵力子代表友朋致辞。(刘永平:《邵、于二公亲密无间的友谊》,收《回忆邵力子》,北京:中国文史出版社,2016年)

7月16日,原定于今日举行,由于右任等人发起的马相伯九十诞辰大庆,因天气炎热,又前日为于公子证婚仪式劳顿,决定改期到秋凉时分再作庆贺。(《时报》,1929年7月15日)

秋,为项骧题词,其辞勉励有加,曰:"夫水淖弱以清,而好洒人之恶,仁也;视之黑而白,精也;量之不可使概,至满而至,正也;唯无不流,至平而止,义也;人皆赴高,己独赴下,卑也。卑也者,道之室,王者之器也。微尘老弟属。己巳秋,九十老人相伯。"(陈钦益主编:《瑞安博物馆馆藏文物集·书画卷》,杭州:浙江古籍出版社,2015年,第104页)项骧为震旦学院老学生,马相伯办学助手。自纽约哥伦比亚大学获法学硕士回国后,1910年以进士殿试第一名("洋状元")入翰林院为编修。民国后在北京从事政党和宪政活动,任财政部参事,后任次长。1924年11月,项骧再次辞去财政部次长兼盐务署署长之职,回到故乡瑞安,从事项氏家族的地方实业建设。本年7月至9月,项骧来上海,参与国际商会中国分会和中国赈灾会温州分会的筹备工作,拜见马相伯。

11月17日,中国科学社在上海西藏路(汉口路)一品香西餐社,为本社董事马相伯举办九十诞辰寿宴。到场者有蔡元培、于右任、许世英、吴稚晖、吴挹清、张轶欧、杨杏佛、徐凤石、王引才、朱志尧、朱少屏等一百余人出席。餐毕演说,多人赞誉马先生道德文章,科学养生,专心读书,绝少俗虑。杨杏佛则谓:"科学社成立只十五年,而有九十岁之社员,最足自豪。马先生对于社务非常热心,每次年会如杭州、南通,均必到会。"(《公教杂志》,第44期,1930年2月16日出刊)

12月9日,上午,黄炎培、朱志尧、袁观澜等前往徐家汇,"共访马相老,今年九十矣,康强如昔"(《黄炎培日记(3)》,北京:华文出版社,2008年,第196页)。

12月12日,上海各界朋友"公宴马相伯、庄思缄、陈乐素夫妇,赵竹君父子亦到。相伯九十岁,竹君七十四岁,思缄、观澜各六十四岁,信卿六十六岁。"(《黄炎培日记(3)》,北京:华文出版社,2008年,第196页)庄思缄,蕴宽;陈乐素,陈垣子;赵竹君,凤昌;观澜,袁希涛;信卿,沈恩孚。

本年,复旦大学整理校内各系科,建立学院制,"依国民政府大学规程,改设文、理、法、商四学院"(金问泗:《母校大事记》,《复旦同学会会刊》第7卷,1938年第3期)。

1930年(民国十九年,庚午),九十一岁

1月1日,马相伯为陈彬龢主编之《日本研究》(上海)创刊号封面题写刊名,并撰写创刊词《日本研究谈》,其辞曰:"对于日本朝野之努力,可不加以充分研究,彻底认识?况彼邦对于我国国情研究如指掌耶?"(《日本研究》,第1卷,第1期,1930年)

1月1日,本日出版之《图画时报》(每周四、日出刊)刊登图片报道,江苏省通志局总纂庄蕴宽、张文相近日假上海一枝香设宴,祝贺马相伯九十寿辰。入席来宾还有徐润东、王丹揆、陈客民、朱志尧、蒋竹庄、狄楚青、孟莼孙、龚善良、庄致美、朱少屏、沙武曾、叶恭绰、赵茂雍等,共16人,合为"千岁宴"。

1月12日,中午,陈乐素、洪美英夫妇在住处辣斐德路桃源村60号家中邀请马相伯、黄炎培聚餐。(事见《黄炎培日记(3)》,北京:华文出版社,2008年,第205页)

2月,陈乐素、黄炎培与马相伯约定,将历来谈话之内容限定范围,定出主题,记录下来并加以整理,刊布于报刊。访谈内容记录为《相老人八十年之经过谈》(五篇),署名陈乐素、抱一(黄炎培),分别于《人文月刊》第一卷,第二、四、五、六、七期(1930年2、4、5、6、7月)刊登(陈乐素:《求是集》附录,广州:广东人民出版社,1986年)。《人文月刊》为黄炎培、史量才主办人文社(1924)所属之刊物,社址和编辑部设于静安寺路(今南京西路)1717号。

陈乐素《相老人八十年之经过谈》:"马相伯先生,高龄重望的马先生,无论识与不识,谁不敬仰呢?……在过去的几个月来,大约我每星期必见他一次,有时也许是两次,而每次的谈话,常常是两个钟头以上。……有几位前辈责我过于自私,何以不将他老人家的谈话公布出来,使得众人都可以知道。因此,前星期我便去和他老人家商量,以后谈话,稍定范围,使之有段落,有系统,等我好记录下来发表。蒙他允许,于是上一个星期便开始,以后便这样一段一段的陆续发表。"(《求

是集》附录,广州:广东人民出版社,1986年,第357页)黄炎培(抱一)《相老人八十年至经过谈》:"我和乐素约,常常去访相老,笔记他的谈话。乐素很高兴,可是总不容易找到机会。有一天,我为别的事,和乐素访相老,两个都并没有预备笔记,不料相老却一发其谈兴。回来想想,很多值得记录的,因此赶紧写出。乐素是正兵,我算是奇兵吧。"(《人文月刊》,第1卷,第4期,1930年)

2月,庄蕴宽担任《江苏通志》总编纂,致信邀请徐家汇学者撰写相关科目。马相伯应邀撰写了《江苏省通志局宗教一门嘱拟之稿》,关系利玛窦、徐光启等天主教入华历史的内容。江苏省通志馆邀请上海徐家汇学者撰写更多条目,马相伯认为"星象、经纬度及寺院,与吾教及设施未尝无关系"(《致徐宗泽》,朱维铮主编:《马相伯集》,上海:复旦大学出版社,1996年,第521页),故而请徐家汇藏书楼徐宗泽司铎转请教会批准,斟酌提供。庄蕴宽还请求提供利玛窦、徐光启、汤若望、南怀仁画像,马相伯亦请徐宗泽寻找,或请土山湾照相师安静斋制作后赠给。据马相伯《致徐宗泽》,庄蕴宽是在春节期间("庄思老在家过年节")联系此事,故时间定为2月。

春,马相伯为徐景贤《〈孝经〉之研究》作序。本书为徐景贤在清华研究院学习期间撰写的研究论文。次年,书由章太炎署检,林志钧题签,在上海自印出版、发行。徐景贤拜马相伯为师,曾长期担任先生的私人秘书。师生两人均娴熟于欧洲哲学,能以托马斯·阿奎那(St. Thomas Aquinas)论经学,则马相伯序有言:"孝者报恩还爱,圣多玛言孝、爱:一对于造物主万有真原,二对于生身父母,三对于父母之邦。此《大学》老老、幼幼节矩之道也。不曰规者,规有大小而矩则无。故自家国至天下,以孝为矩可节之。庚午春为徐生景贤书。相伯老人。"(李天纲编:《中国近代思想家文库·马相伯卷》,北京:中国人民大学出版社,2014年,第445页)

3月6日,据本日发刊之《图画时报》(每周四、日出刊)第642期报道,民国政府铁道部顾问、美国银行团特派员门泰尔(J. T. Mantell)于近日在上海以晚宴邀请马相伯、刘达宜、朱志尧、陆伯鸿等人。晚餐前,在大楼门口合影,陆镜清摄。

4月6日,星期日,下午二时,马相伯应震旦大学院院长桑黻翰、校务长松梁材邀请,在该院大礼堂(鲁班路92号)发表公开演说,兼为庆祝马相伯九十诞辰。马相伯以"中西文化学院顾问会会长"的身份登台报告,题目为《中国科学不进步之原因》。陪同马相伯演说的有章炳麟,讲题为《说我》。另有丁福保《青年卫生新说》、请经办者《影印四库全书经过事实》。本年,章炳麟等人与马相伯合办"沟通中西文化学院",址设辣斐德路(今复兴中路)13号,电话352225、36423。院长由章炳麟担任,顾问会长马相伯,顾问副会长丁福保。另有韩汝甲、胡述曾任总干事,孙世扬、李闻朱任处长。(见本次演说会"入堂券",藏比利时安德鲁修道院陆徵祥档案)

按当日沪上报纸报道,马相伯"中国科学不进步之原因"的演说提纲如下:"中国科学最古之名称可称为格物;中国哲学最古之名称可称为致知。格物之意思,即系将万物之理分格研究其所以然。吾国古代科学、哲学均有进步,虽在二千数百年后仍不得不叹服当时学理之精明。秦汉以后,吾国哲学不出道、儒、墨三家统系,终未中断。惟科学方面因失格物古法,不知求其所以然。如王阳明使人坐看笋之生出,费八日之力,仍不知理之所以然。明末有徐光启、利玛窦辈出,泰西格物之法,具体输入。惜传至雍正,天主教士误认儒者亦为教士,加以攻击,争执最激烈。儒者仇视教士,因亦仇视科学,此为泰西科学中止传入中国之原因。否则当时泰西方面科学方在萌芽,同时输入中国,及至今日中国科学程度当与泰西科学程度相同。足见中国科学不进步之远因固在不能仿照古人格物而研究其所以然,此为自误。至其近因,则在雍正间教儒之争,因仇视教士,波及科学,此为人误。愚以为今日科学可分两种:一,为有益于人事及社会者;二,为无益于人事及社会者。如研究猿如何化人,蚁如何排阵之类。"马相伯演说之后,沟通中西文化学院院长章炳麟继续演说,题为"说我",提纲如下:"一,我之名义;二,有我与无我;三,孟子所说之我;四,应用于人事须有我。"(见上海图书馆剪报藏件,登录号338,梁颖提供)为庆祝马相伯九十一寿辰,沟通中西文化学院顾问副会长丁福保奉送自著《卫生格言》500本。另按《新闻报》1930年4月6日刊发《章炳麟马相伯提倡文化》报道,沟通中西文化学院由韩汝甲、胡述曾发起。

4月28日,马相伯与郑孝胥在上海见面叙旧,两人均由上海五洲大药房主人项松茂邀请,商量与日本势力周旋的事务。宴席间,马相伯仍然劝说郑孝胥利用"进讲"机会,对溥仪施加影响,增进学识,参与时代变革。郑孝胥唯唯而退,并不以为然,不久便赴东北出任伪满洲国总理。

郑孝胥(1860—1938,福建闽侯人),生于苏州胥门,从叔祖郑世恭(咸丰壬子进士)读书,光绪八年(1882)举福建乡试第一,同科陈衍、林纾。1885年客居天津,入李鸿章幕府,结识严复;1889年考取进士,座主翁同龢,续与张謇交往;1891年随李经方出使日本,任公使书记官;1894年居南京,入张之洞幕府,参与策划"东南互保"事务。此后,在上海、南京、汉口奔走,参与洋务,推动宪政。1897年以后,先后在上海虹口寿椿里、沪西南阳路所筑"海藏楼"为家室经营,又在徐家汇虹桥路建屋置产,聚族而居。1911年,顷获湖南布政使任命,清朝即覆灭,遂在上海与陈三立、沈曾植、樊增祥、朱祖谋、陈曾寿等人诗文唱和,鬻字读经,惟仍然任董事于商务印书馆、中国公学。1923年,获任故宫懋勤殿行走,进讲经筵;次年担任总理内务大臣,寓居北京东单牌楼头条胡同。1932年,伪满洲国在东北成立,出任国务院总理,后又兼任文教部总长。1935年辞职,在长春柳条路筑室居住,并创办王道书院。1938年,因病在柳条路寓所去世。著有《海藏楼诗集》、《郑孝胥日记》等。(参见《郑孝胥年谱简编》,郑孝胥著,黄坤、扬晓波校点:《海藏楼诗集》,上海:上海古籍出版社,2003年,第579—590页)

按马相伯回忆,在郑孝胥离开上海去东北出任伪满洲国总理之前,他们曾受五洲大药房总经理项松茂的共同邀请见过一面。"大约是在溥仪已由天津到了大连以后,上海五洲药房的主人请我吃饭,问我同郑孝胥熟不熟?我说郑和我是老朋友。主人欣然道:今天有郑先生在座。未几,郑来,我和他谈心的时候,又重新提起应该劝溥仪出洋留学的话。我说:溥仪不早早到欧洲,恐怕终于要为人利用呢!郑说:使得,但政府欠清室的经费没有还清,恐怕不能成行。我说:一个退位的君主到了外国去,要人家看得起,并不在乎他的钱多,而要在乎他有学识。世界各国失了政权的君主逃亡到英伦的部下二三十个,其间受了尊敬的,并不是有钱的而是有学问做过大事业的。郑唯唯,后来他在上海匆匆地把一处很壮丽宽大的住宅(在交通大学附近)卖掉了,不久便到了东三省,走马上任,做了所谓'满洲国'的开国元勋内阁总理大臣。"(《一日一谈·郑孝胥与溥仪》,朱维铮主编:《马相伯集》,上海:复旦大学出版社,1996年,第1118页)按《郑孝胥日记(四)》1930年4月28日,"林季璋来邀同赴项世澄之约。项,宁波人,字松茂,居谨记桥固本制腱厂。座有马相伯,年九十一,犹清健。又有陈绍宽之侄,字伯涵;宁波乐振葆俊宝,泰昌木器行主。林季璋以病先去,高梦旦来"(劳祖德整理:《郑孝胥日记》,北京:中华书局,1993年,第2281页)。1931年4月11日,郑孝胥最后一次回上海,过了七十二岁生日,其间郑孝胥日记并无记载与马相伯会面。此后,他卖掉在沪西南阳路所置之"海藏楼"(非马相伯所说的交通大学附近的住宅,因虹桥路郑氏家族的房子一直保留到1950年代;亦非早年在虹口寿椿里租住之海藏楼),结束在沪寓公生活,且于5月6日离沪赴津。(叶参编:《郑孝胥年谱》,氏著:《郑孝胥传》,北京:中国书店,1989年)按此情况,马相伯、郑孝胥见面时间即为本年4月28日。马相伯提到溥仪"由天津到了大连",在1931年"九一八"事件之后,郑孝胥时已在东北,不可能再与马相伯见面,马相伯此为误记。

4月,马相伯对前来土山湾寓所拜访的旧门生黄炎培谈他来上海后的"八十年之经过",议及开埠后市面的诸种变化及中外局势。临别,马相伯书赠黄炎培"徐文定公家训"一幅,辞曰:"我前时向对汝说,要于南京或杭州卜居,正欲避去海上薄恶风习,且为子孙长久计,觅一避乱之所,却不意来得如此快。如今要弭乱,在庙堂甚易。"(《人文月刊》,1930年第一卷,第4期)

4月,马相伯编译《辅扬救世圣伤修女记》,以"华封老人"的笔名在《圣教》杂志连载第一章。此后,又以"华封九二老人"署名,在1930年5月、1931年4、5、6、7、8、9、10、11、12月连载第二章。该译著为"玛丽玛尔大香蓬小传"(《圣教》杂志,上海,1930年5月)。

5月4日,"震旦、复旦、北大等旧门生、中国拒毒会等各团体于昨日(5月4日)午则假座震旦大学大礼堂",庆祝马相伯九十周岁(按新法计算)诞辰。法国领事、蔡元培、于右任、叶恭绰、王景岐、金问泗、杨杏佛、项骧、殷汝骊、魏廷荣、陆伯鸿、顾馨一、沈叔眉等三百多人出席。中央研究院还特制了寿瓶、寿碗恭贺,沪上各书画名家都有作品奉献,悬挂会场,琳琅满目。土山湾工艺院学生乐队奏乐,气氛热烈。法领事、蔡元培、于右任均有致辞,演说近三小时,议及马相伯在清末外交事务和民初政治活动中的种种事迹。(《申报》,1930年5月5日)

按《申报》(1930年5月10日)刊登徐景贤所撰之报道,5月4日,"当代名流假座震旦,为马相老祝嘏。震旦同学会推魏廷荣、朱炎之、何尚平及不佞(徐景贤)等为招待。……是日,蔡子民、于右任、杨杏佛皆有演说,语多隽逸。寿翁凤称语妙天下,亦有甚长之演辞"。

本日祝寿会场陈有蔡元培书联:"妙喻同岑,芥子一粒;为学日益,大椿千秋。"于右任书联:"是开国时人瑞,为科学界伏生。"杨杏佛书联:"四海同登仁寿域,先生大笑八千场。"章太炎先生亦有题赠,奇公子章(六岁,次子)书寿额"寿比金焦","颇有骨格,咸誉为天才"(《马相伯先生九秩寿辰之余闻》,朱维铮主编:《马相伯集》,上海:复旦大学出版社,1996年,第1058页)。此外,伍特公代《申报》馆赠观津老人《松芝晚年图》一幅,杨雪玖女士赠画《松龄石寿图》(《申报》,1930年5月10日)马相伯发表演说,批评国人在文化上封闭保守,在政治上不分内乱与外患,不辨政商区别的狭隘民族意识,其辞略谓:"诸君再三为'老而不'祝寿,固感云情高谊。说什么彭祖、陈抟,无非一篇大话。也许是文人积习,区区自问,至多亦百岁而已。百岁以外问题,在诸君既不能切实担保,即鄙人亦受不了,付之笑谈而已。溯昔欧西之殖民政策,远者数千年前,即战国时墨子,实如犹太国人,未必为印度人,区区虽采集考据,敢切实证明之。有谓老子骑青牛出函谷关,往犹太去,用夏变夷等语,亦不免郢书燕说。中国历来向抱闭门主义,无论文化上、政治上,都无世界眼光,昧于国情,所以事事退化落后,以迄于今日。欧西自哥伦布寻获美洲,又自好望角而找到中国,实为彼邦文化上一大革命之起点。中国之外交失败,自鸦片战争之役起,夫人能言之。迩时西商之贩土,并非欧西政府所命,实系枭商营利而已,绝无政治上之阴谋。当时如中国政府以公函通知彼邦政府,亦可禁运,……此为国际上之不明人我。"(《九一寿辰演说词》,朱维铮主编:《马相伯集》,上海:复旦大学出版社,1996年,第515页)

5月6日,马相伯、蔡元培、黄炎培等参加上海中华职业教育社成立十三周年纪念大会,并发表演说。马相伯在演说最后说:"兄弟说也惭愧,做中国人做九十年,眼看见自己家里人打来打去,外国也不断的向我们进攻,还不如屋檐底下燕子的安逸。我们快要改良,要有职业的精神。要想职业的精神有进步,不要像害着黄疸病的人民,要为国家、种族、同类谋福利,这才是真正的职业,真正的人道。"(《主席马相伯君良致词》,《职业与教育》,1930年,第116期。)

5月14日,下午二时,上海市教育局等二十八个团体假座华安大厦八楼举行欢送会,为中国参加远东运动会选手壮行。主办团体除市教局之外,尚有寰球中国学生会、交通、暨南、同济、劳动、复旦、光华、大夏、大同、持志、上海法学院、上海法政学院、启秀女校、两江女校等学校;精武会、《申报》社、《新闻报》社、《时事新报》社、《民国日报》社、《时报》社、《中国评论周报》社等机构;商务印书馆、中华书局等文化事业团体。陈德徵为大会主席,马相伯和中大体育主任吴蕴瑞等社会贤达出席。嘉宾列在长桌,选手围坐圆桌,主席和嘉宾发言勉励之后,由马相伯发表主题演说,"诚恳贡词,以便采择"(天津《大公报》,1930年5月18日)。

5月28日,上午,黄炎培、陈乐素一起造访马相伯,"请写(职业教育社)比乐堂额,遂长谈"(《黄炎培日记(3)》,北京:华文出版社,2008年,第234页)。黄炎培午后方回到静安寺人文社。

5月,马相伯为职教社新大楼一楼大礼堂题名"比乐堂"。附于题名之后的记文为:"中华职业教育社在使无业者有业,有业者乐业。惟能群,然后能乐。余既参加其发起大会越十三年,新社所落成,同人因取杂卦语名其堂。"比乐"二字,取自《易经·杂卦传》:"乾刚,坤柔;比乐,师忧。"1946年,中华职业教育社新办一所中学,因"比乐堂"名,定名为"比乐中学"。

6月2日,黄炎培(抱一)前往土山湾寓所拜访马相伯,继续"相老人八十年之经过谈"。16日,黄炎培记录了前此访谈;29日,又草拟了谈话笔记。本日,"偕(陈)乐素拿了这稿去访相老,承他改正几处,补充几处"(抱一:《相老人八十年之经过谈》,《人文月刊》,1930年第一卷,第6期)。回忆录稿在当月《人文月刊》发表。

马相伯在上一次谈话中曾以"孔夫子"号仍属简陋,说明西方文明之崛起在"鸦片战争"前还处在初期阶段。这次回忆,马相伯又谈到欧洲文明的飞速发展。"现在看西洋的面包,多么漂亮呀!其实也不过是近几十年才发明的。吾还亲见他们吃的灰馒头,放在灶肚里烘的。他们烘的方法,简直象我们北方人烘烧饼。那时候他们还不用煤和炭,是用木柴的。拿破仑第一他打仗用的枪,还是用火石的。洪、杨时洋人华尔帮助李鸿章打松江,他们洋枪队的枪,也是用火石的。……钢笔到中国咸丰末年才有的啦!我还亲见他们把鹅毛官削尖了,把尖头开了缝当笔用。他们道地的用雕毛,取它硬。吾的一位老师,他就是用这种笔,一直用到他死,从没有机会用过钢笔。吾在二十多岁时候,还用鹅毛笔写字。吾能帮助人家削鹅毛笔,削得很好。后来改用钢笔,倒常常把纸戳破。"(抱一:《相老人八十年之经过谈》,《人文月刊》,1930年第一卷,第6期)

6月5日,本日,黄炎培因近日与马相伯密切交往,吟成七律《赠马相伯先生祝九十一龄寿》一首:"岳岳甘泉第一流,南京九十杖藜游;丁桥旧接往年席,仙屋今添纪海筹。绝学口头秦劫火,深心皮里晋阳秋;艰难千古传薪事,未许先生便白头。"黄炎培以湛若水(甘泉,1466—1560,历任南京国子监祭酒、南京礼部尚书等)年九十仍在南京不断进取,比喻马相伯老骥伏枥,爱国之壮心不已,故而附言:"湛甘泉以九十高年游南京,见《明史》,先生其有意乎?一笑。"(《黄炎培日记(3)》,北京:华文出版社,2008年,第236页)果然,马相伯于1936年12月移居南京,宣传抗战。

7月10日,黄炎培与江问渔到土山湾寓所拜访马相伯。谈到他们一代人的变法事业被清廷之延误,为曾、李之命运抱憾,说:"清朝末年曾文正和李文忠,确实两个大人物。曾文正的办事坚实,真令人佩服到十二分。而李文忠眼光之远,胆量之大,虽曾文正也不及他。"(抱一:《相老人八十年之经过谈》,《人文月刊》,1930年第一卷,第6期)

7月20日,中国科学社在法租界公董局大礼堂举行本社第十一届社员大会及全国职业教育机关合会第八届年会。马相伯、李石曾、蔡元培、郑四、谷卫中、顾荫亭、吴宗濂、钮惕生、杨杏佛、钱新之、高践四、江学珠、陈淑、徐佩璜、胡庶华、蔡正雅、刘湛恩、吴桓如、林康侯、徐长卿、何玉书、沈君怡、汪典存、毛云、王尧丞、孙祖基、黄警顽等五百余人出席。主席团成员为马相伯、蔡元培、钮惕生、钱新之、王尧丞五人。马相伯接续蔡元培之后第二位致辞（《主席马相伯君良致词》，《教育与职业》，1930年第116期，第13—16页）

  按《黄炎培日记(3)》当天记载："职教社社员大会、新社舍落成礼、全国职教机关联合会、职教展览会，上午九时假法国公园大礼堂开会。主席蔡子师致辞，马相老演说，杨杏佛亦演说，市党部代表毛某亦演说。末，林康侯演说。杨、林均于党、于政府有抨摘。到者四百余人。下午全体大会，晚聚餐。众尽欢。戏剧协社演莎士比亚剧《威尼斯商人》，虞岫云(洽卿女孙)饰公主濮茜亚，另一人饰犹太人，最入神。"（北京：华文出版社，2008年，第247页）

8月26日，上午，黄炎培、陈乐素到土山湾寓所访问马相伯，为多日整理的马相伯谈话记录稿。（《黄炎培日记(3)》，北京：华文出版社，2008年，第255页）

10月11日，前此数日，在江湾复旦大学校园视事。本日上午，从震旦大学预科毕业的留法学生盛成从欧洲归国，第二天便前来土山湾居所拜访马相伯，畅叙师生之情。马相伯请杨杏佛介绍盛成加入中央研究院，未果；蔡元培介绍他去北京大学任教，果行。（盛成著：《盛成回忆录》，太原：山西人民出版社，2012年，第6页）

  按盛成回忆："回国的第二天，即敬谒老人。老人已九十一岁了。一别十余年，见面之时，老人紧握着我的手……。一天，我到土山湾贫儿院去向老人请安，他说：'好极了，我面前的午饭又有人吃了！'老人当时只吃鸡汤与蛋两枚，葡萄酒一杯。但是每顿仍令厨房开饭，四样菜摆在他面前，做样子，他不吃的。如有客来，正好代他吃，陪他吃饭。我就是这做样子的菜饭不速之客。我问：'老师，人家说你是演说家、教育家、宗教家、革命家，究竟你是哪一家呢？'他道：'少年时代，人家骂我汉奸，因为我提倡洋务，现在时髦了，开口就是欧化，也没有人骂了。我少年最爱科学，曾致力于中西算术，想做一个数学家。可惜一部数学稿子，未曾付印，即遗失了。我晚年专心哲学，我相信我自己的哲学，我可以自称哲学家。'"（盛成：《为相伯大师服心丧》，《逸史半月刊》，1940年第1期，第9卷）

  盛成本日拜见马相伯时，向老师赠送自己在法国的成名作《我的母亲》。"我手上拿着《我的母亲》珍本第一号,送给当时已经90岁的马相伯先生,上面题的字是:'我的这些珍本是送给国家元首的,您就是我的国家元首。'这种珍本只印了130册,每本都编了号。后来,我把第2号送给了埃及国王,第3号送给了土耳其总统凯米尔。"(盛成著:《盛成回忆录》,太原:山西人民出版社,2012年,第6页)

10月17日,复旦大学举行建校二十五周年纪念大会,会议在上海体育馆举行,出席者马相伯之外,还有校长李登辉,董事于右任、邵力子等。纪念大会上授予于右任、邵力子、钱新之三人法学博士学位,感谢其于复旦建校、办校之功绩。(刘永平:《邵于二公亲密无间的友谊》,收《回忆邵力子》,北京:中国文史出版社,2016年)三位之外还授予了九位荣誉学士,均为捐助复旦大学办学资金的人士。当天,李登辉校长在演说中说:"复旦有如斯的成绩,是全体董事、教职员、同学所造成。有一个很明显的例子,如国立大学的校长和教职员,报酬很丰富,但许多教职员都固辞不就,情愿到复旦来,培植复旦的同学。复旦迄今可以说成为国内唯一的私立大学,同学人数凡二千余人。但是,比较美国哈佛大学有学生七千多人,纽约华文德大学有万余人,相差很远。可是复旦只有廿五年的历史,他们俱已逾百年了。复旦锻炼至五十年一百年以后,说不定突过他们的记录。所系希望诸位努力建造,一德一心,使复旦前途万里。复旦现在还有一点危机,就是专靠同学维持。关于这一点,请诸位老同学新同学注意,赶快把学校基金凑起来。最后,今天授博士学位三位,授学士学位者九人,他们俱有绝大的勋绩在本校者。"(李登辉:《在复旦建校二十五周年时的讲话》,载《复旦大学校刊》,1930年10月20日)

10月27日,马相伯、王震、姚文楠、叶景澐、秦锡田、煮开家、陆伯鸿、奚元良等八人,为上海老城拆除纪念徐光启之阁老坊一事,呈文国民政府内政部。请中央政府迅即责令上海市政府工务局保存古迹,不得拆除。(《时报》,1930年10月27日)

11月11日,马相伯复信缪子才,再谈哲学中"有"(Substantia)的问题。缪子才(1877—1939),名篆,子才其字,江苏泰兴人。列为章炳麟弟子,与蔡元培、鲁迅、太虚等人交往,时为厦门大学哲学系教授。缪篆1930年代曾拜访过马相伯,并请教《马氏文通》问题。后两人在通信中讨论哲学、宗教和信仰问题。马相伯建议缪教授"向厦门鼓浪屿天主堂,一访多明我会。此会为著名传道团体,大圣师例如亚尔伯铎、多马斯,皆此会中人。最好访一位擅德语、英语者,可与共研究士林哲学书籍原本"(马相伯《复缪子才》,《公教周刊》,1933年,第240期),就近讨论士林哲学的本体论。缪撰有著作《老子古微》《显道》《齐物论释注》《马氏文通答问》等。

12月,应前威县县议会长,《益世报》协理张启清请求,作《威县蘗轩张府君墓表》。张殿英(1852—1926),又名登科,字蘗轩,河北威县前潘村人。府试为秀才,乡试不举,以塾师为业。累世为教徒,创建本村天主堂、主日学校等。子女除张启清在《益世报》协理外,另有多名儿子、女儿、孙子、曾孙服务教会。本年十一月初三日为张殿英去世五周年,将与亡妻合葬,"嗣君启清持公行状,乞文于良"(《威县蘗轩张府君墓表》,朱维铮主编:《马相伯集》,上海:复旦大学出版社,1996年,第512页),马相伯欣然作文。

本年,马相伯为中国科学社主办的社刊《社友》题写刊名,"社友,九一叟相伯"。该社地址设上海亚尔培路533号中国科学社明复图书馆内,中国科学公司印刷所址上海福煦路649号。

本年,徐谦(季龙,1872—1940)印行《徐季龙先生墨迹》,马相伯为之作序。序称:"季龙先生此书,自谓用春蚕食叶法,笔糅而气刚。取法乎汉,而上通周秦。不知有唐,遑论近代,泂得篆法正法眼藏三阙。宋拓万金莫易,以此问世,佳惠书林不少。"(《徐季龙先生墨迹》,朱维铮主编:《马相伯集》,上海:复旦大学出版社,1996年,第513页)

本年,马相伯作《题墨井道人画》,称此画为吴历中年所作,虽不似晚年作品般苍老,但"尤有神趣"。马相伯判断吴历在绘画上学习王时敏(烟客),书法则模仿苏轼(东坡),"墨井画宗烟客,书匠东坡"。(《题墨井道人画》,朱维铮主编:《马相伯集》,上海:复旦大学出版社,1996年,第514页)马相伯论书法,喜欢碑体字,曾对学生和女婿徐子球说:"劝汝要多看书,多写字,字即写《华山庙碑》,甚好(《猛龙碑》远不及),王字全用隶法。"(《家书选辑(三)》,朱维铮主编:《马相伯集》,上海:复旦大学出版社,1996年,第608页)

1931年(民国二十年,辛未),九十二岁

1月1日,中国科学社明复图书馆开幕,马相伯到会并发表演说。各大报纸消息报道都不提马相伯演说内容,或因其对胡适之等人提倡的白话文有异议。为此,《小日报》专门刊登"听者"的《马相伯先生之贡献与科学社》,"特为录出,付诸报端,以供讨论"。马相伯本日在本社图书馆摄影一幅,为棉帽冬氅半身照。

《马相伯先生之贡献与科学社》一文是马相伯批评"白话文运动"的文章,其观点大致主张文言与白话并非对立,而是相互推动和促进的关系,略为:"相老言世界各国文字,终以中国文为最胜。凡文学皆生于语言,惟语言过而不留,即无行迹可索。至制定文字,以写语言而留其迹。既留语言之迹,即可观其迹而加功,以求语言之进步。故文字者,改良语言之基础也。世界各国皆有若干不规则之文字。何谓不规则,即未改良之语言也。中国文字,从无不规则之名,纵横变化,皆自有法度,此即语言已经改良之极致。非但世所谓文言,已极改良之能事,即中国人之作白话文,亦不容有不规则者存在。其有不规则者,即不许为白话文,但成一种鄙俚不通之白话而已。故能作白话文者,皆先能作文言,而后用其文言中之程序,以组织白话。甚至先做成文言,而后加以翻译,乃成白话。其翻译之法,不过加底字、的字等于句中,加吗字、呢字等于句末,并照西文加几个符号,绝非不通文言之人所能强学。"(《小日报》,1931年1月15日)马相伯的观点并非抱残守缺地反对白话文,而是认为文言是规范语言、文字,其修辞、语法之功能,对于白话文的规范化有重要意义,不能推翻。

春,在徐家汇藏书楼抄录明末天主教士人王徵《和陶靖节归去来辞》,其中有句:"畏天命,归依孔门,知天事天,四养四存,钦崇一主惟上帝尊,斋戒而沐浴,日对越兮天颜奉一,仁以作宅,历千变兮常安身。"(张若谷编著:《马相伯先生年谱》,上海:商务印书馆,1979年,书前插页载手迹影印)

1月21日,行政院、上海市政府公布复旦大学使用徐家汇李公祠为校

舍,并受李经方、李经迈、李国杰等诉讼要求奉还结案方案。"为本市李公祠并非完全私资建筑,可否按照部议收归公有,请鉴核示遵等情到院。当经抄发具呈,令交内政、教育两部会同合议具复,并指令该市政府知照各在案:兹具内政、教育两部会呈称,案奉钧院第三七九零号训令,以据上海市政府呈请,将该市李公祠收归公有,饬职部等会同议复等因,并奉抄发原呈下部。查上海李公祠,既据上海市政府转据该市公安、教育两局查明,当时建筑费用大都捐自绅商,证据确凿。其非李氏私产,极为显明,自应准予收归公有,以符定案。"(《李公祠房屋准拨给复旦》,《新闻报》,1931年1月21日)

马相伯、唐绍仪等人在与李氏后人交往中,并在此诉讼案发生及应诉过程中一直设法转圜。惟李氏家族执意索要,不接受调解。此案经上海市地方法院开庭,一审驳回;后高等法院二审裁决,翻转后要求复旦大学归还房产,颇有利于李氏。此际,复旦大学由校董会代表于右任、邵力子,校长李登辉出面,要求中华民国行政院训令上海市政府,中止执行高等法院裁决。本年,经行政院干预,私立复旦大学获得政府拨给的李公祠房产、地产使用权,一举解决了自1911年后一直存在的校园使用权未能确定的困局。1928年,复旦大学在教育部登记为私立,此次复旦校董会请求获得李公祠全部房地产权,实有难度。于右任、邵力子等校董具呈,称李公祠系由"前沪军都督陈,拨借为本校校舍,已历十有九年值此收归公有时期,请准拨给该祠连屋基地,用为校产"。行政院根据复旦大学办学成绩,查实校产获取来源情况,同意该校继续使用李公祠全部房地产,并扩大使用权限,由当初"拨借",改为"拨给"。称:"该祠系奉总理令,饬拨借该校应用,并经前江苏都督庄照案拨给该校,咨明前教育部备案各在案。原呈所称'使用已久',确系实情。又查该校自办以来,办理成绩尚属优良,需要固定校舍,亦系事实。值此收祠归公时期,所请拨给应用之地,核与总理维护该校遗意,及政府奖励优良学校之旨,商属相符,请准将上海李公祠收归公有,其房宇屋基,并准拨给上海复旦大学作为校产,以维教育。"复旦大学于本年7月向上海市政府市长吴铁城具呈"请给李公祠土地案",终于根据市政府1128号指令,获得李公祠产权。

2月19日,据《时报》报道,下午三点半,马相伯在上海市总商会召开的中华国民拒毒会本市各团体拒毒联席会议上发表演说。大会由唐绍仪、王景岐、李登辉担任主席团。(《时报》,1931年2月19日)

3月19日,大同大学成立二十周年校庆日,暨学校体育馆落成典礼。大同大学校董马相伯、蔡元培参加庆祝典礼。(《图画时报》,1931年第747期)

3月29日,据本日出版的《图画时报》报道,马相伯本月为即将前往新疆的褚民谊饯行,出席者有王景岐、陈乐素、朱炎之、叶藻庭、顾守熙、宋国宾、朱志尧。(《图画时报》,1931年第747期)

5月12日,马相伯在土山湾寓所接受日本记者泽村幸夫访谈,后有《马良(相伯)先生印象记》一文刊于1933年3月5日、6日上海《晨报晚刊》:"今年(1931)五月十二日晨,余谒先生于其寓所。其弟子徐景贤氏(文学士,又曾在北京清华大学研究院毕业)延余入,且告余曰:'君能操拉丁语或法兰西语者最佳,否则请以英语见吾师。'"因泽村幸夫懂汉语,对话遂用中文。

按徐景贤《乐善堂纪闻》记录,当天访问马相伯的日本记者除了《大阪每日新闻》上海支局长泽村幸夫外,还有翻译员龙岗登,摄影师某,共三人。泽村问:"老先生对于日本有什么观念和感想?"马相伯答:"数十年前,中国留日学生许多是我劝他们去的。他们想到欧美去,我说中国人研究日本的国情更要紧。据我亲身观察所得,日本国民性的特长,在勤俭和服从。记得明治维新,有一幕府,投水,为忠君爱国故,这是东京山下的不忍池,你们想来也去凭吊过的。我没有特创的学说,Cathlic的教义,我奉为中心思想的。加特力教,大公无私,所以我认识国际情况,也持这种公正态度。眼前我对你们,就不因为外国人的缘故而轻视你们。"(徐景贤:《乐善堂纪闻》,朱维铮主编:《马相伯集》,上海:复旦大学出版社,1996年,第1025页)泽村幸夫(1883—?),九州熊本人,父亲是银行家,爱好文艺,1900年到过上海,1916年加入大阪每日新闻社,1922年任中国课课长,1929年担任上海支局长,为职业情报人员。1928年,他还兼东亚经济调查会专务理事和东亚通信部长,负责调查中国政治、经济、文化情况,采访过孙中山、张元济、章炳麟、蔡元培、黄炎培、胡适、杨度等人。(转见自《黄炎培日记(3)》,北京:华文出版社,2008年,第219页)泽村幸夫爱好文艺,与鲁迅等人交往,曾在《大阪每日新闻》撰文介绍中国白话文运动。(泽村夏夫:《我的父亲泽村幸夫》,《孙文研究》,2003年1月,第33期)

5月5日,首届国民议会在南京开幕,马相伯、陆伯鸿代表全国天主教进行会致电检察院长于右任,表示祝贺。"民会开幕,举国欢欣,议定训政约法,保障信教自由。本会代表全国天主教二百五十万信徒,竭诚拥护,专电申贺。"(《全国公教信徒电贺国民会议开幕》,《益闻》,1931年9月号)12日,大会通过《中华民国训政时期约法》,规定训政时期的国家权力为国民党所有,"第三十条,训政时期由中国国民党全国代表大会代表国民大会行使中央统治权;中国国民党全国代表大会闭会时,其职权由中国国民党中央执行委员会行使之"。另有相关"保障信仰自由"条款:"第六条,中华民国国民无男女、种族、宗教、阶级之区别,在法律上一律平等。……第十一条,人民有信仰宗教之自由。"(《训政时期约法》)

6月1日,晨,马相伯在徐家汇土山湾寓所与黄炎培晤谈,中午一起去暨南村大中华餐厅聚餐。黄炎培有诗《徐汇晓游》为记:"淡绝犹分隔院香,晓风吹绿上红墙;钟声逐杵初摇梦,塔势干云稍掩阳。佳句每于行路得,客心苦为饯春忙;车尘廿里偏胜醉,一勺村流当玉桨。"(黄炎培:《黄炎培日记(4)》,北京:华文出版社,2008年,第1页)

6月8日,书赠某伯琛,题词为:"物莫大于天地日月,而子美云天地日月笼中鸟,乾坤水上萍;事莫大于揖逊征诛,而康节云唐虞揖逊三杯酒,汤武征诛一局棋。辛未芒种后为伯琛先生书。九二叟相伯马良。"(网络现真迹,经鉴定属实,编者录存。1931年芒种日为6月7日,"芒种后",姑定为次日,即6月8日)

6月14日,上海《新闻报》发表潘仰尧文章《日本社会之观察》,转述马相伯、蒋梦麟对国人对日态度的看法,称:"马湘伯先生言:人但知日本谋我,周知日人知我。谋我固可忧,而知我则更可惧。"作者又有言辞概括说:"马湘伯言:国人但知日人谋我,周知日人知我;蒋梦麟言:对日本态度由轻视,而师视,而仇视",颇可以概括自甲午战争以来中国人对待日本的态度。

6月15日,马相伯、蔡元培两人,为东北二十年来屡受沙俄、日本侵略,形势危殆,特发起成立"东北文化编译社","其宗旨为换契国人使都知东北之危,共谋抗击工作,则拟暂致力于译日、俄两国出版关于东北问题之图书,特约专家实地调查,并编辑关于东北问题之专书,编辑中小学东北史地教材,襄助各界团体,组织东北考察团,征集各国关于东北文化之出版物等"(《马相伯等发起组织东北文化编译社》,《新闻报》,1931年6月1日)。该提议得到上海吴铁城、穆湘玥、王云五、胡庶华、刘湛恩、史量才,辽宁阎宝航、卢乃庚、徐箴、杜重远等人的响应,今日正式公布。

7月30日,上海《晶报》本日报道:"马湘伯先生近日忽患足病,两腿间肿不能举,其弟子徐可澄等为之延推拿医生诊治。"

7月,震旦大学建立新一届学校董事会,马相伯被推举为主席。本届校董会华籍董事6人,为马相伯、王一亭、林康侯、朱季秋(主教)、杨维时(司铎)、陆伯鸿;法籍董事3人,为韦礼敦(公使)、惠济良(主教)、桑黻翰(司铎)。本届校董会建立后,遂于8月向南京政府教育部申请立案。(《震旦大学同学会会刊》第九号,1933年10月;见上海地方志办公室、上海博物馆

编:《民国上海市通志稿(三)》,上海:上海古籍出版社,2013年,第873页)

8月29日,马相伯率朱孔嘉、王宝仑、潘世义、何理中等人发起建造天主教息焉公墓,今日立碑奠基。"惠主教亲自行礼,并举行圣祭。到会者有许多神父、修士、修女及教友等。"(《圣教杂志》第20卷第10期,1931年;《中国通讯》,1932年4月号)

息焉公墓,位于上海西郊,今新泾港马家桥哈密路1115号。因二十世纪上海已成一国际大都会,侨居上海者日众,"通都大邑如上海者,势将主客参半,而礼教渐融,新受福音者亦日众"。为安葬客居上海,并无祖茔的外省、外国天主教徒,特筹建息焉公墓。客籍教徒灵柩不再回归祖籍老家,得以入葬上海,为上海天主教会教友公墓。公墓择地在虹桥新泾港一带,占地63亩,在徐家汇西面6公里处,从法租界出发汽车交通二十分钟可达。土地高亢,大潮不能淹没。经两年筹建,除以"圣母升天"之名命名,可容四五百人的追思圣堂外,还附建有会葬所、追思台,以及由14处耶稣受难铜像组成的"苦路通功","息焉公墓"园门额为马相伯所题。全园植有松树、楸树,庄严肃穆。息焉公墓"备案上海市政府,即日按公坟例,开让墓穴,略分等第,既便普及,兼备常年经费,用垂永久"(《息焉公墓碑记》,朱维铮主编:《马相伯集》,上海:复旦大学出版社,1996年,第526页)。公墓由上海著名西医师何理中筹资建造,除了预备安葬广东南海何氏亲友之外,也兼为其他天主教徒家庭,包括马相伯家族提供墓地。公墓主体建筑为追思功能的"息焉堂",是一座拜占庭式穹顶的教堂。部分立面结合哥特式尖拱券,另有罗马式钟楼,会所建筑,配以黄色鱼鳞纹水泥砂浆粉饰的外墙。息焉堂名义上由上海邬达克建筑设计事务所设计,实则由上海天主教会培养的留法建筑师潘世义主持设计和建造,经邬达克事务所签字督造。1952年,马相伯灵柩从越南谅山迁回上海后,入葬息焉公墓。1960年,马相伯媳妇马邱任我去世后,也安葬在息焉公墓。1994年,该公墓教堂被列为"上海市优秀历史建筑"。(1931年3月28日《马相伯致上海市工务局函》,上海档案馆藏档案Q215-1-7769,第22页;《上海市卫生局审核私立公墓申请设立案件征求上海市郊区土地改革委员会意见通知书》,上海档案馆藏档案B14-1-39-54,第55页)。

9月18日,日本关东军高级参谋板垣征四郎及作战主任石原莞尔指挥部队,于晚上十点三十分悍然炸毁沈阳文官屯附近柳条湖地区南满铁路一段铁轨,并以此为借口进攻东北军驻地北大营。事件爆发后,马相伯改变自八十岁后"不问世事",一心著述的态度,愤激于时事,积极宣传抗日,出任上海支援东北抗日义勇军协会领袖。钱智修《马相伯先生九十八岁年谱》：本年，"先生仍居土山湾，续著《致知浅说》，复译《四圣福音》，著书谈道，开示承学，不问世事。及九月十八日沈阳之变起，乃忠义激发，寝食俱废，谓国亡无日，朝野一心，武力抵抗，无以自救。海上各团体有来相谒者，必以此义昭之，著论发言，眦裂发指，人咸感奋"（《中央日报》，1938年5月16日）。

秋，马相伯大病一场，病情持续数月。经多方治疗和众人祈祷，至年底方才痊愈。据《益世报》记者次年报道："去秋老先生违和，病势甚重，各方慰问，函电交驰，同志代祷者尤多。幸不久即恢复康健，惟医嘱静养，故拒见来宾。然不速之客，或系故旧，或因时事，往谒者仍不乏人，此老先生家庭嫡亲所最关切而感痛苦者也。"（《国难期中之华封老人》，朱维铮主编：《马相伯集》，上海：复旦大学出版社，1996年，第928页）又据《黄炎培日记（4）》（12月25日）："相老今年大病，顷获全愈，康健如常。"（北京：华文出版社，2008年，第48页）

9月21日，马相伯为上海日本研究社撰写"启事"，主张在"九一八"事变后加紧日本研究，"拟先组织一理事会，再征求会员，共同负责。……深盼国内贤达志士，亟共同参加，谋自救志举"（朱维铮主编：《马相伯集》，上海：复旦大学出版社，1996年，第1023页）。日本研究社由陈彬龢、陈乐素、杨幸之、江汇益等人于1928年建立，以研究日本为宗旨。陈彬龢（1897—1945，江苏吴县人）曾任南开大学总务长，时任《申报》主撰。1928年，受日本驻上海领事馆暗中资助，建立日本研究社。马相伯不明真相，或因陈垣公子陈乐素介绍，或因救国心切，贸然支持了该社活动。

10月，震旦大学为向教育部注册，按章程要求成立学校董事会。校方仍然推举马相伯为董事会主席。因为马相伯在患病休养，其他董事（四名商人，四名教士）的推选任命未与之商量。同时，法租界公董局和震旦大学西籍教师议论，要将学校迁往越南西贡，引起上海各界担忧。

震旦大学在向南京国民政府教育部申请立案的同时，还核定了本校资产、收入及支出等项，其中少报了马相伯的捐助数额。马相伯为此写了一份《备忘录》，对此事件中的各种事实作出澄清。"至民国十八、七年间，租界法权收回，并有收回租界之说，西籍教士乃有将震旦大学迁往西贡之秘密商议。因恐相伯干涉而中止，未敢实行。延至民国二十年，方呈报教育部立案，但将相伯以全部产业创设震旦之根由始末，概未叙及，并乘余病重时组织校董会。聘请校董多未经我同意，以致所聘任者均非教育界及与复旦素有关系人物。况其呈报教育事项表节要内,尚有所谓'耶稣会教士之捐助薪水每年十六万元'云云。查耶稣会教士矢愿服务教育,除供养衣食外,例无薪水。且震旦担任教授之教士,试问其得与博士学位者共有几人？而每年竟有十六万元薪水捐助震旦,不免失实。至余所购之校基与指作经费之地产,除仅于呈报教育部之事项内承认田租一万元外,余皆抹煞不提。故书亲笔记录,以资备忘。"(《备忘录》,朱维铮主编:《马相伯集》,上海:复旦大学出版社,1996年,第542页)按校方填报内容:"(震旦大学)现有校产在四百万元以上。经常经费有:庚子赔款利息、马相伯之田租捐赠、耶稣会教士之捐薪,而最大项目厥为耶稣会之尽量补充一应不足之经费或其他收入之详细项目。"各项目的仔细账目有:"(校园)地基价值二百万元,建筑一百万元以上,图书、仪器、标本、校具约共一百余万元。经常之收入:中法文化费所拨庚子赔款利息每年规银五万两、马相伯捐赠泗泾田租每年一万两,耶稣会教士之捐助薪水十六万元,耶稣会补足费以尽量补足各种需费无度,故无定数,去年(1930年)为九万四千元,学生学费五万元,宿费一万元。"马相伯女儿徐马宗文、儿媳妇马邱任我在马家捐赠事项下注明并指出,马相伯的捐赠数被远远低估了:"除泗泾田租外,尚有(一)上海法租界地皮六七处,约十余亩；(二)震旦校基地皮约五十余亩；(三)榨油坊一所,售价十万元；(四)泗泾田租积余增购稻田三百亩；(五)现金五万元。"另外,徐马宗文、马邱任我还代表马相伯对董事会的构成表示不满:"该校(震旦大学)是否照国家教育规程办理,原创办人既老病侵寻,因以无从得知。惟念诺大基础于教育上苟不能有长足进步,亦与原创办人之原旨背驰。至于校董一节,关系学校至重且巨,尤应就热心教育及与学校有深切关系者遴任,方能发展教育,巩固校基。故提出之时先须慎重考虑,既任之后尤宜使负全责。"(据马氏家族藏原件,马邱任我于1952年秋曾经召集马相伯先生在上海的学生二十余人出示这些文件的原件,予以证实。马氏家藏原件未见,摘录于此的文本转见自李青崖遗稿,马玉章校补:《马相伯先生传略及其办学经过》,《上海地方史资料(四)》,上海:上海社会科学院出版社,1986年)另外,马相伯在家书中曾经提到自己捐赠给震旦大学的基金总额:"吾助震旦者,罗家湾地约五十亩,在租界者地八亩,又田三千亩,合计不下五十万金。"(《家书选辑(五十二)》,朱维铮主编:《马相伯集》,上海:复旦大学出版社,1996年,第625页)

10月28日,上午,马相伯在土山湾寓所接受《民力周刊》记者访问,发表对于东北时局的看法。马相伯说:"这次日人蹂躏东三省,真是狠毒！当欧战开始,德兵向法境进攻,以威廉第二的强暴,在交战状态中尚不敢妄杀一平民。这次日人屠杀东三省无抵抗民众,不但说有强权无公理,并可说有强权无天理。……日人在东三省所得到的铁路、煤矿、森林,以及其他投资的大利,总在十万万以上。"关于国民如何抗日,马相伯同意首先要抵制日货,而"根本立国的办法,自然是从培养民力,和提高民权入手。中国挂着民主国的招牌,其实何尝民主。可怜中国人民向来只有尽义务而没有享权利的。中国建设方面,应模仿美国华盛顿建国方法,颁布宪法,成立有力的自治政府,规定人民之权利与义务,切实奉行"。

《民力周刊》记者当天清晨从市区驱车前往徐家汇土山湾,马相伯仍在病中,获悉后立即接见,并且十分健谈。"先生精神还不十分衰老,耳略失聪,对面晤谈,仍颇不乏力。便帽下加绿色胶质阳遮,以惧强光故。"(《上海〈民力周刊〉载马相伯先生谈话》,朱维铮主编:《马相伯集》,上海:复旦大学出版社,1996年,第903页)访谈稿刊登于《民力周刊》1931年10月31日(第一卷,第二期)。

10月,经丹阳旅沪商人、民众推举,担任丹阳旅沪同乡会会长。马相伯原来担任会董,"'九一八'事变后,以九十高龄担任会长,举凡地方公益,同乡福利和一切救灾恤患等工作,他总是登高一呼,积极办理,不遗余力。在他倡导下,同乡会对于援助东北义勇军和十九路军也做了不少捐助工作。'一·二八'沪战时,他老人家出来带领同乡办理救济战区遭难同乡,共救济三千多人,分批安送回籍"(韩希愈:《我所知道的马相伯先生》,丹阳市政协文史资料研究委员会编:《爱国老人马相伯(1840—1939)》,丹阳,1990年,第122页)。

11月11日,《世界杂志》二卷五期刊登马相伯为该刊题词,略谓:"国者,有机体也。无国防,是无土地农工;无科学,知商则专贩客货,是无人民;国无行政法 Administrative law,是无政事。无机体,非国也。"(《〈世界杂志〉题词》,朱维铮主编:《马相伯集》,上海:复旦大学出版社,1996年,第527页)

11月21日,上海青年会教育部举办"如何解决东北问题"大学生演说比赛,马相伯担任首席评判。交通大学刘旋天、沪江大学刘良模、法政学院王善祥获前三名。

12月3日,江苏籍耆老以马相伯为首,张仲仁、赵竹君、王丹揆、董授经、唐蔚芝、韩止石、冷御秋等人参与,发起成立江苏省国难救济会。动议得到秦锡田、诸青来、穆藕初、杜月笙、高践四、蔡望之、余庆棠、吴挹清、朱恺俦、潘仰尧等一百数十人响应。

本日下午,在上海召开成立大会,公推赵竹君、张仲仁、沈信卿、穆藕初、高践四、廖茂如、杜月笙等七人组成主席团。大会议决简章,推举理事三十七人,拟定电函致汪精卫、胡汉民诸人。马相伯等人之通电有云:"寇深矣,祸亟矣,国民披发缨冠,剑及履及,以赴国难,义无可辞矣。……天下兴亡,匹夫匹妇,皆与有责。同人等爰就江苏发起本会。……愿我在苏民众,无老无少,无男无女,一致参加,共图救济,不胜大幸。"(《马湘伯等发起苏省国难救济会,向国人号呼寇深祸亟,正是披发缨冠之时》,《时报》,1931年12月4日)

12月18日,下午,马相伯在土山湾寓所接受《申报》记者访问,对内政、外交、学风种种问题发表评论,讲到近年来的民生艰辛,马相伯回忆一次和他蔡元培在上海县城附近的观感,表现出极大的同情。"有一天,我同蔡子民经过上海西门地方,对他说:'我们到过许多国境,看见多少国民,他国有这样国民吗?'蔡先生不做声。我又说,'各省苦民还要比这边苦好几十倍哩,国计民生怎样?'蔡先生摇头!"马相伯当天接受采访时精神较好,情绪高昂。"老先生时而握手,时而释手,时而痛恨,时而笑骂,时而站起来顿足,时而坐定拍案。内政啊,外交啊,学风啊,结果谈几句宗教,断断续续,拉拉杂杂,约说了两点多钟。"(《江苏耆老马相伯先生一夕谈》,朱维铮主编:《马相伯集》,上海:复旦大学出版社,1996年,第908页)

12月20日,马相伯、冯嘉锡、赵凤昌、韩国钧、姚文楠、王清穆、沈恩孚、李根源、张一麐、庄蕴宽、朱绍文、穆湘玥、黄炎培、赵正平等人以江苏省火男救济会的名义,通电国民政府,"请表示最近对日方针",是否放弃不抵抗主义。电稿作于"哿"日,刊登于上海《新闻报》1931年11月22日。

12月21日,下午,接受《申报》记者采访,"约说了二点多钟"。马相伯在谈话中抨击时政,以及腐败的国民性。(《江苏耆老马相伯先生一夕谈》,朱维铮主编:《马相伯集》,上海:复旦大学出版社,1996年,第908页)

12月22日,下午二时,中华民国民众外交后援会在上海八仙桥中华青年会总部召开成立大会,主席团主席刘国泽报告经过,商、学、军界五百余人出席。马相伯与张知本、胡耐安、陈加祐、孙治公、周立中、马季白、程潜、沈岩雪等九人被选为监委。民众外交后援会执委由李烈钧、程潜、孙烁斋、王建民、季始元、刘修如、张翰猷、刘传中、雷可南、陈加祐、陈容、崔步武、温广彝、俞清崧、陈荫泉、汪浩、陈其祥、陈加任、于瑛、俞蔚然、王伯颜等二十一人担任。大会通过的各项议案为:通电全国民众一致抗日并自动成立各地分会;通电政府退出国联并对日宣战;通电京、粤四全大会,传令全国党员总动员抗日,并早日实现统一政府;通电京、粤政府从速抗日,并促铁军进发东北;通电慰问马占山将军并惩办张学良。(《申报》,1931年12月23日)

12月24日,马相伯、褚辅成等合共43人联名通电在南京召开的国民党四届一中全会全体委员,呼应李烈钧、程潜、张知本等人士的主张,拥护"实行民权,进行制宪之提案。公诚谋国,洞见本源,同仁以为试欲解决日前一切纠纷,莫要与一,即日废除依据党制,限制人民自由之一切法令,严禁党部干涉人民自由,明令允许人民自由组织团体或政党。二,即日组织人民代表机关,议决宪法会议选举法。组织宪法会议,指定宪法,实行宪政……回"(《公教名哲马相伯先生仝褚辅成先生等电请通过李烈钧等提案实行民权进行制宪》,《公教周刊》,1932年第142期)。回日为24日,蒋介石时已宣布下野,国民党在汪精卫主持下在南京召开本党联合大会,告示团结和统一。

12月25日,中午,黄炎培等人来访,"马相伯先生招餐土山湾,到者廿五人,演说《良心救国》"(《黄炎培日记(4)》,北京:华文出版社,2008年,第48页)。餐后,与会者25人发起成立"江苏国难救济会"。

本日为圣诞节,在马相伯土山湾寓所聚会,"马先生款以西餐",乃因发起成立"江苏省国难救济会"。宾客有黄炎培、沈信卿、陈陶遗、穆藕初、金侯城、朱德轩、蒋竹庄、陈彬龢、赵厚生、张云搏、许鹤丞、袁俶畲、诸青来、贾季英、伍仲文、朱志尧、王宝仑等,赵竹君(凤昌)、唐蔚芝(文治)分别派儿子赵叔雍、唐谋伯出席。马相伯在此会议上发表演说《良心救国》,内容有:"国难至此,我人出而救济,义不容辞。但救国须先自救,天主十诫,即是自救最好的信条。谁不知鸦片是毒,强迫种鸦片,试问良心何在?……黑土之外,还有红丸,吾一般国民,还不觉悟,快快奋起救国,怕将来懊悔不及。国民人人秉着良心从事救国,国家方有希望。"马相伯演说中还提到军阀敛财、天津老西开事件、学习徐光启尊重科学等话题,时间达一小时。演说结束后,由沈信卿做答谢词。最后,全体与会者合影。本次演说,次日的上海各家报纸均加以报道,标题为"良心救国"。(《马相伯先生讲救国信条》,《公报》1932年第三期,转见自朱维铮主编:《马相伯集》,上海:复旦大学出版社,1996年,第910页;《新闻报》,1931年12月26日)

冬,马相伯书"中国醒狮,酷爱和平……"(《劝国人慰劳东北抗日军队》,朱维铮主编:《马相伯集》,上海:复旦大学出版社,1996年,第522页),号召国人慰劳东北抗日军队马占山部。马占山时就任黑龙江省政府代理主席兼军事总指挥。

本年,马相伯铭土山湾寓所为"乐善堂"。"一二八变作,先生仍居土山湾,发表国难人民自救建议,向国难会议提出'实施民治,促进宪法,以纾国难案',发起中国民治促进会、江苏国难会、不忍人会等,名其居曰乐善堂。"

（张若谷编著：《马相伯先生年谱》，上海：商务印书馆，1939年，第227页）江苏耆老在本年年底发起成立国难会，马相伯、唐文治（蔚芝）、韩国钧（紫石）等列名。据说，"原动力实为赵厚生，宣言亦系其手笔。赵为前省教育会苏社中人，颇闻名于齐燮元时代"（《晶报》，1931年12月6日）。

本年，内政部、教育部下令拨李公祠屋宇基地永为复旦大学附属中学校产，杜镛（月笙）捐资购置13亩地，建造运动场。（《母校大事年表》，《复旦同学会会刊》第7卷，1938年第3期）

1932年(民国二十一年,壬申),九十三岁

1月1日,元旦,马相伯在上海各报发表公开信《新年告青年书》,在"九一八"事件爆发近四个月之际,号召青年"必以全国一致之努力,奋起抗暴,始能自救。而青年诸君为社会之中坚,国家之生命所托,肩头上所负荷之责任,尤为艰巨"。

马相伯的具体倡议为:一曰不买日货;二曰研究科学;三曰唤起民众。"吾人虽在近日新年元旦,仍不容有一丝之欢欣。深盼全国各大学、中学,各教育界团体,妇女团体等,更以新的决心,新的精神,努力于抗暴自救。老夫发起之江苏省国难救济会同仁,亦当以加紧之努力,致青年诸君携手共臻于奋斗之大道。"(马相伯:《新年告青年书》,朱维铮主编:《马相伯集》,上海:复旦大学出版社,1996年,第913页)

1月1日,据上海小报《福尔摩斯》通讯员"果子"侦知,冯玉祥将军到达上海第二天,清晨七时,"乘汽车至江湾,访马相伯氏,晤谈甚欢。据冯对马云:赴奉化之行,因已推代表前往,决计作罢,但于必要时则须往香港,访胡汉民云"(《福尔摩斯》,1932年1月2日)。马冯会晤,应该在复旦大学新建江湾校区举行,会期正为元旦日。

马相伯晚年与冯玉祥订交,往来频密。1931年12月30日,冯玉祥从南京来上海,留至次年1月13日(中国第二历史档案馆编:《冯玉祥日记(三)》,南京:江苏古籍出版社,1992年,第555页),但其间1月1日至5日的日记缺失,而这几日他访问名人,在各校演说。与马相伯订交正在这几天。"有一次,冯老总来沪,马相伯倒参加欢迎,但是这回可吃了亏,因为冯老总忽然有兴掏腰包请起客来,每人两副大饼油条。老人家只得哽咽下去,免得人家说'马齿徒增'。"还有一件事情,亦可见马相伯处理与政治领袖人物的关系不卑不亢,浑然自由。"一处纪念总理的大会,主席恭读遗嘱,全体肃立,老人家却充耳不闻,仍旧堂而皇之,高居主席团座位。后来有人似乎责难他似地请教他,老人家轩眉一笑:'总理是我老朋友了,就是他活着,我也是坐着跟他说话的。'"(王

大千:《怀马相伯先生》,《迅报》,1938 年 12 月 24 日)

1 月 15 日,中午,马相伯在土山湾寓所设宴,外订觉林素餐,招待朋友和学生,"同座史量才、朱子桥、查勉仲、范百禄(天主教士,少年,新回自欧)、张石谷(南汇,画家)。觉林菜精美,为生平所食第一,同座李云书所调度。"(《黄炎培日记》,北京:华文出版社,2008 年,第 55 页)

1 月 15 日,马相伯、熊希龄、章炳麟等人因东北锦州失陷,以中华民国国难救济会名义致电"党国首领",要求召集国民会议,还政于民,全力抗日。电文本日在上海《申报》等各大报纸发布。

《联合全民总动员收复失地通电》,又称《与熊希龄太炎等组织中华民国国难救济会通电》全文如下:"南京国民政府森(林)主席,科(孙)院长、应钦(何)部长,奉化蒋介石先生、上海汪精卫先生、冯焕章先生、李德邻先生,太原阎百川先生,广州胡展堂先生、陈伯南、白健生先生,北平张汉卿先生:最近暴日犯锦,长驱深入,关外义勇军纷起杀敌,美国且严重抗议。而我守土大军不战先撤,全国将领猜贰自私。所谓中央政府,更若有若无。诸公均称党国首领,乃亦散处雍容,视同秦越,亡国险象,一时齐现,夫复何言。然我国民为急公救国,仍不能不进最诚恳之忠告于诸公者。国为四万万人民公器,国民党标榜党治,决非自甘亡国。事至今日,诸公倘犹认救国全责可由一党负之,则请诸公捐助一切,立集首都,负起国防责任,联合全民总动员,收复失地,以延国命。如其尚有难言之隐,形格势禁,竟无如何,则党已显然坡长,亦应即日归政全民,召集国民会议,产生救国政府,俾全民共同奋斗。大难临头,万无犹豫余地,究竟如何决大计以谢天下,请立即以事实表明,否则全民悲愤,不甘坐毙,恐有采用非常手段,以谋自救救国者。临电迫切,无任待命。中华民国国难救济会熊希龄、马相伯、章炳麟、张一麐、朱庆澜、赵凤昌、温宗尧、李根源、赵恒惕、程子楷、陶家瑶、彭允彝、张耀曾、徐元诰、郭椿森、沈钧儒、王允恭、罗家衡、李为纶、诸青莱、蒋群、张洛惟、许可诚、陈则民、江恒源、吴山、袭汾龄、章士钊、王绍鏊、周辉浦、朱维岳、黄文中、沈田莘、朱铎民、李玉昆、游志、赵叔雍、魏伯桢、张嘈、肖见宾、王宁度、胡祖舜、李惟诚、谭道南、张肇通、陈定远、杨春若、张啸岑、刘毅、王建高、丘琮、熊仁、王举荪、郭之江、左舜生、余楠秋、李祚辉、宋允惠、徐钧溪、朱绍文、樊德光、赵正平、黄炎培、褚辅成等,元。"(《申报》,1932 年 1 月 15 日)

1 月 23 日,上海《申报》副刊《自由谈》刊登马相伯题词手迹"还我河山",声援黑龙江抗日总指挥马占山将军,号召慰劳东北将士,另有附辞为:

"中国睡狮,酷爱和平。马占山一老耳,似醒觉,似发动。全体国民与国民政府何时醒,何时动?全球之注视与裁判,亦将随之而转移。敬问全体国民,与华封九二老人同意,慰劳东北之好男儿否耶?辛未冬相伯书。"(朱维铮主编:《马相伯集》,上海:复旦大学出版社,1996年,第900页)

1月25日,国民政府公布第一批国难会议会员名单,马相伯、章太炎、陈寅恪、林志钧、雷殷等在列。(沈云龙:《国难会议之回顾》,转见自赵中亚:《徐景贤先生年谱简编》,氏著:《徐景贤文存》,南京:江苏人民出版社,2016年,第572页)

1月28日,上海"一·二八"事变爆发,日本海军登陆上海,进犯淞沪铁路天通庵车站以及闸北一带,吴淞、殷行、闸北、江湾等地沦为战区,复旦大学江湾校区亦受影响。中国国民革命军第十九路军张若嵩团奋起抵抗,"淞沪抗战"开始。同日,马相伯发起中国民治促成会、江苏省国难会、不忍人会等组织,主张"民治救国",动员上海民主力量参与抗日运动。

"一·二八"抗战爆发后,日军疯狂轰炸,次日即在滥炸闸北中摧毁商务印书馆,馆属东方图书馆被焚,古籍珍宝尽遭浩劫。徐家汇地处华界,战争期间已有炸弹掉在土山湾附近。亲友、学生们担心安全不保,动员马相伯移居到租界市区。马相伯婉言谢绝,独居危楼,巍然不动,写成《国难人民自救建议》,交由天津《益世报》发表。张若谷编著《马相伯先生年谱》:"一二八变作,先生仍居土山湾,发表国难人民自救建议,向国难会议提出,'实施民治促进宪政以纾国难案',发起中国民治促成会、江苏省国难会、不忍人会等。"(上海:商务印书馆,1939年,第227页)

2月12日,上海《大晚报》创刊,为"一·二八"国难发生之后的临时报刊。本年4月15日正式出版发行,定名为《大晚报》。该报总经理为张竹平,总主笔曾虚白。马相伯的学生张若谷为编辑之一,抗战期间本报发表了不少报道和通讯,为全国各界瞩目。

2月,经马相伯牵线介绍,位于肇嘉浜路近徐家汇"华界"地区的五洲大药房固本皂药厂聘请法国工程顾问,悬挂法国国旗,以躲避日军侵占。马相伯儿媳马邱任我出面活动,疏通关系,帮助大药房继任总经理项绳武渡过难关。此事起因于本月1月31日,日军和日侨浪人因五洲大药房提供大量药品给十九路军抗战,悍然至公司四川路第二支店抓捕总经理项松茂与店员11人,押往日军司令部,当天即全部加以杀害。(项泽楠:《项氏父子与五洲大药房》,《上海制造:黄浦江畔的上海品牌》,上海:上海大学出版社,2010年)

3月9日,日本军政势力扶持的伪满洲国在长春建立,溥仪就任执政,年号"大同"。郑孝胥担任国务总理兼文教部总长,其余各部总长为臧式毅(民政)、谢介石(外交)、马占山(军政)、熙洽(财政)、张燕卿(实业)、丁鉴修(交通)、冯涵清(司法),参议府议长张景惠,参议汤玉麟、张海鹏、罗振玉、袁金铠、贵福,监察院长于冲汉,立法院长赵欣伯。(郭廷以编著:《中华民国史事日志(三)》,台北:"中研院"近代史研究所,1979年,第145页)

3月14日,国联派遣之李顿调查团到达上海。次日,会见上海市长吴铁城及资深外交官、谈判顾问顾维钧;18日,开始调查沪案;19日,中日代表在上海英国总领事馆署讨论停战事宜,英、美、法、意国公使列席;21日,调查团视察上海各交战区,至27日离开上海去南京。(郭廷以编著:《中华民国史事日志(三)》,台北:"中研院"近代史研究所,1979年,第146—148页)

国联李顿调查团在上海期间,曾任黑龙江巡按使、广东省主席的朱子桥(1874—1941,山东历城人)将军拟邀请马相伯参加他与调查团成员的宴会,后因故取消。马相伯为此会见,拟定了发言稿,大意为:"中国自古酷爱和平,不但希望生在和平中,且常准备死在和平中。诸君如尝浏览中国史传,必知六朝时的生茔风俗。许多文人学士,歌咏这在生时准备着的墓地,甚至于先住在那生茔里面,以为旷达,号称解人。这种风俗是个铁证,可见中国人民在死里还求和平,何况尚活着哪有不求和平的理呢?此种见解,实中国人民的普通心理和传习的和平精神。诸君既为正义而来华,请便调查淞沪战事遗迹!须知所炸毁者为中国商店,所蹂躏者为中国农田,更须知有无数无辜中国老幼妇孺为日本正式军队所惨杀!诸君经过日本,有此现象没有?我将提议保存闸北一带被毁战迹,永不改建,作为一举动,惨不惨?"(徐景贤:《乐善堂纪闻》,朱维铮主编:《马相伯集》,上海:复旦大学出版社,1996年,第1022页)

3月19日,病愈中的老人仍然关门拒客,门口悬有布告:"相老先生医嘱静养,来宾一概不见。如有要事,请往法租界麦赛蒂罗路四十六号马公馆接洽。"本日,上海《大晚报》记者打通关节,前往土山湾孤儿院寓所采访马相伯。马相伯继续发表"民治救国"主张,并告知说:"昨天我托人写信给顾少川(维钧),请他在和平会议席间上,想到江南生灵涂炭的惨情,据理力争,千万勿要叫我们江苏人坍台。"(《大晚报》,1932年3月20日;《马相伯痛谈国事》,朱维铮主编:《马相伯集》,上海:复旦大学出版社,1996年,第919页)

麦赛蒂罗路(Rue Marcel Tilot,又译麦赛尔蒂罗路,今兴安路)为法租界霞飞路(今淮海中路)培恩公寓(Beam Apartments,1923,今培文公寓)南侧,东连吕班路(Avenue Dubail,今重庆南路),西接军营路(Rue de Camp,今雁荡路)的一条小马路。麦赛蒂罗路46号为旧式里弄房屋,是马相伯家族在搬至劳神父路(合肥路)之前的旧宅,马相伯的媳妇马邱任我携儿女常年居住,马相伯回市区时也歇脚于此。据马玉章告知,马相伯一家在戊戌时期住梅福里。民国初年,马家迁出梅福里,曾在宝昌路(后改名霞飞路,今淮海中路)宝康里置业。1920年代,马邱任我又率马家迁出宝昌里,在麦赛蒂罗路购房,因不喜里弄内名优经常要教小玉章演戏,故之迁其址。

3月19日,马相伯在徐家汇土山湾寓所接受上海《大晚报》记者采访,发表政见。马相伯又一次提出"民治主义"主张,用所谓"分省"的做法,以增加中国民众的自治权利,做抗战的根本动员。马相伯的"分省"主张,和民初军政大员的"联省"要求完全不同,"最好能把全国省区缩小,改州、郡、县治制度,……我们速起重新建设民治的中国,并唤醒我旧藩属诸邦之民族自决精神,以共负荷这一个严重的新使命"(《马相伯痛谈国事》,朱维铮主编:《马相伯集》,上海:复旦大学出版社,1996年,第920页)。

3月20日,马相伯以国难救济会名义,致电国民政府,寄希望于即将召开之国难会议,恳请容纳人才和建议,尽速抗战,以挽救时局。(《新闻报》,1932年3月20日)

3月30日,马相伯作《国难刍议》,进一步阐释自己在抗战爆发后的救国主张。本文刊载于《磐石杂志》第1卷第1期,署名:"华封九三老人",文尾标注:"一九三二年复活节后三日稿。"1932年复活节为3月27日,则本文作于30日。稍后,《国难刍议》附录于马相伯等人联署之提案《提议实施民治促成宪政以纾国难》之后,以通电形式向全国发表。

4月1日,国难会议上海会员会举行第四次大会,对国民党政府拟在临时首都洛阳召开国难会议事宜进行协商。马相伯和张耀曾、黄炎培、史量才、张一麐、王造时、李时蕊等人联名致电中央,以"民治"不足为由,拒绝参加"洛阳国难会议"。按本月10日国难会留沪会员通电,马相伯等人的抵制主张是:领土无缺,以武力自卫为主,任何条约非经民选参政机关同意不生效力;一致对外。(参见沈谱、沈人骅编:《沈钧儒年谱》,北京:中国文史出版社,1992年,第101页)本月7日,行政院长汪精卫主持召开洛阳会议,马相伯派秘书徐景贤"代出席洛阳国难会议"(徐景贤:《马相伯先生百年生活》,赵中亚编:《徐景贤文存》,南京:江苏人民出版社,2016年,第544页)。

4月10日,马相伯草拟之《提议实施民治促成宪政以纾国难(附《刍议》)》提案,由西北通讯社(洛阳)向全国通电发布。抗战爆发后,马相伯即提出要"开始宪政,结束训政",此提案联署人有：王鲲徙、叶夏声、李实、魏丕治、张怀、黄大伟、李根源、吴友惠、陶冶公、陈亚夫、俞仙亭、陆京士。(《国难言论集·提议实施民治促成宪政以纾国难(附《刍议》,朱维铮主编：《马相伯集》,上海：复旦大学出版社,1996年,第925页)

马相伯在提案中指出"民治为民主政治之结晶,而现代国家所由形成也"。实施办法,即有"甲,从速设立各省市县之民意机关,限六个月完成地方自治；乙,由各自治机关选举国民代表,开全国国民代表大会,制定宪法,实行宪政,结束训政；丙,宪法草案必须明白规定对于人民、政治、土地三大原则"。此项提案,由马相伯提出,按1932年4月29日天津《益世报》报道,"老先生主张国民自救,详见所撰《国难刍议》(洛阳西北通讯社二十一年四月十日稿)"。(《国难期中之华封老人》,朱维铮主编：《马相伯集》,上海：复旦大学出版社,1996年,第929页)所拟《国难刍议》作为提案附录,一并发表。

4月29日,天津《益世报》发表徐景贤撰写的通讯《国难期中之华封老人》,透露马相伯近年来的生活情况,以及他对于"国难"时局的基本看法。

按《国难期中之华封老人》报道,马相伯生活在上海徐家汇土山湾孤儿院。寓所设在孤儿和员工住所之一的三层楼房之三楼西首的五间房间内,额为"乐善堂"。"环绕老先生左右者,乃在教养中之幼稚孤儿二百余名,与夫教养成年而留院工作者三百余名。由是而言,老先生实处于一贫儿世界与劳动环境之中,绝对与养尊处优,自娱天年者不类。少壮时代曾以雄辩说服留日学生之中国第一演说家(张之洞语),四十八年前曾受美国朝野上下盛大欢迎之老名誉博士,而今息影于如斯之境况中,度其一种极恬静而虔诚之生活矣。老先生每晨五时许即起,起即恭与弥撒圣祭此项宗教祈祷。直至七时许完毕,乃进咖啡牛乳,或稀饭鸡蛋等。早餐后,阅报。囊日老先生不问时事,已有十年不阅报矣！……午餐略食鸡汁、肉食等,七时晚餐亦然。宗教斋期,均皆恪守。午后小睡,傍晚仍阅晚报二三种。下午常入圣堂祈祷,有时夜深人静,长跪良久,所以祈求国难之早日渡过难关,而为亿兆之同胞祝福耳！十时后乃就寝。"上海"一·二八"淞沪战事爆发后,徐家汇地区处于敌伪出入频繁的华界,马相伯仍然住在土山湾,每日发表抗战言论。"上海战事发生,日本飞机旋空,示威掷弹。老先生处高楼上,颇有危险之可能。或劝迁入租界医院,则苦笑却之,愿留徐汇,以共安危。"(徐景贤：《国难期中之华封老人》,朱维铮主编：《马相伯集》,上海：复旦大学出版社,1996年,第927页)

4月29日,当天上午,并次日上午,马相伯接受《申报》记者凌其翰采访。采访记录,由记者记录,并整理成文。马相伯以第一人称,记录了自己在上海六十年来的学习、生活和工作经历,生动有趣,题为《六十年来之上海》,刊载于《申报》1932年5、6月。

5月16日,圣灵降临节(五旬节,复活节后50天),马相伯为陆徵祥(子欣)、林驺(季璋)翻译《勒赛夫人日记与日思录》作序。(朱维铮主编:《马相伯集》,上海:复旦大学出版社,1996年,第533页)

5月17日,中午,马相伯在土山湾寓所设宴,招待黄炎培等人,"同席(史)量才、(陈)彬和、(凌)其瀚,陆、徐、沈三君"(《黄炎培日记(4)》,北京:华文出版社,2008年,第82页)。餐后合影留念。

6月25日,马相伯参与联名发起筹建上海图书馆。事因上海开埠以来各项事业发展,"物质之奢靡,建筑之巍峨,交通之便利,学校之林立,商旅之辐辏,市场之繁荣,以观世界各大都市,其相去盖亦极仅,独于文化则瞠乎人后"。加之本年"一·二八"战争,日军蓄意炸毁商务印书馆、东方图书馆,令上海图书事业遭遇重创。故此上海各界欲集合力量,"创设一规模较大之图书馆"。

联名发起建造上海图书馆者均为上海文教界著名人士,列名以姓氏笔画多寡顺序排列,含马相伯之众人姓名如下:牛惠生、牛惠霖、王兆荣、王伯群、王康生、王崇植、王云五、王晓籁、史量才、史维焕、左舜生、白鹏飞、朱王沅青、朱羲农、江恒源、全增嘏、何炳松、何德奎、杜定友、吴东初、吴若安、吴泽霖、李觉、李垕身、李宣龚、李国珍、李登辉、沈怡、沈昆三、沈钧儒、沈锡庆、贝淞荪、宗子岱、周守良、周昌寿、金井羊、金通尹、胡庶华、胡敦复、胡朴安、俞大雄、俞寰澄、俞庆棠、徐佩璜、徐佩琨、徐寄顾、徐新六、徐学禹、唐文治、夏鹏、马宗荣、马相伯、马寅初、高梦旦、倪文亚、孙科、张公权、张咏霓、张慰如、张耀曾、桂中枢、殷汝熊、许克诚、郭虞裳、陈行、陈立廷、陈朵如、陈叔通、陈柱尊、陈淮生、陈彬龢、陈稚鹤、黄仲苏、黄伯樵、黄炎培、黄溯初、黄膺白、陆费逵、陆鼎揆、曹惠群、盛俊、盛同孙、傅式悦、舒新城、奚玉书、杨杏佛、杨卫玉、叶揆初、董大酉、董任坚、刘大钧、刘方园、刘厚生、刘崧生、刘湛恩、刘驷业、刘翰怡、潘文安、潘公弼、潘光旦、潘光迥、潘序伦、蒋百里、蒋抑卮、褚辅成、郑洪年、郑贞文、郑通和、黎照寰、欧元怀、穆藕初、蔡元培、钱永铭、鲍庆林、戴志骞、戴蔼庐、薛次莘、颜惠庆、聂璐生、萧友梅、谢循初、谭毅公、顾寿白(见《筹建上海图书馆公启》,收柳和城编:《叶景葵集》,上海:上海科学技术文献出版社,2016年,第120页。原编者按"原排印

件"录入)

6月29日,《新闻报》刊登马相伯为支持国立劳动大学继续办学,致行政院长汪精卫、教育部长朱家骅、监察院长于右任、立法院长焦易堂信。国立劳动大学(National Labour University)创建于1927年,为南京国民政府以劳工政治观念在沪建设的第一所国立大学,配有工学院、农学院、社会科学院,办学逐渐科学化。校址地处江湾镇,校舍遭"一·二八"战火摧毁,1932年6月7日,国民政府明令停办撤校。本日,马相伯致信政府要员,云:"国立劳动大学,年来对于农工劳动界文化之促进与提高,为国家及社会独一之贡献。其为国家及社会所当发起与保存之责任,无可旁贷。今虽受暴日摧残,复兴犹易。加以停办之处分,为一般舆论所不忍。"

6月30日,熊希龄、朱子桥等人在徐家汇土山湾工艺院,设宴招待马相伯、黄炎培、史量才、朱志尧、徐景贤等人。席间,马相伯公布亲自拟定的《中国民治促进会发起宣言》,凡二千字,关于该会宗旨,从世界历史、政治哲学、政治实践、各国局势讨论中国实行国民自治的迫切性。宴毕合影,喧谈,终散。(《熊、朱公宴马相伯》,《申报》,1932年7月2日)《宣言》本文待查找,按方豪先生录马相伯《跋〈中国民治促进会发起宣言〉》:"民治主义所以称纯洁与有魄力者,即在无丝毫利用民财、民力为政府有、政界有、政党有之企图与私念。不用则已,用则必为全民计、全民故。盖真正国家观念,治人者与治于人者,皆国民也。"(《跋〈中国民治促进会发起宣言〉》,李天纲编:《中国近代思想家文库·马相伯卷》,北京:中国人民大学出版社,2014年,第473页)

7月1日,《殖边月刊》发表马相伯的文章《谈谈殖边》,鼓励年轻人克服交通阻塞、经济落后的苦难,到蒙古、西藏、新疆、东北的边疆上做一点事业。在目前东北已经被日本侵占的情势下,尤其到西北有一番作为。"中国人现在变得无宗教、无信仰,欺诈百出,以致人欲横流。假若不及早回头,难保不亡国灭种。我希望热血同胞放大眼光到边疆去,用无畏的精神,努力的建设,为我们老弱的中国作最后的挣扎。"(马相伯:《谈谈殖边》,《殖边月刊》,1932年7月1日)

7月,熊希龄(秉三)、朱庆澜(子桥)、李云书等假座徐家汇土山湾工艺院公宴九三老人马相伯。出席者有黄炎培、刘述义、史量才、李祖绅、徐景贤、陆镜清、殷汝骊、朱志尧、顾守熙、李祖年、张圣等数十人。马相伯发表了自撰的"中国民治促成会宣言",其要点为:一,就万国历史言;二,就国政以哲学言;三,就国政以实施言;四,就政治以现状言;五,就民治以实况言。听者均以为老成谋国,独具慧眼,而究竟根本。(《安庆教务月刊》,第1

卷,第 8 期)

8月3日,马相伯身体颇不适,仍对东北沦陷的局势十分忧虑,又挂念自己的"民治"理想。据秘书徐景贤记录:"八月三日,相老人病颇重,我往问的时候,沉思片刻,告诉这几句话:'政党政客,他们利用人民,错认为人是机器,可以驾驭的,所以想尽方法,他们自己要成为一个使用机器者。我为什么主张民治?知道人人都有一个良心,有良心,按天理,便个个能自治,人民自己便是主人翁。'……'我们的国家,向来不保护人民,总是防备人民。即使到了国家危急的时候,外患深入,左右是人民遭难。看来不走民治这一条生路,那国难是没有根本救济的方略。难道全国的人民,就坐看东北同胞被压迫了事?'"(徐景贤:《乐善堂纪闻》,朱维铮主编:《马相伯集》,上海:复旦大学出版社,1996年,第1019页)

8月15日,马相伯口述《青年与信仰》一文,由秘书徐景贤记录,草成于土山湾寓所。"一九三二年圣母无原罪始胎瞻礼日,景教后学卢伽徐景贤,谨笔记于上海徐家汇乐善堂。"(《南星杂志》第二卷,第三、四期青年专号,1933年1月15日,第38—39页)

8月15日,香港《南星杂志》为创刊一周年发表纪念刊,本日刊行。马相伯在此纪念刊上发表《为抵抗日本第二次进攻华北告国人书》,略谓:"去岁,东北沦亡,余尝敬告国人痛改前非,息争御侮。何期国势日非,今又大祸将至,余何敢以老自佚。九三老人不帝秦,用是不得已,再竭诚奉告。一,曰纠正武人富贵自保之心理;……二,曰纠正文人苟且偷生之心理;……三,曰纠正国人过于悲观或乐观之心理。"

8月23日,处暑日,马相伯应家族世交、镇海籍上海商人李厚祐请,作《〈李诵清堂述德录〉序》。镇海李氏在上海以沙船运输业起家,累至厚祐为第三代。商人间常有为虚名屡次捐纳,修订家谱,附会儒宗。马相伯对此种"士农工商"等第观念颇不以为然,而主张给予商人以独立地位,他认为"昔周公不讳多艺,孔子不讳多能,耕读起家者,亦不讳其世传习,惟起家商贾者,文人每代讳:'初亦儒也。'民为邦本,岂独儒者修其业,则白圭富国,计然强兵,皆足成名,何必儒?四民而殿以商者,通功易事,商实主之。主席居末,东方俗则然"。马相伯回顾上海在乾隆年间开埠后的繁华之区在城外十六铺大东门、小东门一带,市面"略似姑苏"。中外通商以后,城北开辟租界,欧美侨民实行重商政策和自治制度,社会稳定,工商业崛起。"大抵我乱一次,颇兴一次。我遭人祸,彼益澎涨,无他,彼主殖民,务令有土有财,殖遍五大陆,而民自治。"马相伯以李厚祐家族富而仁义为例,证明商人、民众自治的制度胜于君主专制。"窃恐称孤道寡之治,不改为民治,民间虽有义举善举,多如李氏以富济仁,以仁济富,一反为富不仁,为仁不富之谬说,终无救于民国民族之偕亡,何也? 盖天下断无孤寡独夫忠于为民谋,反胜于民自为谋者。"(《〈李清诵堂述德录〉序》,朱维铮主编:《马相伯集》,上海:复旦大学出版社,1996年,第531页)

  李厚祐(1867—1935),字云书,祖籍镇海小港。祖父李高嘉(1841—1900,梅塘)、父李容(1807—1867,字也亭,荣禄大夫),在上海十六铺以沙船业起家,捐纳为官。李厚祐继承航运业,创设东方轮船公司。辛亥革命后,又参与新型农渔垦殖实业,在锦州创建天一垦务公司,投资东北、陇西,从事国土开发。在金融业,李厚祐曾担任交通银行总办,创办四明银行并担任总经理。1906年担任上海商务总会总理,与朱志尧共事;1907年,为江苏省预备立宪公会会董,次年担任上海城乡内外总工程局总董,与马相伯、朱志尧熟悉;1911年,李厚祐任江浙联军总司令部上海总兵站总监,与马相伯同事辛亥革命。

  镇海李氏与丹徒马氏、青浦朱氏均落籍上海,从事沙船海上运输业。家世的关系,李厚祐和朱志尧、马氏兄弟的关系密切,马相伯曾为李厚祐编《李诵清堂述德录》作序。"镇海李君云书,三世自道光以来商于上海,今既辑其前二世碑志、诔颂、图赞种种,复附以见闻所及,作事略补,合为《李诵清堂述德录》。付梓前,特介(朱)志尧而征序及余者,意以余戚友之商于上海,方艄网,艄之出洋,始经乍浦,继经扬子,由浏河而吴淞,皆与李君三世同时同业,海运懋迁南北,非如后人之专代洋商推广洋货也。"(《〈李清诵堂述德录〉序》,朱维铮主编:《马相伯集》,上海:复旦大学出版社,1996年,第531页)

8月29日,下午,废止内战大同盟代表大会在上海银行公会闭幕,王晓籁主席主持会议。马相伯、段祺瑞、熊希龄、朱子桥、赵竹君、李石曾、梁士诒、黄郛、张仲仁、胡适、唐文治、王揖唐、余日章、虞洽卿、陈廉伯等15人应邀担任大同盟名誉委员,吴达诠等57人为常务委员。会议决定在各省市县设立分会,征集会员;筹办《废止内战》定期刊物,邀请名流演说;举行各项废止内战活动等。(据《香港工商日报》9月3日、《新闻报》8月29日报道)

  据徐景贤《乐善堂纪闻》,马相伯"因健康关系,未能参与此会",但他对废止内战大同盟寄予希望,表达热情,还拟定发言稿,请秘书徐景贤代为参会宣读。"当相老人接得废止内战大同盟的发起通启,就告诉我写封回信,大意说道:'我去年不是发表过一篇警告国人书么?已表示过,今后希望真正民意,彻底充分表现。如非国民公意许可,对内绝对不许枉费一枪弹,对外必要不许吝惜一枪弹。现在既有人提出实行的方略,快复发起人信,说我欣然赞成。'"(徐景贤:《乐善堂纪闻》,朱维铮主编:《马相伯集》,上海:复旦大学出版社,1996年,第1018页)

按1932年8月29日《新闻报》报道:本次会议主席吴鼎昌,推举常务委员会委员共57人:吴达诠、王晓籁、卢璋元、林康侯、陈叔澄、杨美真、刘湛恩、徐寄庼、陈立廷、钱新之、陈蔗青、秦契卿、查良钊、严谔声、朱学范、李奎安、蔡昌、陆小波、于小川、余蓉樵、金润泉、陈亚夫、李祖绅、雍剑秋、武和轩、王延松、浦心雅、周学湘、张伯苓、张品题、周作民、冷家骥、周星棠、苏汰余、余涤尘、王毅灵、濮仰山、吴贻芳、李公朴、卢润泉、潘公展、贝淞笙、史量才、傅岳奇、胡庶华、徐槐青、马文辉、宋雨亭、刘士木、吴兴周、李登辉、刘曼卿、刘广沛、张啸林、杜月笙、陈培德、林俊保等。

秋,美籍耶稣会士创建金科中学(公撒格学校,The Gonzaga),马相伯被聘为该校董事长。1928年,该校由陆伯鸿倡议建立,由美国加州耶稣会省派员来沪筹建,仿美国中学四年制,用英文教学,兼收中文班学生。校董成员有马相伯、桑黻翰(Fr. Lefebvre)、陆伯鸿、徐宗泽、章鸿笙、顾守熙、郁秋林、吴子敬、林骀、陆隐耕。

"金科",由马相伯亲自定名,取"金科玉律"之意。初期校址设于霞飞路(今淮海中路)底133号,后为诺尔医生私人医院。第一年仅招收华人学生二十余人,外籍学生不足二十,主持校政者为美籍司铎(McGreal)穆,国籍司铎丁汝仁辅之;教师则美籍数人,国籍一人。1933年,学校由公撒格学校改名为"金科中学",改由季司铎主持。本年,由沈安芳司铎担任中文班主任,"中文班学生总数增至一百五十人,其中在校住宿者约五十人"(《公教周刊》,1933年,第223期)。遂在胶州路734号(近新加坡路)另择校址50余亩,建造大楼,广购图书,增添仪器,扩招学生。金科中学正科仿美国中学四年制,英语教学;另设预科,取中国中学学制三三制,向教育局备案。(《金科中学年刊》,1937年,上海图书馆藏本)1938年,金科中学在"八一三"战事后逆势发展,中文部学生达到三百二十名,小学部五百五十名,共八百七十名。本校进一步加强英语教学,均有美国籍会士承担教学,另有国籍教师二十余人,由徐志光先生担任校长。时"美籍会士在华者二十五位,金科中学七位,南京三位,虹口本堂一位,海州总铎区二位。其余或在徐家汇神院,或在北平耶稣会士学校学习语言"(《主心月刊》,1938年,第2卷,第11—12期)。

9月18日,下午,上海举行"纪念国难周年"紧急大会,马相伯收到邀请。因连月身体不适,马相伯委托秘书徐景贤代为出席。徐景贤回忆马相伯嘱咐:"国难救济会今天下午举行纪念国难周年紧急大会,你去出席,说现在非采用一种真正有效的救济办法,对于大局是无补的。若在这种生死存亡的局面下,不要人民,不用民治,又有什么办法呢?你一定赴会,你大胆去说,我们救国是本天职!"徐景贤按邀请信下午4时到会,"等了许久以后,会始开成,只提出一个电报稿,说准备拍给政府的,随后就闭了这纪念大会"。(徐景贤:《乐善堂纪闻》,朱维铮主编:《马相伯集》,上海:复旦大学出版社,1996年,第1026页)

9月19日,《新闻报》及上海各华文报刊刊登《马相伯复函》("一封公开的信"),亦称《对拥护国联盟约会之意见》。先此,9月4日,国联调查团关于中国东北遭受日军入侵事件的《国联调查报告》完成并签字,准备公布。为此,上海成立拥护国联盟约会,邀请马相伯担任"名誉委员"。马相伯在此公开信中除了表示欣然接受此邀请之外,又一次阐明自己以"自治"推进抗日的主张,内容略谓:"方略要旨,在办人民自治,以县为单位,分四乡四区,用保甲法;然后可彻底清查,不买卖仇货,经济封锁,方收实效。"(《对拥护国联盟约会之意见》,朱维铮主编:《马相伯集》,上海:复旦大学出版社,1996年,第933页)

10月1日,马相伯在徐家汇土山湾乐善堂接待某"客",答问"兴国大计"。同日,马相伯接到《大晚报》的征文专函,邀请他发表意见。乐善堂秘书、马相伯门人徐景贤将当日访谈记录成文,成《兴国大计答客问》,于本年10月10日发表于《大晚报》国庆日特刊。(《兴国大计答客问》,朱维铮主编:《马相伯集》,上海:复旦大学出版社,1996年,第934页)

10月9日,中午,马相伯出面招待黄炎培等人,事"为海门女子休养院募捐"(《黄炎培日记(4)》,北京:华文出版社,2008年,第121页)。

10月10日,马相伯在土山湾乐善堂居所会见中国青年党领袖们,为宣传抗战事宜,向他们发表"邦国之望"的演说报告,认为"中国目前唯一的希望,就是真正爱国的青年。现在的政治舞台,缺乏真正的人才。诸位年富力强,到过国外求学多年,自然观感的作用,也能知爱国的必要。何况诸位又肯虚心问学,实际工作呢!""诸位谦恭,请我教诲,说仍旧要执十几年前的弟子礼,诸位美德,盛意可佩。我老了,望诸位拿真爱人的一片好心,努力救国。"(《"邦国之望"》,朱维铮主编:《马相伯集》,上海:复旦大学出版社,1996年,第1031页)

1923年12月2日,曾琦(1892—1951,四川隆昌人)、李璜(1894—1991,四川成都人)在巴黎郊外玫瑰城共和街创建中国青年党。1914

年,曾琦在震旦大学先后与李璜、左舜生(1893—1969,湖南长沙人)、陈登恪(1897—1974,江西义宁人)、于斌(1901—1978,黑龙江兰西人)等人订交,结为朋友。曾琦先追随章太炎、梁启超;1918年6月,与王光祈、左舜生、李大钊、周太玄、陈愚生等在北京创立少年中国学会,北大图书馆管理员毛泽东于本年稍晚加入该学会。"一·二八"淞沪抗战爆发时,曾琦在上海。10月10日,青年党领袖集体拜访马相伯,应该是由曾琦率领,惟在相关年谱、日记中尚未查到此项记录,但马相伯百岁诞辰及逝世纪念活动,曾琦均有致辞发表。

10月10日,马相伯题词"还我河山",在上海各家爱国报纸、杂志制版以原迹刊登。马相伯题词手迹为:"还我河山:去岁九月十八日,日本暴力发动,强占我东北。今年三月,又一手演成满洲伪国傀儡一剧。一周年间,河山变色,如此奇耻大辱,国人应奋起自救,不还我河山不止。二十一年双十节,九三叟马相伯识。"(朱维铮主编:《马相伯集》,上海:复旦大学出版社,1996年,第900页)

10月17日,私人秘书徐景贤代表马相伯致函《公教进行》杂志社,寄送马相伯起草并与蔡元培、于右任、熊希龄、朱子桥等人商订的《中国民治促进会发起宣言》。该宣言已经宗座代表刚恒毅总主教审定,并谨呈一份。马相伯倡导"民治促进会",希望通过宗教精神振兴,推动国民自治运动,开展救国行动。"近年国家多艰,国民救亡有责。"当前中国民众和天主教徒参与抗战的方法,便是敦促中央施行地方自治,"以兴我国民众救济国难之善举,即作圣教会人士参政之准备"(《上海徐景贤来函》,《公教进行》,1932年,第4卷,第47期,第342页)。

10月,画家刘海粟去年8月从欧洲回到上海,本月举办"欧游作品展览会",向社会贤达索题贺词。马相伯应邀作联:"西崇实地,中崇虚神;以薪传薪,谁主谁宾。"马相伯借题发挥,遂有对中西画异同之评价:"中国画三笔两笔的描写,名家便善能传神,好像带哲学的意味。墨井称它叫'神逸',其实都是虚描,画人面不必耳目口鼻俱全的;西洋画有时很古怪,画个人头,描个鱼身,像埃及的女首狮身的建筑物,也要成为一伟大的艺术,我们看去并不觉得有何意义。"(《乐善堂纪闻·从刘海粟谈到中西画》,朱维铮主编:《马相伯集》,上海:复旦大学出版社,1996年,第1035页)

11月3日,马相伯向冯玉祥推荐二位大学毕业生,到南京谋职。"马先生相伯介绍二人,均大学毕业的。一为宣化人,一为蔚县人,昨晚来。"(《冯玉祥日记(三)》,南京:江苏古籍出版社,1992年,第718页)11月6日,冯玉祥读马相伯著《国难刍议》,评论说:"有条有理,既偏于神道,又偏于未看

清在盗贼当权之下,如何允你去行呢?"(朱维铮主编:《马相伯集》,上海:复旦大学出版社,1996年,第719页)

11月5日,马相伯口述、徐景贤记录之《华封老人言善录》开始在《益世报》上连载。该文集为马相伯十二次广播演说的记录稿结集,演说内容是鼓舞平、津、华北和东北军民抗战。"近代科学发明无线电传声、传影,所以给谈话题个名儿,叫《华封老人言善录》。……此外,亡友英敛之先生曾有一部《言善录》,今采同名,表示纪念。"(《华封老人言善录·开场白》,朱维铮主编:《马相伯集》,上海:复旦大学出版社,1996年,第969页)

进入九旬以后,马相伯老人谈人生经历、世界形势、历史典故和信仰经验的文字越来越受到社会各界的欢迎,成为报章杂志的重要专栏。前此,已有上海《人文月刊》连载的《相老人八十年来自经过谈》、日本研究社印行之《日本研究谈》、江苏国难救济会印行之《国难言论集》、《申报·自由谈》连载之《乐善堂纪闻》(凌其翰、徐景贤记录)。《益世报》特约发表马相伯在上海电台的演说稿(徐景贤记录)《华封老人言善录》,"今嘱余(徐景贤)记马相伯先生之言谈,将以揭诸报端,贡献于读者诸君之前"(徐景贤:《华封老人言善录》"介绍词",见朱维铮主编:《马相伯集》,上海:复旦大学出版社,1996年,第968页)。《华封老人言善录》书名借用马相伯北平友人英敛之《万松老人言善录》,为老友纪念,为华北动员。《华封老人言善录》收录了12次抗战动员的广播演说稿,从11月5日开始连载,至次年2月24日结束,其演说内容如标题,依次为:一,国难的根本问题;二,何谓人道主义;三,民治从乡里组织起;四,组织"不忍人会";五,告日本军阀;六,勖哉义勇东北军为维护世界人道而战;七,劝募中华义勇捐一人一日一铜元;八,全国同胞援助东北义勇军;九,准备空防决死队;十,从榆变谈到人民自卫;十一,从立国要义观察国货年的重要;十二,一国家,一法人,一性命。马相伯第十二次演说的最后一句话,喊出:"让我们吁告吾主:'不人道待我,毋宁死!'"(《华封老人言善录》,朱维铮主编:《马相伯集》,上海:复旦大学出版社,1996年,第1003页)

11月26日,马相伯在亚美无限电台播音,宣传抗日,为东北难民和义勇军筹款。上海市总商会配合电台播音,组织游艺活动,效果显著。据《上海商报》次日统计,仅上海绸缎业的捐款总额就达到三万元。

"昨日(26日),马相伯播音,昨日东北难民救济会宣传组,预备在大会各游艺场安置收音机,按日请名流为赴义难民播音求救。播音事宜,由亚美无线电播音台苏祖圭君主持。闻开幕日第一次播音者为九二老人马相伯先生。绸缎业：上海绸缎业同业公会对于爱国义举素积极热烈。近因市商会执监委员发起东北难民救济会，筹款接济东北义民，该会奉到商会通告后，即经召开执监会议，推定专员，积极进行。兹悉该会杭绸组认缴特捐五千元，湖绉组特捐四千元，府绸组特捐一千元，苏绸组特捐四百元。上项特捐均于昨日解入绸业银行，尚有盛泽组明日会商特捐数额，门市组老介福、大纶等十家，廉价期提成特捐，定月底解缴。闻为数亦在五千元以上。一面该会各组正分推代表向各号劝认月捐，成绩甚佳，每月约有二千余元。统计该业捐数总额，约在三万元以上。当此绸业衰落之际，该业独能慷慨输将，热忱堪敬。海上二百余同业公会，倘能闻风兴起，则未始非关外义军之福音也。

电机丝织厂。该业鉴于东北难民之困苦万状，急时救济，已由该会主席王士将主动劝募，业经募得洋一千五百余元，送交上海银行代收。闻仍在积极劝募中。中国呢绒工厂业。经主席顾九如会通王鸿辉连日分向各同业劝认月捐，不遗余力，闻第一次已募得数百元，将交代收机关云。猪行业。由执委忻文尧、顾葆相、忻筱康等，负责向各行劝募，每月捐款闻在千元以上，汇解银行，转往东北。咸鱼业。该会派刘竹青、张子骞、金楚相为劝募委员，业经开始劝募。闻认定者已有一百余元，尚有多数同业均在日内认缴。其余如烟兑业、肠业、蛋厂业、鞋皮钉楦业等公会，不日亦将进行劝募云。棉布业。该公会为救济东北难民事，经第四次执监联席会议议决，先行捐洋一千元，交由中国银行转汇东北外，并以全体执监委员及市场管理委员为劝募委员，于昨召集第一次劝募会议，公推夏献廷主任委员，主持一切。"（《上海商报》，1932年11月27日）

11月，马相伯去年担任校董会主席后，南京政府教育部始派员考察震旦大学办学状况，接受申请，验收注册。时，教育部"派参事杨芳、专员赵士卿、陈可忠、刘奇峰等到校视察，计自十一月七日起至十日止，共莅校三次，举凡学校之经济、课程之支配、学生之成绩、各学院之设备等，均经详细询查作为报告。旋于是年十二月二十四日奉到教育部训令第一〇五七号，核准立案"。(《震旦大学同学会会刊》第九号，1933年10月，见上海地方志办公室、上海博物馆编：《民国上海市通志稿（三）》，上海：上海古籍出版社，2013年，第873页)

12月9日，马相伯对上海新声通讯社记者发表建议，"发起劝募中华义勇捐一人一天一铜元，意在使我四万万七千万同胞遭此古今来未有之大耻大辱，人人自愧自奋，日日不忘"（《九三老人马相伯主张劝募义勇捐》，朱维铮主编：《马相伯集》，上海：复旦大学出版社，1996年，第943页）。新声通讯社于1932年8月在上海成立，由严谔声创办并任社长，为上海各报提供消息和通讯。

12月16日，晚间，袁世凯长子袁克定来徐家汇住处拜访马相伯，此为袁大公子在1927年以后第三次造访土山湾"乐善堂"马寓。马相伯日前收到身在比利时安德鲁修道院的前总理陆徵祥来书，便向袁克定出示所得之陆氏近照。袁克定赞叹之，并请马相伯转致对陆徵祥的问候。会面后，留袁克定晚餐便饭，徐宗泽（润农）作陪。"昨晚书至此，而袁大公子克定至。党国后，此已三次。三到上海，三上土山楼，示以尊照服修道服装者，极口称耳顺老人（陆徵祥时年六十岁）之心地，并嘱致候。且三上楼，三便饭，徐铎润农亦在座。"当天，除了袁克定之外，还有曾国藩外孙，曾纪芬儿子聂云台（其杰）来访，并和徐宗泽一起撰写对联。"云台又来，为润农写对。"（《致陆徵祥》，朱维铮主编：《马相伯集》，上海：复旦大学出版社，1996年，第547页）

徐宗泽（1886—1947），字润农，教名若瑟，青浦人，徐光启第十二世孙。世代保持天主教信仰，兼习儒业。1905年，应童子试，得最后一年的秀才。次年加入耶稣会。随即留学欧洲、美国，攻读文学与神学，获得哲学与神学博士，晋为司铎。留学期间曾回上海，任教于徐汇公学，而终于1922年学成回国，在南汇传教。1924年，回徐家汇，主编《圣教杂志》，兼任徐家汇图书馆（藏书楼）馆长，还担任马相伯晚年告解师。徐宗泽主持藏书楼期间，扩大收集地方志，二十年间各地方志收集达二千多种。藏书楼所得之耶稣会士汉文著作、西方汉学研究著作是全国乃至世界上同类收藏之翘楚。因各地求书者纷至沓来，藏书楼名声远播，事业扩充，徐宗泽曾筹备建造图书馆大厦。他在国内外募集资金，欲建成后向公众开放，因战争连续爆发而没有实现。徐宗泽还在刊物编辑之余，编辑《增订徐文定公集》、《徐文定公逝世三百周年纪念文汇编》，撰写《徐上海传略》、《公民课本》、《社会经济学概论》、《社会学概论》、《心理学概论》等数十种。《中国天主教传教史概论》（1936，土山湾）、《明清间耶稣会士著译提要》（1949，中华书局）均为华文知识界研究中西文化交流之力作，颇足参考。此外，还担任启明女中、徐汇女中的教务，指导学生学业。徐宗泽研究学术，与教外学者沟通，陈垣、胡道静等都曾受益于藏书楼藏书。1947年6月20日，徐宗泽因病去世；7月10日，在徐家汇教堂举行追悼会；有《追悼徐宗泽神父特辑》。（参看王昌祉《追悼徐宗泽神父特辑》，《益世周刊》，1947年8月3日；上海通讯《徐神父略历》，《上智编译馆馆刊》，第二卷第四、五期合刊）

12月17日,马相伯经数日拟完给陆徵祥的回信,有《致陆徵祥》一函,交由徐宗泽带走发出。马相伯在此函复信中回应陆徵祥的倡议,拟建立"宗教辩难会",讨论比较宗教的研究。"公(陆徵祥)拟创考虑宗教辩难会,在大都会若上海、重庆、天津等,大可办。润农言,然而非会长则不能。"(《致陆徵祥》,朱维铮主编:《马相伯集》,上海:复旦大学出版社,1996年,第547页)

12月25日,为庆祝刚恒毅总主教来华十周年,上海天主教会特出版《宗座代表驻华十周年大庆特刊》。马相伯撰发刊词,略谓:"今我中华二百五十六万余信众,庆祝宗座代表驻华十周年纪念,谨引善牧圣训,弁诸其首。一九三二年圣诞瞻礼,若瑟马良年九三谨序。"(《〈宗座代表驻华十周年大庆特刊〉发刊词》,朱维铮主编:《马相伯集》,上海:复旦大学出版社,1996年,第546页)

12月27日,上午十点二十分,马相伯应东北难民救济会邀请,在土山湾寓中向全市听众发表播音讲演。亚美公司(电台)在马寓设立移动电台,设备和运输费用由该公司赞助。(《新闻报》,1932年12月27日)

本年,自"一·二八"事变爆发之后,救国会人士常常来马相伯寓所的客厅(乐善堂,五间寓所中的客厅)开会,一时门庭若市,多年的隐居生活气氛被打破。"他又不遵医生'静养'的嘱咐,往往接见了很多爱国人士和青年,当时他的住处乐善堂被广大爱国人民誉为'抗日民主堡垒',并尊称他为'爱国老人'。"(韩景琦:《回忆在"乐善堂"的日子里:缅怀马相伯世丈》,丹阳市政协文史资料研究委员会编:《爱国老人马相伯(1840—1939)》,丹阳,1990年)

本年,朋友、学生们集资,为马相伯在土山湾寓所安装一台电梯,登楼顿觉方便。"(马相伯)在93岁前还是上楼下楼跑来跑去。有一次不慎跌了一跤,这样就不能上下自如了,蔡元培、于右任等集资为他装置小电梯一座,直达三楼。电梯门对客厅(即东头第一间)。"(韩希愈:《我所知道的马相伯先生》,丹阳市政协文史资料研究委员会编:《爱国老人马相伯(1840—1939)》,丹阳,1990年)按另一说法,电梯建造时间是在马相伯九十岁之年,即1930年。"马老先生隐居上海土山湾乐善堂,蛰处三楼,深居简出。九十以后,因半身不遂,不良于行,其门人旧友等赠建电梯一架以代步。"(张若谷:《苦斗了一百年的马相伯先生》,氏著:《马相伯先生年谱》附录,上海:商务印书馆,1939年)二说并存,待考证。

本年,"日本兵寇上海,(复旦大学)江湾校区被占,大学部于春季在中学部开学,秋季仍回江湾"(金问泗:《母校大事记》,《复旦同学会会刊》第7卷,1938年第3期)。

1933年(民国二十二年,癸酉),九十四岁

1月1日,马相伯受上海地方协会邀请,在亚美广播电台发表元旦演说"从立国要义观察国货年的重要","历三刻之久"(张若谷:《苦斗了一百年的马相伯先生》,氏著:《马相伯先生年谱》附录,上海:商务印书馆,1939年)。《申报》元旦日刊登《国货年献词》,为马相伯本次演说之要义。此次为马相伯自1932年1月以来第十一次在上海各电台以抗战主题发表演说。

《国货年献词》以为抵制外货,不如爱买国货,"最早的抵制美国货,后来的抵制英国货,或时常听到的抵制日本货。这种方法诚然有它的效果,亦或许有时候比了枪炮的力量还要厉害。……我们所用的只是一种消极的方法,是绝不能持久的。……现在最好的办法,便是用自己的国货来作代替品,我们不要用任何国家的货品,我们只是用自己的货品。我们更不必再提抵制哪一国的货品,我们只是提倡采用自己的货品"(朱维铮主编:《马相伯集》,上海:复旦大学出版社,1996年,第950页)。组织者之一黄炎培联系《申报》,"拟发起明年(1933)为国货年,商请相老宣布"(《黄炎培日记(4)》,北京:华文出版社,2008年,第137页)。

1月1日,上海《东方杂志》(第30卷,第1期)经一年筹备,以"新年特大号"的篇幅,邀请142位文化、教育、思想各界人士畅想"梦想的中国"。马相伯对"未来中国"的期望是回归宪法政治,实行地方自治,即"未来的中国,既非苏俄式的一党专政,亦非美国式的两党更替,乃民治的国家,法治的国家。政治组织从县保甲起,县分东、西、南、北四乡,乡分东、西、南、北四区,区用号数登记编户,断无一人在此乡甲外。所谓民治,绝非官督民办,亦非一党代办,乃整个人民自用财力,自出心思,兼劳心、兼劳力,融成一体俭勤化,断无一事一物无人民主管,而后为民主国。……"(《东方杂志》元旦特大号;朱维铮主编:《马相伯集》,上海:复旦大学出版社,1996年,第947页)

《东方杂志》邀请发表畅想的名人还有:柳亚子、谢冰莹、陈敏达、徐悲鸿、罗文干、刘英士、周伯棣、郑振铎、毕云程、巴金、汪漫铎、郁达

夫、滕白也、章克标、查士元、谢六逸、张水淇、范寿康、吴嵩庆、周宜适、金丁、老舍、顾凤城、卫聚贤、俞子夷、叶圣陶、胡秋原、索非、韦丛芜、陈瀚笙、张申府、金仲华、钱君匋、伊罗生、周宪文、倪文宙、徐伯璞、李石岑、何法、戴应观、顾森千、邵塚寒、戴蔼庐、穆藕初、李青崖、顾均正、徐调孚、郎擎霄、宓汝卓、王季玉、张若谷、娄立斋、韦息予、盛止戈、区克宣、严灵峰、高践四、周毓英、诸青来、伍迁耀、朱隐青、曾仲鸣、彭芳草、龚德柏、俞寰澄、周还、梁园东、孙福熙、邹韬奋、艾迪生、张君劢、武堉干、赵叔雍、姜解生、周谷城、赵何如、陶孟和、盛成、曾觉之、俞平伯、袁道丰、何思敬、李柏仁、楼适夷、李圣五、李宗武、俞觉、宋云彬、章乃器、茅盾、张任天、胡健中、周予同、顾颉刚、吴研因、谭云山、洪业、张耀曾、武思茂、孙伯鲁、张杰、张宝星、李权时、张叔和、施蛰存、张相时、慕杰、黄守中、张锡昌、黄华洁、周作人、冯自由、杨杏佛、张衣萍、孙伏园、杨一南、漆淇生、张竞波、微知、郑晓沧、冯次行、凌梦痕、钱啸秋、洪深、潘公弼、姚韵绮、傅东华、马相伯、严绂葳、谢扶雅、姚楚英、林语堂、陈时、夏丏尊、俞颂华、许晚成、曹聚仁、茅震初、竹友、陈乃乾、江学淹、郑洪年等。

1月11日,上海新声通讯社获"某君"于本日晨间采访马相伯稿,答问"对最近国难有何救济主张"?马相伯提出"借债御寇"办法,即"进行大借款,要求美国以军火各种军用品抵银借我,而我可许以中美合资开发各种实业矿产之特权,对于美国解决其国内失业之工人暨退伍军人种种内政难题,亦必大有所贡献也"(《九四老人马相伯主张借债御寇》,朱维铮主编:《马相伯集》,上海:复旦大学出版社,1996年,第945页)。

1月17日,宋庆龄、蔡元培、杨杏佛、鲁迅、史量才、郑太朴、胡愈之、王造时、林语堂、陈彬龢等人发起建立中国民权保障大同盟,本日在上海亚尔培路(今陕西南路)331号中央研究院举行成立大会。(郭廷以编著:《中华民国史事日志(三)》,台北,"中研院"近代史研究所,1979年,第225页)马相伯在同盟成立后,受邀加盟,参与活动。

1月18日,上海新声社向国内外公布马相伯、章太炎《告世界人士书》,"中国汉学大师章太炎、九四叟马相伯鉴于国联会议,对于否认满洲国一层本有决议,特以中国学者之立场,以历史及掌故等言,证明东三省属中国,特联合宣言"(朱维铮主编:《马相伯集》,上海:复旦大学出版社,1996年,第956页)。该告书民间又称"马相伯章太炎宣言"、"马章宣言"、"二老宣言",一纸风传。

1月22日,马相伯对新声社记者发表谈话,对榆关(山海关)失守之后的抗战局势深表忧虑。老人比较清末敌寇入侵,民间咸起自卫,而今御敌端赖国军,还人心不齐,且封锁战情披露,很是愤懑。"当清季咸丰、同治间,民团办保甲,人民始知自卫作战。现在榆关一带,人民生命财产损失不知几何,奈何不见报纸详载?"(《新闻报》,1933年1月23日)

1月24日,马相伯应《大晚报》约稿,为"一·二八"淞沪抗战一周年撰写纪念文章。所撰《本人道主义而努力》由秘书徐景贤代笔,本日在《大晚报》发表。略谓:"本天赋人权之信心,对外反对强权之不人道,对内促成人道之真民治。"(朱维铮主编:《马相伯集》,上海:复旦大学出版社,1996年,第952页)

张若谷《苦斗了一百年的马相伯先生》,摘录为纪念《大晚报》创刊一周年,应张若谷约稿所作赠辞(马相伯口述,徐景贤代笔),与方豪编订文集所收之《本人道主义而努力》一文略有出入,今转录于此,可作对照:"余年愈九十,不幸遭国难。国难者,国民遭难也。《大晚报》在国难严重时期创办,不啻为国民效晨钟暮鼓之劳。老迈如余,于世无求,口舌殷勤,果为何事?惟有钦崇造物主、救世主、天地君主,万国皆其国也。尚一再痛哭日路散裬将为邱墟,疼恤本乡本土,真不能讲得更哀怜,更动情。览斯文者,请喻此言。"(张若谷:《苦斗了一百年的马相伯先生》,氏著:《马相伯先生年谱》附录,上海:商务印书馆,1939年)

1月27日,中华民国前总统段祺瑞驱车前来土山湾,专程探望马相伯。前此,段祺瑞应蒋介石委员长邀请,由银行家钱新之(1885—1958,浙江吴兴人,生于上海)安排从天津来沪居住,颐养晚年。12月22日,段祺瑞乘津浦线火车南下到达南京,钱新之奉蒋介石委员长之命到站迎迓;24日,段祺瑞由钱新之陪同抵沪。

段祺瑞低调来沪,觅地居住,先暂住福开森路世界学院,后迁入霞飞路(今淮海中路)原陈调元将军住宅。段祺瑞在沪交接的旧友仅为马相伯、章太炎"二老":"段祺瑞自日前抵沪后,因年迈力衰,静居避嚣,力避一切酬酢,故自到沪迄今,仅三度出门,一为探望其次女式荃,一为拜访章太炎,为二十七日应市商会等十八团体指公宴。是日宴毕,即驱车往访九四老人马相伯氏。二老聚首,共话当年,大有不胜今昔之感。畅谈二小时许,始与辞。马氏年耄,步履艰难,不便自往答拜。特于翌日派陈彬龢代表赴世界学社问疾。"(《兴华(周刊)》,第13卷,第3期)"二老"之名遂行于上海。另按段祺瑞胞侄段宏刚回忆,段祺瑞24日晨到沪,"布置在世界学院(福开森路)暂住,各界人士多来晤访,章太炎亲来,马相伯派人前来"(段宏刚:《先伯段祺瑞事略》,《文史资料存稿选编》,北京:中国文史出版社,2006 年,第 821 页)。则马相伯已事先获知消息,有礼在先。

2月10日,上海《申报》在"本地新闻"发表《马相伯、章太炎联合宣言》(后亦称"二老宣言")。按《申报》弁言:"中国汉学大师章太炎、九四老叟马相伯,鉴于国联会议对于否认满洲国一层未有决议,特以中国学者之立场,以历史及掌故等言,证明东三省属中国,特联合宣言。"

马相伯、章太炎在联合宣言中说:"东三省称为满洲,不过一种通称。盖满洲只是一种部类,非东三省全称为满洲也。论古来历史,汉时已有辽东(今锦州)、玄菟(今东边道)二郡。明时亦设辽东都指挥司,驻沈阳,是其地原为中国内地,非同藩属。论今日户口,东三省汉人凡二千余万,满洲人不过百万。若论民族自决,三省当属汉人。……"据查证,《二老宣言》由章太炎来土山湾与马占山会面时,与马相伯一起商量。老人口述了一份初稿,经秘书徐景贤记录后,持往上海租界同孚路同福里 10 号章太炎寓所,改定后交由上海各报社发表。按徐景贤回忆:"九一八后,日本制造伪国,多方文字宣传,淆乱国际听闻。维时相伯先生,口授以稿。及半,又语余曰:'尔其谒章太炎,请其亦抒所见!'奉命即往,立时延见,援笔书八行,以授余使归。于是,一时传诵《马章宣言》,国民外交文字电稿,由沪报之竞相刊载,创开国难言论界中之新记录。"(徐景贤:《近故余杭章太炎先生哀词》,原载《学风》,1936 年,第 6 卷,第 5 期;见赵中亚编:《徐景贤文存》,南京:江苏人民出版社,2016 年,第 536 页)方豪《马相伯先生年谱新编》认为《二老宣言》"非先生之文,不录"不确。

2月11日,刘治洲(1882—1963,定五,陕西凤翔人)从上海携带马相伯等人信函,到张家口转致冯玉祥将军。按《冯玉祥日记(五)》:"刘定五先生来,带到马相伯、黄膺白、李印泉、章太炎、史××及沪上各友之信,内多为抗日之事。黄膺白、章太炎先生更详细。"(南京:江苏古籍出版社,1992 年,第 27 页)"史××",当为史量才(1880—1934,江苏南京人),《申报》总经理,其在松江泗泾镇的宅第(今史量才故居)与马氏账房(今马相伯故居)毗邻。

2月17日,马相伯在上海《大晚报》发表《答萧伯纳问》,以萧氏爱尔兰人,曾受英格兰压迫,不得自由独立,不能施展语言文学为话题,用萧伯纳 China Help Thyself("努力救中国")之嘉言,推动抗日运动:"望国人效法爱尔兰人,求独立自主之精神,以抵抗暴日到底,……造成民治之新中国。"(朱维铮主编:《马相伯集》,上海:复旦大学出版社,1996 年,第 955 页)

当天,爱尔兰籍英国作家,诺贝尔文学奖(1925)获得者萧伯纳

(George Bernard Shaw，1856—1950)访问中国。他从香港乘船,停泊吴淞口,应"国际反帝同盟"邀请,顺道访问上海。宋庆龄、蔡元培、林语堂、鲁迅、史沫特莱和杨杏佛等人前往礼查饭店(黄浦路15号,今中国证券博物馆)大厅、亚尔培路331号(今陕西南路147号)中央研究院、福开森路395号(今武康路395号)世界语学院迎接和会见萧伯纳。马相伯原定参加接待萧伯纳,故准备了这份《答萧伯纳问》文稿。后因不明缘故未参与亲自接待,文稿交由《大晚报》发表。

3月1日,下午,午睡时间之后,马相伯接受上海《晨报》记者毛仿梅的拜访,后者有《九四相老人访问记》。按毛仿梅公开发表的访问记,马相伯谈到两个重要政治观点:一,"谈到宗教问题,他是反对国家以国库来津贴喇嘛活动的!他说:'在国难严重的时期,班禅和章嘉居然活动起来,这是说不过去的!去年北平兴办金光明道场,我曾经写信去问孙哲生(科)先生,大意是说:宗教政策和满蒙政策是两样的,班禅、章嘉似乎蒙古、西藏粉饰太平的东西,从历史上观察,汉人是没有信仰他的。现在居然一班要人来提倡,这是违反总理遗教,而且有碍国际观瞻的事情。'"二,面对抗战艰难局面,中国政治应该改行地方自治,才能普及权利,动员抗战。"他主张以县为单位,实行县治。他叫徐(景贤)君检出一份《中国民治促进会发起宣言书》送我,他说:'中国的土地这样阔,单单靠几个官吏怎么治得了?所以非用民治根本改造不可!全国以县为单位,县分东南西北四乡,乡分四区,十户设一千户长,由县治统辖。假使一乡一区有外寇来了,全国的乡区都输财输力的帮助他,这样还有敌人敢来欺侮吗?'"(上海《晨报晚刊》,1933年3月5日)

毛仿梅,浙江江山人,上海《晨报》摄影记者,军统特务。熊希龄(秉三)夫人毛彦文(金陵女子大学、密西根大学毕业,时为复旦大学教授)的堂弟,曾担任堂姐与熊希龄婚礼之男傧相。毛仿梅借此关系叩开土山湾乐善堂之门,前往了解马相伯最近的政见。另据沈醉:"毛仿梅,上海《晨报》摄影记者,他利用公开的记者身份从事特务活动,同时负责监视当时上海新闻界中的一些进步人士。上海区的特务们从一些民主党派中偷出的文件也由他拍成照片后送还。"(沈醉:《军统内幕》,北京:中国文史出版社,1984年,第45页)

3月2日,马相伯介绍雷鸣远与冯玉祥在张家口结识,商谈抗日事宜。《冯玉祥日记(四)》:"马相伯先生介绍比国人雷明某(鸣远)及常、张两位。我作短诗记之。"(南京:江苏古籍出版社,1992年,第37页)

3月10日,马相伯致信中国科学社,介绍三十年前留学法国的科学家刘达先生去年重访巴黎,目睹X光镭锭科学(La Radeis thesie)的进步,欲往学社报告一次。28日,中国科学社《社友》刊发表马相伯的介绍信,并"定期于本星期六(4月1日)下午四时来本社演说"(马相伯:《致中国科学社函》,中国科学社《社友》,1933年3月28日)。

3月10日,上海新声社向国内外发布《九四老人马相伯对时局重要谈话》,其内容按标题摘要语所称,即:"国事至此不必独责张汤,凡我国民均应负起责任;提议召集临时国民大会,决定整个对日大政方针。"(朱维铮主编:《马相伯集》,上海:复旦大学出版社,1996年,第958页)

3月18日,圣若瑟瞻礼日前一日,马相伯回答徐景贤的提问,强调"学术传教"的重要和迫切。"明末清初,王室奉教,如明青州王等,非不有益于当时教务? 然而三大柱石之遗书,至今人犹拜受其赐,可见学术传教,重在传远垂久,乃荣主救灵之大企图耳。"(《公教进行》,1933年,第5卷,第53期,第152页。)

3月29日,据《申报》本日报道,冯玉祥于昨日致函马相伯,赞成"不忍人会"的抗日主张,称"长者(马相伯)发起不忍人会,以为天下倡,定能振聋发聩,使懦夫立,怯者勇,恢复民族精神与日寇持久之斗争。祥遥处塞北,不胜预为颂祝。雷鸣远先生以外人而热心仗义如此,至为感佩。"(《冯玉祥函九四老人》,《申报》,1933年3月29日)

不忍人会:马相伯为救济东北抗战,于1932年11月11日与雷鸣远司铎合作,委托天津《大公报》、北平《益世报》组织全国民众捐款,成立抗战后援组织。"不忍人",取《孟子》"人皆有不忍人之心"之义,启发人们的仁爱心、同情心,支援前线抗战。1932年11月20日,马相伯在第四次广播演说中,号召"组织不忍人会"。此项倡议得到隐居沪上的前司法总长徐谦(季龙)、在华北前线的抗日将军冯玉祥、国际友人雷鸣远,还有马相伯在辛亥革命后的友人章炳麟、唐文治等人的声援和支持。不忍人会在各地设立分会,捐款捐物,交由雷鸣远在华北前线组织前方救护队,奔赴喜峰口抗战前线。该会安国县分会最先建立,组成救护第一队40人,第二队160人,即刻开赴前线救护伤员。不忍人会和中国民治促成会、江苏省国难会都是马相伯发起组织的抗战救国会。

3月29日,上午十时,朱子桥将军和张习、许克诚到土山湾乐善堂拜访马相伯,就不忍人会组织前线救护队事作恳谈商量,马相伯秘书徐景贤在侧陪同。"马老先生解释不忍人会前方救护队之工作,……朱将军称在平曾延见过雷(鸣远)司铎,并协助其率领之救护队赴前方工作之必需品。"(天津《益世报》,1933年4月;朱维铮主编:《马相伯集》,上海:复旦大学出版社,1996年,第1016页)。朱子桥将军表示会将马相伯之演说印成小册子,在华北前线散发；马相伯则大书"仁心无敌，救国是图"以赠。

4月2日，因马相伯、章炳麟、沈信卿等人在上海发起募捐活动，支援辽吉黑人民抗战，近日北平后援会致函马相伯，报告经费使用情况。后援会另外报告，已聘请雷鸣远，"联合公教诸人，组织救护队，愿往战区工作。来会接洽，已由敝会聘雷君为秘书长，组织战地临时救护第一、第二两队，并发给药品、担架、衣服、锅饼等诸物，以资接济，且为介绍在喜峰口一带战区国军部下，担任救护工作"（《新闻报》，1933年4月2日）。

4月2日，上海《申报》在"本市新闻"栏目刊登马相伯、章炳麟、沈恩孚三人联合宣言，题为"三老宣言"。"自九一八事变突发，迄今已一年又六月。伪国成立，亦已逾载。曩者我政府坚持信赖国联之政策，日惟呼吁国联，冀其能主持公道，抑止侵略，予我以助力。"当近日国联宣布日本侵略行为非法之际，"三老"呼吁国人奋起救国，并批评政府抗战不力。

4月3日，上海文教界成立"鸿英教育基金会"，首次董事会在霞飞路（今淮海中路）990号叶鸿英宅举行。"董事到者叶鸿英、蔡子民、钱新之、穆藕初、朱吟江、朱孔嘉（志尧）、沈信卿、魏文翰、黄金荣、杜月笙、高砚耘、江问渔及余（黄炎培）。未到者许秋帆、王宝仑。余被推为常务董事。此事酝酿半年以上，今始成功。"（《黄炎培日记（4）》，北京：华文出版社，2008年，第167页）

4月20日，下午二时，蒲汇塘沿塘士绅商人组成的促浚会为本塘疏浚事，在马相伯寓居处土山湾乐善堂开会，到会者计有：上海顾润桂、杨福元、王汝爵、吴毓卿、王慎先、唐朴庄、潘伯贤、松江李文来、沈才庚、李启贤、顾俊杰、李友贤、胡嗣核，青浦夏茹生、王道行、金谦城、杨雪樵、王景之等数十人。马相伯担任会议主席，发言略谓："蒲汇塘淤浅已久，污水内灌，有害卫生。曾于去秋，由鄙人发起疏浚，呈准淞沪战区善后会拨款兴工，并呈请行政院将东段天钥桥境坝断截流。为沿塘居民清洁饮料计，改由龙华港进口，经漕河泾，通蒲汇塘，以免污水内灌，而利民生，各在案。兹因上海段业已次第开工，而天钥桥境之坝，未照原定地点建筑。鄙人以该坝设不截流，则各厂污水及阴沟泄水仍以内灌，则沿塘数十万生灵将永沦苦海，为毒水所杀云云。"马相伯的发言引起各委员的焦急与愤慨。会议决定由马相伯领衔呈请国民政府淞沪战区善后会转知上海市工务局，"在天钥桥下境建筑大坝，永不开放，以遏污水，而利民生。否则誓死力争，不达目的不止"（《新闻报》，1933年4月22日）。

4月27日，马相伯、章炳麟联名通电全国，有《警告国人书》，"大致谓：北门锁钥不得，热河则不固；河朔形势不得，辽西则不完。共管之名既难忍受,防边之策又乏良谋,欲专恃长城,则无秦王之力;欲偷为和议,并无秦桧之才"(《工商时报》,1933年4月28日)。

上海《申报》以《九四老人与章太炎警国人勿幸小胜》为题刊登的通电,全文如下:"国民公鉴:喜峰建昌营与滦东二县,一时收复,只余古北一口,不日当可肃清,斯固将士用力,亦因敌有内忧。虽然,谋国之道,如此而止乎?热河未复,榆关未收,则北平等于瓯脱,所谓物寄瓶中者尔。敌人牧马,时去时来,固无休息之期也。夫都金陵者之不可弃北部,犹都长安者之不可弃东南也。自吾民视之,则凡汉族孳生之地,皆不可弃而遗一也。幸告当局诸公,勿幸小胜而忘大虞,勿狃近忧而忽远虑。北门锁钥,不得热河则不固;河朔形势,不得辽西则不完。共管之名既难忍受,防边之策又乏良谋,欲专恃长城,则无秦王之力;欲偷为议和,并无秦桧之才。然则非选将厉兵,更图进展,而学削去至无赖之抵抗之名,复何益哉?所幸士气尚振,余勇未衰,两道出师,正有其会。东三省虽难以武力恢复,而此二处必当奋死以争之。若不能然,失地之耻,固不可除,当局误国之罪,亦当不可赎。衮钺在前,愿急有以傲省之矣。"

5月9日,马相伯的世侄、震旦学生张若谷有欧洲意大利朝圣之行。马相伯修书致陆徵祥,告知上海父老乡亲惦记他,遂委托张若谷转道比利时前往探望。马相伯告知陆徵祥:"小门生若谷朝圣赴欧之便,代叩起居。沪人望君如望岁矣。"(《致陆徵祥》,朱维铮主编:《马相伯集》,上海:复旦大学出版社,1996年,第568页)

5月27日,中午,黄炎培主持之"癸酉聚餐会,公请马相伯老人餐于土山湾"(《黄炎培日记(4)》,北京:华文出版社,2008年,第183页)。

6月2日,《申报》"本市新闻"栏刊登"马相伯章太炎电勉冯玉祥"电文,按《申报》弁言:"'随全国民众,为执事后盾',九四老人马相伯、国学泰斗章太炎同情冯玉祥宥电之抗日主张,特电张垣,慰勉有加,兹录其原文如下。"

《马相伯章太炎电勉冯玉祥》电稿全文:"张家口民众抗日同盟军冯总司令焕章先生勋鉴:宥电奉悉。日本逞无厌之欲,满洲燃已死之灰,而当局视为癣疥微疾,溃烂不治,脏腑皆糜。他且弗论,即如北平城中,日兵入者已二千五百人。甚至搜查住宅,巡逻东城,我宪兵反退让惟谨,如是犹谓北平未失守乎?假令妥协速成,日兵暂退,而重门洞开,去来无禁,不过数年,则黄河以北皆敌有矣。民众弗忍,诉于执事,执事以坚卓之性,应迫切之求,起虽晚而合时会,地虽小而系人心。夫抗兵相加,哀者制胜。执事与察省民众可谓哀者矣。守察既固,必令华北设备完全,方得恃以无恐。然则东未定沈阳,北未复热河,尚无时不在哀中也。日本为患东隅,四十年矣。满洲之略有中土,前者已二百九十余年矣。辛亥之役,幸赖民众协力,光复旧物,满洲之害虽去,而日本之患未除。今以当局疏慢,致二寇协力,危及奥区,如此弗治,是非独漫视外患,并于辛亥革命之功而亦尽堕之也。执事身预滦州倡义,至今三十余年,不忘旧事,鸠合义众,缟素为资。所据察哈尔地方,本七国秦汉间云中定襄旧郡,与郭汾阳倡义朔方何异。执事之心,足以代表全国有血气者之心;执事之言,足以代表全国有血气者之言;执事之行,必能激底领导全国有血气者之行。某等虽在暮年,一息尚存,必随全国民众为执事后盾。惟秉义直前,勿稍瞻顾。马良、章炳麟。"

6月7日,马相伯向国民政府淞沪战区提出呈请,要求"速完蒲汇堂未竣河工",时蒲汇塘在松江、青浦两段疏浚已告竣工,而上海徐家汇、土山湾一段仍未开工,影响夏日卫生。马相伯被推举为促濬蒲汇塘委员会主席,故具名上书上海市府,要求速办。此呈文据《新闻报》1933年6月7日披露,写作时间应为六月初。

6月上旬,马相伯、章炳麟在上海徐家汇土山湾乐善堂会见从苏联辗转到达上海的黑龙江抗日领袖马占山将军。马占山于6月3日来上海,不日即赴南京面见蒋介石,请缨抗战。因马相伯"不健于行",将军趋来土山湾马寓拜见老人,章炳麟等人也在场,时间则应是在本月上旬。按马相伯秘书徐景贤记载:"太炎先生来乐善堂,与马占山将军等摄影留念,余尝参加。"(徐景贤:《近故余杭章太炎先生哀词》,载《学风》,1936年,第6卷,第5期)

6月18日,上午,中国民权保障同盟总干事杨杏佛在上海法租界亚尔培路(今陕西南路)331号中央研究院址遭到国民党军统特务暗杀。

杨杏佛(1893—1933),名铨,另字宏甫,江西清江人。早年入学吴淞中国公学,成同盟会会员,考取唐山路矿学堂。1912年1月,回南任孙文秘书,与马相伯熟悉。同年11月,赴美留学,入康乃尔大学、哈佛大学。创建中国科学社,与胡明复、赵元任、任鸿隽等主编《科学》(1915)杂志。1924年,回国再任孙文秘书,参与国共合作。1927年,应蔡元培之邀,担任中央研究院总干事。杨杏佛在吴淞就学、南京辛亥革命、中央研究院期间与马相伯密切交往。本年,杨杏佛正与马相伯、宋庆龄、蔡元培等人组织"中国民权保障同盟"的抗战宣传活动,因受嫉恨被国民党特务暗杀。

7月1日,香港《公教报》刊登马相伯答复缅甸仰光孙西满等数十位华人信徒对于《圣经》翻译问题的长信。马相伯就《圣经》翻译历史、律法翻译问题、名词汉译疑义和经言经义问题一一作答。

7月6日,苏炳文将军于今日上午11点,专程前往马相伯寓所,对于"过往在精神上及言论上之援助,表示感谢"(上海《夜报》,1933年7月6日)。苏炳文(1892—1975),字翰章,辽宁新民县人,保定军官学校毕业,后入奉系,在东北驻扎。1932年3月任黑龙江自卫军总司令,抵抗日军;12月战败,从满洲里退至苏联境内。1933年6月,经欧洲回国,到达上海。

7月8日,马相伯秘书徐景贤代为致函《磐石杂志》主编,告知"欣闻有《宗教丛谈》一栏,并有雷大司铎充任顾问等情,(相伯)师亦乐就同一义务。如有读者诸君质问宗教与哲学,可由贵杂志转上海徐家汇乐善堂马公相伯答复"(《磐石杂志》第1卷第2—3期,1933年)。

7月15日,《公教周刊》报道,马相伯于近日在徐家汇土山湾乐善堂接待从欧洲回国到沪的抗日将军马占山和其同志张殿九将军。马、张二将军命车前来,为"当面答谢马老对其以前在东北时所予以之言论,与精神上之援助。三人晤谈约一小时"。辞别后,马、张二将军又转赴法租界拜访杨虎。(《公教周刊》,1933年7月15日,第222期)

7月16日,圣母在法国南部露德(Lourdes)小镇显灵给小女孩伯尔纳德75周年纪念日。马相伯应邀为此天主教节日题词:"吁玛利亚无原罪之始胎,我等奔尔台前,望尔为我等祈。露德圣母显身后七十五周年大庆,若瑟马良年九四敬书。"(香港《公教报》,1933年12月1日)

8月9日,《申报》"本市新闻"栏刊登"马氏等之两电",节录马相伯与章太炎联名致冯玉祥(焕章)齐电文字。按《申报》弁言称:"九四老人马相伯等昨发出两电,一致冯玉祥,一致宋哲元,兹照录如下。"电稿内容从略。

8月20日,马相伯在《新闻报》发表《对清朝救国捐之意见》,对李杜将军和国民政府听信谣言,针对朱庆澜(子桥)和抗战后援会的救国捐款之用途进行清查。马相伯以为:"此次对于朱庆澜与后援会等之攻击,终觉其近乎恶意的中伤,或含有另种作用,未能保持严正的态度。而上海多数历史悠久之公团,对此轩然大波,竟持隔岸观火之态度,无有公正的表示。举世滔滔,无公道,无是非,一任黑白淆乱,正义消沉,余尤为之疾首痛心。"故而希望以有助于看展的方式作彻底的调查,换回朱庆澜的清白。

10月24日,天主教南京教区在上海徐家汇教堂举行徐光启去世三百周年追祷仪式。上午8:30开始,惠济良主教主持祭典,法国、比利时总领事、暨南大学校长郑洪年,《我存杂志》社江道源司铎出席。下午3:00,社会各界人士在徐光启墓前举行公祭。(《公教周刊》,1933年,第242期)

11月3日,教宗在罗马接见刚恒毅总主教,接受其辞职请求。28日,教宗庇护第十一(Pius XI, 1857—1939)任命蔡宁(Mario ZANIN, 1890—1958)总主教继任驻华教廷代表的职务。(方豪:《马相伯先生年谱新编》,李东华编:《方豪晚年论文辑》,台北:辅仁大学出版社,2010年,第343页)

10月10日,中华民国二十二周年纪念日,马相伯应邀发表《双十节献词》,署"九四老人",其词略曰:"今日为我国二十二年国庆纪念日,衰迈余年,每逢此日,万感丛集,喜惧交并。喜者以在艰难之旅途中,我国家又添一筹,余又得一度与全国人士应祝国运之无疆。而惧者则以先烈创造民国之艰难,皆所目击。缅怀往事,默察现实,又深感创业难,守成尤不易。吾人于先烈艰难奋斗所遗留之成果,不得不就就业业。……余前曾发表一文,主张政府应培植民力,俾能自治。政府为人民之公仆,而不应塞人民之聪,掩人民之明,而强其视,强其听。能如是,政府乃能博得人民之拥护与爱戴。……总之,今日内忧外患,相逼而来,国脉民生,不绝如缕。此一块中华民国之招牌,行且为人所打破。趁此事尚可为,大家急应奋起挽救。若得其打破之后,再谋恢复旧观,则千难万难。朝鲜、印度,殷鉴不远,国人其三思之。"(《双十节献词》,朱维铮主编:《马相伯集》,上海:复旦大学出版社,1996年,第556页)

10月22日,世界传教节(传教圣日),马相伯为杭州《我存杂志》创刊号重版撰写"引言"。文章对明末"三柱石"徐光启、李之藻、杨廷筠的"学术传教"成就表示敬意,并对继承"一沪二杭"江南儒家天主教传统具有信心。引言作于1933年"传教圣日"。1926年,教宗庇护第十一设立普世传教节,规定每年10月倒数第二个星期天为节日。1933年传教节为10月22日。

11月24日,天主教上海教区定为徐光启逝世300周年纪念活动日,马相伯为撰《徐文定公逝世三百年纪念词》(二篇),另有《求为徐上海列品诵》、《徐文定公与中国科学》两篇存世。同年,上海教区申请为徐光启封圣,为传扬徐光启事迹,特编辑出版《文定公徐上海传略》。为信徒口诵默祷需要,另请马相伯创作了一篇《求为徐上海列品诵》,谓:"全能天主,我等因尔圣子耶稣救世之心,暨中华圣母同情之哀祷,恳求俯允尔忠仆上海徐保禄首先虔奉圣教者,感化多人者,并以身家奏惟保惟一惟真之圣教,上下信从,则国泰民安者,亦得随圣保禄为我中华教外之宗徒,引归基利斯多一牧一栈。亚孟。"(朱维铮主编:《马相伯集》,上海:复旦大学出版社,1996年,第553页)

11月24日,徐光启逝世日,中国天文学会假座南京紫金山天文台举行徐光启逝世三百周年纪念大会,会长余青松(中央研究院天文研究所所长)、会员高均(天文研究所研究员)、高鲁(天文研究所研究员)、竺可桢(气象学会会长),以及中央研究院院长蔡元培均发表祝词和演说。高均,即高平子,震旦学院毕业;竺可桢,复旦公学肄业,为马相伯手创震旦、复旦时期的学生。(参见方豪:《马相伯先生年谱新编》,李东华编:《方豪晚年论文辑》,台北:辅仁大学出版社,2010年,第345页)

11月,在上海出版的《科学》月刊第十七卷第十一期发表马相伯文章《徐文定公与中国科学》,论述中国近代科学起源于徐光启时代,"尝读《明史·历志》载徐文定公督修历法,参用西洋新法,此科学在中国第一次之大贡献。按文定公本传,称其从西洋人利玛窦学天文、历算、火器,尽其术。又称与西洋人龙华民、邓玉函、罗雅谷等修历可证。"

马相伯在本文中提道:徐光启、利玛窦为明朝修历,得到了罗马科学院和蒙彼利埃大学及其他欧洲学者的支援。利徐之学,并非现成理论,而是欧洲学者专为明朝打造的一款"新学"。"现据利子同会耶稣会化行(裴)司铎P. H. Bernard近撰《现代中国文化之前驱徐文定》一论文,见《徐上海专刊》考证,而知明代修历,与罗马之李纳济Lineci学院、蒙彼利厄L'Universite de Montpellier,以及德、奥两国诸大学,皆通声气,共同研究,然后恍悟彼时所谓新法,非师西洋陈说,乃利用新发明。"马相伯认为明末徐光启和耶稣会士已经把中西方的科学知识做了"会通",中国知识传往欧洲,加入现代科学。比如:"据天津北疆博物院创办人志华(桑)司铎P. Licent语余,邓玉函等曩在北京西山所发现四种药草,伊近亦于静宜园中得之。静宜园者,余与英君敛之筹设旗人女学之所在,愈证邓等曩驰名德、奥亦施在我国有新发现。"(《徐文定公与中国科学》,《马相伯集》,上海:复旦大学出版社,1996年,第554页)《科学》月刊由中国科学社主办,任鸿隽任社长,于1914年创刊。中国科学社亦由任鸿隽担任董事长,秉志、周仁、胡明复、赵元任、杨杏佛、过探先、章元善、金邦正等联合发起。杨杏佛担任编辑部部长,长期与马相伯保持联络。马相伯则与张謇、蔡元培、熊希龄等一起应邀担任中国科学社董事。

11月,马相伯为《圣教》杂志社编辑《徐文定公逝世三百周年纪念文汇编》题辞,表达了自己以儒学为参照的宗教观念。马相伯以为《大学》之"明德"、"至善",即天主教所求万善、万美之万有之原;《中庸》之"鬼神之为德","须臾不可离"之天道,均可用来解释徐光启的宗教信仰,马相伯认为孔子等古之学者,并非无神论者,不能仅以"食色,性也"的人文主义概之,其辞曰:"孔子而能代表我古之学者,则无神派与人生观惟色、食者,可爽然若失矣。"(《徐文定公逝世三百年纪念词》,朱维铮主编:《马相伯集》,上海:复旦

大学出版社,1996年,第552页;另见马相伯手迹原稿,今藏上海图书馆)

12月6日,马相伯在徐家汇教堂副楼设宴,招待上海商界、银行界要人,除教友企业家朱志尧、陆伯鸿之外,另有垦业银行王伯元、盐业银行陈庶清、华安银行俞寰澄、李祖夔等。马相伯将从华北来上海募捐的比利时籍司铎雷鸣远介绍给大家。宴毕,参观徐家汇教会设施、土山湾各工场等。(柳相:《马相伯宴中聆妙论》,《晶报》,1933年12月9日)

12月12日,于斌主教接受罗马教廷任命,担任中华公教进行会总监督(指导),当日从欧洲回国,经过上海,在徐家汇土山湾"假座乐善堂,招待在沪公教领袖人物。席间,汉口周德庵爵士代表被招待者,致辞欢迎于大司铎指教"。于斌主教在发言中,"首先致谢马相伯老夫子之为公教努力,并祝康健。继述刚主教大人在传信部演讲中华公教进行,在已往历史首章中,以徐文定公为代表人物而赞其模范,当时听众如何喝彩。再则正式宣扬当今圣父如何重视公教进行,至专为此举颁一通牒,并历举他国事例,以证明圣父之重视。结论谓今后请以全力进行此宗座事业,而仰靠全能天主为唯一之依归"(《于斌大司铎在沪鼓吹公教进行》,香港《公教报》1934年1月1日)。出席宴请的除了于斌总监督、周德庵爵士之外,还有马相伯先生、陆伯鸿会长、林驺先生、王方司铎、徐哲夫教授。散席之后,于斌会见了徐光启第十一世孙徐允希司铎,慰问徐文定公逝世300周年。

本年,因为纪念徐光启逝世三百周年的缘故,马相伯在为科学研究会题辞《赠科学研究会》中又总结了徐光启一生行迹中体现的科学精神,并提出如果徐光启提倡的科学精神能够延续下来,中国人就不必在三百年后再来创建现代科学研究团体,普及科学知识。"窃谓果能此道,何至迄今三百始有科学研究会哉?求其实行普及,又不知更待何年?"(朱维铮主编:《马相伯集》,上海:复旦大学出版社,1996年,第555页)

本年,江苏耆老癸酉聚餐会假土山湾马相伯寓所乐善堂举行。(《关于徐文定公故事》,赵中亚编:《徐景贤文存》,南京:江苏人民出版社,2016年,第498页)

本年,马相伯为上海天主教徒何理中修订的家谱作序,成《南海黄竹岐乡何氏谱》序。广东南海黄竹岐乡何氏至何理中一辈,已经移居上海三世,仍不忘粤籍祖宗,作家谱、续宗谱。马相伯对华人信徒中间强烈的宗族意识并不反对,相反认为是与天主教一致的"大孝"意识,符合基督教的经典。"要之,不忘亡者之经典,礼文俱在,断无一教,若基多教之多,而在华旧家庭,又每加诵三代五代祖妣之洗名而祈祷焉。"(《〈南海黄竹岐何氏谱〉序》,朱维铮主编:《马相伯集》,上海:复旦大学出版社,1996年,第559页)

本年,马相伯作一文《囫囵吞了结》,回忆少年求学时导师晁德莅的教诲:"中国人少思想,应该多用些心思。"文章剖析中国人读书"不求甚解",对概念"不求解释"的老习惯,引导学生用中文经典学好哲学。

本年,为朱铭盘(曼君,1852—1893,江苏泰兴人)《桂之华轩诗集》题名,署"九四叟马良题"。朱铭盘于1877年入吴长庆幕府,与张謇等人同赴朝鲜平定东事,曾与马相伯、马建忠同事。另,章炳麟为本书题《朱曼君先生像赞》,应是通过马相伯的介绍。

《桂之华轩诗集》卷二有诗《与马庶常》:"见说都人争上书,嗟君郁郁意如何;宁知天上攀龙客,未胜山中下泽车。野旷衣冠惊鸟雀,时危钟鼓走鸡鹛;商量更乞无人境,海甸防夷不可居。"《登蓬莱阁寄怀马庶常》:"高阁如人意,虚窗面面通;登临思足下,望远忆山东。向夕彗星大,论兵天下同;我曹无术略,坐看握珝弓。"、"有妇能偕老,无儿不足忧;好呼范当世,同榑水西舟。原草防碧,山云易变秋;明年春色好,或作帝京游。"(《桂之华轩诗集》,沈云龙主编:《近代中国史料丛刊》第一辑,台北:文海出版社,1966年)马建忠于光绪七年(1881)赏加二品衔,入军机处、总理衙门,可称为"庶常"官。

本年,金鲁贤(1916—2013),圣名类思(Louis),江苏川沙人,世代为教友。1932年进入上海教区修院为修士;1938年加入耶稣会;1945年晋铎;1951年担任徐汇总修院代院长,本会代会长,中国区代巡阅使。1982年,出任天主教上海佘山修院院长;1985年,担任教区助理主教;1988年,接任上海教区主教。2013年4月27日,因病去世。修士从徐汇公学毕业,前往土山湾寓所拜见马相伯。"1933年,我17岁,经友人介绍去拜见爱国老人马相伯,他时年九十四。他穿着黑色长袍,外罩马褂,端坐在靠背椅子上,我向他表示敬意,祝贺他长寿。他回说:'九十四年,一晃就过去了。'"(金鲁贤:《绝处逢生:回忆录上卷(1916—1982)》,上海:天主教上海教区,2008年,第1页)

1934年(民国二十三年,甲戌),九十五岁

3月,马相伯设宴招待从罗马回国的于斌,(《我存杂志》第二卷,第一期,照片报道,1934年3月7日出版)

4月,九十五岁生日之际,察哈尔抗日民众同盟军总司令冯玉祥将军在"杭州都锦生丝织厂监制"马相伯照片织锦画像若干幅,作为赠礼派送,并亲笔书题:"老大之国,相老九十晋五纪念,冯玉祥制赠。"(见比利时安德鲁修道院陆徵祥纪念室藏原件)章炳麟为马相伯95岁诞辰题写对联,悬于土山湾乐善堂:"鲁连抗议足完赵,烛武老年犹退秦"(张若谷:《苦斗了一百年的马相伯先生》,氏著:《马相伯先生年谱》附录,上海:商务印书馆,1939年)

4月18日,国务院前总理陆徵祥卸任瑞士国大使之后,入比利时布鲁日安德鲁修道院修道八年,功课已成,定于今年7月29日晋铎,升受七品,届期举行庆典。为此,马相伯致信陈垣等友朋,以个人名义在国内知名人士中间征集作品,届时作为晋铎仪式的赠礼,以示祝贺。

马相伯《致陈垣》:"是日(7月29日),我国驻外各使皆前往观礼,并赠送美术品为纪念。凡我国内诸君,对陆公有交谊,有感情者,似应有所纪念之。拟请宠锡诗文字画,裱成中堂、联对、横批或手卷,于国历本年五月十五日以前送到鄙处,以便统包由邮局寄往比国,赶于是日悬之,以壮我国文化与美术之观瞻。"(陈智超编:《陈垣往来书信集》,北京:生活·读书·新知三联书店,2010年,第14页)《冯玉祥日记》1934年4月29日记:"马相伯先生有信来,为陆子與先生升七级司铎的事。我写了一副对子。"(中国第二历史档案馆编:《冯玉祥日记(四)》,南京:江苏古籍出版社,1992年,第319页)

4月29日,沈信卿、王培荪、陈陶遗、高吹万、沈思齐、陆规亮、黄任之等26人"少长咸集,群贤毕至",借马相伯95岁诞辰,集会庆祝。与会长者年龄合计1470岁,故称"千龄雅集"。马相伯填词,作《千龄雅集·调寄千秋岁》云:"江山破碎,望眼空催泪;吾老矣,言何忌!椎难沙浪博,笔枉锋头出,

伤心也,史鳝已死春秋驰。国难无时已,有酒今朝醉;少长集,群贤萃。老耄耆耋艾,酿成千岁,君知否?掀髯一笑韶光逝。华封九五叟相伯马良"(录《千龄宴》原本,丹阳马相伯文化研究会藏)另有沈信卿(恩孚)五律诗一首云:"万方多难日,吾侪又偷闲;雨喜酣时息,春看老后还。移尊思北海,满望颂南山;借问华高鹤,千年几醉颜。"(转见自潘仰尧:《马相伯千龄雅集》,丹阳市政协文史资料研究委员会编:《爱国老人马相伯(1840—1939)》,丹阳,1990年,第57页)

4月,马相伯与宋庆龄、沈钧儒、陶行知、章乃器等人联合发表《中国人民对日作战的基本纲领》,并共同发起中华民族武装自卫委员会,推动国民党政府积极抗战。(周天度、章立凡著:《章乃器传》,周天度主编:《七君子传》,北京:中国社会科学出版社,1989年,第185页)

5月1日,马相伯复信给中华公教进行会总监督于斌,应允替他觅人,满足刚恒毅主教需要制作一幅中堂画像的请求。画像的主人是刚恒毅的主保宰尔塞(Celso,圣妇的儿子,取为刚恒毅的名字),配以中国式的对联和琴桌。经与著名画家张充仁商定,马相伯制定画像创作方案如下:"刚公主保宰尔寨,张充仁谓可用壁画法为之。下承以琴桌子两面,用细长琴条。对联较用中堂式为妥。对联区区任之,琴桌请监督任之。"另外,马相伯前向于斌介绍了北方将军冯玉祥(大树)、萧振瀛、宋哲元、吴佩孚(子玉)等人。于斌在来信中汇报了他与将军们的交往情况,马相伯又一一加以辅导。"承示冯大树颇谦和,总之在人善用耳。萧、宋等亦然,吾公定能善用之。吴子玉将军创五教共和,不怕回杀儒之食猪肉者乎?久思以此告之,但以懒未曾写。知公不吾忘。人若知通功之利,即此一端,人人应求进教矣。若瑟马良顿首。五月一日。"(《致于斌》,朱维铮主编:《马相伯集》,上海:复旦大学出版社,1996年,第569页)方豪编《马相伯先生文集》(1947)时,将《致于斌》定为1934年。但是,他晚年所作《马相伯先生年谱新编》却将之归到1935年。鉴于本信主要内容是为刚恒毅的主保画像,显然是为他的辞职作纪念。刚恒毅的辞职时间在1933年11月,画像纪念的时间以1934年5月1日较为合理。

5月8日,驻华教廷代表蔡宁总主教到达上海;14日,在上海逗留数日后抵达南京,与上海惠济良主教、海门朱开敏主教、陆伯鸿先生、张运之司铎和参赞安童仪(Antoniutti)一起拜见国民政府林森主席,并递交国书。(方豪:《马相伯先生年谱新编》,李东华编:《方豪晚年论文辑》,台北:辅仁大学出版社,2010年,第347页)

夏,盛成偕欧阳渐(竟无,1871—1943)、赵曾俦(寿人,安徽太湖人,佛教学者,赵朴初叔祖)到土山湾拜访马相伯。马相伯"时已不能行,健谈时事,仍如往日。偶及数目字,仍精确异常。恨汪精卫卖国,他道:'精卫不自填恨海,却将中国造成恨海。'他说:'中日战争,是一个不能免的民族史剧。'"(盛成:《为相伯大师服心丧》,《逸史半月刊》,1940年第1期,第9卷)

9月23日,冯玉祥将军在杭州为马相伯定制的生日绣像完工,送到南京。冯将军表示:"绣像已成,不日送去。"(中国第二历史档案馆编:《冯玉祥日记(四)》,南京:江苏古籍出版社,1992年,第407页)

10月25日,中午,老学生黄炎培来访。马相伯告知黄炎培近年来的饮食习惯:"日鸡一只,三餐只吃鸡汤,六片面包,十二枚鸡蛋。"(《黄炎培日记(4)》,北京:华文出版社,2008年,第320页)

10月30日,据《新闻报》本日报道,马相伯已将本人九五诞辰庆典中军、政、商、学界"各方寿仪,悉数助赈,以济灾黎"。

11月1日,本日出版之《我存杂志》报道,由马相伯、潘公展、陶行知等人发起的中国普及教育助成社即将成立,不日将举行成立大会。该会宗旨是"采取最经济、最迅速、最能持久、最能令人进步之方法,力谋普及大众与儿童兴商生活所需之教育,以助成中华民国与大同世界之创造。其会务分为六项:1,调查生活需要;2,拟制教育方案;3,补助中心试验;4,编辑新创材料;5培养专门人才;6,辅导普及工作"(《马相伯潘公展等发起普及教育助成会》,《我存杂志》,1934年,第2卷,第4期)。另据《新闻报》报道,助成社全体发起人为:马相伯、潘公展、卢作孚、李大超、胡朴安、陶行知、王孝英、林鹏侠、黄警顽、章少麟、龚自知、尤惜阴、刘仁航、周振五、谢无量、王宗涛、杜重远、曾绳点、陈白、周斐成、胡叔异、何炳松等。(《新闻报》,1934年9月19日)中国教育普及助成社发明之流动图书车、留声机、收音机、"小先生"等乡村教育普及方法,在各地被称为"马相伯办法"(《湖北地方政务研究半月刊》,1935年,第18期)加以推广。

12月11日,马相伯委托徐宗泽寄赠冯玉祥《国难言论集》,冯玉祥回赠马相伯自己的相片一帧。《冯玉祥日记(四)》:"徐光启先生的后人某寄来一本书,是马相伯先生的言论集。内中知识很多,不可不读。我亦复一函,并寄相老相片一张。"(南京:江苏古籍出版社,1992年,第449页)

12月20日,马相伯为尚贤堂妇产医院与李石林诉讼案出面调停,平息诉讼。案件因北京路东华建筑公司经理,上海人李石林妻子王芝芬在法租界萨坡路1号尚贤堂妇孺产科医院分娩时患病死,李石林特向特区第二法院控告医师玩忽职守罪。经法院判决无罪后,李石林再行上诉。本日,"上诉人李石林称：现有马相伯先生出来调解，有和解之希望"(《时报》，1934年12月20日)，法院遂休庭，达成院外和解。

12月，冯玉祥将军为马相伯九十五岁纪念，特在杭州都锦生丝织厂定制马相伯绣像若干幅，分赠友人。"此像长可盈尺，阔有五寸。上织'国之大老'四字。右为'相老九十晋五纪念'八字。左为'冯玉祥制赠'五字。"(《新闻报》，1934年12月17日)

1935年(民国二十四年,乙亥),九十六岁

1月,马相伯在徐家汇宴请中国首任驻意大利大使刘文岛,出席者有陆隐耕、李公朴、陈彬龢、沈履道、万震夏、何理中、顾守熙。(《磐石杂志》第3卷第2期,图片报道,1935年)

3月19日,马相伯九十六龄诞辰公宴并摄影留念,时马相伯所译《救世福音》即将完稿,黄炎培有贺寿诗一首,见《黄炎培日记》(3月27日):"端居玩群动,众生恋小年。小年大年何用絜长短,正惧硁硁羞彭篯。巍巍相老人,今之徐文定,学邮欧亚通,道吁天人应。政海偶归翔,圣功必以正。皎如日,明如月,如风风人雨雨人。登楼风采常辉发,译完基督遗经千八百年前,先生大年八十又二八。民国纪元二十四年,相伯春秋九十有六,时正手译四圣史,将完所业。同仁以三月十九日集土山湾恭祝,是为千龄宴第三集,退而赋呈。全诗九十六字,如先生之龄。愿岁献一诗,虽千言不敢辞也。黄炎培,相老生日阳历四月十七日。"(《黄炎培日记(5)》,北京:华文出版社,2008年,第32页)

黄炎培(1878—1965),字任之,江苏川沙人,父亲为生员,乡塾师,曾任幕僚。黄炎培少年时父母双亡,由外祖父抚养,刻苦读书。1899年应松江府试,为秀才第一名。1901年入学南洋公学师范特班,蔡元培为教习。次年,应江南乡试,选为举人。本年各省乡试均重视时务策论,"这一群特班学生,散文得锻炼,经过一年半,当然没有什么困难。江南乡试有一个题目:《如何收回治外法权》,一般人不尽正确分析,研究过万国公法,当然能信笔直书"(氏著:《八十年来——黄炎培自述》,上海:文汇出版社,2000年,第57页)。南洋公学特班生中有12人中式举人,后大多进入复旦公学。1903年,因南洋公学罢课散学,黄炎培应川沙籍大营造商杨斯盛邀请,回乡创办川沙小学、开群女学。随即就因反清言论被告发,经南汇知县奏报后判为就地正法。幸得杨斯盛央请上海慕尔堂主堂牧师步惠廉(William Burke, 1864—1947)出面营救,得以保释,潜渡东京留学。1904年,因南汇知县离任并川资不济回国。

1905年,在上海经蔡元培介绍,加入同盟会,接替留学的蔡元培主盟上海同盟会。同年,帮助义士刘三,参与营葬邹容烈士。1906年,再应杨斯盛邀请,以赠资24万两,创办浦东中学及川沙县学校。至此,黄炎培以办学热情和兴学成绩感动两江总督端方,致其销除"革命党"前案,"以免冤枉拖累好人"。1909年,黄炎培被选为江苏省常驻议员。1911年,辛亥革命中加入江苏都督府,任民政司总务科、教育科长。此后,以"外边也要留个把人"做事为由,多次拒绝袁世凯招揽为教育部长的邀请,任职江苏教育科期间,创办师范学校9所,中学11所,工、农、商、渔、路政学校多所,为全国办学之冠。袁世凯明贬实褒曰:江苏人难弄,"与官不做,遇事生风"。1915年,黄炎培参加农商部考察团,历时三个月,考察美国教育。1918年,黄炎培为首,与张謇、蔡元培、宋汉章、马相伯等48人发起成立"中华职业教育社"。1927年,"四一二"事变后,蒋介石以"学阀"罪名通缉黄炎培,封闭江苏教育会,捣毁中华职教社,黄炎培为此逃逸到日本。1928年,蔡元培为之缓颊,黄炎培回到上海,继续从事职教活动。1931年,"九一八"事件后,敦促蒋介石抗日;1937年"八一三"事变后,发起成立上海抗敌后援会,自任主席团主席。1938年起,在重庆后方从事政治活动,调解国共关系,从事民主运动。1941年,与张君劢、梁漱溟等发起成立"中国民主政团同盟",1944年改称"中国民主同盟",简称"民盟"。1945年7月1日,黄炎培和褚辅成、冷遹、左舜生、傅斯年、章伯钧一起访问延安。为期七天,其间曾与毛泽东讨论民主与专制问题,事后有《延安归来》一文发表。1945年12月,与杨卫玉、胡厥文等建立"中国民主建国会"(简称"民建")。1948年,民盟、民建先后宣布反对国民党,与共产党合作。中华人民共和国建立后,黄炎培担任政务院副总理兼轻工业部部长、政协全国副主席、人大常委会副委员长、民建中央主任委员、职教社社长。1965年12月21日在北京去世。(汪仁泽:《民国人物传(八)·黄炎培》,北京:中华书局,1996年,第35页)

5月8日,中午十二时,于右任、夏敬观、钱新之、袁履登、马敦复、曹良夏、郭云观、金国宝、李登辉及复旦大学同学会、全体教师暨本校童子军等数百人,在上海海格路复旦大学附属中学大礼堂举行庆寿会,马相伯出席。会议由毛西壁报告会议筹备经过,于右任宣读祝辞,最后由马相伯演说。(《马相伯先生之遐龄轶事》,《中央时事周报》,1935年,第4卷,第18期)另据《时报》(1935年5月5日)《复旦同学为马相伯祝嘏》之预告,本次集会,"相伯先生将每人分赠签名小照一帧,以资纪念,闻售卖每人五元。加入者可向南京路十七号复旦同学会接洽"。

5月21日,黄炎培来访,作长谈,内容关于老子和庄子。马相伯对黄炎培谈宗教及超脱,说:"读宗教书,至少可悟到人生苦痛,至少使人肯受些,能受些。……庄子'与造物游',是有深意;老子说常有精义。"(《黄炎培日记(5)》,北京:华文出版社,2008年,第54页)

6月29日,前中华民国总理陆徵祥在比利时布鲁日圣安德鲁修道院修道八年,终成正果,本日晋升七品司铎,由教廷前驻华代表刚恒毅主持晋铎仪式。当天,国内各界人士的礼物纷纷送达,以示祝贺。其中有蔡元培手书贺诗,以徐光启、马相伯身兼政治家和天主教徒,同时服务国家、教会为喻,诗曰:"悼亡诗后福音书,八载潜修味道腴;青史齐名徐上海,绛帷同调马丹徒。一官久已忘签置,七命新闻司铎除;各有尊行互推重,祝公精进荷天衢。"跋称:"子兴先生比国圣安大修院,荣任七品司铎,赋此奉祝。"(方豪:《马相伯先生年谱新编》,李东华编:《方豪晚年论文辑》,台北:辅仁大学出版社,2010年,第350页)马相伯给陆徵祥题词:"与造物游。"附有题注:"龙绝尘九万里而上,一飞以六月。息者不能与游,盖即辞内依天为归向也。相伯马良。"(《陆徵祥修士晋铎纪念册》,比利时圣安德鲁修道院藏)

7月6日,本日,上海《申报》"本埠新闻"栏发表马相伯《赞许章太炎讲学》,称:"余杭章太炎先生,朴学鸿儒,当今硕德,优游世外,卜筑吴中,兹以及门之请求,启讲坛而授业。"马相伯以此文祝贺章太炎自本年4月起开办章氏国学讲演会。章炳麟于1934年秋自上海迁居苏州,购置锦帆路洋房一所,作为"章氏国学讲习会"会所,外界亦称为"章园"。

7月25日,中华公教进行会总部发布募捐启事,附有马相伯所作《劝国人节约拯救水灾书》。当时,湖北、江西两省有六十多个县遭受水灾,黄河流域也是一片灾相,按马相伯描述,"今醴、樊沦为泽国,宜、沙形同汀洲。鄂、赣二省,灾县数逾六十。武汉承长江倾泻之冲,势更危如累卵。北方之黄河,既淹没偃、巩,又决口于鄄城,而鲁西之郓城、巨野、东平、菏泽、寿阳、嘉祥、济宁、汶上等县,今亦成灾区。旷观国中,洪水拍天,哀鸿遍地,伤心惨目之事状,孰有过于今日者乎?"马相伯号召全国开始节约运动,省下一部分衣食住行费用,捐助灾区民众。"然则吾人将何以救济当前之水灾乎?曰:当由全国民众一致努力于节约运动。所谓节约者,即节约一己之衣食住行,以捐助急拯是也。"(《劝国人节约拯救水灾书》,朱维铮主编:《马相伯集》,上海:复旦大学出版社,1996年,第582页)

鲁迅在本年9月12日写的杂文《六论文人相轻——二卖》中,挑剔马相伯在演说和题词中经常用"叟"、"翁"等自称,这次更讥说他在演说中提及"余年九十六"是"卖老":"劝人解囊赈灾的文章,并不少见,而文中自述年纪曰:'余年九十六岁矣'者,却只有马相伯先生。但普通都不谓之'卖',另有极好的称呼,叫作'有价值'。"(《且介亭杂文二集》,《鲁迅全集(第六卷)》,北京:人民文学出版社,1981年,第400页)

夏,为李烈钧将军文集《李烈钧之言论》题写书名,并作序言,感叹:"天下十六万万人民苦矣,我四万万人民更苦矣。"(《李烈钧之言论》,李烈钧孙李季平先生家藏本)

8月7日,马相伯在土山湾乐善堂,与前来祝寿的上海两江女子体育师范学校师生并身边小友聚餐,在席间发表演说。马相伯为该校董事长,参加聚餐和演说会的人士除了该校校长陆礼华等之外,尚有张善仔、江小鹣、郎静山、徐心芹、张若谷,虎牌永安堂经理胡桂庚,新加坡《星洲日报》记者林典庐等二十余人。

据1935年8月8日《时报》报道,两江女子体育师范学校"马老对于女子教育更诚心赞助,自任两江女子体育学校董学长,已十五载于兹。……校长陆礼华女史顷自留洋归国,转于昨日(7日)正午在徐家汇土山湾乐善堂,率同校中教职员及学生等为马校董学长举行奉觞上寿。……马老作沉痛之演说约一小时,昕于中国政局不安,大祸水灾,节约救济及各埠社会问题淋漓发挥,闻者莫不动容。并劝勉来日女生等无论求学做事均要埋头苦干,并引导各人注意体育,提倡运动,庶不致地大物博,人口庶众之中国,仍被西人热嘲为东亚病夫之国家云云"。为此次祝寿宴庆,江小鹣为马相伯雕塑半身胸像一座,蒙马老赞许为"艺术精巧"。另外,马相伯还赞许郎静山摄影艺术水准高超。

8月8日,马相伯在土山湾招待黄炎培等人午餐,同席者有"许隽人、喻志韶、阎玉衡、黄伯度等"(《黄炎培日记(5)》,北京:华文出版社,2008年,第76页)。

夏,马相伯作《联邦议》,在号召抗战的同时,执意提倡联邦制和地方自治。"我欲自救,莫如按切自身。自杀前车,哀莫哀于春秋战国,故改战国为郡县,万世之功也。但嬴政之独裁,亦万世之遗毒也!救其毒,莫如仿美国,改郡县为联邦。现有三百府,三府一联邦。天气同,习惯同,连成一百府。一府近边,以远边二府佐充其守边之力。一联邦一机器厂,而国人之私设不禁焉。……邦以县为单位制,相地形,可分或二或三或四区。区以冲要为县治,县以冲要为府治,府以冲要为邦治。县尹、府尹、邦尹两年一任,调任卸任,均由联邦议会定之。民以什户、佰户、仟户为领袖。国会议员,一府一名,以仟户长阁定之。凡以科学、文章、道德著名者,亦得与于拈阄之列。本邦议会,皆可列名。总统由国会选举之。三年一任,连任者至多二年。……三邦五邦一大学,私人有才有力及考中者,听其私设。惟职关政界,如教务、政务、法律等必经国考。"(《联邦议》,朱维铮主编:《马相伯集》,上海:复旦大学出版社,1996年,第577页)《联邦议》之外,马相伯本年还拟有《民治私议》,表达同样的意见。"一,欧美地大者,率用联邦制。中国现有壹仟玖佰有余县,共三百府。三府同纬度者作一联邦,联邦可一百。再并三联邦为一邦联,邦联可三十余。……"(《民治私议》,朱维铮主编:《马相伯集》,上海:复旦大学出版社,1996年,第571页)

9月8日,上午十时,中华公教进行会全国教区代表大会在上海南市国货路正修中学举行开幕礼。宗座驻华代表蔡宁总主教、上海教区惠济良主教、上海市政府吴铁城市长、于斌总监督、公教进行会陆伯鸿主席,以及代表和来宾一千多人参加。马相伯出席开幕礼,担任名誉主席,并作演说。据参加本次会议的徐景贤之报道,马相伯简短演说的题目即为《学术传教》(参见杨堤:《纪念徐卢伽先生》,《益世周刊》,1947年,第28卷,第9期,第141页)蔡宁总主教还转达了教宗庇护第十一最近在罗马接见中国航空留学生时所授之教谕。

《学术传教》演说内容,有记录稿可见,内容大略为:"今天讲学术传教,有下述的几个见解。耶稣降生的时候,全世界有两个大国,一是亚洲的东汉,二是欧洲的罗马。在降生后三百年内,统计罗马教友为天主致命者,有两三千万人之多。致命圣血,种到欧洲,所以欧洲有今日之圣教广场。我国同时列为二大国之一,二千年来,教友还不到三百万,真是可怜的很。当今教宗有鉴于此,伤心的很。想了各方法,要用中国话在中国传教。所以祝圣许多中国主教,用中国人管理中国教务。现在更进一步,用中国教友、中国方言来发展中国的教务。公进会的成立,就是这个目的。教友有什么学术和本领去担任传教事业呢?有本地方言。本地方言,即中国教友传教的学术。"(李天纲编:《中国近代思想家文库·马相伯卷》,北京:中国人民大学出版社,2014年,第532页)

蔡宁在大会上传达的教宗接见中国航空留学生的教谕主题为"向上飞":"诸位为中国新青年,同时诸位学习向上飞,甚希望诸位努力向上飞,并协助中国同胞全体向上飞。"蔡宁总主教请中国公教友遵依教宗此谕,"我人自己要向上飞,并帮助全中国同胞向上飞"(《时报》,1935年9月9日)。全场欢声雷动,群情振奋。随后,吴铁城市长、陆伯鸿主席先后致辞,开幕礼至正午时分结束。下午三时,全国代表大会继续进行,提案审查委员会检视各项提案,决定由公教进行会捐助一万元,救济水灾,由在会各主教、司铎和教友代表襄助。

9月8日,公教进行会全国大会通过决议,决定在上海举办一所女子大学。公教进行会会长,著名实业家、慈善家陆伯鸿担任筹备工作,此为震旦女子文理学院创办之起源。会后,陆伯鸿出资建造了一座教学大楼,先期开设女子职业学校,由方济各会修女管理。

9月14日,下午五时,马相伯从徐家汇到震旦大学礼堂,在该校举行的学术研究会上演说"学术传教",历时三刻钟。蔡总主教及学校师生、教友三千余人出席。(《安庆教务月刊》,1935年,第4卷,第10期)

9月23日,据《时报》次日报道:"九六老人马相伯近被其堂弟妇(此误,应为侄媳妇)马陆氏在地方法院控诉侵占产业,其词略以原告之夫马小眉不幸早年身故,因无子嗣,故螟蛉一子,取名鹄章。丈夫故后,一切家政均奉迈姑丁氏之命,由原告主持。后因姑婶病重时取出先翁绍良公所置青浦、华泾、娄泾田产三四百亩之田单契据,命原告收藏,立有遗嘱,锁入铁箱,以资保存。旋因姑病日危,原告来沪伺疾,被告乘隙悉数取去,不得已依法起诉云云。被告马相伯则延谭毅公律师提出答辩,略谓:本案不争之先决问题,即原告所指光绪十三年马三畏之合同分据是否真实,及对于被告保存系争执田契有无诉求交还权利。就此两点先于研究,则本案纠纷不难迎刃而解,即原告任意捏词,污蔑族长亦可昭然于社会矣。查先父松岩公于光绪元年去世,被告弟兄三人,均各成年在外服务,获薪自给,尚勿须分受祖父财产,以维生活。故所有遗产,悉由守志之先慈沈氏在家执管云云。"本日,上海第二法庭法官孙继康主审本案。原告马陆氏57岁,松江泗泾人;被告马相伯,九十六岁,丹徒人,住徐家汇土山湾。原、被告均未到庭,由指定律师彭渊恂、谭毅公代为诉辩。因案件复杂,本日未做判决,待后续开庭再决。另据报道,马相伯的律师告诉记者,泗泾马三畏堂祖产在光绪十三年(1887)分析,"兄弟三人各分得银三千六百两,田四百亩,各不相犯"(《立报》,1935年9月24日)。

9月,《圣教杂志》第9期刊登马相伯文章《童鲍斯高圣传序》,纪念意大利著名教育家童鲍斯高。11月,诸圣瞻礼节(La Toussaint),马相伯为圣徒鲍斯高的传记《廿世纪大圣人鲍斯高十讲》作序,刊登在《我存杂志》(第3卷第10期,1935年)。

圣鲍斯高(San Giovanni BOSCO,1815—1888),1815年8月16日生于都灵一个贫民家庭,幼而聪颖、灵异,20岁入修院,修文学、哲学和神学。1841年晋铎,担任神职后注重孩童和青少年教育。1857年创立慈幼会(Societas Sancti Francisci Salesli),进而建立一个鲍斯高教育体系,提出人格教育3R原则,即Reasonableness(情理性),Relationship(亲和性)和Religiousness(宗教性)。1934年,教宗庇护第十一封鲍斯高为圣徒,为教育界主保。马相伯认为既有这样仁爱慈善的教育方法,自然会有各方来襄助教育,并赞之为:"童大圣之谋,非自私自爱,只所以爱同类而已,只所以体造物之心而已。《易》序卦曰:'有天地,然后有万物,'是天地万物本无也,而造物能有之,则此区区之校舍、校费,与助教之撒纳爵会,造物之心既欲之,何难有之?"(《童鲍斯高圣传序》,朱维铮主编:《马相伯集》,上海:复旦大学出版社,1996年,第579页)马相伯赞为"鲍斯高,圣之时者也"(马相伯:《〈廿世纪大圣人鲍斯高十讲〉序》)圣鲍斯高英文名John don BOSCO,马相伯译为"童鲍斯高"。

10月8日,上午,马相伯"到复旦中学去演讲,明天则此地还有聚餐会"(《一日一谈·谈华侨》,朱维铮主编:《马相伯集》,上海:复旦大学出版社,1996年,第1072页)。马相伯在复旦中学的演说内容是抗日宣传;次日的聚餐会则是因为南洋华侨巨子胡文虎来访,马相伯与之商谈"一·二八"事件以后的上海社会的救济问题。

胡文虎(1882—1954),祖籍福建龙岩,生于缅甸仰光。从事中西药业生产和销售,在新加坡、香港、广州等亚洲重要城市以永安堂虎豹行名号设立商行,虎标万金油畅销各大洲。1932年,胡文虎入资经营中国大陆业务,以上海为中心布置全国销售、金融和慈善事业,并在南洋各地创办"星"系报业。抗战爆发后,胡文虎出资从事抗日宣传。

10月5日至12月12日,"记者"王瑞霖(高语罕)在近三个月的时间里,与马相伯朝夕相处,天天采访,成《一日一谈》67篇。《一日一谈》"曾载天津《益世报》,寻又转载天主教某杂志,北方士子莫不翕然"。1936年2月,沪上新城书局主人以为"老人南人也,而其道不南,吾侪后生之耻也"(王瑞霖:《〈一日一谈〉序》),故在上海结为一集,收入《新城丛书》印行,以飨南方读者。《一日一谈》署名"马相伯口述,王瑞霖笔记,庄启东主编"。徐景贤《马相伯先生百岁生活》透露:王瑞霖是高语罕的化名,"化名为'王瑞霖'的高语罕,也记录了《一日一谈》"(载《中央周刊》,1946年,第8卷,第23期)。1936年6月,上海复兴书局又将《一日一谈》新版。1996年,朱维铮主编《马相伯集》(复旦大学出版社)收入《一日一谈》。

王瑞霖(1888—1948),即高语罕,安徽寿县人,原名高超、高世素,曾用名戈鲁阳、王灵皋、程始仁、王灵均、张其柯、王瑞霖等。光绪十七年(1891)始在家乡义塾读书,二十九年入凤阳府经世学堂。三十一年,入安徽陆军测绘学堂,毕业后在安徽督练公所任职。三十四年,与韩衍创办《安徽通俗公报》,次年回乡任教,宣统三年(1911),入法政学校。民国元年赴日留学,翌年回国。1916年担任芜湖省立第五中学国文教员,后因倡议学生响应五四运动被辞退。1920年列名北大马克思主义学说研究会,受陈独秀委托发起社会主义青年团组织,并入党。1922年赴德留学,1925年回国,任中共宣传委员会委员,在上海大学任教,被选为中国国民党二大代表。1926年被选为国民党中央监察委员、常委,被任命为黄埔军校政治主任教官兼入伍生部党代表,旋因"中山舰事件"被迫辞职。1927年,参加上海工人武装起义领导机关所属特别宣委,任上海总工会机关报《平民日报》编辑,不久赴汉口任《国民日报》总主笔,北伐军第二方面军总指挥部秘书长。他还曾策划南昌起义。1928年,被编入中共春野书店支部,1929年,他同陈独秀联合发表《我们的政治意见书》,受到开除。1932年,他参与成立著作者抗日协会。1935年,他采访马相伯对时局的看法,以《一日一谈》为名在天津《益世报》逐日连载,宣传抗日。1948年病逝于南京。高氏著述甚多,其著作、翻译,以及整理的在三十种以上。

10月9日,与王瑞霖作"一日一谈·人物月旦",谈到马相伯对曾国藩、胡林翼、左宗棠和李鸿章的评价。马相伯以才情为标准,对曾国藩评价不高,说:"有清中兴功臣文正(曾)、文忠(胡)、文忠(李)均为一时豪杰之士。曾天资不甚高明而用力独勤,其治学治事都极有条理,有规矩。其为文与诗亦极用心思,然而规矩准绳过于形式,往往失之虚伪。其用人也亦不能容物,每每好用不如我者,故功名之际,未免妒忌之见存。襄所以与彼'凶终隙末'者以此。"关于胡林翼,马相伯认为气度格局甚至在曾、左之上,说:"胡文忠气度局量,在有清中兴诸大吏中为最宽宏。……惜其中年捐弃,不然其功业当在曾、左之上。"关于左宗棠,他认为铺张夸饰,好大喜功,说:"左文襄天资豪爽,在清季诸人中为独树一格,然其为人颇喜铺张夸饰。……淮军军费四千万,湘军亦如之。然左氏剿回则前后用去八千万,恰等于湘、淮军军费之合,即文襄自身亦不得不曰'惭愧惭愧'!"关于李鸿章,马相伯评价其洋务新政做得最好,中兴之功在曾、左、胡之上,他说:"彼于新政的远见,实比曾、左、胡高明。"(《一日一谈·人物月旦》,朱维铮主编:《马相伯集》,上海:复旦大学出版社,1996年,第1074页)

10月13日,马相伯对记者王瑞霖发表对于苏德、日苏关系,以及苏联集权体制的看法:"他们(苏联)把一万万几千万人民结成一个单一体,试问世界上有哪一国能以集合如许的力量去和他厮拼?结果,只有他能以战胜敌人。但就这一桩说,我是赞成苏俄的。不过,他的集中主义太厉害,结果个人得不到什么自由,这一点我是大不以为然,也就是我们不同的地方。"(《一日一谈·德俄之战与日俄之战》,朱维铮主编:《马相伯集》,上海:复旦大学出版社,1996年,第1079页)

10月14日,中华民国第六届全国运动会(10月10日至20日)在上海江湾体育场举行。当天,马相伯在土山湾居所对记者发表感想:"在这个运动会中,全国有三千多男女选手,他们有健全的体格,有各种运动技能,凡于东西洋青年学生所能以表演的技能,他们也都能应有尽有地表演,与东西洋所谓文明国家的运动家相比,可以说毫无愧色。而且我们的所特有的体育如太极拳,实比西洋的各种激烈的运动更有益于身体。"(《一日一谈·关于本届全国运动会》,朱维铮主编:《马相伯集》,上海:复旦大学出版社,1996年,第1080页)

10月19日,继续与王瑞霖作"一日一谈",话题为"我与高丽"。按马相伯的回忆,他当时向李鸿章提出了解决朝鲜问题的方案:"余劝中堂对高丽应早决定政策,或听其自主,中国脱离关系;或实行干涉,派干练钦差大员,率兵前往,作有力的指导,高丽始有挽救的希望。"(《一日一谈·我与高丽》,朱维铮主编:《马相伯集》,上海:复旦大学出版社,1996年,第1091页)

10月31日,继续与王瑞霖作"一日一谈",话题为"从震旦到复旦",透露是"颜惠庆先生把李登辉先生荐给我,他本是华侨,在美国读书的"。李登辉为复旦贡献一生,被称为"复旦的保姆"。徐景贤评论:"复旦大学在中国教育史上占着一个很重要的地位,他的教育要算是很注重科学的,且校风也很朴实,出来的学生在社会上能以卓然自立,而对于学术上有贡献的,亦颇不乏人,这不能不归功于马相伯老先生的贤昆玉筚路蓝缕,艰难缔造,与夫循循善诱,启发奖进之力。"(《一日一谈·从震旦到复旦》,朱维铮主编:《马相伯集》,上海:复旦大学出版社,1996年,第1107页)

11月1日,继续与王瑞霖作"一日一谈",话题为"意阿战争"。马相伯就阿比西尼亚(埃塞俄比亚)王国独立受意大利干涉的问题发表评论:"就现在阿国情形说,阿皇及其政府人员似乎有抵抗到底的决心,然而我们通观中西各国历史,自古及今,没有见一个国家其政府与人民截然分而为二(即政府以人民为鱼肉,视人民为草芥)而可以始终坚持抵抗外侮的。阿皇虽然英明,但其专制淫威,视人民如无物,实在是数一数二。"(《一日一谈·意阿战争中的面面观》,朱维铮主编:《马相伯集》,上海:复旦大学出版社,1996年,第1109页)

11月2日,与王瑞霖和另一位访客谈及欧洲的"犹太人问题"。在被提问"我们是不是应该反对犹太人呢?"马相伯表示:"从民族立场出发,世界人类,一律平等,任何民族不应该歧视,犹太人亦其一也。"另一客人将要去意大利访问,在语气中透露同情墨索里尼法西斯主义的反犹主张。马相伯赞赏犹太人自强不息,又融于当地的民族性格,"犹太人随时随地同化于他们所居的国家,但他们却仍然遵守他们犹太人自古相传的礼教与习惯,而且他们对于生计经营确有独特的观念,他们有句格言:'不能自养,便是强盗。'中国人以食于人为可贵,而犹太人则以不能自养便无异于强盗。"(《一日一谈·犹太人问题》,朱维铮主编:《马相伯集》,上海:复旦大学出版社,1996年,第1112页)

11月25日,北平各大学教授蒋梦麟、胡适、任鸿隽、傅斯年等人在《申报》等报纸上刊登签名声明,"除表示反对破坏国家统一外,并郑重宣称要求政府用全国的力量维持国家的领土及行政完整"。马相伯阅读后表示赞赏,并对外界发表意见说:面对日军侵略,大学教授应该反抗,不应维持旧状,投降异族。

马相伯说:"要做中国的斐希特Fichte,不要做中国的康德Kant。当1758年东普鲁士即船尼格士白克尚为俄兵占领时,康德因为要想在该处大学内补任一个正教授的职位,不惜卖却他的德意志光荣的学者的身份,上书俄女皇摇尾乞怜,并且署名道:'永为皇帝陛下底仆人英马奴哀·康德。'康德的哲学我们对于他虽然不得不表示相当的敬意,但他的拜倒在异族的统治势力的脚下的人格,实在是一无足取。斐希特则不然,他在哲学方面虽说是继承康德,但在行动方面却恰恰和康德相反。当法兵攻普鲁士,柏林已经在拿破仑第一的枪尖之下时,斐希特大声疾呼,到各处演说,唤醒德国民众反抗外敌的自信力与敌忾,又抛却大学校长的地位到前线去宣讲。"(《一日一谈·中国各大学教授所应做的事》,朱维铮主编:《马相伯集》,上海:复旦大学出版社,1996年,第1146页)

11月26日,上午,一共有四批客人来访,最后一批为上海《大晚报》总主笔曾虚白(1895—1994,曾朴之子,名焘,常熟人,圣约翰大学毕业)及《大上海人》编辑张君谷,畅谈中国抗战局势和世界变革大势。马相伯他对中国国家形式的看法,认为中国并不是一个现代国家,而是自命为"天下"的虚骄,反而被人宰割,说:"中国本来不是一个国家,从前我们汉族向来视天下为一家的,其他国家则视为蛮夷藩属之邦。如今完全不同了,外国人反不当我们视作一个独立的大的国家了。你们看丢脸不丢脸?我可以说句笑话,中国不是一个国家,好比是一只海蜇,要吃海蜇的时候,把它从海里捉起来,割下一块,再放下海去,它一死仍会生长起来,等到再要吃的时候,重新捉起

来宰割一下。"(张若谷:《一小时会见马相伯先生》,氏著:《马相伯先生年谱》附录,上海:商务印书馆,1939年)

"相老人头戴一顶珊瑚结的瓜皮帽,依靠在一只安乐椅中。他记性真好,一见曾君,便还认识。年前,曾君跟他的父亲孟朴先生曾去请他给曾君的祖母题签讣告。说起来也心伤,相隔一年,如今是曾君来请题写他父亲孟朴的讣告了。'老先生近况如何?''还勉强可以过得过去,可是我年纪老了,年老的人都不过如此吧!'他放下报纸,忽然望着我,'小张,你也长得快啊!'他眯着眼睛看我,嘴唇上面没有剃掉的小胡须,再看我身上穿的蓝袍黑马褂,说:'这样的打扮,活像一个中央委员。'我便递上去三本《大上海人》,在第一期上印着他老人家手书的'埋头苦干'四个字。他揭开创刊号的封面,看了几行'发刊宣言',点一点头,很诚恳地说:'希望你们要恒心做下去,你们要多做些爱人类、爱国家的工作,要多吃些苦,多做几件有益社会的事情。我自己是老了,希望你们年轻的人,多替中国争争气。'"(张若谷:《一小时会见马相伯先生》,氏著:《马相伯先生年谱》附录,上海:商务印书馆,1939年)马相伯晚年在土山湾寓所的生活饮食有节,张弛有度。足不出户,尽收天下风云;高朋满座,慷慨激昂,过后却也能安心读书读报、撰写楹联,且晨夕祷告,身心融贯。"马相伯是一个虔敬的天主教笃信者,虽将届百岁,每日起居有时,饮食有节。每日清晨,不分夏冬,拂晓五时左右起身,祈祷诵经,在教堂参望弥撒祭礼约一个小时。七时早餐,略进咖啡牛乳或稀饭鸡蛋等。餐后披览日报。八十岁后,久厌闻时事,闲则批阅各方寄赠的宗教及科学杂志。自从九一八发难后,又开始关怀国事,特别注意报章所刊国际对于中国的态度,并留意科学界的新发明或新记录。午前,如有客来访,相老往往接见。来宾中有党国要人、文人、艺人、新闻记者、教育家、科学家、留学生、慈善家、宗教家,以及亲友故旧,各色人等俱有,都莫不以得相老一言为荣。五年前(1931)相老违和,病势甚重,幸不久即恢复康健。近年来,医嘱静养,曾拒见来宾,但不速之客,或为故旧,或因时事往谒者络绎不绝,是相老家族引为最关切而感到最痛苦的一件事,曾登报启示,谢绝访问。甚至嘱仆从反锁其门,终归无效。来访诸人,仍纷至沓来,均以一睹相老颜色,并得一谈为快。相老谈兴浓厚时,喜欢留客共进午餐。一壁进食,一壁谈天,老人齿已尽落,镶装全副假牙。每餐只略进鸡汁及煮烂的肉类,所食甚微,足够一日的营养而已。午后宾客兴尽辞去,则依沙发小睡。有时来宾伸纸央求墨宝,相老欣然对客挥毫,字迹雄健,不类出于年将百龄老人的手笔。相老自八十岁后,始临池作画,曾自嘲为'八十岁学吹打'。来宾中有挟照相机央请留影纪念者,相老从不加以拒绝。郎静山君是他所激赏的一个摄影家。相老容光润焕,绝无龙钟之态,慈祥之脸,忖以银须皓发,益觉飘逸出尘。隆准如蒜,又若悬胆的美鼻,是相老肖像上的一个特殊异征。傍晚批阅晚报二三种,七时晚餐,进食略与午餐同。晚餐后即入教堂祷告,九时就寝,有时夜深人静,长跪良久,为国家为同胞祈祷祝福。现在隐居比国的陆徵祥神父每夜也仿相老的表率,常晨夕七次入教堂,祈祷天主,使中国早日度过难关,世界得享和平。有其师必有其弟子,相老也足以自慰了吧!"(张若谷:《我所见闻的马相伯先生》,氏著:《马相伯先生年谱》附录,上海:商务印书馆,1939年)上海坊间议论马相伯高寿的原因,家族遗传也是一个因素:"相老的尊人(父亲)寿七十五龄,太夫人(母亲)八十九岁,姊适朱氏,九十三岁作古,一门长寿,也是一件有趣味的事件。"另外,据马相伯身边人透露他长寿原因:"马相老过去九十多岁的生活,分析他的摄生之道,不外乎下列三个原则:一,清心寡欲;二,早起早睡;三,饮食节制。"(张若谷:《我所见闻的马相伯先生》,氏著:《马相伯先生年谱》附录,上海:商务印书馆,1939年)

11月,佘山圣母大堂历时十年建造完工,举行落成典礼。该堂为1863年以来第三次建造,为上海地区又一座主教教堂。大教堂按远东二类大堂规模建造,全石材结构,主奉圣母玛利亚(有"佘山圣母像"),为江南地区和中国天主教的朝圣中心。

12月9日,北平各大学学生发起"一二·九"运动,胡适及北平各大学教职员和地方教育界领袖为此也聚会,商谈国是。聚会中,包括胡适在内的教授们被当局出示逮捕名单,加以警告。胡适回复当局说:"我们到你这里来,就是准备使你们逮捕的!"马相伯听闻此讯,赞赏地说:"就适之平素为人与其学养说,我也确实未尝十分注意。然而这次一鸣惊人,使我老人复感觉周身热血升腾。"(《一日一谈·谈屑·胡适之一鸣惊人》,朱维铮主编:《马相伯集》,上海:复旦大学出版社,1996年,第1154页)

12月12日,马相伯、沈钧儒、周建人、周予同、章乃器、陶行知、邹韬奋、郑振铎、蒋维乔、钱基博等283人联名发表《上海文化界救国运动宣言》。宣言由沈钧儒起草,马相伯任上海文化救国会首席执行委员,提出"停止内战,一致抗日",以最大之努力维护领土之完整等八项主张。(郭廷以编著:《中华民国史事日志(三)》,台北:"中研院"近代史研究所,1979年,第542页)

12月12日,马相伯为首,江恒源、沈钧儒、周建人、周予同、孙冰、章乃器、陶行知、陈高庸、杨卫玉、杨荫溥、邹韬奋、廖茂如、寿毅成、郑振铎、蒋维乔、蔡正雅、钱基博、蔡承新、诸青来、李公朴、王造时、金仲华、钱俊瑞等283人联名，发表《上海文化界救国运动宣言》。《宣言》由他人起草，言辞激烈，报刊不能发表全文。惟各人推举马相伯首署，"惟马首之瞻"。

《上海文化界救国运动宣言》略谓：为"精良的组织民众，一心一德的拿铁和血与敌人作殊死战，是中国民族的唯一出路"，特提出八项主张："一，坚持领土和主权的完整，否认一切有损领土主权的条约和协定；二，坚决反对在中国领土内以任何名义成立由外力策动的特殊行政组织；三，坚决否认以地方事件解决东北问题和华北问题，这是整个的中国领土主权问题；四，要求即日出兵讨伐冀东及东北伪组织；五，要求用全国的兵力财力反抗敌人的侵略；六，严惩一切卖国贼并抄没其财产；七，要求人民结社、集会、言论、出版之自由；八，全国民众立刻自动组织起来，采取有效的手段，贯彻我们的救国主张。"（参见《申报》1935年12月13日）"同时以上海文化界救国协会名义，致电中央政府及北平学生会"，对东北和华北的抗战运动表示声援。（《公教周刊》，第7卷，第30期）

据上海报纸对《宣言》签名情况的花絮报道，"记者偶与某君闲谈，知君亦为签名于该项宣言之一人。据云该项宣言虽不为各报刊所刊登，然大概内容国人当能洞鉴。至当时发表宣言之经过，初无任何方面之领导及中心主张。缘是日下午某某等大学教授偶尔相聚闲谈，慨国事之日非，华北之危殆，当即主张发表宣言，乃推一人当场起草，一人当场校阅。尽在座者一致认可后，即请某校代为油印，派人分发，请接此宣言者各自签名，然后由某君收集。至下午三时，签名者果有二百八十人左右，乃决当即发表。然发表时究应由何人领衔，皆不敢决，良以宣言内容既格激进，公开发表不无相当危险。于是再三考虑，始有人主张请九六老人马相伯领衔。盖马年龄既高，声望又大，列名宣言，既有压力，亦能承担裕如。乃由某某等亲赴马氏寓所，恳其签名。初不料马虽年老近百，见此宣言，竟大为感动，立即题笔书名，并苦笑谓其左右曰：'国事至此，我的老命不要了！'闻者莫不兴奋愈恒，甚至有人泣下者"。（颐龄：《马相伯老命不要了》，《福尔摩斯》，1935年12月23日）

12月15日，上海小报《福尔摩斯》探到消息，本日报道马相伯与陆伯鸿开始一场司法诉讼。"近来为了地产纠纷，这两位善心肠的老儿竟火气不脱，动了气恼，各走极端，准备公堂相见了。"马相伯与陆伯鸿关系一直非常密切，陆伯鸿的女儿是马相伯的侄媳，马家、朱家和陆家曾在诸多慈善事业上合作。

12月27日,上海文化界救国会假座宁波同乡会召开会员大会,马相伯为首,廖茂如、沈兹九等九人组成主席团,马相伯、章乃器、陶行知、沈钧儒、邹韬奋、李公朴、王造时、史良、沈兹九、陈彬龢、江问渔、郑振铎、钱亦石等35人当选为执行委员。大会发表了第二次救国会宣言,提出新的"八项主张":"一,根本改变目前外交政策,公布过去的外交经过;二,开放民众组织,保护爱国运动,迅速建立起民族统一阵线;三,停止一切内战;四,武装全国民众;五,保障集会、结社、言论、出版的绝对自由;六,罢免并严惩一切卖国的亲敌官吏;七,对敌经济绝交,全国恢复抵制仇货;八,释放一切政治犯,共赴国难。"(转见自沈谱、沈人骅编:《沈钧儒年谱》,北京:中国文史出版社,1992年,第133页)

12月27日,马相伯书写《致复旦大学学生书》,支持复旦大学校长劝阻本校学生前往南京请愿抗战,而主张就地动员民众参与救国。前此,本月23日,复旦大学及上海各大学学生齐集火车站赴京请愿。校长李登辉接获蒋介石电报,到场劝阻。学生不从,自行启动火车上路。车至无锡,被当局阻断,押解回上海;25日,五、六百军警包围复旦大学,以军警一人死亡为由,入校抓捕救国会干部7人,李登辉校长声明辞职;29日,复旦大学校董孙科、钱新之、杜月笙、叶秉孚代表校董会向上海市长吴铁城提出交涉,要求释放学生。在各界抗议下,上海市政府在当日释放被捕复旦学生。

马相伯《致复旦大学学生书》(不全)如下:"复旦大学肄业诸君:日来诸君为国难而驰驱,餐风宿露,不遑宁处,余闻而大慰。唯李校长登辉,因而辞职,余为彷徨不安。然李校长劝诸君不必往南京,实为真的名言。盖政府诸公,类为天赋聪明,必能思之熟而筹之审矣。(中略)故诸君南京之行,纵成事实,亦属无谓。唯国家柱石,端在人民,今日亡国现象,其根源首在人民之懦弱。试看其它文明国家,有此等情形否?请诸君深长想之。为诸君计,与其呼吁政府,莫如开导人民,街头巷尾,茶寮酒肆,皆诸君为国宣劳处也。务使彼等晓于自身之力量与其责任之所在,执干而起,戮力前驱,则诸君之所以尽其天职者,亦即以补政府教育之力所不及。老迈如余,不克与诸君共甘苦,用贡一言,请希为国努力自爱。马相伯启。一九三五年十二月二十七日。"本公开书刊登于《立报》1935年12月28日,《救国时报》1936年2月4日。从《立报》版面看,"中略"一段系被"开天窗"了,删去三行,约54个字格。

本年,应时任中央研究院总干事丁文江(在君,1887—1936)的邀请,马相伯为之撰写字幅,作《题赠丁在君先生》,辞有曰:"……在君善科学,索余书,非以善,只以老。行年与荣启期等,不称老不得也。余倚老而不卖老,当庸不犯盗戒欤？马良问。"马相伯题赠之词相当诙谐，或因此字幅并未及时发给丁文江。次年1月5日，丁文江在湖南谭家山煤矿考察时因煤气中毒意外去世，遂不复寄给。马相伯将此题赠携至南京，方豪抗战后回都，在石鼓路天主堂马相伯储物处见到本字幅，录存，此据。

本年，上海徐家汇土山湾印书馆出版事业继续发展，业务量增加，"每年所用纸量达五十吨。每年所印书籍平均中文约六十种，三十万册左右；西文约五十种，五万册左右。该印书馆系孤儿院事业之一，直隶于耶稣会教士"（《磐石杂志》第3卷第5期，1935年；《道南半月刊》第1卷第16期，1935年）。

1936年(民国二十五年,丙子),九十七岁

1月2日,马相伯先曾有电致北平,询问各大学南迁事宜。本日,北京大学校长蒋梦麟、北平大学校长徐诵明、清华大学校长梅贻琦、北平师范大学校长李蒸、东北大学校长王卓然均电复马相伯,告知北平诸大学并无南迁计划,罢课请愿、游行之学生将于本月4日起复课,20日放寒假,2月3日正常开学后补作期末考试。(《时代日报》,1936年1月4日)

1月4日,马相伯在土山湾寓所设宴招待从欧洲经香港回国的吉林抗日将军王德林(1874—1938,山东沂水人),为其庆祝62岁寿辰,黄炎培作陪。(《黄炎培日记(5)》,北京:华文出版社,2008年,第106页)

1月,《圣教杂志》第25卷第1期发表马相伯《〈救世福音对译〉序》。《救世福音》译成之后,未马上出版,还在作最后校改。1936年12月,马相伯将此译稿携至南京,交给于斌主教批准后印行。1937年8月,抗日战争全面爆发后,马相伯离开南京,转赴大后方,行囊中未能带走《救世福音》译稿,也没有看到《救世福音》的正式出版。

1月16日,据上海《新闻报》报道,为拯救上海、江苏、山东水灾后的难民,马相伯发起卖字捐款活动。他亲书对联,定向问国民政府要员乞捐、索联,义卖所得捐助水灾难民。此举获得支持,政府主席林森题"行义高劭,体性温仁",委员长蒋介石题"令仪令色,允武允文",副总司令张学良题"江山助磅礴,文物照光辉",立法院长孙科题"平生怀直道,大化扬仁风",考试院长戴季陶题"学业醇儒富,文章大雅存",财政总长孔祥熙题"各勉日新志,能为岁寒枝"等。所有对联均交由上海筹募各省水灾义赈会拍卖集资。上海义赈会还以马相伯名义,向林森主席致函,内有"以国家之耆宿,发普渡之慈心,墨妙流传,万众推崇"等句。

据《新闻报》1936年2月9日《马相伯书联应声》之后续报道,本次由马相伯向国民政府领袖发起的乞捐活动,得到积极响应。行政院长蒋介石认购马相伯的题词,捐一千元;孙科院长认捐一百元。考试院长戴季陶则大摆文人气,称自己认捐已多,纳入马相伯对联之后,又捐出

自己书写的屏联,用以拍卖,作价380元,接力认捐。"上海各省水灾义赈会前曾代求九七老人马相伯为行政院蒋院长、立法院孙院长、考试院戴院长等书写对联,同时并蒋院长等乞赈。兹闻蒋院长已捐助法币一千元,孙院长亦捐助百元。至戴院长则以屏条八幅,小联一幅,作价三百八十元助赈。更附以一函,略谓:承贵会不弃,代求相伯先生赐以墨宝,嘉幸何如!今于首都、洛阳、长安、武功,及原籍之吴兴,寄籍之广汉,先茔所在之金堂,均略尽绵薄。岂敢云施,亦聊以自安于不忍之心而已。至对苏、鲁灾区儿童,亦微有所赠。总计其数,实非贤所能胜任者。相老之书,敬领谢谢,然不敢因此而奉金帛,以渎慢全国尊崇之长老也。乞贵会诸同仁谅之。奉上屏条八幅,拟定价三百四十元;小联一幅,拟定价四十元。本系悬诸室中,以自警劝者,今以捐于冬振会,聊助万一。若有仁人,肯因是发大菩提心,财法兼放,则引玉之愿,为不虚矣。"

1月28日,上海各界民众举行"'一·二八'四周年纪念大会",公推马相伯、史良、沈钧儒、何香凝、章乃器、周剑云、严谔声、吴耀宗、廖茂如、沈兹九、刘王立明、王晓籁、张一麐、杨卫玉、江问渔、骆清华、欧阳予倩、李公朴、胡凤翔等十九人为主席团成员。上午在天妃宫上海市总商会召开纪念大会,下午整队步行至市北郊宝山庙行镇无名英雄墓地,公祭"一·二八"阵亡将士。马相伯出席纪念大会,沈钧儒先作报道,次高唱"义勇军进行曲"、"一·二八纪念歌"。随后是王造时、史良、李公朴和各大、中学小学生代表演说,最后由章乃器朗读大会宣言。下午二时四十分,行进队伍四人一排,共八百余人,拉着"一二八四周年纪念公祭无名英雄墓"白布横幅,沿河南路、宝山路、西宝兴路、北宝兴路、柳营路、横浜路、粤秀路向庙行镇无名英雄墓地进发,沿路散发传单,群情激昂。(《立报》,1936年1月29日)

2月22日,青年艺术家张充仁游学欧洲回到上海,"顷假环龙路(今南昌路)11号法文协会举行"(《新闻报》,1936年12月21日)艺术展。本日下午二时开幕,每日上午九时至下午六时开放,无须门票,至3月1日结束。艺术展内容包括油画、水彩画、风景画、人物画、泥塑、铜像等。马相伯、蔡元培和比利时驻华大使纪佑穆和中比友谊会等人士出席开幕式。

2月,马相伯口述,王瑞霖笔记的《一日一谈》由上海复兴书局出版。王瑞霖于1935年10月至12月间,在土山湾乐善堂"执笔伺九七老人马相伯近三月"(王瑞霖:《〈一日一谈〉序》),几乎每日采访、记录,得"一日一谈",为马相伯生平、思想和著述研究留下重要参考资料。《一日一谈》单篇采访稿曾在天津《益世报》和天主教内杂志连载,此为首次结集。

3月2日,《新闻报》据路透社当日报道,罗马教宗庇护第十一在梵蒂冈宣布授予上海商人、公教进行会会长陆伯鸿以袍剑侍从荣誉,即赐予佩剑与披肩,以示隆重。此项荣誉第一次授予一位东方人。(《新闻报》,1936年3月4日)

3月24日,深夜,国民党上海当局派遣警察进入复旦大学,逮捕学生救国会负责人多位。25日,大队军警进入学校,与学生发生冲突,学生四十余人并护卫学生的李登辉校长被殴。事件发生后,马相伯及救国会各位领袖均表谴责,沈钧儒、章乃器、沙千里、史良等代表上海各界救国会进见上海市长吴铁城,要求释放被捕学生,惩办肇事者。沈钧儒《关于复旦事件》提出:"以后除非学校当局自动请求协助,政府不得令军警进入校内,如有学生径向政府所属机关请求派遣军警到校等事,尤须绝对禁止。"(《上海文化界救国会会刊》,第3号,1936年4月9日,收《沈钧儒文集》)

4月4日,本日,冯玉祥在南京接待马相伯介绍来柏文蔚(烈武)的女儿和一敏感客人(姓名被记为×××),事关争取释放复旦大学被捕七位同学事。"为有七同学未放出也,我已允写信给上海杨司令虎救之。"(中国第二历史档案馆编:《冯玉祥日记(四)》,南京:江苏古籍出版社,1992年,第704页)

4月11日,冯玉祥将军在抗战前线的受马相伯言行鼓舞,因记其感受:"这一星期的感想:马相伯先生实为人生最好模范,如不想早死,须死在日人手中,不可自杀。"(中国第二历史档案馆编:《冯玉祥日记(四)》,南京:江苏古籍出版社,1992年,第708页)

4月16日,上海英文报纸《新世界》(New World,1934年创刊)发表该报记者采访马相伯的报道,公布相老人对于当前时局的看法。马相伯相信当时舆论中的说法,认为苏联对中国并无领土野心,而日本政府则是采用帝国主义政策,意图吞并中国领土。"问:先生对广田三大原则之态度如何?答:若接受广田三大原则,等于中国民族之自杀,所以中国人民决对不能接受。至于南京对该三大原则之态度,则完全是模棱两可,不接受亦不拒绝,诚恐表明态度后,中日之紧张关系将更形恶劣。问:到了必须回答问题时,南京将如何处之?答:我希望政府回答'否'。不然,则政府必为人民所唾弃。"(《苏联对中国毫无野心》,朱维铮主编:《马相伯集》,上海:复旦大学出版社,1996年,第594页)

4月,根据马邱任我致信震旦大学校长、耶稣会士才尔孟(Georges Germain, S. J. 1895—1978)反映的情况,原本由震旦大学发给马相伯的常年生活费,在二度停发之后,本月定为每月700元,仍由马相伯儿媳妇、马玉章母亲马邱任我领取并使用。此前,本年1月,震旦大学停止支付每月300

元的生活费；马相伯请顾守熙代为陈情，即商定由马邱任我从郭、竺两修士处领取。至本月忽又停发，马邱任我再次陈情，则决定按此新标准发放。方豪见过马邱任我原信，此见氏著《马相伯先生年谱新编》（李东华编：《方豪晚年论文辑》，台北：辅仁大学出版社，2010年，第354页）转述。

5月17日，朱开敏主教为南通重建露德圣母堂奠基。朱开敏担任海门教区主教后，得到家族人士马相伯、朱志尧及上海教区信众支持。1930年起，上海大通轮船公司每年有狼山圣母朝圣航线，令教堂拥挤数倍，不敷容众。本年，由潘世义相公设计的新堂开工建造。

朱开敏撰奠基典礼记文如下："距狼山南五里许，旧有总领天神圣弥额尔小堂一座，因江潮啄岸，势将入水。时任海门总铎者为顾公洪义，任南通本铎者为许公达卿，协谋迁至狼山北麓里许之地而重建焉，故名露德圣母堂，盖欲在迷信最重，香火最盛之处，得圣母为慈航，而普渡众生于道岸也，事在一九二五年。嗣来堂瞻礼者，每得身灵之，风声所布，既有时远道来者。一九二六年，海门教区分立，划江北七县隶焉。首任主教念南通为文物之邦，独少识真主者，悲然悯之，乃切求狼山圣母赐助开教，爰有教妇许江氏，因许愿于圣母，剧病忽愈，购一露德圣母像于堂内，从此朝圣者，更突增数倍。一九三〇年，上海大通公司特开专轮迎送朝圣者，年以为例。于是小堂患不能容众。邱敦甫总铎，乃禀请募集钜款，改造大堂。未一年，得善男信女之助，集有成数，乃聚工材，请建筑师潘世义先生督造之，而余为行奠基礼焉。一九三六年五月十七日。特受斯毕府主教代教宗管理江苏海门教区朱开敏志。"

5月31日，马相伯、沈钧儒、章乃器、陶行知、邹韬奋等人发起的"全国各界救国联合会"在上海成立，来自华北、华南、华中及长江流域各省60多个救亡团体和十九路军代表70余人参加会议。会议在圆明园路133号中华基督教女青年会总部大楼秘密举行，宋庆龄、何香凝、马相伯、沈钧儒、章乃器、邹韬奋、李公朴、王造时、沙千里、史良等40余人被选为执行委员，何香凝、沈钧儒、章乃器、陶行知、李公朴、王造时、史良、沙千里、马相伯、孙晓林、曹孟君、何伟、张申府、刘清扬等14人为常务委员，主持日常工作。本会联合会创办《救亡情报》作为机关报。按选举情况看，马相伯应该出席了连续两天的会议，宋庆龄因病缺席。（周天度：《七君子传·沈钧儒传》，北京：中国社会科学出版社，1989年，第72页；尚明轩：《宋庆龄年谱长编》，北京：北京出版社，2002年，第409页）

夏，马相伯为中华书局本年出版蔡元培、柳亚子寿辰纪念文集题写书名："蔡柳二先生寿辰纪念集，丙子夏九七叟相伯。"（徐蔚南编：《蔡柳二先

生寿辰纪念集》,上海:中华书局,1936年;《民国丛书》第二编,上海:上海书店出版社,1990年影印本)

6月13日,中午,马相伯97岁生日庆祝,黄炎培等人出席,"就土山湾会宴,是为千龄宴第四集"(《黄炎培日记(5)》,北京:华文出版社,2008年,第175页)。

6月14日,民国元勋、国学大师、抗战言论家,马相伯晚年挚友章炳麟在苏州去世。马相伯亲书挽联两副:"代人民说公道话,替党国讲正经语,卓哉!君乎安可死;言文学似黄梨洲,论品行如顾宁人,髦矣,我也得毋伤。"在《制言》杂志1936年第20期影印刊登。马相伯另有《太炎先生像赞》,亦刊登于同期《制言》杂志:"前不见古人,后不见来者;念天地之悠悠,独怆然而泣下。录陈子昂诗为太炎先生像赞,叹吾道之孤也。"

《太炎先生像赞》是马相伯为张善子、张大千兄弟合画章太炎遗像所题赞词,画像和题词由李根源刻成石碑,拟在安葬时置于墓前。据章炳麟嫡孙章念驰:"李根源先生在太炎先生逝世后,托苏州集宝斋为太炎先生镌的一幅肖像,画像出自大画家张善子、张大千兄弟之手,并有马相伯先生题字。不久,因战事起,这石碑没有树立。战后发现仍在集宝斋,李根源先生便取出送往我家,植于太炎先生葬地,代替了墓碑。其实,此碑并非墓碑。"(章念驰:《太炎营葬始末》,《文史资料选辑(二)》,上海:上海人民出版社,1982年,第79页)今杭州西湖屏山"章太炎之墓"为1955年公建。"文革"毁去后,1981年重修,墓前并无此碑。

自辛亥年以来,章炳麟捐弃前嫌,与马相伯频繁往来。1931年东北事变之后,为宣传抗战更是关系密切,国内称为"二老"。按徐景贤记载:"犹忆九一八后,日本制造伪国,多方文字宣传,希乱国际听闻。维时相伯先生口授以稿,及半,又语余曰:'尔其谒章太炎,请其亦抒所见。'奉命即往,立时延见,援笔书八行,以授予使归。于是,一时传诵《马章宣言》,国民外交文字电稿,由沪报之竞相刊载,创开国难言论界中之新纪录。"(徐景贤:《近故余杭章太炎先生哀词》,载《学风》,1936年,第6卷,第5期;又见赵中亚编:《徐景贤文存》,南京:江苏人民出版社,2016年,第536页)

6月23日,行政院冀察政务委员会外交委员唐悦良(1888—1956,上海圣约翰、耶鲁、普林斯顿大学毕业,唐绍仪堂侄)从上海回到南京,向冯玉祥盛称:"马相伯的爱国,宋子文的努力,以及薛子良的近情。"(中国第二历史档案馆编:《冯玉祥日记》,南京:江苏古籍出版社,1992年,第745页)可见马相伯抗战言论给人之深刻印象。

6月27日，本日，上海《大公报》发表《上海学术团体访问记》，披露1914年在美创立的中国科学社已有社员一千余人。该学社除了陆续得到广州、南京政府用地用屋支持外，中华文化教育基金会按年补助数万元。该社总办事处、图书馆、印刷公司和《科学》杂志编辑部均设在上海，生物研究所设于南京，分社遍布南京、北平、广州、杭州、青岛、苏州、美国等七处，每年举行年会。该社现任职员为：董事马相伯、孟森、蔡元培、吴稚晖、汪精卫、孙科、熊希龄、宋汉章、胡敦复、任鸿隽等十人；理事为王琎、杨孝述、周仁、竺可桢、胡刚复、胡先骕、翁文灏、赵元任、钱宝琮、高君珊等十人。总干事由杨孝述兼任，图书馆主任刘咸，编辑部主任王琎，动物部主任秉志，植物部主任钱崇澍，科学教育委员会委员张准。

7月4日，为警示后人，以及震旦大学当局的不当动议，马相伯写了一份《震旦办学捐据始末备忘》（文稿），叙述当年捐献田亩收入，创建震旦学院的缘起和经过。当时，法租界公董局和震旦大学主政者为避战乱，以及中国当局收回租界的威胁，有意将学校迁往法属殖民地越南河内。马相伯及家族后人以该校创建与初期校产均由马氏贡献，出面表示反对。事经多方交涉，震旦迁校之议遂寝。

《震旦办学捐据始末备忘》文稿称："慨自清廷外交失败，国人不知公法，又不知制造，故创设震旦以救之。公法须习语言文字，而法文则为欧美国际通用文，加以个人之建设，势不能久，故托耶稣会团体以期常久。其会章既允设立学堂，并世工进行。利玛窦传教于中国，此其例以救。曾将家产三千亩捐为震旦基本，又于建筑时曾捐现洋四万圆，时地基价一亩均四百圆。又英、法两租界地八处，当时价值十余万，尚记在法界一地，为朱相公贱价售于其相识，余甚责之。其余七处，余以年迈，讫未过问。至家产三千亩另立典于记名，因以别于公产，委朱相公就泗宅代理之，因外国人于租界外例无买地出租权。此立典于记之由来也。相伯丙子七月四日记于乐善堂。余老矣，撷记大约而已。"（马相伯后嗣马天若家藏原件；《家产立典记》，朱维铮主编：《马相伯集》，上海：复旦大学出版社，1996年，第604页）

据马玉章回忆："1936年，爷爷（马相伯）病了。震旦法人看到局势对他们不利，企图将震旦大学迁到越南西贡。顾守熙伯父知道了，暗中通知我妈妈（马邱任我）。妈妈便写信告诉在北京的宗文姑母，姑母复电约妈妈到南京，面告于右任伯父。于大怒，派审计处徐可澄（震旦旧生）叔，到震旦同法人办交涉。于右任伯父和宗文姑母对以上的经过都知道，何况徐可澄本人也是其中一员，他以事实为根据向法教士办交涉。再加上于右任的势力,法教士不得不低下头来,承认学校是爷爷办的,震旦所以才能保存到现在。爷爷病愈,宗文姑母把这件事的经过禀告了他。爷爷乃亲笔写备忘录一纸,上面写明他办震旦时所用的银两和田地,也写明了为什么托法教会代为管理。时为丙子年1937年7月4日。"(马玉章:《爷爷轶事》,丹阳市政协文史资料研究委员会编:《爱国老人马相伯(1840—1939)》,丹阳,1990年,第71页)

7月20日,据本日上海《大公报》刊登《张充仁印象记》报道,留学比利时归国青年雕塑家张充仁正为马相伯、张啸林塑像。报道称:张充仁"自去年在海外载誉归来,仍本'为艺术而艺术'的宗旨,埋首在劳神父路他的画室,从事雕塑的研究,最近完成了马相伯、张啸林两氏的塑像"。

张充仁(1907—1998),上海七宝镇人,父亲为土山湾木工,母亲是圣母院女工。幼年丧母后,入土山湾孤儿院。14岁时类思小学毕业后,入土山湾工艺院随安静斋(Henry EU)相公学艺,先习照相、印刷,后学油画、雕塑。拜马相伯学文化,因亲友关系称"佬佬"。1928年满师后,由马相伯介绍入《时报》任插画编辑;马邱任我又介绍给英商谭容圃做家庭教师,被谭氏夫妇收为义子,并应允承担出国留学路费。1931年,又经马相伯介绍给王景岐(曾任比国公使)、褚民谊(时主持中比庚款委员会),助张充仁考取"中比庚款奖学金",入学布鲁塞尔皇家美术学院(Academie Royale des Beaux-Arts de Bruxelles)。1934年,因马相伯关系,张充仁在比利时结识陆徵祥,经后者认识《20世纪报》漫画周刊画家埃尔热。埃尔热(Herge,1907—1983)在著名漫画《丁丁在远东:蓝莲花》(1935)中嵌入与张充仁(Tchang Tchong-Jen)的交往和故事。1935年秋,张充仁回到上海,马相伯联络蔡元培、徐悲鸿、刘海粟等人,为其举办"张充仁归国展览会",各界名人莅临,好评如潮。马相伯、马邱任我租让原来的住房劳神父路(今合肥路)608号,供其开办"充仁画室"。冯玉祥、唐绍仪、司徒雷登、蒋介石等名人邀请他为自己雕塑胸像。1950年,创作"人民英雄纪念碑",未被采纳;1981年,与埃尔热在欧洲重逢;1985年,应巴黎艺术机构邀请,从上海油画雕塑院赴法讲学,为埃尔热、德彪西、密特朗创作雕塑,有欧洲"张充仁热"。同时,他还联系国内关系,为邓小平、聂耳、巴金、茅盾、简庆福等名人雕像。1996年,为祝贺香港回归,创作雕塑《完璧归赵》;1998年,因病在巴黎去世。(陈耀王:《马相伯与张充仁》,宋浩杰主编:《土山湾记忆》,上海:学林出版社,2010年,第166—168页)

8月24日,据《立报》本日报道,中华民国教育部"因复旦大学校长李登辉,办学三十年,劳绩卓著,复旦之有今日,全为李氏的努力的结果",拟请褒奖,以资表彰。同时被呈请博爱奖的还有马相伯、王培孙二人。

9月1日,据《上海报》本日报道,马相伯为在家乡丹阳创办相伯图书馆,除了捐赠自己的藏书之外,另还允诺亲书对联一百副。凡捐款额满五百元者,赠送对联一副,以示感谢。故此,"相老人清晨四时即起身,持其如椽之笔,临窗挥毫,至六时始搁笔停书,休息进餐云"。

9月12日,马相伯患病,身边人不无忧虑,派陪伴人士万国华通知黄炎培。(《黄炎培日记(5)》,北京:华文出版社,2008年,第201页)

9月18日,全国各界救国联合会第二次执行委员会会议在上海举行,会址即在马相伯土山湾寓所。(《救国会》第274页,转见自复旦大学校史编写组:《爱国老人马相伯传略》,丹阳市政协文史资料研究委员会编:《爱国老人马相伯(1840—1939)》,丹阳,1990年,第153页)会间,马相伯书赠各位代表,并作《题赠全救第二次执委会词》,其中有语:"吾国开化最早,而国事日非,其故安在?三代前征诛之局,今不得而知矣。三代后大都胜者认土地为战利品,认人民为俘虏物,由其宰割而已。倘能首级多,封户多,便如陈平之宰肉,奉为宰天下之极规,试问以此俘虏之民于天地,何能侥幸于万一乎?故今日必用真民治,礼所谓民则君,以自治也。"马相伯"民治"特征的抗战主张,结合民主与自治的精神,即"主义纯洁,精神洪大,人人奋斗之日至矣"。马相伯给各执委会委员的题词是:"耻莫大于亡国,战虽死亦犹生。"(朱维铮主编:《马相伯集》,上海:复旦大学出版社,1996年,第598页)

9月22日,马相伯患腹泻十多天,经医治和调理,本日痊愈。据本月26日《大公报》(上海)"本市消息":"马相伯近患腹泻,已十余日未起床,经医治后,现已愈四日,惟因年事太高,精神尚未恢复,每日只进鸽蛋五六枚,鸡汁少许。"马相伯此次腹泻,仍由何理中医师为之诊治,幸无恙。

9月26日,沈钧儒携女儿沈谱(又菊)来访土山湾,会见马相伯,为时局交换意见,商讨救国会活动事宜,并合影留念。沈钧儒日后在合影照片背后题写:"我年六十有三而马相伯先生长于我又三十四岁,故我于相老人前殊有年少之感。九月二十六日访之于徐家汇土山湾某善堂大宅,汝兼为摄此影,以寄又菊,其以此获此年少父亲为乐耶?二十五年十月二十四日衡山补记。"(沈谱、沈人骅编:《沈钧儒年谱》,北京:中国文史出版社,1992年,第151页)

10月9日,《新闻报》刊登"五洲大药房创立三十周暨新厦落成纪念特刊",马相伯、蔡元培、汪伯奇、马荫良、顾毓琇、吴开先、潘仰尧等均以"赠言"为贺。大药房新厦坐落于福州路、河南路口公司原址,为十层高楼,集办公、生产和销售于一体,为华商巨擘。马相伯在赠言中略谓:"五洲公司注重于自己发明制造,不注重于贩卖他人货物,故能自立;不受操纵影响,出品皆按科学方法,不肯丝毫苟且,故能务实而信用卓著,则致盛自有其道,岂偶然哉?"

10月18日,马相伯、宋庆龄、何香凝、沈钧儒、章乃器、王造时、李公朴、史良八人联合署名,发表《马相伯宋庆龄等更正国民党上海市党部侮蔑救国会之通令启示》,事因"九月十七日、十八日各报载有上海市党部严禁籍名募捐通令,内中牵涉各界救国联合会,认为未经党政机关许可之非法团体,且诋为反动分子之集团,甚至诬为籍口救国为名,敛钱肥己"。为此,马相伯等驳斥:"窃以国难严重如此,党政诸公既不能领导人民从事抗亡工作,人民自动组织,应何欣慰之不遑,讵忍为反动,实所不解。且其所指事实,系九月六日上海各界救国联合会为绥远抗敌军队募捐,倘为政府抗敌军队而竟为反动,则岂非媚敌卖国,乃得称为正动乎?""除将实情陈述,请予更正,以明是非,将来募捐结果,再当披露。"(原载《救亡情报》第22期,转见自沈谱、沈人骅编:《沈钧儒年谱》,北京:中国文史出版社,1992年,第152页;尚明轩编:《宋庆龄年谱长编》,北京:北京出版社,2002年,第417页)

10月19日,为著名作家鲁迅逝世事,宋庆龄筹组了治丧委员会,成员包括蔡元培、马相伯、宋庆龄、毛泽东、内山完造、史沫特莱、沈钧儒、茅盾、萧三等九人。上海鲁迅纪念馆藏冯雪峰笔迹名单上有毛泽东;另有"鹿地亘"拟插入内山完造、A. 史沫特莱之间,被涂去(上海鲁迅纪念馆编:《鲁迅纪念馆藏文物珍品集》,上海:上海古籍出版社,1996年),上海《大晚报》(1936年10月20日)公布的八人名单上则无毛泽东,仍有马相伯。马相伯平生与鲁迅至少有过一次交往,即在1906年曾为顾琅、周树人(鲁迅)译《中国矿产志》作序。

10月27日,黄炎培到土山湾探视马相伯。马相伯"前月有病,今已复健,谈兴如常"(《黄炎培日记(5)》,北京:华文出版社,2008年,第213页)。

10月31日,蒋介石总统五十岁生日,上海市市长吴铁城、江苏省主席陈果夫、上海总商会会长王晓籁和何应钦、周至柔、翁文灏、孔祥熙、程潜等人发起和组织"献机祝寿"活动,宣传声势浩大,马相伯也响应参加。应南京主教于斌要求,马相伯代书对联一副:"大衍年华,飞机献寿;中流砥柱,振坚朝中。"

另,马相伯自己手书一"壽"字进贺,该字书法上从士、从口,注"仿太宗书,士人之口,吉祥止止"。左旁书"笼罩一切时期,无往不利"一句为贺,上款书:"委员长蒋公大衍之庆。"下款为:"九十七叟相伯马良敬祝。"(张若谷：《苦斗了一百年的马相伯先生》，氏著：《马相伯先生年谱》附录，上海：商务印书馆，1939年)惟马相伯自己说："小子(指蒋介石)"不知，"寿"字缺笔，写成了"吉一时"。(马玉章：《怀念先祖父相伯公》，朱维铮等著：《马相伯传略》，上海：复旦大学出版社，2005年，第300页)马相伯的"寿"字有四尺大小，以描金红绢立轴制作，于10月30日由专人航空送京。截至本日，全国各省市、各机构募款购买美国战斗飞机共50架，其中上海市10架，江苏省9架。全国天主教徒"捐款五万元，购救护机两架，定名'天主教一号'、'天主教二号'"(《蔡宁电贺蒋寿》，《时报》，1936年10月31日)。

11月4日，去年上海《福尔摩斯》小报传说的马相伯与陆伯鸿诉讼案，本日经《新闻报》报道核实，案件经过三诉，进入"马相伯对侄媳返还田产案反诉"。据本报道透露，马相伯于去年7月被陆伯鸿女儿、马相伯侄媳马陆氏诉讼。法院判决结果是"马相伯应返还松江、青浦、泗泾等处田地三百六十二亩三分"。马相伯不服，提出反诉。后经高级法院第三审判决，发回上海地方法院调查重审。11月3日上午重新开庭，马相伯代表律师俞钟骆出庭。案件仍在调查之中，最后判决择日公布。

11月14日，中南医科大学毕业同学在上海创建太和医院，今天登报申明聘请马相伯担任院长(名誉)，医务仍由李权经(内科)医师主持。该医院设址虞洽卿路(经西藏路)远东饭店斜对面黄房子，地处闹市，惟力求"取费低廉，病房清洁"，在马院长接任期中，特设免费戒烟病员额二十名，产科十名。(《新闻报》，1936年11月14日)

11月26日，上海《新闻报》本日报道，上海境内与吴淞江(苏州河)并行而东的第二大河流蒲汇塘淤塞严重，曾经1933年6月有马相伯等人的上书吁请，并亲自组织促浚会，终得宋子文批准动工。本年，在淞沪战区善后会中拨出巨款，由张寿镛、胡筠庄指导，此际基本竣工。为纪念工程竣工，马相伯等人特推举杨福元、李启贤等人负责筹款，在沪西中山路蒲汇塘滩地建造一纪念亭，工程项目由上海基泰建筑事务所设计，陶桂记营造厂承建，不日即可竣工。(《宋子文拨款助浚蒲汇塘马相伯等建亭纪念》，《新闻报》，1936年11月26日)

11月23日，蒋介石政府下令逮捕救国会领袖沈钧儒、邹韬奋、李公朴、章乃器、王造时、史良、沙千里，上海舆论称为"七君子"。马相伯于30日致信冯玉祥，以强烈措辞，寻求保释该七人。马相伯提出："国家兴亡，匹夫有责，杀一不义，虽得天下，文武不为。今则学生爱国，罪以共党；人民爱国，罪以共党；至沈君等数人以民胞物与心则有之，以苏俄为心，窃可以首领保其无也。"马相伯并愿以自己的"首领"担保沈钧儒等七人确系"血心爱国",而非"以苏俄为心"(《致冯玉祥》,朱维铮主编:《马相伯集》,上海:复旦大学出版社,1996年,第593页)。

11月30日,马相伯致书冯玉祥,因冯将军从南京来电,询及相老人何日可以启程赴宁晋京?马相伯表示还需要谋定盘缠和生活费,"老夫须俟行装运毕,旅费与生活费谋定,始克成行"。信中还对政府逮捕"沈钧儒等七人"并"罪以共党"一案提出"窃可以首领保其无也,幸我将军体恤之"。(《致冯玉祥》,朱维铮主编:《马相伯集》,上海:复旦大学出版社,1996年,第593页)

11月,马建忠《东行三录》收入神州国光社程演生、李季、王独清主编,蔡元培作序的"中国内乱外祸历史丛书",再次出版。《东行三录》由程演生编辑,马相伯为之题署,透露马建忠当年"为国致死",乃因翻译《辛丑条约》文件。"庚子之乱,由拿拉氏惑于扶清灭洋之说。东南督抚宣布自保,不奉朝命。两广李伯相特来上海,主持一切,遂嘱吾弟建忠至行辕襄理。公历八月中旬,俄廷突来长电七千余字,竟谓不承诺,即封锁吴淞。连夜译成,愈甚,以致热症大作,十四晨即去世。"(《题马建忠著〈东行三录〉》,朱维铮主编:《马相伯集》,上海:复旦大学出版社,1996年,第591页)

程演生(1888—1955),安徽怀宁人,安徽高等学堂肄业,留学法国学习考古学。任教北京大学时,与沈尹默、陈独秀、王星拱等组织大学俱乐部,参与编辑《新青年》,策动"五四"运动。1928年,任民国政府特派员,考察法国、比利时、土耳其等国教育和社会情况。1932年任安徽大学校长,1936年辞职来上海,从事出版工作。1949年以后担任上海文史馆馆员,1955年去世。李季(1892—1967),湖南平江人,1918年毕业于北京大学英文系;1920年,参与共产主义小组活动;1922年,留学德国法兰克福大学,转学苏联东方大学;1925年,担任上海大学经济系、社会学系教授。后回武汉、平江活动,1928年定居上海,从事翻译和著述活动。王独清(1898—1940),陕西蒲城人,1913年入三秦公学学英文,1915年来上海。后留学日本,1917年回国,曾担任《救国日报》(陕西)编辑。1920年赴法留学,1926年在广州加入创造社,参与编辑《创造月刊》,并从事诗歌创作。1929年担任上海艺术大学教务长。1940年在上海去世。

12月1日,上午十点,寰球中国学生会总干事朱少屏、前政府总理唐绍仪、著名摄影家郎静山、《新闻报》摄影记者马庚伯和文字记者一行五人,前往土山湾寓所拜访马相伯,畅叙旧情。

唐绍仪(1862—1938),字少川,广东香山人。幼年来上海读书,

1874年为第三批留美幼童之一,入学纽约哥伦比亚大学;1881年回国在天津水师学堂学习,次年随前德国驻天津领事穆麟德到朝鲜平定叛乱,与袁世凯结交。此后一直处理朝鲜事务,担任驻朝总领事,后又担任中英西藏、中俄东北事务谈判。1906年,唐绍仪担任全国铁路总公司督办,卷入各种路权纷争;次年,担任奉天巡抚,为满清看守东北。1910年,唐绍仪被任命为邮传部尚书。辛亥革命爆发后,南北和议启动,唐绍仪代表袁世凯控制的北方政权,个人却倾向共和,并与南方代表伍廷芳达成和议。唐绍仪与马相伯在辛亥前后密切交往,至本年已有十多年未见。本年9月,唐绍仪结束在广东中山县长任职,从广州回到上海。本日,由大西路(今延安西路)寓所前来叙旧。按《新闻报》文字记者记录,马相伯回忆起他与唐绍仪在光绪九年(1883)曾同乘招商局轮船"普济号"前往朝鲜。唐绍仪的随从是一位黑人巴斯蒂尔(Butier),相貌让朝鲜人惊恐。另外,还谈到他们在戊戌、辛亥年的友情和经历。(《马相伯先访问记》,《新闻报》,1936年12月2日)马相伯、唐绍仪在土山湾寓所中的合影,见《中华》(上海)杂志1940年第85期第14页刊登。马、唐此次相会,距后者被国民党势力在福开森路(今武康路40弄1号)寓所刺杀仅一年多。

12月10日,马相伯离沪前夕接受《立报》记者采访,就"七君子事件"发表意见,说:"我这次赴京,也想同政府里的人说说,放了他们。我敢说,愿意拿我的头颅来担保他们。"他们"都很好,很有学问"(《立报》,1936年12月11日)。

12月11日,丹阳旅沪同乡会、丹阳相伯图书馆理事会,假座中央饭店为马相伯及其家属饯行。丹阳同乡会董事姜证禅、常务理事裴元鼎、董肖骞、刘哲忌等设席,马相伯由孙女玉章代为出席。(《新闻报》,1936年12月12日)

12月12日,马相伯听从各方面的意见,决定移身去首都南京,协助抗战的动员和宣传,当日启程。本日,黄炎培若有所失,记为:"九七老人马相伯以政府之敦劝,赴南京过其长安闲居生活了。"(《黄炎培日记(5)》,北京:华文出版社,2001年,第227页)

12月12日,东北军司令张学良将军在西安发动兵谏,拘禁国民政府蒋介石委员长,要求他领导抗日。张、杨两将军提出主张:"一,改组南京政府;二,停止一切内战;三,释放上海被捕之爱国领袖;四,释放一切政治犯;五,开放民众爱国运动;六,保障集会、结社一切政治自由;七,切实遵行总理遗嘱;八,立即召开救国会议。"(李勇、张仲田编:《蒋介石年谱》,

北京：中共党史出版社，1995年，第239页）该八项主张与马相伯等人的救国会诉求完全一致。马相伯在北京从政时，与张作霖有过应酬和交往，对"世兄"张学良的举动既感兴奋，又为抗战前景忧虑。

"西安事变"发生后，西北军人中除杨虎城与张学良成立抗日军事委员会之外，数日之内，冯玉祥、阎锡山均表反对，西南军人李宗仁、白崇禧、刘湘、龙云等都通电拥护中央。李济深、胡宗南、刘峙、徐源泉、张发奎、薛岳、孙连仲、程潜、唐生智、朱培德等将军都纷纷忠告张学良为统一抗战，顾全大局，释放蒋介石。12日，宋庆龄向中共转达斯大林来电，指示应和平解决西安事变；14日，陈立夫在上海沧州饭店密见潘汉年，转请第三国际指示人在西安的周恩来进行调解；15日，莫斯科《消息报》《真理报》谴责张学良，称其"破坏中国反日力量之团结"。16日，何应钦就任讨逆军总司令，准备发兵攻击张学良、杨虎城部；17日，于右任到陕西宣慰西北驻军，调停事变；19日，张学良电告《泰晤士报》在沪记者弗雷泽（Frazer），表示已与蒋介石达成谅解，即"停止内战，国共合作；武力抵抗日本之侵略；排除政府中的亲日分子，与英、美、苏联合；改组张、杨所部，与中央军平等待遇；予人民以更大自由，改组南京政府为民主政治"。日本首相广田弘毅、外相有田八郎先后表示：日本坚决反对在"抗日容共的条件下与张学良妥协"。22日，宋美龄、宋子文、蒋鼎文、戴笠飞抵西安，与张学良、周恩来会晤谈判；25日，圣诞节，下午四时，蒋介石由张学良陪同飞离西安，经洛阳回到南京。"消息传出，举国狂欢，爆竹声彻夜不绝。"（郭廷以编著：《中华民国史事日志（三）》，台北："中研院"近代史研究所，1979年，第662页）本年12月31日，国民党中央军事委员会由李烈钧、朱培德、鹿锺麟主持，开庭审讯张学良，判处其徒刑10年，剥夺公权5年。1937年1月4日，中华民国政府特赦张学良，仍交军事委员会严加管束。莫德惠、刘哲、戢翼翘应邀自北平到南京，劝慰张学良。

12月12日，应南京国民政府要求，于右任、冯玉祥邀请马相伯晋京"共商国是"，天主教南京主教于斌则恳请来宁襄助教会。本日，马相伯离开上海徐家汇土山湾乐善堂，到南京居住。老人赴京居住有多种原因，而以帮助于斌在南京教区沟通高层关系为主要因素。"去年（1936）年尾，因天主教成立新教区与首都，南京主教于斌博士特请相老驻京襄助教务。适其旧日高足于右任氏在京觅得精舍，敦请命驾，陪同晋京。蔡元培等又以相老捐资毁家兴学，功在党国，呈请国府嘉奖。（1937）一月十二日国府明令：行政院呈，据教育部呈，为耆儒马相伯创设上海震旦学校，捐资达数十万元，成就人才甚众,洵属功在国家,请予嘉奖一案。查马相伯热心教育,慨捐巨资,深堪嘉尚,应于明令嘉奖,以昭激励,此令。"(转见自张若谷:《苦斗了一百年的马相伯先生》,氏著:《马相伯先生年谱》附录,上海:商务印书馆,1939年)

马相伯以高龄离开上海,到南京居住,殊不平常。按公开解释,此行兼有教务、政务两个原因,"马相老以本人来京,原系协助于主教办理教务,本无心于出任,曾一再恳辞。后因中央厚爱,不可却,始允勉为担任。今日马相老卜居首都,主持中枢的更不乏他旧日的弟子,当能重续往年师生共聚一室的欢乐情绪了"(张若谷:《我所见闻的马相伯先生》,氏著:《马相伯先生年谱》附录,上海:商务印书馆,1939年,第281页)。于斌主教邀请马相伯参与教务,于右任等人则邀请他担任政务。实际上的原因,应该是南京方面的政、教两界都希望马相伯离开上海,疏离在上海民间开展的救国会活动。离沪当天,宋庆龄到马相伯寓所送行,表示:"既然马先生已经答应,就让他去吧!在南京也一样可以指导救国运动的。"(韩希愈:《我所知道的马相伯先生》,丹阳市政协文史资料研究委员会编:《爱国老人马相伯(1840—1939)》,丹阳,1990年,第120页)

按上海报纸《金刚钻》1936年12月16日刊登的"鱼轩"采集的消息报道,国民政府此次邀请马相伯到京居住,主要是为了让他与上海救国会活动有所隔离:"自沈钧儒等七君子为公安局逮捕,解交法院以后,关于所谓救国会之消息,言人人殊。近闻客谈:沈等诸人,凡有组织,有时均以九七老人马湘伯为幌子。马氏年高劭,素有好好先生之称,凡事无可无不可。而一时活动分子则以老人之大名为号矣。故中央此次由冯玉祥等之发起,请马氏入京,长住首都,盖欲杜绝被人利用也。"

12月12日,早上七时半,马相伯从上海火车北站出发,到车站送行者有何理中、郁均侯、王宝仑、刘鸿逊、朱孔嘉、万国华、沈履道及震旦代表才院长、胡文耀、顾守熙等人。马相伯一行乘坐的专厢附挂在沪京特快列车之后,在丹阳停靠时,旅沪同乡会人员组织乐队奏乐欢迎,并推姜可生等登车问候。下午二时一刻,到达南京和平门站,于斌主教等人登车迎接;二时半,到达下关站,"到车站欢迎者,有复旦在京全体同学,检察院及审计部高级员司,及中委冯玉祥、张溥泉、李烈钧、于斌等三百余人"(《香港工商日报》,1936年12月13日)。另据《中央日报》载中央社12日消息:"马相伯由沪抵京,于院长同行将在京长住:复大创办人九七老人马相伯应于院长,冯副委员长之邀,来京久住,十二日由沪莅京。陪来者除于院长外,尚有马氏之家属等。马氏耆年硕德,国之人瑞,极为一般人所崇敬。到车站欢迎者,有复旦在京全体同学、监察院及审计部全体高级员司,及中委冯玉祥、张继、李烈钧、于斌等三百余人。车于二时许进站,全体欢迎人员整队恭迎,并由其孙女献花,籍祝老人康宁。马氏下车,即驶私邸休息。马氏每日七时起身,晚九时安寝,中午稍作假寐。惟年逾古稀,齿牙豁落,不良于食,日惟进鸡汁、桔汁及鸽蛋等物充饥,但精神则甚良好。日必批阅报章书籍,时且执笔从事著作翻译云。"复旦大学同学会在下关站悬挂白色欢迎横幅:"欢迎复旦大学前校长马相伯晋京",市区鼓楼、新街口处亦悬挂横幅"欢迎马相伯先生莅京"。

12月12日,马相伯及儿媳马邱任我、孙女马玉章、侄孙马凤章,以及医学顾问李权经(上海虞洽卿路太和医院主任医师)等住在"鼓楼西南大方巷12号之一,一座西式小住宅,虽不甚大,可是窗明几净,布置得十分雅致。他的家族也住在这屋里,所以比以前伺候得更能周到"(张若谷:《我所见闻的马相伯先生》,氏著:《马相伯先生年谱》附录,上海:商务印书馆,1939年;《时报》,1936年12月12日)。马相伯住鼓楼大方巷,做弥撒则要南下数公里,到新街口南的石鼓路天主堂。马相伯到南京兼有协助于斌主教的江南教区事务象征意义,故常去教堂。方豪说马相伯把书斋设在石鼓路天主堂并不现实,但石鼓路天主堂确实存有马相伯不便携往后方的部分文件,且为方豪收录。

于斌(1901—1978),出生于黑龙江兰西县,原籍山东昌邑于家庄,曾祖于文成迁居东北。祖父于刚业医,父于水源务农,因贫困而随祖父母再迁于海伦县海北镇(若瑟屯),皈依天主教。于斌圣名保禄,号冠五,号希岳,晚号野声。1913年,由教会保送入海伦高等学校;1916年,仍由教会资助考入齐齐哈尔省立第一师范学校;1920年,入吉林神罗修道院,次年经主教高德惠(Gaspais August-Ernest-Pierre)推荐,转入上海震旦大学预科,进修法文。1922年回到吉林修道院,1924年因教宗庇护第十一推行"本土教会"政策,获得机会赴罗马传信大学攻读哲学、神学,次年即在圣多玛斯学院获得哲学博士、伯鲁日大学政治学博士学位,精通拉丁、英、法、德等六国语言。1928年12月22日,在罗马晋铎。于斌关心社会政治,少年时曾参与"五四"活动,"九一八"事件中他亦在罗马发动学生爱国活动,组织"中意友善会",获得意大利总统爵士勋章。1933年,于斌从罗马回国,由刚恒毅主教推荐,担任中华全国公教进行会总监督、《益世报》发行人;1934年,教廷任命他为中国全国公教学校视察主任;1936年刚恒毅建议划出南京教区,7月7日,任命于斌担任总主教。次年,于斌主教即邀请马相伯到南京协助教务,宣传抗日。抗战爆发后,于斌在重庆主持难民救济工作,主持了马相伯百岁诞辰及逝世后公祭的各项大典。在重庆期间,担任国民参政会参政员,从事"国民外交",出访美、加、英、法、比、瑞、荷、意等国。1937年,于斌通过蒋百里等人,推动中华民国与梵蒂冈教廷建立外交关系,终在1942年7月派出谢寿康为第一任驻教廷公使。抗战胜利后,于斌1946年担任南京教区总主教,参加制宪国民大会;1948年,参加行宪国民大会。1948年,于斌协办丹阳马相伯技术学校;1949年1月,在国共内战中被列为国民党战犯,不得已去往美国。1949年前后,旅居美东,主持"中国游说团"(China Lobby),在华盛顿创办"中美文化协进会",在纽约创办"中美联谊会"、"自由太平洋学会",还建议美国西东大学建立远东学院。在此期间,一共推荐了三千名青年留学美国,在海外华侨中享有声望。1954年返台,1960年推动辅仁大学复校,设立文、理、法商三学院,任为校长。1966年,担任"中华文化复兴运动委员会"副会长;次年,担任"中华学书院"哲学协会会长。1969年3月28日,梵蒂冈任命于斌为枢机主教。1978年8月16日,因参加教宗保罗第六奉安大典及新教宗选举时突发心脏病去世,遗体运回台湾,安葬于台北县辅仁大学校园内。(参见王瑞寰:《于斌本籍》,《中华文史资料文库·民族宗教》,北京:中国文史出版社,1996年;阎铁、沙洵泽:《民国人物传(七)·于斌》,北京:中华书局,1993年,第566页)

12月14日,马相伯为"西安事变"发表通电,要求张学良以大局为重,释放蒋介石。"以国为重,使东西洋各国知中华民国相忍为国之道德。老夫为国说项,非为个人,想世兄定能谅解也。"(马相伯:《劝告张学良》,《新闻报》,1936年12月15日;马相伯:《为西安事变通电》,《福建公教周刊》,第37期)

12月14日,上午,冯玉祥在国民党中央居正、孔祥熙、吴稚晖、戴笠等人讨论营救蒋介石方案之后,前来看望马相伯。按冯玉祥所记:"一,彼此寒暄后,即说西安之事;二,马先生发电给张劝之;三,请于(斌)主教去北平转西安营救之。马老先生握余手久之,又将左手同我右手相合,比比说道:介石过于独裁专制,而钱则为外人费的不少,但未搬起。说起张学良,说真辣真辣,其家传为绑票老手云。"(中国第二历史档案馆编:《冯玉祥日记(四)》,南京:江苏古籍出版社,1992年,第850页)

12月16日,马相伯、何香凝、宋庆龄以救国会领导人名义,签名发表《为七领袖被捕事件宣言》,"要求政府立即无条件恢复被捕九位(指'七君子'加上11月28日在南京被捕的孙晓村、曹孟君)先生的自由,释放一切因爱国行动而被捕的同胞,以巩固政府与人民之间的合作,加强全民族抗敌的力量"(转见自沈谱、沈人骅编:《沈钧儒年谱》,北京:中国文史出版社,1992年,第160页)。

12月24日,上海自由派小报《福尔摩斯》刊登读者"郎相"来信《读〈移居首都的马相伯〉后:致秀水君一封公开的信》,对京、沪报刊舆论仅以马相伯为民族精神领袖的身份作宣传略有抱怨,称马老并非是排外的民族主义者,应是一位热爱疆土的爱国主义者。

"马相老原属南京教区的司铎,按公教惯例,这次南京主教(于斌)莅临之始,所属各司铎须到京报告各地情况,以备咨询,故马老在任何方面皆以居京为宜,今又适逢其会的于、冯诸公以此相邀。若说是'国宝进京'、'专车',以及'在他身上找点材料'数词连串起来,不无有亵渎老人之处。"作者"郎相"又把马相伯的抗日主张和排外思想做了区分,说"秀水君又谓'一般教徒们的心目中,世界上只有外国,没有中国;只有洋人,没有自己'便是无稽之谈。沟通民族间的隔阂,未有公教能胜任之。至若'有人无己'的心理,乃是由排外、妒外、亲外的种种变态的心理流行于一般社会者,与公教友毫不相干。"

12月31日,据本日发行的《中华图书馆协会会报》报道,马相伯和亲朋好友为筹建丹阳马相伯图书馆,"聘任地方长官、士绅名流,以及旅外同乡领袖,组织理事会,专事筹备"。日前,马相伯在土山湾乐善堂召宴筹建委员会在沪理事,出席者有常务理事张挥孙、董肖慕、刘哲民、韩景琦、马玉章等,丹阳旅沪同乡陈玉铭、刘景文、朱鑫如、裴元鼎、贺云生等作陪。席间,马相伯将捐赠书籍目录手交理事会,据理事会核验后,所有书籍均已装箱待运。马相伯这批赠书中包括经史子集、哲学、科学等各种书籍,其中有不少珍本、善本,共千余部,计万册。马相伯收集、阅读多年的《益世报》、《申报》、《新闻报》多种报纸也包括在内。雕塑家江小鹣为马相伯雕塑的半身铜像也一并捐出,暂存丹阳马相伯图书馆理事会上海办事处。

本年,马相伯去南京之前,将上海乐善堂藏书8 700多册赠与丹阳旅沪同乡会。后经同乡会集议,转赠给江苏省丹阳县图书馆。丹阳县图书馆设文昌阁旧址,馆名更改为"相伯图书馆",图书总数增至1.5万册。(见《丹阳县志》第二十六卷"文化",第一章第二节"图书馆、画院",1992年版)因丹阳县图书馆馆舍不足,亦为纪念马相伯对家乡的贡献,丹阳旅沪同乡会及相伯图书馆筹建理事会决定自本年十二月起至明年一月底,在上海募集基金,函请马相伯的门生故旧如于右任、邵力子、蔡元培、冯玉祥、宋明轩、萧振瀛等出面发起。

本年，公教进行会在上海筹建一所女子大学，陆伯鸿的方案经上海教区主教惠济良修改后执行。惠济良把女子大学附属在震旦大学之下，邀请美国圣心会修女主持校政，震旦女子文理学院正式成立。次年，学院开学，教学大楼在蒲石路（今长乐路）与霞飞路（今淮海中路）之间开工建造。女子文理学院与震旦大学有附属关系，在生源、师资上合作。"因为许多年轻女子愿意学文学以外的其他专业，惠主教即要求震旦大学法学院、医学院和理工学院招收受过扎实的中等教育的女生。这一要求至1938年9月实现了，报名的人很踊跃，但大多数被淘汰了，仅15人被录取，其中大部分进入法学院。"（《中国通讯》，1939年1月号报道，转见自顾裕禄译：《天主教女子高等教育》，载《天主教纵横谈》，上海：自印本，2018年，第139页）

震旦女子文理学院：位于上海法租界蒲石路（今长乐路）181号。1938年，迁入新建的教学大楼教学。教学大楼于1937年竣工落成，由法国建筑设计师设计，经费由天主教圣心会提供。大楼外貌新颖庄严，内部用料考究，明亮雅洁。1937年，震旦女子文理学院招生开学，第一届女生20人，历年不断扩大招生，1949年在校人数达到204人。学院名义上附属于震旦大学，校长由震旦校长胡文耀兼任，实际上的经济、行系、教务、教学等完全独立，由美国圣心会修女能理（Couchita Nourry）通盘管理。学院教务长为英籍修女康树德（Margeret Thornton），康教务长毕业于伦敦大学，为社会学博士，能说流利的中文，对中国文化有很高的鉴赏力，鼓励学生选修中文系，聘请钱钟书先生担任文学院教授。1938年，学院腾出部分校舍开设女子中学部，目的是为培养本校生源，从初中、高中，直升大学部。学院分设文学院、理学院。文学院设有中国文学、英国文学、教育、历史、家政、经济、社会学系；理学院设有化学、生物、物理和数学系，但实际上只有化学系招到学生。学院不设宗教课程。课堂教学除基础国文和中文系专业课程之外，其余教学均用英文。学院对优秀学生授予奖学金，一般学生则可以申请助学金。1951年8月，震旦女子文理学院与震旦大学合并。1952年10月随震旦大学一起撤销建制，并入其他机构。以上据《震旦大学建校百年纪念》（上海：自印本，2003年）中的信息整理。

本年，复旦大学李登辉校长请假，钱永铭以校董会主席兼任代理校长，吴南轩担任副校长。（金问泗：《母校大事记》，《复旦同学会会刊》第7卷，1938年第3期）

1937年(民国二十六年,丁丑),九十八岁

1月8日,冯玉祥与李烈钧(协和)商量,发起签名,代为马相伯申请担任国府委员。另外还议论了为马相伯做寿的事情。"同协和先生谈,为马相伯先生国府委员事,找多位签名,并发一电给介石去。为马先生做寿事,拟请右任先生主稿。"(中国第二历史档案馆编:《冯玉祥日记》(五),南京:江苏古籍出版社,1992年,第8页)

1月8日,马相伯致书徐家汇藏书楼主任徐宗泽,商借书楼旧藏之中文《旧约》译本,以便从事《旧约》之翻译。马相伯翻译之《救世福音》,即《新史》于上年已经完稿。新年之际,马相伯发愿用二年时间完成《旧约》的翻译,"老年近墓,仅可哀也!惟近墓而度日如年,益可哀也!若假我二年,拟译《古史》"(《致徐宗泽(三)》,朱维铮主编:《马相伯集》,上海:复旦大学出版社,1996年,第605页)。此后,徐宗泽按马相伯的要求和提示,送来"三卷"《旧约》中文译本参考资料,但不太合用,"来书三卷,非前所睹之版,姑留作参考。前所借之本,颇简要,惜为沈君奉还"(《致徐宗泽(二)》,朱维铮主编:《马相伯集》,上海:复旦大学出版社,1996年,第605页)。马相伯不记得以前借阅过的书名,但详细描述了形状,希望徐主任检出原书后再予使用。

1月10日,经冯玉祥、李烈钧运作,蒋介石电允担任马相伯任国府委员推举人。本日,冯玉祥"至马相伯先生处说明此意,以免发表后马先生不乐意"。"午后,见马相伯先生,谈多友拟请其为国府委员,请其多多指示。他说,我是将死之人,承各位过于厚爱了。我说不用出门,我们来请示您好了。"(中国第二历史档案馆编:《冯玉祥日记(五)》,南京:江苏古籍出版社,1992年,第10页)遂决定。

1月12日,国民政府行政院进呈嘉奖令批复书,表彰马相伯捐资兴学,创办众多教育事业,获得批准。进呈书称:"行政院呈,据教育部呈:为耆儒马相伯创设上海震旦学校,捐资达数十万元,成就人才甚众,洵属功在国家,请予嘉奖一案。查马相伯热心教育,慨捐巨资,深堪嘉尚,应予明令嘉奖,以

昭激励。此令。"此令次日在上海各报刊发表。(全文见于《大公报(上海)》;又据方豪《马相伯先生年谱新编》,李东华编:《方豪晚年论文辑》,台北:辅仁大学出版社,2010年,第355页)

1月14日,国民党中央第三十三次常会,由蒋中正、冯玉祥、李烈钧、张继提名,任命马相伯、王宠惠等二人为国民政府委员。

  按《请选任马相伯先生为国府委员书》:"中央政治委员会钧鉴:窃惟隆儒乃正民俗,谋国莫如老臣。故商山肇豹隐之风,而渭水奏鹰扬之绩。乃至伯阳说礼,扶正气于姬周;伏生创经,炳炎光于大汉。流风所扇,社有耆英;古道是崇,会名真率,要皆当时之人瑞,永播为光荣者也。今丹徒马相伯先生,城中大老,海内宗师。学贯天人,董江都之醇厚;神驰宙合,邵康节之明通,蔑乎不可尚已。方今海燕群飞,天声待振,以先生玄渊之度,悲悯之怀,端表中枢,翼持正教,不其懿欤?是应衮服锡荣,蒲轮往迓。与商大政,俨奉国师。庶几民有攸归,溢美汾阳寿考,老当益壮,胜瞻潞国精神。用趁鸿麻,谨申鹓荐。倘荷延揽为国民政府委员,则哗哗函关之紫气,巍巍鲁殿之灵光,永昭中外。专肃敬请,敬候。蒋中正、冯玉祥、李烈钧、张继。"(据《冯玉祥在南京第二年》,上海:三户图书社,1937年,铅印件)马相伯以"中央厚意不便固辞,但行动不便,恐不能出席会议"(《立报》,1937年1月16日)接受了此项任命。

1月24日,《时报》报道马相伯日前患有腹泻、筋骨酸痛等症,近日已经稍有减轻,"精神亦康复"。据《立报》2月1日报道,马相伯至31日仍未痊愈,"现每晨延医生诊视,逐日注射维太命补针"。

1月28日,马相伯出席上海农工商学界及妇女等各界民众在上海市商会召开的"一·二八"十周年纪念大会。到会代表八百余人,公推马相伯、沈钧儒、何香凝、章乃器、张一麐、史良、沈兹九、欧阳予倩、李公朴、王晓籁等19人为主席团。会前,马相伯已被推选为27人组成的执行委员会委员。(周天度:《沈钧儒传》,氏著:《七君子传》,北京:中国社会科学出版社,1989年,第63页)

2月2日,上午十时,杨慕时、林骀先生及《文藻月刊》记者访问马相伯,谈至十二时结束。杨慕时(1889—1945,河北盐山人),曾在冯玉祥军中任职,后在上海从事抗日后援会工作;林骀,福州人,船政学堂毕业,曾任驻古巴领事、交通部主事,后定居上海,担任金科中学董事。马相伯在谈话透露了清末官绅对天主教的一些复杂的态度,诸如:"中国的宗教思想并不后于他人,不过误会我们的人确实不少。李鸿章常对公教表示不满,但在他的文章上,满篇推崇造物主;张南通的慈善实业处处要托修女们负责,但在欧洲大战,他竟问陆伯鸿先生你们几时上前线,他以为信天主教的人便入了法国籍。"(本社记者:《初会马相伯先生》,《文藻月刊》,第1卷,第2期,1937年)

2月3日,晨,冯玉祥访问马相伯,畅谈半日,接至自己私邸。午间,冯玉祥在私邸宴请马相伯。(《立报》,1937年2月5日)2月9日,冯玉祥"赠马相伯先生席一桌"(中国第二历史档案馆编:《冯玉祥日记(五)》,南京:江苏古籍出版社,1992年,第38页),供其招待亲友,回谢各界盛情。

2月5日,因来京以来登门拜谒者众多,不胜接待之劳。且因"兹值严冬,年迈畏寒",马相伯及家属和医生们通过《中央日报》告示:"鄙人此次入都,原为调换水土,调养心身起见。近蒙执行委员会选任为国府委员,年老力衰,岂能胜任?重以政府养老重者之盛意,却之不恭,惟有勉强就辙,滥竽尸位,以度残年而已。日频年僻居养性,寡闻孤陋,固无政见之可言。乃日来辱承枉顾,理应一一欢迎,乃值严冬畏寒,神形疲怯,且气力不足,多言则气逆,喘甚而呕,现在已因多言失音,医者严戒见客,只好暂时杜门。想爱我者,必深表同情。一俟入春,天气稍暖,当开门拂几,与大雅诸君子对谈,籍聆教言,以匡不逮。至于鄙人就职之意见,容当由播音发表可也。"(《马相伯暂时谢客静养》,《中央日报》,1937年2月5日)

2月10日,下午,冯玉祥至马相伯寓所拜访,商谈为老人做寿事。"午后三点,到马相伯先生家,问先生之生日为何日?先生言,阴历三月十九日。为天气晴和,计定为四月十八日。我把右任所起之稿子给马老先生看,老先生甚高兴,并道谢意者再也。……老人之和蔼、可敬、可爱,与我促膝而谈者久之,此为不可忘记之日也。"(中国第二历史档案馆编:《冯玉祥日记(五)》,南京:江苏古籍出版社,1992年,第40页)

3月11日,马相伯致书冯玉祥将军,感谢冯将军赠送陕西特产,令其"得尝贵乡风味"(《致冯玉祥》,朱维铮主编:《马相伯集》,上海:复旦大学出版社,1996年,第603页)。另外,马相伯还询及冯将军对于他提出在抗战中推行民治、乡治,以促进中华民国宪政的看法。

3月15日,据本日出版之《我存杂志》第五卷第三期报道:"马相伯译四福音已竣工"。马相伯把"版权决赠南京于斌主教,故已将该书送往本京天主堂,由张副主教审校中"。

3月22日,上海《小日报》报道马相伯生活近况,称他"自入春以来,精神更觉矍铄,每日除读《三国志》及阅各种碑帖,以资消遣外,其在上海徐家汇所借《圣经》大字本业已寄到,已开始翻译。其译法拟将《圣经》原文译成中国各种成语,不用译音"(《马相伯入静》,《小日报》,1937年3月22日)。

3月28日,中午,马相伯结束避静(retreat)。本日,雷鸣远从华北抗战前线到达南京的第二天,由于斌主教陪同前来拜见马相伯。马相伯曾经见过雷鸣远,按记录的谈话内容:"雷鸣远司铎言道:'老先生多少年未见,颜色仍然未改。'相伯老人答应道:'也不成,差的多了。'野声主教问道:'现在天天还打补血针不?'相伯老人答应道:'自避静以来便停止了。''那可要特别的保重,不能忽略。'鸣远司铎急切地插了一句。"马相伯由马邱任我、马玉章操持,与雷鸣远、于斌共进午餐。期间雷鸣远介绍了华北天主教组织前线担架队,救护国军的事迹,马相伯说:"前线有雷司铎在那冰天雪地中工作,真要感谢天主。我们南京区,有于主教来掌持,亦是天主巧妙的安排。"谈到天主教会与中华文化的关系,马相伯说:"中国民族性好像特别接近天主教,中国教友也特别尊重教皇。天主教义都像中国古已有之,无须外求,教皇更爱护中国,甚至惹起欧洲一般人的嫉妒。"(《雷鸣远会马相伯》,《文藻月刊》第一卷第四期,1937年4月)

雷鸣远(Fredric Lebbe,1877—1940),比利时根特人,巴黎遣使会士。1901年随北京教区主教樊国梁来到河北,在天津武清县小韩庄传教,学会流利国语,擅写漂亮书法,遂入籍中华。1912年,雷鸣远担任天津教区副主教后,主动倾向于中国文化,努力建设本土教会,提出"中国归中国人,中国人归基督"的口号。1915年10月10日,雷鸣远通过在欧洲和北方天主教徒中集资,创刊《益世报》(Che Pao, Social Welfare),馆址设在华界南市荣业大街(两年后迁东门外小洋货街)。雷鸣远除了担任报馆董事长之外,馆务和报事都由华人负责,刘守荣为总经理,杜竹萱为副经理。后又聘任南开大学毕业生刘豁轩担任总编辑,"五四运动"时聘请徐谦(季龙)任社论主笔,抗战爆发后更聘请罗隆基任主笔,梁实秋则曾担任副刊主编。《益世报》以资讯丰富,立场客观,言论自由而成为享誉全国的大报。1933年1月起,《益世报》开辟"宗教与文化"栏目,雷鸣远亲笔题写,徐景贤担任主编,撰稿人为马相伯、陆徵祥、陈垣、徐宗泽等,发表有关明清天主教的文章。1937年,雷鸣远坚持发表抗战言论,《益世报》被迫停刊。1916年,天津法租界扩张,欲将老西开三十余亩争议土地划入,引起冲突。10月20日,雷鸣远联络各界通电反对,并上书大总统黎元洪、总理段祺瑞、外长唐绍仪等,反对法国领事和法租界派警员占领老西开。1917年3月,天津法租界扩展时与市民冲突,发生"老西开事件",雷鸣远在《益世报》发表评论,支持华人利益。法籍教区主教杜蒙(Paul Dumond)不满雷鸣远卷入政治事件,遣使会会长罗得芳将其降职,调离天津。1917年雷鸣远在宁波传教,1920年被调回比利时。1927年2月,雷鸣远重返中国,在河北保定安国教区传教。1928年雷鸣远成功加入中国籍,并创建中华耀汉小兄弟会、德来小姐妹会,1933年脱离遣使会,加入耀汉会。1937年,抗战爆发,组织教友600余人,建立战地服务团、救护队,在太行山、中条山参与伤兵救护和难民收容。1940年6月24日,因黄疸病在重庆歌乐山去世。雷鸣远去世后,中华民国政府发布褒奖令,入忠烈祠祭祀。重庆歌乐山立《雷鸣远司铎纪念碑》,中有语:"与教中耆贤马相伯良、英敛之先生华,尤称昕契。"(方豪:《雷故司铎鸣远事略》,氏著:《方豪六十自定稿》,台北:学生书局,1969年,第2034页)

4月4日,沈钧儒、章乃器、邹韬奋、史良、李公朴、沙千里、王造时等七人拘押期满,江苏省高等法院仍然决定对他们以"危害民国"罪提起公诉。11日、25日两次开庭。开庭后,上海电影界著名导演和演员应云卫、袁牧之、赵丹、郑君里、白杨等二十余人于7月3日前往苏州监狱请求收押,发起"救国入狱"运动;7月5日,宋庆龄偕同胡愈之、彭文应、汪馥炎、张宗麟、胡子婴、沈兹九、陈波儿、张天翼等12人亦到苏州"投案"。(郭廷以:《中华民国史事日志(三)》,台北:"中研院"近代史研究所,1979年,第684页;周天度:《沈钧儒传》,氏著:《七君子传》,北京:中国社会科学出版社,1989年,第91页)

4月10日,上午10时,南京市市长马超俊(1885—1977,广东台山人)派汽车接送马相伯拜谒孙逸仙陵墓,"园陵管理处特派肩舆抬老人登山,在总理纪念堂献花圈后,并进陵寝,瞻仰遗体"(《文藻月刊》第1卷,第4期,1937年)。

4月17日,马相伯98岁生日,南京各界以复旦同学会名义,假座位于中山北路刚刚改建落成的国际联欢社举办诞辰庆典。于右任、邵力子、香港何东爵士出席。冯玉祥将军主持庆典,亲自扶车引马相伯上主席台,并致辞。丹阳士绅姜证禅报告生平,马相伯随后发表演说,亟言御辱比祝寿更加重要,勉励全国军民努力抗战。(韩希愈:《我所知道的马相伯先生》,丹阳市政协文史资料研究委员会编:《爱国老人马相伯(1840—1939)》,丹阳,1990年,第122页)

马相伯到南京后,遂逢九十八岁诞辰。京城各界欲借此庆典宣传抗日,凝聚民心,故由中国国民党军事委员会副委员长冯玉祥将军热心提议,积极筹办。按《冯玉祥日记》1937年5月15日记:"午后六时,到马先生家为之迎寿,到者五、六十人,于右任、邵力子均到,老先生未下楼,因吾人请其不下楼也。老先生对别人说,这是冯先生创起的事云云,意在说祝寿乃我之发起也。"(中国第二历史档案馆编:《冯玉祥日记(五)》,南京:江苏古籍出版社,1992年,第171页)

春，江苏教育经费管理处纽永建、吴稚晖、荣德生等，捐赠给复旦大学太湖畔大雷嘴山地千余亩，邀请复旦到无锡办学。"李登辉校长以学生每期增加，正拟力谋扩充，认为到无锡太湖去建校，环境幽秀，且可添办农学院和农场，培植农艺人才，提倡生产教育，学校前途更有可为。"欣然前往筹备。夏季，复旦土木工程系一部分师生利用暑假前往无锡，测量、规划和设计太湖校园。后因"八·一三"抗战爆发，无锡建校计划遂停止。（朱仲华、陈于德：《复旦大学杂忆》，全国政协文史资料委员会编：《文史资料存稿选编精选(9)昔年文教追忆》，北京：中国文史出版社，2006年，第238页；金问泗《母校大事记》，《复旦同学会会刊》第7卷，1938年第3期）

5月11日，冯玉祥为马相伯先生九十八岁诞辰纪念活动捐助寿礼一千元，本日孙连仲回复捐助五百元。（中国第二历史档案馆编：《冯玉祥日记（五）》，南京：江苏古籍出版社，1992年，第164页）前日，冯玉祥为马相伯写寿屏一幅，为筹款向宋、韩、孙发电各一。

5月13日，"二十六年五月十三日，受业钱智修"编辑《马相伯先生百岁年谱》完稿，后在《复旦同学会会刊》（第8卷，1939年第2期）上发表。钱智修，自震旦学院、复旦公学期间便追随马相伯，知马相伯事迹大略。

5月14日，据当日《新闻报》披露：为筹备马相伯九八大寿庆典，蒋介石委员长致联"道德文章，等身著作；精神福泽，转瞬期颐"，并奉寿仪三千元；冯玉祥将军联云："矍铄是翁，远过伏波据鞍日；期颐大老，已得唐尧在位年。"并赠寿礼一千元。

5月15日，下午六时，于右任、邵力子、冯玉祥等五六十人齐聚鼓楼大方巷，预为马相伯迎寿。聚会后，冯玉祥和于右任到国际联欢社察看寿堂布置情况。（见《冯玉祥日记（五）》，南京：江苏古籍出版社，1992年，第171页）

5月16日，南京各界及复旦大学同学会为祝贺马相伯出任国民政府委员暨九十八岁寿辰，在落成不久的外交部所属国际联欢社新址（鼓楼中山北路）举行庆典。马相伯提议的庆贺原因，则是他翻译的《圣经》行将告竣。"是年(1937)三月，中央选任先生为国民政府委员，并于五月十六日假国际联欢社祝先生九旬晋八寿辰。揖颂歌诗，四方交集，先生所译四圣史也适于是时脱稿，字斟句酌，精神贯注，国老长年，群伦庆慰。"（方豪：《马相伯先生年谱新谱》，《天主教学术研究所学报》第六、七期，台北：文化大学中华学术院，1974—1975年）

按《新闻报》、《礼拜六》等报刊15日报道，本次寿辰庆祝会由冯玉祥担任主席，冯赠寿仪一千元，又撰寿联："大德照天下，雄心同少年。"林森主席赠匾："希世人瑞。"于右任为马相伯九十八岁寿辰撰写祝文，题为《为国家民族祝马先生寿》,并赠寿仪一千元。另孙连仲送银爵一尊,寿仪五百元。寿庆活动共收到寿仪一万五千五百七十元。当天,蔡宁总主教亦致电祝贺。马相伯在中央电台发表讲话,总以激励抗战精神云云。按中国第二历史档案馆编:《冯玉祥日记(五)》记载,当天上午出席国际联欢社庆典的有,"孙哲生、居觉生、叶楚伧、于右任、何敬之均到,人约五六百名,我为主席。即按单子进行,我读了颂辞,有好几个人演讲:甲,张溥泉;乙,邓家彦(孟硕);丙,于右任;丁,邵力子;戊,何东,其女翻译;己,于主教;庚,马先生答词。散后照相,又分糕,又入席。先是于右任说话,又有几人说话,马先生又说,声泪俱下"(南京:江苏古籍出版社,1992年,第172页)。宴席结束,已是午后一时。

冯玉祥在马相伯诞辰庆典活动结束后,在日记中记录自己的感言:"一,六十多岁相老始办大学,而今桃李满门,各项人才都有,甚可玩味也;二,马先生八十岁学书画,果然有成,可见只要立志,无不可成之事,我辈后生应当主志也;三,'看人都是好人',这话有很远大教训,应学之,定能团结救国了;四,努力帮助人,诚为极好之事,应努力为之,不可稍有自足也;五,看透了中国的不成,非学外国的操不可,非用外国的枪炮不可,非读外国人不可,真是老先生,有先见之明,我应特别唤醒自己,不可老旧是宝也。"(中国第二历史档案馆编:《冯玉祥日记(五)》,南京:江苏古籍出版社,1992年,第172页)

于右任《为国家民族祝马先生寿》全文:马先生氏是一位世界学者,但马先生一生却无时无刻不为国家努力。其从政佐幕时期,既自出其所学,以努力于国家民族。其创办学校时期,复传授其学,以教导吾人以努力于国家民族。即在今日九十八岁之高年,亦尚在奋斗,其老当益壮之精神,勉励吾人,领导吾人,努力于国家民族。以右任受知于先生,自先生办震旦之时始,故今以文为先生寿,亦拟自震旦时代说起。

当民国前九年癸卯之岁,海上志士云集,革命救国之声风发云涌,清吏为之侧目。先生则曰:"欲革命救国,必自研究近代科学始;欲研究近代科学,必自通其语言文字始。有欲通外国语言文字以研究近代科学,而为革命救国者,请归我。"于是,遂有震旦学院之创设。我国之有新式学校,业已三四十年,其含有国家民族之意识,致力于近代科学,而不受当时殖民地思想之束缚者,实以震旦开其新纪元。然其时先生则已六十有四岁矣。桑榆之年,不自暇逸,犹勤勤恳恳,以造福于来学,则先生努力于国家民族志精神为之也。

震旦之创设也，无校舍，借徐家汇天文台偏院为之。无教师，以先生私谊，挽耶稣会诸教士义务任之。筚路蓝缕，仅具规模。然其教学之精神，与刻苦经营之成绩，实非一般学校所能及者。故知名之士，一时纷集，而余之肄业震旦，则在民国前八年之夏季。先是，余以作诗讽时政，为清廷命捕，自开封间关走海上，困处吴仲旂寓中，几无以为生。先生阅报知其事，使同乡雷君祝三招余入院，且特免其学费，余遂以刘学裕之名著学籍。时适在《苏报》案之后，文网苛密，颇有以先生此举为不利学校者。先生独不惧，笑谓右任曰："余以国民一分子之义务，为子作东道主矣。"于戏！广厦杜陵，望门张检，此种爱国保士类之盛心，又岂右任个人所当感激图报已哉？而骎骎三十年来，自问对于国家民族力绌心长，略无建树，此则余之所为抱惭负疚而愧对于师门者也。

震旦学院之特点，可于此附带述之：一曰尚自治。时及门诸子，既泰半为成学负志节之士，故先生除自长教务外，校中行政，一切派学生任之。其初级教科，亦由高才生转相传习。盖先生以吾国政治习于专制，国民自治能力，乃已销失，欲籍此为实施民治试验地也。二曰导门径。学院毕业，仅限二年，寻行数墨，非特为时间所不许，抑亦与教育成材之法不合。故一切学科重在开启门径，养成学者自由研究之风。彼教会学校以教授儿童之法教授成人，实由不知心理发展之过程所致。先生此法，实当日过渡时代对症之良药也。三曰重讲演。学院以每星期日，必由先生集诸生演说，或讨论学术，或研究时事，习以为常。先生本长于演说，高谈雄辩，风趣横生。诸同学传其衣钵，故出校以后从事政治革命运动，受用不尽，亦震旦一特点也。四曰习兵操。学院规制，参酌欧美研究院而定，普通课程，不必求备。惟兵式体操，则为人人所必习，且延法国驻沪军人为教官。备置枪械，实弹打靶，形式整齐。时有以此媒蘖先生于当道者，当道与先生有旧交，置勿议。然先生之用心，则深远矣。

先生以七十之年，勤勉密勿，为国家储才养士。富贵不淫，威武不屈，以自开教育独立之风气。故其人格之感化，深入人心。至震旦学院散而诸生仍相从勿去。盖普通之学校，以章程规制管理学生，而先生则以一身之道谊情感维系学生者也。及复旦公学成立，经费师资，两皆匮乏，环境困难，较震旦时代且倍蓰过之。然以先生不懈益励之精神，故复旦虽屡经波折，卒能延续其生命。犹忆民国成立之初，复旦经停顿而复开，先生语人曰："中华光复，吾复旦亦光复矣。"内喜不自胜。今复旦已改大学，声誉日著，人材辈出，兀然为东南学府一重镇，然则先生之学固已辗转传授给青年,而显其效用于国家民族矣。先生之心,其亦可以少慰欤?

民国成立,至今二十余年。先生虽年事日高,而其祈望国家民族强盛之初心,则日益笃挚。此可由先生年来之言行出处征之,非余之故为谀辞也。所可愧者,则吾辈晚生玩时愒日,无以副先生望治之殷也。及九一八事变起,以先生平日爱护国家民族之切,与五十年来身历外患国耻之创巨痛深,自非其心所能忍受,故其态度亦日益激昂,其督责政府亦日益严厉。虽然吾辈又何以对此严师者?此九十余岁之老翁,固早已将其一身之学问精神,靖献于国家民族矣。今且不惜袤龄大声疾呼,以作吾人之钟鼓棒喝,吾人将如何以报答之?吾人又将如何以响应之?吾人其敢以老人之责备过严,或听萤轻信,而反唇相讥也?故中央对于先生之责言,亦谨敬接受,抱有则改之,无则加勉之态度。诚以先生出于老当益壮之精神,勉励吾人,领导吾人,以努力于国家民族。此精神之本身,已为国家民族无价之宝也。

去年十月,为蒋委员长五十寿辰,先生尝亲书大"寿"字为贺,并滕以"笼罩一切时期,无往不利"二语。盖先生之心,廓然大公,惟期望国家民族之复兴。今蒋委员长埋头苦干,努力报国之精神,已为先生所深谅。东海西海,心同理同,固有相视而笑,莫逆于心者。愿先生益本其平日之精神,勉励吾人,领导吾人。上下一心,以努力完成此复兴之大业。先生之赐右任诗有曰:"愿子更努力,努力振国威。更历三十年,子年九十时,九州既早同,太平亦庶几。"今统一之基,日渐巩固,先生亦固护,腰脚日健。吾人必当竭其智能,使国家民族达先生所期望之境界,而使先生及身见太平之盛世也。(以上转见自刘延涛编:《于右任先生年谱》,台北:台湾商务印书馆,1981年)

马相伯本年生日在南京庆祝,来宾多有达官贵人,祝嘏之礼丰厚。集合各项议论,以为用贺礼替马相伯老人建一新屋居住更为合适,故请国民政府主席林森题名"瑞庐","取百年人瑞之意",待贺礼集齐后即开工建造。(《北洋画报》,第32卷,1937年6月1日)故此,此次贺给马相伯的寿仪以现金为限,存款机关为国货银行,建造款一俟收齐,即行开工。(《立报》,1937年4月2日)

5月22日,中午,冯玉祥往南京东郊汤山与蒋介石委员长商谈国事,其中两处提到马相伯。其一,冯玉祥以为"党内外许多训练方法指令下去为好,我并说到马老先生大兴教育的教训,并说到外人与华人不同之点及有钱无钱之事"。其二,冯将军以为"马先生年高有德,请派人往看之为好。介说即照办"(中国第二历史档案馆编:《冯玉祥日记(五)》,南京:江苏古籍出版社,1992年,第182页)。正、副委员长大约都首肯马相伯在上海捐资办学的民间教育路线,并决定今后由中央负责,照料老人起居。

5月,马相伯《致李荫西》透露:四川省主席刘湘(甫澄),为治川和抗战事宜,请马相伯向国府蒋介石委员长及冯玉祥、于右任转圜报告。马相伯赞赏"甫公治川之劳,谋国之忠,已托焕公、右任两公,转呈极峰,……老人绝不负所托"。另外,马相伯从教会渠道得到四川主教"交来教友一书"(《致李荫西》,朱维铮主编:《马相伯集》,上海:复旦大学出版社,1996年,第607页),对刘湘治理四川之政绩表示满意,也一并通过于右任、冯玉祥转告蒋介石。此信未发出,亦未署时间。惟时马相伯已达南京,而全面抗战还未爆发,刘湘经营西陲,尚未率领部队出川,则定马相伯、李荫西讨论此事时间为5月。

5月,马相伯在南京大方巷住址安顿下来以后,开始把翻译《旧约》作为日常工作。据《致徐宗泽(一)》透露,监察院长于右任从院里派遣一二位有中外文史造诣的科长(秘书),每天来一二个小时,帮助记录、编辑和整理马相伯口述的译稿,"由余翻译古经,而彼等笔之,余再校定"。为此,马相伯再次请徐宗泽出借旧译官话本《旧约》,"因思旧译官话,于徐汇书间尝见之,是以前书恳取一二本一借"。马相伯知道中国基督教(新教)教会已经有《旧约》的官话译本,"然恐太文,反难,不值抄也"(《致徐宗泽(一)》,朱维铮主编:《马相伯集》,上海:复旦大学出版社,1996年,第605页)。马相伯此信未署日期,此时他人在南京,已获安顿,而"七七事变"尚未爆发,姑定为5月。

马相伯在南京坚持翻译《旧约》,保持信仰生活,张若谷《迁居南京译圣经》记:"迁京后,每晨有司铎送圣体到家恭领。主日和大瞻礼日更在他寓所举行弥撒祭礼。老人除祈祷诵经之外,又把他近年在上海翻译的《四史圣经》重新详加校订,因为翻译圣经要顾到'信''达''雅'三个条件,所以不惮烦劳,审慎从事。"张若谷记马相伯在南京校订《新约》(《四史圣经》)译文,但没有提到又开始了《旧约》翻译。除了《圣经》翻译,马相伯还想利用写作《致知浅说》时留下来的《原言》、《原行》、《原道》等旧稿,编著一本《原行学》,即讲求行为原理的伦理学。"老人顾念到世风浇薄,民德日偷,青年的道德修养几无准绳,所以又拟编译一部哲学的伦理篇,定名《原行学》。现在正采选欧西善本,从事译著。"(张若谷:《我所见闻的马相伯先生》,氏著:《马相伯先生年谱》附录,上海:商务印书馆,1939年)按马相伯向徐宗泽商借曾在藏书楼读过的"《原行课》读本,曾录其名"(《致徐宗泽(三)》,朱维铮主编:《马相伯集》,上海:复旦大学出版社,1996年,第605页)的情况来看,马相伯在南京最想做的工作确如张若谷所说,是要编著一部伦理学著作。

6月3日,应天主教徒何理中邀请,为他的父亲何璞衡作《南海何君墓志铭》。1933年,何理中出面修订何氏家谱,马相伯曾为作《〈南海黄竹岐何氏谱〉序》。何璞衡(1873—1912),名璿安,广东南海人。父亲称恕堂公,鸦片战争后随粤商移居上海,经营中药铺,光绪二十二年(1896)去世,归葬南海何氏祖茔。璞衡与李氏生有五子一女,理中为长子。璞衡业医,1902年6月3日(四月廿七日)因染霍乱去世。何璞衡去世后,厝棺广肇公所,未及安葬。何理中同济医学堂毕业,开业成功,皈依天主教,方于15年之后的1916年在徐家汇东南二里觅地,"克葬于上海蒲汇塘之阳,徐阁老墓东南二里所至新阡,是为南海何氏茔于上海之始"(《南海何君墓志铭》,朱维铮主编:《马相伯集》,上海:复旦大学出版社,1996年,第601页)。

何理中(1881—1961),祖籍广东南海,生于上海,上海著名医师,天主教徒。早年与朱志尧交往,后顺从马相伯的引导,仰慕利玛窦、徐光启之学,听他讲教理而入教。按马相伯所作《〈南海黄竹岐何氏谱〉序》,南海何氏的先祖"辗转由皖而豫而粤南海之黄竹岐乡。始祖爵秩公,兄弟十人,行六,避宋度宗五年之乱,虽离散,惟仍居粤"。何理中祖父恕堂公,道光末年移居上海。"商于上海,终于上海,仍归葬于岐乡。三子,濮(璞)涵、衡、清,皆生于上海。"(《〈南海黄竹岐何氏谱〉序》,朱维铮主编:《马相伯集》,上海:复旦大学出版社,1996年,第559页)南海何氏在上海以制贩广东丸散膏丹为业,开设中药铺何济和堂。何理中父亲何璞衡娶广东南海李氏妇,生子五人,理中为长子,次致中、锐中、惠中、建中;女何韦氏,适韦学墀,均热心教会事务。理中接续父、祖行业继续行医,1905年(乙巳),"沪学会之设,(何理中)先生与其列,且为群伦之冠。……马公相伯,我教之泰斗也。先生往师之,得宗教书,研究生死之奥义,叹为儒书所未道,遂受今老天主堂吴公洗礼,而为我教之信友焉"(周公鼎:《记何理中先生施医事》,《善导报》,1916年第46期)。因见中医衰败,西学、西医兴盛,故于1912年在旅沪德国医生开办的宝隆医院学习西医,与张近枢、江逢治同为同济医学堂首届三名毕业生之一,成为沪上名医。1920年,开办何理中医院。后在上海南市天主教慈善机构新普育堂为平民诊疗,成为著名慈善家。1924年,获教宗庇护第十一颁发圣西尔物斯德肋骑尉荣衔。1931年,何理中推马相伯发起,集资建造息焉公墓;理中弟弟致中、建中管理、经营公墓。

马相伯对何理中坚守粤籍乡土观念,造谱、修坟、建公墓的举动都十分赞赏,认其为一种近来之广东人特别强烈的"保种"意识,且并不违背天主教的大公思想,故称:"粤人有特性,虽远客久客,常保其粤俗、粤语、粤化,意亦治家、保种之经欤? 右撮录黄竹岐乡谱,用明追远,未尝非基多教之经训也。"(《〈南海黄竹岐何氏谱〉序》,朱维铮主编:《马相伯集》,上海:复旦大学出版社,1996年,第560页)

7月4日,马相伯在土山湾寓所乐善堂作《家产立典记》,记述当年为创办震旦学院捐献松江泗泾一带田产共三千余亩,另英、法租界地产八处(时价值10余万元),又捐现洋4万元。《家产立典记》曾由方豪据原件摄录并拟题,收入《马相伯先生文集》(续编)。该件于震旦创办之宗旨和经过叙述尤详,可作依据。

《家产立典记》全文如下:"慨自清廷外交失败,国人不知公法,又不知制造,故创设震旦以救之。公法须习语言文字,而法文则为欧美国际通用文,加以个人之建设,势不能久,故托耶稣会团体以期常久。其会章既允设立学堂,并世工进行。利玛窦传教于中国,此其例以救。曾将家产三千亩捐为震旦基本,又于建筑时曾捐现洋四万圆,时地基价一亩均四百圆。又英、法两租界地八处,当时价值十余万,尚记在法界一地,为朱相公贱价售于其相识,余甚责之。其余七处,余以年迈,讫未过问。至家产三千亩另立典于记名,因以别于公产,委朱相公就泗宅代理之,因外国人于租界外例无买地出租权。此立典于记之由来也。相伯丙子七月四日记于乐善堂。余老矣,撮记大约而已。"(据马百龄、马天若保存手稿原件录入)

马相伯曾孙女百龄、玄孙子天若保存《家产立典记》的手稿共有二份。另一份手稿的内容,与方豪录入件不同,但显然属于同一事由的作品。此件由马天若提供,录此以备参考:"慨自清廷外交陵替,一不知公法,二不习制造,入手工夫则文字尚专,但欧美国际文字多用法文,故设震旦。生等且请加拉丁,始不姑从其愿,乃而于算学尤斤斤。无他,为科学等根本故。但先弟已故,而余年已过花甲,恐不能继,故请耶稣会士以襄其成。按其会规,如领有基本金,继续为之,此固团体工作所以永久也。为此将余名下松、青两邑田三千亩捐为基本金。光绪庚子闰八月初,立有西文捐据,并另立典于记名,因以别于公产,委朱相公就泗宅代理之,因外国人于租界外例无买地出租权。复又因在罗家湾造校舍,地价四百元一亩,余又捐现洋四万圆。英、法租界地八处,不索余写捐据者,因在租界故也。犹忆朱相公随将一地贱价售于其相识,余深责之。但余既不为名,又不为利,而琐碎记之者,亦时势空隙,来风莫测,以免累后人乎。相伯亲笔。"《家产立典记》二份,都提到了泗泾账房先生"朱相公"。马相伯以为他自作主张,在转卖中贱售了一处房地产。

7月7日,日军在北平郊外卢沟桥演习攻战,晚十一时,籍口有士兵失踪,突然攻袭宛平县城。国军第二十九军第三十七师冯治安部吉星文团奋起抵抗,"七七事变"(卢沟桥事件)爆发。(郭廷以编著:《中华民国史事日志》,台北:"中研院"近代史研究所,1979年,第701页)

7月9日,马相伯在中央广播电台发表演说"钢铁政策",号召全民抗战。据方豪所见马邱任我"笔录",马相伯在国府减薪一半,号召捐款的政令发布后,立即购买救国公债1 100元,交纳国防捐500元。

马相伯到南京后担任的国府委员为有薪职位,每月津贴800元。另外,才尔孟校长批给的震旦大学每月700元生活费仍然发给,日常度用本应更加充裕。抗日战争全面爆发,国民政府文官人员减薪一半,马相伯国府委员津贴也减到400元,又加不断捐款,马相伯陷入财政窘境。据方豪所见马邱任我在南京写给震旦大学校长才尔孟的信函,当时马相伯负债已达34 500元。(见方豪:《马相伯先生年谱新编》,李东华编:《方豪晚年论文辑》,台北:辅仁大学出版社,2010年,第357页)

7月31日,"卢沟桥事变"发生后,国民党当局终于顺应马相伯等各界人士的呼吁,停止审判救国会"七君子"。本日下午5时,结束对他们7个月零27天的关押,经法院裁定准予"停止羁押",交保开释,离开苏州监狱,具保人为李根源、张一麐等。"七君子"获释后在监狱门口受到苏州和上海公众两百余人欢迎。"七君子"回到上海后,稍作休整,即动身前往南京慰问和感谢马相伯。

8月1日,沈钧儒等"七君子"出狱后,在上海向记者发表谈话:"钧儒等自经法院羁押,迄已半载余,虽身在囹圄,身体仍颇舒服。此次司法当局裁定准予停止羁押,关于案件上之将来结果如何,自当听候法院处理之。至钧儒等今日出狱后,暂住铁路饭店休息,因本人等羁押期内,承苏地亲友暨地方诸先生热诚关切,今自当分向道谢。明(1日)日晋京向当局请示。然钧儒等爱国宗旨与精神仍一如初。钧儒等满腔热忱,拥护政府,如当局有命为国效力,自当以身许国,不稍犹豫。"(《大公报》,1937年8月1日)

7月,"七七事变"发生后,张一麐在苏州组织"老子军",召集六十岁以上男性老人组军抗战,推马相伯为"统领"。张一麐致电蒋介石委员长,要求编入国军系列。蒋介石在复电中加以阻止,事遂告寝。(蒋介石复张一麐电

稿存中国第二历史档案馆,见孔庆秦:《有关张一麐创设老子军抗日的史料一件》,《民国档案》,1986年第一期)

8月3日,由杜重远陪同,沈钧儒等"七君子"从上海到达南京大方巷临时居所探望马相伯,并合影。沈钧儒在合影照片上题写:"'惟公马首是瞻',二十六年八月三日摄于相老人京寓,沈钧儒谨识。"(沈谱、沈人骅编:《沈钧儒年谱》,北京:中国文史出版社,1992年,第188页)

8月6日,沈钧儒等"七君子"在南京访晤马相伯。马相伯在寓所与七人合拍照片一幅,并由沈钧儒题"惟公马首是瞻"六字,即日予以报道和发行。沈等人在日前已经"谒晤蒋介石委员长,谈约半小时,蒋对国策有所宣示,并对救国工作予以指导。沈等今日(7日)下午三时访陈立夫,对心理建设及民众运动有详细说明及讨论"(《立报》,1937年8月7日)。

8月10日,本日《上海报》报道,马相伯为本年春季被捕入狱的"实业部女职员曹孟君、财政部职员沈晓村"负责担保,两人不日即可恢复自由。曹孟君(1903—1967),长沙人,1925年入学北京大学,并加入中共。"九一八"事变后在南京从事抗日宣传,1937年初在南京被捕。经担保出狱后,继续从事宣传活动,1948年任中共全国妇联国统区工作部长,后一直担任全国妇联常委。

8月13日,上午九时十五分,日本海军陆战队向吴淞、江湾、闸北发动进攻,国军中央军总司令朱绍良,左翼军陈诚、张治中,右翼军张发奎。上海市长俞鸿钧照会各国领事,请阻止日军从租界进攻国军。(郭廷以编著:《中华民国史事日志》,台北:"中研院"近代史研究所,1979年,第717页)

8月13日,上海爆发大战后,日军在虹口、闸北、杨树浦、吴淞、江湾全线入犯,出现大批难民和伤兵。马相伯鉴于国难日亟,战事有不可避免而迅速扩大的趋势,特从南京发来电报,要求由他担任董事长的太和医院转呈上海医师公会,申请将太和医院设立为战时红十字伤病医院。(《新闻报》,1937年8月13日)

9月16日,上海《大公报》本日临时晚刊报道:马相伯携国内天主教徒一百五十万人,日前电请国联针对日本军队的侵华活动,予以经济制裁。

10月,"八一三"抗战在上海进入胶着状态,交通大学中有数千国军驻扎。徐家汇地区出现多处军营,随时都有被日军飞机轰炸的危险。徐家汇虽在华界,但传统上属于国际社区,耶稣会神学院内就有12国籍的修士。为此,上海各界联合12国领事向日本当局严正交涉,要求避免将徐家汇作为战场。"接着,饶家驹神父奔走于中日双方,他请求中国撤出在南洋公学的军队和辎重,俾能保全这些现代建筑。这请求被接受了,对日本,他请求他们克制,不对徐家汇一带进行轰炸,这请求也被接受了,条件是神父们须保证南洋公学保持中立。饶神父于是建议南洋公学把学校建筑置于法国的保护之下,并在那里设一大的难民营。这一切都被接受了。三色旗在学校中心上方飘扬,法租界警官维持着秩序。目前(1937年11月),南洋公学收容着2万多难民,……徐家汇徐汇公学也有5000难民,学校有400名学生上课,不能占用教室,神父们只能利用棚棚和操场等收容难民。还有在汇师,在土山湾,也同样收容着难民。我们圣母院有300难民,完全由我们照料。"(《一位拯亡会修女的来信》,《中国通讯》,1938年4月号,转见自顾裕禄编:《天主教纵横谈》,上海:自印本,2018年,第210页)

徐家汇难民营总共收容三四万难民,解人于危难,同时也令有近百年现代建造历史,当时已是上海科学、文化、教育、宗教事业之重镇的珍贵社区免于战火摧残。马相伯在土山湾的旧居,和他一生紧密相连的徐汇公学、藏书楼、大教堂、神学院、孤儿院,以及位于徐家汇北部地区的交通大学、复旦大学等都得以保全。1938年10月,因难民营事业的巨大成功,中国红十字会上海国际委员会由委员长颜惠庆、总干事贝克、难民委员会主席饶家驹、视察组主任杜达签署,向徐汇(难民)收容主任宗维承、副主任赵鸿儒颁发"奖字第贰拾玖号"奖状,奖状词为:"兹查上海慈善团体联合救灾会、救济灾区难民委员会所属徐汇收容所管理设备事项,尚与本会所订难民收容所甲种标准符合,合行嘉奖,以资鼓励。"(据徐汇区土山湾博物馆收藏原件)

11月,寄存在丹阳县绅商刘哲民家中,已属于"相伯图书馆"的马相伯捐赠给丹阳县图书馆的20多箱还未拆封的图书尽为日军举火焚毁。丹阳县图书馆建于1932年,馆址在县城内文昌阁旧址,藏书3700余册。马相伯于1936年将乐善堂藏书8700册图书(据新编《丹阳县志·图书馆》)捐赠给丹阳旅沪同乡会,后经同乡会集议将之转赠丹阳县图书馆,成立"相伯图书馆",主事人刘哲民。刘哲民,生于1908年,江苏丹阳人,在上海经商,曾资助《大美晚报》宣传抗日,参与组织丹阳同乡会,并结识马相伯,又联络捐书事宜。1937年11月举家从上海迁回家乡老宅,刊行抗日《新生报》,为日军所察,故举火焚毁,在其宅址建造工事和营房。事见《丹阳日报》2016年10月26日"老档案"版王铁牛《马相伯赠书被毁真相》。这次焚毁的相伯图书馆图书文献中有马相伯出使高丽日记、康有为未刊信稿等珍贵资料。张元济闻诸于张若谷,在《〈马相伯年谱〉序》透露了该年丹阳丙事:"先生尚有手书随使高丽日记,暨所储中西名籍,寄赠丹阳图书馆。旅沪同乡会为之运至故里,尚未发箧而城已陷且大火,恐尽毁矣。使存者,谱中事必可衷益多许,相与感喟者久之。"

11月9日,由饶家驹司铎斡旋开辟的南市难民营开营。南市难民营位于上海旧城厢北部三分之一处,东、西、北三面以民国路为界。该区域经中国红十字会上海国际委员会难民委员会主席饶家驹向上海市政府申请,同时议请国军和日军对此区域都不加攻击,造成事实上的难民保护区。饶家驹之外,南市商业巨子和大慈善家陆伯鸿等人也有重要贡献。区内所有公共场所,如豫园、城隍庙、小世界娱乐场、各中小学校,均辟为安置地。原计划接受难民10万人,实际达到了30万。红十字会提供粮食援助,南市警察负责治安,武器仅以军棍为限。上海市政府于11月8日发布告示,安抚中国军民,称:"案查,迭据中国红十字会上海国际委员会建议在本市南区南至方浜路,东、西、北至民国路之区域,化为难民区,以为战区难民暂时寄托之所;并声明此系国际间一种难民救济性质,绝不损害我方丝毫领土主权。所有该区域内治安维持,仍由我方派警负责等语。本府以事关救济难民,维护人道起见,业经呈奉中央照办在案,兹准于本月九日中午十二时实行。除分别函令暨呈报外,合行布告周知。此布。"(张若谷:《沪南灾区调查集》,转见自顾裕禄编:《天主教纵横谈》,上海:自印本,2018年,第202页)

饶家驹(Robert Charles Emile Jacquinot de Besange, 1878—1946),法国洛林人,父亲为工程师,母亲是美国籍。早年加入耶稣会,1913年来华,在上海虹口圣心堂任主堂,震旦大学、徐汇公学教授和公济医院董事长。同时还担任法国驻沪海军、公共租界万国商团的营中神师。圣心堂为旅沪葡萄牙侨民创建,虹口原美租界地区有大量日本侨民居住,饶家驹懂得法、英、德、日、葡和上海方言及普通话等多种语言,在"华洋杂居"复杂的国际环境下能够处理与各方面的关系。1932年"一·二八"淞沪抗战爆发后,饶家驹担任华洋义赈会会长,灾民救济会会长、国际救济委员会主席。他的工作是在虹口和上海交战区救助难民和伤兵,获得了良好声誉。"一·二八"交战期间,他曾建议中日双方停战数日,救出了几万居民的生命。1937年"八一三"全面抗战爆发后,上海再一次沦为交战区。饶家驹时任法租界伯多禄堂任主堂,危难之际又自告奋勇担任中国红十字会救济部主任,专门从事难民救济活动。饶家驹在国军、日军、法租界、公共租界和上海市政府之间斡旋,成功设立南市难民区,救助难民20万人。为南市难民区筹款,他远赴美国。巴黎文学审查委员会因饶家驹在中国的贡献,授予他荣誉奖章。因他的重要贡献,人称该难民区为"饶家驹安全区"。(以上参见阮玛霞著,白华山译:《饶家驹安全区:战时上海的难民》,南京:江苏人民出版社,2011 年;张若谷:《上海难民的保母:饶家驹神父》,《中华(上海)》,上海:上海新中华图书公司,1939 年,第 75 期,第 30 页)

11 月 9 日,南市难民区管理委员会主席饶家驹与其他外籍委员六人发表声明:"难民区设立之提议,现已获得中日双方之同意,三方面此项努力纯出于人道动机。此项办法绝不损害中国主权,规定将南市城厢南到方浜路,东西北至法租界之区域,划为难民安全居住之所,不受任何形式之攻击,不设武装军队军事机关,亦不作武装的敌对活动之行为。在中国民事行政权之下,由中国警察维持治安,其所携武器,以警用盒子炮或手枪为限。该委员会在此区内享有行使其视察权之完全便利。倘发生使该委员会不能继续其担保之形势,则该委员会将通知中日当局解除诺言,所有安全担保随之撤销。"难民区自当天下午 5 时开放后,各慈善团体如上海市救济会、慈善团体联合会、浦东同乡会等即将已经收容的 5 万多难民送入本区。时至 12 月,已经开辟收容所多处,计有城隍庙 8 所,九亩地 3 所,无线电报局 1 所,新开河救火会 1 所,广福寺 1 所。后又在旦华小学、三区救火会、万竹小学、海川小学、惠蒙小学、小世界、酱业公会、回民教堂、珠宝公会、糖业公会、积善寺、老天主堂、邑庙派出所等处开辟收容,还有大量难民进入民居余屋,或被露天安置,最终收容人数达到 30 万。经饶家驹与公董局交涉,法租界开放交界铁门,人员能所进出。各慈善团体捐助的钱款、给养和物资都交到八仙桥青年会三楼国际救济会签收,每天有大饼三四万枚和大量面包得以进入难民区分发。为恢复区内水电供应,饶家驹、陆伯鸿与日军交涉,使因战火停工的南市发电厂重启。安全区的警务,初期由上海市政府所属警局人员担任,自南市沦陷后不得已撤退,改由饶家驹发起组织的安全区居民商团担任。国军大撤退之后,饶家驹又邀请租界巡捕房西侨巡捕加入治安管理,令区内秩序井然。饶家驹还邀请普善山庄负责掩埋尸体,在城隍庙内设置临时医院,天主教姆姆负责建立一所临时产科医院。饶家驹安全区是"抗战"和"二战"期间难民救助的典范,应该为后人记取和纪念。(以上参见张若谷编:《沪南灾区调查录》,收顾裕禄编:《天主教纵横谈》,上海:自印本,2018 年,第 202 页)

11 月 16 日,本日,国民政府讨论迁都时,念及马相伯搬离南京后的去向问题,有两种安排主张。据冯玉祥日记记载,李宗仁、白崇禧同意冯玉祥的想法,将马相伯安排到广西桂林,于右任则想请马老随国府去汉口居住。

据《冯玉祥日记》,本日,"二时许,赴李、白两先生处,接洽马先生搬赴广西事,李、白两先生竭诚欢迎,并允为去电派人在衡迎接,一切衣食住行统通负责。适马君武先生在座,自愿在长沙招待,并陪赴广西。三时许,辞出,即赴马先生处告知,并电国府吕参军长请其预定船位,吕并允派人护行。……七时,赴于右任处,告以相老先生移居情形。于先生谓广西路途遥远,不如在汉口租界觅房为安"(中国第二历史档案馆编:《冯玉祥日记(五)》,南京:江苏古籍出版社,1992年,第266页)。

11月22日,据中央社报道,马相伯一行于本日上午九时抵达长沙,湖南党政当局要员到火车站欢迎马相伯。马相伯未曾下车,十时许由原车开赴衡阳。广西省政府主席黄旭初已派员到达衡阳,专程迎接。

11月25日,应广西省政府邀请,马相伯及随行家属从南京迁居桂林,近日抵达。据中央通信社本日电稿,马相伯一行于本日9点乘车从全州出发,下午1点10分抵达城内旧藩署。此前,广西省政府派专员到湖南衡州迎接,抵桂时有黄旭初、夏威、黄同仇、郭德洁等数十人到城北门迎接。按电稿报道:马相伯"精神矍铄,面颜红润若壮年"(中央社报道,1939年11月下旬)。陪同马相伯一起抵桂的家属有马相伯女儿马宗文、儿媳邱任我、孙女马玉章、外孙徐罗马、徐京华,共五人。11月27日,冯玉祥致电马相伯,"贺其平安抵桂"(中国第二历史档案馆编:《冯玉祥日记(五)》,南京:江苏古籍出版社,1992年,第286页)。

12月30日,上海商界巨子、慈善家,天主教会领袖陆伯鸿遇刺,在法租界广慈医院去世。

> 陆伯鸿(1875—1937),名熙顺,上海人,生于南市顾家弄,后在董家渡建造宅邸。陆氏祖父从四川来上海,于清初购入城南太卿坊余地,与徐光启九间楼旧宅西部毗邻,并受徐氏后裔影响加入天主教会。陆氏在清代从事商业和贸易,进而经营纺织业,渐渐致富,成为上海南城大族。鸦片战争以后,陆氏曾捐资建造董家渡圣方济各天主教堂,与青浦朱氏家族并称。陆伯鸿早年受中西教育,1893年被取为生员,同时又向法国司铎学习法文。1894年,陆伯鸿任法租界律师事务所秘书,后改营实业。1907年,陆伯鸿与李平书、王一亭等发起创立内地电灯公司,为华界最初之水电事业。1911年,担任上海南市华商电气公司总经理,推广电灯至两万多盏,营业颇丰;1914年,开办南市华商电车公司,资本40万两,车辆由求新机器厂建造,与公共租界、法租界鼎足而三;1918年,电灯、电车公司合并华商电气公司,资本额高达200万元,由王一亭任董事长,陆伯鸿任总经理。同年,在浦东创办和兴钢铁厂,生产建筑用钢,集股50万两;1923年,陆伯鸿组建和兴码头堆栈公司,向航运业拓展;次年,陆伯鸿与朱志尧、杨在田合办大通仁记航运公司,

任总经理,股本40万元。有"隆大"、"鸿大"轮船四艘,经营通州、扬州航线,与大达公司竞争。同年,接管另一家重要华商公用事业企业闸北水电公司;1928年,担任南市内地自来水公司总经理;1929年,创办大成内河轮船公司。1930年代,陆伯鸿的事业已经形成了一个产业托拉斯,本人遂成为华人实业界翘楚,担任法租界公董局第一届华人董事,被选举为上海市议员、上海公教进行会会长。

陆伯鸿是上海华人和天主教会最重要的慈善活动家,1911年接管了南门外慈善机构普育堂,利用拆除城墙后的建筑材料,建造医院、育婴堂、幼稚园、养老院、残疾人收养所等机构,容纳老弱病残二三千人。1923年,他还出资扩建圣心医院(今上海市第一康复医院)、镭锭医院(今肿瘤医院)。所办学校则有小学11所,初级中学1所,女子职业学校2所,护士学校1所。陆伯鸿是上海著名的实业家、慈善家,获得多种奖章。1923年,获授黎元洪大总统颁发的二等宝光嘉禾勋章;1926年,参加罗马世界圣体大会,谒见教宗;1927年,获授法国政府颁发的荣誉勋位勋章和袍剑爵士(伯爵)荣誉。1928年,全国公教进行会在北京成立,陆伯鸿被推举为总会长。"八一三"抗战爆发后,南市、闸北成为战场,陆伯鸿竭力维持局面,曾出面与日本占领军接洽解决难民危机。1937年12月30日,或因他为南市难民区等事务,曾与日本各方人员有所接触,被国民党方面怀疑通敌,雇人连发5枪,刺杀于法租界吕班路住宅外面。虽被及时送至广慈医院(今瑞金医院),终因伤势过重去世,终年63岁。(沈毓元:《天主教历史人物小传》,上海市政协文史资料委员会编:《上海的宗教》,上海:上海市政协文史资料编辑部,1996年,第196页;熊尚厚:《民国人物传(十一)·陆伯鸿》,北京:中华书局,2002年,第312页)

12月,因抗战全面爆发,复旦大学部分师生随军、政、教、工、商界西迁。"八月,江湾校舍大半毁于兵火。十月,与大夏大学联合内迁开学,设第一部于庐山,第二部于贵阳。十二月,庐校迁重庆,皆重庆复旦中学继续开学。"(金问泗:《母校大事记》,《复旦同学会会刊》第7卷,1938年第3期)

本年,在南京,马相伯为复旦同学会题词:"读书不忘救国,救国不忘读书。"(题词原件影印件)

本年,在南京,马相伯为李烈钧将军收藏之《文信国公真迹》册页题词:"民族精神,相伯马良,时年九八。"(李烈钧公子李赣驹曾保存本册页,"文革"后由将军孙子李季平捐赠给中国军事历史博物馆)

本年,上海雕塑家张充仁为马相伯先生新造一座胸像,祝贺马老担任国

府委员。(《磐石杂志》第 5 卷第 2 期,1937 年)

本年,马相伯翻译《救世福音》,由南京教区总主教于斌批准,由相伯编译馆编辑,在上海商务印书馆发行。《救世福音》,"对译罗马监本四福音",即罗马天主教在 1904 年钦定刊布,由法国著名东方语言学家若翰·客兰尔(Jean B. Glaire)校订的拉丁文《圣经·新约》版本。马相伯将该版本《新约》中的"玛窦、玛尔谷、路加、若望"四部福音书译为中文,向关心中国教务的教宗庇护十一八十大寿献礼,并题笺给继刚恒毅之后担任宗座驻华代表的蔡宁总主教,献辞为:"右译者南京教区马若瑟相伯甫为蔡宁总司牧继刚总司牧荣任驻华宗座代表纪念,并祝当今教宗比阿十一世八旬大庆圣寿无疆。"(《救世福音》书前题辞手迹)

1938年(民国二十七年,戊寅),九十九岁

2月3日,马相伯与专程前来拜访的黄炎培晤谈。马相伯避居在风洞山,住德风楼,身体健康,"谈甚健,惟其目力逊"。风洞山位于桂林市北部叠彩山风景区,以风洞闻名。按黄炎培亲历所见,"风洞入口后,惟行至某一地点,觉有风,甚有力。袁简斋自写所题诗一首勒于石。此山为瞿忠宣、张忠烈明末殉节处"(《黄炎培日记(5)》,北京:华文出版社,2008年,第256页)。

芹荪《马相伯先生最近生活》一文透露了马相伯在桂林风洞山生活的详情:"他现在住在广西桂林城内东北角的垒彩山(又称叠绿山——编著者),这是一个桂林有名的胜地,明末瞿忠宣、张忠烈二公力抗清兵,便在这座山上殉节。马老先生的住房,在'瞿张二公成仁处'的石碑之旁。读者也许会为马老先生担心吧,自去年冬季以来,桂林迭遭敌机惨炸,全城大半已成焦土。万一不幸,有一片弹屑触及了他老先生,岂不是不堪设想吗?但这是读者的过虑,距他的住宅不到几十步的地方,有一个石洞,洞的入口很大,出口则只能容一人进出。走到出口之处,风势异常强烈,故名风洞,一般人遂将垒彩山也叫作风洞山。洞的入口处摩崖极多,洞内有石筑枱凳,成了一个天然的防空洞。广西当局请他住到这里来,便是为了避免空袭。遇有警报,很快就把马老先生抬到洞里去躲避,故此万无一失。出洞绕到半山,有一个小亭,可以远眺漓江的风景,再往上,就是桂林防空指挥部划定的军事地带,有人是不许通过的。老先生的起居还和在上海时差不多,只有眼睛比以前差些,认识熟人都很感困难。又一次立法院长孙科自欧回国,经过桂林赴渝,曾来山上拜访他,家人在他耳畔喊了半天'孙院长',他还是没有弄清楚。他尝叹息着说:'眼睛不行了,就是一块玻璃吧,用一百年也不应该坏了吗?告诉你们,我不希望你们活到一百岁!'但是他现在天天还要看报,九点多钟就吵着要。确也难怪,这样严重的局势,这样伟大的时会,怎不叫这位久已主张抗日的老英雄关心呢?他不像陆放翁那样要遗嘱子孙:'王师北定中原日,家祭无忘告乃翁。'他是可以及身看到击溃暴日,

完成我们的抗战胜利的。他每天的食物,是一只鸡煮汤,分作两次吃。此外还有早饭三个鸡蛋,晚饭两个鸡蛋,炖蛋羹吃,吃饭时还喝半杯白兰地。他每天除了看看报之外,还睡一次午觉。有客来访,家人不让他说话太多,免致伤神。可是他老人有时笑着说:'我长天作哑巴,偶尔多说点话,没有关系。'语调还是那么风趣,这大约也是使他长寿的原因之一。因为年龄太高,在初秋春末,房里都装着火炉,身上穿着棉衣,以此他的体温节调得很好。老先生的儿子久已逝世,一切都是他的儿媳邱任我女士照料,真是一个难得的贤惠儿媳。他还有一个孙女叫作玉章,今年二十三岁,常跟在祖父的身边,去年和清华大学毕业生谢文辉订了婚。谢君现在也在桂林,什么时候结婚却还没定。本年岁首,老先生已界百龄,在重庆的门人如于右任、邵力子、刘成禺、金问泗诸人都致电桂林,表示祝贺。上海的复旦大学师生及同学会并呈国府,为他发行纪念邮票。这不能不说是抗战中的一桩盛事。"(《中华(上海)》,上海:上海新中华图书公司,1939年,第75期)

2月,留在上海的复旦大学部分师生谋求复学,本月"赁屋北京路开学"(金问泗:《母校大事记》,《复旦同学会会刊》第7卷,1938年第3期)。

3月1日,马相伯为《申报》香港版创刊撰写感言,在香港发表。按马相伯的见证和回忆,"《申报》创刊于同治十一年,为国内历史最久之报纸。其编辑体裁,初仿北京邸报,除府部谕告外,兼载上海当地新闻及词章小说。中经中法、中日两战,渐及国际时事消息。辛亥革命时,《申报》传播之电讯,翔实而迅速,读者皆以先睹为快,当时国人对于时事,渐知关心,《申报》与有功焉。民国二年,《申报》归故友史量才先生所有,举凡编辑采访及印刷发行诸端,皆大加改良。同时由陈冷先生笔政,陈先生以善作短评鸣于时,笔录犀利,意味深永,一纸风行,全国争诵。兹后国内之政治变迁虽多,而《申报》能始终以不偏不党之精神,从事于其本职。创刊迄今,已六十余年,虽历经艰险,而卒能屹然存在"。《申报》在1937年"八一三"抗战爆发后,一度于当年12月25日停刊,并于本年1月15日在汉口复刊,而本日又开始在香港编辑发行。(见《申报》香港版,1938年3月1日)

3月31日,《新华日报》发表马相伯署名文章《停止党争一致对外》。本文与同日《申报》(汉口版)载马相伯《精诚团结一致对外》中间段落相同,而首尾有不同表述。马相伯呼吁停止党争:"现在国家是在风雨飘摇、存亡绝续的最后挣扎中,当前的急务,除了团结救亡,抵御外侮而外,再没有第二个更重大的问题。各党各派的主张政见,容有不同,但是总必以保全国家独立、民族生存为前提。任何主义,就不能超越国家而存在;任何主义,决不能在亡国之后去实现。如果国家不保,还有什么党派可争,还有什么权利可夺?"

3月,复旦大学西迁分部"与大夏大学分立,本校迁北碚,赁屋黄葛镇开学"(金问泗:《母校大事记》,《复旦同学会会刊》第7卷,1938年第3期)。

4月17日,据香港《华字日报》4月18日报道,桂林各界为马相伯九十九岁诞辰于昨天举行祝寿大会,"黄主席旭初等以马为国家大耆,希世人瑞,特定今日假乐群社举行千龄会,为马祝寿。各界人士今日至乐群社祝寿者甚多,或以诗文,或以书画。马氏亲至乐群社受贺,马白发皓皓,而精神矍铄"。马相伯以国难期间,不敢举办寿宴,"特将宴资购鞋购袜,各两百双,赠与出征将士"(《流声机》,1938年第3期)。

4月30日,马相伯出席于右任六十寿辰,贺诗一首。(张若谷:《马相伯先生年谱》,上海:商务印书馆,1939年,第229页)马相伯《赠于右任六十寿辰》诗:"老夫九十八,壮心犹熊黑;视子五九年,何尝非角儿;愿子更努力,努力振国威。更历三十年,子年九十时,九州既早同,太平亦庶几。"(刘延涛编:《于右任先生年谱》,台北:台湾商务印书馆,1981年;邵力子:《相伯先生寿言》)

春,广西省政府主席黄旭初(1892—1975)在桂林发起"千龄会",为马相伯庆祝九十九岁诞辰。此际,"先生撰《停止党争一致对外》文,接载报端,语语警惕"(《增谱》,张若谷编著:《马相伯先生年谱》,上海:商务印书馆,1939年,第230页)。

5月16日,马相伯在京学生和部分国府要员假座国际联欢社,庆祝相伯老九十九寿辰。(张若谷编著:《马相伯先生年谱》,上海:商务印书馆,1939年,第229页)

6月13日,震旦大学旧学生、中国青年党主席曾琦寄书马相伯,为出版其母亲《远堂诗集》征求名人题跋,请赐墨宝。"伏年先生国之元老,德高望重,一言九鼎。前曾托马君武先生转恳赐题,以光家乘。务望俯如所请,大笔一挥,不惟存者感德,即没者亦当含笑矣。"(陈黄梅编纂:《曾琦先生文集(中)》,台北:"中研院"近代史研究所,1993年,第727页)

6月30日,国民政府发布指令渝字第823号,续聘马相伯、陆徵祥担任全国赈济委员会委员。"为续聘马相伯、陆子欣为赈济委员会委员,呈请鉴核备案由。呈悉,准予备案,此令。主席林森,行政院院长孔祥熙。"(《国民政府公报》,南京:1938年,渝字62号)

10月22日,马相伯在桂林风洞山寓所会见方豪,"二十七年十月,我就是在桂林风洞山拜见他老人家"(方豪:《马相伯先生与圣经》,李东华编:《方豪晚年论文辑》,台北:辅仁大学出版社,2010年,第147页)。马相伯听说方豪要去昆明帮助于斌主教编辑《益世报》,便请他打听早先翻译的《救世福音》的原稿下落。"据说他是在南京亲自交给于主教的,他希望能亲眼看到出版。他连板式都告诉了我:他指明要线装,要大型,字体要大,他才能看。"实际上,《救世福音》在1937年由于斌主教安排,由上海商务印书馆出版。

方豪称自己16岁读到马相伯《〈万松野人言善录〉序》后便私淑于先生,风洞山相见是方豪第一次,也是唯一一次亲近马相伯,时历十数日。方豪《马相伯先生著述系年拟目》(《上智编译馆馆刊》,第二卷第一期,北平,1947年):"余自民国十年自新教改宗罗马加特力后,对教中时贤深致敬仰者有二:在华北为英敛之先生,在华南为马相伯先生,读二公文亦特多。敛之先生卒于民国丙寅,不及一亲謦欬;相伯先生则戊寅之秋幸获拜谒于桂林风洞山客寓,随侍旬日。一日,余请先生纳为弟子,将行礼焉,先生阻之,谓明晨盍来献祭,共祷主前,惟主为真师,礼之隆重,宜莫逾此。"

10月23日,冯玉祥副委员长在湖南、广西视察,日前到达桂林。本日,上午七时早餐后即往风洞山住处,"往看马相伯先生。……见马相老,想到老先生躺在帆布椅上,又在风洞山洞里,我想找木匠替他架一间房,已叫天秩发价去办。又想买狗皮褥子,满街都找不着。又买鸭绒被,亦找不着。嘱天秩写信给戴树勋,在长沙买了带来"(中国第二历史档案馆编:《冯玉祥日记(五)》,南京:江苏古籍出版社,1992年,第524页)。

10月27日,冯玉祥离开桂林,前往零陵。临行前,马相伯差人送去"果子露一瓶,牛油、麦片各两盒",作为回赠礼物。冯玉祥"觉得很不好过,我应当敬老人家才是,他反倒赠我东西,如何办呢?"(中国第二历史档案馆编:《冯玉祥日记(五)》,南京:江苏古籍出版社,1992年,第526页)

10月31日,阴历九月九日,马相伯孙女马玉章旧历生日及结婚志禧日。又逢先生在重阳节中得九九高寿,年届期颐。亲朋好友借此三重"九九"之日举行庆典,广西各界人士多有出席,宴席之后,全体合影。

11月,上旬,复旦公学早期校友竺可桢先生率领浙江大学西迁,途中经过桂林,前来探望相伯老校长,向老人祝寿并且合影。共同合影者还有马相伯儿媳妇马邱任我、孙女婿谢文辉等。摄影者为孙女马玉章。(照片由马天若收藏并提供)

11月14日,下午,五点,前日甫返桂林的冯玉祥副委员长并李济深(任潮)一起探访马相伯。"马相老住防空司令部内,精神还很好。我说只要我能效力的,当无不尽力。老先生说'千谢万谢'。"(中国第二历史档案馆编:

《冯玉祥日记(五)》,南京:江苏古籍出版社,1992年,第537页)

11月18日,桂林战事吃紧,恐国土不保,加之于右任虑及马相伯先生畏寒,建议他移居到气候高爽的昆明。27日,途经越南境内的谅山,马相伯身体不适,便留居休养,住下来静观。

方豪《于右老与马相伯先生》:"二十七年十一月,右老以相伯先生畏寒,再请移居昆明。十八日首途,二十七日抵安南之谅山,以病不得进。"(氏著:《方豪六十自定稿》,台北:学生书局,1969年,第1987页)另据马一民《我国近代教育家马相伯》:"1938年,桂林吃紧,于右任请先生移居昆明。李烈钧特备汽车,派其公子李赣驹专程陪同护送。在赴昆途中,因体力不支,留居越南谅山。"(全国政协文史资料委员会编:《中华文史资料文库·文化教育·高等院校》,北京:中国文史出版社,1996年)又据李赣驹回忆:西迁事宜由李烈钧将军安排一辆敞篷坐车,他负责专程护送前往,转见自马铭德《随李赣驹寻访马相伯遗骨》。(《联合时报(上海)》,2015年3月31日,第7版)

11月,中旬,孙科结束在苏联莫斯科的访问,10月初经欧洲回国;此际途经桂林,到风洞山探望马相伯。马相伯精力不济,"家人在他耳畔喊了半天'孙院长',他还是没有弄清楚。他尝叹息着说:'眼睛不行了,就是一块玻璃吧,用一百年也不应该坏了吗?告诉你们,我不希望你们活到一百岁!'"(芹荪:《马相伯先生最近生活》,《中华(上海)》,上海:上海新中华图书公司,1939年,第75期)孙科于本月20日到达重庆,而马相伯在18日已经准备去越南谅山,故孙科见马相伯的时间大约是在中旬之下半。

1939年(民国二十八年,己卯),一百岁

1月1日,重庆各报报道,岁时更新之际,年值马相伯百龄大庆。在重庆的马相伯友人于右任、邵力子、刘成禺、汪东、金问泗及复旦同学会均分别致电马相伯及其家属表示慰问。(《时报》,1939年1月1日)

1月1日,张若谷《马相伯先生年谱》最后编定,当天作成自序。张若谷为马相伯百岁诞辰纪念,"费了七个月的功夫,辑成《马相伯先生百岁年谱》,为字约十万余言,初稿已在《中美日报》发表"(张若谷:《苦斗了一百年的马相伯先生》,氏著:《马相伯先生年谱》附录,上海:商务印书馆,1939年)。马相伯去世后,张若谷请张元济先生、于斌主教、徐宗泽司铎作序。本年年底,经张元济安排,本书列入《中国史学丛书》,由商务印书馆出版。

张若谷(1905—1967),名天松,字若谷,江苏南汇人,生长于上海南市,天主教徒,圣名马尔谷。其《〈马相伯先生年谱〉自序》云:"弱冠时负籍先生手创之震旦大学,假期则往先生之沪寓,伺读筵侧。闻中外学术之源流,政教之正变,与夫修心养生之道。既亲炙先生之教诲有年,闻见较切,不敢自秘。爰谨掇先生之言行伟业,依年编定,辑为斯谱。"张若谷父亲张乃昌(杏笙)为徐汇公学、震旦学院初建时期法文、拉丁文教师;妹妹张纳宝为拯亡会修女(1930年入会)。本人既与马相伯有世交关系,亦长期追随老人。1925年,入学震旦大学,常拜见马相伯,自称"小门生"。1932年,曾作为《大晚报》记者,采访十九路军蔡廷楷将军;1933年,曾代表老人在比利时探望陆徵祥。两年后,游历了意大利、法国、比利时、英国,经苏伊士运河归国。欧游行程中,在上海《申报》、《时报》、《大晚报》、《小晨报》等大小报纸上发表文学与游记作品。因其作品文笔散漫、抒情,具市民气息和法式风格,被茅盾等评为"礼拜五派"作家(《新文坛上礼拜五派之反抗》,《福尔摩斯》,1933年4月13日)。作品集有《文学生活》(上海,金屋书店,1928年)、《异国情调》(上海,世界书局,1929年)《战争·饮食·男女》(上海,良友图书公司,1933)。张若谷编著《马相伯先生年谱》(上海,商务印书馆,1939年),

是马相伯九十岁以后他人所订之诸年谱中篇幅最长,且较为详细者。

实藤惠秀著,刘殿林译《评马相伯先生年谱》(《上智编译馆馆刊》,第1卷,第1期,第53页,北平,1947年)曾指出张若谷编年谱中的一些编年错误,称:"以下之错误极为显然,如留意细读,则错误之处顷刻可见,谅系由于一时之疏忽所致,爰亦加以订正。民国前四〇年,同治十一壬申(一八七二),先生三十三岁;……"另有赵丰田评张若谷《马相伯先生年谱》,肯定本谱"最大之优点,在所引一切有关谱主事迹之史料,十九出自本人口述,故其信实程度较诸他人所记述者为高,而相老人之言谈文章,读来尤觉生动有趣。其次,编者颇能顾到谱主之时代与环境,凡本时期之国家大事及重要人物,编者皆能旁参他书,详为记述"。然就本年谱"可议之处",赵丰田又有相当多之批评,如:引用谱主自述之言,殊少选择,致多重复;记载国家大事及重要人物,失之太详;记述国家大事与同时人物所引之书,多有问题;记谱主事迹,所引用之史料犹多不足处。"此外如引书不具著者姓名及出版年月等,皆非现代著书之体。夫年谱之作,其最要之目的,在详述谱主之生平、言行、思想及其活动。谱主而为政治家,当特详其政治方面;谱主而为教育家,当特详其教育方面;谱主而为学者,当特详其学术方面;余可类推。如谱主所兼方面甚多,则记述之者,亦应兼顾,但须辨别轻重,庶使详略得宜也。"(《上智编译馆馆刊》,第1卷,第1期,第55页)

1月5日,于斌总主教来谅山,带来教宗颁赐的圣像,并代转祝福。11日,于斌为"相伯先生百岁大庆"题词:"有德者必有寿。"署:"于斌谨记,廿八,一,十一。"(比利时安德鲁修道院陆徵祥纪念室藏印本;张若谷编著:《马相伯先生年谱》,上海:商务印书馆,1939年,第231页)

3月15日,复旦大学同学会定于本月19日举行马相伯百年寿庆。本日出版之《复旦大学校刊》发表纪念文章《树立革新社会始基,培养思想自由精神》,将本校纪念马相伯的精神定为"思想自由"。

3月17日,据本日发行之《迅报》报道,"重庆北培复旦大学为了纪念马先生是当初复旦书院的创办人,并且纪念前任校长立法委员李登辉先生的劳绩起见,已由校长钱新之在校基旁勘定地址,建筑房屋,由上海商会会长王晓籁先生题名为'相辉堂',取'相映成辉'之意,并嵌二老先生之名在内。李登辉寿亦已七十余龄,现在已在启建,并拟将来迎马相伯及李登辉两老前往居住云。"

3月19日,天主教谅山本堂汉司铎在马相伯寓所内举行百岁寿辰弥撒,以示庆祝。(张若谷编著:《马相伯先生年谱》,上海:商务印书馆,1939年,

第 231 页）

3月19日，复旦大学同学会在贵州路、南京路新新酒楼二楼大厅举行马相伯百岁祝寿宴会，徐寄顾、袁履登、林康侯、俞佐庭、江一平、奚玉书、许晓初等到场祝贺。设席54桌，赴宴者538人，夏敬观、金通尹、李权时、周越然等前辈出席。马相伯发来祝电，云："复旦诸同学英鉴，顷阅报籍，悉贵会为百岁饯辰，特在沪举行庆祝，足见在远不遗，极感盛意！惟自战事发生以来，国无宁土，民不聊生，老朽何为？流离异域，正愧无德无功，每嫌多寿多辱，乃蒙祝我庆我，自觉难堪耳。回想贵校创立以来，人才辈出，出类拔萃，济济一堂。既致力乎修齐，复矢志于平治，鄙实与有荣焉。专此致谢，顺颂学业进步。期愿叟马相伯启。"张充仁代表马氏家属致谢词，报告马相伯迁居西南后方的近况："相老自抗战揭幕后，先由南京迁衡阳，嗣因广西省政府之招，迁往桂省崆峒山下孔庙门前的山门里，住在那面一年。一切生活和上海差不多。日常所需的鸡蛋鸡汁等，还容易找到。可是药物缺乏，常常由上海寄去。最近三个月前，桂省叠遭空袭，本来打算搬往昆明，因为天雨和身体不舒服，改变了原定方针，现在住在镇南关外安南境地的谅山地方。日常写字看书，康强如恒。请诸位勿念！并请诸君努力，达到我们应该达到的目的。"（《马寿志盛》，《文汇报》，1939年3月20日）

3月19日，圣若瑟瞻礼日，即马相伯领洗日，在沪复旦大学同学会假座上海公共租界爱多亚路（Avenue Edward VII）100号浦东大楼（今联谊大厦址）杜厅为马相伯百岁诞辰举行祝寿宴会。席间，由金通尹宣读马相伯从越南谅山寄来的亲笔信，其中有语："国无宁土，民不聊生，老朽何为？流离异域，正愧无德无功，每嫌多寿多辱。"（韩希愈：《我所知道的马相伯先生》，丹阳市政协文史资料研究委员会编：《爱国老人马相伯（1840—1939）》，丹阳，1990年，第124页）同日，越南谅山天主堂主任汉司铎特至马相伯寓所，为他举行百岁诞辰感恩弥撒。（方豪：《马相伯先生在教事迹年表》，《益世报》，1939年11月12日）

3月25日，冯玉祥将军为马相伯百岁诞辰书写对联："绛帐传经，庆臻百岁；白眉望族，德给三尊。"对联下午五时书就，"六时晚饭，有谢文辉（马相伯孙女婿，马玉章丈夫）携马相伯赠余对联一副：'我战则克，汝惟不矜。'"（中国第二历史档案馆编：《冯玉祥日记（五）》，南京：江苏古籍出版社，1992年，第626页）按丹阳市马相伯史迹馆展出稿，此联为："焕章将军属：我战则克，汝惟不矜。期颐叟马良。"经鉴定，确为其手迹。

3月29日，冯玉祥与北方同盟会老人刘允丞、王励斋回顾辛亥革命滦州起义事，"刘、王二先生又为马相伯先生募寿金一谈，余（冯玉祥）答应竭力为之,因今年是一百岁之寿辰也"(中国第二历史档案馆编:《冯玉祥日记(五)》,南京:江苏古籍出版社,1992年,第627页)。

3月,中华事业教育社机关刊《生活》杂志作者,生活书店创办人之一胡愈之从重庆经香港返回桂林,途中到谅山看望马相伯。胡愈之在"救国会"活动和"七君子"事件中追随和推崇马相伯。他是1939年1月从桂林去重庆的,"住在生活书店宿舍,为的是(与邹韬奋)商量救国会的事情"(胡愈之:《关于生活书店》,氏著:《胡愈之文集》,北京:生活·读书·新知三联书店,1996年,第30页)。因抗战宣传受到管制,胡愈之在重庆只住了一个月,便经海路从香港返回桂林。此后,他又准备去南洋筹建中文出版基地,扩大抗战宣传。因此推算,胡愈之从香港到达谅山的时间应该是当年3月。谅山会面时,马相伯和胡愈之能作清晰而有内容的谈话,并对自己的一生做出总结。据张若谷回忆:"记得他避难养病谅山时,曾很感叹地对去访问他的胡愈之先生说:'我是一只狗,只会叫。叫了一百年,还没有把中国叫醒。'"(张若谷:《苦斗了一百年的马相伯先生》,氏著《马相伯先生年谱》附录,上海:商务印书馆,1939年)

同日,上海复旦同学会出版专刊,纪念马相伯百岁诞辰,刊登文章有李登辉《马相伯老先生百龄大庆祝辞》、叶秉《丹徒夫子马相伯先生百岁寿刊序》、谢冰等《马相伯师百龄寿言》、徐子高《丹徒马相伯夫子百龄大庆寿序》、毛西壁《马祥生之言行》、经学《马先生创办复旦之经过》、董伯豪《马老夫子之养生》、张道枢《寿马相伯先生》、陈传德《马师相伯创办震旦学院之特种精神》、应成一《祝马先生百年寿与民族复兴》、钱智修《马相伯先生百岁年谱》、钱智修《马相伯先生大寿征文启》、复旦大学同学会《相伯夫子与复旦》、于右任《为国家民族祝马先生寿》、邵力子《相伯先生寿言》等。(张道枢、刘淇洪编:《马相伯先生百龄大庆(特刊)》,1939年)

春,重庆北碚复旦大学举行毕业典礼,马相伯撰写训词。老校长回忆了当年复旦艰苦创业,学生和校友始终不失信念,以鼓励学生在抗战高潮中继续学业,更图光复。"回忆光绪乙巳之岁,震旦散学。余乃率领菁英,赁屋三楹于沪西新闸路,更名复旦,予年既六十六矣。及后代予主持校务者为李登辉,计予卸去校务以后,今历二十有九年。今吾校远陟巴渝,恢复有期。诸生宜各养浩然之气,勿馁勿蹶。论今日吾校之校舍,或稍逊于沪上,以比昔年新闸路之三室,则有过之。……予年既百岁,而弘我汉京之意,不让当年菁菁者。其有望于诸生之光复旧物者至矣。"(张若谷:《苦斗了一百年的马相伯先生》,氏著:《马相伯先生年谱》附录,上海:商务印书馆,1939年,第

251 页)这份电稿仍由马相伯亲自拟定,是为百岁老人留给人间的最后一篇文字。

4月4日,行政院长孔祥熙及各部长官何健、王宠惠、何应钦、翁文灏、陈立夫、张嘉璈、陈树人、吴忠信、许世英等致电马相伯,祝贺他的百岁诞辰。电文为:"寿晋百龄,德尊一代;国华人瑞,谨布贺诚。"(《新闻报》,1939年4月5日)

4月5日,中华民国政府以马相伯寿晋期颐,议定为先生庆祝百岁诞辰。本日,国民政府为马相伯百岁诞辰发布褒奖令:"国民政府委员马良,学贯中西,名德夙著。中年以后,慨捐巨款,倡学海滨。乐育英才,赞襄匡复,为功尤巨。近自御侮军兴,入佐中枢,秉老当益壮之精神,参抗战救国之大计。忠忱硕望,宇内同钦。兹已寿登百龄,襟情豪迈,无减当年匪,惟民族之英,抑亦国家之瑞。载颁明令,特予褒奖,以旌勋贤,而资矜式。此令。"国民党政府称道马相伯是爱国者,同时认定了他教育家、政治家、思想家和宗教家的身份。重庆《中央日报》社论:"马相伯先生自言一生饱阅世变,先生之一生不仅为中国历史上变化最剧烈的时期,即在世界,亦各种变化最繁复的时代。这一百年的光阴乾坤转易,世事沧桑,百年之中奇变大变,先生实亲见之。先生当万变之时,所以处变者有不变之数原则:一为国家民族之至上;一为人与事之仁爱;一为崇尚科学求进步;一为正义克制强权。先生守此四者,教其徒,启其国人,百年之中,先生之精神所以化民成俗者,巍巍乎无得而名焉。先生是思想家,是宗教家,是教育家,是政治家。"(《中央日报》,1939年4月5日)

4月6日,下午,上海市各界假座宁波同乡会举行马相伯百龄寿辰庆典活动。此外,"从五日起至七日止,举行播音祝寿三天,赠送徽章及寿碗,筹募救济经费。五日,大陆电台,全市名票、名伶平剧会串;六日,大亚电台,苏州文书、北平滑稽、苏滩、常锡文戏、申曲、故事;七日,中西电台,越剧、四明文戏、南方歌剧、话剧、滑稽、歌唱、评话弹词"(《时报》,1939年4月4日)。本日,全国各地纪念马相伯百龄诞辰,同时举行大规模募款活动,救护伤兵难民。上海募捐分四元、六元、八元、十元四种祝份,自愿多祝者尤其欢迎,奉款地址为河南路国华大楼604号祝寿会筹办处(《奋报》,1939年4月6日),募款时间从4月1日到15日。(《立报》,1939年3月28日)马相伯为答谢上海市民,特从谅山致电本次庆典,略云:"年齿徒增,愧无济世之术嘉惠灾黎,益深荣褒之感。拜领高情,谨电驰谢,相伯叩佑。"(《时报》,1936年4月6日)

4月6日,旅沪镇江、丹阳、金坛、溧阳、扬中五县同乡会,按预定举行公祝典礼,庆祝丹徒马相伯先生百龄诞辰,并拟一绝,以为寿联:"一老岿然系我思,亦狂亦侠亦仁慈;百龄自昔称人瑞,合进群仙祝寿诗。"(《寿马相伯先生》,《社会日报》,1939年3月14日)

4月6日,重庆各界举行盛大活动,庆祝马相伯百岁诞辰。下午五时,活动在银行公会开始,蒋介石委员长莅会,林森、于右任、邵力子、叶楚伧、张群、王宠惠、朱家骅等三百余人出席。(《重庆举行马寿庆典》,《文汇报》,1939年4月7日)

4月6日,国民政府监察院长于右任发表马相伯百年诞辰祝寿贺联:"当全民族抗战之时,遥祝百龄,与将士同呼万岁;自新教育发萌而后,宏开复旦,论精神独有千秋。""大邦人瑞,民族导师。"于右任另以监察院全体同仁名义,向马相伯发表贺电:"瞻依南斗,炳耀中枢,策建国于方成,欣期颐之已届。登兹寿域,国与同荣。日进康强,遥申嵩祝。"于右任还撰写特文《百岁青年马相伯先生》,其中有句:"此少年精神之一物,实为先生一生成功之源泉。"(转见自刘延涛编:《于右任先生年谱》,台北:台湾商务印书馆,1981年)

另外,蒋介石总统贺联为:"天下皆尊一老,文章独擅千秋。"于右任以中华民国监察院全体同仁名义,向滞留谅山的马相伯发去贺电:"广西镇南关全边对汛公署转谅山马委员相伯先生钧右:瞻依南斗,炳耀中枢。策建国于方成,欣期颐之已届。登兹寿域,国与同荣。日进康强,遥申嵩祝。"(转见自方豪:《于右任与马相伯先生》,氏著:《方豪六十自定稿》,台北:学生书局,1969年,第1988页)中国青年党主席曾琦贺词:"溯道咸同光以还,眼阅沧桑逾一纪;驾曾胡左郭而上,手栽桃李过千株。"(陈黄梅编纂:《曾琦先生文集(下)》,台北:"中研院"近代史研究所,1993年,第1311页)全国各地、各党派、各报刊及政府及民间要人纷纷驰电祝贺,进献贺词。教宗专派特人前往谅山赐福。天津《益世报》发行《马相伯先生百龄大寿增刊》,刊载方豪《为马先生祝寿的意义》、《马相伯先生百岁小传》等文章。另有林森题赠"中华人瑞",雷鸣远题赠"得其寿矣"。马相伯自题"我战则克,汝惟不矜"等。

于右任为马相伯百岁寿辰,特撰长文《百岁青年马相伯先生》,此撮其首、末两段,抄录如下:"吾师马相伯先生,生于逊清道光之二十年,至今年民国二十八年,盖已大寿一百岁矣。先生以一代之师宗,享大齐之遐祉,其文章道德,与夫数十年来对于国家民族之建树,殆非寻常楮墨所能倾写。顾余则以为'百岁青年'之一词,实足以举似与赅括之。余之致语以寿先生也,曰:'民族一元老,精神常少年。'此种少年精神,则即先生修己立人成功之源泉,足以形容其整个之人格也。……如上所述,但举少年精神一义,以概括先生之生平,于先生之嘉言懿行,自难得其百一。然高山景行,其则不远。今当精神动员,争取抗战胜利之时,设吾人能由此一义,效法先生,靖献其身于国家民族,使先生以百岁高龄,早睹中兴之治,则余之此文,庶几其不虚作,而不致以曲解师说,为先生所呵欤!"马相伯手书一联回赠:"(上款)右任仁弟属;(下款)期颐叟相伯马良。(上联)古之遗直也;(下联)中国有人焉。"(均转见自方豪:《于右老与马相伯先生》,氏著:《方豪六十自定稿》,台北:学生书局,1969年,第1990页)

4月6日,中共机关报重庆《新华日报》刊登短评:"今天是国府委员马相伯先生的百龄大庆的日子。在重庆和其他地方都要有热烈的庆祝。这一百年内,马先生做了许多有意义的事情。他在文化上、教育上和政治上都有许多重要的成绩。这是充实而有意义的一百年。马先生所度过的这一百年,是中国近代历史剧变的时期。这时期里中国被沦为半殖民地,但同样中国也发动了许多次轰轰烈烈的民族解放的斗争。我们整个民族在这时期内,受了许多折磨,也受了许多锻炼,更得到了很大的进步。马先生随着时代的激流而不断的进步着。近几年来,民族危机日益深重,马先生不辞劳瘁,奔走抗日工作。对于全国抗日救亡运动的推进和抗日民族统一战线的形成和发展,都发生了重要的作用。我们古人所说的'老当益壮'的美德,相伯先生真可当之无愧!从这一百年来马相伯先生的奋斗中,可以看出中华民族儿女的优秀的特质,可以看出中华民族光明灿烂的前途。我们恭祝马先生健康长寿!我们恭祝中华民族解放胜利,万年无疆。"(《新华日报》,1939年4月6日)同日,重庆、昆明、桂林、上海各城市举行遥祝典礼,庆祝马相伯生日。中华民国国民政府军事委员会委员长蒋介石出席重庆典礼,并赠贺联:"天下皆尊一老,文章独擅千秋。"(方豪:《马相伯先生年谱新编》,李东华编:《方豪晚年论文辑》,台北:辅仁大学出版社,2010年,第359页)

4月6日,昆明《益世报》编辑马相伯百龄大庆纪念特刊,征集到各界著名人士的贺联、贺辞,其中有蔡元培自香港寄出贺诗一律:"百年自昔夸人瑞,学邃神完更足珍;伏胜授书能启后,武公善谑助亲仁。犹因爱国抒弘论,不为悲天饶性真;愿籍台莱歌乐只,八千常与历秋春。"陆徵祥从比利时寄来贺辞:"拜读我师廿一年双十节'还我河山'爱国呼吁,唤起全国士人发奋自救,抗战拒敌,非至还我河山不止。祥自沈阳事变,每日圣祭求主降福,俾呼声成为事实,以作我国老百岁大庆永久纪念。遥祝健康加餐。门人本笃不肖弟子。"雷鸣远从中条山寄来:"得其寿矣,敬献百岁之老抗战者。"于右任则撰文《百岁青年马相伯先生》,从略。昆明《益世报》特刊经方豪从中编辑,事见氏著《马相伯先生年谱新编》(台北:辅仁大学出版社,2010年,第359页)记载。

昆明《益世报》编辑的马相伯百龄纪念特刊以号外发行,受到大后方、上海、天津、香港及海内外读者的欢迎,各地争相索阅。5月16日,陆徵祥自比利时致函在昆明《益世报》任编辑的方豪,请为索取特刊20份,愿代为在欧洲各国朋友中散发。陆徵祥来函为一封长信,情真意切,抄录于此:"杰人神父爱鉴:五月十四日接奉四月六日相师百龄庆寿特刊一页。同日到《益世报》计七张。拜读四月六日社论,神兄以中央孔院长及各部部长八字祝电,表而出之,读毕不禁为雀跃心往者久之。相师平日待己教人,一本于爱人如己、爱国、爱主之博爱主义。读其《国难言论集》,曰:'人生在世不出于一爱字,当善用其爱。'相师之善用其爱,诚如尊论,自少年以至于期颐,诚所谓百年一贯,始终如一矣。林主席祝词中有:'马老先生是我们的国华人瑞',此言亦惟相师一人当之而无愧,故国府明令褒奖,古今所罕闻罕见也。公教界之沾光,更在千百世后。其发荣滋蔓,更难思议矣。质诸高明,以为何如?四月六日特刊,可否赐寄廿份,以便分赠各大使、公使、代使等。耑此奉恳,只请道安。"(转见自方豪:《马相伯先生年谱新编》,李东华编:《方豪晚年论文辑》,台北:辅仁大学出版社,2010年,第361页)

4月7日,马相伯诞辰一百周年纪念日。《新华日报》刊登贺电:"桂林新四军办事处探转马相伯先生尊鉴:兹值先生百龄大庆,国家之光,人类之瑞。谨率全体党员遥祝并致贺忱。中国共产党中央委员会,皓。"

4月7日,上海各界以电台播音方式,公祝马相伯百岁大寿。据报道:"播音祝寿、募款救济难民,尤深得各界善士之热烈赞助。昨假座车方电台为最后一日,除越剧、四明文戏、南方歌剧、话剧、滑稽、歌唱、评话弹词等节目外,并由姜证禅、周邦俊等致祝词,即于昨日宣告闭幕,公祝筹备会,此次赠送寿碗寿章,以留纪念,深为各界所欢迎,现正大量赶制,以便凭捐款普遍分赠云。"(《文汇报》,1939年4月8日)

4月11日,马相伯致函于右任等,对重庆及全国各地的庆寿活动表示感谢。老人希望寿庆从简,将精力、财力多用于抗战。"诸君子体念老人之意,输资战地,救护伤兵,励杀敌之士气,竟建国之全功,使老人目睹中兴,举世同登寿域,则老人百年生世为不虚。"(《新闻报》,1939年4月12日)

6月15日,本日出版之《前线日报》以"马相伯先生"为题,报道马老身体境况,"有人从越南来,谈到他曾会见马相伯先生,他对于这位老人的健康非常忧虑,因为摆在面前的是铁的事实,马老先生的体力已经衰弱不堪,简直无法支持其肉身了"。作者"剑"议论道:人有生、老、病、死,马相伯自然不会例外,但马相伯"打破了'中国老头子向来不为中国青年佩服'的惯例,而享有那么多的青年的真诚爱戴"(《前线日报》,1939年6月15日)。

7月,罗马教廷代表蔡宁总主教专程到越南谅山探望马相伯,致以问候。(方豪:《马相伯先生在教事迹年表》,《益世报》,1939年11月12日;张若谷编著:《马相伯先生年谱》,上海:商务印书馆,1939年,第231页)

8月24日,于斌主教为《马相伯先生年谱》致书张若谷,请上海教区安排出版马相伯所译圣经四福音书。"为马老作百岁年谱,甚善。蒙向予索序,颇感。惟因工作关系,日无暇晷,不敢草率执笔,有辱相伯之功业,只有俟之异日矣。况老先生行传本身,自有其引人注意性,无须我之点缀也。老先生之手译四史圣经,如未遭难,深望函张副主教,加以校勘后,立为出版,费用我可设法。此实老先生对社会最高贵之赠品。"(于斌:《〈马相伯先生年谱〉代序》,张若谷编著:《马相伯先生年谱》,上海:商务印书馆,1939年)

10月12日,重庆、桂林及抗战后方各地筹议在元旦之日举行"千龄宴",为马相伯庆贺百年新生。当日,黄炎培拟就贺诗《百言长律庆马相老百龄》一首:"国有千龄宴,天全百岁身。万方多难日,一个老成人。悟道因勉学,观光得善邻。心传究天理,躬践笃人伦。忧国谁如热,移风欲使谆。忘年交卅载,说法载千轮。与议丁桥席,恭书甲社绅。蒲轮迎已晚,稿本译犹新。见说风岩住,探闻露布真。生如公不忝,寿与世长春。"(《黄炎培日记(6)》,北京:华文出版社,2008年,第30页)此外,震旦大学早期校友汪东(亦为章太炎弟子)有贺词《水龙吟·寿马相伯百龄》:"好春常住人间,百年桃李盈天下。伏波勋业,扶风经学,畴能传者?殿好灵光,里名通德,更添佳话。纪仙家岁月,沧桑三见,算此语,浑非假。滟滟霞桨倾泻,被铙歌惊吹寒夜。先生笑谓:汝曹今日毋欢咋!庬骑凭波,四郊多垒,是吾羞也。待收京功就,语溪颂了,进长生斝。"(杨积庆:《百年桃李盈天下:读汪东寿马相伯百龄词》,丹阳市政协文史资料研究委员会编:《爱国老人马相伯(1840—1939)》,丹阳,1990年,第138页)

10月19日,谅山天气骤变,马相伯身体不适,发烧至38度,"医治未获,渐至沉顿"(张若谷编著:《马相伯先生年谱》,上海:商务印书馆,1939年,第231页)。

10月29日,"有客告以湘北大捷详情,先生甚喜,是晚即能起坐。且略进食。然以兴奋过度,遂难入眠,病势益剧"(张若谷编著:《马相伯先生年谱》,上海:商务印书馆,1939年,第231页)。

11月初,为庆祝马相伯百岁诞辰,"马相伯先生百岁纪念委员会"在重庆筹备建立马相伯纪念图书馆"百岁堂",于右任、沈钧儒等人参与赞助。(沈谱、沈人骅编:《沈钧儒年谱》,北京:中国文史出版社,1992年,第223页)

11月3日,晚上九时,马相伯昏睡中招家人近前,似有话语在说。家人告之以抗战还在继续,家人告之以"国事有领袖及诸当轴主持,全国军民,戮力抗战,不获胜利不止"(张若谷编著:《马相伯先生年谱》,上海:商务印书馆,1939年,第231页)。

11月4日,凌晨零时,马相伯在越南谅山去世,昏迷中最后发声为:"消息……,消息……。"(马一民:《我国近代教育家马相伯》)《增谱》:"惟时先生虽居越境,而关心祖国,顷刻不忘。国人有过谒者,相见无别语,惟殷殷询抗战情形及各地建设状况,反复不已。年事既高,平时体力惟赖药品支持,至十月十九日谅山气候剧变,寒燠不时,先生体温高至三十八度,医治未瘥,渐至沉顿。二十九日,有客告以湘北大捷详情。先生甚喜,是晚即能起坐,且略进食。然以兴奋过度,遂难入眠,病势益剧。十一月三日九时,招家人近前,似欲有言,而语音已不能辨,仅闻'消息'……'消息'……,含糊之声而已。家人以'国事有领袖及诸当轴主持,全国军民戮力抗战,不获胜利不止'语之。先生微颔其首,旋即绵缀,至次晨零时,遂溘然长逝,是为中华民国二十八年十一月四日,即西历一九三九年也。"即日,于斌主教从重庆赶赴谅山,为马相伯行终傅礼及追悼弥撒。

11月5日,《纽约时报》刊登马相伯逝世的讣告和报道:"曾经服务于外交界,在美国、朝鲜和其他国家代表清朝的中国退休官员,复旦学院和震旦大学创办人,著名学者马相伯去世,生年一百。"(以上为标题)"上海11月4日电,中国学者和退休政府官员马相伯今天在谅山去世,据他在这里的亲属说,生年一百岁。他可能是最为年长的清朝官员了,尽管高龄却仍然看上去健康,并精力充沛地从事公共和著述活动,直到去世。学校毕业以后,他进入政府部门,作为1901年去世的中国高官李鸿章的外交秘书,后来他作为特使成功地出访了朝鲜、美国和其他国家。从政府部门退休以后,他投身于著述,并创办了震旦大学和复旦公学。他是复旦公学的校长和教授。他是著名的拉丁文学者和许多种书籍的作者,最为著名的是《灵心小史》。1939年(原文误),马相伯生于江苏镇江,在家乡受过儒家经典教育。后来随父母移居上海,在徐家汇的圣依纳爵公学学习,特别喜欢哲学。"(据《纽约时报》原文译出)

11月6日,重庆《新华日报》发表短评《悼马相伯先生》:"马相伯先生在谅山逝世了。忆今年4月,马相伯百龄大典,各地曾举行热烈的庆祝,中国共产党中央委员会在贺电中尊之为'国家之光,人类之瑞'。曾几何时而哲人凋谢,全国同胞又将在沉痛的心情中追悼百龄翁了。马先生早岁曾致力于文化教育事业,晚年目睹日寇侵略加紧,民族危机严重,为救国事业奔走呼号,不遗余力。数年前,马先生以稀有之高龄,在上海那种恶劣环境下,策励青年,为团结抗战而奋斗,其英勇振奋之气概,至今犹历历在人耳目。马先生是热心爱国家、爱民族的,是永远有着青年人奋斗精神的。我们追悼马相伯先生,要学习他这种精神,为中华民族解放而奋斗到底。"(《新华日报》,1939年11月6日)

11月6日,于右任从重庆致唁电,通过驻河内领事馆向马相伯家属表示慰问,内称:"相伯夫子逝世,寰瀛无不震悼。寇焰已残,中兴在望,天不憖遗,致未克亲睹庆功盛典,诚为遗憾。谨电致唁,并希节哀。"(《晶报》,1939年11月7日)

11月7日,蒋介石委员长电唁马相伯家属:"河内总领事馆转马相伯先生家属礼鉴:惊闻相老先生溘逝寓邸,东夷之寇焰未熄,南极之星芒遽敛。一代人师,千秋永念。憖遗之戚,举国所同。敬电致唁,蒋中正,鱼,侍秘,渝。"(《晶报》,1939年11月8日)

11月8日,上海市各界追悼马相伯大会筹备委员会成立。13日,该委员会举行第一次筹备会。(据上海《晶报》,1939年11月12日报道)同日,上海《新闻报》刊登"浪墨"文章《悼马相伯先生》,内中将马相伯与严复并列为最重要的西学启蒙学者,而化育人才之成就更有过之,文称:"当有清末叶,国人之研习欧西学术,以革新相号召,有声于时,为后进所宗仰者,当推严又陵及马相伯二人为最著。严氏早世除以译述《天演论》、《群己权界论》、《群学肄言》、孟德斯鸠《法意》,使国人于社会科学获得新知,及在天津某报主持笔政,提倡变法,为人传诵外,其他未有表见。相伯先生在著述上之成就,不如严氏。然自其少年,追随于合肥幕府,饱经越南、朝鲜之役,亲见藩属沦亡,领土割让,国弱民愚之累累殷鉴,于是对外以'惟求苟免'为大戒,对内以'主持正论,育材兴学'为急务。手创复旦,三十年来门墙桃李遍于朝野。公之言论,遂隐然为东南坛坫之祭酒。"

11月8日,张若谷致书张元济,欲将编定之《马相伯先生年谱》交由商务印书馆出版。张元济当日便作答复,函请张若谷携稿前来,由现任总经理王云五接续办理。"顷奉手教,籍悉尊著相伯先生年谱,拟将版权让归敝馆,曷胜荣幸!元济年力衰迈,久已将公司事务完全卸交,现诸事均归王君云五主政。可否请将条件并大稿交示,当代转达王君核夺。肃覆,顺颂著祺。"(载《上智编译馆馆刊》,第2卷,第2期,北平,1947年)

11月10日，国民党中央执行委员会电唁马相伯家属："河内直属支部转马相伯先生家属礼鉴：相伯先生，天下元老；一代大师，方期召伯修龄，永为人瑞；兹闻溘逝，震悼殊深。特此致唁，神与电驰。"(《新华日报》)毛泽东等人唁电："河内总领事馆署转马相伯家属礼鉴：惊悉相伯先生于本月四日，蓬归道山，老人星黯，薄海同悲。遗憾尚多，倭寇未殄，后死有责，誓复国仇。在天之灵，庶几稍慰。特电驰唁，敬乞节哀。毛泽东、朱德、彭德怀，庚。"(《新华日报》)国际反侵略大会中国分会唁电："相伯先生家属礼鉴：噩耗北来，惊闻老先生遽捐馆舍，举世同哀，邦国殄瘁。我国反侵略运动，自始即由老先生领导，其为世界和平、人类幸福而致力之精神，垂老益坚。方此世难未已，端赖老成，而乃天不憗遗，大星南殒。俯仰之间，感怆何言。至希节哀，勉襄大事。谨此致唁，并候体安。"(《新华日报》)

　　11月11日，邹韬奋在重庆出版的《全民抗战》(周刊，第96期)上，以"韬奋"名义发表纪念文章《悼马相伯先生》。该周刊由韬奋、柳湜编辑，本期封面通栏刊登马相伯先生画像，并题"马相伯先生精神不死"。

　　11月13日，中国驻比利时大使馆将陆徵祥唁电转至谅山："惊悉师驾于月之四日归主！呜呼痛哉！谨当献祭三十日，籍安师灵。窃念吾师一生善用其爱，爱主爱人爱国，一思一言一动，莫不充满爱火，莫不恪遵主旨，盖吾主乃莫大爱火之源泉也。读师'还我河山'一语，其呼声处于爱，又非还我河山不止之句，其气概出于至爱。但此至爱于怀，未见其语实现，无奈有遗憾耶？曰：非也！归主所以祈主，所以促其语之速现耳。今而后祥知师生于爱，长于爱，终于爱，行将复活于爱，哭师之余，作爱字追思纪念。门人本笃会修士兼司铎陆徵祥谨识。"(比利时圣安德鲁修道院陆徵祥陈列室藏《陆徵祥日记》)

　　11月13日，《陆徵祥日记》记载马相伯去世后的消息情况："接信：钱大使快信附谅山电文，上海刊件乙包；发信：钱大使快信附唁电稿。"陆徵祥当天发给中国驻比利时大使钱泰的"快信"未见，"唁电稿"即如上。当天，中华民国驻比利时特命全权大使钱泰(1886—1962，浙江嘉善人)向陆徵祥通报了马相伯逝世之事。陆徵祥即将拟定的唁电发给钱大使，转交发表。

　　马相伯去世后，陆徵祥将他和相伯先生往来书信稿收集起来，影印为"期颐叟马相伯夫子遗迹"，将百岁老人的遗墨赠送给各方友人。此即方豪先生据之录入到《马相伯先生文集》中的《致陆徵祥》(1928、1933)。

　　11月13日，中国驻荷兰大使金问泗书陆徵祥撰对联一副："一思一语一动，爱主爱国爱人。兴老司铎撰句为相伯夫子百岁归天追记，受业金问泗谨书。"

本对联藏比利时圣安德鲁修道院陆徵祥故居。金问泗（1892—1968，浙江嘉兴人），为中国驻荷兰大使。金问泗为复旦公学初期学生，1910年毕业，故称"受业"于马相伯。"兴老司铎"为陆徵祥本人，陆徵祥11月13日为马相伯撰唁电中就有"爱主爱人爱国，一思一言一动"之句。陆徵祥，字子欣，这里称为"兴老"，或者从其字而来，录以待考。

11月14日，张若谷携撰成之《马相伯先生年谱》至商务印书馆董事长张元济处，请代转交给总经理王云五。先是，11月11日张若谷曾拜访张元济。本日，张元济写就《〈马相伯先生年谱〉序》，准备印行，序云："余闻相伯先生殁于谅山之讯，哀其以大耋之年，不获宁居一室，被迫远徙，殒身于数千里炎缴之外，为之悲愤者不置。越四日，张子若谷以书来，言已辑先生年谱，欲谋梓行。又三日，过余所，示余以全稿。自言与先生同为天主教徒，幼时肄习震旦学院，出先生门下。暇则诣土山湾先生所居道院，聆所叙生平经历。既归，必笔而存之。自先生留居南京后，不得复见，乃遍蒐时人著述，参以所闻，辑为年谱。"上海、重庆、天津为祝马相伯百龄大寿时，上海《中美日报》曾连载张若谷编著《马相伯先生年谱》中的部分内容。

11月15日，生前友人张元济主祭马相伯追悼大会，并集众议，拟定私谥为"文敏"。此见张若谷记录："（马相伯先生）年谱问世之日，适值沪地各界为马公举行追悼大会，公推张先生主祭。先生应众请，为马公拟私谥曰文敏。"（张若谷：《记张菊生先生校序马相伯先生年谱事》，《上智编译馆馆刊》，第2卷第2期，北平，1947年）

据《总汇报》（1940年1月28日），马相伯追悼大会主席团成员福开森也曾建议私谥马相伯"文敏"。"顷接通知，敬悉马相伯先生追悼会定于一月二十七日举行，本人因事不克参加，颇引为憾。本人于1887年冬季，侨居镇江，始闻马先生系该地杰出之教徒，在1910年金山相近马府上举行之欢迎美国商务参观团席上，马先生代表镇江商会致欢迎词，因代传译词，始与马先生相识。最后会晤，系在1928年共摄一影。马先生为徐光启先生后中国最著名之教徒，时明帝曾谥徐先生以'文定'公。鄙意拟马先生以'文敏'谥号云，当由主席团江一平提付大会讨论。"经主席团表决，一致同意福开森建议，谥马相伯为"文敏公"。因追悼会前不及举行奉谥典礼，将在会后定期补办。另外还有戴春风、卢永玉建议设立"百岁堂"、铜像、图书馆，以资永久纪念。

马相伯家庭及子嗣的情况如下：妻子王氏，山东人，1892年与幼子在前往家乡探亲的航程中遭遇事故，在黄海海面遇难。马相伯与王氏育三子一女,长子早夭,幼子遇难;女儿马宗文(1888—?),适徐子球;次子马君远(1886—1914),承嗣马氏,娶邱任我(1897—1965),生一女马玉章,为马相伯女孙,承嗣马氏。马玉章嫁谢文辉,后者入赘马家,得三女一子,均姓马。马相伯曾孙(女)一辈,有长曾孙女马百龄,生于1939年,适陈定国,2010年代定居美国加州圣地亚哥;次曾孙女马千龄,适马和源,仍居上海;三曾孙女马亿龄,适俞志成,仍居上海。曾孙马纪龄,承嗣马氏,娶金碧玉。马、金夫妇得一子马天若,为马相伯玄孙,生于1967年,娶陈君,承嗣马氏。

11月15日,留沪在公共租界和法租界"孤岛"办学之震旦、复旦大学师生本日分别举行追悼会,悼念老校长、创办人马相伯。震旦大学的追悼会场设在吕班路(今鲁班路)圣伯多禄堂,上午七时半举行追思弥撒,本校师生,中外教友和家属达二千余人参加。朱志尧、张充仁夫妇代表马氏家属参加。姚赞唐主祭,乔典爱、才尔孟(富司铎代表)辅祭。复旦大学的会场设在浦东同乡会礼堂六楼光华礼厅,个人和团体代表五百余人出席。十时开始,由前任校长夏敬观担任主席,报告马相伯于创建、维持复旦之功绩。继而宣读马相伯之行迹。随后各团体敬献花圈,司仪宣读祭文,家属代表张充仁致谢。两校为此活动放假一天,以志纪念。(《新闻报》,1939年11月15日、16日;另,参见上海档案馆马相伯档案1-413-35上海各界追悼马相伯大会筹备委员会关于安排悼念马公事宜致震旦大学函)

11月18日,中华民国国民政府为马相伯逝世颁布哀悼令:"国民政府委员马良,学识宏通,神明贞固,早岁研精科学,讲求时务,游历中外,望重一时。自捐巨款,在沪创办学校,殚心教育,垂四十年,成就人才甚众。近年廑怀御侮,入赘中枢,方冀长享遐龄,为国矜式,遽闻溘逝,悼惜良深。着发给治丧费三千元,生平事迹,存备宣付史馆,用示国家笃念勋耆之至意。此令。"(徐景贤:《马相伯先生百年生活》,载《中央周刊》,1946年,第8卷,第23期,收赵中亚编:《徐景贤文存》,南京:江苏人民出版社,2016年)

11月23日,上海天主教在董家渡、徐家汇天主堂举行追思会。

11月24日,徐汇中学校长张家树司铎会同马氏家族戚友发起,为马相伯逝世举行"三七"追思活动。活动在天主堂街(今四川南路)圣若瑟堂举行,为马相伯做弥撒通功。通功告示单云:"圣名若瑟 圣主赐伊永安而以永光照之(题马相伯遗像)。百岁老人马公相伯于中华民国廿八年十一月四日归主,一九三九年十一月廿四日七时半洋泾浜若瑟堂三七追思弥撒兴礼纪念。"(《上海圣若瑟堂通功告示单》,比利时圣安德鲁修道院陆徵祥纪念室藏)同一天举行通功仪式,追思功绩,抚慰亡灵的还有上海教区董家渡圣方济各主教堂、耶稣会徐家汇圣依纳爵主教堂。"在沪马氏戚友及天主教教友,为追思起见,于今日上午七时半在天主堂街天主堂举行三七追思弥撒纪念礼。"(《晶报》,1939年11月24日)。

11月25日,邵力子在《新华日报》发表《救国老人马相伯先生》,称:"先生对待同胞,不以思想,不以地位,不以阶级而别。在救国大前提下,对四万万五千万同胞是一例的。这与先生的'有容'精神有关,这与先生的学问有关,先生精神、学问的最高目标在救国,现当抗战已入后期,爱国国人,都应人人效法先生。"(《新华日报》,1939年11月25日)

11月26日,上午九时,重庆各界开始公祭仪式;下午二时,举行马相伯先生追悼大会,林森主席代表吕超,吴稚晖、邵力子中委,孔祥熙院长,以及各界来宾千余人出席。于斌主教报告治丧经过,于右任院长发表讲演。(《新闻报》,1939年11月27日)

11月26日,下午三时,香港各团体及社会名流百余人集会,举行马相伯先生追悼会。王晓籁任主席,首先报告马相伯事略及纪念活动办法,张一麐等人继而发表讲演,仪式简单肃穆。(《晶报》,1939年11月27日)

11月26日、27日,《晶报》连续发表张一麐《谈马相伯先生》一文,悼念马相伯先生,讲述了他作为江苏都督程德全秘书与马老在辛亥革命以后在南京、苏州、北京时的交往,披露不少细节。

张一麐(1867—1943),字仲仁,号公绂,别署民佣,江苏吴县人。父是彝,光绪庚辰(1880)进士,母吴氏。张一麐12岁为诸生,被称为神童。乙酉年(1886)成举人,癸卯年(1903)授经济特科进士第一。甲午后,为袁世凯揽入幕府,授天津海防同知。辛亥革命时,策动江苏巡抚程德全起义,参与上海赵凤昌惜阴堂南北和谈密商。随后任袁世凯总统府秘书、政事堂机要局长,徐世昌内阁教育总长。他曾力谏袁世凯勿行称帝,事后回苏州隐居,不问政事,直至"九一八事变"后号召抗战。其时,张一麐倡组"老子军",及时报国,且谓:"老而不死是为贼,老而敢死是为精。"一时传为美谈。1938年,为号召抗战,出任国民参政会参议员;1939年,居香港,与许地山等人倡导文字改革;1941年,太平洋战争爆发前在重庆参加国民参政会,因滞留在渝;1943年10月24日,因肺气肿在江南岸清水溪疗养院去世。著有《心太平室集》、《现代兵事集》、《古红梅阁集》。

张一麐《谈马相伯先生》,略谓:"余与老人始共事在辛亥之冬,南京都督府程雪老幕中。其时相老年七十三,适与我今之年岁相同。民军入南京,旗人已流亡殆尽,而儿童遗落者多。法国教士马林,专收难童,相老左右之。余时为都督府秘书,雪老在上海不来,凡民政余摄行焉。后相老以外交司兼内务司,已在庄君蕴宽继督之后。一日相老冒雪顾余,几跌雪中,余扶掖之。相老曰:'此后革命事毕,将于扬子江两旁,开二十丈之马路,我二人坐汽车同游,不亦乐乎!'盖伊性无时而不乐观。"、"是后入京,我为公府秘书,相老为高等顾问,住天主教英女士培根女学,雇一十二三岁小僮事之。是时,各省初设统一政治会议,我与相老同出席。许久香(鼎霖)谓余曰:'君既有秘书薪水,而又有政治会议之月薪三百元,未免太多。'余笑曰:'相老为培根女校筹款,即以我三百元交相老可乎?'一日,相老告我,枕底八百元为小僮窃而逃去。余曰:'何不报警追捕之?'彼蹙其眉曰:'君不知我是好人耶?'余方知财物被窃盗,不追赃、不捕盗,此好人之法律也。耶稣教人,有批其右颊者,以左颊与之,使满其欲。以德报怨,老人之经然也。民国四年,旧历元旦,相老约余与袁观澜同至西山之静宜园,宿三日,絮絮谈其游历美国及留学法国时事。其时,美国兵只有二万,不解其何以能治安。一日,华府大学开盛会,学生武装列队而过,然后知美国学生无一非兵也。我与庄君为公八十生辰祝寿。继而余民十返苏,相老亦至上海,住姚主教路天主堂,每过沪,必访之。时虽不常出,然大演讲犹能作一小时长讲师。老人演讲能动人,犹记民八九年间,余在旧京有江苏同乡选举会,余为主席,南通某捣乱,几紊秩序。余延相老代主席,阖座帖然矣。"
(《晶报》,1939 年 11 月 26、27 日)

11 月 28 日,重庆各界隆重举行马相伯追悼会,会场肃穆,用松柏扎成牌楼。上午 9 点开始祭奠,下午 2 点开会悼念。国民政府委员吴稚晖致悼词,历数马相伯功德;于右任、于斌都发表演说。国民政府林森主席的横幅为"名德修龄";蒋介石委员长的挽联为"毕生广造英才,化育百年尊绛帷;临死尚饶敌忾,精鬼万古式炎黄";于右任监察院长的挽联为"光荣归上帝,生死护中华";林森另有骈体祭文一篇,辞为:"呜呼! 东南吴会,文献所都。"(香港《大公报》,12 月 1 日,刘伟杰查找,并提供)中国青年党主席曾琦挽联,辞为"开五千载文人寿命新纪元,尘世应知无所恋;与百年来国家厄运相终始,中兴未睹有余哀"(陈黄梅编纂:《曾琦先生文集(下)》,台北:"中研院"近代史研究所,1993 年,第 1316 页)。

11 月 29 日,《申报》第 13 版刊登项骧(微尘)的挽联《挽马相伯先生》,曰:"世界数人师,惟中国期颐一老;帝庭仰灵爽,为我党呵护三民。"按《申报》编者注:"瑞安项微尘先生与丹阳百岁老人马相伯先生四十年旧交,比闻相老作古于谅山,乃挽相老一联"。(转见自《项骧集》,北京:中国文史出版社,2019年,第68页)另见有黄炎培《挽一百一龄马相伯先生联》:"经过道咸同光宣,迄于民纪,百年迈世史,恰写终生,大龄竟属学人,仗公突破疑年录;奔走沪京汉湘桂,而出边关,一颗老人星,遂沈南极,每日索观战讯,抵死长悬报国心。"(上海中华职业教育社:《国讯(旬刊)》,第219期,1939年11月25日)另外还有沈恩孚《挽百龄相老》:"泰山鸿毛等一死,此老达尊兼德齿。百岁经过多痛史,晚醒青年知国耻。修龄大勇世无比,去去西南行复止。谅山凭吊故战垒,旅魂何日归桑梓。请看门下峨峨士,再造乾坤继公起。"(沈恩孚著,薛冰整理:《沈信卿先生文集》,南京:凤凰出版社,2015年,第169页)

11月30日,重庆各大机关、学校和其他公营单位、团体,为马相伯逝世举行公祭。于右任代表中华民国政府起草祭文,情理并称,文笔俱佳,为社会各界传诵,全文如下:"惟中华民国二十有八年十一月四日,国民政府委员马相伯先生毙于谅山。越二十有六日,重庆各机关团体设位公祭,其受业弟子于右任,谨和泪吮墨为文,以告于灵前,曰:呜呼吾师,今胡遽别?余将胡依?民胡矜式?大愿将酬,抗敌救国,胡晏庆功,而铿一息。嗟师之生,忧患百年;罗胸武库,握手空拳。报国之心,托于造士;笃志殚精,忘其暮齿。伊余小子,讲犹一儒。诗狱瓜蔓,文网秋荼。师拯其危,亦药其陋。大义微言,坛堂密授。共和肇建,再起匡时。中山国父,丹徒国师。刘巴居蜀,兵于敢欺。神奸觊鼎,师实折之。回车北都,结庐江上。民治重辉,伊师之望。岛夷滑夏,发难沈阳。封狼荐食,浸窥南疆。其鼓堂堂,大呼杀贼。霜雪盈颠,风雨统舌。国有巨人,振衺得领。雪耻复仇,倾心托命。蒲轮就道,作宾上京。谋参密勿,礼尊老更。孰谓已老?心坚而贞。钢铁政策,播音铿铿。卢沟弄兵,妖胡内窜。何以御之?长期抗战。万里南天,一灵鲁殿。悬目中兴,有光若电。呜呼哀哉!心则不老。其年大斋,穷边岚雾。颓龄曷支,湖湘三捷,喜极而睎。声声消息,断续依稀。呜呼哀哉!伊余之身,师实再造。余粗有知,惟师所诏。玩日愒时,骎骎亦老。余则负师,将何以报?师之灵爽,陟降帝阍。师之心血,注于人人。万心一力,应济艰屯。收京有日,再为告文。呜呼哀哉!尚飨。"(录自刘延涛编:《于右任先生年谱》,台北:台湾商务印书馆,1981年;另,方豪:《于右任与马相伯先生》,氏著:《方豪六十自定稿》亦收入)

12月1日,王造时在当日出版的《国民公论》(半月刊)第二卷第十号上发表纪念文章《痛悼马相伯先生》,讲述了他在"九一八"事变之后,经常拜访马相伯,向他寻求支持和帮助,以及创建救国会的情景。

12月2日,马相伯去世后,复旦大学校董会、复旦同学会发起组织马相伯先生纪念委员会,决定募款建造复旦大学相伯图书馆。纪念委员会由钱永铭、李登辉、吴南轩署名,计划筹款国币20万元,以10万元在重庆北碚东阳镇新校地建造图书馆一座,另以5万元购置图书,充实复旦大学图书馆旧藏,5万元印行马相伯遗著。

12月3日起,于斌等人陆续函复马相伯先生纪念委员会,同意列名赞助人。首批加入名单的赞助人(原按繁体字姓氏笔画多寡为序,此处照录)有:丁惟汾、于斌、孔祥熙、王法勤、王宠惠、王正廷、王世杰、王伯群、王缵绪、王晓籁、白崇禧、朱庆澜、朱家骅、朱绍良、吕超、吴敬恒、吴铁城、吴鼎昌、吴蕴斋、李烈钧、李煜瀛、李济深、李宗仁、李汉魂、李品仙、李根源、李国钦、李杜、何应钦、何东、宋子文、宋汉章、杜镛、沈鸿烈、沈钧儒、居正、周钟毓、周作民、周寿臣、林云陔、林庆侯、屈映光、俞飞鹏、胡文虎、胡政之、孙科、翁文灏、马占山、马鸿逵、马步芳、徐寄顾、康心如、康心之、唐文治、莫德惠、张人杰、张继、张群、张嘉璈、张柏苓、张澜、张季鸾、张道藩、黄绍竑、黄旭初、黄炎培、许世英、许崇智、陈其采、陈果夫、陈诚、陈立夫、陈树人、陈仪、陈济棠、陈景川、陈嘉庚、章嘉、贺国光、陆徵祥、盛世才、冯玉祥、纽永建、覃振、邹鲁、褚辅成、叶楚伧、叶恭绰、叶琢堂、虞和德、杨庶堪、蔡元培、熊克武、熊式辉、蒋鼎文、蒋梦麟、邓锡侯、阎锡山、龙云、卫立煌、刘文辉、刘峙、潘文华、薛岳、卢作孚、穆湘玥、戴传贤、谢冠生、韩德勤、颜惠庆、魏怀、顾祝同、罗旭和。因仍在继续接洽赞助人,故此名单并非完整。(《募捐马相伯先生纪念图书馆捐册》,复旦大学档案0015-TC15-92,第7页;转见自钱京娅、史卫华主编:《复旦大学图书馆百年纪事》,上海:复旦大学出版社,2018年,第16页)12月14日,复旦大学同学会香港分会致电复旦同学会,报告将推举钱新之(永铭)、杜月笙(镛)、王儒堂、何东、王云五为捐款发起人,承诺捐款2万元助兼相伯图书馆。12月27日,于右任、钱新之、吴南轩为相伯图书馆募款事,假座重庆康公馆宴请赞助人,孔祥熙、陈行、宋汉章、叶琢堂、陈清华、康心如、康心之等金融界人士出席。(《募捐马相伯先生纪念图书馆捐册》,复旦大学档案0015-TC15-92,第7页;转见自钱京娅、史卫华主编:《复旦大学图书馆百年纪事》,上海:复旦大学出版社,2018年,第16页)

12月9日,因8日为教会节日,不能举行祭祀,马相伯先生逝世"五七"祭日追悼弥撒改在本日举行。马相伯甥、海门主教朱开敏在上海吕班路天主堂主持追思,马相伯亲属参加。(《晶报》,1939年12月10日;《中华画报》,上海:新中华图书公司,1939年,第84期)

12月17日,下午三时,桂林各界假座广西省政府礼堂举行马相伯先生追悼大会,千余人出席。广西省主席黄绍竑主祭,马君武、龙云陪祭,黄绍竑致悼词。(《大公报》,1939年12月19日)

12月18日,天主教罗马教廷允许中国天主教徒祭祖、祭孔,历时300多年的"中国礼仪之争"以梵蒂冈的妥协而解决。(郭廷以编著:《中华民国史事日志(四)》,台北:"中研院"近代史研究所,1979年,第119页)

谱 后 之 年

1940年,谱后一年

1月1日,复旦大学相伯图书馆设计方案由本校土木工程系主任王光钊教授完成,筹建工作顺利进行。15日,图书馆委托时在香港的复旦大学教务长孙寒冰教授购买西文书籍,每系分配200元定额,由各系主任开具书目。22日,中央、中国、交通、农民银行致函马相伯先生纪念委员会,告知中央、中国银行各认捐国币25 000元;交通、农民银行不日之内亦各将25 000元交到纪念委员会。4月12日,国防最高委员会秘书厅转到纪念委员会20 000元,其中含蒋介石5 000元,陈济棠3 000元,刘文辉2 000元,四川省政府2 000元,卫立煌500元,蒋鼎文2 000元,广东省政府2 000元,秘书厅500元。4月15日为止,相伯图书馆收到捐款已达15万元,后仍有大小额不等的个人和机构捐款陆续交达。(《募捐马相伯先生纪念图书馆捐册》,复旦大学档案0015-TC15-92,第7页;转见自钱京娅、史卫华主编:《复旦大学图书馆百年纪事》,上海:复旦大学出版社,2018年,第16—17页)

1月24日,上海各界追悼马相伯先生大会筹备会在报纸上透露,已经接受各界人士的建议,拟推动"在相老故居土山湾建造铜像,及徐家汇路改名马相伯路等永久纪念办法"(《新闻报》,1940年1月24日)。

1月27日,据《新闻报》报道:本日下午二时,上海各界追悼马相伯先生大会在贵州路湖社举行。大会程序为:奏哀乐,致开会辞,行追悼礼,主祭者虞洽卿就位,全体肃立,闻兰亭、徐寄顾献花,袁履登读祭文,林康侯行三鞠躬礼,上海贫儿实学救济所唱追悼歌,姜可生报告事略,福开森、许秋帆、赵晋卿、张寿镛致挽词,坤范女子中学唱追悼歌,江一平、戴春风提议讨论永久纪念办法,张充仁代表家属致答谢词,奏哀乐,礼成。马相伯追悼歌词:"一,国难方殷,吾公已逝,国失柱石民丧师。恨彼苍苍,夺公以去,夺公以去不容迟。公虽逝去,精神不死。华夏之师,举世仰止;华夏有师,河山澄清在指挥。二，嗟欤吾公,国之典型,巍巍大厦已云倾。恨彼苍苍,其心何忍,良师顿失泪沾襟。公身虽逝,公灵永生。华夏之光,华夏之魂;华夏之魂,昭同日月长存。"另据《中国商报》(1940年1月26日)报道,本次追悼大会主席团有福开森、虞洽卿、袁履登、关炯之、黄庆澜、闻兰亭、何德奎、林康侯、赵晋卿、李馥、徐寄庼、秦润卿、俞佐庭、张寿镛、郭顺、杨草仙、黄金荣、顾守熙、奚玉书、江一平、许晓初、马聘三、吴养臣、许秋风、姜证禅、吴蕴斋、姜可生、严柏林等。李文杰、金观甫、葛福田、张国权、陈培德、韩景琦为大会总干事。

1月27日,上海美商《总汇报》发表社论《追悼马相伯》,以为追悼马相伯要有更大的永久意义,在庄严的仪式外,还必须体念马老的精神。按其论述,马老的伟大精神则为,"第一是好学的精神。马老学问的丰富,使我们异常景仰。他的一生,始终和学问结不解之缘,'学到老'唯马老才堪当之无愧,马老对于中西文化均有深邃修养,……""第二是爱国精神,马老对于祖国的疼爱,观乎最近几年,虽年事已高,而仍呼吁全国团结,……"。

1月27日,邵力子发表《救国老人马相伯先生》,为纪念马相伯活动定调:"吾师相伯先生的一生,学问、事业、信仰,其最终之目标在救国。现在举世追悼先生,如果我们要替先生上一个谥法,'救国老人'是最适当的名词。先生病逝谅山,全国各地定期举行追悼会,先生的精神是'永生'的,追悼先生,没入发扬先生永生的精神。"(《总汇报》,1940年1月27日)

1月,长期报道中国天主教会新闻的法国刊物《中国通讯》(*Relations de Chine*)刊登关于马相伯去世的报道,全文如下:"尊敬的多明我会神父哈默赖(R. P. Hamelers, O. P.)于1939年11月8日从谅山发出消息说:'马相伯先生在年纪100岁时安然而又十分虔诚地与世长逝了。他理智清醒地领受了圣教会的各项圣事,使在场的人们都极为感动。葬礼于上星期一举行,有许多人参加。'马相伯先生是在日军占领南京后避难到了谅山的。他生于1840年4月17日,因此如果照欧洲人计算年龄的方法,他还不完全满100岁。但在中国,他已超过了。去年他百岁寿辰,政界和学界都举行了祝贺。马相伯先生有着一段为建立中国民主体制做出贡献的过去,他对建立1911年新政体的突出作为常为人们所称道。从这以后一直到他生命的最后一刻,都一直不停地关心着国内和国外的政治问题。由于衰老,他只能常坐在座椅上,但脑子灵敏,许多大人物来到他在徐家汇的住所,向他请教,征求他的意见。他对改革中国教育的贡献尤为突出。他聪颖过人,学贯中西,既懂法文,又懂拉丁和希腊文,在使中国青年把注意力转向西方文化的运动中,他是带头人。1898年,梁启超先生在和北京的法国公使会谈后,商请上海主教倪怀纶开设一译馆,托付给马相伯主持。这一计划被慈禧太后打断了。1903年,南洋公学的几位教师来请马相伯先生创办学府。之前,蔡元培先生曾向马学习拉丁文,建议设置拉丁文课。1903年3月1日开学,有学生28人,这就是震旦大学的开始。几年后,马先生又创办了后来成为复旦大学的一所公学。再后来,又大力协助了在中国北方的几所学校。马先生是一位杰出的文人,我们应该感谢他的多部巨著,如新约中译本。他善于演讲,直到晚年还在征服着听众。"(《中国通讯》,1940年1—3月号,顾裕禄翻译)

4月2日,上海市筹募马相伯先生奖学金委员会成立,张寿镛、虞洽卿、吴蕴斋、林康侯、张国权等29人组成主席团。募集工作进展顺利,各界踊跃捐款。(《各界赞助马相伯奖学金》,《总汇报》,1940年4月3日)

4月20日,据报道,本日,马相伯先生奖学金委员会在贫儿失学救济所开会,宣布基金募集工作于本月底完成。因得到各学校的赞助,资金募集顺利,将于5月10日登报公布奖金发放章程,账目交会计师审核。委员会推举姜子睿、魏希本、张浩、尤文浩、葛鲤庭、张湘文、周慎修、张瀚波、冯震、胡文耀为永久委员。(《新闻报》,1940年4月21日)

7月14日,于右任致书张秉三(监察院参事)、吴南轩(复旦大学代理校长)、程沧波(监察院秘书长,复旦大学教授,新闻系主任),嘱咐要从相伯图书馆捐款中划出40 000元作为马相伯遗属的赡养费用。(于右任手札,《相伯图书馆募捐事项》,复旦大学档案馆藏1949-LS11-2074,第81—83页;转见自钱京娅、史卫华主编:《复旦大学图书馆百年纪事》,上海:复旦大学出版社,2018年,第18页)

上海英文月刊杂志《天下》(Tien Hisa Monthly)第10卷第5期发表刘豁轩(Liu Hoh Hsuan)撰写的马相伯生平纪念文章"Ma Hsiang Po",长达15页。刘豁轩(?—1976),河北蓟县人,毕业于南开大学新闻系。曾任天津《益世报》总编辑、社长,时为燕京大学新闻系教授、主任。

1941年,谱后二年

7月23日,复旦大学同学会(上海)将募集之助建相伯图书馆款项共5 148.26元通过四川美丰银行汇到复旦大学(重庆)。本次款项的捐赠人共23人,均为校友个人。(钱京娅、史卫华主编:《复旦大学图书馆百年纪事》,上海:复旦大学出版社,2018年,第19页)

1942年,谱后三年

6月1日,《自由世界月刊》(中文版)创刊发行,已故的马相伯被列为名誉主席团提名成员。该刊为抗战人士在纽约(55, West 42nd Street)建立的自由世界协会(Free World Association,1941)中国分会所属自由世界中文出版社编辑发行杂志,以"全力反抗任何侵略,根据世界民族主义,世界民权主义,世界民生主义建设自由世界为宗旨"。会长宋子文,副会长邵力子,名誉主席吴稚晖,主席李石曾。马相伯所在之名誉主席团成员(按姓氏笔画排列)有丁惟汾、于右任、于斌、方振武、太虚、王世杰、王晓籁、王岭□、王庆元、孔祥熙、孔庚、毛泽东、石瑛、白崇禧、宋庆龄、宋霭龄、宋美龄、朱家骅、朱庆澜(已故)、朱□青、李石曾、李济深、李烈钧、李宗仁、李杜、李根源、李扬敬、李德全、李汉魂、何东、何成浚、何香凝、何应钦、沈钧儒、杜月笙、但懋辛、居正、周寿臣、周恩来、胡文虎、胡适、马占山、马君武(已故)、马步芳、孙科、许世英、许崇清、梁漱溟、张静江、张继、张伯苓、张君劢、张季鸾(已故)、张群、张厉生、黄炎培、黄旭初、陆徵祥、陈铭枢、陈果夫、陈友仁、陈济棠、陈诚、陈光甫、陈嘉庚、陈立夫、陈时、陈绍禹、康心如、盛世才、冯玉祥、曾琦、喜饶嘉措、彭泽民、贺耀祖、杨虎、杨靖宇、虞洽卿、叶楚伧、邹鲁、赵戴文、熊式辉、熊克武、邓锡侯、蒋光鼐、蒋梦麟、蔡元培(已故)、蔡廷楷、刘峙、卢作孚、钱新之、卢云、颜惠庆、戴季陶、罗旭、谭平山、严立三。(《自由世界月刊(创刊号)》,1942年6月1日,纽约:自由世纪中文出版社;北平图书馆旧藏)马相伯、蔡元培、朱子桥等已故人物仍在公布名单中,盖因该协会筹建时的旧名单可以纪念为自由世界献身的先驱,故不替不改。

1944年,谱后五年

1月15日,本日出版的《太平洋周报》(第1卷第94期)刊登《故马相伯老人嗣媳马邱任我的自白:关于张充仁以怨报德》,报道了马邱任我与张充仁就劳神父路(今合肥路)房屋租赁纠纷案。报道中提及张充仁自述他外公是马相伯同学沈则宽的外甥,"外婆是马相伯哥哥马少良(建勋)的外甥女"。马邱任我则否认说,其母殷莲子为"先祖母蓄一雏婢"(张伟、张晓依著:《土山湾画馆人物志》,北京:中华书局,2022年,第212页)。

1946年，谱后七年

夏，方豪和徐景贤在南京见面，商量编辑出版《马相伯文集》事宜。徐景贤透露他保存的马相伯已刊、未刊文稿甚多，正在编辑之中。11月22日，徐景贤在江西铅山河口镇老家因病去世，徐氏《马相伯文集》编订工作失败，文稿散失。此后，方豪接续了《马相伯文集》的编辑工作。此据方豪在徐景贤去世后的悼词："今夏晤同门徐卢伽先生景贤，亦喟然久之。徐君集先生稿亦不在少，讵意相别数月，竟亦以病逝闻也，则编印先生文存实后死者之责，不容有所推诿矣。"（方豪：《马相伯先生著述系年拟目》，《上智编译馆馆刊》第2卷，第1期，北平，1947年）

11月4日，相伯编译馆在南京天主堂举行追思弥撒，纪念马相伯先生逝世七周年，于右任、孔祥熙参与发起并出席。于斌总主教主持纪念活动。（《益世报》，1946年11月3日）

11月4日，马相伯逝世七周年，上海《益世报》发表社论《缅怀马相伯先生》，称："综先生一生，爱民族、爱国家，出自天性；爱真理、爱人群，受于赋禀。"仍以其天性、人性解释其爱国、爱民。

11月16日，马相伯家属马邱任我（甲方，权益人）与震旦大学调解人徐朗西、朱品纯、顾守熙、朱孔嘉等（乙方，代理人）"立和解合同"。合同为解决马相伯逝世后马氏家属生活费用支取等问题。"前因甲方之生活费问题，双方争持不决，纠纷多年。兹承亲友居间调停，言归于好，成立和解，议定各条如左。"合同核心内容为震旦大学需建立马相伯铜像，永志纪念；并在松、青两县田产3 000多亩收益中拨出抚养经费。本合同共七条，详细内容见1948年3月18日修订之《和解合同》（《章士钊等承办马相伯诉马陆氏交还契案》，上海档案馆藏马相伯档案 Q190-1-13986）。

1947年，谱后八年

1月，方豪编《马相伯先生文集》成，索序于陈垣。陈垣遂作《〈马相伯先生文集〉序》于北平兴化寺街励耘书屋，对马相伯的道德（信仰）、文章（事功）两方面的评价颇中肯綮颇，其略谓："余自民元北上，即与先生暨英敛之先生过从涉密。余素信仰自由，而独服膺基督。英、马二先生则固笃信天主教者。惟自雍乾以后,教会文风凌替,外国教士中求如利西泰、艾思及之能与士大夫晋接自如者,固不可多得,即中国教徒、教士求能如徐玄扈、李我春,或吴渔山之以学术见称于世者,亦不可多得。二先生目击心伤,久以文艺复兴为己任,乃先有香山辅仁社之创设,继复联名上书教廷,声请办学。时则二先生有所计议,余往往得首先闻之;二先生有所刊布,余亦得先睹为快。乃公教大学(辅仁大学旧名)甫成国学一部,而英先生下世矣!国土未复,胜利在望,而马先生又以卒于南交闻矣!悲夫!惟兹编收相伯先生致敛之先生手札数十通,二公素志,当益为世人所察见。况马公一生行谊,在教会则其治学从政之成绩,每为卫道译经之功所掩;在教外则其进德修持之精谐,亦每为其雄辩闳论所蔽。兹集一出,庶几蓄道德,能文章,两可充分见之矣。是为序。"(《上智编译馆馆刊》,第2卷第2期,北平,1947年)

　　陈垣于《〈马相伯先生文集〉序》中,除了评价马相伯、英敛之的贡献之外,亦详细叙及他与杭州年轻学者方豪之间的交往缘由以及《马相伯先生文集》编订之概况:"民国丙寅冬,杭州有天主教修士方杰人函索新刻明末清初教会遗书,余以修院之戒綦严,不敢与屡通款曲,而心实喜其英年好学也。杭州昔有元也里可温寺,且为明季金四表、阳演西辈遗墓所在,乡贤李我存、杨淇园又为教中柱石,余因以勖修士。其后修士果以格于成规,不通音问者凡十载。及浙西沦敌,司铎走滇南,先后应浙江、复旦二大学之聘,驰驱黔蜀间,与长儿乐素亦有共难共事之雅。维时余方困居故都,系念西南诸友,尝撰《明季滇黔佛教考》以寄意。自胜利初奠,司铎忽由南京北上,长上智编译馆,应田聘三枢机邀也。乃亟约其讲学辅仁大学。逾半载,一日以《马相伯先生文集》辑成告余,并索一言为序,谓并世可作序者莫余若也,余悚然久之!盖相伯先生长余四十,余又长司铎三十,而司铎所获先生遗文颇多向所未见,其用力之勤,实足惊人。虽然,余有所不能已于言者。凡人为文,逾若干时,辄不惬于衷,此求进之心则然。故凡生前所为文字,未经最后审定订定,卒后由他人代为裒集者,未必悉符本人之意。惟相伯先生集稍异乎是。余曾略读一过,知杰人司铎于凡先生已刊诸稿,必择其曾经先生手校者收之;未刊稿必择其亲笔者传之;其为先生口述,他人笔录者,必注明之。司铎之意,盖谓先生毕生研精中西学术,兴办高等教育,复躬与逊清及民国两代大政,一身系于中国近百年文教者至钜。况去世之岁,寿臻期颐,阅世之久,世罕其俦。故其议论,虽吉光片羽,亦足资后人圭臬。且先生遗文散佚已多,若并此劫余仅存者,而不为之珍惜,不将云消烟散乎?顾余乐见此集之刊行,其意实别有所在。"

1月，北平《上智编译馆馆刊》发布广告，预告方豪编《马相伯先生文集》将于本年三月中出版，每部售价12 000元。广告辞称："丹徒马相伯先生，道德文章为世所宗。毕生精研中西学术，自天文、数理、宗教、哲学、政治、伦理，以及我国经史，无所不窥。而创办大学，折冲外交，赞襄革命，反对帝制与东北事变后之力主团结御辱，呼吁民主，倡议人民自治、自救等，足见其一生言行，所关于我国近百年之政治文教者，实至深且巨。先生历年所为文字，从不积存，故散佚者多。编者积二十年之搜求，珍藏先生墨宝多至四五十件。最近又复得北平英敛之先生旧藏先生函札五十余件，实为至宝。至于先生为教会努力之事迹，如反对国教，主张提高教会文风，倡议由国人任主教等，其间经过情形，可歌可泣，多有为外间所未闻者。全书共收二百余篇，就中半数为手稿，尤为难得。书内并将附先生真迹摄影多幅，以资纪念。"(《上智编译馆馆刊》，第2卷第1期，北平，1947年)

3月19日，方豪编辑的《马相伯先生文集》，由北平上智编译馆出版。按方豪1972年3月29日所作《影印本〈马相伯先生文集〉跋》中回忆，他于1936年秋天应邀北上，主持天主教文教机构上智编译馆。本年3月，即以所编《马相伯先生文集》作为该馆出品，加以印行。该文集"凡收各体文近三百篇，附以增编，计杂文、尺牍与残稿凡十四篇，家书节录六十六通"。因搜集仓促，教内外发现轶文甚多，众多遗著并未收入集中，故"三十七年一月，复出版续编一册"(方豪：《影印本〈马相伯先生文集〉跋》，氏著：《马相伯先生文集新编》，台北：文海出版社，1972年，第5页)。

按方豪拟定《马相伯先生文集·凡例》："一，本书所收，以先生亲自撰著之文字为限，其为先生口述，他人笔录或代作者，如先生前各报刊登之谈话、语录、讲词等一概不收；一，本书采用之底稿，均极审慎，有先生亲笔稿则能够亲笔稿。已刊稿则尽量采用其先生校改者，每篇末对于文字之来源，皆有说明；一，原稿有模糊处，本书一律以□代之，残缺者亦加注明，其有涉及当代人物，不便发表者，以×代之；一，先生原稿或已刊稿中，偶有词句可生疑义者，及书札中所用之土语俗字，如《致朝鲜京畿道金宏集书》中'通事'、'通词'前后互异，此类甚多，本书概仍其旧，不予修改；一，本书所收各稿，以论文、尺牍、序跋，及较长题词为限。楹联、诗词等，另载续集；一，先生已刊书，卷帙太厚，不能收入本集者，计有《新史合编直讲》二十卷，上海土山湾印书馆印行，本集收其《付刊叙》及原言、自序，又总序、残稿，则为商务版所无。《灵心小史》，土山湾出版，本集收其导言。此外尚有《辅扬救世圣伤修女记》，一章登《圣教杂志》第十九卷，第五、六期；二章登第二十卷，第四至十二期，未完;又英敛之先生撰《八游沪上记》(未刊稿)光绪二十八年阴历正月初七日记,曰:'购书有《尺算征用》一本,属款求在我者,意必马公相伯所译也。'按《尺算征用》确为马先生撰,久已绝版。读者如藏有此书,幸赐借抄;一,先生遗有《救世福音对译稿》,未刻。又关于数学残稿一大束,涂改甚多,无法整理,俱存南京天主堂;一,已故徐景贤先生编《马相伯先生国难言论集》、张若谷先生编《马相伯先生年谱》、曹仲渊先生编《琥珀拾芥考》均载有先生语录等,可供参考;一,编者收集先生文字,原拟撰次年谱,故各文均按年代先后为序,其未注明年代者,则在按语中加以考证,读者亦可籍此略窥先生之事迹;一,先生文字中有年代绝不可考者,则列于最后;一,本集付印后,尚收到遗文、遗简若干篇,不及按年代编列,另为增编容纳之;一,已故先生高足徐子球藏有先生致侄、甥等书札六十六件,兹亦加以节录,附于书末。"(方豪:《马相伯先生文集·凡例》,氏著:《马相伯先生文集》,北平:上智编译馆,1947年)

于右任为本书题写:"方豪编,马相伯先生文集,受业于右任敬题。"同年5月25日,于右任输资二百万元法币,购买《马相伯先生文集》一百部,支持本文集之出版。此见于于右任《复方豪》:"杰人先生道席:承惠相伯师文集,百拜奉诵。编著之富,体例之严,至为佩感。先师体上帝之德,为圣人之文,时以至显发至隐,至简演至颐,而益见其博大精深。有人从游多年,而集中所收,犹多未经见者,有深愧矣。近筹得二百万元,拟购若干册,分送图书馆及友好,希代为商之编译馆在荷。谨复并谢,顺颂道祺。弟于右任上,五月廿五。"(方豪:《于右老与马相伯先生》,氏著:《方豪六十自定稿》,台北:学生书局,1969年,第1991页)

方豪《马相伯先生年谱新编(上)》,叙及他从南京石鼓路天主堂图书室获得大量马相伯遗稿,携至北平,编订《马相伯先生文集》。"胜利之次年四月初,余自重庆还都,寓石鼓路天主堂,而余之寝室即昔日先生之书斋。于是得畅读其藏书,而《马氏族谱》且有先生及父、祖三代修正之处,尤为可贵。藏书中又时时发现先生题词与所夹字条。余既早有志为先生编文集及撰年谱,乃一一为之缮录。其旧日文稿,经先生亲笔校改者,则取得张副主教之许可,代为收藏。既而,余于六月十五日,随田聘三枢机自京飞青岛,复于六月二十五日,自青飞北平。北平为民初相伯先生与英敛之(华)、陈援庵(垣)诸先生谈道论学之地。余知所遗手迹必多,经半年余之搜求,所获虽丰,但为时已迟,散失者已不少。三十六年三月十九日,由余主持之上智编译馆出版《马相伯先生文集》一册,凡四四六页,最早者为光绪八年二文,可见先生四十三岁以前之

文,已不可得矣。"(李东华编:《方豪晚年论文辑》,台北:辅仁大学出版社,2010年,第152页)

1948年,谱后九年

1月1日,方豪编《马相伯先生文集续编》完稿。《马相伯先生文集》于1947年3月出版后,发现有很多文献尚未收入。经各方提示和投赠,又得75篇,故迅速编辑续集。按1948年元旦日方豪"编后附识":"民国三十六年三月,余既刊印《马相伯先生文集》,教内外之泾阳先生者人手一册。于是,先生之遗文复陆续出现,乃不得不辑为续编。续编所收凡七十有五篇,内杂文二十八篇,书札四十七通,其为本人所蒐得者才什三四耳,余皆各方说录寄,或惠赠者。先生甥朱志尧先生、前辈陈援庵先生、贞淑敛之先生妹英女士、媳蔡葆真女士、门生席宝书先生暨诸正英女士、吴智德先生、陆嘉谟先生、张安多司铎等,匡助俱多。而诗联诸体以所获尚鲜,仍惟有待异日续辑也。三十七年元旦,方豪附识。"(方豪:《编后附识》,氏著:《马相伯先生文集续编》,北平:上智编译馆,1948年)

3月18日,马相伯遗产受益人马邱任我与震旦大学常务校董茅若虚签署《和解合同》(《章士钊等承办马相伯诉马陆氏交还契案》,上海档案馆藏马相伯档案Q190-1-13986),就在震旦大学内维护捐赠人及家属之权益达成协议。合同按前执行文本加以修订,内容有:震旦大学立马相伯铜像,永志纪念;马相伯继承人继续担任校董会董事长;当年捐出青、松二邑3000多亩土地归属震旦大学,马氏家族不干预经营;马氏家属每年固定生活费以白米360石基价核算,每年12月31日之前付清。

立和解合同人震旦大学、马邱任我(以下简称甲方、乙方)。兹因三十五年十一月十六日双方订立之和解合同事实上有修订之必要,为免除未来之纠纷,永敦睦谊起见,双方同意修订如左:

一,甲方为纪念马公相伯斥资兴学之功绩,在校中建立铜像,以志景仰。

二,甲方原任校董会董事长马公相伯在二十八年间逝世所遗校董一缺,待相伯公所指定之继承人成年后能任校董之职时甲方应即优先补请继任。

三,马公相伯于前清光绪庚子年间捐献于江南教会指作教育用途之松、青两县田产联同甲方所自置之学田在内,合计约共三千余亩,其全部产权属于甲方。

四，上项田产之全部收租权归甲方执管，乙方完全同意不加干预。甲方遵照相伯公遗意用典于记账房名义经租。该账房现设于泗泾马三畏堂宅内，甲方如认有必要时得另设他处。

五，三十六年之田租依照三十五年十一月十六日所订之和解合同清理，将甲部应收之田租归乙方。乙部应收之田租归甲方。如甲方名下应收之田租已由乙方代为收取者，应由乙方一律照算交还，开支亦照算分派。

六，历年粮串不问其曾否改用任何名义完纳者，均应造册移交甲方，如无法移交则会衔登报，声明作废。

七，典于记账房之办事人员，自本合同签订之日起由甲方委派。至旧有人员由乙方自行负责了理，概与甲方无涉。以前倘有未了手续，如三十六年份完粮以及人欠、欠人等项，统由乙方理楚。

八，自本合同签订日起，乙方应即腾出适当房间备作典于记账房仓房使用。连同其中生财物件以及曾代甲方购买之各物，一并移交甲方。

九，关于乙方所换去之青邑四十四保一区一四图洪字圩田五十五亩一分，另已由乙方以松邑四十一保、三十六保田十八亩四分，另及青邑三十八保田二十六亩一分，另为抵补甲方。为保全和解起见，抛弃损害赔偿之要求。

十，乙方之生活费自三十七年份起由甲方保证每年以白米三百六十石计算，按年支付，扣至民国五十年底为止。其支付方法以每年十二月三十一日以前在泗泾一次付清，不得籍辞拖欠或减少。但如遇年荒歉收，或发生重大变化致田租收入不足半数时，则甲方每年所应支付之白米三百六十石双方临时协议酌减。如粒合无收时则减半给付，一律扣至民国五十年年底为止。届时甲方所负给付之义务即行解除。此项生活费系根据相伯公遗嘱而订。

十一，本合同自签订之日起，所有三十五年十一月十六日双方所订和解合同及清册二本，应即一同废止，并将原签合同六份及清册二本一律会通涂销作废。

十二，本合同自签订之日起，双方应信守不渝，双方纠纷不问任何原因，一概解除消灭，所有提起之民刑诉讼，由甲方自行具状撤回，或请求撤销。

十三，本合同共缮一式二份，甲乙两方各执一份，同时并抄录副本五份，会衔分呈江苏省政府江苏高等法院，松江地方法院，松江县政府，青浦县政府备查。

震旦大学常务校董茅若虚（法文签名，中文印章）

马邱任我(签名,印章)、张鉴勋(签名,印章)、范云波(签名,印章)
中华民国三十七年三月十八日立。

10月2日,朱志尧、韩景琦等人创办相伯初级农业技术学校,址设丹阳县城东河路天主教堂,朱志尧担任董事会主席。本日开学,招收初一新生1班,聘请专任教师三、五人。1949年4月,该校被人民政府接管,并入丹徒谏壁农校,招收新生2班。该校开设班级4个,学生160余人,学制3年。1953年停办,学生分别并入镇江蚕桑学校、宜兴农校、句容农校、浒墅关蚕桑学校和南京农校。(丹阳县地方志编纂委员会点校:《丹阳县志》,扬州:广陵古籍刻印社,1985年;丹阳市政协文史资料研究委员会编:《爱国老人马相伯(1840—1939)》,丹阳,1990年)

按丹阳县所藏民国三十七年(1948)十月十五日丹三中字第1365号,原丹阳县县长李曰刚呈送给江苏省教育厅厅长"为于斌筹办本县私立相伯初级农业职业学校检同基金存据及董事会立案呈报章表等件":相伯农校设立人于斌(中国天主教总主教);相伯农校的经常基金及开办费伍拾伍亿元(已存储到南京总主教公署账房);相伯农校聘定翁文灏等十四人为校董事;相伯农校校长尹贯中八月二十五日到校视事,并于八月二十八日发函给丹阳县各部门(有相伯农校校长尹贯中八月二十五日到校后,以相总字第五号呈送给参议会的公函)。

10月28日,土山湾孤儿院召开董事会,总结办院成绩,筹建职业中学。土山湾孤儿院1855年建立,至本年共收容孤儿六千名之多。经93年的发展,院中除设立小学一所外,另设立工厂五所,即木工、五金、图画、印刷、发行各部。本次董事会决定增加开办职业中学一所,以栽培优秀之孤儿,以及有志于发展职业的公教学生,使之能够自食其力,造福社会。"是日到会董事十五人,上海市教育局李局长亦莅临指导。"(《圣心报》,第62卷,第12期,1948年)

本年,《国史馆馆刊》第1卷第2号刊登夏敬观拟《马良传》,辞曰:"马良,字相伯,江苏丹阳县人。宋丞相马廷鸾之后裔,家世信奉天主教。"(上海图书馆藏本)夏敬观还拟订了《严复传》、《辜汤生传》、《伍光建传》,在同期刊登,则清末民初严、马、辜、伍"西学"四大家列传同时完成。

国史馆拟《马良传》全辞曰:"马良,字相伯,江苏丹阳县人。宋丞相马廷鸾之后裔,家世信奉天主教,据其自称,远至明万历利玛窦西来始。良在家塾,毕读五经四书。年十二,肄业徐汇公学,兼助教国文。复入该教所设耶稣会初学院为修士。九年,因精研天文、算学、拉丁文、学士林哲学、神学,得其神学博士,授为司铎。遂得传教于宁国、徐州一带。旋任徐汇公学校长,兼耶稣会编撰。良国学既有根柢,数理尤精深。曾著《数理大全》百余卷,汇通中西枢纽,所造迥异寻常教徒。而会中知其学者罕,忌之者多,不为印行,至是更使往南京编译数理书。良知无可为,遂退出该会。走山东,入布政使余紫垣幕,任潍县滦口机械局。良兄弟皆受直督李鸿章知遇,兄建勋曾为淮军粮台,弟建忠以郎中派赴法国留学。后入督幕,保至道员,总办招商局。良在山东,鸿章初委以调查矿务。黎庶昌使日本,荐充参赞。先后任日本神户、横滨领事。又尝被派驻高丽,襄助办理外交军政。及赴广州等地,调查招商局账目,良曾建议借美商其昌洋行款,创立国家银行,以资办理新政抵注。鸿章题之,派遣赴美,终以格于廷议,未见施行。良因以遍游英、法诸国。至罗马谒教廷而归。戊戌,德宗锐意变法,良上言请设译学馆于沪。以政变而罢。是年,良与弟建忠合著《马氏文通》,以泰西文法,释中国古籍。发凡起例,理顺冰释,所谓在王氏《经传释词》、刘氏《助字辨略》以上。良以举例过多,删节至三分之一,又以其书尚不足称文规。然是书出,良专以属其弟所为,建忠已得海内盛誉也。庚子拳乱,清廷悔祸,许民兴学。时鸿章已毙,良自是亦不复从仕,专志教育。于是创立震旦学院,旋又由震旦改建复旦公学。一切规制,良所收订。注重学生自治,良为校长。延李登辉主教务,而校政则叶仲裕、于右任、邵力子分任。是时学校初立,海内志士,苦侯官严复、南昌熊元锷、宝山袁希涛、南通张謇皆起而襄助,复旦遂为东南社会所创立之学府。清廷预备立宪,各省设咨议局,良被选为议员。民国元年,政体改共和,临时政府成立,良出任南京府尹、江苏都督府外交司长。旋任北京大学校长,参议院议员、参政院参政、平政院平政。江苏省长韩国钧辞职,良被举为江苏财政交代核算委员会长。孙传芳入南京,良去,退居土山湾,不复出,名所居绿野堂。顾以年高望重,每一发言,为国轻重。二十年,倭寇初犯上海,良建议国难人民自救。又向国难会议提实施民治,促进宪法,以抒国难案。发起中国民治促成会、江苏国难会、不忍人会,更名其居曰乐善堂。二十六年,倭寇攻陷南京,良内迁。避居桂林风洞山,又迁谅山。二十八年卒,年一百岁。所著尚有《新史合编直讲》、《致知浅说》、《拉丁文通》、《灵心小史》、《国民照心镜》。"

1949 年,谱后十年

1月15日,11点50分,著名外交家陆徵祥司铎在比利时安德鲁修道院

去世。(方豪:《吊陆徵祥先生》,氏著:《方豪六十自定稿补编》,台北:学生书局,1969年)

1952年,谱后十三年

×月×日,马相伯灵柩从越南谅山迁回上海安葬,入葬上海西郊息焉公墓。马相伯孙女马玉章、曾孙女马百龄专程前往迎柩。上海市政治协商会议代表李烈钧等陪同。

1964年,谱后二十五年

11月10日,晚上八点零八分,于右任先生在台北去世,享年86岁。8月10日,于右任因身体略有不适,入住台北荣民总医院检查就医。9月3日,就便拔牙,7日、10日又连续拔牙,引发炎症,并发高烧,转而肺炎。再经二阅月抢救治疗,终因并发症而去世。于右任先生晚年在台北思念在大陆的亲朋好友,以及震旦、复旦、中国公学、上海大学之旧同仁。1962年1月24日病中日记,有自撰歌词一首,曰:"葬我于高山之上兮,望我大陆;大陆不可见兮,只有痛哭。葬我于高山之上兮,望我故乡;故乡不可见兮,永不能忘。天苍苍,野茫茫,山之上,国有殇。"于右任先生墓园按其遗愿,择定于阳明山至淡水镇之间海拔700余米的七星山上,"此地面临台湾海峡,中原河山,遥遥在望。背有群峰,后依倚大屯,左为支脉,右为支峰,奇突而出。青龙抬头,白虎伏首,山环水抱,可称福地"(刘延涛编:《于右任先生年谱》,台北:台湾商务印书馆,1981年)。

1972年,谱后三十三年

3月,文海出版社影印方豪编《马相伯先生文集·续集·新编》本在台北文海出版社出版。这次影印,将方豪在大陆时所编的《马相伯先生文集》、《马相伯先生文集新编》、《马相伯先生文集续编》三种集为一册,加以影印。除此之外,另外只加入了新发现的《炮台新制记》和信函二通。方豪在《影印本〈马相伯先生文集〉跋》中说:"来台时,随身仅带一部(《马相伯先生文集》),友好借阅,颇多不便。会沈云龙、李振华两先生,致力于流通书籍,以影印为请。乃更取光绪二十四年麦仲华编皇朝经世文新编中所收《炮台新制记》及丁文江编《梁任公先生年谱》中录存之二函,以殿其后,并赘一言以为跋。六十一年三月廿九日,钱塘方豪。"(方豪编:《马相伯先生文集新编》,台北:文海出版社,1972年)

1984年,谱后四十五年

9月,中国国民党革命委员会上海市委副主席李赣驹决心探寻马相伯、戴季陶两人的遗骨。马相伯在上海西郊息焉公墓的墓地于"文革"中被北京红卫兵开掘,看墓人将他们遗弃的尸骨浅埋。李赣驹在民革工作人员马铭德随同下前往,经墓园原管理人李通海师傅的指引,按地点挖掘,果然在绛红色绸缎(现展出在土山湾博物馆的马相伯另一套寿衣亦为绛红色)碎片的边上发现三块骸骨,其中一块有六七公分长。经上海第二医学院解剖学教研室主任赵立国教授(复旦中学校友,马王堆古尸考古参与者)根据骸骨的年龄、身高判断,断定为马相伯遗骨,一块为肋骨,另外两块为桡骨。见马铭德(时为国民党革命委员会上海市委联络部部长)《随李赣驹寻访马相伯遗骨》(《联合时报》,2015年3月31日)

10月27日,上海举行马相伯迁墓仪式,马相伯孙女马玉章率子女敬献花篮。上海市政协主席李国豪、上海市统战部部长张承宗、上海市政协秘书长范征夫,各界人士刘靖基、赵祖康、张家树及马相伯亲属一百余人出席。马相伯墓位于宋庆龄陵园(原万国公墓)内,在宋庆龄墓的右侧,与谢晋元墓同一方位。顾廷龙用篆书题写"爱国老人马相伯先生墓"。张承宗在墓前发表讲话,简述了马相伯一生事迹后评论道:"先生一生的光辉业绩及其高风亮节,值得我们永远纪念与景仰。他毁家兴学,创办震旦与复旦大学,培育英才,桃李成荫,对祖国文化教育事业做出卓越贡献。他在那种恶劣环境下,不畏强暴,奔走救国工作,对当时抗日救国运动的推进和抗日民族统一战线的形成与发展,都产生了重要的作用。我们要学习和发扬先生的爱国主义精神,努力工作,建设四化,希望在台湾港澳和海外的爱国志士和爱国宗教人士,继承马相伯先生的遗志,和我们同心协力,为振兴中华,统一祖国,维护世界和平而共同奋斗。"(张承宗:《在马相伯先生迁墓仪式上的讲话》,丹阳市政协文史资料研究委员会编:《爱国老人马相伯(1840—1939)》,丹阳,1990年,第11页)

11月4日,先生逝世45周年纪念日,新的马相伯墓在虹桥原万国公墓内落成。马相伯墓碑文由汤志钧撰,单晓天书,全文为:"马相伯先生原名建常,改名良,晚号华封老人。祖籍江苏丹阳,一八四〇年生,信奉天主教。早年勤学,潜研西文,目睹外辱频仍,清政衰朽,立志尽瘁教育,启迪民智,一九〇三年创震旦学院于上海,任监院。尚科学、重文艺,于右任、邵力子、马君武咸出其门。一九〇五年,外籍教师擅改院章,学生愤而离校,先生与严复等另创复旦公学。辛亥革命后,一度任北京大学代理校长。一九三一年,'九一八'事变猝发,东北沦陷,南京政府毫不抵抗,致敌焰日炽,民族危机空前严重。先生心中忧愤,要求御辱自救。一九三五年十二月,响应中共中央抗日民族统一战线号召,先生以九旬高龄与沈钧儒、邹韬奋等二百八十余人发表《上海文化界救国运动宣言》,并积极支持'一二九'运动。一九三七年,全民抗战爆发,先生赴滇,因病滞居越南。一九三九年四月,先生百龄寿诞,中共中央电贺尊为'国家之光,人类之瑞'。十一月四日,病逝谅山,毛泽东主席特电致唁。一九五二年,人民政府派员赴谅山,迎柩回沪安葬。一九八四年十一月四日,迁墓于此。马相伯先生迁墓筹备委员会敬立,一九八四年十一月四日。"

本年,复旦大学将学校大礼堂改名为"相辉堂",以纪念创校校长马相伯,以及长期担任复旦大学校长的李登辉。相辉堂,建于1947年,为国立复旦大学从重庆迁回上海江湾校址以后,在抗日战争毁去的校址之上重建的大礼堂。为纪念李登辉对复旦大学的长期贡献,大礼堂命名为"登辉堂"。1984年,为筹备复旦大学建校八十周年纪念活动,修缮后的大礼堂改名为"相辉堂"。

1989年,谱后五十年

5月30日,天主教上海光启社举行会议,金鲁贤、沈保义、复旦大学历史系朱维铮教授、上海社会科学院历史研究所李天纲助理研究员出席。

9月24日,天主教上海教区举行大礼弥撒,纪念马相伯诞辰150周年,逝世50周年。(香港《大公报》,1989年9月25日)

1990年,谱后五十一年

5月25日,复旦中学举行85周年校庆,复旦中学及校友会举行马相伯、李登辉两校长铜像落成仪式。马相伯孙女马玉章及上海市政协副主席赵宪初、上海天主教爱国会副主任陆薇读、电影演员舒适、复旦中学校长乐嘉基、校友会会长王元龙等出席。马相伯铜像由七十余位校友捐资,请雕塑师张春良创作,经马玉章审定,交上海交通大学铸造合金材料研究室建造,基座上的铭文为:"欣我国家,有此人瑞;高龄六四,创建震旦;外来侵权,愤激弃离。一九零五,复旦始诞;光耀神州,兴及中华。春风化雨,桃李情深。循循善诱,英才辈出。似高山焉,若景行焉。爱国老人,独树楷模。勤耕书田,其铭心旌。办学创新,学子承恩。仰彼日月,光华千秋。"(黄斯璘:《马相伯、李登辉两校长铜像揭幕仪式》,丹阳市政协文史资料研究委员会编:《爱国老人马相伯(1840—1939)》,丹阳,1990年,第173页)

参 考 文 献

（按姓氏笔画排序）

一、专著

Olivier LARDINOIS S. J. 等编：《耶稣会士在华名录 1842—1955》，台北：利氏学社，2018 年

丁文江、赵丰田编：《梁启超年谱长编》，上海：上海人民出版社，1983 年

上海市文史馆编：《上海地方史资料》，上海：上海社会科学院出版社，1986 年

上海市政协文史资料委员会编：《上海的宗教》，上海：上海市政协文史资料编辑部，1996 年

上海档案馆编：《辛亥革命与上海：上海公共租界工部局档案选译》，上海：中西书局，2011 年

上海通志馆编：《上海研究资料》，上海：上海书店影印本，1984 年

马建忠撰，王梦珂校点：《马建忠集》，北京：中华书局，2013 年

马勇编：《章太炎书信集》，石家庄：河北人民出版社，2003 年

王宗光主编：《上海交通大学史》，上海：上海交通大学出版社，2016 年

王闿运撰：《湘绮楼日记》，长沙：岳麓书社，1997 年

王栻主编：《严复集》，北京：中华书局，1986 年

中国社会科学院近代史研究所翻译室编：《近代来华外国人名辞典》，北京：中国社会科学出版社，1981 年

中国第一历史档案馆、福建师范大学历史系编：《清末教案》一、二、三、四、五，北京：中华书局，1996 年

中国第二历史档案馆编：《中华民国史档案资料汇编》，南京：江苏古籍出版社，1994—1996 年

丹阳市政协文史资料研究委员会编：《爱国老人马相伯（1840—1939）》，丹阳，1990 年

方豪著：《方豪六十至六十四自选待定稿》，台北：学生书局，1974 年

方豪著：《方豪六十自定稿》，台北：学生书局，1969 年

方豪著：《方豪六十自定稿》(补编)，台北：学生书局，1969 年

方豪编：《马相伯先生文集正编》，北平：上智编译馆，1947 年

方豪编：《马相伯先生文集续编》，北平：上智编译馆，1948 年

方豪编：《马相伯先生文集新编》，台北：文海出版社，1972 年

史式徽著，天主教上海教区史料译写组译：《江南传教史》，上海：上海译文出版社，1983 年

朱氏家族后人编：《百年忠贞：纪念西满朱开敏主教》，香港：九八编辑，2013 年

朱维铮主编，李天纲、陆永玲、廖梅编校：《马相伯集》，上海：复旦大学出版社，1996 年

全国政协文史资料委员会编：《中华文史资料文库》，北京：中国文史出版社，1996 年

刘延涛编：《于右任先生年谱》，台北：台湾商务印书馆，1981 年

刘运峰编：《鲁迅佚文全集》，北京：群言出版社，2001 年

刘克选、方明东主编：《北大与清华》，北京：国家行政学院出版社，1998 年

刘坤一撰：《刘坤一遗集》，北京：中华书局，1959 年

劳祖德整理：《郑孝胥日记》，北京：中华书局，1993 年

李天纲编：《中国近代思想家文库·马相伯卷》，北京：中国人民大学出版社，2014 年

杨幼炯著：《中国政党史》，上海：上海书店出版社，《民国丛书》第二编，1990 年影印本

李东华编著：《方豪晚年论文辑》，台北：辅仁大学出版社，2010 年

李宗一著：《袁世凯传》，北京：中华书局，1980 年

沈恩孚著，薛冰整理：《沈信卿先生文集》，南京：凤凰出版社，2015 年

张伟、张晓依著：《土山湾画馆人物志》，北京：中华书局，2022 年

张若谷编著：《马相伯先生年谱》，上海：商务印书馆，1939 年

张钰翰编注：《章太炎家书》，上海：上海人民出版社，2020 年

张静庐辑注：《中国近现代出版史料》，上海：上海书店出版社，2003 年

张璜(渔珊)原著，佚名增补：《徐汇纪略》，上海：土山湾印书馆，1933 年；上海：上海社会科学院出版社，2006 年，影印本

张璜(渔珊)：《徐汇纪略》，上海：土山湾译书馆，1914 年；上海：上海社会科学院出版社，2006 年，影印本

陆阳、胡杰主编：《胡敦复、胡明复、胡刚复文集》，北京：线装书局，2014 年

陈华新主编:《百年树人:上海交通大学历任校长传略》,上海:上海交通大学出版社,1997年

陈智超编:《陈垣往来书信集》,北京:生活·读书·新知三联书店,1990年

林子青编著:《弘一法师年谱》,北京:宗教文化出版社,1995年

周天度主编:《七君子传》,北京:中国社会科学出版社,1989年

周天度编:《沈钧儒文集》,北京:人民出版社,1994年

郑逸梅编著:《南社丛谈》,上海:上海人民出版社,1981年

赵中亚编:《徐景贤文存》,南京:江苏人民出版社,2016年

娄献阁著:《民国人物传·马相伯》,北京:中华书局,1981年

校史编写组编:《复旦大学志》,上海:复旦大学出版社,1985年

高龙鞶著:《江南传教史》,上海:天主教上海教区光启社,2008年

高平叔编著:《蔡元培年谱》,北京:中华书局,1980年

高平叔编:《蔡元培全集》,北京:中华书局,1984年

郭廷以主编:《清季中日韩关系史料》,台北:"中研院"近代史研究所,1972年

郭廷以编著:《中华民国史事日志》,台北:"中研院"近代史研究所,1979年

浙江省辛亥革命研究会,浙江省图书馆:《辛亥革命浙江史料选辑》,杭州:浙江人民出版社,1981年

陶菊隐著:《北洋军阀统治时期史话》,北京:生活·读书·新知三联书店,1957年

陶菊隐著:《近代轶闻》,上海:中华书局,1945年

黄炎培著:《黄炎培日记》,北京:华文出版社,2008年

萧超然等:《北京大学校史(1898—1949)》,北京:北京大学出版社,1988年

萧静山著:《天主教传行中国考》,台北:辅仁大学出版社,2003年

章炳麟撰:《章太炎自订年谱》,台北:台湾商务印书馆,1980年

章炳麟撰:《章太炎全集》,上海:上海人民出版社,1982—1994年

商务印书馆编:《最近三十五年之中国教育》,上海:商务印书馆,1931年

梁启超著:《饮冰室后集》,北京:中华书局,2015年

蒋天枢撰:《陈寅恪先生编年事辑(增订本)》,上海:上海古籍出版社,1997年

蒋维乔著,林盼等整理:《蒋维乔日记》,上海:上海人民出版社,2021年

舒新城著:《近代中国留学史》,上海:上海书店出版社,1992年,影印本

曾纪泽撰:《出使英法俄国日记》,长沙:岳麓书社,1985年

谢彬撰:《民国政党史》,北京:中华书局,2011年(另有《民国丛书》第二编影印本)

编纂委员会:《上海中华职业教育社志》,上海:上海古籍出版社,2007 年
编纂委员会:《张謇全集》,上海:上海辞书出版社,2012 年;江苏古籍出版社,1994 年
编纂委员会:《复旦大学百年志(1905—2005)》,上海:复旦大学出版社,2005 年
新潮社编:《蔡子民先生言行录》,北京:北京大学出版部,1920 年
蔡元培口述,黄世晖记:《蔡子民先生传略》,收徐蔚南编:《蔡柳二先生寿辰纪念集》,上海:中华书局,1936 年;《民国丛书》第二编,上海:上海书店,1990 年
严如平、熊尚厚主编:《民国人物传》第八卷,北京:中华书局,1996 年
震旦大学编:《震旦大学二十五年小史》,上海:震旦大学,1938 年
薛玉琴编:《中国近代思想家文库·马建忠卷》,北京:中国人民大学出版社,2015 年

二、报刊、档案

《大公报》(天津、上海、香港)
《申报》
《新闻报》
王瑞霖:《一日一谈》,上海:新城书局,1936 年 2 月 26 日
方豪:《马相伯先生在教事迹年表》,《益世报》,1939 年 11 月 12 日
方豪:《马相伯先生年谱新谱》,《天主教学术研究所学报》第六、七期,台北:文化大学中华学术院,1974—1975 年
刘成禺:《相老人九十八年闻见口授录》,《逸经》,1937 年 6 月、7 月
陈乐素:《相老人八十年之经过谈》,《人文月刊》,1930 年、1931 年
钱智修:《马相伯先生九十八岁年谱》,《中央日报》,1938 年 5 月 16 日
徐景贤编录笔记:《马相伯先生国难言论集》,上海:文华公司,1933 年
凌其翰:《九三老人马相伯语录》,《申报》,1932 年 5 月、6 月
凌其翰:《六十年来之上海》,《申报》,1932 年 4 月 30 日
上智编译馆:《上智编译馆馆刊》,北平,1947 年
上海档案馆藏马相伯档案卷宗 B、卷宗 Q

后　　记

编辑《马相伯年谱长编》和《马相伯全集》虽然是个人自定项目,但是得到了上海市徐汇区文化局、徐家汇街道文化科、徐汇历史文化研究会、上海志德马相伯中外文化促进中心、丹阳市马相伯文化研究会、丹阳市教育局马相伯基金会的长期支持。在此项目完成之际,笔者对区文化局宋浩杰、欧小川副局长,街道文化科刘道恒主任,志德中心马天若理事长,马相伯研究会虞瑞泰会长表示衷心的感谢。2014年,区文化局和街道文化科合共拨付5万元支持资料收集,得以启动此项研究。2024年,《马相伯年谱长编》先期完成,筹备出版,徐家汇街道又资助了5万元。特此鸣谢以上机构,更加铭记朋友们的支持和鼓励。

马相伯是复旦大学的创办人,复旦学者系统研究马相伯是由已故朱维铮先生开始的。1986年,笔者当年作为助手参与朱老师组织的《马氏兄弟文集》、马相伯与中国近代高等教育项目,至1996年《马相伯集》、2005年《马相伯传略》由复旦大学出版社出版而告一段落。此后,随着徐家汇文化价值的深入发掘,马相伯纪念活动的经常举办,朱老师益发觉得此课题之重要,他吩咐要把此研究做下去,笔者遂承诺编订《马相伯全集》和《马相伯年谱长编》。值此项目将近完成之际,对朱老师嘱托和信任深表感谢。

项目执行期间,徐家汇历史文化研究会(首任理事长朱维铮,继任李天纲)、马相伯中外文化促进中心(理事长马天若)、丹阳市马相伯文化研究会(会长虞瑞泰)和马相伯基金会多次办会,共同研讨。"马研"同道们的工作热情,纯粹出乎对于马相伯事迹的喜爱。出钱出力,出智力出资源,真诚友善的氛围鼓励起笔者信心,坚持从事。在中国近代的百年动荡中,马相伯获龄百年,世人羡之为"人瑞"、"期颐叟",誉之为"百岁爱国老人",古今学问兼中外,门生故吏遍天下。研究马相伯生平事迹,从一开始就得到马老家属的理解和支持。1987年,马相伯孙女玉章老人接受我们的采访,录得珍贵口述史料。此后,曾孙女马百龄、玄孙马天若都经常碰面,结成友好。他们口述的家庭事迹和家族关系,帮助编辑了《马相伯年谱长编》。编辑过程中,历年结识了项骧族裔项宇、陈垣后裔陈智超、张焕伦后裔张济顺、蔡元培族裔蔡建国、黄炎培后裔黄方毅、张謇族裔张光武、冯玉祥后裔冯丹龙、李烈钧后裔李季平等。他们或提供文献史料,或告知家族轶事,亦从不同侧面帮助笔者了解相关情况。

马相伯除了自1876年至1896年这一段曾离开教会,从事洋务活动外,他一生都在教会生活,在徐家汇、土山湾留下众多印迹。年谱编辑中,来自教会人士的帮助也必须提到。1993年,旧金山大学利玛窦中西文化历史研究所所长马爱德(Edward Malatesta,已故)神父在罗马耶稣会档案馆代为查到档案并提供,解决了马相伯离开教会的原因、日期和影响等重大问题。曾在少年时期见过马相伯的金鲁贤主教、沈保义先生接受访谈,口述资料,并多次在会议上下表示不暇分身,故而鼓励复旦学者做好马相伯和徐光启研究。多年来,上海教区光启社社长陈瑞奇神父、田愿想总编辑,佘山修院院长蓝晓鹏神父,修院马爱德图书馆馆员刘强神父,北京教区上智编译馆馆长赵建敏神父、中国天主教爱国会谭立铸秘书长都开门接待,热情答复,为复旦学者研究马相伯与教会关系提供了多种方便。

2021年秋季学期,笔者在北京大学人文社会科学研究院任访问学者,期间集中精力利用了北京大学图书馆丰富的藏书数据库,在民国收报刊、杂志和书籍中查到大量马相伯著述、演说信息,令年谱内容大为丰富。为此,要特地感谢北大文研院邓小南、渠敬东、韩笑等教授的邀请和安排。在京期间,刘梦溪、袁明、李孝聪、李零、陆扬、张志刚、王宗昱、孙尚扬、李四龙、程乐松、郑开、吴飞、王颂、何建明、李雪涛、张雪松等教授指点门径,踏访古迹,刊发论文,令访问成果丰富圆满。孟繁之、张鹿、何成军、谭徐峰、陈卓等京中朋友们提供了资料和线索,找到马相伯、陈垣在京活动的地点多处,在此一并表示衷心的感谢。

香港汉语基督教文化研究所杨熙楠总监,天主教澳门教区刘伟杰秘书长,米兰天主教大学历史系乔万里(Agostino Gorvagnoli)、竺易安(Elisa Giunipero)教授,罗马传信部大学韩铎博士帮助提供境外咨询,召集会议,接待访问,历年来为复旦学者的马相伯、徐光启研究落实方案,提供方便。刘伟杰秘书长还无私地将自己因博士论文写作收集的马相伯资料,附加考证,无偿提供给笔者。

感谢复旦大学哲学学院宗教学系魏明德(Benoit Vermander)、刘平、朱晓红教授,历史学系高晞、司佳(已故)、章可教授,中华古籍保护研究院王启元副研究员,档案馆钱益民研究馆员,文史研究院董少新教授,研究生院任宏博士,宗教学系施亚霓博士后,上海社会科学院宗教研究所晏可佳、李强研究员,上海图书馆徐家汇藏书楼徐锦华、周仁伟主任,文献中心黄显功、张伟(已故)、陈建华、梁颖研究馆员,上海交通大学出版社任雅君编辑,上海大学历史系肖清和、王皓教授,上海市委统战部研究室张化研究员,中国科学院上海天文台赵建海、朱达一研究员,中国社会科学院世界宗教研究所基督教研究室卓新平、任延黎(已故)、王美秀、刘国鹏、周伟驰、唐晓峰研究员,中国人民大学历史系刘贤教授,中山大学哲学系梅谦立(Thierry Meynard)、李兰芬教授,浙江师范大学邱江宁、蒋硕教授,杭州师范大学历史学系周玉琴教授,山东大学历史学系刘家峰教授,山西大学历史学系赵中亚教授,丹阳市马相伯研究会卢政、吉育斌先生。他们在本年谱编撰过程中有求必应,提供了诸多咨询意见和资料。

感谢徐汇区土山湾博物馆(暨马相伯故居)陈耀王名誉馆长、冯志浩、朱春峰、金志红、张晓依、张婕馆员,徐光启纪念馆寿颖之馆长,徐家汇源旅游发展有限公司傅亮先生、袁洁女士,徐家汇主教堂杨磊教友,徐汇中学郑斌老师,徐家汇气象台邬锐研究员、博物馆赵国新馆长。徐汇区文化局自2003年起修复地区文物场、馆、点,创建徐家汇源景区City Walk(文物径)红线旅游系列。在宋浩杰局长邀请复旦等校学者一起发掘考证文献记载的时候,我们一群学者对于马相伯在徐家汇、土山湾生活学习的经历也就越来越清晰,年谱的编撰也变得精细。4A级景区"徐家汇源"(2012)文物系列的修复和开发,正和《马相伯年谱长编》的编撰过程同步,研究与行走,合作时互通互补。顺着马相伯的足迹,问百年事,行千里路,查万卷书,《马相伯年谱长编》的编撰自是艰难,也还是很愉快。

感谢复旦大学哲学学院领导对此项目的支持,孙向晨、张双利院长、袁新书记多次关心编撰工作。感谢复旦大学出版社历届领导多年来对于马相伯研究出版的长期支持。《马相伯年谱长编》出版得到严峰董事长、王卫东总编辑的亲自关心,责任编辑顾雷在约稿、立项、审稿和申请资助阶段花费大量精力,出力最多,在此特表感谢。

图书在版编目(CIP)数据

马相伯年谱长编/李天纲编撰. -- 上海：复旦大学出版社, 2025.5. -- ISBN 978-7-309-17948-4

Ⅰ. K825.46

中国国家版本馆 CIP 数据核字第 2025F5M430 号

马相伯年谱长编

李天纲　编撰

责任编辑/顾　雷

复旦大学出版社有限公司出版发行
上海市国权路 579 号　邮编：200433
网址：fupnet@fudanpress.com　http://www.fudanpress.com
门市零售：86-21-65102580　团体订购：86-21-65104505
出版部电话：86-21-65642845
上海盛通时代印刷有限公司

开本 787 毫米×1092 毫米　1/16　印张 42.75　字数 744 千字
2025 年 5 月第 1 版
2025 年 5 月第 1 版第 1 次印刷

ISBN 978-7-309-17948-4/K·872
定价：198.00 元

如有印装质量问题,请向复旦大学出版社有限公司出版部调换。
版权所有　　侵权必究